간명한

중국철학사

이 도서는 중국의 "한중 고전 저작 상호번역 출판사업中韩经典著作互译项目"에 선정되어,
지원금을 받아 번역 출판되었습니다.

펑유란 지음 | 정인재 옮김

A SHORT
HISTORY OF CHINESE
PHILOSOPHY

간명한
중국철학사

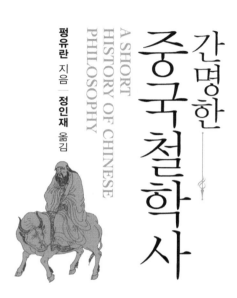

마루비

서문

    어떤 주제를 다룸에 있어 그것이 소사小史라 해서 원본의 축소판이 되어서는 안 된다. 또한 사상가의 이름이나 '주의'만을 단순히 나열해서도 안 되며 그 자체에 일정한 사상이 다 묘사되어야 한다. 따라서 글을 쓰는 저자는 통사通史에 관한 안목을 지닐 필요가 있다. 그것만이 짧은 지면에 적절하고도 훌륭한 설명을 독자에게 전달할 수 있기 때문이다. 그러기 위해선 '고금의 변화에 통달하고(通古今之變)' 광범위한 학식은 물론 사료를 적절하게 잘 선정하는 올바른 판단력과 함께 이야기를 흥미 있게 전개시키는 문학적 재질 또한 겸비되어야 할 것이다.

    본서는 일반 독자를 염두에 두고 집필된 까닭에 학술적인 국면은 발휘할 기회가 적었다. 그러나 엄격한 장편의 학술적인 저서를 쓸 때 의도하였던 것보다 훨씬 더 집중된 선택력과 문필력을 요하였다.

    이 작업을 준비함에 있어서 필자는 이미 익숙히 보아 왔던 자료에서 중요하고 또 연관이 된다고 생각하는 것을 선정하는 데 최선의 판단력을 기울이려고 노력하였다. 다행히 더크 보드Derk Bodde 박사 같은 분이 편집자가 되어 그의 문학적 필치에 힘입어 중국만이 아닌 서양 독자에게도 흥미롭고 읽기 쉬운 체제로 구성될 수 있었다. 뿐만 아니라 더크 보드로부터 자료를 선택하고 정리하는 데 많은 제언을 받았음을 밝혀 둔다.

    이 책은 중국 철학 연구를 위한 입문서이다. 만일 독자가 중국 철학

에 대하여 좀더 깊이 있게 알고자 한다면 필자의 또 다른 저서 『중국
철학사』를 권한다.

본서의 출판을 도와준 록펠러 재단에 심심한 감사를 표명하는 바이
다. 이 재단의 호의로 필자는 1946년에서 1947년에 걸쳐 초빙 교수로
서 펜실베이니아 대학에 머무르면서 이 책을 쓰게 되었다. 그리고 또
한 동양학 연구와 The Department of Oriental Studies의 동료와 학생
들의 협조와 격려에도 감사드리는 바이다.

특히 중국학 조교수인 보드 박사께 깊은 감사를 드린다.

마지막으로 본서의 출판을 위해 격려해 주시고 알선해 주신 국회도
서관 아시아 분과 사서장 훔멜 박사Dr. A. W. Hummel에게도 사의를 표
하는 바이다.

1947년 6월

펜실베이니아 대학에서

펑유란

차례

일러두기

1. 이 책은 펑유란馮友蘭의 영문저서 『A Short History of Chines Philosophy』
(1948: The Macmillan Campany)를 대본으로 삼아 번역했다.
2. 본문 가운데 인용문은 원문 그대로를 하단에 실었으며 출전도 일일이 밝혀 놓
았다.
3. 이 책 가운데 역자 임의로 저자의 것보다 늘이거나 없는 말을 삽입하기도 했
다. 예컨대 3장의 '육가요지六家要旨', 8장 '명가名家'와 10장 '장자莊子'의 일부분
등 원저에 없는 부분을 보충했다.
4. 이 책의 어떤 부분은 독자의 이해를 돕기 위하여 영문 번역을 작은 글자로 달
아놓은 것도 있고 원어를 찾지 못해 영문에서 번역한 것도 있다.
5. 역자주의 중요한 것은 하단에 실어 원의를 보조케 하였으며 간략한 것은 작은
글자로 본문에 끼워 넣었다.
6. 삽입된 인용구와 문중의 대화는 "……"로써 명시했다.
7. 문중에 삽입된 보충문에 있어서 원저의 것은 작은 글자로, 역자의 것은 ( )로
써 구별했다.
8. 어의강조는 ' '로 했고, 서명은 『 』로써 나타내었다.

제 1 장

중국 철학의 정신

중국 문화에 있어서 철학(哲學[1])의 위치는 다른 문화에서 종교가 차지한 비중과 대비할 수 있다. 중국에서는 글을 아는 사람이면 누구나 철학에 관심을 갖고 있다. 그뿐 아니라 그들은 제일 먼저 철학부터 배웠다. 우선 서당에서 사서四書, 즉 『논어論語』, 『맹자孟子』, 『대학大學』, 『중용中庸』을 읽는 것에서부터 시작하였는데 이 사서는 신유학新儒學의 가장 중요한 필수교재였다. 그리고 이전에 어린이들이 문자를 배울 무렵 가장 먼저 대하는 교과서는 『삼자경三字經』[2]이었는데, 이 책은 각 구마다 세 글자씩 짜여져 있어, 암송할 때 운율적 효과를 넘으로써 기억하기 쉽게 되어 있다. 이 책의 서두엔 "인간은 처음 태어나서 본성은 본래 선하다(人之初 性本善)."라는 철학적 문구가 나오는데, 이것은 맹자 사상의 골자이기도 하다.

중국 문화상 철학의 위치

중국인의 생활관념 속에는 유가사상이 깊숙이 배어 있다. 유가사상은 마치 일종의 종교처럼 보인다. 그러나 유가사상은 결코 종교가 아니다. 말하자면 플라톤 사상, 아리스토텔레스 사상 등과 같은 것이다.

사서四書가 중국인의 성경이었다는 사실은 부인할 수 없다. 그러나

---

1) 저자가 말하는 철학 속에는 넓은 의미의 인생철학과 중국 학문상 경학과 자학이 다 포함되어 있으며, 서양 철학의 개념과는 달리 이해되어야 한다. (譯註)
2) 송나라 유학자 왕백후(王伯厚)가 지은 것으로 이 책에서 저자는 먼저 교육의 중요성을 강조하고 중국 문화를 이해하는 데 가장 기본적인 지식을 3자씩 배열했다. (譯註)

사서에는 창조의 이야기도 없으며 천당이나 지옥에 대한 언급도 없다.

물론 철학이니 종교니 하는 용어에 대한 정의는 애매모호하다. 철학과 종교는 나라마다 사람마다 전혀 다른 의미로 사용할 수도 있고, 또 우리가 철학 혹은 종교에 대하여 말할 때 마음속에 가진 관념은 전혀 다른 것일 수도 있다. 필자가 말하는 철학이란 삶에 대한 체계적·반성적 사색이다. 생존하고 있는 사람은 누구나 생명이 있다. 그러나 삶에 대한 반성적 사색을 하는 사람은 그렇게 많지 않으며, 더구나 그 사색이 체계적인 조리를 갖춘 경우는 극히 드물다. 철학자는 삶에 대한 반성적 사색을 한 다음 자신의 사상을 체계화하여 표현해 내는 자다.

이런 종류의 사색을 반성적 사색이라고 하는 이유는 생을 그 대상으로 삼기 때문이다. 인생론, 우주론, 지식론은 모두 이 반성적 사색의 유형에서 유래되었다. 우주론은 우주가 인생의 배경(인생이라는 연극이 연출되는 무대)이기 때문에 생겨났으며, 지식론은 사색 그 자체가 지식이기 때문에 문제시되었다. 어떤 서양 철학자는 "사색하기 위하여 우리는 먼저 무엇을 생각할 수 있는가를 탐구해야 한다."고 했다. 말하자면 생에 대한 사색을 시작하기 전에 먼저 '우리의 사색에 대한 사색'을 해야만 한다.

그러한 이론은 모두 반성적 사색 이외의 별다른 것이 아니라 바로 그 인생·우주·지식에 관한 개념 또한 반성적 사색의 산물의 일종이다. 아무리 우리가 인생에 대하여 사색하거나 논한다 하더라도 우리 인간은 모두 생의 한가운데서 살고 있다. 그리고 우리가 아무리 우주에 대하여 사색하거나 논한다 하더라도 우리는 모두 우주의 일부분이다. 그런데 철학자가 우주라고 부르는 것은 물리학자들이 우주를 말할 때 염두에 둔 개념과는 같지 않다. 철학자가 말하는 우주는 존재하는 모든 것의 총체이다. 중국의 고대 철학자인 혜시惠施는 이것을 '큰 하나(大一)'라고 일컬었다.

그 뜻은 '지극히 커서 밖이 없다(至大無外).'라는 말이다. 그러므로 어떤 사람이든지 또 어떤 사물이든지 모두 우주의 일부분이라고 간주되어야 한다.

우리가 우주에 대하여 사색을 할 때 우리는 반성적으로 사색하고 있다. 우리가 지식에 대하여 생각하고, 지식에 대하여 말할 때 그 생각과 말 자체가 지식이다. 아리스토텔레스에 의하면 그것은 '사색에 대한 사색'인데 이것이 바로 필자가 말하는 반성적 사색이다. 그런데 어떤 철학자들은 생각하기 전에 먼저 생각에 대하여 생각하지 않으면 안 된다고 주장하는 순환론의 오류를 범하고 있다. 이들은 마치 우리가 생각에 관하여 생각할 수 있는, 또 다른 하나의 생각하는 기능을 가진 것처럼 주장한다. 하지만 사실 생각에 대하여 생각할 수 있는 기능은 보통 생각하는 기능과 조금도 다를 바가 없다. 만일 우리가 인생과 우주에 관해 생각하는 능력을 의심한다면, 똑같은 이유로 생각에 관해 생각하는 능력도 의심되어야 한다.

종교도 인생에 관한 문제를 다루고 있으며 위대한 종교의 핵심에는 반드시 철학이 들어 있다. 사실 모든 위대한 종교는 거의 대부분 어느 정도의 미신, 교조, 의식 및 제도를 상부구조로 갖춘 철학이다.

이런 의미에서 종교라는 말을 이해한다면 일상적 의식의 종교와 크게 다를 것이 없다. 그렇게 되면 유가사상은 종교로서 간주해서는 안 된다. 우리는 중국에 유儒 · 불佛 · 도道, 3교가 있다고 말하는 습관에 젖어 있다. 그러나 앞에서 말한 바와 같이 유가는 종교가 아니다. 이것은 도가에도 해당되는 말이다. 도가사상은 철학으로서의 도가道家와 종교로서의 도교道敎와는 서로 다르다. 이 양자의 가르침은 상이할 뿐만 아니라 경우에 따라서 상반되기까지도 한다. 철학으로서의 도가는 자연을 따르라는 설을 가르치는 데 반해, 종교로서의 도교는 자연에 역행하는 설을 가르친다. 즉, 노자나 장자에 의하면 생명이 다하면 죽음이 온다는 것은 자연의 도이며 우리는 이 도를 어길 수 없다. 그러나 도교의 근본교리는 죽음을 피하는 방법, 즉 불로장생술不老長生術을 가르쳤다. 이것은 분명히 자연에 역행하는 일이다. 이런 점에서 도교는 자연을 정복하는 과학정신을 가지고 있다는 것을 알 수 있다. 만일 중국 과학사에 흥미를 가지고 있다면 도교의 저술에서 많은 참고지식을 얻을 수 있다.

불가에 대해서도 종교적 신앙으로서의 측면과 철학적 학문으로서의 측면이 있다. 전자를 불교佛敎라 하고 후자를 불학佛學이라고 한다. 중국의 지식층은 불교보다 불학에 훨씬 더 흥미를 가지고 있었다. 중국에서는 승려와 도사가 함께 장례에 참가하는 것은 다반사다. 이와 같이 중국인은 종교까지도 철학적으로 받아들였다.

중국인이 다른 어느 나라 사람보다도 종교에 별로 관심을 보이지 않는 것은 서양인에게는 주지의 사실처럼 되어 있다. 예컨대 더크 보드 교수는 「중국 문화 형성의 주류사상(Dominant Ideas in the Formation of Chinese Culture)」이라는 논문에서 다음과 같이 말했다.

그들(중국인)은 종교적 사상과 활동이 생활의 중요한 부분을 차지하는 민족이 아니다. 중국 문화의 정신적 기반은 종교(적어도 형식적이며 조직화된 종교)가 아니라 윤리(특히 유가윤리)였다. 물론 이런 모든 점이 교회와 성직자가 중요한 역할을 하는 기타의 문화권과 중국 문화권과의 근본적인 차이를 형성해 주었다.3)

---

3) They (the Chinese) are not a people for whom religious ideas and activities constitute an all important and absorbing part of life ········· It is ethics (especially Confucian ethics), and not religion (at least not religion of a formal, organized type), that provided the spiritual basis in Chinese civilization ······ All of which, of course, marks a difference of fundamental importance between China and most other major civilizations, in which a church and a priesthood have played a dominant role. [Journal of American Oriental Society, Vol., 62. No.4, pp.293~299]

어떤 의미에서 이 말은 아주 정곡을 찌른 말이다. 그러나 그 이유에 대하여 의문을 품고 있는 사람도 있을 것이다. 현실계를 초월한 피안의 세계를 열망하는 것이 인류의 타고난 욕구가 아니라면 왜 대다수 인간들이 종교적 신앙과 그 활동을 인생의 가장 중요한 일면이라고 생각하는가? 만일 그러한 열망이 인류 대다수의 근본적 욕구라고 한다면 어째서 중국인은 예외가 되어야 하는가? 중국 문화의 정신적 지주는 종교가 아니라 윤리라고 한다면, 중국인은 과연 도덕적 가치보다 고차적인 가치는 의식하지 못하고 있는 것이 아닐까?

도덕적 가치보다 고차적인 가치를 초도덕적 가치라고 한다. 인간의 사랑을 도덕적 가치라고 한다면 신의 사랑은 초도덕적 가치이다. 이런 종류의 가치를 종교적 가치라고 부르는 경향도 있다. 그러나 필자의 소견으로는 이 가치는 단지 종교에만 국한시켜서는 안 된다고 생각한다. 예컨대 그리스도교에서 신에 대한 사랑이란 종교적 가치이지만 스피노자의 철학에서 신의 사랑이란 그런 것이 아니다. 왜냐하면 스피노자가 일컫는 신이란 사실 전 우주이기 때문이다. 엄밀하게 말하자면 그리스도교에서의 신의 사랑이란 사실 초도덕적이 될 수는 없다. 그리스도교의 신은 인격적이다. 인간이 신을 사랑한다는 것은 아들이 아버지를 사랑하는 데 비유할 수 있다. 이것은 도덕적 가치이다. 그러므로 그리스도교에서 신의 사랑이란 사실 초도덕적 가치인지의 여부가 문제다. 이것은 초도덕적 가치처럼 보일 뿐이다. 반면 스피노자 철학에 있어서 신의 사랑이란 참된 초도덕적 가치이다.

앞의 질문에 대한 대답으로서 현상계를 초월한 이상계를 열망하는 것이 인류의 타고난 욕구이며, 중국인도 이러한 욕구를 갖지 아니할 수 없었다고 말하고 싶다. 중국인이 종교에 별로 관심을 기울이지 않았던 이유는 철학에 더 많은 관심을 가졌기 때문이다. 중국인은 너무나 철학적이기 때문에 비종교적이었다. 중국인은 철학 속에서 현실계를 초월한 이상계에 대한 열망을 만족시킨다. 중국인은 철학에서 표현되고 평가된 초도덕적 가치를 지니고 있으며, 철학에 따라 생활하는 데서 이 초도덕적 가치를 체험하고 있다.

중국 철학의 전통에 의하면 철학의 기능은 실증적 지식(실증적이란 의미를 필자는 사실의 문제에 관한 지식으로서 간주한다.)의 증가가 아니라 정신을 드높이는 것(高揚)이라 생각한다. 이는 현실계를 초월한 세계, 즉 도덕적 가치보다 고차적 가치에 도달하려고 힘쓰는 일이다. 노자는 "학문을 하면 날로 일이 많아지고, 도를 행하면 날로 일이 줄어든다(爲學日益, 爲道日損)."라고 말하였다.

필자는 손해와 이익에 관심을 두고 싶지 않으며 또한 노자의 이 말에 전적으로 찬동하는 것이 아니다. 필자는 단지 중국 철학의 전통에는 학문을 위한 것과 도를 깨우치기 위한 것이 있다는 것을 보여 주기 위하여 인용하였을 뿐이다. 학문의 목적은 실증적 지식을 늘리는 것이요, 도를 깨우치려는 목적은 정신을 드높이는 것이다. 철학은 후자의 범주에 속한다.

철학의 기능, 특히 형이상학의 기능은 실증적 지식의 증가가 아니다. 이 견해는 비록 관점과 목적을 다르게 설명하기는 했으나, 비엔나학파 Wiener Kreis도 그렇게 주장하였다. 필자는 철학의 기능이 관념의 명료화이며, 형이상학의 본질은 단지 개념의 서정시라는 이 학파의 견해에는 찬동하지 않는다. 그럼에도 불구하고 그들의 논조 안에서도 철학, 특히 형이상학이 사실의 문제들에 대하여 어떤 지식을 제공하려 하면 무의미하게 된다는 사실이다.

종교도 사실의 문제에 관한 지식을 알려 주고 있다. 그러나 종교에서 얻은 지식은 과학에서 얻은 지식과 조화되지 않기 때문에 서구에선 종교와 과학 간의 대립이 생겼다. 과학이 우세한 지역에서는 종교가 자취를 감추고 종교의 권위도 과학의 진보 앞에 무릎을 꿇었다. 전통

옹호학자들은 이런 사실을 개탄하며 무신앙자들을 타락했다고 간주하고 동정하였다. 만일 무신앙자들이 종교 이외의 다른 고차적 가치에 접근할 수 없다면 마땅히 동정을 받아야 할 것이다. 사실 종교를 제거해 버리고 나서 어떤 대안도 찾을 수 없을 때, 고차적 가치를 잃어버리며 세속사에만 사로잡혀 정신적인 타락을 면하기 어렵다. 그러나 다행히 종교 이외에 철학이 인간을 보다 고차적인 가치로 인도해 준다면, 이 길은 종교보다 훨씬 더 가깝다. 그 이유는 철학에서는 고차적 가치를 알기 위하여 기도나 예식 같은 우회로를 통할 필요가 없기 때문이다. 철학을 통한 고차적 가치는 종교를 통해 알게 된 가치보다 훨씬 순수하며 거기에는 상상이나 미신이 혼잡되어 있지 않기 때문이다. 아마 미래에도 인간은 종교 대신 철학을 가질 것이다. 이것은 중국의 전통과도 부합된다. 이는 인간이 종교적인 요구를 갖지 않는다 하더라도 철학적 태도는 반드시 가져야 할 필요가 있기 때문이다. 우리 인간이 철학적 태도를 가질 때 비로소 최상의 종교적 축복을 받게 된다.

중국 철학의 문제와 정신

앞에서 철학의 본성과 기능에 관한 일반적 논술을 하였다. 필자는 앞으로 중국 철학을 좀 더 전문적으로 논술하고자 한다. 중국 철학사에는 하나의 커다란 주류가 있다. 이것을 중국 철학의 정신이라 일컬을 수 있다. 이 정신을 이해하기 위하여 중국 철학자들이 해결하려고 한 문제를 우선 제시하고자 한다. 세상엔 천태만상의 무수한 인간들이 있다. 이 인간들은 각기 자기의 최고 목표를 가지고 있다. 예를 들면 현실 정치에 참여하는 사람의 최고 목표는 위대한 정치가가 되는 일이요, 예술분야에 종사하는 사람의 최고 목표는 위대한 예술가가 되는 일이다. 이처럼 각 분야에 종사하지만 그들은 모두 인간이다. 인간이 인간으로서 할 수 있는 최고 목표는 무엇인가? 중국 철학자에 의하면 성인聖人이 되는 일이고 성인의 최고 목표는 천인합일天人合一의 경지에 이르는 일이다. 그런데 인간이 이 경지에 도달하려면 반드시 사회를 등져야 하고, 또 심지어 삶까지도 버려야 하는가?

어떤 철학자들은 그래야 된다고 한다. 불타는 삶 그 자체는 인생의 고통의 근원이라고 말했고, 플라톤도 육신은 영혼의 감옥이라고 말했다. 도가에서는 "삶은 혹이요, 종기다. 죽음은 이 종기를 짜서 없애는 것(以生爲附贅縣疣 以死爲決疣潰癰)"이라고 했다.

이 사상들은 모두 소위 속세에서 벗어나야 한다는 견해를 가지고 있다. 그러므로 성인이라는 최고 목표를 실현하려면, 사회를 등지고 심지어 생명까지도 끊어야 하고 그래야만 최후의 해탈을 얻을 수 있다. 이런 주장을 하는 철학을 일반적으로 출세간적 철학出世間的 哲學이라 한다.

반면 인간관계라든가 인간사 등의 사회적인 면을 중시하는 철학도 있다. 이런 주장을 하는 학설은 다만 도덕적 가치만 중시할 뿐, 초도덕적인 것에 대하여는 언급할 수도 없고 말하려고도 하지 않는다. 이러한 철학을 일반적으로 세간적世間的이라 한다. 세간적 철학의 관점에서 보면 출세간적 철학은 너무나 관념에 치우쳐 실제적 소용이 없으며 부정적인 반면, 출세간적 철학의 관점에서 보면 세간적 철학은 너무 사실적이며 피상적이다. 그것은 적극적일 수도 있으나 길을 잘못 든 사람이 빨리 걷는 것과 같아, 빨리 걸으면 걸을수록 더 멀어지는 것과 마찬가지이다.

중국 철학은 세간적 철학이라고 하는 사람이 많이 있지만 이들의 견해가 전적으로 옳다거나 혹은 완전히 그르다고 할 수는 없다. 피상적으로 보면 이들의 견해는 틀린 것이 아니다. 중국 철학에는 여러 학파의 사상이 있지만 그들은 모두 직접 또는 간접으로 정치와 윤리에 관심을 두고 있기 때문이다.

그러므로 표면상으로 볼 때 중국 철학은 우주가 아닌 사회에, 천당·지옥이 아닌 인륜·일상사에, 내생이 아닌 현생에 관심을 두고 있다. 공자는 어떤 제자(季路)로부터 죽음의 의미에 관하여 질문을 받은 적이 있다. 공자는 "삶도 모르는데 어떻게 죽음을 알 수 있을까(曰敢問死 曰未知生焉知死)."라고 대답하였다. 맹자는 "성인은 인륜의 극치이다(聖人, 人倫之至也)."라고만 말했다. 이 뜻은 성인이 사회에서 도덕적으로 완전한 사람이라는 말이다. 피상적으로 볼 때 중국 철학 중의 이상적인 인간형은 세간적 존재이므로 중국 철학상의 성인은 불교의 불타나, 그리스도교의 성인들과는 매우 다른 차원에 있는 것처럼 생각한다. 표면상 이런 생각은, 특히 유가의 성현에 해당됨 직도 하다. 그러므로 고대엔 공자와 그 제자들이 도가의 조롱을 받았다.

그러나 이것은 피상적으로 문제를 본 데 지나지 않는다. 중국 철학은 이토록 단순하게 풀이될 수 없다. 중국 철학의 전통적 주류를 올바르게 이해하는 사람이라면, 그 철학을 전적으로 세간적이라 말할 수도 없고, 또한 출세간적이라고 말할 수도 없다. 중국 철학은 세간적이면서 출세간적이다.

어떤 철학자는 송대宋代의 이학理學에 관하여 "일상의 평범한 생활을 하면서도 곧장 선천적인 순수한 경지에 도달한다(不離日用常行內, 直到先天未畫前)."고 말하였다.

이것은 바로 중국 철학이 추구하고 있는 정신이다. 이런 정신을 가졌기 때문에 중국 철학은 '극히 고명하면서도 중용의 길을 밟았다(極高明而道中庸).' 바꾸어 말하면 극히 이상적이면서도 실제적이며 실천적이다.

세간과 출세간은 마치 서양의 실재론과 관념론처럼 서로 대립적이다. 중국 철학의 과제는 바로 이 대립의 종합이다. 그렇다고 하여 대립을 폐지하는 것이 아니라 대립을 유지하면서도 하나의 종합적 전체를 이루어 놓는 일이다. 그것이 어떻게 가능할까? 이것이야말로 중국 철학이 해결하려고 시도한 문제점이다. 중국 철학에서는 논리적으로 실천적으로 이런 종합을 이룩해 놓은 사람을 성인이라 하였다. 중국의 성인이 도달한 정신적 경지는 불교나 서양종교에서 성인이 도달한 경지나 마찬가지다. 뿐만 아니라 중국의 성인은 세간사에도 관심을 두기 때문에 그는 소위 '안으로는 성인이요, 밖으로는 제왕(內聖外王)'의 인격을 가지고 있다. 다시 말하면 내성은 그 수양의 극치요, 외왕은 세상을 다스리는 능력이다. 성인이 꼭 실제로 사회의 정치적인 우두머리가 되라는 법은 없다. 사실 현실 정치의 관점에서 보더라도 성인이 한 국가의 우두머리가 될 기회는 거의 없었다. '내성외왕'은 수양의 극치에 도달한 사람이 왕이 되어야 한다는 뜻이다. 성인이 정말 왕이 되었는가 하는 것은 별개의 문제다.

중국 철학의 전통에 따르면 성인은 '내성외왕'의 인격을 가졌으므로, 철학의 과제는 인간의 이러한 인격을 함양하는 일이다. 이것을 중국 철학자들은 '내성외왕의 길(內聖外王之道)'이라고 하였다. 이는 플라톤의 철인군주론을 연상케 한다. 플라톤에 의하면 이상국가에서는 철학자가 왕이라야 하고, 왕이 철학자라야 한다. 그리고 철학자가 되려면 변화하는 이 세속계로부터 영원불변한 이데아계로 마음을 '돌릴' 수 있기 전까지 장구한 철학적 훈련을 쌓아야 한다. 그리하여 플라톤도 중국 철학자와 마찬가지로 철학의 과제는 인간을 내성외왕의 인격을 갖추도록 해주는 데 있다고 생각했다. 그러나 플라톤의 외왕은 성인이 자기 의지와 반대로 억지로 왕이 되었다. 바꾸어 말하면 그가 왕이 되도록 강요받았기 때문에, 성인 측에서 본다면 큰 희생이 뒤따르기 마련이다. 고대 도가道家들도 그렇게 주장하였다.

월越나라의 왕자 수搜는 왕이 당하는 환난을 피해 동굴에 숨어버렸다. 그리하여 월나라엔 임금이 없어지게 되었다. 그러나 백성들은 그 동굴을 찾아내어 쑥으로 연기를 피워 그를 나오게 하였다. 그러고 나서 그를 제왕의 가마에 태웠다.[4]

이 점은 플라톤과 고대 도가의 공통점이다. 또한 도가철학의 출세간적인 특징을 나타낸 말이기도 하다. 중국 철학의 주류에 따라서 신도가新道家인 곽상郭象(기원후 3세기)은 이 관점을 수정하였다.

유가에 의하면 인륜상의 일상적 사회과제를 수행한 것은 성인의 인격완성을 위하여 필수불가결한 것이며 성인은 일상사를 한 '사회의 성원'으로뿐만 아니라 '우주의 성원'으로서 행해야 한다. 맹자는 이를 천민天民이라 불렀다. 성인은 우주의 성원임을 항상 의식하고 있어야 하며, 그렇지 않으면 그의 행동은 초도덕적 가치를 갖지 못할 것이다. 성인이 왕이 된다면 그는 기꺼이 백성을 위하여 일할 것이다. 그는 사회의 성원임은 물론 우주의 성원(天民)으로서 자기 의무를 수행할 것이다. 철학상 내성외왕의 도가 토론되었으므로 철학은 정치사상과 불가분이라는 결론이 뒤따른다. 중국 철학상 어느 학파를 막론하고 모두 각 파고유의 정치사상을 지니고 있다. 그렇다고 해서 이들 각 학파에 형이상학, 윤리, 논리가 없다는 것은 아니다. 다만 이 모든 요소들이 여하튼 정치사상과 관련을 갖고 있다는 뜻이다. 그것은 마치 『이상국가 Republic』가 플라톤의 정치사상이면서도 그의 철학 전체를 대표하는 것과 같다.

예를 들면, 명가名家는 '흰말은 말이 아니다(白馬非馬).'와 같은 논리적인 논쟁에만 전념하여 정치에는 별로 관심을 두고 있지 않은 것처럼 보였다. 그러나 명가의 대표 인물인 공손룡公孫龍 자신은 「적부편跡府篇」에

---

4) 王子搜患之. 逃乎丹穴, 越國無君, 求王子搜而不得, 從之丹穴, 王子搜不肯出, 越人薰之以艾, 乘之以王輿. 『呂氏春秋 ; 卷2 仲春紀』

서 "명名과 실實의 관계를 바로잡아 천하를 교화시키겠다(以正名實而化天下焉)."는 포부를 지니고 있었다.

오늘날 각국의 정치가들은 제각기 자기 나라는 평화를 원한다고 말하면서 사실은 전쟁준비를 하고 있는 사례가 허다하다. 바로 여기에 명분과 사실, 즉 명실 간의 잘못된 관계가 생겼다. 공손룡은 이런 류의 잘못된 관계를 바로잡는 것이 천하를 개혁시키는 첫걸음이라 주장하였다.

철학의 주제가 내성외왕의 길(道)이므로 철학 공부는 단순히 이런 지식만을 습득하는 것이 아니라 이런 인격을 갖도록 노력하는 일이다. 철학은 지식의 대상일 뿐만 아니라 실천의 대상이 되기도 한다. 철학은 결코 지적인 유희가 아니다. 그보다 훨씬 진지한 것이다. 필자의 동료 교수인 김악림金岳霖은 미발표 원고에서 다음과 같이 중국 철학의 특징을 지적해 내었다.

중국 철학자들은 모두 정도가 다른 소크라테스이다. 그 이유는 윤리, 정치, 자기 반성 및 지식이 철학자 자신 속에 통일되어 조화를 이루고 있기 때문이다. 그 자신 속에선 지知와 덕德이 합일되어 분리가 될 수 없다. 그의 철학은 그 자신이 철학을 생활로 삼을 것을 요구한다. 자기 자신이 자기 철학을 표현하는 길이며, 자기 생활의 신념에 따라 사는 것이 자기 철학의 일부였다. 그의 과제는 이기심과 자기 욕심을 초월한 순수체험인 천인합일의 경지까지 이르도록 끊임없이 자신을 수련시켰고 이런 수련과정을 정지할 수 없었다. 왜냐하면 정지는 곧 이기심의 출현과 합일된 경지의 상실을 의미하기 때문이다. 그러므로 그는 지적으로는 항상 모색을 계속했고, 행실로는 언제나 옳게 하거나 하려고 애를 썼다. 지행知行이 분리되지 않으므로 자신 속에 철학 본래의 의미에 있어서의 종합이 구현되어 있었다. 소크라테스와 마찬가지로 중국 철학가도 자기 일상생활과 철학을 분리할 수 없었다. 그는 인생의 방관자로 비켜 앉아서 책에만 묻혀 있는 메마르고 진부한 철학자는 결코 아니었다. 그러므로 중국 철학은 철학자 자신의 행동을 내적으로 규제하는 규범의 체계를 갖추었다. 극단적인 경우 그의 전기傳記가 곧 그의 철학이라고 말해도 과언이 아니다.

중국 철학의 표현방법

서구인들이 중국 철학을 연구하기 시작할 때 항상 부딪치는 두 가지 장애가 있다. 그 하나는 물론 언어장벽이며 다른 하나는 중국 철학의 독특한 표현방법이다. 여기서 우선 후자를 먼저 논하기로 하겠다.

우리가 중국 철학서를 읽기 시작하였을 때 받는 첫인상은 저자들의 말이나 글이 간략하고 전후 연관성이 없다는 데 있다. 『논어』를 잘 살펴보더라도 구절마다 몇 마디 말로 되어 있고, 또 구절과 구절 사이에는 별 연관성을 찾을 수 없다. 노자의 사상이 담긴 『도덕경』을 보더라도 전권全卷이 잡지의 논문 한 편보다 짧은 5,000자로 구성되어 있다. 그런데 그러한 얇은 책에 노자의 모든 철학이 다 들어 있다. 치밀한 추리와 상세한 논증에 습관이 된 학생은 이 중국 철학자들의 의도를 종잡을 수 없을 것이다. 그래서 그들은 중국 사상 그 자체가 비연속적이라 생각할지 모른다. 하지만 정말 그렇다면 중국 철학은 이름조차 없었을 것이다. 왜냐하면 비연속적 사고는 철학이라 이름을 붙일 가치가 없기 때문이다.

중국 철학자들의 말과 글이 외면상 연속성이 없는 것처럼 보이는 것은 철학저서로서 낸 글이 아니라는 사실에 기인한 것 같다. 중국 전통상, 철학공부는 하나의 전문분야가 아니라 서양에서 누구나 다 교회에 나가는 것과 같이 누구나 다 공부해야만 하는 것이었다. 철학공부의 목적은 인간을 인간답게 만들어 주는 것이지 어떤 특수한 사람을 만드는 것이 아니다. 철학공부가 아닌 다른 공부를 통하여 인간은 어떤 특수한 분야의 사람이 되는 것이다. 그리하여 중국에는 전문적인 철학서가 없었으며, 또 전문가가 아닌 철학자들은 정식으로 철학저서를 남길 필요도 없었다. 중국에는 정식으로 저서를 남긴 철학자보다 남기지 않은 철인들이 훨씬 더 많이 있다. 이러한 인물들의 철학을 연구하려면 그들이 제자나 친구들에게 쓴 서간문, 또는 그들이 남긴 어록語錄을 찾아보아야 한다. 이 서간문들은 어느 한 시기에 다 쓴 것이 아니요, 어록도 한 사람이 다 쓴 것이 아니다. 그러므로 어록 간의 비연속성은 물론 부조화까지도 예견할 수 있다.

앞에서 중국 철학자들의 말과 글이 비연속적인 이유를 설명했지만 그 말과 글이 간결한 이유는 설명하지 않았다. 맹자와 순자의 철학서에는 비교적 체계적인 추리와 논증이 있다. 그러나 서구의 철학서와 비교할 때, 그 저자는 아직도 명석하지 못하다. 중국 철학자들은 경구警句, 격언格言, 비유比喩, 예화例話 등의 형식으로 자기 의사를 표현하는 데 습관이 되었기 때문이다. 노자의 『도덕경道德經』은 전체가 경구와 격언으로 되어 있으며, 장자의 『남화경南華經』은 거의 모든 편이 은유와 예화로 가득차 있다는 것은 명백한 사실이다. 그리고 위에서 말한 맹자나 순자의 저서에도 서구의 철학서와 비교할 때 아직도 너무나 많은 경구, 은유, 예화들이 있다. 경구는 아주 간결하지 않으면 안 되었고, 은유나 예화는 비연속적일 수밖에 없었다.

경구, 은유, 예화들은 이와 같이 명확하게 표현되지는 못하였으나, 그들의 불명확성은 오히려 함축성으로 보충되었다. 명백성과 함축성은 물론 양립될 수는 없다. 표현이 명백하면 할수록 함축성은 감소된다. 그것은 마치 어떤 표현이 산문적일수록 시적인 맛이 적게 나는 것과 같다. 중국 철학자들의 말과 글은 너무나도 불명백하기 때문에 그들의 함축성은 무궁무진할 수밖에 없다.

명확성이 아닌, 함축성이 시·회화 등등, 모든 중국 예술의 극치를 이루었다. 시인이 전달하려는 뜻은 시에 직접 표현된 부분이 아니라 그 속에 숨어 있는 내용이다. 중국 문학 전통상, 훌륭한 시는 '자수와 운율은 일정하나 그 내용은 무궁하다'고 한다. 그리하여 시를 감상할 줄 아는 독자는 언외言外의 말을 읽고, 책을 읽을 줄 아는 독자는 행간行間을 읽는다. 이것이 바로 중국 예술의 정신이며 이 정신은 중국 철학자들의 표현방법 속에도 반영되어 있다.

중국 예술의 정신에도 철학적 배경이 있다. 『장자』「외물편外物篇」은 말한다.

통발(筌)은 물고기를 잡기 위해 있다. 물고기를 잡았으면 통발은 생각할 필요가 없다. 올가미(蹄)는 토끼를 잡기 위해 있다. 토끼를 잡았으면 올가미는 잊어버려야만 한다. 언어는 뜻(意)을 파악하기 위하여 있고, 뜻을 얻었으면 더 이상 언어에 대하여 생각할 필요가 없다. 어떻게 하면 언어를 잊은 사람과 만나 그와 함께 대화를 나눌까.5)

언어를 잊은 사람과 통하는 것은 언어로 말을 하는 것이 아니다. 『장자』에 두 성인이 만나서 한마디 말도 하지 않았다는 이야기가 있다. 그 이유는 "눈이 마주쳤을 때 도가 통하였기 때문"이다. 도가에 의하면 "도는 말할 수 없고 다만 암시될 수 있을 뿐"이라고 한다. 그러므로 언어는 도를 드러내는 암시성만 있을 뿐, 언어의 고정된 외연外延이나 내포內包는 없다. 언어는 그 목적을 달성했을 때 잊혀져야 한다. 왜

---

5) 筌者所以在魚, 得魚而忘筌 ; 蹄者所以在兎 得兎而忘蹄 ; 言者所以在意, 得意而忘言. 吾安得夫忘言之人而與之言哉! 『莊子 ; 外物篇』

우리는 필요 이상으로 언어 때문에 고심해야 하는가? 이것은 시의 어휘와 운율에도 해당되고, 회화의 선과 색에도 해당된다.

3~4세기에 가장 득세했던 학파는 현학玄學이었다. 신도가(중국 철학사에서는 이를 현학이라고 부른다.)의 고전인 『세설신어世說新語』에는 당시의 이름난 인물들의 재담과 기행이 수록되어 있다. 그들의 말은 대부분 아주 간략하였고, 어떤 것은 몇 마디도 되지 않았다. 『세설신어』에 다음과 같은 이야기가 있다.

> 태위太尉 왕이보王夷甫가 원선자阮宣子에게 노장과 공자와의 같고 다른 점이 무엇인가 물으니 원선자는 "같지 않을까요(將無同)."라고 대답하였다. 태위는 이 대답이 매우 마음에 들어 그를 즉시 관리로 임관시켰다.6)

그는 노장과 공자는 조금도 같지 않다고 말할 수도 없었고, 양자가 같다고 말할 수도 없었다. 그래서 그는 질문의 형식으로 대답했는데 이것이야말로 훌륭한 답이 되고 말았다.

『논어』나 『도덕경』의 간략한 말들은 이미 잊혀진 전제에서 내린 결론이 아니라 암시로 가득 찬 격언들이며, 매력을 끄는 것은 바로 이 상징성이다. 우리가 『도덕경』에 암시된 모든 사상을 글로 써서 한데 모으면 5만 자, 심지어 50만 자로 된 신간서를 펴낼 수도 있다. 그러나 아무리 그러한 작업을 잘했다손 치더라도 그것은 역시 신간 해설서에 지나지 않는다. 이 책은 『도덕경』을 잘 이해하기 위하여 원본과 함께 놓고 읽으면 많은 도움은 될 수 있으나 그 책을 원본과 대치시킬 수는 없다.

---

6) 이 대답은 단지 3자로 되어 있기 때문에 세상에는 '3어연(三語掾)'이라 불렀다.

저자가 전술한 바 있는 곽상은 『장자』의 해석가로 유명하다. 그의 주석 자체가 중국 철학(도가 계통)의 고전이다. 그는 『장자』의 비유와 은유를 추리와 논증 형식으로 바꾸어 놓았으며 『장자』의 시를 산문으로 옮겨 놓았다. 곽상의 글은 장자의 글보다 훨씬 더 분명하다. 독자는 『장자』 원본의 암시성과 곽상 주석의 명백성 가운데 어느 쪽이 더 좋은가 묻고도 싶을 것이다.

무착선사無着禪師는 "누구나 곽상이 장자의 주를 썼다고 하지만 오히려 장자가 곽상의 주註를 썼다."[7]고 말했다.

언어장벽

철학 저서의 원전을 읽을 수 없다면 원전에 담긴 사상을 완벽하게 이해할 수도 없고 또 충분하게 평가할 수도 없음은 모든 철학서에 공통적으로 해당되는 말이다. 이것은 곧 언어장벽에 근본원인이 있다. 중국의 철학자들이 암시적인 특성을 가지고 있기 때문에 언어의 장벽은 한층 더 두껍다. 중국 철학자들의 말과 글은 함축성 때문에 번역할 수 없는 것도 있다. 그리하여 번역문에서는 그 함축성을 놓치기 쉽다. 그렇게 되면 많은 것을 잃어버린다. 번역은 결국 해석에 지나지 않는다. 예를 들면 『도덕경』의 한 구절을 번역할 때 자신의 해석을 덧붙이게 된다. 그러므로 그 번역은 하나의 사상만을 전달하는 데 반해 원전은 사실상 역자가 부가한 사상 이외에 여러 가지 다른 사상을 함축하고 있다. 원전은 함축적이지만 번역은 그렇지도 못하고 또 그럴 수도 없다. 그래서 번역은 원전의 풍부성을 대부분 상실하게 된다.

---

7) 曾見郭象註莊子, 識者云, 却是莊子註郭象 『大慧普覺禪師語錄 ; 卷22』

이제까지 『논어』와 『도덕경』에 대한 번역서가 많이 나왔다. 그러나 역자마다 타인의 번역을 불만스럽게 생각하고 있다. 아무리 번역이 훌륭하게 잘되었다 하더라도 역서는 원저보다 빈약하지 않을 수 없다. 이미 간행되었거나 앞으로 간행될 『노자』와 『논어』에 관한 역서를 총망라한다 하더라도 원전의 풍부성에는 미칠 수 없다. 구마라즙鳩摩羅什은 5세기에 불경을 한문으로 번역한 명승名僧인데 그는 "번역 사업은 마치 남을 먹이기 위해 음식을 씹는 것과 같다."고 말하였다. 자신이 음식을 씹을 수 없으면, 남이 씹어 놓은 음식을 받아먹는 수밖에 없다. 그러나 그렇게 씹어 놓은 음식은 본래의 음식보다 맛이나 향기가 빈약한 것은 두말할 나위도 없다.

제2장

중국 철학의 배경

1장에서 필자는 철학이란 '삶에 대한 체계적 반성적 사색'이라고 하였다. 사상가는 자기가 살고 있는 환경에 의해 사고의 제약을 받게 된다. 인간이 어느 일정한 환경에 처하게 되면 일정한 생활양식을 터득하므로 자기 생활에 어떤 측면은 강조하고 어떤 측면은 소홀히 하는 데에서 그 철학의 특징이 드러나게 된다. 이 말은 한 개인은 물론 민족에게도 해당된다. 이 장에서 필자는 일반적으로 중국 문명이 특히 중국 철학이 어떻게 또 왜 오늘날과 같은 특수한 모습을 갖게 되었는가를 밝히기 위하여 그 지리적·경제적 배경에 대하여 말하려고 한다.

중국인의 지리적 배경

공자는 『논어』에서 이렇게 말했다.

슬기 있는 사람은 물을 좋아하고 어진 사람은 산을 좋아한다. 슬기 있는 사람은 활동적인데 어진 사람은 정적이다. 슬기 있는 사람은 즐기며, 어진 사람은 장수한다.[1]

이 글을 읽으며 필자는 고대 중국인과 그리스인의 사고방식의 차이를 느꼈다.

---

1) 知者樂水, 仁者樂山, 知者動, 仁者靜, 知者樂, 仁者壽. 『論語；雍也』

36

중국은 대륙국이다. 그래서 고대 중국인들은 자기의 영토가 곧 세계라고 생각하였다. 한문에 '천하天下'와 '사해내四海內'라는 두 가지 표현이 있는데 양자는 다 현대어로 '세계'라는 뜻이다. 그리스 같은 해양국 주민들은 '천하'와 '사해내'라는 말이 동의어로 쓰일 수 있으리라고는 상상조차 못할 것이다. 그러나 한문에는 그러한 표현이 실제로 곧잘 사용되고 있으며, 또 그와 같이 쓰는 이유도 있다.

공자가 살던 시대부터 19세기 말까지 파도가 치는 바다에서 모험을 해본 적이 있는 사상가는 아무도 없었다. 오늘날의 관점에서 거리를 측정해 보면 공자나 맹자가 모두 해변에서 아주 멀리 떨어져 살았다고 할 수는 없다. 그런데 『논어』에는 바다에 대한 말이 단 한 번밖에 없다. 공자는 "이 세상에 도가 실행되지 않으면 뗏목을 타고 바다로 떠나겠다. 그 경우 나를 따를 사람은 중유仲由 너뿐일 게다."[2]라고 말하였다. 중유는 용감하기로 소문난 공자의 제자였다. 중유가 이 말을 듣고 매우 기뻐했다고 하나, 공자는 그가 지나치게 용기만 내세웠으므로 그렇게 좋게 평가하지는 아니하였다. 그리하여 공자는 "중유는 나보다 훨씬 용감하나 쓸모가 없다."[3]고 평하였다.

맹자도 바다에 대한 말을 거의 하지 않았다. 다만 "바다를 본 사람은 다른 물을 생각하기가 어렵고, 성인의 문하에서 노닐던 사람은 남의 말을 생각하기가 어렵다."[4]는 말을 했을 뿐인데 바다에 떠다니겠다는 생각을 가진 공자보다 맹자가 더 낫다고 할 수 없다. 해양국에 살며 이 섬 저 섬으로 편력한 소크라테스, 플라톤, 아리스토텔레스와는 얼마나 다른가?

---

2) 道不行, 乘桴浮於海, 從我者其由與? 『論語 ; 公冶長』
3) 由也, 好勇過我, 無所取材. 『論語 ; 公冶長』
4) 故觀於海者, 難爲水, 遊於聖人之門者, 難爲言. 『孟子 ; 盡心 上』

중국인의 경제적 배경

고대 중국과 고대 그리스 철학자들은 지리적 조건뿐 아니라 경제적 조건도 상이한 상태에서 살았다. 중국은 대륙국이므로 중국인은 농업에 종사하여 생계를 유지했다. 오늘날까지도 농업인구는 약 70~80%를 차지하고 있다. 농업국에서 토지는 부富의 제일원천이다. 그러므로 중국 통사를 살펴보건대 사회경제사상 및 그 정책은 토지의 이용과 분배에 집중되어 있음을 알 수 있다.

그러한 경제체제에서 농업은 평시平時에는 물론 전시戰時에도 중요하였다. 여러모로 오늘과 사정이 비슷한 전국시대(B.C. 480~222년)에 중국은 수많은 봉건국으로 분할되었으며 봉건국마다 농전農戰5)에 최대의 관심을 기울였다. 마침내 당시 7국 중에서 농전에 실력을 갖춘 진秦나라가 다른 나라들을 정복하여 중국 역사상 최초의 통일국가를 수립하였다.

중국 철학자들의 사회경제사상에 이른바 '본本'과 '말末'이라는 구분이 있다. '본'이란 농업을, '말'이란 상업을 가리켜 한 말이다. 그 이유는 농업이 생산에 관련이 있는데 상업은 단지 교역에 관련되었기 때문이다. 우리는 교역하기 전에 먼저 생산을 해야 한다. 농업국에서는 농사가 중요한 생산양식이었으므로 중국사상 사회경제적 이론과 정책을 보면 모두 '본'을 중시하고, '말'을 경시하였다. 그러므로 '말'에 종사하는 사람, 즉 상인을 경시하였다. 상인들은 전통적인 사회의 4계층, 사농공상士農工商 중 가장 말단 계층이었다. 사대부士大夫는 대체로 토지의 주인이었고, 농부는 실제로 토지를 경작하는 소작인이었다. 중국에서 사대부나 농부는 명예로운 직업이었다. 학문을 하면서 농사를 지으

---

5) 凡人主之所勸民者官爵也, 國之所以興者 農戰也. 『商子 ; 農戰』

며, 생활을 해나가는 가문(耕讀世家)은 더할 나위 없이 자랑스러운 가문이었다. 비록 사대부 자신이 직접 토지를 경작하지는 않았으나 지주의 신분으로서 그들의 운명은 농업에 매여 있었고 한 해의 풍작, 흉작은 그들의 행·불행을 좌우했다. 그러므로 사대부들의 우주관과 인생관은 근본적으로 농부의 것을 대변하고 있었다. 사대부들은 교육을 통하여 농부들이 실제로 느끼지만 표현하지 못하는 것을 표현할 수 있는 힘을 길렀으며 이것을 중국 철학, 문학, 예술의 형식을 빌려서 나타내었다.

농업의 숭상

B.C. 3세기에 여러 학파의 철학을 집약한 『여씨춘추呂氏春秋』라는 책의 한 부분으로 「상농편上農篇」이 있다. 이 편의 저자는 평민들을 두 가지 부류로 나누었는데, 하나는 '근본(本)'에 종사하는 사람으로 농부를 들었고, 나머지 하나는 '말단(末)'에 종사하는 사람으로 상인을 들었다. 또 이 두 부류의 생활양식의 차이를 비교하였는데 다음과 같다.

농부들은 순박하고 단순하여 언제나 명령을 받아들일 태세가 되어 있었고 그들은 어린이같이 순진하고 이기심이 적었다. 그들의 재산은 거추장스럽고 옮길 수 없어 위험을 당해도 제 고장을 떠날 줄 몰랐다. 반면 상인들은 순수성을 잃어버려 복종심이 없고 교활하며 이기적이었다. 상인들은 이사하기 간편한 재산을 가지고 있었기 때문에 반란이 생기면 제 고장을 버리기 일쑤였다.

그러므로 『여씨춘추』를 저술한 자는 「상농편」에서 농업이 경제적으로 상업보다 더 중요할 뿐만 아니라, 농부의 생활양식이 상인의 그것보다 더 우월하다고 말하였다. 바로 이것이 농업을 숭상하는 이유이다.[6] 「상농편」의 저술자는 백성의 생활이 경제배경에 의해 지배를 받는다고 하였지만 그 자신도 당대 경제배경의 지배하에서 농업을 평가하고 있다.

『여씨춘추』의 이러한 관찰에서 중국 사상의 양대 주류인 도가道家와 유가儒家의 근원을 찾을 수 있다. 유가와 도가는 서로 다르지만 동일한 막대의 양쪽 끝이며, 양자는 다 같이 농부의 기원과 영감을 표현한 철학이다.

되돌리는 것은 도道의 움직임이다(反者道之動)

유가와 도가의 차이점을 관찰하기에 앞서 양자의 공통된 주장을 살펴보고자 한다. 자연계나 인간의 일 중에서 무엇이나 극단으로 가면 되돌아오려는 반동反動이 생긴다. 헤겔은 "만물은 그 자체에 부정否定을 포함하고 있다."고 표현하였다. 이것은 노자老子 철학의 주제인 동시에 유가정신에 따라 해석된 『주역周易』의 주제이기도 하다. 해와 달의 운행과 사계의 순환에서 영감을 얻은 것이었다. 농부들은 농사를 짓기 위하여 이 순환에 특별한 주의를 기울이지 않을 수 없었다. 『주역』「계사 하繫辭 下」에 "추위가 가면 더위가 오고, 더위가 가면 추위가 온다."[7]는 말이 있고, 또 "해가 중천에 있으면 기울고, 달이 차면 이지러진

---

6) 古先聖王之所以導其民者, 先務於農, 民農非徒爲地利也, 貴其志也, 民農則樸, 樸則易用, 易用則邊境安, 主位尊, 民農則重, 重則少私義, 少私義則公法立, 力專一, 民農則其產復, 其產復則重徙, 重徙則死處, 而無二慮, 舍本而事末則不令, 不令則不可以守, 不可以戰, 民舍本而事末 則其產約, 其產約則輕遷徙. 輕遷徙則國家有患, 皆有遠志, 無有居心. 『呂氏春秋 ; 上農』

7) 寒往則署來, 署往則寒來. 『周易 ; 繫辭 下』

다."8)고 하였다. 이러한 운동을 「단전 상象傳 上」에서는 '복復'이라고 불렀다. 그리하여 "복괘復卦에서 천지天地의 핵심을 파악한다."9)고 하였다. 이와 마찬가지로 노자가 지은 『도덕경道德經』에도 원상태로 "되돌아가는 것(反)은 도의 움직임이다."10)고 말했다.

이 원리는 중국인에게 커다란 영향을 주었으며, 오랜 역사에서 부딪친 허다한 난관을 극복하는 데 큰 힘이 되었다. 이 원리를 확신했으므로 그들은 영화로움이 극에 달했을 때도 행동을 삼가 조심하였으며, 극도의 위기에 처했을 때에도 희망을 잃지 않았다. 지난 항일전쟁抗日戰時 때에도 이 교훈은 중국인에게 심리적인 무기를 제공하여 암흑기에도 "곧 동이 틀 테지(黎明將至)."라는 문구를 되새기며 희망 속에 살았다. 그리고 중국인이 전쟁을 겪어 내도록 도운 것은 바로 이러한 교훈을 믿으려는 의지였다.

이러한 가르침은 또한 유가나 도가가 다 같이 중시한 중용中庸의 밑바탕이 되었다. 그리하여 "너무 지나치지 말라." 는 것이 양가의 준칙이 되어 왔다. 양가의 견해에 의하면, 우리가 너무 많이 소유하여 잘못되는 것보다 적게 소유하여 잘못되지 아니하는 편이 낫고, 너무 과도하게 일을 하여 그르치느니보다 차라리 하지 않고 내버려 두는 편이 더 낫다고 했다. 왜냐하면 과도한 소유過度所有와 과도한 작위過道作爲는 다분히 자기가 바라는 정반대의 결과를 초래할 위험성이 있기 때문이다.

---

8) 日中則昃, 月盈則食. 『周易 ; 豊卦』
9) 復其見天地之心·乎. 『周易 ; 復卦』
10) 反者道之動. 『老子 ; 第40章』

자연의 이상화理想化

도가와 유가가 서로 다른 까닭은 농민생활의 각기 다른 면을 제 나름대로 합리화하거나, 이론적으로 표현하였기 때문이다. 농부의 생활은 단순하고, 그들의 생각은 순박하다. 도가는 농부들의 이 관점에서 사물을 관찰하였으므로 원시사회의 단순성을 이상화하고 문명을 비난하였다. 도가들은 어린이의 순진성을 이상화하고 지식을 멸시하였다.

『노자』에 "적은 백성을 가진 작은 나라를 갖도록 하자. …… 백성들로 하여금 노끈에 매듭짓는 풍습을 되찾고 그 음식을 달게 먹고, 그 옷을 곱게 입고, 집에 편히 살고, 그 일과를 즐기게 하면 비록 이웃나라가 바로 보이고, 닭·개 짖는 소리가 들려오더라도 백성들은 늙어 죽을 때까지 서로 왕래하지 않을 것이다."[11]라는 말이 있다. 이것이야 말로 농업국의 전원적인 한 폭의 그림이 아닌가? 농부는 언제나 자연과 접촉하고 있다. 그래서 그들은 자연을 찬미하고 사랑한다. 이 찬미와 사랑은 도가에 의해 극도로 발휘되었다. 도가는 자연(天)과 인간(人爲)을 엄격히 구분하였다. 도가에서는 자연적인 것(天)은 인간 행복의 원천이요, 인위적인 것은 인간 고통의 근원이라고 보았다. 도가는 순자荀子가 비평한 바와 같이 "자연(天)에 가리워 인간을 알지 못하였다."[12] 도가는 이 사상을 끝까지 전개시켜 나갔기 때문에 성인聖人의 정신수양의 최고 목표는 자신이 대자연, 즉 우주와 합일되는 데 있었다.

---

11) 小國寡民 …… 使民復結繩而用之. 甘其食. 美其服. 安其居. 樂其俗. 鄰國相望. 雞犬之聲相聞. 民至老死不相往來.『老子 ; 第80章』
12) 蔽於天而不知人.『荀子 ; 解蔽』

가족제도

농부들은 이동할 수 없는 대지 위에서 살아야 하고, 사대부인 지주도 마찬가지여야 한다. 그들은 특수한 재능이나 특별한 행운을 갖지 못하면 자기 부모나 조부모가 살던 그 땅에서 살아야 하며, 자기 자녀 역시 계속 그곳에 살아야 하는 운명을 타고났다. 말하자면 넓은 의미에서의 가족은 경제적 이유로 함께 살지 않으면 안 되었다. 그리하여 중국엔 가족제도가 매우 발달되었는데, 이것은 세계에서 가장 복잡하면서도 조직이 잘되어 있는 제도였다. 유가사상은 대부분 이 사회제도를 합리화하기 위해 이론적으로 표현한 것이었다.

가족제도는 중국의 사회제도 그 자체였다. 오륜五倫, 즉 부자父子, 군신君臣, 부부夫婦, 장유長幼, 붕우朋友 관계 중에서 세 가지가 가족관계이며 나머지 두 가지는 가족관계는 아니더라도 가족관계처럼 생각할 수 있다. 그러므로 군신관계는 부자관계로, 붕우관계는 장유관계로 간주될 수 있고, 또 사실 늘 그렇게 생각하여 왔다. 그러나 이것은 다만 중요한 가족관계일 뿐, 사실 이보다 훨씬 더 많이 있다. 가장 오래된 한문사전인 『이아爾雅』에는 여러 가지 가족관계를 표시하는 용어가 100가지 이상 있는데, 이 용어들은 외국에서 꼭 알맞은 번역어를 찾을 수 없는 것이 대부분이다.

가족제도 때문에 조상숭배祖先崇拜도 발달되었다. 한 가족에서 조상 숭배의 대상은 보통 자신과 후손들에게 살 터전(토지)을 마련해 준 시조始祖였다. 그리하여 시조는 가족 단합의 상징이 되었으며 그러한 상징은 복잡하고 대규모의 조직체를 위해서 필요불가결한 것이 되었다. 유가사상은 대부분 이 사회제도를 합리적으로 정당화하거나 또는 이론적으로 이를 표현한 것이다. 농경의 경제조건이 중국사회의 토대를 쌓았다면 유가사상은 그것의 윤리적인 의의를 천명하였다. 이 사회제도가 어떤 경제조건의 부산물이었고 또 이 경제조건은 그 지리적 환경의 산물이었으므로 중국인은 그 제도나 이론적 표현을 당연하게 여겼다. 그러므로 유가는 자연히 정통철학이 되었고 근대 유럽과 미국으로부터 침투한 산업화 과정이 중국인의 경제생활을 개혁할 때까지 그대로 존속되었다.

세간世間과 출세간出世間

유가는 사회조직의 철학인 동시에 일상생활의 철학이기도 하다. 유가는 인간의 사회적 책임을 강조하는 데 반해, 도가는 인간의 자연적인 면과 자발적인 면을 강조한다. 『장자』에서 유가는 사회의 테두리를 벗어나지 못하는데, 도가는 그것을 초월하여 소요逍遙한다고 한다. 기원후 3~4세기에 도가가 다시 융성했을 때 당시 사람들은 흔히 유가는 명교名敎(사회관계를 지시하는 이름을 가르치는 것)를 중요시했는 데 반해 노장은 자연을 중시하였다고 여겼다. 중국 철학의 양대 주류는 대체로 서양의 고전주의古典主義와 낭만주의浪漫主義의 전통과 비슷하다. 두보杜甫와 이백李白의 시詩를 읽어보면 그들의 시에 각각 유가와 도가의 차이점이 드러나 있다. 이 양대 시인은 동시대(기원후 8세기)에 살면서 그들은 자기의 시에 중국 사상의 양대 전통을 표현하였다.

'사회 경계 내에서의 소요'로 인하여 유가는 도가보다 더 세간적인 것처럼 보이며, '사회 경계를 초월한 소요'로 인하여 도가는 유가보다 출세간적인 것처럼 보인다. 이 양대 사상조류는 서로 대립되면서 또한 서로 보충하는 관계를 가졌다. 양자는 일종의 세력균형을 유지했으며 이로 인하여 중국인은 세간과 출세간에 대한 평형감을 한층 더 잘 유지할 수 있었다.

3~4세기엔 도가를 유가에 접근시키려는 도가가 있었는가 하면, 11~12세기엔 유가를 도가에 접근시키려는 유가도 있었다. 전자를 신도가新道家라고 부르고, 후자를 신유가新儒家라고 부른다. 필자가 앞 장에서 지적한 바와 같이 중국 철학을 세간적이면서 출세간적으로 만든 것이 바로 이 신도가와 신유가의 역할이었다.

중국 예술과 시

유가는 예술을 도덕교육의 도구로 삼았으며, 도가는 예술에 대한 공식적인 언급은 없었으나 정신개방의 찬미와 자연의 이상화로 중국의 위대한 예술가에 깊은 영감을 불어넣어 주었다. 이것이 통례가 되어 중국의 위대한 예술가는 대부분 자연을 주제로 삼았다. 그리고 중국 회화의 걸작은 모두 산수山水, 동물動物, 화훼花卉, 목죽木竹을 소재로 한 그림이다. 중국의 산수화엔 산중턱 또는 시냇가에 앉아서 자연의 미를 감상하며, 자연과 인간을 다 잊어버린 채 도道를 관조하는 사람이 그려져 있는 것이 상례다. 중국의 대시인인 도연명陶淵明(365~427년)의 시에서도 우리는 그러한 경지를 엿볼 수 있다.

사람들 모인 속에 초가를 짓고 살아도
수레의 시끄런 소리 들리지 않네
묻노니 그대여 어떻게 그럴 수 있는지
마음이 멀어지니 있는 곳이야 저절로 한갓져
동쪽 울밑에서 국화를 따는데
물끄러미 남산이 바라보이네
어스름 저녁 산기운은 아름답고

날아드는 새와 함께 돌아와

이곳에 참된 뜻이 있는데

설명하려다 이미 말을 잊었네![13)

여기에 도가사상의 극치가 표현되어 있다.

중국 철학의 방법론

농부의 관점은 중국 철학상 "되돌아가는 것은 도道의 움직임이다."
라고 한 것같이 철학의 내용을 한정시켰을 뿐만 아니라 철학의 방법마
저 한정시켰다. 노드롭Northrop 교수는 직관에 의해 도달된 개념과 요
청에 의해 도달된 개념이라는 두 유형의 개념을 상정하고, "직관에 의
한 개념은 직각적으로 파악된(어떤) 것을 지시하며, 이 개념의 완전한
의미는 직각적으로 파악된 것에 의하여 주어진다. 감각된 색으로서의
'푸름(靑)'을 파악하는 것은 직관에 의한 개념이다. …… 가설에 의한
개념은 연역적인 이론에 의해 그 어떤 것의 완전한 의미가 지시되는
개념이다. 전자기론상電磁氣論上 파장의 숫자로서의 '푸름'을 파악하는
것은 가설에 의한 개념이다."14)라고 말하였다.

---

13) 結廬在人境, 而無車馬喧. 問君何能爾, 心遠地自偏. 採菊東籬下, 悠然見南山. 山氣
　　日夕佳, 飛鳥相與還, 此中有眞意, 欲辯已忘言.

14) Filmer, S. C. Northrop, "The Complementary Emphases of Eastern Intuition
　　Philosophy and Western Scientific Philosophy" In Philosophy East and West." C. A.
　　Moore, ed., p.187. Princeton University Press. 1946.
　　"A concept by intuition is one which denotes, and complete meaning of which is
　　given by, something which is immediately apprehended. 'Blue' in the sense of the
　　sensed color is a concept by intuition …… A concept by postulation is one the
　　complete meaning of which is designated by the postulates of the deductive theory
　　in which it occurs …… 'Blue' in the sense of the number of a wavelength in

그는 또 직관에 의한 개념에는 세 가지 가능한 유형이 있다고 말하였다.

(1) 분화된 감성적 연속체感性的 連續體의 개념

(2) 무한無限한 또는 분화分化되지 않는 감성적 연속체의 개념

(3) 분화의 개념[15]

그리고 그는 "유가는 무한정하게 직관된 다양성의 개념이 사고의 배경으로 이동하고, 구체적인 분화의 개념이 상대적이고 인간적이며 일시적인 왕래 속에서 철학의 내용을 형성하는 마음의 상태라고 정의할 수도 있다."[16]고 하였다. 그러나 도가에서는 "무한 또는 분화되지 않은 감성적 연속체의 개념이 철학의 내용이다."고 하였다.

필자는 위에서 말한 노드롭 교수의 의견에 전적으로 찬성하는 것은 아니다. 그러나 그는 여기서 적어도 중국 철학과 서양 철학 사이의 근본적 차이점만은 파악하였다고 생각한다. 중국 철학을 공부하는 학생이 서양 철학을 배울 때 그리스 철학자들도 역시 유有와 무無, 유한과 무한의 구분을 했다는 사실을 알고 매우 기뻐한다. 그러나 그리스 철학자들이 무와 무한은 유와 유한보다 열등하다고 주장하는 것을 보고 놀람을 금치 못한다. 중국 철학의 경우는 정반대다. 이러한 차이가 생긴 이유는 유(존재)와 유한은 뚜렷한 데 반해 무와 무한은 뚜렷하지 못하기 때문이다. 가설에 의한 개념으로 철학의 출발점을 삼는 철학자들은 뚜렷한 것을 좋아하고, 반면 직관에 의한 개념으로 출발하는 철학자는 판명判明하지 않은 것을 소중히 여긴다.

---

electro-magnetic theory is a concept by postulation."

15) The concept of the differentiated aesthetic continuum. The concept of the indefinite or undifferentiated aesthetic continuum. The concept of the differentiation., Ibid., p.187.

16) "Confucianism may be defined as the state of mind in which the concept of the indeterminates intuited manifold moves into the background of thought and concrete differentiations in their relativistic, humanistic, transitory coming and going from the content of philosophy.", Ibid., p.205.

노드롭 교수가 앞에서 지적한 것과 필자가 이 장 서두에서 말한 것을 연관시키면, 분화된 감성적 연속체의 개념으로부터 미분화된 감성적 연속체의 개념과 분화의 개념 양자가 다 유래되었는데 이것은 기본적으로 농부의 구상임을 알 수 있다. 농작과 수확 같은 농부가 늘 다루어야 하는 것들, 즉 농장 및 곡식들은 모두 직접 감지되는 대상들이다. 농부들은 원시적이며 소박한 생활환경에서 직접 감지한 것을 소중히 여긴다. 이와 같이 농부들의 의견을 대변하는 철학자들이 사물을 직접 감지하는 것을 자기 철학의 출발점으로 삼는 것도 무리는 아니다.

이 사실로 우리는 중국 철학에서 왜 인식론이 발전하지 못했는가의 이유를 알 수 있다. 내 눈앞에 보이는 이 책상이 실재인가, 혹은 환상인가의 여부, 또 그 책상이 내 마음속에 있는 하나의 개념에 지나지 않는가, 혹은 실제로 공간을 차지하고 있는가의 여부를 중국 철학자들은 심각하게 고려하지 않았다. 그러한 인식론적인 문제들은 중국 철학(인도에서 온 철학을 제외하고)엔 없다. 왜냐하면 인식론적 문제는 주관과 객관의 구분이 강조되었을 때에만 제기되는 것인데, 감성적 연속체에서는 그러한 구별이 없기 때문이다. 감성적 연속체에서는 인식주관과 인식대상이 하나의 전체를 이루고 있다.

이 사실로 중국 철학에서 사용하는 용어(漢文)가 왜 분명하지 못하고 암시적인가 하는 이유를 알 수 있다. 한문이 분명하지 못한 이유는 연역추리로 개념을 표현하지 않기 때문이다. 철학자는 단지 자기가 직관한 것을 말할 뿐이다. 그러므로 그가 한 말은 문자상으로는 간결하나 내용상으로는 풍부하다. 이것이 바로 어째서 철학자가 한 말이 정확하기보다는 암시적인가 하는 이유이다.

해양국과 대륙국

　해양국의 그리스인들은 상업을 통하여 부富를 축적하였다. 그들은 대부분 상인들이었으므로 우선 상업적 계산에서 사용하는 추상적인 숫자를 먼저 다루고 그 다음 구체적 사물을 다루었다. 구체적 사물도 이 숫자를 통하여 파악할 수 있는데 이 숫자는 노드롭 교수가 말한 가설에 의한 개념이다. 이와 같이 그리스 철학자들은 가설에 의한 개념을 철학의 출발점으로 삼아 수학과 수학적 추리를 발전시켰다. 이것을 보면 왜 그들은 인식론적인 문제를 가지고 있었고 그들의 언어가 왜 그렇게 분명한가 하는 이유를 알 수 있다.

　상인은 또한 도시인이기도 하다. 그들의 활동무대는 도시이기에 상인들은 가족의 이익보다는 도시의 공공이익에 더 많은 기반을 둔 사회조직의 형태를 가지고 있다. 그러므로 그리스인들은 곳곳에 도시국가 중심의 사회를 조직하였다. 그 사회는 가족국가家族國家라 할 수 있는 중국의 사회조직과는 대조적이다. 도시국가에서의 사회조직은 비독재적이다. 왜냐하면 동등한 도시인 가운데 어느 한 개인이 다른 개인보다 더 중요해야 하고 우월해야 할 도의적 이유가 없기 때문이다. 그러나 가족국가의 사회조직은 가부장의 권위가 자손보다 우월하기 때문에 독재적이며 계층적이다. 중국인들의 다수가 농민이었다는 사실은 왜 중국이 근대화의 매개체인 산업혁명을 할 수 없었던가에 대한 이유를 설명해 준다.

　『열자列子』「설부說符」에서는 이렇게 기록되어 있다.

　송나라의 어떤 장인匠人이 자기 임금을 위하여 옥玉으로 닥나무 잎을 만들었는데 3년 만에 완성했다. 날카로운 줄기며 가느다란 가시는 많고도 윤택했다. 그것을 다른 닥나무 잎들과 섞어 놓으니 진짜 나뭇잎과 구별할 수 없었다. 그리하여 만든 사람은 마침내 기교가 훌륭하기 때문에 송宋나라의 녹禄을 받았다. 열자는 이 이야기를 듣고 "천지의 생물로 하여금 3년이 걸려 잎사귀 하나를 만들었다면 잎사귀 달린 것은 거의 없을 것이다."고 하였다.[17]

이것은 자연(天)을 숭상하고 인간의 기교를 불신하는 사상이다. 농부의 생활방식은 자연에 순종하는 데 있다.

농부들은 자연을 찬미하고 인간의 기교를 불신하며 원시적이고 순박한 생활에 쉽게 만족한다. 그들은 어떤 새로운 변화를 바라지 않으며 또 어떤 새로운 변화를 생각할 수도 없었다. 과거 중국에 유명한 발명이나 발견은 적지 않게 있었지만 사회가 이 발명 또는 발견을 권장하기보다는 도리어 저지했음을 알 수 있다.

이와는 달리 해양국의 상인들은 상이한 습관과 언어를 가진 외국인을 만날 수 있는 기회가 많이 허용되었기 때문에 상인들은 새로운 변화에 익숙하여 신기한 것에 대한 두려움도 없었고 오히려 자기 상품을 더 많이 팔기 위하여 제품의 신기성新奇性을 더 장려해야만 했다. 서구에서도 특히 상업을 통하여 번영을 누린 영국에서 산업혁명이 최초로 발생되었다는 사실은 결코 우연으로 돌릴 수 없다.

이 장 서두에 인용한 『여씨춘추』「상농편」에서 상인에 관한 구절은 해양국 사람들에게도 적용시킬 수 있다. 다만 상인들은 부패하고 교활한 대신 해양국 사람들은 세련되고 꾀가 많다고 말할 수 있다.

또 공자가 "지혜로운 자는 물을 좋아하고, 인자한 자는 산을 좋아한다(智者樂水, 仁者樂山)."라고 한 말은 해양국 사람들은 슬기롭고, 대륙국

---

17) 宋人有爲其君以玉爲楮葉者, 三年而成, 鋒殺莖柯 毫芒繁澤. 亂之楮葉中, 而不可別也, 此人遂以巧食宋國, 子列子聞之, 日：使天地之生物, 三年而成一葉, 則物之有葉者寡矣. 『列子；説符篇』

사람들은 어질다고 달리 말할 수도 있다.

그리스와 영국의 지리적·경제적 여러 조건과 서구의 과학사상 및 민주제도의 발달과의 관계를 설명하기 위한 그 증거들의 나열은 이 장의 한계를 벗어나지만, 그러나 그리스나 영국의 지리적·경제적 조건이 중국과 아주 다르다는 사실은 이 장에서 언급한 바와 같이 중국 역사에 관한 필자의 논고를 충분히 역증해 놓았다.

중국 철학의 불변요소와 가변요소

과학의 발달은 지구의 거리를 단축시켜 놓았다. 중국은 이제 더 이상 '사해내四海內'에 고립될 수 없으며 산업화를 추진해야만 한다. 비록 서구보다는 훨씬 뒤지긴 했어도 안 하는 편보다는 낫다. 그러므로 동양이 서양에게 침략당했다기보다는 중세가 근대에게 침범당했다고 표현하는 것이 오히려 타당한 말이다. 중국이 근대세계에서 생존하려면 우선 근대화하여야 한다.

그런데 거기엔 하나의 문제가 있다. 중국 철학이 중국인의 경제조건과 그렇게 밀접하게 연관되어 왔다면, 중국 철학의 여러 사상은 단지 그러한 조건 아래서 사는 사람에게만 타당성을 갖고 있는 것이 아닌가 하는 것이다.

그 해답은 긍정도 부정도 아니다. 어느 철학은 어느 나라, 어느 시대이건 모두 당시 사람들의 경제조건과 그 관계 속에서만 가치를 지니는 일면이 있는가 하면 그 이상의 일면도 있다. 즉, 상대적이 아니면서도 언제나 가치를 지니고 있는 면도 있다. 필자는 이것을 절대적 진리라고 부르지는 않겠다. 왜냐하면 무엇이 절대적인 진리인가를 규정하는 것 역시 온 인류의 커다란 과제이며 신이 존재한다면 신만이 결정하도록 보류해야 할 문제이기 때문이다.

그리스 철학에서 예를 들어 보자. 아리스토텔레스가 노예제도를 합리화시킨 것은 그리스인들의 경제적 생활조건과 불가분의 관계를 가진 이론으로 간주되어야 한다. 그렇다고 하여, 아리스토텔레스의 사회철학에 상대적 요소만이 있는 것도 아니다. 중국 사상도 이의 예외일 수는 없다. 중국이 산업화되는 과정에서 낡은 가족제도가 없어지면, 그 제도를 합리화시킨 유가의 이론도 사라질 것이다. 그렇다고 하여 유가의 사회철학에는 상대적인 면만이 있다는 것도 아니다.

그 이유는 고대 그리스와 중국 사회가 서로 다르지만 사회라고 부를 수 있는 것은 일반적 범주에 속해 있기 때문이다. 그리스나 중국 사회의 이론적 표현인 여러 학설들도 역시 사회일반의 부분적 표현들이다. 그 학설에서 그리스 혹은 중국 사회 그 자체에만 적합한 면도 있는가 하면 일반적인 사회에 해당하는 보다 보편적인 면도 틀림없이 있다. 상대적이 아니면서도 언제나 가치를 지니고 있는 것은 바로 후자다.

이것은 도가에게도 똑같이 적용되는 말이다. 인류의 이상향은 지나간 시대의 원시성이라고 주장하는 도가의 학설은 확실히 잘못되어 있다. 진보의 사상을 가지고 있는 우리 근대인들은 인류의 이상적 상태는 과거에 상실된 그 어떤 것이 아니라 미래에 창조될 그 무엇이라고 생각한다. 그러나 어떤 근대인은 무정부주의를 인류의 이상적 상태라고 생각하는데 이것은 도가의 사상과 전적으로 다르다고 할 수 없다.

철학은 우리에게 인생의 이념을 제시해 주기도 한다. 어떤 한 국민, 또는 한 시대의 철학이 제시한 이념의 일면은 그 국민 또는 그 시대의 사회조건에서 유래한 그 사회의 생활에 적합한 것이어야 한다. 그러나 삶 전반에 해당하기 때문에 상대적이 아니고 오히려 항상적 가치를 지닌 부분도 있어야 한다. 우리는 유가의 이상적 인생론에서 그 예증을 찾을 수 있다. 이 이론에 의하면 이상적인 생활은 천지(우주)의 궁극(太極)을 파악하고 있으면서도, 오륜五倫의 테두리를 벗어나지 않는다.

이 오륜의 내용은 환경에 따라 변할 수 있으나 그 이상 자체는 변하지 않는다. 오륜의 어떤 내용은 폐기되어야 하므로 유가의 생활이념도 버려야 한다고 주장하는 사람이 있다면 이도 역시 잘못이다. 우리는 철학사에서 무엇이 불변적이고 무엇이 가변적인가를 가리기 위하여 논리적 분석을 할 필요가 있다. 어느 철학이나 다 불변요소와 공통요소를 가지고 있다. 그러기에 서로 다른 철학이라도 서로 비교될 수 있고, 서로의 테두리로 옮겨서 표현될 수도 있다.

그러면 중국 철학의 방법론은 변할 것인가? 바꾸어 말하면 새로운 중국 철학은 '직관直觀에 의한 개념'에만 국한될 것인가? 확실히 그렇지는 않을 것이다. 그리고 국한되어야 할 어떠한 이유도 없다. 사실 중국 철학은 이미 변화하는 과정에 서 있다. 이 변화에 관하여 필자는 28장에서 논하겠다.

제 3 장

제자백가: 여러 학파의 기원

諸子百家

유가와 도가는 중국 사상의 양대 조류임을 전장에서 밝혔다. 이 두 학파는 오랜 세월을 통하여 발전을 거듭한 결과 주류의 자리를 굳혔다. 그러나 B.C. 3~5세기만 하더라도 유·도 양가는 사실상 여러 학자들이 서로 논쟁하는 수많은 학파 중의 두 학파에 지나지 않았다.

사마담司馬談과 육가六家

사가史家 가운데 제자백가의 분류를 맨 처음 시도한 인물은 사마담(B.C. 110년에 죽음)이었다. 그는 『사기史記』를 찬술한 사마천司馬遷의 아버지다. 사마천은 『사기』의 맨 끝에서 자기 부친이 쓴 『논육가요지論六家要旨』를 인용하였다.

필자가 육가의 내용을 소개하면 다음과 같다.

1) 음양가陰陽家

이 학파는 우주론자 중의 일파로서 음陰과 양陽이라는 우주 양대 원리의 화합과 상호작용에 의하여 만물이 생성한다고 믿는 데서 그 명칭이 유래되었다.

2) 유가儒家

이 학파는 서구에는 공자학파Confucianist School라고 알려져 있다. 그러나 '유儒'자는 문자 그대로 '학자' 또는 '문사文士'를 뜻한다. 그러므로 서구식 표현이 오류를 면치 못하는 이유는 이 학파의 문하생들이 학자인 동시에 사상가였다는 함의를 상실하였기 때문이다. '유'들은 무엇보다도 옛 경전에 밝은 교사들이었고, 또 고대 문화유산의 상속자였다. 공자는 물론 이 학파의 지도 인물이었으므로 이 학파의 창시자로 간주되는 것은 당연하다. 그러므로 유가는 공자적Confucian, 혹은 공자주의자 Confucianists 이상의 의미를 함축하고 있음을 알아야 한다.

3) 묵가墨家

이 학파는 묵자의 영도하에 치밀한 조직과 엄격한 기율을 가지고 있었다. 그 문하생들은 실제로 자신을 묵가라고 칭하였다. 그러므로 다른 학파처럼 사마담이 지은 명칭이 아니다.

4) 명가名家

이 학파의 문하생들은 이른바 명名과 실實의 구분과 그 관계에 관심을 두었다.

5) 법가法家

'법'이란 글자는 '본보기' 또는 '법칙'을 뜻한다. 따라서 이 학파는 유가와는 달리 훌륭한 국가는 도덕적 제도 대신 확고한 법전에 기반을 두어야 한다고 주장하였다.

6) 도덕가道德家

이 학파의 문하생들은 '무無'의 문제를 중심으로 한, 형이상학과 사회철학에 관심을 기울였는데 '무'란 곧 도를 지칭하며, 이 도가 개체個體에 내재한 것을 덕德이라 하는데 어떤 능력(Power)을 뜻한다. 이 학파를 사마담은 도덕가라 칭했지만, 후에는─간단히 도가로 통하게 되었고 서구 문헌에서는 'Taoist School'이라 불리게 되었다.

육가의 요지[1]

『역경易經』의 「계사전繫辭傳」에는 다음과 같은 말이 있다. "천하의 진리는 오직 하나뿐이지만, 여러 가지로 달리 생각될 수 있으며 최후의 목적지는 한 곳으로 귀착되지만 그곳으로 가는 길은 여러 가지일 수 있다."

음양, 유, 명, 법, 도덕의 각 가는 모두 천하를 잘 다스리려고 생각하지만 그들의 말하는 입장이 서로 다르기 때문에 어떤 것은 분명하고, 어떤 것은 분명치 못한 것이 있다.

1. 음양가의 도술道術을 살펴보면, 너무나 길흉의 징조를 중시하고, 꺼리는 것이 많고 사람들로 하여금 구애를 받아 움직이는 것을 두려워하게 만든다. 그러나 그들이 나누어 놓은 사계四季의 순서는 착란시킬 수 없다.

2. 유가는 넓게 탐구하되, 거의 요점을 파악하지 못한다. 또 힘은 많이 들이지만 공은 오히려 적다. 그러므로 그들이 하는 일을 모조리 다 따르기는 힘들다. 그러나 그들은 군신부자의 예절을 정하여 놓았으며, 부부장유의 차별을 구별해 놓았는데 이것은 바꿀 수 없다.

3. 묵가는 너무나 검약한 생활을 강조하여 사람들로 하여금 준수하기 어렵게 만들었다. 그러므로 그들이 하는 일을 두루 다 따라갈 수는 없지만 그들이 생산을 중시하고, 절약을 실천한 점은 없앨 수 없다.

4. 법가는 엄격하고 은혜를 적게 하였다. 그러나 법가는 군주와 신하, 위아래의 구분을 바르게 하였다. 이것은 고칠 수가 없다.

5. 명가는 사람으로 하여금 명칭(名)의 속박을 받게 하며 진실성을 잃어버리게 하였다. 그러나 그들은 명칭과 사실의 관계를 확정하였으니 이를 살펴보지 않을 수 없다.

6. 도가는 인간의 정신을 한군데로 전념하게 하고 자연에 적응할 것을 주장하여 만물의 요구를 만족시킨다. 그들의 방법은 음양가에 의한 자연 운행의 규율을 장악하고, 유가와 묵가의 장점을 취하고, 명가와 법가의 요점을 흡수하고, 시간과 더불어 움직이고 사물에 따라 변화한다. 상규

常規를 정립하고 사무를 처리하는 데 있어서 마땅하지 않은 데가 없다. 주된 요지는 간단하여 시행하기는 쉬우며, 힘은 덜 들이고 공은 오히려 크다.

유가는 그렇지 않으니 군주를 천하의 모범이라 생각하고, 군주는 위에서 자신의 견해를 주장하면 신하는 이에 동조할 뿐이며, 군주가 앞서가면 신하는 뒤따를 뿐이다. 이렇게 되면, 군주는 피로하지만 신하는 안일해진다. 그러므로 도가는 대도大道의 요지를 주장하는 데 먼저 지나친 부러움을 제거하고 삐뚤게 사용되는 총명함을 배척한다. 만일 이러한 원칙을 버리고 단지 자기의 재능만을 믿는다면 많은 정신과 기력을 허비하게 된다. 정신을 너무 많이 쓰면 고갈이 되고, 신체를 너무 피로하게 하면 야위어진다. 신체와 정신이 모두 혼란되었는데 천지처럼 오래 지속되기를 바라는 것은 예전에 좀처럼 들어 보지 못하였다.

유흠劉歆의 제자백가론

제자백가에 대한 분류를 시도한 두 번째의 역사가는 유흠(B.C. 46~A.D. 23년)이었다. 그는 당대의 위대한 학자로서 그의 부친 유향劉向의 뒤를 이어 전적典籍들의 편목篇目을 분류하고, 그것이 가리키는 뜻을 기

---

1) 易大傳:天下一致而百慮, 同歸而殊途. 夫陰陽. 儒, 墨, 名, 法, 道德, 此務爲治者也, 直所從言之異路, 有省不省耳. 嘗竊觀陰陽之術大祥, 而衆忌諱, 使人拘而多所畏, 然其序四時之大順, 不可失也. 儒者博而寡要, 勞而少功, 是以其事難盡從, 然其序君臣父子之禮, 列夫婦長幼之別, 不可易也. 墨者儉而難遵, 是以其事不可偏循, 然其彊本節用, 不可廢也. 法家嚴而少恩, 然其正君臣上下之分, 不可改矣. 名家使人儉而善失眞, 然其正名實, 不可不察也. 道家使人精神專一, 動合無形, 贍足萬物, 其爲術也, 因陰陽之大順, 采儒墨之善, 撮名法之要, 與時遷移, 應物變化, 立俗施事, 無所不宜, 指約而易操, 事少而功多, 儒者則不然, 以爲人主天下之儀表也, 主倡而臣和, 主先而臣隨. 如此則主勞而臣逸. 至於大道之要, 去健羨, 絀聰明, 釋此而任術, 夫神大用則竭, 形大勞則敝, 形神騷動, 欲與天地長久, 非所聞也.

록하였다. 또한 그는 여러 전적을 총망라하여 목록을 작성하였는데, 『칠략七略』이라 불리어지는 것으로 반고班固(A.D.32~A.D.92년)에 의하여 『전한서前漢書』「예문지藝文志」의 기초사료로 사용되었다.

「예문지」에 의하면 유흠은 제자백가를 모두 '10가'로 분류해 10가 중 6가는 사마담의 찬술撰述과 동일하며 남은 4가는 '종횡가縱橫家', '잡가雜家', '농가農家', '소설가小說家'이다. 결론에서 유흠은 "제자들은 10가로 되어 있으나 주목해 볼 만한 것은 9가뿐이다."[2]라고 말하였다. 이 설명으로 미루어 소설가는 기타의 학파만큼 중요시되지 않았음을 알 수 있다.

제자백가에 대한 분류 그 자체에서 본다면, 유흠이 사마담보다 별로 진보된 점이 없다고 할지라도 제자의 역사적인 근원을 체계적으로 찾으려고 처음 시도했다는 점에서 새로운 의의가 있다.

유흠의 설은 근대학자들, 특히 장학성章學成(1738~1801년) 및 최근의 장병린章炳麟에 의하여 한층 더 세련되어졌다.

그들은 주대周代(B.C.1046~B.C.256년) 초기 사회제도가 붕괴되기 이전에는 "관리와 교사의 구분이 없었다."고 주장한다. 바꾸어 말하면 국가의 어느 분야의 관리가 곧 그 분야에 관련된 학문의 전수자였다. 그런데 당시 봉건제후와 같은 관직은 세습제였으므로 '관학官學'만이 계승될 수 있고, '사학私學'은 성립할 수 없었다. 말하자면 아무도 사학으로 어떠한 학문분야에서 강의하는 사람이 없었고 국가의 한 관직을 가진 자만이 그러한 강의를 담당했다. 그런데 이 설說에 의하면, 주나라 말기의 왕실은 권위를 잃고 각 분야의 관리들은 실직하여 전국에 흩어져 개인적(私的)으로 특정분야의 지식을 가르치기 시작했다고 한다. 그들은 이제 관리가 아닌 개인적인 교사일 뿐이었다. 각 학파의 유래는 바로 교

---

2) 諸子十家, 其可觀者九家而已. 『漢書 ; 藝文志』

사와 관리의 분리에서 시작되었다.

유흠의 제자백가에 대한 전체적 분석은 다음과 같다.

1) 유가학파는 대체적으로 주나라 관리의 사도司徒(진秦 이전 시기에 백성
   들의 교육을 맡아보던 관직명) 출신이었다. 그들은 군주를 도와 음양(유가
   에서 말하는 음양의 도, 즉 천지·인간사·자연의 도를 말함)에 순응하였으며,
   교화敎化를 밝히는 것을 직책으로 삼았다. 이 학파는 육경六經을 즐
   겨 연구했으며, 인의도덕에 뜻을 두었고, 요순堯舜을 스승의 도로
   본받아 서술하고, 문무文武를 본받아 밝히고, 중니仲尼를 최고의 스
   승으로 삼아서 자신의 학설을 높이어 도술상 가장 지위가 있는 일
   파가 되었다. 공자는 "만일 명예로운 일이 있으면 그것은 시험된
   바가 있을 것이다."라고 말하였는데 당우唐虞의 태평, 은주殷周의 번
   성, 그리고 중니仲尼의 사업은 이미 시험을 거쳐 나타났다.[3]

2) 도가학파는 대체로 사관史官(사실을 기록하는 관리를 말함) 출신들이었다.
   그들은 성공과 실패(成敗), 생존과 멸망(存亡), 불행과 행복(禍福) 등
   과거와 현재(古今)의 도를 빠짐없이 널리 기록한 다음, 그 요점을 파
   악하여 근본을 알았다. 마음을 깨끗이 비움(淸虛寡欲)으로 자신을 보
   전하고, 낮추고 부드럽게 함(卑下柔弱)으로 자신을 보호하였다. 이것
   이 군주통치의 방법이다. …… 이것이 이 학파의 요점이다.[4]

3) 음양가학파는 대체적으로 희화羲和(희씨와 화씨, 상고시대의 천지사시天地
   四時를 관장하던 관리를 말함)의 관리 출신들이었다. 그들은 상천上天을
   삼가 순종하고, 일월성숙日月星宿의 운행을 추산하여 천문을 보고

---

3) 儒家者流, 蓋出於司徒之官, 助人君順陰陽明教化者也. 游文於六經之中, 留意於仁
   義之際, 祖述堯舜, 憲章文武, 宗師仲尼, 以重其言, 於道最爲高. 孔子曰:如有所譽,
   其有所試. 唐虞之隆, 殷周之盛, 仲尼之業, 已試之效者也.
4) 道家者流, 蓋出於史官, 歷記成敗存亡禍福古今之道, 然後知秉要執本, 淸虛以自守,
   卑弱以自持, 此君人南面之術也. …… 此其所長也.

백성들에게 정성스럽게 농사철을 일러 주었다. 이것이 이 학파의 장점이다.5)

4) 법가학파는 대체로 이관理官(옥사獄事를 심리하는 벼슬, 즉 법관을 말함) 출신들이었다. 그들은 상벌을 엄명하게 함으로써 예제禮制를 보충하였다. 『역경』「서합괘噬嗑卦」에 "선왕先王은 형벌을 밝히고 법률을 정돈하였다."고 하였는데 이것이 이 학파의 장점이다.6)

5) 명가학파는 대체로 예관禮官(옛날 예의를 관장하던 벼슬) 출신들이었다. 옛날엔 명칭과 직위가 같지 아니하며, 그에 따른 예의도 달랐다. 공자는 "반드시 명칭을 바로잡아야 한다. 명칭이 바로잡히지 못하면 말이 순조롭지 못하고, 말이 순조롭지 못하면 어떤 일도 이루어지지 않는다."고 말했다. 이것이 이 학파의 장점이다.7)

6) 묵가학파는 대체로 옛날 청묘淸廟(종묘는 엄숙하고 깨끗해야 하므로, 청묘로 칭하였다.)의 수위 출신들이었다. 그들은 거친 서까래로 지은 초가집에 살았다. 그러므로 검약을 귀하게 여겼고, 삼노三老, 오경五更(고대 천자가 부형의 예로 우대한 노인으로서 한 마을의 교화를 맡았다.)을 봉양하였으므로 겸애兼愛를 주장하였으며, 선사選士(주대에 빼어난 선비 중에서 사도한테 뽑혀 올라가 향리가 될 자격이 있는 사람)와 대위大尉(옛날 활 쏘는 예의의 하나로서 제후가 제사를 지내려고 할 때 먼저 여러 신하들과 활쏘기 시합을 하여 여러 번 맞힌 자는 제사에 참여할 수 있고 그렇지 않으면 참여하지 못했다.)의 예지를 시행하였으므로 현인賢人을 존경하고, 묘제廟祭를 지내며 부친을 존경하였으므로 귀신을 숭상했고, 사시에 따라 일을 진행하였으므로 숙명을 믿지 않았고, 효를 천하에 보여 주었으므로 상동上同(위에

---

5) 陰陽家者流, 蓋出於羲和之官, 敬順昊天. 歷象日月星辰, 敬授民時, 此其所長也.
6) 法家者流, 蓋出於理官, 信賞必罰, 以輔禮制. 易曰：先王以明罰飭飭, 此其所長也.
7) 名家者流, 蓋出於禮官, 古者名位不同, 禮亦異數, 孔子曰：必也正名乎, 名不正則, 言不順, 言不順則事不成, 此其所長也.

있는 사람과 일치하게 취득한 다음에야 천하가 태평하다고 함. 묵자는 鄕長, 國君, 天子에게 복종하고 최후엔 天에 복종할 것을 주장하였다.)을 주장하였다. 이것이 이 학파의 장점이다.[8]

7) 종횡가학파는 대체로 주나라 관직인 행인行人(주례에 대행인과 소행인이 있는데, 아침에 천자를 알현하는 일을 함. 오늘날의 외교관과 비슷함) 출신들이었다. 공자는 "300편의 시를 외울 수 있어 그를 사방에 사신으로 파견하여 보냈지만 응대를 할 줄 모르면 아무리 많이 외워 봤자 무엇에 쓸까?"라고 말했고, 또 "사자여! 사자여!"라고도 말했다. 이 말의 뜻은 실제에 비추어 일을 처리해야 하며 국가의 명령을 접수하더라도, 실제의 상황을 보고 말해야 한다는 뜻이다. 이것이 이 학파의 강점이다.[9]

8) 잡가학파는 대체로 의관議官(간쟁하는 벼슬) 출신들이었다. 그들은 유가, 묵가, 명가, 법가의 학설을 한데 통합시켰다. 그들은 나라를 다스리는 방법에는 이들 각자가 모두 다 구비되어 있어야 한다는 것을 알았고 왕의 다스리는 도는 모든 것을 관용하지 않을 수 없다는 것도 인정하였다. 이것이 이 학설의 장점이다.[10]

9) 농가학파는 대체로 농직農稷(옛날에 농업을 관장하던 벼슬)의 관리출신들이었다. 그들은 백성에게 백곡百穀의 씨를 뿌리고 밭 갈며, 누에치기를 권장하여 의식을 풍족하게 하였다. 그러므로 "팔정八政이란 첫째로 식량(食, 백성들에게 농경에 부지런하도록 가르침)을 말하고, 둘째로 재화(貨, 백성에게 화물을 귀중하게 쓰도록 가르침)이며, 셋째로는 제사(祀, 백성

---

8) 墨家者流, 蓋出於淸廟之守, 茅屋采椽, 是以貴儉 ; 養三老五更, 是以兼愛 ; 選士代射, 是以上賢 ; 宗祀嚴父, 是以右鬼 ; 順四時而行, 是以非命 ; 以孝視天下, 是以上同 ; 此其所長也.

9) 從橫家者流, 蓋出於行人之官, 孔子曰 : 誦詩三百使於四方, 不能專對, 雖多亦奚以爲 ? 又曰, 使乎! 使乎! 言其當權事制宜, 受命而不受辭, 此其所長也.

10) 雜家者流, 蓋出於議官, 兼儒墨, 合名法, 知國體之有此, 見王治之無不貫 ; 此其所長也.

에게 귀신을 존경하도록 가르침)이며, 넷째로 사공(司空, 백성들이 평안히 살도록 함)을 말하고, 다섯째로 사도(司徒, 백성들에게 예의를 가르침)을 말하고, 여섯째로 사구(司寇, 도둑과 강간을 주로 다스림)이며, 일곱째는 접빈(賓, 백성에게 손님 대접하도록 가르침)이며, 여덟째는 군사(師, 군대를 건립함)"를 말하는 것인데, 식(제일 먼저 나열하여 그 소중함을 나타냄)에는 "첫째가 식량이요, 둘째가 재화이다."라고 하였다. 공자도 "소중한 것은 백성의 식량이다."라고 말하였다. 이것이 이 학파의 장점이다.[11]

10) 소설가학파는 대체로 패관稗官(거리의 풍속을 기록하는 관리) 출신들이었다. 그들은 거리에서 들은 것, 길에서 말한 것 등을 채집하여 이야기를 엮었다. 마을의 소지자小知者가 언급한 말도 역시 엮어서 잊지 않도록 하였다. 간혹 한마디쯤 채택할 만한 것이 있다고 한다면, 그것 역시 백성들의 의견을 대표하는 이야기들이다.[12]

이는 유흠이 설명한 10가의 역사적 기원이다. 그런데 10가의 의의에 대한 그의 해석은 부적당한 곳이 많을 뿐만 아니라, 어떤 한 가家를 어떤 한 관官에다 결부시키는 것은 경우에 따라서는 부자연스러운 감도 없지 않다. 예를 들면 도가의 설을 기술함에 있어서, 그는 노자사상만을 다루고 장자의 사상은 완전히 도외시해 버렸다. 더구나 명가의 학설과 예관의 역할과는 다만 양자가 등급을 강조하였다는 점만이 비슷할 뿐 전혀 유사성을 찾을 수 없다.

---

11) 農家者流, 蓋出於農稷之官, 播百穀, 勸耕桑, 以足衣食, 故八政, 一曰食, 二曰貨. 孔子曰：所重民食, 此其所長也.

12) 小說家者流, 蓋出於稗官, 街談巷語, 道聽塗說者之所造也. …… 閭里小知者之所及, 亦使綴而不忘, 如或一言可采, 此亦芻蕘狂夫之議也. 『漢書；藝文志』

유흠학설의 수정

유흠의 학설이 세부적인 면에서 오류를 범하기는 했으나 제가백가의 기원을 정치적·사회적 상황에서 연관시켜 찾으려는 의도는 확실히 올바른 견해라고 하겠다. 제자백가에 대한 그의 기술은 그 자체가 이미 중국 역사편찬에 있어서 하나의 고전이므로 앞에서 전문全文을 인용하다시피 했다.

중국사의 연구는 1937년 일본의 침입 이전 바로 몇 년 동안 장족의 진보를 거듭하였다, 그러므로 최근의 연구 업적을 토대로 삼아 제자백가의 기원에 대한 신이론을 세워 보았다. 이 이론은 그 정신상 유흠의 설을 많이 채용하였지만, 새로운 각도에서 그 표현방식을 재구성하였다. B.C. 10세기의 중국 사회는 정치사회 구조의 최상부에 주왕실의 천자가 있었고 그 아래 제후국들이 각기 자기의 영토를 통치하였다. 제후국 가운데 어떤 나라는 주왕조 창건에 공을 세운 인척들에게 나누어 준 분봉국分封國들이 있는가 하면, 남은 나라들은 이전에 주왕실과는 경쟁국이었다. 그러나 이제는 주왕을 자기의 천자로 받드는 나라도 있었다. 각 제후국 내의 토지는 다시 대부들에게 봉토封土로 분할되었는데 이들은 대개 제후들과 인척관계가 있었다. 당시의 정치권력과 경제조직은 단일체제로 합치되어 있었으므로 토지의 소유자는 곧 그곳에 사는 백성들의 통치자가 되었다. 그들은 대개 '군자君子'라 칭하였는데 문자 그대로 풀이하면 '임금의 아들'이지만, 군자란 용어는 보통 봉건제후를 가리키는 데 사용되었다. 다른 또 하나의 사회계층은 '소인小人' 또는 '서민庶民'이라 부르는 평민 대중계층으로서 평시에는 봉건제후인 군자를 위해 경작을 하고, 전시에는 전투에 참가하는 농민들이었다.

귀족들은 정치적 통치자인 동시에 지주였을 뿐만 아니라 교육을 받을 수 있는 기회를 가졌던 계급들이었다. 그러므로 주왕실은 정치·경제의 중심지일 뿐만 아니라 학문의 중심지이기도 했다. 주왕실에 속한 관리들은 제 분야의 특수한 지식을 가졌던 전문가들이었다. 그러나 서민의 신분으로서는 교육을 받을 기회가 전혀 없었기 때문에 서민 중에는 학자가 없었다. 그러므로 유흠은 "관리와 교사의 구분이 없었다."고 말했는데 이 이론은 초기 주왕실의 사회배경을 올바로 파악한 견해라고 하겠다.

이 봉건제도는 B.C. 221년 진시황秦始皇 때에 정식으로 폐지되었다. 그러나 수백 년 전에 이미 이 제도는 붕괴되기 시작하였다. 그런데 수천 년 뒤에도 봉건제도의 경제적 잔재가 지주계급의 형태로 남아 있었다.

오늘날 사가들은 봉건제도의 붕괴원인이 무엇인가에 대한 의견이 분분하다. 이 붕괴원인을 논하는 것은 이 장의 범위를 벗어나는 것이기 때문에 다만 중국 역사상 B.C. 7~3세기 간의 시대는 커다란 사회적·정치적 변동기였다는 사실만 지적하는 것으로 그치겠다.

봉건제도가 언제 붕괴되기 시작하였는가를 단정할 수는 없다. 이미 7세기 초에 전쟁 혹은 기타 원인으로 말미암아 토지와 지위를 잃은 귀족들이 생겨 평민으로 전락하였고, 반면 특수한 재능과 임금의 권고를 받아 국가의 고관이 된 인물도 생겼다. 이것은 주왕실 붕괴의 참된 의의를 예증해 주는 것으로서 그것은 한 특정한 왕조의 정치권력의 붕괴뿐만 아니라 또한 전 사회제도의 붕괴를 의미한다는 점에 중요성이 있다.

이 붕괴로 말미암아 각 학문 분야의 대표자였던 전직 관리들은 민간 사이로 흩어지게 되었다. 그런데 그들은 귀족 출신이거나 귀족의 가문에서 세습적으로 관직을 맡던 전문가들이었다. 앞에서 인용한 『예문지』의 논술 가운데 유흠이—조정에서—"예가 상실되어 향촌에서 구하였다."는 공자의 말을 인용한 의의가 여기에 있다.

그리하여 이러한 전직 관리 또는 귀족들이 전국에 흩어졌을 때 그들은 사적으로 자기의 특수한 재능을 발휘하여 생계를 유지하였다. 이들 가운데 자기의 사상을 타인에게 발표한 사람들이 직업적 '교사'가 되었으며, 이로부터 교사와 관리의 구분이 생겼다.

이 장에서의 '가家'라는 용어는 학파를 뜻하는 동시에 '가족' 또는 '가문'을 지칭할 때도 쓰이며, 따라서 '가'라는 용어의 의의는 '사적', '개인적'이라는 뜻도 포함되어 있다. 개인적 자격으로 자신의 사상을 가르쳤던 인물이 나타나기 이전에는 사상가는 존재할 수 없었다.

이 교사들은 여러 학문, 기예技藝 부문의 전문가들이었기 때문에 여러 종류의 가家가 생기게 되었다. 그리하여 고전을 가르치고 예악禮樂을 실천하는 데 전문가가 생겼는데 이들이 바로 '유儒' 또는 '문사文士'였으며, 무예武藝의 전문가도 생겼는데 이들이 '사士' 또는 '협俠'이었고, 화술의 전문가도 생겼는데 이들이 '변자辯者'였고 무의巫醫, 복서卜筮, 술수術數, 점성占星의 전문가도 생겼는데 이들이 '방사方士'였고, 봉건군주의 개인적 고문으로서 활약한 정치가도 생겼는데 이들이 '법술지사法術之士'였으며, 최후로 학문과 재능은 있었으나 당시 정치적 혼란에 상심하여 세속을 떠나 자연과 더불어 사는 사람이 생겼는데 이들이 '은자隱者'였다. 이 여섯 부류의 인물로부터 사마담이 제시한 6가가 유래하였다고 생각한다.

그러므로 유흠의 설을 재정리하여 논술하면 다음과 같다.

유가자류儒家者類는 문사文士[13])에서, 묵가자류墨家者類는 무사武士에서, 도가자류道家者類는 은자隱者에서, 명가자류名家者類는 변자辯者에서, 음양가자류陰陽家者類는 방사方士에서, 법가자류法家者類는 법술지사法術之士에서 유래하였다.

앞의 6가에 대한 설명을 다음 장에서부터 차례대로 논술하겠다.

---

13) 문사(文士)에 해당하는 'Literati'란 개념은 막스베버(Maxweber)가 처음으로 쓴 용어이다. 중국 역사상 교육받은 독서계층을 일러 한 말이다. 그의 저서 『중국의 종교(Religion of China)』에서 인용. (譯註)

제 4 장

공자
孔子
: 인류의 스승

공자는 중국에서 흔히 공부자孔夫子라 불려 왔는데, 이 명칭은 오늘날 서양에서 Confucius라고 표시하고 있다. 그의 이름은 구丘이며, 자는 중니仲尼라고 한다. 그는 B.C. 551년 노魯나라 창평昌平(현 산동성 곡부 현 남 팔십리)에서 태어났고 그의 선조는 송宋의 공족公族이었는데[1] 송나라 는 주周 이전의 왕조인 상商의 후예국이었다. 공자의 가문은 정치적 분쟁으로 말미암아 공자 출생 전에 고귀한 관직을 잃고 노나라로 이 주하였다.

공자는 어렸을 적에 집안이 가난하였으나 노魯나라의 관직에 투신 하여 50세 때에는 높은 관직에까지 등용되었다고 한다. 그러나 정치 적 모략으로 그 직을 사퇴하지 않을 수 없었으며, 그 후 13년 간 공 자는 항상 정치적·사회적 개혁의 이상을 실현하려고 각국을 순방하 였으나 어느 나라에서도 성공하지 못하고 결국은 노년에 노나라로 돌 아왔다. 그리고 돌아온 지 3년 만인 B.C. 479년에 세상을 떠났다.[2]

공자와 육경六經

3장에서 필자는 제자학파의 발흥은 개인적인 교육의 실시로부터 시 작되었다고 말하였다. 현대의 안목으로 보아 공자는 중국사상, 사학私 學을 처음으로 일으켜 많은 제자를 가르친 최초의 인물이었다. 공자는

---

1) 孔子生魯昌平鄕陬邑. 其先宋人也 …… 生而首上圩頂, 故因名曰丘云, 字仲尼, 姓孔 氏.『史記 ; 孔子世家』
2) 孔子貧且賤. 及長嘗爲季氏史, 料量平, 嘗爲司職吏而畜蕃息 …… 由是反魯.『史記 ; 孔子世家』

그 제자들과 더불어 각국을 순방하였다. 전설에 의하면 공자는 수천 명의 제자를 길렀는데 그들 중 수십 명은 유명한 사상가 또는 학자가 되었다고 한다. 수천 명이라는 숫자는 좀 과장된 감이 없지 않으나 공자가 매우 영향력 있는 스승이었다는 사실만은 의심할 여지가 없다. 더욱이 가장 특기할 만한 것은 공자는 중국 최초의 사숙私塾의 스승이었다는 사실이다. 그의 사상은 『논어』를 통하여 잘 알 수 있다. 『논어』에 관한 문헌적 고찰은 뒤에 상세히 논하기로 하겠다.

공자는 유자(儒者3))였으며 유가의 창시자이기도 하다. 3장에 유흠의 "유가학파는 …… 육예六藝를 즐겨 연구했으며, 인의仁義 도덕에 뜻을 두었다."는 기술이 있다. 육예란 여섯 가지 인문 교양과목을 뜻하며 흔히 육경六經이라고 한다. 이는 역易, 시詩, 서書, 예禮, 악樂, 춘추春秋를 뜻한다. 그 중에서 악은 현재 독립된 저작으로 남아 있지 않다. 『춘추』란 B.C. 722년부터 479년(공자가 죽은 해)까지의 노나라 편년사이다. 육경의 내용은 역을 제외하고 그 제목만 보아도 짐작할 수 있다. 역은 원래 점치는 책, 즉 복서卜書였다. 그러나 후에 유자들이 형이상학적 관점에서 이를 다시 해석하였다.

공자와 육경과의 관계에 관하여 전통적인 두 학파의 견해가 있었다. 한 학파는 육경 전체를 공자의 저작이라고 주장하는 데 반하여 다른 학파는 공자가 『춘추』를 짓고 『역경』을 서술하였으며, 예악을 개혁하였고 동시에 시서詩書의 불필요한 부분은 삭제하였다고 주장한다.4)

그러나 사실 공자는 저술가도 주석가도 아니었고 더욱이 기타 경전의 편집자도 아니었다. 어떤 면에 있어서 공자는 전통을 고집한 보수

---

3) 유(儒)는 사(士)의 일종, 지식과 학문이 있는 예악의 전문가. 그들은 민간에 흩어져 글을 가르치고 예법을 도와주는 것을 생업으로 삼았다. (譯註)
4) 금문학자(今文學者는) 육경을 공자가 지은 것이라고 하는데 고문학자(古文學者)는 육경이 모두 주공(周公)의 옛날 문헌이라고 주장한다. (譯註)

적 인물이었다. 그리하여 예악에 있어서 공자는 전통적인 관례나 기준에서 일탈된 것은 무엇이나 다 바로잡으려고 애썼다. 그러한 사례가 『논어』에 기록되어 있다.

그러나 『논어』에서 말한 내용으로부터 판단하건대, 공자가 후대인을 위하여 저술을 남기려는 의도는 전혀 찾아볼 수 없다. 또 공적인 자격에서가 아니라 사적인 자격에서의 저술은 공자 이전만 해도 전례를 찾아볼 수 없다. 그 관례는 공자 이후부터 생기기 시작하였다. 공자는 중국 최초의 개인적 교사이긴 했으나 최초의 저술가는 아니었다.

육경은 공자 이전부터 전해 온 과거의 문화적 유산이었다. 이 육경은 주대 초기 봉건시대에 귀족을 가르치기 위한 기본교재였다. 그러나 B.C. 7세기경부터 봉건제도의 붕괴와 더불어 귀족들의 사범들, 또는 일부 귀족(비록 관직이나 명망은 잃어버렸으나) 가운데 경전에 정통한 사람들은 평민들 사이로 흩어지기 시작하였다. 그들은 예禮에 밝았기 때문에 장례葬禮, 제례祭禮, 혼례婚禮 등 기타 의식이 있을 때 경전을 가르치거나 또는 숙련된 보좌역할을 함으로써 생계를 유지하였다. 일반적으로 이런 사람들을 '유儒'라고 불렀다.

교육자로서의 공자

그러나 공자는 통념상의 '유'라고만 볼 수 없는 인물이었다. 일면 『논어』에 나타난 공자의 모습은 단순한 교육자임은 사실이며, 공자는 스스로 제자들이 국가와 사회에 유용하게 될 전 인격을 갖춘 인물이 되기를 바랐다. 그러므로 공자는 각종 경전에 기초한 여러 분야의 지식을 제자들에게 가르쳤다. 또한 스승으로서 자기의 임무는 고대의 문화유산을 제자들에게 해설해 주는 것이라고 느꼈다. 『논어』에 공자 자신이 자기는 "성현의 말을 본받아 서술한 자일 뿐이지 창작자는 아니다."5)라고 말한 이유가 바로 여기에 있다. 즉, 공자는 전통적인 제도나 사상을 전승케 하는 한편, 공자 자신의 도덕관으로 그 제도와 사상을 해설하였다는 것이 바로 위에서 말한 다른 국면이다. 친상親喪을 당한 아들은 3년상을 치러야 한다는 옛 관습에 대한 공자의 해석에서 그 뚜렷한 예를 찾을 수가 있다.

공자는 "자식이 태어나 3년이 되어서야 부모의 품속을 떠날 수 있는 것이니 대개 3년상이란 온 세상의 공통적인 상례喪禮이다."6)라고 말하였다. 바꿔 말하면 자식은 적어도 3년 동안은 전적으로 부모에 의존하고 있다. 그러므로 어렸을 때의 감사를 표시하기 위하여 부모가 돌아가셨을 때 같은 기간 동안 부모상을 치러야 한다는 말이다. 이와 같이 공자는 경전을 가르침에 있어서 새로운 해석을 덧붙였다. 그리하여 공자는 『시경』의 도덕적 가치를 강조하여 "시경에 실린 300편의 시를 한마디로 포괄하면 생각함에 사악함이 없다."7)라고 말하였다. 이와 같이 공자는 단순하게 성현의 말을 그대로 본받아 서술하는 것(祖述者) 이상의 인물이었다. 왜냐하면 공자는 본받아 서술하면서도 독창적 견해를 갖고 있었기 때문이다.

"본받아 서술하기는 하나 새롭게 짓지는 않는다(述而不作)."는 정신은 공자의 제자들에게 계승되었다. 경전들은 공자의 제자들에 의해 대대로 전수되었으므로 수많은 주석과 해설서가 나오게 되었으며 현존하는 13경의 대부분이 이런 방식으로 원문에 주소註疏를 달아서 확대된 것들이다.

공자를 당시의 통념적 유자와 구분하여 신학파의 창시자로 만들어

---

5) 子曰 : 述而不作, 信而好古, 竊比於我老彭. 『論語 ; 述而』
6) 子生三年, 然後免於父母之懷. 夫三年之喪, 天下之通喪也. 『論語 ; 陽貨』
7) 子曰 : 詩三百, 一言以蔽之, 曰 思無邪. 『論語 ; 爲政』

놓은 점이 바로 이것이었다. 왜냐하면 이 학파의 제자들이 바로 육경의 전문가인 동시에 학자였기 때문에 이 학파를 유가라 일컫게 되었다.

정명론正名論

공자는 경전을 새로이 해석했을 뿐만 아니라 개인과 사회, 자연(天)과 인간(人)에 대해서도 자기 독자의 사상을 가지고 있었다.

사회에 대하여 공자는 질서 있고 안정된 사회를 이룩함에 있어서 가장 중요한 것은 이른바 정명正名의 확립이라고 생각하였다. 즉, 우리가 실제 사물에 붙인 이름(名)과 그 내실(實)은 일치되어야 한다. 언젠가 자로子路가 공자에게 정치를 하려면 무엇을 으뜸으로 삼아야 되느냐고 물으니 공자는 반드시 정명을 해야 한다.8)고 대답하였다. 또 제경공齊景公이 공자에게 정치하는 도리를 물었는데 이에 대하여 공자는 "임금은 임금, 신하는 신하, 아버지는 아버지, 아들은 아들 노릇을 해야 한다."9)고 대답하였다. 바꾸어 말하면 이름마다 모두 어떤 의미를 함축하고 있는데 이것이 그 집합된 사물들의 본질이며 이것으로 집합의 사물에 이름이 적용되는 것이다. 그러므로 그러한 사물들은 이상적으로 본질과 일치되어야 한다. 통치자의 본질은 통치자가 이상적으로 마땅히 해야 할 것, 즉 '왕도王道'의 실현이다. 만일 다스리는 이가 이 왕도에 따라서 정치를 한다면 그는 참으로 명실상부名實相符한 통치자가 될 것이다. 그러나 통치자가 명실상부하지 못하면 비록 명목상 통치자 행세를 한다 하더라도 진정한 통치자라고 할 수는 없다. 우리의 사회관계를 가리키는 이름(名)들은 각기 그에 서로 부합되는 책임과 의

---

8) 子路曰 : 衛君待子而爲政, 子將奚先? 子曰 : 必也正名乎? 『論語 ; 子路』
9) 君君, 臣臣, 父父, 子子. 『論語 ; 顔淵』

무를 뜻한다. 군신부자는 모두 그러한 사회관계를 나타내는 이름이요, 누구나 그 이름을 지녔으면 이에 상응하는 책임과 의무를 완수해야만 한다. 그것이 바로 공자의 정명론의 요체이다.

인의仁義

공자는 인仁과 의義의 덕을 강조하였다. 특히 인을 더 중요시했다. 의란 어떤 상황의 당위성을 뜻하는 무상명령無上命令이다. 우리는 사회에서 각기 자기가 맡은 일을 가지고 있는데 그것은 그 자체가 목적이 되어 있으며, 또 이것은 도덕적으로 마땅히 해야만 옳은 일이다. 그런데 우리가 도덕을 떠난 기타의 일을 염두에 두고 그 일을 행하였다면 비록 자기가 행할 바를 했지만 그 행위는 결코 옳은 것이 못된다. 공자와 그 제자들의 말을 빌린다면 그 행위는 이利를 위한 것이다. '의義'와 '이利'는 유가에서는 상반된 관념이다. 공자는 "군자는 의리에 밝고 소인은 이익에 밝다."[10]고 하였다. 뒤에 유자들은 이 말을 근거로 하여 의리와 이익을 예리하게 구분(義利之分)하였는데 이것이 유가의 도덕교육 가운데 가장 중요한 것이 되었다.

좀 더 정확하게 말하자면 '의'는 형식적인 데 비해 '인'은 구체적이다. 인간사회에서 의무의 형식적 본질은 당위성에 있다. 왜냐하면 모든 의무는 인간이 마땅히 행하여야만 되는 것이기 때문이다. 그런데 이 의무의 구체적 내용은 남을 사랑하는 것, 즉 '인'이다. 아버지는 아버지가 해야 할 도리에 따라 아들을 사랑하고, 아들은 아들이 해야 할 도리에 따라 아버지를 공경한다. 공자는 "인이란 남을 사랑하는 것이

---

10) 君子喻於義, 小人喻於利. 『論語 ; 里仁』

다."11)라고 말하였다. 남을 정말로 사랑하는 사람은 사회에서 자기의
의무를 다할 수 있는 사람을 말한다.

그러므로 인이란 어느 특정한 덕목을 지칭할 뿐만 아니라 모든 덕
목을 포괄할 때도 사용한다. 그러므로 어진 사람(仁人)이란 완전한 덕을
갖춘 인격자와 동의어로도 쓰였다. 이러한 관계로 미루어 인을 완전한
덕(全德, Perfect Virtue)이라고 칭해도 과언이 아니다.

충서忠恕

『논어』에 "중궁仲弓이 인의 뜻을 물어 보니 공자는 자기가 하고 싶
지 않은 일을 남에게 시키지 말라."12) 또 "어진 이는 자기가 서려고
하면 남도 세워 주고, 자신이 어떤 목적을 이루고자 하면 남도 이루어
지도록 해 주는 사람이다. 가까운 자기 자신으로부터 비슷한 경우를
취하여 남을 대접할 수 있는 것은 인을 실천하는 방법이라 할 수 있
다."13) 그러므로 인을 실천한다는 것은 남을 위하여 배려를 하는 데
있다. 자기가 서고 싶으면 남도 세워 주고, 자기가 어떤 목적을 이루고
싶으면 남도 이루어지도록 해 주는 것은 인을 실천하는 적극적인 면이
다. 공자는 이것을 '충忠'이라 하였다. 그리고 소극적인 면을 '서恕'라고
하는데 이것이 바로 위에서 말한 자기가 하고 싶지 않은 일을 남에게
시키지 말라는 것이다. 이 양자를 합하여 보통 '충서의 도' 라고 하는
데 이것이 곧 '인仁의 실천방법'이다.

이 충서의 도를 후기 유자들은 계승 발전시켜 '혈구絜矩의 도'라 하

---

11) 樊遲問仁, 子曰 : 愛人. 『論語 ; 顔淵』
12) 仲弓問仁, 子曰 …… 己所不欲, 勿施於人. 『論語 ; 顔淵』
13) 夫仁者, 己欲立而立人 ; 己欲達而達人. 能近取譬, 可謂仁之方也已! 『論語 ; 雍也』

였다. 말하자면 자기를 척도로 삼아 남을 헤아리는 동정의 도리가 그것이다. B.C. 2~3세기경 유자들의 논문을 수집해 놓은 『예기』의 1편인 『대학大學』에 다음과 같은 문구가 있다.

윗사람이 싫어하는 것을 아랫사람이라 하여 부리지 말 것이며, 아랫사람이 좋아하지 않는 것을 윗사람을 섬길 경우에 쓰지 말 것이다. 그리고 앞사람이 싫어하는 것을, 뒷사람을 앞에서 인도할 경우에 쓰지 말 것이며, 뒷사람이 싫어하는 것을 앞사람을 좇을 경우에 쓰지 말 것이다. 그리고 오른쪽 사람이 싫어하는 것을 왼쪽 사람에게 주고받지도 말 것이며, 왼쪽 사람이 싫어하는 것을 오른쪽 사람에게 주고받지도 말 것이다. 이것을 혈구의 도라 한다.[14]

자사子思가 지은 것으로 여겨지는 『중용中庸』 역시 『예기』의 한 편명인데 그 중 다음과 같은 문구가 있다.

충서의 도는 결코 심원한 것이 아니다. 자기가 당하고 싶지 않은 일은 남에게 하지 말고, 자기가 자식들에게 바라는 그 마음으로 어버이를 섬기며, 자기의 신하들에게 바라는 그 마음으로 임금을 섬기며, 자기의 아우에게 바라는 그 마음으로 형을 섬기며, 벗들에게서 바라는 마음으로 먼저 벗들에게 베풀어 주어라.[15]

『대학』에선 '충서의 도'의 소극적인 면을 강조한 데 비해 『중용』에

---

14) 所惡於上毋以使下 ; 所惡於下毋以事上 ; 所惡於前毋以先後 ; 所惡於後毋以從前 所惡於右毋以交於左 ; 所惡於左毋以交於右, 此之謂絜矩之道. 『大學10』
15) 忠恕違道不遠, 施諸己而不願, 亦勿施於人 …… 所求乎子以事父 …… 所求乎臣以事吾 …… 所求乎弟以事兄 …… 所求乎朋友先施之. 『中庸』

선 그 적극적인 면을 강조하였다. 양자는 모두 자기 행위를 결정하는 혈구(尺度)를 자기 마음속에 두었으며 결코 외적인 것에서 찾지 않았다.

충서의 도는 또한 인의 도이다. 그러므로 충서를 실행한다는 것은 인을 실행한다는 것을 뜻한다. 그리고 이 인의 실행은 사회에서 자기의 책임과 의무를 수행하는 것이며, 이것은 또 의義의 뜻도 내포하고 있다. 그러므로 충서의 도는 인간의 도덕생활의 시작이며 끝이다.

『논어』에 다음과 같은 구절이 있다.

> 공자는 "참參아, 나의 도는 하나로 꿰뚫었다."고 말하자. 증자曾子는 "예, 알았습니다."라고 대답했다. 공자가 밖으로 나가자, 다른 제자들이 증자에게 "그 말이 무슨 뜻입니까?"라고 물었다. 증자는 "선생님의 도는 충서뿐입니다."라고 대답하였다.16)

인간은 누구나 자기 마음속에 행위의 척도(絜矩)를 가지고 어느 때나 사용할 수 있다. 인을 실천하는 방법은 이와 같이 너무나도 간단했다. 그래서 공자는 "인이 그렇게 멀리 있는가? 내가 인을 행하려고 하니 이렇게 인이 가까이 있구나!"17)라고 말했다.

지명知命

공자에 있어서 의義라는 관념은 보상을 바라지 않는 행위(無以爲: Doing for Nothing)이다. 이것은 곧 우리가 마땅히 해야 할 바를 행할 뿐

---

16) 子曰: 參乎! 吾道一以貫之. 曾子曰唯, 子出, 門人問曰: 何謂也? 曾子曰: 夫子之道, 忠恕而已矣. 『論語; 里仁』
17) 子曰: 仁遠乎哉? 我欲仁, 斯仁至矣. 『論語; 述而』

이며, 그것은 단지 도덕적으로 옳고 또한 도덕적 충동 이외에 어떤 것도 고려하지 않는 행위다. 공자는 어떤 은둔자로부터 '되지 않을 것을 알면서도 그것을 하려고 하는 사람'[18]이라는 조소를 받았다고 한다. 이에 대해 자로子路는 "군자가 벼슬을 하는 것은 그 의를 실행하는 것일 뿐이다. 도가 행하여지지 않을 줄은 이미 알고 있었다."[19]라고 말하였다.

앞으로 알게 되겠지만 도가는 '무위(Doing Nothing)'를 주장하였는 데 반해 유가는 '무이위無以爲(즉 보상을 바라지 않는 행위, Doing for Nothing)'를 주장하였다.

유가에 의하면, 인간이란 아무것도 하지 않을 수는 없다. 왜냐하면, 인간에겐 누구나 다 마땅히 해야 할 일이 주어져 있기 때문이다.

인간은 자기가 한 일에 어떤 대가도 바라지 말라는 것이다. 인간이 마땅히 해야 할 행위의 가치는 행위 그 자체에 있는 것이지 외적인 결과에 있는 것이 아니다.

공자 생애 그 자체가 좋은 본보기이다. 공자는 천하를 개혁하려고 최선을 다해 노력하였다. 그렇기 때문에 그는 사방을 편력하였고, 소크라테스처럼 누구와도 대화를 아끼지 아니하였다. 자기의 노력이 수포로 돌아갔지만 그는 결코 실망하지 않았다. 공자는 성공할 수 없음을 알면서도 계속 노력하였다.

공자는 "도道가 온 천하에 실행된다면 그것은 명命이요, 도가 폐지된다면 그것도 역시 명이다."[20]라고 스스로 말하였다. 공자는 최선을 다하여 노력하고 나머지 문제점을 명에다 남겨 두었다. '명'은 대개 운명運命, 숙명宿命 또는 명령命令으로 번역된다. 그러나 공자의 '명'은 천명

---

18) 曰 : 是知其不可而爲之者與?『論語 ; 憲問』
19) 君子之仕也, 行其義也. 道之不行, 已知之矣!『論語 ; 微子』
20) 子曰 : 道之將行也與? 命也 ; 道之將廢也與? 命也.『論語 ; 憲問』

天命을 의미한다. 바꿔 말하면 공자는 명을 어떤 목적 또는 의도를 가진 힘으로 생각하였다. 그러나 후기 유가에서 명은 단순히 전 우주의 여건과 능력 전체를 뜻하였다. 우리 인간 행위의 외적인 성공 여부는 언제나 이러한 여러 조건의 상호작용에 의존하기 때문이다. 그러나 이 상호작용은 인간능력을 초월하고 있다. 그러므로 우리가 해야 할 최선의 일은 성공과 실패에 상관없이 단지 자기가 마땅히 해야 할 바를 하는 것이다.

이렇게 하는 것이 바로 '지명'이다. 명命을 안다고 하는 것은 유가적인 의미에 있어서 군자가 되는 요건이다. 그래서 공자는 "명을 알지 못하는 사람은 군자라고 할 수 없다."[21]라고 말하였다.

그러므로 명을 안다는 것은 현존하는 세계의 불가피성을 인정하고 자기의 외적인 성공이나 실패를 상관하지 않는 것을 뜻한다. 만일 우리가 이러한 결심으로 행동한다면, 어떤 의미에서 우리는 결코 어떤 일에도 실패할 수 없다. 만일 우리가 맡은 바 임무를 다 실행했다면 그 행위는 외적인 성공이나 실패에 개의치 않고 도덕적으로 행한 행위이기 때문에 결과적으로 우리는 성공에 대한 근심이나, 실패에 대한 두려움에서 벗어날 수 있으며, 또 그렇기 때문에 행복해질 수 있다. 공자가 "현명한 사람은 의혹이 없고, 어진 사람은 근심이 없고, 씩씩한 사람은 두려움이 없다."[22]고 말한 이유가 바로 이것이며, 또 "군자는 마음이 너그럽고 평안하며, 소인은 언제나 근심걱정 속에 산다."[23]라고 말한 이유도 여기에 있다.

---

21) 子曰 : 不知命, 無以爲君子也. 『論語 ; 堯曰』
22) 子曰 : 知者不惑, 仁者不憂, 勇者不懼 『論語 ; 子罕』
23) 子曰 : 君子坦蕩蕩, 小人長戚戚. 『論語 ; 述而』

공자의 정신적 발전단계

『장자』에 공자는 인의의 도덕적 가치만을 알고 초도덕적 가치를 알지 못하는 사람이라고 비평한 글이 있다. 피상적으로 볼 때 도가의 이 비평은 옳은 것 같으나 사실은 오류를 범하고 있다.

공자는 자기의 정신적 발전단계를 "열다섯에는 학문에 뜻을 두었고, 서른에는 자기의 뚜렷한 입장을 세웠으며, 마흔에는 의혹이 없었고, 쉰에는 천명을 알았고, 예순에는 이미 명을 따랐고, 일흔에는 마음이 하고 싶은 대로 해도 법도를 넘지 않았다."[24]고 말하고 있다.

공자가 여기에 언급한 학문이란 오늘날의 학문과는 다르다. 공자는 "도에 뜻을 두어라."[25] 또 "아침에 도를 들으면 저녁에 죽어도 좋다."[26]고 말했는데, 여기서 말하는 도란 진리를 뜻한다. 공자가 열다섯에 학문에 뜻을 두었다는 말은 바로 이 도에 뜻을 두었다는 뜻이다. 오늘날의 학문이 지식의 증가라면 도란 정신의 함양이다.

공자는 "예에 대한 어떤 뜻을 세웠다."[27]고 하였으며, "예를 알지 못하면 뜻을 세울 수 없다."[28]고 말하였다. 공자가 서른에 뜻을 세웠다는 말은 서른에 예의 본질을 알아 예에 알맞은 행위를 할 수 있었다는 뜻이다. 마흔에 의혹이 없었다는 말은 그때 현명한 사람이 되었다는 뜻이다. 이미 말한 바와 같이 "현명한 사람은 의혹이 없다(知者不惑)."고 했기 때문이다. 40대까지 공자는 단지 도덕적 가치의 중요성을 의식하고 있었다. 그러나 50대 내지 60대에 공자는 천명을 알고, 거기에 순

---

24) 子曰 : 吾十有五而志于學, 三十而立, 四十而不惑, 五十而知天命, 六十而耳順, 七十而從心所欲 不踰矩. 『論語 ; 爲政』
25) 志於道, 據於德, 依於仁, 游於藝. 『論語 ; 述而』
26) 朝聞道, 夕死可矣. 『論語 ; 里仁』
27) 子曰 …… 立於禮. 『論語 ; 泰伯』
28) 不知禮, 無以立也. 『論語 ; 堯曰』

종하였다. 바꾸어 말하면 공자는 그때 초도덕적인 가치도 의식하고 있었다.

이 점에서 공자는 소크라테스와 유사한 점이 있었다. 소크라테스는 아폴로 신으로부터 그리스인을 깨우칠 의무를 위임받았다고 생각하였다. 공자도 이와 비슷한 신성한 사명을 의식하였다. 바로 공자가 광匡이라는 곳에서 위협을 당하였을 때, "하늘이 만일 이 문화를 없애려 한다면, 후세대는─나와 같은─29) 이 문화에 참여할 수 없을 것이다. 그러나 하늘이 이 문화를 없애려 하지 않는다면, 광인匡人이 나를 어찌 하겠는가?"30)라고 스스로 다짐하였다. 그리고 공자 당시 의봉인儀封人은 "세상에 오랫동안 도가 없었다. 그러나 하늘이 이제 부자夫子로 하여금 세상을 바로잡은 목탁이 되게 할 것이다."31)라고 말하였다.

공자는 무슨 일을 하든지 천명을 따랐으며, 또 천天의 지지를 받았다고 확신하였다. 공자는 도덕적 가치 그 이상의 고차적 가치를 의식하고 있었다. 그러나 공자가 체험한 초도덕적 가치는 도가들이 체험한 것과는 다르다. 도가들은 지적이며 목적적인 천의 관념을 전적으로 배제하고, 그 대신 무차별적으로 전체와의 신비적인 합일을 추구하였다. 그러므로 도가들이 깨달은(體認) 초도덕적 가치는 인간관계의 일상적 관념의 구애를 받지 않는다.

일흔에 공자는 하고 싶은 대로 해도 법도에 어긋나지 않았다고 말했다. 그의 행위는 더 이상 의식적인 자제를 필요로 하지 않았다. 그는 힘들이지 않고 저절로 우러나온 것이었다. 이 경지야말로 성인의 최후 단계다.

---

29) '後死者'는 공자 자신인가? 또는 공자 이후의 사람인가? 해석의 이견이 있는데 저자는 전자를 택하여 (나와 같은)이라는 주석을 한 것이다.
30) 子畏於匡. 曰 : 文王既沒, 文不在玆乎! 天之將喪斯文也, 後死者不得與於斯文也. 天之未喪斯文也. 匡人其如予何?『論語 ; 子罕』
31) 天下之無道也久矣, 天將以夫子爲木鐸.『論語 ; 八佾』

중국 역사상 공자의 지위

공자는 중국의 어느 사상가보다도 세계에 널리 알려져 있으며, 중국에서도 언제나 존경을 받았지만 역사상 그의 지위는 시대마다 상당한 변화를 겪었다. 역사적으로 말하면 공자는 본래 스승이었다. 즉, 많은 스승 중의 한 사람이었다. 그러나 그가 죽은 뒤, 그는 스승 중의 스승으로 군림하였다. 그리고 B.C. 2세기에는 보다 높이 추앙되었다. 당시 유자들은 대부분 공자가 주왕조를 이을 왕조를 건설토록 천명을 받았다고 믿었다. 사실 공자가 제관을 쓰고 집권하지는 않았지만, 이상적으로 전 제국을 다스리는 왕(素王)이었다. 이런 사실은 『춘추』에 실린 숨어 있는 뜻(微言大義)을 찾아보면 곧 알 수 있다.

B.C. 2세기 유자들은 『춘추』는 공자의 모국사母國史가 아니라(사실은 공자의 모국인 노 魯나라의 역사이다.) 공자가 그의 윤리적·정치적 이념을 표현하기 위하여 쓴 정치적 저작 같은 것이라고 생각하였다. 그 뒤 100년 후(B.C. 1세기)에는 공자는 왕보다 더 높이 추앙되었다. 당시 사람들은 대부분 공자는 인간 중에 살아 있는 신이라고 믿었다. 즉, 공자는 자기가 세상을 떠난 후, 한조漢朝(B.C. 206~A.D. 220년)가 출현할 것을 미리 알았던 신 같은 존재였다. 그러므로 그는 『춘추』에 한나라 사람이 실현할 정치이념을 설정해 놓았다. 이 신격화는 공자가 누린 절정의 영광이었다. 이 시대의 유가는 일종의 종교, 즉 유교로 호칭되어도 무방할 것이다. 그러나 공자의 이러한 찬양은 오래 지속되지 못하였다. 이미 A.D. 1세기 초부터 합리주의적 사고방식을 가진 유자들이 세력을 잡게 되자, 공자는 지성선사至聖先師로 존경되었지만, 신으로서 간주되지는 않았다. 그런데 19세기 말엽에는 공자는 왕이 되라고 천명을 받았다는 설이 잠시 재현되었다가 중화민국의 탄생과 더불어 공자의 명성은 다시 평가되어 공자가 지성선사라고만 생각되지는 않았다. 오

늘날 중국인들은 대부분 공자는 본래 여러 스승 가운데 한 스승이었고 분명히 위대한 스승이었지만 이 세상에 하나밖에 없는 스승이라고는 생각하지 않는다.

공자는 당시에 이미 매우 박학한 사람으로서 인정받았다. 즉, 공자와 같은 시대의 사람인 달항당인達巷黨人은 "위대하도다, 공자여! 박학하지만 이름을 드러내지 못하였구나!"32)라고 말하였다.

이미 설명한 바와 같이 공자는 고대문화를 본받아 전승傳承한 인물로 자처하였으며, 일부의 당대인들도 그렇게 생각하였다. "본받아 서술하기는 하나 새롭게 짓지는 않는다(述而不作)."라는 공자의 과업으로 말미암아 공자는 결과적으로 자기의 학파를 고대문화의 해설자로 만들었지만, 고대문화 중에서 가장 정수를 뽑아서 가르쳤고 이는 근래에까지 이어진 강력한 전통이 되었다. 근래 중국은 또다시 공자 당시처럼 극심한 경제적·사회적 변화에 직면해 있다.

공자는 중국의 최초의 스승이었고 역사적으로 후대에까지 지극히 거룩한 스승님(至聖先師)으로 추앙되었다는 사실은 아마도 무리는 아니다.

---

32) 大哉孔子! 博學而無所成名. 『論語 ; 子罕』

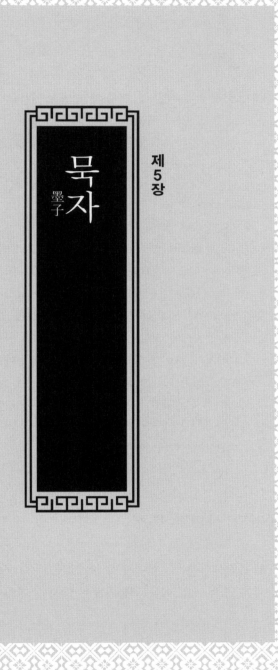

제 5 장

묵자

墨子

묵자墨子는 공자 이후 첫 번째 주요 사상가이다. 성은 묵墨이요 이름은 적翟이다. 『사기』에는 묵자의 고향도 생애도 기재되지 아니하여 그의 출생지와 생존연대에 대하여 학자들 간에 이견이 분분하다. 어떤 학자는 묵자가 송나라 사람(宋人)이라고 주장하고 어떤 학자는 공자와 같은 지방인 노나라 출신이라고도 주장한다. 그의 정확한 생존연대는 확실하지 않고 대체로 B.C. 479~381년으로 추정하고 있다.

묵적은 묵가라고 하는 한 학파의 창시자이다. 당시 그의 명성이 공자만큼 드높았으며 그의 가르침도 당시 사회에 적잖은 영향을 미치었다. 공자와 묵자, 두 인물을 대조해 보면 퍽 흥미롭다. 공자는 초기 주나라 때의 전통적인 제도, 예악과 문물을 동경하여 윤리적으로 이들을 합리화 내지 정당화하려고 힘썼던 반면에, 묵자는 그 제도 등의 타당성과 효용성에 회의를 품고 이들을 좀 더 유용한 것으로 대체시키려고 하였다. 요컨대 공자는 고대문명을 합리화한 옹호자였는데, 묵자는 고대문명의 비평가였다. 또 공자가 세련된 군자였다고 하면 묵자는 군사적 설교자였다. 묵자에 있어서 설교의 주요 목적은 전통적인 제도나 그 실행을 반대함은 물론 이를 추종하는 공자나 그의 제자들의 이론을 반박하는 것이기도 하였다.

묵가의 사회적 배경

주대 봉건사회하에서 왕, 제후, 대부들은 각각 자기의 군사적 전문가를 두고 있었으며, 이들 전문가들은 당시 군대의 중추를 이루고 있었던 전사들이었다. 주나라 말기에 봉건체제의 붕괴와 더불어 이 군사전문가들은 지위와 명성을 잃고 자기를 등용할 수 있는 사람들을 찾아 여러 곳으로 흩어져 기용자에 봉사함으로써 생계를 유지하였다. 이런 부류의 인물들을 사土, 또는 무사武土라고 부른다. 『사기』에 의하면 이 무사들이 "말은 언제나 믿음직했으며 그들의 행동은 과단성이 있었고, 약속한 일은 반드시 성실히 지켰으며, 자신의 몸을 아끼지 않고 위험 속에 뛰어들었다."1) 한다.

중국 역사상 '유儒'와 '사土'는 원래 귀족집단에 소속된 전문가로서, 그들 자신도 상위계급 출신이었다. 그리고 후에 '유'는 여전히 상, 또는 중인계급 출신이었는 데 반해 '사'는 왕왕 하층계급에서 충당되는 경우가 더 많았다.

고대에는 예禮나 악樂 같은 것은 순전히 귀족계급을 위한 것이었다. 그러므로 일반시민의 관점에서 볼 때 예나 악은 아무런 실용적 효과도 갖지 못한 사치에 지나지 않았다. 묵자와 그 제자들이 전통적 제도나 그 옹호자인 공자 및 그 제자를 비판한 이유도 이러한 안목에서였다. 이러한 비판에 곁들여 자기(무사)들의 직업적 사회윤리를 잘 정리하고 이론화하여 묵가의 핵심윤리가 형성되었다.

묵자와 그 제자들이 무사 출신임은 증명할 만한 증거에 의해서 추론이 가능하다. 묵자나 기타 동시대 자료에서 묵자들은 군사적 활동을 할 수 있는 엄격히 훈련된 조직체라는 것을 알 수 있다. 묵자 조직의 지도자는 거자鉅子라 불리었으며, 그는 집단성원에 대한 생살권도 가지고 있었다. 묵적墨翟은 이 집단의 초대 거자였으며, 묵자는 실제로 자기 제자들을 이끌고 초楚나라의 침입 위협을 받았던 송나라를 구할 준비를 한 적도 있었다고 한다.

---

1) 其言必信, 其行必果, 已諾必誠, 不愛其軀, 赴士之(阨)困 『史記 ; 游俠列傳』

그 예를 들어 보면 다음과 같은 아주 흥미 있는 이야기가 있다.

　당시 유명한 기계 제작자인 공수반公輸盤이 초나라에 기용되어 도성을 공격할 만반 태세를 갖추고 있었다. 묵자는 이 소식을 듣고 초왕에게 공격을 단념하라고 설득시키기 위해 건너갔다. …… 묵자와 공수반은 왕 앞에서 공격과 방어의 시범을 보였다. 묵자가 먼저 허리띠를 풀어 성城 모양을 만들고 조그만 막대기(牒)로 무기를 삼았다. 공수반은 거기에다 아홉 번 서로 다른 모양의 공격무기를 설치해 놓았으나 묵자는 아홉 번 다 그를 막아 내었다. 드디어 공수반은 공격무기를 다 사용해 버렸다. 그런데 묵자의 방어술은 아직도 넉넉하였다. 그때 공수반은 "나는 그대를 물리치는 방법을 알고 있다. 그러나 나는 그것을 말하지 않겠다."라고 말하자. 묵자는 "나는 그대가 무슨 말을 하려는지 알고 있다. 그러나 나도 그것을 말하지 않겠다."고 대답했다. 초왕은 그 이유를 물으니 묵자는 "공수반의 뜻은 신臣을 죽이는 데 지나지 않습니다. 그러나 신의 제자 금활리禽滑釐 등 300인이 신이 만든 방어무기로 무장하고 송나라의 성 위에서 초나라가 쳐들어오기를 기다리고 있습니다. 비록 신 한 사람을 죽일 수는 있다 하여도 그들을 전멸시킬 수는 없습니다."라고 말하자, 왕은 "좋다! 송을 공격하지 말라."고 말하였다.[2]

---

[2] 公輸盤 爲楚造雲梯之械, 成, 將以攻宋, 子墨子聞之 …… 王曰善哉! 雖然, 公輸盤爲我爲雲梯, 必取宋, 於是見公輸盤, 子墨子解帶爲城, 以牒爲械, 公輸盤九設攻城之機變, 子墨子九距之. 公輸盤之攻械盡. 子墨子之守圉有餘, 公輸盤詘而曰, 吾知所以距子矣, 吾不言, 子墨子亦曰, 吾知子之所以距我, 吾不言. 楚王問其故. 子墨子曰, 公輸子之意, 不過欲殺臣, 殺臣, 宋莫能守, 可攻也, 然臣之弟子禽滑釐等三百人 已持臣守圉之器, 在宋城上, 而待楚寇矣. 雖殺臣, 不絶也, 楚王曰, 善哉! 吾請無攻宋矣. 『墨子閒詁 ; 卷13 公輸般 50』

이 이야기가 사실이라면, 오늘날 분쟁국 당사자들 간의 분쟁을 해결하는 데 좋은 본보기로 삼을 수 있다. 전쟁은 반드시 전장을 필요로 하지 않는다. 필요한 것은 양국의 과학자와 기술자들이 공격과 방어의 실험무기만 전시하면 그만이다. 그러면 전쟁은 싸움 한 번 하지 않고 끝장날 것이 아닌가!

이 이야기의 사실 여부와 상관없이 이 이야기는 묵자의 조직 내막을 예증해 준다는 데 의의가 있다. 이 조직은 다른 자료에서도 그 증거를 찾을 수 있다.

『회남자淮南子』에도 다음과 같은 진술이 있다.

묵자의 복역자는 180인이다. 묵자는 그들을 불속에 들어가게 할 수도 있고, 칼날을 밟게 할 수도 있다. 그런데 죽더라도 그들의 발꿈치를 돌리지 않았다.[3]

묵자에도 9편 이상의 방어전술과 성을 방어하기 위한 기구제조법을 다루고 있다. 이런 사실로 미루어 묵가는 원래 무사의 집단이었음을 알 수 있다.

그러나 묵자와 그 제자들은 두 가지 점에서 통념적인 무사와는 달랐다. 첫째, 무사들은 봉건군주들에게 총애를 받고, 자기 수고의 대가를 받기만 한다면 어떤 전투에도 참가할 태세가 되어 있는 사람들이었다. 그러나 묵자와 그 제자들은 공격적인 전쟁을 완강히 반대하였으므로 자기 방어를 위해서만 싸우기로 합심하였다. 둘째, 통념적인 무사는 오로지 자기의 직업윤리에 따라서 행위하였지만, 묵자는 이 직업윤리를 잘 다듬어 거기에 합리적인 철학적 의미를 부여하였다. 그러므로

---

3) 墨子服役者百八十人, 皆可使赴火蹈刃, 死不旋踵 『淮南子 ; 泰族訓』

묵자의 배경은 '사'를 기반으로 삼았으며 동시에 새로운 철학의 한 학파인 묵가의 창시자가 되었다.

유가에 대한 비판

묵자의 의하면 유가의 도는 다음 네 가지 점에서 온 천하를 망쳐 놓았다고 한다.

(1) 유가는 천天과 귀鬼의 존재를 신명神明하다고 생각하지 않는다. 그리하여 천과 귀가 기꺼워하지 않는다.
(2) 유가는 장사葬事를 후하게 지내고 상喪을 오랫동안 행하여 널관곽 棺槨을 겹으로 만들고 옷(衣裳)을 많이 지어 죽은 이 보내기를 이사 가는 듯하며, 3년 동안이나 곡읍哭泣한다. 그리하여 상주는 부축해 주어야 일어나고 지팡이를 짚어야 걸으며 귀엔 아무것도 들리지 않고 눈엔 아무것도 보이지 않는다.
(3) 유가는 거문고와 북소리에 맞추어 노래하고 춤추는 것이 몸에 배어들게 되었다.
(4) 유가는 운명을 믿고 빈부와 요수夭壽, 치란治亂과 안위安危는 그 극이 있으며 이것은 덜 수도 더할 수도 없다고 믿는다. 윗사람이 되어 어떤 일을 행하는 데 있어서도 반드시 민의에 귀를 기울여 듣고 다스리지 않으며, 천하 백성으로서 어떤 일을 행하는 데 있어서도 반드시 마음과 힘을 다하지도 않는다.4)

---

4) 儒之道, 足以喪天下者, 四政焉. (1) 儒以天爲不明, 以鬼爲不神, 天鬼不說, 此足以喪天下. (2) 又厚葬久喪, 重爲棺槨, 多爲衣衾, 送死若徙, 三年哭泣, 扶後起, 杖後行, 耳無聞, 目無見, 此足以喪天下. (3) 又弦歌鼓舞, 習爲聲樂, 此足以喪天下. (4) 又以

이것이 천하를 망쳐 놓고도 남는다는 네 가지 주장이다. 「비유편非儒篇」에서 묵자는 다음과 같이 유가를 비평하였다.

아무리 오래 살아도 그들의 학문은 다 배울 수 없으며, 아무리 힘이 넘치는 장년壯年이라도 그 예를 다 행할 수 없으며, 아무리 많은 재산을 쌓더라도 그 악을 넉넉히 즐길 수 없다. 그들은 사악한 수법으로 번드르하게 꾸며서 군주를 현혹시키며 음악을 성하게 하여(유행시켜) 어리석은 백성을 음란하게 만든다. 그러므로 그들의 도는 세상에 보여 줄 만한 것이 못되고 그들의 학문은 민중을 지도할 만한 것이 못된다.[5]

이 비판은 유가와 묵가의 사회적 배경이 서로 다르다는 사실을 예증하고 있다. 공자 이전에 이미 교육을 받아 학문적으로 세련된 사람은 인격적인 천과 귀신 같은 존재를 믿지 않았다. 그러나 하층계급의 백성들은 언제나 그러하듯이 이 회의주의가 발생한 훨씬 뒤에까지 이러한 사상이 남아 있었는데 묵자는 이 하층계급을 대변해 주는 인물이었으므로 하층계급의 안목을 가지고 유가를 비판하였다. 첫째, 둘째, 셋째의 비판 관점은 바로 그들의 견해를 잘 대변한다고 볼 수 있다. 그러나 넷째 관점은 유가와 별로 관련이 없다. 그 이유는 유가가 자주 명命에 대하여 언급한 것은 사실이나, 그 명의 뜻은 묵자가 공격한 숙명宿命은 아니었기 때문이다. 앞에서 지적한 바와 같이 명이란 인간의 능력을 초월한 그 어떤 것을 가리킨다. 그러나 인간 자신의 능력 한계

命爲有, 貧富壽夭, 治亂安危, 有極矣. 不可損益也, 爲上者行之, 必不聽治矣, 爲下者行之, 必不從事矣. 此足以喪天下. 『墨子閒詁；公孟』

5) 累壽不能盡其學, 當年不能行其禮, 積財不能贍其樂, 繁飾邪術, 以營世君, 盛爲聲樂, 以淫遇民, 其道不可以期世, 其學不可以導衆('其道不可以期世'에서 '期'字는 '示'字의 '誤記'라는 설도 있다). 『墨子閒詁；非儒下』

안에 상존尙存하는 것도 있다. 그러므로 인간은 자신의 능력을 최대한 발휘한 연후에 불가피하게 오는 것은 조용히 감수해야만 한다. 이것이 바로 유가가 말하는 '명을 안다(知命)'는 뜻이다.

함께 아끼는 겸애兼愛

묵자는 공자의 중심사상인 인仁과 의義를 비판하지 않았다. 『묵자』에서 사실 그는 인과 의의 특성을 밝히고, 인인仁人과 의인義人에 대하여서도 설명하고 있다. 그러나 이 용어들이 의미하는 뜻은 유가의 것과는 약간의 차이가 있다. 묵자의 인과 의는 겸애를 의미하며 인인과 의인은 겸애를 실천하는 사람을 뜻한다. 겸애는 묵자철학의 중심사상이며, 또한 사士 계급에 있어서 직업윤리의 논리적인 확장이기도 하다. 이 윤리는 바로 자기 사士 집단 속에서 동고동락하던 체험에서 나왔으며, 묵자는 이 체험을 토대로 천하의 모든 사람을 동등하게 사랑하여야 한다는 주장을 내세웠다. 이렇게 하여 그는 겸애의 뜻을 확장시키려 하였다.

『묵자』에 겸애를 주제로 한 편목이 3편이 있다. 여기에서 묵자는 우선 따로(別)와 함께(兼)를 구분하였다.

'따로'를 주장하는 사람(別士)이 말한다.

"내 어찌 자신을 위한 만큼 친구를 위하고 친구의 아버지를 나의 아버지만큼 위할 수 있을까?"

그런 사람은 자기 친구가 굶주려도 먹을 것을 주지 않으며, 추위에 떨어도 옷을 입히지 않으며, 병들어도 간호해 주지 않는다.

그러나 '함께'를 주장하는 사람은 그와 반대의 말을 한다.

"나는 자신을 위하는 것만큼 친구를 보살펴 주어야 하겠으며, 친구의 어버이도 나의 어버이같이 위하여야겠다."

그러므로 그는 친구가 굶주리면 먹을 것을 주고, 추위에 떨면 옷을 입히고, 병이 들면 간호해 준다.

묵자는 이와 같이 '따로'와 '함께'를 대비해 놓고 다음과 같이 물었다. "이 두 원리 중 어느 것이 옳은가?"

묵자는 이 진술의 시비를 가리기 위하여 삼표三表의 방법을 사용하였다. 묵자의 표현을 빌리면 모든 진술은 이 삼표에 의하여 음미되어야 한다. 그러면 삼표란 무엇인가? 묵자는 말한다.

근본(本)을 정하는 것, 연원(原)을 찾는 것, 그 효용을 살피는 일이다. 어디에 근본을 두어야 할까? 옛 성왕聖王의 사적事蹟에 근본을 두어야 한다. 어디에서 연원을 찾아야 할까? 백성들이 직접 듣고 본 사실에서 연원을 찾아야 한다. 어디에서 그 효용을 살필까? 국가와 백성의 이익에 맞는지 살펴보아야 한다. 이것이 삼표이다.6)

삼표 중에서 세 번째 것이 가장 중요하다. 국가와 백성의 이익에 맞는 것(中國家百姓人民之利)이 바로 묵자의 모든 가치결정의 표준이다. 이 표준에 의해 묵자는 겸애가 가장 바람직하다는 것을 증명하려고 하였다. 그러므로 묵자는 『겸애』 하편에서 다음과 같이 말하였다.

어진 이가 할 일은 천하의 이로움을 마련해 주고 천하의 해로움을 제거하는 데 힘쓰는 일이다. 그런데 오늘날 천하의 해로움 가운

6) 何謂三表? …… 有本之者, 有原之者, 有用之者, 於何本之? 上本之於古者聖王之事. 於何原之? 下原察百姓耳目之實. 於何用之? 發以爲刑政. 觀其中國家百姓人民之利. 此所謂言有三表也. 『墨子閒詁 ; 非命 上』

데 가장 큰 것이 무엇인가? 대국의 소국에 대한 공격, 대가의 소가에 대한 교란, 강자의 약자에 대한 겁박, 다수의 소수에 대한 횡포, 교활한 자의 우둔한 자에 대한 속임수, 귀한 자의 천한 자에 대한 멸시, 이러한 것들이 천하의 해로움이다.

그러면 이 해로움은 어디에서 생겨났는가? 이 해로움은 남을 사랑하고 남을 이롭게 하는 데서 생겨났는가? 그것은 그렇지 않다고 대답해야 한다. 천하에서 남을 미워하고, 남을 못살게 구는 사람을 분리시켜 이름을 붙인다면 우리는 그들을 '함께 한다(兼)'라 불러야 하는가, 아니면 '따로 논다(別)'라 불러야 하는가? 반드시 '따로 논다'라고 말해야 한다. 그렇다면, 서로 따로 노는 자(交別者)는 과연 천하에 커다란 해로움을 일으키는 자가 아닌가? 그러므로 '따로 노는 것'은 잘못이다.

남을 비판하는 자는 반드시 거기에 대한 대안을 가지고 있어야 한다. 그러므로 묵자는 '따로 논다'를 '함께 한다'로 바꾸라 했다. '따로 논다'를 '함께 한다'로 대치시킬 수 있는 이유는 무엇인가? 그 대답은 다음과 같다. "모든 사람이 남의 나라를 자기 나라 위하듯 하면 누가 (혼자 자기 백성을 동원하여) 남의 나라를 공격하겠는가? 상대방(彼)을 위한다는 것은 자기를 위하는 것과 마찬가지다. 또 남의 도성都城을 자기 도성처럼 위한다면 누가(혼자 자기 도성 사람을 동원하여) 남의 도성을 정벌하겠는가? 상대방을 위한다는 것은 자기를 위하는 것과 같으며, 남의 집을 자기 집 위하듯 하면 누가(혼자 그 집안을 동원하여) 남의 집을 어지럽게 하겠는가? 상대방을 위한다는 것은 자기를 위하는 것과 같다.

그러나 나라는 서로 정벌하지 않고, 집안끼리는 서로 교란시키지 않는데, 이것이 천하의 해로움인가? 그것은 천하의 이로움이라고 말하지 않으면 안 된다. 여러 가지 이로움의 근원을 고찰해 볼 때, 그 이로움은 어디서 생겨났는가? 그 이로움은 남을 미워하고 남을 해롭게 하는 데서 생겨났단 말인가? 그렇지 않다. 그 이로움은 남을 사랑하고 남을 이롭게 하는 데서 생겨났다고 말해야 한다. 남을 사랑하고 남을 이롭게 하는 사람들은 '따로 논다'라고 불러야 하는가? '함께 한다'라고 불러야 하는가? 반드시 '함께 한다'라고 불러야 한다. 그렇다면 서로 겸애하는 사람은 과연 천하의 큰 이로움을 생기게 하는 자가 아닌가? 그러므로 묵자는 "함께 하는 것은 옳은 일이다."[7]고 했다.

이와 같이 묵자는 공리주의적 논법을 써서 겸애의 원리가 절대적으로 옳다는 것을 증명하였다. 천하의 이로움을 마련해 주고, 천하의 해로움을 제거하는 어진 이는 자신과 천하의 모든 사람을 위하여 겸애를 행동의 기준으로 세워야 한다. 천하의 모든 사람이 이 기준에 따라서 행동한다면 "총명한 이목耳目은 서로 감응하여 보고 들으며, 팔다리가 모두 튼튼해져 서로 작용할 것이며, 도道를 체득한 사람은 싫증내지 않고 남을 일깨워 줄 것이다. 그리하여 늙어 처자 없는 사람도 대접과 봉양을 받아 그 수명을 다할 것이며, 부모 없는 유약한 고아들은 의지할 곳이 생겨 그 몸을 키울 것이다. 겸애가 기준으로 받아들여진다면 그러한 것은 결과적으로 따라오는 이익이다."[8]

---

7) 子墨子言曰：仁人之事者，必務求興天下之利，除天下之害，然當今之時，天下之害孰爲大？曰：大國之攻小國也，大家之亂小家也. 強之劫弱，衆之暴寡，詐之謀愚，貴之傲賤，此天下之害也 …… 此胡自生？此自愛人利人生與？即必曰非然也 必曰從惡人賊人生. 分名乎天下惡人而賤人者，謙與別與？即必曰別也. 然即之交別者，果生天下之大害者與？是故別非也. 子墨子曰 非人者必有以易之，若非人而無以易之，譬之猶以水救火也 …… 是故子墨子曰 兼以易別. 然則兼之可以易別之故何也？曰：藉爲人之國，若爲其國. 夫誰獨舉其國，以攻人之國者哉？爲彼者由爲己也. 爲人之都，若爲其都，夫誰獨舉其都，以伐人之都者哉？爲彼猶爲己也，爲人之家，若爲其家，夫誰獨舉其家，以亂人之家者哉？爲彼猶爲己也. 然即國都不相攻伐，人家不相亂賊，此天下之害與？天下之利與？即必曰天下之利也. 姑嘗本原若衆利之所自生，此胡自生？此自惡人賊人生與？即必曰非然也，必曰從愛人 利人生，分名乎天下愛人而利人者？別與兼與？即必曰兼也. 然即之交兼者，果生天下之大利者與？是故子墨子曰 兼是也. 『墨子閒詁；兼愛 下』
8) 是以聰耳明目，相與視聽乎；是以股肱畢強，相爲動宰乎？而有肆相教誨，是以老而無妻者，

이것이 묵자가 바라는 이상세계이며, 이 세계는 겸애를 실천함으로써만 이룩될 수 있다고 했다.

천지天志와 명귀明鬼

그러나 문제는 여전히 남아 있다. 어떻게 백성을 설득하여 서로 사랑하게 할 수 있을까? 위에서 기록한 바와 같이 겸애의 실천은 천하를 이롭게 하는 유일한 길이요, 모든 어진 이는 다 겸애를 실행한 사람이라고 백성들에게 말할 수 있다. 그러나 백성들은 한 걸음 더 나아가 다음과 같은 질문을 던질지도 모른다. 어째서 나 혼자 천하를 위해 이로운 행동을 해야 하며, 어찌하여 나는 어진 사람이 되어야 하는가? 거기에 대해, 전체로서 이렇게 논의를 펴갈 수도 있다. 천하가 이롭게 된다면 이것은 천하에 살고 있는 개개인도 마찬가지로 이롭게 된다고.

그렇지 않으면 묵자가 말한 것처럼 "……남을 사랑하는 사람은 남도 역시 그를 좇아 사랑하며, 남을 이롭게 하는 사람은 남도 역시 그를 이롭게 하며 남을 미워하는 사람은 남도 그를 미워하고 남을 해치는 사람은 남도 그를 해친다."[9]

그렇게 되면 남을 사랑하는 것은 보상을 바라는 일종의 행위이다. 그러나 대다수의 사람들은 너무나 근시안적이어서 눈앞에 보이는 것 이외에는 먼 훗날 얻어지는 행동의 가치를 예견할 줄 모른다. 그러므로 당장 보상을 받지 않고 그러한 행동을 하는 사람은 거의 없다.

그러므로 묵자는 백성들에게 겸애의 도를 실행도록 하기 위하여 여

有所待養以終其壽, 幼弱孤童之無父母者, 有所放依以長其身. 今唯戈以兼爲正, 卽若其利也. 『墨子閒詁 ; 兼愛 下』

9) 夫愛人者, 人必從而愛之, 利人者, 人必從而利之, 惡人者, 人必從而惡之, 害人者, 人必從而害之. 『墨子閒詁 ; 兼愛 中』

러 가지의 종교적·정치적인 제재를 도입하였다. 그리하여 『묵자』에는 「천지편天志篇」과 「명귀편明鬼篇」이 있는데 이 편에서는 하늘(天)이 주제로 되어 있다. 하늘은 백성을 사랑하며 모든 사람은 서로 사랑(兼愛)해야 하는 것이 또한 하늘의 뜻이기도 하다. 하늘은 항상 인간의 활동을 지켜보고 있으며, 특히 통치자의 행위를 감시하고 있다. 하늘은 천지에 복종하지 않는 자에게 재앙을 내려 벌을 주고 복종하는 자에게는 복을 내려 상을 준다. 하늘 이외에 귀신도 겸애를 실행하는 자에게 상을 주고 '따로 떼어 놓음(交別)'을 행하는 자에게 벌을 준다.

이와 관련하여 묵자에 대한 흥미 있는 이야기가 있다.

묵자가 언젠가 병이 났다. 질비跌鼻가 와서 묻는다. "선생께서는 귀신은 총명하고 화와 복을 조절할 수 있어서 착한 일을 한 사람에겐 상을 주고 착하지 못한 일을 한 사람에겐 벌을 준다고 말씀하셨습니다. 선생님은 성인聖人이신데 무엇 때문에 병이 나셨습니까? 선생님의 말씀이 잘못된 데가 있습니까? 또는 귀신이 총명하지 못한 것입니까?" 묵자는 대답한다. "비록 내가 병을 앓지만 어찌 귀신이 총명하지 못하겠는가? 사람이 질병에 걸리기 쉬운 길은 많이 있다. 어떤 사람은 추위와 더위 때문에 걸리고 어떤 사람은 지쳤기 때문에 걸린다. 문이 백 개나 있는데 한 문만 닫아 놓는다고 도적이 어찌 들어오지 못하겠는가?"10)

현대의 논리로 말한다면, 귀신에 의한 벌은 인간 질병의 충분한 원인은 되어도 필연적인 원인은 되지 못한다.

---

10) 子墨子有疾;跌鼻進而問曰:先生以鬼神爲明, 能爲禍福, 爲善者賞之, 爲不善者罰之. 今先生聖人也. 何故有疾? 意者先生之言有不善乎? 鬼神不明知乎? 子墨子曰: 雖使俄有疾, 鬼神何遽不明人之所得於病者多方:有得之寒暑, 有得之勞苦:百門而閉一門焉 則盜何遽無從入?『墨子閒詁;公孟』

외견상의 불일치

묵가와 유가는 귀신의 존재 및 그와 관련된 예의에 대한 양자의 태도가 서로 다른 것처럼 보인다. 묵가에서는 귀신의 존재를 인정하면서도 오랫동안 화려하게 장사 지내는 것(厚葬, 久喪)을 반대하였으며, 유가에서는 장례葬禮와 제례祭禮를 강조하면서도 귀신의 존재를 믿지 않았다. 이는 양자가 모두 모순을 내포하고 있는 것처럼 보인다.

묵가 측에서는 이미 유가의 이런 모순을 지적했다.

공맹자(유가의 한 사람)는 "귀신이란 없다고 하면서 군자는 반드시 제사를 배워야 한다."고 말하였다. 묵자는 "귀신이 없다고 우기면서 제례를 배우라고 하는 것은 마치 손님이 없는데도 손님을 대접하는 예를 배우라는 것과 같으며, 고기도 없는데 그물을 만드는 것과 같다."고 말하였다.[11]

그러나 유가와 묵가의 주장은 외견상 불일치한 것처럼 보일 뿐, 사실상 하등의 모순은 없다.

유가에 의하면 제례를 거행하는 이유는 결코 귀신이 정말 존재하고 있다고 믿기 때문이 아니다(애당초엔 그런 이유도 있었는지는 모르지만). 오히려 제례는 제사를 드리는 사람이 돌아가신 자기 조상에 대한 공경의 감정에서 유래되었다고 하겠다.

그러므로 제례의 의의는 종교적이라기보다 시적詩的이다. 이 예론은 뒤에 순자와 그 제자들이 상세히 발전시켰다. 그러므로 조금도 실재의 모순은 없다.

묵자의 견해에도 역시 모순은 없다. 묵자가 귀신의 존재를 인정한 것은 그가 정말 초자연적인 사실에 관심이 있어서 그랬다기보다는 겸

---

11) 公孟子曰 : 無鬼神. 又曰 : 君子必學祭祀. 子墨子曰 : 執無鬼而學祭禮, 是猶無客而學客禮也 是猶無魚而爲魚罟也『墨子閒詁 ; 公孟』

애의 교리를 보강하기 위해 종교적인 제도를 도입할 필요가 있었기 때문이었다고 하겠다. 그리하여 「명귀편明鬼篇」에서 묵자는 당시 천하의 혼란을 귀신의 존재에 대한 회의와 귀신이 현명한 사람에게 상 주고 포악한 사람에게 벌 줄 수 있다는 사실을 믿지 않았던 탓으로 돌렸다.

그래서 묵자는 "이제 만일 천하의 모든 사람으로 하여금 귀신이 현명한 사람은 상 주고 포악한 사람은 벌을 준다는 사실을 믿도록 만들어 놓는다면, 천하가 어찌 혼란하겠는가"[12]라고 말했다.

그러므로 묵자가 천지와 명귀를 내세운 이유는 백성으로 하여금 겸애를 실천하면 상을 받고 그렇지 않으면 벌을 받는다는 것을 믿게 하기 위함에서였다. 그러한 믿음은 백성들에게 유용한 것이었다. 그러므로 묵자는 그것을 원하였으며, 짧고 간단하게 지내는 장례도 또한 유용했기에 그것을 원하였다. 이러한 초극단적인 공리주의적 관점에서 볼 때, 두 가지 사실을 요구하는 것은 유용했기 때문에 조금도 모순이 없었다.

국가의 기원

백성들이 겸애를 실천하도록 만들기 위해서는 종교적 제재뿐만 아니라 정치적인 제재도 필요했다. 『묵자』의 「상동편尙同篇」에서 묵자는 국가의 기원에 관한 이론을 전개하였다. 그 이론에 의하면 국가 통치자의 권위는 두 가지 원천, 즉 백성의 뜻과 하늘의 뜻(天志)에서 유래한다. 그러므로 통치자의 주요 임무는 백성들의 행위를 잘 살펴서 겸애를 실천하는 자는 상을 주고, 그렇지 않은 자는 벌을 주는 일이다. 이

---

12) 今若使天下之人, 偕若信鬼神之能賞賢而罰暴也, 則夫天下豈亂哉? 『墨子閒詁 ; 明鬼 下』

임무를 효과적으로 수행하기 위하여 통치자의 권위는 절대적이어야만 한다. 이 점에 대하여 우리는 다음과 같은 의문이 생길 수 있다. "어째서 백성들이 자발적으로 그러한 절대적인 권위를 선택하지 않으면 안 되는가?" 거기에 대한 해답은 다음과 같다.

백성들이 그 권위를 좋아해서가 아니라, 거기에 대한 아무런 대안代案을 갖고 있지 않기 때문에 받아들인다. 묵자에 의하면 조직된 국가가 발생되기 전에는 토마스 홉스Thomas Hobbes와 마찬가지로 '자연상태'에서 살았다. 이처럼 "아주 옛날에는 모든 사람이 다 자기의 시비是非의 기준을 가지고 있었다. 그러므로 한 사람 있으면 한 가지 기준(義)이 있었고, 두 사람이 있으면 두 가지 기준이 있었으며 열 사람이 있으면 열 가지 기준이 있었다. 사람이 많아지면 기준도 역시 그만큼 많아졌다. 그러므로 사람들은 자기 기준은 옳고 남의 것은 그르다고 생각하였다."[13]

그 결과 "천하는 혼란 속에 빠지고 마치 금수의 상태와 같았다. 백성들은 천하가 혼란된 까닭은 정치적인 통치자(政長)가 없었기 때문에 생겼다는 사실을 알았다. 그리하여 백성들은 천하에서 가장 현명하고 유능한 사람을 선출하여 그를 천자로 세웠다."[14]고 한다.

그러므로 국가의 통치자는 처음엔 백성들이 무정부상태에서 벗어나기 위하여 백성의 뜻에 의해 추대된 자이다.

『묵자』는 「상동편」에서 다음과 같이 주장했다.

옛날에 상제上帝 · 귀신이 국가를 건설하고 통치자를 세워 놓았을

---

13) 古者民始生未有刑政之時, 蓋其語人異義, 是以一人則一義, 二人則二義, 十人則十義；其人玆衆, 其所謂義者亦玆衆 是以人是其義, 以非人之義. 『墨子閒詁；尙同上』
14) 天下之亂, 若禽獸然. 夫明乎天下之所亂者. 生於無政長. 是故選天下之賢可者, 立以爲天子. [同上]

때는 그 작위를 높게 한 것도 아니요, 그 소득(祿)을 후하게 만들기 위한 것도 아니었다. …… 그것은 만민을 위해 이롭게 하고 해로움을 없애기 위한 것이었고, 가난한 자를 부유하게 하고 적은 인구를 많게 하여 위험을 안전하게 하고, 혼란을 다스리기 위하여서였다.15)

이 진술에 의하면 국가와 통치자는 하늘의 뜻(天志)에 의하여 수립되었다고 하겠다. 통치자가 권력을 얻은 방법이 어떻든지 간에 일단 통치자가 되기만 하면, 그는 천하의 백성에게 명령을 내리게 된다고 묵자는 말했다. 그래서 그는 「상동편」에서 이렇게 주장하였다.

선善이든 선이 아니든 간에 반드시 자기 윗사람에게 그것을 다 알려야 한다. 윗사람이 그르다고 여기는 것은 모두 그르다고 여겨야 할 것이다.16)

이 주장은 "언제나 윗사람과 의견을 같이 하라. 결코 아랫사람을 따르지 말라(上同不下比)"라는 격언으로 이끌어 간다.

그리하여 묵자는 전체주의적 국가와 절대적인 통치자의 권위를 주장하게 되었는데 이는 그의 국가기원론의 불가피한 결론이다. 왜냐하면 국가란 바로 시비의 기준이 혼란되어 생긴 무질서를 종식시키기 위하여 만들어졌기 때문이다. 그러므로 국가의 주요기능에 대한 묵자의 말을 인용한다면 기준을 통일하는(壹同國之義) 것이다. 그 국가 안에는 오직 한 가지 기준만이 존재할 수 있고, 그것은 국가 자체에 의하여

---

15) 古者上帝鬼神之建設國都, 立政長也, 非高其爵, 厚其祿 富貴佚而錯之也. 將以爲萬民興利, 除害, 富貧衆寡 安危治亂也. 『墨子閒詁 ; 尙同 中』

16) 言曰, 聞善而不善, 皆以告其上 : 上之所是, 必皆是之 ; 上之所非, 必皆非之 『墨子閒詁 ; 尙同 上』

인정된 기준이어야 한다. 그러므로 어떤 다른 기준도 허용되어질 수 없다. 만일 그런 기준이 허용된다면 백성들은 즉시 '자연상태'로 되돌아갈 것이며 그 상태는 곧 무질서와 혼돈을 의미하는 것이다. 정치이론에 있어서 묵자는 사士의 직업윤리를 발전시켜 집단의 복종과 훈련을 강조하였다. 그것은 또한 중앙집권적인 권위가 비록 독재적으로 흐를망정 그래도 그 권위에 향수를 느끼게끔 한 당시의 혼란하고 불안한 정국을 반영한 것이기도 하다.

그리하여 시비에 대한 단 한 가지의 기준만이 남았다. 묵자에게 있어서 옳은 것(是)이란 '겸애'의 실천이요, 그른 것(非)이란 '교별交別'의 실행이다. 묵자는 이 정치적 제재 및 종교적 제재를 통하여 천하의 모든 사람들이 자기의 겸애의 도를 실천할 수 있기를 희망하였다. 겸애는 묵자의 근본 가르침이었다. 그리고 묵자 자신이 겸애의 도를 실천하는 참된 모범을 보여 주었다는 사실은 당시 모든 자료의 공통적인 의견이기도 하다.

제6장

양주
楊朱
:
도가의 선구자

『논어』에 공자는 각국을 순방하는 동안 많은 은자隱者를 만났다는 이야기가 있는데 은자는 '현세를 피하여 숨어 사는 현자(賢者避世)'를 뜻한다.

이 은자들은 공자에게 난세를 구하려고 쓸데없이 애쓰는 사람이라 하여 조소를 하였으며 은자 가운데 어떤 사람은 공자를 '되지 않을 것을 알면서도 하려고 애쓰는 사람(知其不可而爲之者)'이라고 혹평하였다. 이러한 비난에 대하여 공자의 제자인 자로子路는 다음과 같이 대답하였다.

"벼슬하지 않는 것은 옳지 않다. 어른과 어린이의 예절도 폐지할 수 없는데 군신 간의 의무를 어떻게 폐지하겠는가? 자기 일신만 결백하려고 대인륜大人倫을 문란케 하겠는가?"[1]

초기 도가와 은자

은자들은 자기 일신만 결백하려는 개인주의자였으며 어떤 의미에서는 세상을 무가치하게 여기는 비관적 패배주의자였다. 은자 가운데 어떤 인물(桀溺)은 이렇게 말한다.

"지금 세상이 도도히 흐르는 흙탕물(濁流)과 같은데 어느 누가 고치겠는가?"[2]

---

1) 子路曰：不仕無義, 長幼之節, 不可廢也；君臣之義, 如之何其廢之？欲潔其身而亂大倫. 『論語；微子』
2) 曰滔滔者 天下皆是也；而誰以易之？『論語；微子』

이런 따위의 인물들은 대부분 다른 사람들과 어울리지 않고 동떨어져 자연과 더불어 살았다. 도가는 아마도 이런 인물(隱者)들에서 유래한 것 같다.

그러나 도가들은 일신만을 결백하게 하려고 세상을 피하는 통념적인 은자들과는 달랐다. 도가는 일단 은둔하면 자기 행위를 변호하려 들지는 않았다. 오히려 은둔했기 때문에 자기 행위에 어떤 의미를 부여하기 위한 사상체계를 수립하려고 시도하였다. 이들 가운데 가장 탁월한 최초의 대표자는 양주楊朱였다.

양주의 생존연대는 분명하지 않다. 그러나 묵자(B.C. 479~381년)와 맹자(B.C. 371~289년)가 활동하던 시기에 생존하였음은 틀림없다. 양주는 묵자에 의해서는 언급되지 않았지만, 맹자 당시까지만 하더라도 묵자와 함께 매우 커다란 세력을 형성하고 있었다. 우리는 맹자의 "양주楊朱, 묵적墨翟의 말이 천하를 꽉 채웠다."[3]라는 인용문으로 그것을 확인할 수 있다.

『열자列子』「양주편」의 사상이 양주의 철학이라고 주장하는 것은 재래의 낡은 견해[4]이다. 그런데 『열자』의 출처에 관하여는 현대학자들의 의견이 구구하다. 『열자』의 「양주편」에 나타난 사상은 신빙할 만한 선진제자서先秦諸子書의 자료에 기록된 양주의 사상과는 동일하지 않다. 『열자』「양주편」에 기술된 양주는 극단적 쾌락주의자로 그려져 있다 (그러므로 Forke는 이 책의 편명을 「양주의 쾌락동산」이라고 하였다.). 반면 진한秦漢 시대의 자료에는 양주를 쾌락주의로 낙인을 찍은 사례를 찾아볼 수 없다. 불행히도 양주의 참된 사상은 어느 자료에도 일관성 있게 기록되어 있지 아니하다. 그러나 타인의 저서에 산재된 언급으로부터 양주의

---

3) …… 楊朱墨翟之言盈天下. 『孟子 ; 滕文公 下』
4) Anton Forke의 『Yang Chu's Garden of Pleasure』와 James Legge의 『The Chinese Classics』 Vol. II Prolegomena, pp.92~99 참조. (原註)

사상을 뽑아 기술하면 다음과 같다.

양주의 근본사상

맹자는 이렇게 말한다. "양주는 위아주의爲我主義를 취하여 털 한 올을 뽑아 천하가 이롭게 된다 하더라도 하지 않는다."[5]

『여씨춘추呂氏春秋』에 양생養生은 '자기를 귀하게 여긴다(貴己).'고 하였다.

『한비자韓非子』에도 "위험한 성에는 들어가지 않고, 군대에 머무르지 않고 천하의 큰 이익을 위해 자기 정강이의 털 한 올도 바꾸지 않는다. …… 그는 물(物)을 가벼이 여기고 삶(生)을 중히 여기는(輕物重生) 선비다."[6]고 말하였다.

『회남자淮南子』에도 "생명을 온전하게 하여 그 진수를 보전하며, 물질 때문에 신체에 누를 끼치게 하지 않는데, 이것은 양자楊子가 수립한 학설이다."[7]라는 구절도 있다.

위에 기록한 인용문 가운데 『여씨춘추』의 양생은 최근 학자들의 연구 결과 양주임이 증명되었고, '천하의 큰 이익을 위해 자기 정강이의 털 한 올도 바꾸지 않겠다.'는 인물은 양주 혹은 양주의 제자임에 틀림없다. 그 이유는 그 당시 아무도 그와 같은 설을 주장한 사람이 없기 때문이다. 이와 같은 자료를 한데 모아 살펴보면, 양주의 근본사상은 '위아주의'와 '경물중생輕物重生'의 두 가지이며 이 사상은 겸애를

---

5) 楊子取爲我, 拔一毛而利天下, 不爲也. 『孟子 ; 盡心 上』
6) 今有人於此, 義不入危城, 不處軍旅, 不以天下大利, 易其脛一毛, …… 以爲輕物重生
   之士也. 『韓非子 ; 顯學19』
7) 全生保眞, 不以物累形, 楊子之所立也. 『淮南子 ; 氾論訓』

부르짖는 묵자의 사상과는 정반대임을 알 수 있다.

'천하의 큰 이익을 위해 자기 정강이의 털 한 올도 바꾸지 않는다.'는 한비자의 진술은 '양주는 천하를 이롭게 하기 위해 털 한 올도 뽑지 않겠다.'는 맹자의 언급과는 서술상 약간의 차이는 있으나 이 둘은 모두 다 양주의 근본사상과 일치한다고 볼 수 있다. 후자가 '위아주의'를 대변한다면 전자는 '경물중생'을 대변하는 것이니 이 둘은 한 이론의 양 측면일 뿐이다.

양주사상의 예화例話

도가의 문헌에서도 위의 서술한 양주사상의 두 측면을 발견할 수 있다. 『장자莊子』「소요유逍遙遊」에 성군聖君 요堯와 은자 허유許由 사이의 대화가 실려 있다.

요는 천자天子의 직위를 허유에게 선양禪讓[8]하려는데 허유가 사양하며 말했다. "그대가 천하를 다스려 천하가 이미 평안하게 되었거늘, 내가 그대를 대신해 천자가 된다면 명예 때문에 천자 노릇을 할까? 명예란 내실內實의 손님(賓客)인데 내가 손님 노릇할까? 뱁새가 깊은 숲속에 보금자리를 만드는 데 필요한 것은 나무 한 가지에 불과하고 두더지가 강물을 아무리 많이 마셔도 배를 채우는 데 불과하다. 그대는 돌아가 편히 쉬시오. 나에게는 천하가 소용없소."[9]

---

8) 선양이란 정권이양의 방법 중 하나이다. 정권이양에는 선양과 세습이 있는데 선양은 현명한 사람에게 넘겨주는 것이요, 세습은 아들에게 주는 것이다. 민주주의는 '백성에 의한 정치(By the people)'이므로 전통적 방법과 다르다.

9) 許由曰 : 子治天下, 天下旣已治也. 而我猶代子, 吾將爲名乎? 名者實之賓也. 吾將爲賓乎? 鷦鷯巢於深林, 不過一枝 : 偃鼠飮河, 不過滿腹, 歸休乎君, 子無所用天下爲!『莊子 ; 逍

이 이야기에 천하를 거저 준다고 하여도 받지 않을 은자가 있었다. 분명히 그 은자는 정강이 털 한 올로도 천하와 바꾸지 않을 인물임에 틀림이 없다. 한비자가 언급한 양주의 설은 바로 이 예화에 잘 나타나 있다. 위에 말한 『열자』의 「양주편」에 다음과 같은 이야기가 실려 있다.

금자禽子가 양주에게 "당신은 털 한 올 뽑아 온 세계를 구제할 수 있다면 하겠는가?" 하고 물으니 양주는 "천하는 본래 털 하나로 구제될 수 없다"고 대답했다. 금자는 "만일 구제할 수 있다면 하겠는가?"라고 물으니, 양주는 응답하지 않았다. 금자는 나가서 맹손양孟孫陽에게 말하니 맹손양은 "당신은 선생님의 마음을 알지 못하였소. 그 이유를 당신에게 말하고 싶소."라고 대답하고 나서 "당신은 살갗을 할퀴우고 천만금을 얻는다면 그 짓을 하겠는가?"라고 반문하자 금자는 "나는 하겠다."고 답하였다. 맹손양은 "당신은 사지 하나를 끊기어 나라를 얻는다면 당신은 그 짓을 하겠는가?" 하고 묻자, 금자는 가만히 있었다. 그때 맹손양은 "털 한 올은 피부보다 미소하고 피부는 사지 하나보다 미소하다. 그러나 많은 털을 모으면 피부만큼 중요하고, 많은 피부를 합하면 사지만큼 중요하다. 털 한 올은 본래 몸의 만분의 일 중 하나인데 어찌 가벼이 여길 것인가?"[10]라고 말했다.

이 이야기는 양주 이론의 한 단면을 잘 설명하였다.

逍遊」

10) 禽子問楊朱曰：去子體之一毛，以濟一世，汝爲之乎？ 楊子曰：世固非一毛之所濟· 禽子曰：假濟，爲之乎？ 楊子不應. 禽子出語孟孫陽，孟孫陽曰；子不達夫子之心，吾請言之. 有侵若肌膚獲萬金者，若爲之乎？ 曰；爲之. 孟孫陽曰；有斷若一節得一國，子爲之乎？ 禽子默然有間. 孟孫陽曰：一毛微於肌膚，肌膚微於一節，省矣. 然則積一毛以成肌膚，積肌膚以成一節. 一毛固一體萬分中之一物，奈何輕之乎？『列子；楊朱」

『열자』「양주편」에 기록된 양주의 언급은 다음과 같다.

옛날 사람은 털 한 올을 뽑아 천하를 이롭게 할 수 있다 해도 결코 하지 않았고, 온 천하를 맡긴다 해도 받지 아니했다. 모든 사람이 털 한 올을 뽑지 않고 또 사람마다 천하를 이롭게 하려 하지 않는다면 천하는 안정되리라.[11]

이것은 정말로 양주가 한 말인지 믿을 수는 없으나 그의 두 가지 근본사상과 원시도가의 정치철학이 잘 요약되어 있다.

노장老莊 속의 양주사상

양주의 근본사상은 『노자』, 『장자』, 『여씨춘추』에 잘 반영되어 있다. 『여씨춘추』의 「중기편重己篇」에 이런 기록이 있다.

나의 생명은 오직 나를 위해 있다. 그러므로 나를 이롭게 함도 역시 중요한 일이다. 그 귀천을 논하자면 천자의 벼슬로도 그것과는 비교할 수 없고, 그 경중輕重을 논하자면 천하의 부를 다 차지해도 그것과는 바꿀 수 없고, 그 안위安危를 논하자면 하루아침에 그것을 잃어버리면 끝내 다시는 얻을 수 없다. 도를 체득한 자는 이 세 가지를 삼가야 할 것이다.[12]

---

11) 古之人損一毫利天下 不與也, 悉天下奉一身 不取也. 人人不損一毫, 人人不利天下, 天下治矣.『列子 ; 楊朱』
12) 今吾生之爲我有, 而利我亦大矣. 論其貴賤, 爵爲天子, 不足以比焉, 論其輕重, 富有天下 不可以易之. 論其安危, 一曙失之, 終身不復得. 此三者 有道者之所慎也.『呂氏春秋 ; 重己』

이 말은 '경물중생'의 이유를 뚜렷하게 설명하고 있다.

천자의 자리는 한번 잃었다가 다시 되찾을 수 있지만, 인생은 한번 죽으면 영영 다시 살아날 수는 없다.

『노자』에도 이와 동일한 사상이 표현되어 있다. 예를 들면 "제 몸을 천하같이 귀중히 여기는 사람에게는 천하를 줄 수 있고, 제 몸을 천하같이 아끼는 사람에게 천하를 맡길 수 있다."[13]

또 "명예와 자신은 어느 것이 더 사랑스러우냐? 자신과 재산은 어느 것이 더 중하냐?"[14]

위에서 말한 예문에도 '경물중생'의 사상이 나타나 있다.『장자』제3편은 제목 그 자체가 양생주養生主라고 되어 있다.

착한 일을 할 때는 명예를 경계하고 악한 일을 할 때는 형벌을 경계하라.
중도中道를 따라가는 것을 근본으로 삼아라. 그러면 자신을 보호할 수 있고 생명을 건질 수 있고, 부모님을 공양할 수 있고, 목숨이 다할 때까지 살 수 있다.[15]

이것도 또한 양주의 사상노선을 따른 것인데 초기도가에 의하면 이것이야말로 인간세상의 각종 해독에 대비하여 자기 생명을 보존하는 최선책이라고 한다. 만일 어떤 사람의 행실이 흉악하여 형벌을 받는다면 그것은 자기 생명을 유지하는 방법이 못된다. 또 어떤 사람이 너무나 착한 일을 하여 훌륭한 명성을 얻었다면, 이것 역시 자기 목숨을

---

13) 貴以身爲天下者, 可寄於天下, 愛以身爲天下, 乃可託於天下.『老子 : 13章』
14) 名與身 孰親, 身與貨 孰多.『老子 : 44章』
15) 爲善無近名, 爲惡無近刑. 緣督以爲經, 可以保身, 可以全生, 可以養親, 可以盡年.
『莊子 ; 養生主』

보존하는 방법이 못된다. 그래서 장주莊周는 『장자』의 「인간세人間世」
에 다음과 같이 말하였다.

> 산림은 베어지기 쉽고, 기름은 타버리기 쉽고, 계피는 먹을 수 있
> 기 때문에 벌목당하고, 옻나무는 사용될 수 있기 때문에 상처를 받
> 는다.16)

유용하고 능력이 있다는 명성을 듣는 사람은 계피나무와 옻나무와
같은 운명처럼 해를 당할 것이다.
『장자』에는 '무용無用의 쓰임'을 찬미한 대목이 있다. 위에서 인용한
인간세에서 상수리나무는 아무 소용이 없기 때문에 도끼날을 피하여
장석匠石의 꿈에 나타나 말하였다.

> 나는 무용無用하기를 오랫동안 원했다. 거의 죽을 뻔한 적도 있었
> 지만 오늘날까지 그 소원을 이루어 크게 쓰이게 되었다. 만일 내가
> 유용했더라면 내가 이렇게 크게 될 수 있었을까. …… 세상 사람들
> 은 유용의 쓰임은 알고 있으나 무용의 쓰임은 알지 못하고 있다.17)

무용하게 되는 것은 생명을 보존하는 길이다. 생명을 보존할 줄 아
는 사람은 너무 악한 일도 너무 선한 일도 하지 않고 중도를 지키며
살아가고, 무용해지려고 노력한다. 이것이 결국 크게 쓰이게(大用) 되는
길이다.

---

16) 山木自寇也, 膏火自煎也. 桂可食, 故伐之 ; 漆可用, 故割之. 『莊子 ; 人間世』
17) 櫟社見夢曰 : 且予求無所可用久矣, 幾死. 乃今得之, 爲予大用. 使予也而有用, 且得
有此大也邪? 人皆知有用之用而莫知無用之用也. 『莊子 ; 人間世』

도가의 발전

이 장에서 원시도가철학 발전의 제1단계를 살펴보았다. 도가철학은 3단계의 주요 학파로 분류된다. 제1단계는 주로 양주사상이며, 제2단계는 대부분 『노자』에 표현된 사상이며, 제3단계는 대부분 『장자』에 표현되어 있다. 노자 · 장자의 전부가 아니라 대부분이라고 말한 이유는 『노자』에도 제1, 제2단계의 사상이 내포되어 있고, 『장자』에도 제1, 제2단계의 사상이 실려 있기 때문이다. 이 두 저서는 다른 저술과 마찬가지로 사실은 여러 사람의 손을 거쳐 편집된 것이지, 어느 한 개인의 저서는 아니다.

도가철학의 출발점은 생명을 보존하고 상해를 피하는 것이다. 이를 위해 양주는 은둔의 방법을 썼다. 이것은 바로 사회를 떠나 산림에 숨어 사는 은자들의 통상적인 방법이었다. 그들은 은둔생활을 함으로써 세상의 악을 피할 수 있다고 믿었다. 그러나 세상사는 너무도 복잡하므로 아무리 잘 숨어 산다 하더라도 피할 수 없는 위험이 따르는 것이다. 그러므로 은둔방법이 통용되지 않는 시대가 있었다.

『노자』에 나타난 대부분의 사상은 우주 내 사물의 근원이 되는 도를 밝히려는 것이다. 사물은 변화하지만 그 변화의 근원이 되는 도는 불변하다. 이 도를 이해하고 도에 따라 행동하면 모든 것이 순조롭게 된다. 이것이 도가발전의 제2단계이다.

그렇다고 하더라도 절대적인 보장은 할 수 없다. 사물의 변화에서 자연계와 인간계에는 보이지 않는 요소가 있다. 그렇게 사사건건 경계를 게을리 하지 않는데도 위험을 당할 가능성은 여전히 남아 있다. 그러므로 노자는 심원한 통찰력을 가지고 말했다.

"내게 큰 걱정이 있는 까닭은 내 몸이 있기 때문이다. 만일 내 몸이 없다면 내게 무슨 걱정이 있겠는가?"[18]

112

이처럼 깊은 통찰에서 유래된 사상은 대게 『장자』에 많이 기술되어 있는데 특히 장주의 삶과 죽음을 하나로 보는 관점(死生濟一觀)과 사물과 나를 서로 잊어버리는 관점(物我雙忘觀)은 보다 고차적 견지에서 삶과 죽음, 그리고 사물과 나를 보았다는 것을 뜻한다. 우리는 사물을 보다 높은 차원에서 통찰함으로써 현재의 세계를 초탈할 수 있다. 이것도 일종의 은둔이지만 현실사회에서 산림에로가 아니라 현세에서 고차원의 세계에로의 은둔이다. 이것이 원시도가사상 발전의 최종 단계이다.

이 3단계의 사상은 『장자』 「산림편山林篇」의 이야기에 잘 표현되어 있다.

장주가 산에서 가지와 잎이 무성한 큰 나무를 보았다. 나무꾼이 그 나무를 벌목하지 않았다.

장주가 그 이유를 물었다. "쓸 데가 없다."는 대답이었다.

장주는 "이 나무는 쓸모없기 때문에 타고난 수명을 누릴 수 있다."고 말하였다. 선생님(장주)이 하산하여 친구의 집에 머무르게 되었는데, 친구는 기뻐서 동자에게 거위를 잡아서 구워 오라고 명하였다. 동자가 "한 놈은 울 수 있고 한 놈은 울지 못하는데 어느 것을 잡을까요?"라고 물었다. 주인은 "울지 못하는 놈을 잡으라."고 대답하였다. 그 이튿날 제자가 장주에게 "어제 산중의 나무는 쓸모없기 때문에 타고난 수명을 마쳤는데, 이제 주인의 거위는 쓸모없기 때문에 죽으니 선생께서는 어느 입장을 택하시겠습니까?"라고 묻자 장주는 웃으면서 "나는 쓸모 있음과 쓸모없음 그 사이에 처하겠다. 쓸모 있음과 쓸모없음 사이는 비슷한 것 같아도 전혀 다르다. 그러므

---

18) 吾所以有大患者, 爲吾有身, 及吾無身, 吾有何患. 『老子 13章』

로 그 누를 벗어날 수 없다. 만일 도와 덕의 힘을 입어 움직인다면 그렇지는 않을 것이다. ……(도와 덕의 힘을 입어) 만물의 근원에서 움직이는 사람은 사물을 사물로 사용하되 사물의 지배를 받지 않는다. 그러니 어찌 누가 생기겠는가?"[19]고 했다.

이 이야기의 전반부는 양주가 실천한 '삶을 중히 여기는 주의(重生主義)'를 설명한 데 반하여, 후반부에는 장주의 사상을 설명하였다.

『장자』「양생주」에서 인용한 문구로 위에서 말한 설명을 재검토하여 보면, 유용(材)은 좋은 일에 해당하고, 무용(不材)은 나쁜 일에 해당한다. 그리고 이 두 극단 사이에 처한 입장은 중도에 해당된다. 그런데 보다 고차적 관점에서 사물을 통찰하지 못하면 이 세 가지 방법 가운데 어느 것도 절대적으로 안전하게 위험을 피할 수 있게 보장받지 못한다. 그러나 보다 고차적인 관점에서 사물을 통찰한다는 것은 이기적인 자신을 없애는 것을 의미한다.

초기도가(제1단계)들은 이기적이었다고 말할 수 있다. 그러나 뒤에 발전된 도가(제2·3단계)에서 이 이기심 자체를 소멸시켜 버렸다.

---

19) 莊子行於山中, 見大木, 枝葉盛茂, 伐木者止其旁而不取也, 問其故, 曰：無所可用. 莊子曰：此木以不材得終其天年. 夫子出於山, 舍於故人之家. 故人喜, 命豎子殺鴈而烹之. 豎子請曰：其一能鳴, 其一不能鳴, 請奚殺? 主人曰：殺不能鳴者. 明日, 弟子問於莊子曰：昨日山中之木, 以不材得終其天年. 今主人之鴈, 以不材死；先生將何處? 莊子笑曰：周將處乎材與不材之間材與不材之間, 似之而非也, 故未免乎累. 若夫乘道德而浮游, 則不然 …… 浮游乎萬物之祖；物物而不物於物 則胡可得而累邪！『莊子；山木篇』

제 7 장

맹자
孟子
: 유가의 이상주의자

『사기史記』에 의하면 맹자(B.C. 371?~289?년)는 오늘날 산동성 남부의 추鄒나라 출신이었다. 그는 공자의 손자인 자사子思의 문하에서 수학함으로써 공자와 인연을 맺게 되었다. 당시 대국인 제齊나라(역시 산동성에 있다.) 왕들은 매우 학술을 좋아하였다. 그들은 수도의 서쪽문 직稷 부근에 학술의 중심기구를 건립하였는데 후에 직하稷下라 불리게 되었다. 그곳에 거주하는 학자들은 모두 다 대부大夫의 서열로 임명되고, 여러 곳으로 통하는 길거리에 높은 대문의 큰 집을 지어 주고 그들을 존경하고 아껴 주었다. 그리고 온 세상 제후의 빈객들에게 보여 주었는데, 제나라는 천하의 현명한 인사를 초빙할 수 있음을 말한 것이다.[1)]

맹자도 얼마 동안은 이러한 탁월한 학자들 중의 한 인물이었다. 그는 각국을 순방하여 국왕들에게 자기의 이상을 실천해 보려고 했지만 헛된 노력에 그치고 만년에 은퇴하여 제자들과 『맹자』 7편을 지었다고 한다.[2)] 이 저서는 맹자와 당시 국왕 및 제자들과의 대화를 기록한 것인데, 후에 1,000년 간 유가 교육의 초석이 된 『사서四書』 중 하나로 편입되어 숭앙을 받았다.

맹자가 유가의 이상주의자라면 뒷장에 언급될 순자는 현실주의자라고 하겠다.

---

1) 孟軻, 鄒人也. 受業子思之門人.『史記74 ; 孟子荀卿列傳』
2) 道旣通, 游事齊宣王 : 宣王不能用子. 適梁, 梁惠王不果所言, 則見以爲迂遠而 闊於事情 …… 天下方務於合從連衡 以攻伐爲賢. 而孟軻乃述唐虞、三代之德. 是以所如者不合. 退而與萬章之徒 …… 作孟子七篇.『史記74 ; 孟子荀卿列傳』

인성人性은 선하다

공자는 인仁에 관하여 많은 언급을 하고 의리(義)와 이익(利)을 엄밀하게 구분지었다. 인간이면 누구나 이기심 없이 무조건 인간으로서 마땅히 해야 할 도리를 해야 하며, 또 마땅히 인간다운 구실을 해야 한다고 하였다. 다시 말하면 인간은 자기를 미루어 남에게까지 미치는 마음 자세(推己及人)를 가져야 하는데, 그 본질이 바로 인仁의 실천이다. 공자는 인을 주장했지만 어째서 인간이 인을 실천해야 하는가에 대한 이유를 설명하지 아니하였다. 그런데 맹자는 이러한 질문에 해답을 주려고 하였으니, 그것이 바로 성선설性善說이며 이 성선설의 주장으로 인하여 그는 더욱 세상에 널리 알려지게 되었다.

인간 본성이 선善한가 악惡한가, 정확히 말해 인성의 본질문제는 중국 철학사상 가장 논란거리가 되어온 문제 중의 하나다. 『맹자』에 의하면, 이 문제에 관하여 당시 3개 학설이 있었다고 한다. "첫째, 인간의 본성은 선하지도 악하지도 않다는 것, 둘째, 인간의 본성은 선해질 수도 악해질 수도 있다는 것(이 주장은 인간의 본성에 선과 악의 양 요소가 다 들어 있다는 것처럼 보인다.), 셋째는, 어떤 인간의 본성은 선하고 어떤 인간의 본성은 악하다."[3]는 것이다. 첫째 학설은 맹자와 동시대의 철학자인 고자告子의 설이다. 『맹자』에 기록된 고자와 맹자 사이의 긴 토론을 통하여 고자의 설은 어느 다른 설보다 잘 알 수 있다.

맹자가 성선설을 주장했을 때 의미하는 바는 인간이 모두 공자와 같은 성인聖人으로 태어났다는 것은 아니다. 맹자의 설은 위에서 말한 둘째 학설의 일면인 인간의 본성 속에 선의 요소가 있다는 것과 비슷한 점이 있다. 맹자는 확실히 성性 그 자체는 선하지도 악하지도 않은

---

3) 公都子曰：告子曰性無善無不善也. 或曰性可以爲善, 可以爲不善 …… 或曰有性善, 有性不善.『孟子；告子 上』

요소도 있는데 그 요소를 적절히 조절하지 못하면 악으로 이끌어질 수도 있다는 사실을 인정하였다. 그러나 맹자에 의하면 이런 것들은 인간과 기타의 생물이 공통적으로 가지고 있는 요소들이며, 인간 생활의 '동물적' 측면이다. 그러므로 이 측면은 엄밀히 말해 '인간' 본성의 일부라고 간주해서는 안 된다.

이 이론을 보강하기 위하여 맹자는 다음과 같이 논하였다.

인간은 누구나 남의 고통을 차마 보지 못하는 마음을 가지고 있다. 이제 어떤 사람이 한 어린아이가 우물에 빠지려는 것을 보았다고 하자. 그러면 누구나 깜짝 놀라서 측은한 마음을 갖게 될 것이다. …… 이것으로 보아 측은한 마음이 없으면 인간이 아니요, 부끄러워하고 미워하는 마음이 없으면 인간이 아니요, 사양辭讓하는 마음이 없으면 인간이 아니요, 시비是非를 가리는 마음이 없으면 인간이 아니다. 측은한 마음은 인仁의 실마리(端)⁴)요, 부끄러워하고 미워하는 마음은 의義의 실마리요, 시비를 가리는 마음은 지智의 실마리요, 사양하는 마음은 예禮의 실마리이다. 인간이 이 사단四端을 가진 것은 마치 사지를 가진 것과 같다. …… 이 사단이 자기에게 있는 것을 알고서 확충해 나가면, 마치 불씨가 처음 붙는 것과 같고 샘물이 처음 흘러나오는 것과 같다. 인간이 이 마음을 확충시킬 수 있다면 천하라도 보전할 수 있지만, 만일 이 마음을 확충하지 못하면 부모조차 섬길 수 없게 된다.⁵)

---

4) 端을 실마리, 즉 端緖라고 번역하였다. 이것은 주희의 해석에 따른 것이다. 丁若鏞은 주희와 달리 端初, 즉 처음 시작에 불과한 것으로 풀이하였다. 저자는 新理學의 관점에 있으므로 역자는 주희의 해석대로 번역하였다. (譯註)

5) 孟子曰 : 人皆有不忍人之心 …… 所以謂人皆有不忍人之心者, 今人乍見孺子將入於井, 皆有怵惕惻隱之心, 非所以內交於孺子之父母也. 非所以要譽於鄕黨朋友也. 非惡其聲而然也. 由是觀之 : 無惻隱之心, 非人也. 無羞惡之心, 非人也. 無辭讓之心

모든 인간은 본성인 이 사단을 가지고 있다. 이것을 충실하게 확충시키면 유가에서 강조하는 인仁, 의義, 예禮, 지智의 사덕四德이 된다. 이 덕은 외적 조건의 방해가 없으면 자연히 내적으로 발전되어 그것은 마치 씨앗에서 나무가 자라고, 봉오리에서 꽃이 피는 것과 같다. 이 점에 있어서 맹자는 고자와 대립된다.

고자에 의하면 인간의 본성은 선하지도 악하지도 않다. 그래서 고자는 도덕을 외부에서 인위적으로 부과시킨 것, 즉 의義는 본성 밖(外)에 있는 것으로 보았다.

그런데 인간은 어째서 등급이 낮은(下等) 본능 대신 사단을 확충시켜야 하는가? 맹자는 인간이 다른 짐승과 다른 점은 바로 이 사단 때문이라고 답하였다. 그러므로 인간이 진실로 인간다워지려면 이 사단을 확충시키는 길밖에 없다.

맹자는 "인간은 짐승과 다른 점이 거의 없다. 서민庶民은 그 차이점을 무시하여 버리고, 군자君子는 그대로 간직한다."[6]고 말했다. 그리하여 맹자는 공자에게서 문제시되지 않았던 인간 본성에 대한 해답을 내놓았다.

유가와 묵가의 근본적 차이점

여기서 우리는 유가와 묵가의 근본적인 차이점을 알 수 있다. 맹자가 자신에게 부과한 과제 중 하나는 '양주와 묵적을 막아내는 것(距楊墨)'이었다. 맹자는 "양주는 자기만을 위하니 이것은 임금이 없는 것이

非人也. 無是非之心, 非人也, 惻隱之心, 仁之端也. 羞惡之心, 義之端也. 辭讓之心, 禮之端也. 是非之心, 智之端也. 人之有是四端也, 猶其有四體也. 有是四端而自謂不能者自賊者也. 謂其君不能者, 賊其君者也. 凡有四端於我者, 知皆擴而充之矣, 若火之始然 泉之始達, 苟能充之, 足以保四海; 苟不充之, 不足以事父母.『孟子:公孫丑 上』
6) 孟子曰: 人之所以異於禽於獸者, 幾希! 庶民去之, 君子存之.『孟子; 離婁 下』

요, 묵적은 겸애를 주장하니 이것은 아비가 없는 것이다. 아비도 없고 임금도 없으면 짐승과 다름없다. …… 그런데 사악한 설이 백성을 속이고 어질고 올바른 인의仁義의 도를 꼭 막히게 하였다."[7]고 말하였다.

양주의 설이 인의에 어긋난다는 것은 불을 보듯 뻔하다. 인의 본질은 남을 이롭게 하는 데 반해 양주의 '위아설'은 자기를 이롭게 하는 것이기 때문이다. 그러나 묵자의 '겸애설'은 역시 남을 이롭게 하는 데 목적을 두고 있다. 그리고 이 점에 있어서는 유가보다도 한층 더 대담하게 주장하였다. 그런데 왜 맹자는 그를 양주와 함께 일괄적으로 비판하려는 대상으로 삼았을까?

이에 대한 해답은 다음과 같다. 묵가의 설에 의하면 사랑(愛)에는 차등을 둘 수가 없는데 유가는 오히려 거꾸로 생각하고 있다. 다시 말하면 묵가는 남을 사랑하는 데 있어서 동등성을 강조하지만, 유가는 차등성을 주장한다. 이러한 견해의 차이는 다음 인용하는 문구에 잘 표현되어 있다.

무마자巫馬子는 묵자에게 말하였다. "저는 당신과 의견이 다릅니다. 저는 겸애를 실행할 수 없습니다. 저는 월나라 사람보다 추나라 사람을 더 사랑하고, 추나라 사람보다 노나라 사람을 더 사랑하고, 노나라 사람보다 제 고장 사람을 더 사랑하고, 제 고장 사람보다 일가친척을 더 사랑하고, 친척보다 어버이를 더 사랑하고, 어버이보다 자신을 더 사랑합니다."[8]

---

7) 楊氏爲我, 是無君也. 墨氏兼愛, 是無父也. 無父無君, …… 是禽獸也, …… 是邪說誣民, 充塞仁義也. 『孟子 ; 滕文公 下』
8) 巫馬子謂子墨子曰 : 我與子異, 我不能兼愛. 我愛鄒人於越人, 愛魯人於鄒人, 愛我鄉人於魯人, 愛我家人於鄉人, 愛我親於我家人, 愛我身於吾親, 以爲近我也. 『墨子 ; 耕柱46』

무마자는 유가였지만, '저는 자신을 더 사랑합니다.'라는 말은 묵가 측 자료에서 나왔다. 그래서 이 표현은 좀 과장된 점이 있다. 그러므로 이 구절은 유가의 효孝사상과는 상반된다. 그러나 이 구절을 제외한 진술은 일반적으로 유가의 정신과 일맥상통하는 데가 있다. 왜냐하면 유가의 사랑은 차등을 강조하기 때문이다.

이 차등을 언급하면서 맹자는 이렇게 말했다.

> 군자가 사물에 대하여 아끼기는(愛) 하지만 인자스럽게(仁) 여기지는 않고 백성에 대하여 인자하게는 대하지만 절친(親)하지는 않다. 육친에게 절친하고 나서 백성에게 인자하고 백성에게 인자한 다음 사물을 아낀다.[9]

맹자는 묵가를 신봉하는 이자夷子와 토론하는 가운데 "이자는 정말 사람들이 자기 형의 아들을 사랑하는 것이 이웃집 아이 사랑하듯 한다고 믿는가? 그는 가까운 쪽을 더 사랑할 것이다."[10]라고 말하였다. 그러나 맹자는 이러한 사랑을 좀 더 먼 데까지 확충시키는 것을 잊지 않았다. 즉, "자기 어른을 어른 대접하듯이 남의 집 어른도 그렇게 대접하고 자기 어린이를 어린이로서 보살펴 주듯이 남의 어린이도 그렇게 보살펴 주라."[11] 이것을 맹자는 "그 행한 바를 잘 미루어 볼 뿐(善推其所爲而己)"이라고 하였는데 이것이 곧 차등적인 사랑에 근거를 둔 '추은推恩'이다.

자기 가족에 대한 사랑을 남의 가족에까지 넓히는 것은 바로 공자가 제창한 충서忠恕를 실천하는 일이다. 이것은 결국 인을 실천하는 것

---

9) 孟子曰 : 君子之於物也, 愛之而弗仁. 於民也, 仁之而弗親. 親親而仁民, 仁民而愛物 『孟子 ; 盡心 上』
10) 孟子曰 : 夫夷子信以爲人之親其兄之子, 爲若親其鄰之赤子乎? 彼有取爾也 『孟子 ; 滕文公 上』
11) 老吾老以及人之老, 幼吾幼以及人之幼. 『孟子 ; 梁惠王 上』

이나 마찬가지다. 이 실천에 강제가 있을 수 없다. 모든 사람이 그 본성에 측은한 마음을 가지고 있는데, 이 마음은 남의 고통을 차마 보지 못하기 때문이다. 이 측은한 선의 실마리(端)를 계발하면 자연히 남을 사랑하게 된다. 그러나 인간이 남보다 자기 부모를 더 사랑하는 것은 자연스런 인정인데 이것이 바로 유가의 견해이다. 반대로 묵가는 남과 자기 부모를 동등하게 사랑해야 한다고 주장한다. 이 말은 자기 부모를 덜 사랑하고 남을 더 사랑하라는 말인지 여부는 관계없이 유가식의 차등적인 사랑은 어떻게 하든 피해야 한다는 사실은 뚜렷하다. 맹자가 묵가의 겸애설을 '아비가 없다(無父)'라고 공박한 것은 사람이 어버이를 저버리는 것으로 보았기 때문이었다.

이상의 사랑에 대한 유가·묵가의 이론적 차이점은 맹자 및 그 이후의 학자들이 분명하게 밝혀 놓았다. 그러나 그 외에 좀 더 근본적인 성격의 다른 차이가 있다. 즉, 유가는 인仁을 인간 본성에서 자연적으로 촉발되는 덕목으로 간주하는 데 반하여 묵가는 겸애를 외적 조건이 인간에게 인위적으로 부가한 것으로 생각하는 점이다.

묵자도 공자가 문제시하지 않았던 새로운 문제에 대한 해답을 모색하였다. 즉, 왜 인간은 인의를 실천해야 하는가? 묵자는 공리주의에 근거하여 그 해답을 찾았다. 그리고 그는 백성들이 겸애를 실천하도록 권유 또는 강요하기 위하여 초자연적인 제재와 정치적인 제재를 강조하였다. 이 점은 바로 덕은 그 자체를 위하여 실천되어야 한다는 유가의 원리에 맞지 않는다.

5장에서 인용한 『묵자』의 「겸애편」과 인성에 사단이 있다는 맹자의 인용문을 비교해 보면, 양가의 근본적 차이점을 더욱 뚜렷이 알 수 있다.

정치철학

묵가의 국가기원론은 역시 공리주의적인 데 반해 유가의 이론은 인륜주의적이다. 맹자는 이를 강조했다.

사람에게는 지켜야 할 도리가 있다. 배불리 먹고 따뜻하게 입고 편안하게 살면서 가르치지 않으면 짐승에 가깝다. 성인은 이를 걱정하여 계契를 사도司徒(교육을 맡은 장관)로 삼아서 인륜을 가르쳐 주었다. 부모 자녀 사이에는 절친한 사랑이 있어야 하고, 임금과 신하 사이에는 의리가 있어야 하고, 남편과 아내 사이에는 분별이 있어야 하고, 어른과 어린이 사이에는 차례가 있어야 하고, 벗과 벗 사이에는 믿음이 있어야 한다.[12]

인륜의 존재와 거기에 기반을 둔 도덕원리가 바로 인간을 짐승과 차별하였다. 국가와 사회는 이 인륜에 기원을 두고 있다. 그러므로 유가에 의하면 묵가처럼 국가는 유용하기 때문에 존재하는 것이 아니라, 국가는 인간의 본성상 필연적으로 존재해야 하기 때문에 있다.

인간은 인륜, 즉 사람과 사람의 관계 속에서만 충분히 발전하고 실현할 수 있다. 맹자도 아리스토텔레스가 말한 바와 같이 "인간은 정치적 동물이다."고 생각하였으므로 이 인륜을 국가와 사회에서 완전히 발휘할 수 있다고 주장하였다. 국가는 도덕의 조직이므로 국가의 통치자는 도덕적인 지도자이어야 한다. 따라서 유가의 정치사상에 의하면 오직 성현만이 참된 군주일 수 있다. 맹자는 이 이념이 과거에는 실재했던 것으로 서술하였다. 맹자에 의하면 요임금(B.C. 24세기)은 제위를

---

12) 人之有道也, 飽食暖衣, 逸居而無敎, 則近於禽獸. 聖人有憂之, 使契爲司徒, 敎以人倫 ; 父子有親, 君臣有義, 夫婦有別, 長幼有序, 朋友有信. 『孟子 ; 滕文公 上』

아들에게 물려주지 않고 순舜을 선발하여 그의 통치능력을 시험한 다음 제위를 물려주고, 순임금도 역시 같은 방법으로 우禹를 선발하여 자기의 후계자로 삼았다. 그리하여 제위는 성인에서 성인으로 전수되었는데 이것을 선양禪讓이라 한다. 맹자는 이것을 당연시하였다.

만일 군주가 훌륭한 군주가 될 수 있는 도덕조건(德性)을 갖추고 있지 못하면 백성들은 혁명을 일으킬 수 있는 도의적인 권리를 가지고 있다. 그럴 경우 자기의 군주를 죽인다고 하더라도 결코 시역弑逆의 죄를 범하게 되지 않는다고 보았다. 만일 군주가 자기의 임무를 다하지 않으면 그는 도덕적으로 군주의 자격을 상실하게 된다. 그렇게 되면 그 군주는 공자의 정명론에 따라 '일개 범부(一夫)'에 지나지 않는다.[13]는 것이 맹자의 주장이다.

그는 "백성이 가장 귀하고 사직社稷이 그 다음이요, 임금이 가장 가볍다."[14]고도 말하였다.

맹자의 이 사상은 중국사에 커다란 영향을 주었다. 이 영향은 심지어 1911년 신해辛亥 혁명까지 미쳐, 중화민국이 수립되는 계기가 되었다. 이런 계기를 마련한 것은 서양에서 도입된 근대 민주주의 사상의 역할도 컸지만 고대로부터 중국 사회에 뿌리박은 이 '방벌放伐' 사상(덕을 잃은 군주를 내쫓는다는 중국의 혁명사상)이 대중에게는 더 많은 영향을 미치었다.

성인이 왕이 되면 그 정치는 왕도정치王道政治라 할 수 있다. 맹자 및 그 후의 유가들은 두 가지 정치형태를 구분하였는데, 하나는 왕도

---

13) 齊宣王問曰：湯放桀, 武王伐紂, 有諸? 孟子對曰：於傳有之, 曰：臣弑其君, 可乎? 曰：賊仁者謂之賊, 賊義者謂之殘；殘賊之人, 謂之一夫. 聞誅一夫紂矣, 未聞弑君也. 『孟子；梁惠王 下』

14) 맹자가 "民爲貴 社稷次之 君爲輕.『孟子；盡心 下14』"이라고 말했지만 싸명우(降孟武) 교수는 『中國政治思想史』 p. 45에서 맹자가 말하는 인정(仁政)이란 "단지 For the people일 뿐, 결코 By the people에 찬성하지 않았다."고 말했다.

124

정치고 또 하나는 패도정치覇道政治다. 이 양자는 완전히 차원이 다른 정치형태이다. 왕도정치는 도덕적인 교화를 거쳐서 실시되지만 패도정치는 무력과 강압으로 시행되며 또 왕도정치의 힘은 도덕적·감화적이지만 패도정치의 힘은 물리적·강제력이다.

맹자는 말하였다.

무력으로 인을 가장하는 것을 패도라 하고, 도덕으로 인을 실행하는 것을 왕도라 한다. 힘으로 사람을 복종시키는 것은 마음으로 복종시키는 것이 아니며, 힘이 부족하니까 복종하게 된다. 그러나 덕으로 사람을 복종시키는 것은 사람이 진심으로 기뻐서 복종하는 것이다. 예컨대 70제자들이 공자에게 복종하는 것과 같다.[15]

이 왕도와 패도의 구분은 후대 중국 정치철학자들이 언제나 주장하는 바가 되었다. 현대 정치용어로 말한다면 민주정치는 백성들의 자유로운 공동의 의사를 대변해 주기 때문에 왕도정치라 할 수 있고, 파시스트 정치는 테러와 물리적인 강압을 통하여 다스리기 때문에 패도정치라 할 수 있다. 왕도정치에서의 성군聖君은 백성들의 복지와 이익을 위해 최선을 다한다. 이것은 바로 성군의 국가가 건전한 경제적 토대위에 세워져 있다는 사실을 증명한다.

중국은 대다수의 인구가 농업에 종사하기 때문에 맹자는 왕도정치의 가장 중요한 경제적 기초를 공평한 토지분배에다 두었다. 맹자의 이상적 토지제도는 '정전제도井田制度'인데 이 제도에 의하면 사방 1리인 1정전은 990무畝이다. 그 한복판에 있는 100무를 공전公田으로 하고, 그 나머지 800무를 여덟 가구가 각각 100무씩 사유私有한다. 이 농

---

15) 孟子曰：以力假仁者霸；…… 以德行仁者王；…… 以力服人者. 非心服也, 力不贍也. 以德服人者, 中心悅以誠服也. 如七十子之服孔子也.『孟子；公孫丑 上』

부들은 공동으로 공전을 갈고 자기의 밭은 개별적으로 경작한다. 공전의 산물은 정부에 바치고 각 가구는 자기의 땅에서 재배한 것으로 생활한다. 900무의 배열이 한문의 우물 정井 자와 비슷하므로 '정전제도'라고 불리게 되었다.16)

맹자는 이 제도를 더 상세하게 기술하고 난 후 이렇게 말했다.

각 농가마다 5무의 택지에 뽕나무를 심으면 50대 노인이 비단옷을 입을 수 있고, 닭·돼지·개를 기르는데 그 시기를 놓치지 않으면 70대 노인이 고기를 먹을 수 있다. 이렇게 되면 왕도정치 아래의 모든 사람은 산 사람을 부양하고 죽은 사람을 장사지내는 데 불편함이 없다. 이것이 바로 왕도정치의 시작이다.17)

그러나 그것은 단지 백성들이 고차적 문화생활을 하기 위한 경제적 토대이며 하나의 시작일 뿐이다. 누구나 다 교육을 받고, 인륜을 알 때에야 비로소 이상적인 왕도정치를 완벽하게 실시할 수 있다.

이 왕도정치의 실천이야말로 성군 자신이 '측은한 마음'을 확충시켜 도달한 결과이므로 이는 반드시 인간 본성에 기반을 둔 정치이다. 맹자는 말한다.

사람은 누구나 남의 고통을 차마 보지 못하는 마음을 가지고 있다. 선왕들은 차마 보지 못하는 마음을 가지고 있었기에 곧 남에게 잔혹한 짓을 차마 하지 못하는 정치를 하게 된다.18)

---

16) 方里而井, 井九百畝, 其中爲公田 ; 八家皆私百畝, 同養公田, 公事畢, 然後敢治私事, …… 此其大略也. 『孟子 ; 滕文公 上』
17) 養生喪死無憾, 王道之始也. 『孟子 ; 梁惠王 上』
18) 孟子曰 : 人皆有不忍人之心. 先王有不忍人之心, 斯有不忍人之政矣. 『孟子 ; 公孫 丑 上』

'차마 하지 못하는 마음(不忍之心)'과 '측은해 하는 마음(惻隱之心)'은 맹자사상에 있어서 동일한 내용이다.

앞에서 기술한 바와 같이 유가는 인의 덕을 측은한 마음의 확충으로 보았고, 인의 실천을 '자신을 미루어 남에게 미치는 것(推己及人)'으로 보았다. 이것이 바로 '충서의 도'이다. 그러므로 왕도정치는 왕이 인 또는 충서를 실천한 결과에 지나지 않는다.

맹자에 의하면 왕도정치는 오묘하거나 난해한 점이 조금도 없다.
『맹자』「양혜왕편梁惠王篇」에 그 한 사례가 기록되어 있다.

어떤 사람이 흔종釁鍾(제물로 쓰는 짐승의 피를 종에 발라서 신에 제사함)을 하기 위해 소를 끌고 가는 것을 제濟나라 선왕宣王이 보고 소가 벌벌 떨며 가는 모습이 마치 죄 없는 사람이 죽는 곳(死地)에 끌려가는 것 같아 참을 수가 없어 소를 양으로 바꾸라고 명령을 내렸다. 그때 맹자는 왕에게 이것이 바로 '차마 하지 못하는 마음'의 예요, 왕이 그 마음을 일반 백성에게까지 넓혀서 은혜를 베풀 수 있으면 바로 왕도정치를 할 수 있다고 말하였다. 제나라 선왕은 자기가 재화를 좋아하고 여색을 좋아하는 흠이 있기 때문에 그런 것을 실행할 수 없다고 대답하였다. 이 말을 듣자 맹자는 재화, 여색은 모든 사람이 다 좋아하는 것이다. 만일 왕이 자신의 욕망만을 취할 것이 아니라 모든 백성들의 욕망도 알아주고 백성들과 같이 즐긴다면(與民同樂) 이것도 왕도정치의 결과이며, 그 외에는 아무것도 없다고 제선왕에게 대답했다.

맹자가 제선왕에게 말한 것은 '자신을 미루어 남에게 미치는 것'에 지나지 않으니 바로 이것이 충서의 실천이다. 여기에서 우리는 맹자가 어떻게 공자의 사상을 발전시켰는가를 잘 알 수 있다. 공자는 충서를 개인의 자기 수양에만 국한시키는 데 반해 맹자는 정치에까지 널리 적용시켰다. 공자에게 있어서 충서는 단지 '안으로 성인'이 되려는 도(之道)에 불과했지만 맹자에 의해서 충서는 '밖으로 왕이 되려는 도(外王之

道’에까지 확장되었다.

　‘내성內聖’이라는 의미에 있어서도 맹자는 공자보다 더 분명하게 자기 사상을 표현하였다.

　“자기 마음을 극진히(盡其心) 한 사람은 자기의 본성을 알고 자기의 본성을 아는 사람은 하늘(天)을 안다”[19]

　이 구절에서 언급한 그 마음(其心)이란 바로 ‘차마 하지 못하는 마음’이며, ‘불쌍히 여기는(측은해 하는) 마음’이다. 이것은 우리 본성의 진수이며 우리가 이 마음을 극진하게 발휘시키면 자기의 본성을 알게 된다. 『맹자』에 의하면 우리의 본성은 하늘(天)이 우리에게 부여한 것이므로 자기의 본성을 알게 되면 저절로 또한 하늘도 알게 된다고 한다.

신비주의

　맹자와 그 제자들에 의하면 천天은 본질적으로 도덕적인 하늘이다. 인간의 도덕원리는 또한 하늘의 형이상학적 원리이기도 하다. 그리고 인간의 본성은 이 원리가 구체적으로 예증된 것이기도 하다. 맹자와 그 제자들이 하늘을 말할 때 뜻하는 것은 바로 이 도덕적인 하늘이며 이 하늘에 대한 이해를 ‘지천知天’이라고 불렀다. 이와 같이 인간이 하늘을 알면 그는 한 사회의 시민일 뿐만 아니라 맹자가 말한바 ‘천민天民(우주의 시민)’[20]이기도 하다.

　맹자는 또한 하늘이 준 벼슬(天爵)과 인간이 준 벼슬(人爵)을 구별하였다.

---

19) 盡其心者, 知其性也. 知其性, 則知天矣. 『孟子 ; 盡心 上』
20) 有天民者, 達可行於天下 而後行之者也. 『孟子 ; 盡心 上』

하늘이 준 벼슬도 있고 인간이 준 벼슬도 있다. 사랑과 의로움, 충성과 믿음 그리고 선을 싫증내지 않고 즐기는 것은 하늘이 준 벼슬이요, 공公·경卿·대부大夫와 같은 것들은 인간이 준 벼슬이다.[21]

다시 말하면 천작天爵이란 가치의 세계에서 얻을 수 있는 고귀한 것들이요, 인작人爵이란 순전히 속세의 물질적 욕망의 산물이다. 천민은 바로 하늘(우주)의 시민이기 때문에 인작이 아닌 천작만을 염두에 두고 있어야 한다.

맹자는 또 말한다.

만물의 이치가 모두 다 나에게 갖추어져 있다. 자신을 돌이켜보아 성실(誠)하면 그보다 더 큰 즐거움이 없고 충서의 도리를 힘써 실행하면, 인仁을 구하는 데 그보다 더 가까운 길이 없다.[22]

다시 말하면 자기 본성의 극진한 계발을 통하여 인간은 하늘을 알 뿐만 아니라 하늘과 합일될 수도 있다. 또 인간이 자기의 '차마 하지 못하는 마음'을 충분히 계발시킬 때에 그 마음속의 인이 나타나게 된다. 인에 접근하는 최선의 방법은 충서의 실천이며 이 실천을 통하여 인간은 이기심과 사욕私欲을 점차로 줄일 수 있다. 그 이기심이 없어지면 나와 남의 분별과 천과 인의 장벽이 없어지게 된다. 이것이 하늘(대우주)과 합일(天人合一)된 상태이며, 이것이 곧 '만물의 이치가 모두 나에게 갖추어져 있음(萬物皆備於我)'을 실현하는 결과이다. 이 구절에서 맹자

---

21) 孟子曰 : 有天爵者, 有人爵者. 仁義忠信, 樂善不倦, 此天爵也. 公卿大夫, 此人爵也. 『孟子 ; 告子 上』

22) 孟子曰 : 萬物皆備於我矣, 反身而誠, 樂莫大焉, 彊恕而行, 求仁莫近焉. 『孟子 ; 盡心 上』

의 신비주의적 요소를 찾아볼 수 있다.

맹자의 호연지기론浩然之氣論을 살펴보면 그의 신비주의를 더 잘 이해할 수 있다. 호연지기를 필자는 영문으로 'Great Morale'이라고 번역한 적이 있다. 맹자는 호연지기론에서 자신의 정신수양의 전개과정을 피력하였다.

『맹자』「공손추 상公孫丑 上」에 다음과 같은 글이 있다.

> 한 제자가 맹자에게 그의 장점을 물었다. 맹자는 "나는 (남의) 주장
> (言)을 알고 호연지기를 잘 기를 줄 안다."고 대답하였다. 제자는 또
> 호연지기가 무엇인지를 물었다. 맹자는 "그 기氣란 아주 크고 아주
> 굳세어서 아무 탈 없이 곧바로 길러내면 천지 사이에 꽉 차게 된다.
> 그 기의 의義와 도道의 배합으로 이루어지며 이것이 없으면 그 기는
> 시들어버릴 것이다."23)고 대답했다.

호연지기란 맹자의 특수한 용어이다. 후에 맹자의 영향이 점점 더 커지면서 '호연지기'란 말이 종종 쓰이기도 하였으나, 고대에서 이 용어는 「공손추장」에서만 나온다. 호연지기가 무엇을 의미하는가에 대하여 맹자 자신도 "말하기 어렵다(難言也)."고 시인하였다. 그러나 호연지기를 논하기 전에 두 용사의 용기를 기르는 방법에 대한 논변이 예비적으로 기술되어 있다. 이것으로 미루어 필자는 맹자의 기는 용기勇氣, 사기士氣 등을 말할 때의 기와 같은 의미를 함축하고 있다고 추측한다. 그래서 필자는 호연지기를 영역할 때 'Great Morale (커다란 용기)'이라는 용어를 썼다. 그것은 용사들의 사기와 똑같은 성질이다. 그러나 호연지

---

23) 敢問夫子惡乎長? 曰: 我知言, 我善養吾浩然之氣. 敢問何謂浩然之氣? 曰: 難言也.
其爲氣也, 至大至剛 以直養而無害, 則塞於天地之間. 其爲氣也. 配義與道, 無是餒
也. 是集義所生者, 非義襲而取之也. 『孟子; 公孫丑 上』

기와 사기의 차이점은 호연지기는 지극히 커다랗다(至大)는 뜻으로 '호연'이라고 기술했다는 점이다.

용사들의 사기는 인간 대 인간의 문제에서 생겼으므로 단지 도덕적 가치밖에 갖지 못하지만 호연지기는 인간 대 하늘(대우주)의 관계에서 생긴 문제이다.

그러므로 초도덕적 가치를 갖고 있다. 그것은 바로 하늘과 합일된 인간의 기이며, 맹자는 그 기는 "천지 사이에 꽉 차 있다(塞于天地之間)." 고 말했다.

호연지기를 기르는 방법에는 두 가지 면이 있다. 그 하나는 '도의 자각(知道)'인데 이것은 인간의 마음을 함양시키는 길(원리)이다. 다른 하나는 '집의集義'이다. 그것은 인간이 '천민天民'으로서 우주에서 자기의 맡은 바 의무를 끊임없이 수행해 나가는 일이다. 이 양면의 결합을 '의리와 짝하고 도와 함께 함(配義與道)'이라고 한다. 우리가 도를 깨닫고 오랫동안 의를 쌓은 후에는 호연지기가 자연히 우러나오지만 조금이라도 강제가 작용하면 이 호연지기는 결코 나타나지 않는다.

맹자는 이렇게 말한다.

우리는 송나라 사람처럼 되지 말아야 한다. 한 송나라 사람이 자기의 모苗가 빨리 자라지 못하는 것을 딱하게 여겨 그것을 뽑아 놓은 사람이 있었다. 그리고 바쁘게 집에 돌아와 자기 집안 식구에게 '오늘은 피곤해 죽겠네, 나는 모가 자라도록 손질을 하고 왔다.'고 말했다. 이 말을 듣고 그의 아들이 달려가 보니 모는 이미 말라죽어 있었다.[24]

---

24) 無若宋人然 ; 宋人有閔其苗之不長而揠之者, 芒芒然歸, 謂其人曰 : '今日病矣 予助苗長矣!' 其子趨而往視之 苗則槁矣. 『孟子 ; 公孫丑 上』

우리가 식물을 재배할 때 한편으로 정성스럽게 잘 가꾸어야 하지만, 또 한편으로는 결코 인위적으로 조장해서는 안 되는 일이 있다. 호연지기를 기르는 것도 식물의 재배방법과 마찬가지다.

우리 인간에게 마땅히 해야 할 어떤 일이 주어져 있다. 이것이 바로 덕의 실천이다. 호연지기를 논할 때 맹자는 인보다는 의를 언급하였지만 실제적인 차이는 없다. 왜냐하면 인은 의義의 내용이요, 의는 인의 외적인 표현이기 때문이다. 만일 우리가 끊임없이 의를 실천(集義)하면 호연지기는 자기 속에서 저절로 우러나기 마련이다.

이 '호연지기'란 말은 좀 신비스럽게 들릴지 모르나 맹자는 모든 사람이 다 호연지기를 실행할 수 있는 것으로 보았다. 그것은 인간이 자기의 본성을 충분히 계발시킨 것에 지나지 않기 때문이다. 인간의 신체가 모두 동일한 것처럼 인간의 본성도 역시 동일한 법이다.

맹자는 그 한 예를 들어 말하였다.

신발 만드는 사람이 발의 치수를 정확히 모르고 신을 삼아도 삼태기같이 크게 삼지는 않는다.[25]

이것은 모든 사람의 발이 비슷하여 별로 큰 차이가 없기 때문이다. 이와 같이 성인도 그 본성은 보통사람과 다 비슷한 것이다. 그러므로 인간이 자기의 본성을 충분히 계발시키면 누구나 다 성인이 될 수 있다. 맹자가 주장한 바와 같이 "모든 사람이 요·순 임금과 같이 될 수 있다."[26] 여기에 맹자 교육론의 근거가 있다. 이것은 또한 모든 유가사상가들이 주장하여 온 것이기도 하다.

---

25) 故龍子日 : 不知足而爲屨, 我知其不爲蕢也. 屨之相似, 天下之足同也. 『孟子 ; 告子 上』
26) 人皆可以爲堯舜. 『孟子 ; 告子 下』

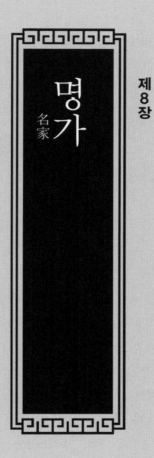

명가
名家

제8장

중국 철학사상 전문적으로 '명칭(名)'과 '사실(實)'의 본질 및 그 관계를 논한 학파가 바로 명가이다. 명가를 서양학자들은 궤변학파Sophists, 논리학파Logicians, 또는 변증론파Dialecticians라고 번역한다. 하지만 거기엔 유사성만 찾을 수 있을 뿐, 동의어로 사용할 수는 없다. 그러므로 명가名家(The School of Names)라고 쓰는 것이 제일 정확하다고 믿는다.

명가名家와 변자辯者

논리적으로 말하면 중국 고대철학에서 논의되었던 '명과 실'의 대비는 서양 철학상의 주사主辭와 빈사賓辭의 관계와 비슷한 것 같다. 예를 들면 '이것은 책상이다.', '소크라테스는 사람이다.'라는 두 명제에서 '이것'과 '소크라테스'는 사실(實)에 해당하고 '책상'과 '사람'은 명칭(名)에 해당한다는 것은 매우 분명한 말이다. 그러면 무엇이 사실이고 명칭인지, 또 무엇이 사실과 명칭의 참된 관계인지 좀 더 정확하게 분석해 보자. 이렇게 되면 우리는 여러 가지 역설적인 문제에 부딪치게 되는데 이 역설적인 문제를 해결하려다 보면 어느덧 명가철학의 핵심적인 문제에 발을 들여놓게 된다.

옛날에 명가의 철학자들을 흔히 '변자辯者(말 잘하는 사람, 따지기 좋아하는 사람)'라고 불렀다.

『장자』「추수편秋水篇」에 명가의 대표인물인 공손룡公孫龍에 관한 다음과 같은 이야기가 실려 있다.

나(공손룡)는 어려서 선왕의 도리를 배웠고 커서는 인의의 덕행을 환히 알았다. '동일'과 '차이'를 통합하고, 촉각으로 얻은 딱딱한 성질과 시각으로 얻은 흰 성질이 분리되어 있음을 밝히고, 사람들이 그렇지 않다고 여기는 것을 그렇다고 증명해 주고, 안 된다고 부정하는 것을 된다고 긍정하여 모든 철학자들의 지식을 곤경에 빠뜨리고 여러 사람의 변론을 궁지에 몰아넣었다. 그리고 나는 스스로 가장 통달한 사람이라고 생각하였다.[1]

이 말은 실로 명가 전체에 적용시킬 수도 있다. 그래서 명가의 집단을 가리켜 역설적인 진술을 하는 사람들 또는 타인과 논쟁할 태세를 갖춘 사람들 또는 타인이 부정하는 것을 일부러 긍정하고 긍정하는 것을 일부러 부정하는 사람들이라고 불렀다. 예컨대 사마담도 『육가요지六家要旨』라는 논문에서 명가를 다음과 같이 소개하였다.

명가는 복잡하게 얽힌 정교한 문구의 미세한 점까지 엄밀히 잘 살펴 남들이 자기의 뜻을 반박할 수 없게 만든다.[2]

순자도 『비십이자편非十二子篇』에서 등석鄧析(명가의 한 사람), 혜시惠施(명가의 한 사람)를 평하여 "괴설怪說 다루기를 좋아하고 기묘한 말장난을 하였다."[3]고 했다.
『여씨춘추』에서도 등석과 공손룡은 역설적인 변론에 뛰어난 사람으로 언급되고 있다. 그리고 『장자』「천하편」에도 다음과 같이 기록되어 있다.

---

1) 龍少學先生王之道, '長而明仁義之行. 合同異, 雜堅白. 然不然, 可不可. 困百家之知, 窮衆口之辯, 吾自以爲至達已. 『莊子 ; 秋水』
2) 名家苛察繳繞, 使人不得反其意. 『史記 ; 太史公自序 卷130』
3) 好治怪說, 玩琦辭 『荀子, 非十二子』

환단桓團, 공손룡 같은 변자의 무리들은 사람의 마음을 꾸미고 사람의 뜻을 바꾸어 입으로는 남을 이길 수 있었으나 사람의 마음을 탄복시키지는 못하였다. 이것이 변자들의 폐단이었다. 그러나 혜시는 스스로 자기의 구변이 가장 뛰어났다고 생각하여 남과 상반되는 것을 사실로 여기고 남을 이기는 것으로 이름을 내려고 생각하였다. 그리하여 대중들과는 마음이 맞지 않았다.[4]

이것으로 보아 혜시, 환단, 공손룡은 명가의 대표인물임을 알 수 있다. 환단에 대하여는 이 이름 외에 아무것도 알 수 없지만 등석은 당시 유명한 변호사(訟師)였는데 그의 저서는 유실되어 전해 오지 않고 현존하는 『등석자』라는 책은 위서僞書이다.

『여씨춘추』에 다음과 같은 구절이 있다.

자산이 재상이 되어 정鄭나라를 다스릴 때 등석은 그를 비난했다. 그리고 백성 중 옥에 있는 자와 약속을 하여 큰 죄가 있는 자는 옷한 벌, 적은 죄를 지은 자는 속옷 한 벌을 받고 변론해 주니, 옷을 바치고 송사訟事를 배우려는 사람은 그 수를 헤아릴 수 없었다. 그른 것을 옳다 하고 옳은 것을 그르다 하여 시비를 가릴 수 없고 옳고 옳지 못함이 날마다 변하였다.[5]

또 다른 이야기는 다음과 같다.

---

4) 桓團, 公孫龍. 辯者之徒, 飾人之心, 易人之意. 能勝人之口, 不能服人之心, 辯者之囿也. …… 然惠施之口談, 自以爲最賢 …… 以反人爲實, 而欲以勝人者爲名, 是以與衆不適也.『莊子；天下篇』
5) 子産治鄭, 鄧析務難之. 與民之有獄者約. 大獄一衣, 小獄襦袴. 民之獻衣襦袴而學訟者, 不可勝數. 以非爲是, 以是爲非, 是非無度, 而可與不可日變.『呂氏春秋；離謂』

유강洧江의 물이 불어 정나라의 한 부자가 익사한 적이 있다. 어떤 사람이 그 시체를 건졌다. 부자의 가족이 대가를 지불하겠다고 하니 그 사람은 엄청난 금액을 요구하였다. 그래서 이 사정을 등석에게 말하자, 등석은 "안심하고 기다리시오. 그는 틀림없이 그것을 (남에게) 팔지 못할 겁니다."라고 일러 주었다. 시체를 건진 자는 부자가 사러 오지 않으니 걱정이 되어 등석에게 말하자, "안심하고 기다리시오. 이 사람은 반드시 (다른 데서) 살 수가 없습니다."라고 답하였다.6)

이 이야기의 종말이 어떻게 끝났는지 알 수 없다.

등석의 간교는 형식적인 법률의 문구를 상황에 따라 마음대로 다른 해석을 가할 수 있었던 것 같다. 이것이 바로 그가 '복잡하게 얽힌 정교한 문구의 미세한 점까지 엄밀히 잘 살펴 남들이 자기의 뜻을 반박할 수 없게 만든' 방법이었다. 그는 법문의 정신 및 법문과 사실과의 관계를 고려하지 않고 법문을 해석하고 분석하는 데만 전념하였다. 다시 말하면, 그는 '실實' 대신에 오직 '명名'에만 관심을 기울였는데 이것이 바로 명가의 근본정신이다.

앞의 사실에서 '변자'는 원래 변호사였고, 또 그들 가운데 등석이 최초의 인물이었다는 것은 분명하다. 그러나 그가 명의 분석을 최초로 시작한 인물이기는 하나, 명가의 철학 그 자체에는 아무런 공헌을 하지 못하였다. 그러므로 명가의 참된 창시자를 혜시와 공손룡으로 돌릴 수밖에 없다.

이 두 인물에 관하여 『여씨춘추』에서는 다음과 같이 기술하고 있다.

---

6) 洧水甚大, 鄭之富人有溺者. 人得其死者, 富人請贖之. 其人求金甚多, 以告鄧析·鄧析曰:安之, 人必莫之賣矣. 得死者患之, 以告鄧析. 鄧析又答之曰:安之, 此必無所更買矣. [同上]

혜시는 위혜왕魏惠王(B.C. 370~319년 재위)을 위하여 법을 만들었다. 법을 다 만들어서 백성들에게 보여 주니 백성들은 모두 그것을 훌륭하게 생각하였다.[7]

그리고 또,

진秦나라와 조趙나라는 서로 조약을 맺었다. 그 조약은 이제부터 진이 하고자 하는 일은 조나라가 도와주고 조나라가 하고자 하는 일은 진나라가 도와주기로 되어 있었다. 얼마 되지 아니하여 진나라가 군대를 동원하여 위나라를 공격하니 조나라는 위나라를 구원하려고 하였다. 이에 진왕은 기분이 언짢아 사자를 시켜 조왕을 꾸짖으며, "양국 간의 조약에는 진나라가 하고자 하는 일은 조나라가 도와주고 조나라가 하고자 하는 일은 진나라가 도와주기로 되어 있었는데 이제 진나라가 위를 공격하려는데 조나라가 그를 구해 주려고 하니 이것은 조약을 어긴 것이다."고 말하였다. 조왕은 이 사실을 평원군平原君에게 알리니 평원군은 다시 공손룡에게 알렸다. 공손룡은 다음과 같이 일러 주었다. "조왕 역시 사자를 보내어 진왕을 꾸짖어 이렇게 말하십시오. 조나라가 위나라를 구원해 주려고 하는데 지금 진왕만이 조나라를 돕지 않으니 이것은 조약을 어겼다."[8]

『한비자』에도 다음과 같은 말이 있다.

---

7) 惠子爲魏惠王爲法, 爲法已成. 以示諸民人. 民人皆善之.『呂氏春秋 ; 淫辭』
8) 秦趙相與約. 約曰 : 自今以來, 秦之所欲爲, 趙助之 ; 趙之所欲爲, 秦助之 : 居無幾何, 秦興兵攻魏. 趙欲救之, 秦王不說. 使人讓趙王曰 : 約曰秦之所欲爲, 趙助之. 趙之所欲爲, 秦助之 : 今秦欲攻魏, 而趙因欲救之. 此非約也. 趙王以告平原君. 平原君以告公孫龍. 公孫龍曰 : 亦可以發使而讓秦王曰 : 趙欲救之. 今秦王獨不助趙, 此非約也.『呂氏春秋 ; 淫辭』

견백堅白 · 무후無厚의 변론이 나타나자 법령이 효력을 잃었다.9)

　앞으로 논하겠지만 '견백'은 공손룡의 이론이요, '무후'는 혜시의 주장이다. 이 이야기로부터 우리는 혜시와 공손룡이 어느 정도 당시의 법률활동에 참가했다는 것을 알 수 있다. 공손룡이 조나라와 진나라 간의 조약을 해석한 정신은 참으로 등석의 정신을 살린 것이었다. 한비자는 이 두 명가의 법에 대한 '구변口辯'이 등석의 관례 못지않게 악영향을 끼친다고 생각하였다. 한비자 자신이 법가이면서 변호가와 더불어 탄생한 이 학파의 변론을 법의 파괴자로 단정하고 극력 반대하는 것은 이상하게 보일지도 모른다. 그러나 한비자를 비롯한 기타의 법가들은 사실상 정객이었지 진정한 의미의 법학자는 아니었다.

　혜시와 공손룡은 명가의 양대 조류를 대표하였는데 한 사람은 사실(實)의 상대성을 강조하였고, 또 한 사람은 이름(名)의 절대성을 중시하였다. 이 구분은 우리가 명실의 관계를 분석할 때 뚜렷하게 된다.

　'이것은 책상이다'라는 간단한 예를 들어보자. '이것'이란 말은 구체적인 사실을 지시하는데 이 사실은 변할 수 있는 것이요, 끊임없이 생성 소멸하는 과정에 있다. 그런데 '책상'이란 말은 추상적인 범주 또는 이름을 지시하는데 이 이름은 영원불변하며 언제나 그대로 남아 있다. 그러므로 이름은 절대적이지만 사실은 상대적이다. '아름다움'이란 이름은 절대로 불변하지만 '아름다운 것'이란 다른 것에 비하여 상대적으로 아름다울 수 있을 뿐이다. 혜시는 현재의 사물들이 가변적이며 상대적이라는 사실을 강조하였는데 공손룡은 이름이 영원불변하며 절대적이라는 사실을 강조하였다.

---

9) 堅白無厚之詞章, 而憲令之法息. 『韓非子 ; 問辯』

혜시의 상대성 이론

혜시(B.C. 360~260년)는 송나라(현 하남성) 사람이었으며, 그는 위혜왕의 재상을 지낸 적이 있었고 또 학식도 넓었다고 한다. 불행하게도 그의 저서는 유실되어 『장자』 「천하편」에 실린 '10사十事'로부터 단편적으로 그의 사상을 엿볼 수밖에 없다. 우선 혜시의 '10사'를 살펴보자.

> 가장 큰 것은 밖이 없다. 이것을 대일大一이라 한다. 가장 작은 것은 안이 없다. 이것을 소일小一이라고 한다.[10]

이 두 명제는 이른바 분석명제이다. 이 명제는 사실적인 것에 대하여 아무런 언급도 하지 아니하였다. 왜냐하면 이 경험세계에서 가장 큰 물건이 무엇이며 가장 작은 물건이 무엇인지에 관하여 언급하지 않았기 때문이다. 이 명제는 '지대至大'와 '지소至小'라는 추상개념 또는 이름만을 거론하였을 뿐이다. 이 두 명제를 좀 더 분명히 이해하기 위하여 『장자』 「추수편」의 이야기와 비교하는 것이 좋겠다. 여기에서 우리는 장자와 혜시가 한 가지 공통된 점을 가지고 있음을 알 수 있다.

> 가을이 되자 황하의 물이 불었다. 평소 자기가 크다고 자부하고 있던 강의 신 하백河伯은 동쪽으로 흘러 바다에까지 도달하였다. 거기서 그는 바다의 신인 북해北海를 만났다. 그리고 평소 크다고 믿었던 강이 바다에 비교할 때 형편없이 작다는 것을 깨달았다. 그리하여 그는 너무나 경탄하여 북해에게 그 사실을 말하자, 북해는 오히려 자기는 천지와 비교할 때 큰 창고에 들어 있는 곡식 한 톨에

---

10) 至大無外, 謂之大一. 至小無內, 謂之小一. 『莊子 ; 天下』

지나지 않으니 자기는 '작다'고 해야지 '크다'고 할 수 없다고 대답하였다. 이 말을 듣고 하백이 북해에게 물었다.

"그러면 천지는 크다고 하고 털끝은 작다고 말할 수 있겠는가?" 북해는 대답한다. "아니다. 사람이 아는 것을 따져보니 알지 못하는 것보다 훨씬 적고, 그 살아 있을 때를 계산해 보니 생명이 없을 때보다 훨씬 적다. 그 자기의 가장 작은 몸으로 가장 큰 영역을 생각하였기 때문에 어지러움이 생겨 뜻대로 될 수 없다. 이것으로 보건대 털끝이 가장 가느다란 끝인지 어떻게 알 수가 있으며, 천지가 가장 큰 영역인 줄을 어떻게 알 수 있겠는가?" 하백이 말한다. "세상에서 토론을 즐겨하는 자들은 모두 가장 작은 것을 형태가 없어 보이지 않고, 가장 큰 것은 둘러쌀 수 없는 무한대라 하는데 이것은 믿을 만한 사실인가?"[11]

여기에서 우리는 장자의 '가장 큼(至大)'과 '가장 작음(至小)'에 대한 정의가 혜시와 비슷함을 알 수 있다. 천지가 사물 중에서 가장 크고 털끝이 가장 작다고 하는 것은 구체적인 사물, 즉 실에 대한 언급이 여기에서는 그 사물의 이름에 대하여 분석한 것이 아니다. 이 두 명제는 이른바 종합명제이며 천지보다 더 크고 털끝보다 더 작은 것은 어떤 것이 발견되면 이 명제는 거짓으로 판명될 수도 있다. 이 두 명제는 경험에 근거를 두었으므로 그 명제의 진위는 개연적일 뿐, 필연적이 못 된다. 경험에서 사물이 크다, 또는 작다고 하는 것은 모두 상대적으로 그러할 뿐이다. 『장자』를 다시 인용하여 보자.

---

11) 然則吾大天地而小毫末, 可乎? 北海若曰：否 …… 計人之所知, 不若其所不知；其生之時, 不若未生之時. 以其至小求窮其至大之域, 是故迷亂而不能自得也. 由此觀之, 又何以知毫末之足以定至細之倪! 又何以知天地之足以窮至大之域! 河伯曰：世之議者皆曰：至精無形, 至大不可圍. 是信情乎?『莊子；秋水』

이러한 차이에서 보건대 그 어떤 것이 다른 것보다 크기 때문에 그것을 크게 여기면 만물은 크지 않은 것이 없고, 그 어떤 것이 다른 것보다 작기 때문에 그것을 작다고 여긴다면 만물은 작지 않은 것이 없다.[12)

우리는 실제의 경험을 통해서 사물 중에서 가장 큰 것과 가장 작은 것이 무엇인지 판가름해 낼 수 없다. 그러나 '가장 큼은 밖이 없다(至大無外)'와 '가장 작음은 안이 없다(至小無內).'라는 사실은 우리의 경험을 떠나서 말할 수 있다. 이와 같이 정의된 '가장 큼'과 '가장 작음'은 절대적이며 영원불변한 개념이다. 그러므로 혜시는 '대일大一'과 '소일小一'의 이름을 분석함으로써 절대적이며 불변한 개념을 파악하였다. 이러한 관점에서 그는 현실계의 구체적 사물의 성질과 차이는 모두 상대적이며 변화하기 쉽다는 사실을 깨달았다.

일단 우리가 혜시의 이러한 입장을 이해한다면 『장자』에 기록된 그의 10사는 흔히 역설적인 것 같으나 사실상 전혀 역설적인 것이 아니라는 것을 알 수 있다. 제1사를 제외한 나머지 논증은 모두 사물의 상대성을 설명하고 있다. 이것을 혜시의 상대적 이론이라고 불러도 상관없다. 그러면 나머지 논증을 하나하나씩 살펴보자.

제2사: 두께 없는 것은 쌓을 수 없다. 그런데 그 크기는 천 리나 된다.[13)

이것은 큰 것과 작은 것이 단지 상대적으로 크고 작을 뿐이라는 것

---

12) 以差觀之, 因其所大而大之, 則萬物莫不大 ; 因其所小而小之, 則萬物莫不小. 『莊子 ; 秋水』
13) 無厚, 不可積也, 其大千里. 『莊子 ; 天下』

을 말하고 있다. 두께가 없는 것이 두껍게 된다는 것은 불가능하다. 이런 의미에서 그것은 작다고 할 수 있다. 그럼에도 불구하고 기하학의 이상적인 면은 두께를 가지고 있지 아니하지만 역시 길고도 넓게 될 수 있다. 이런 의미에서 그것은 크다고 할 수 있다.

제3사: 하늘은 땅과 같이 낮고 산은 못과 같이 평평하다.[14]

이것은 높음과 낮음은 단지 상대적일 뿐이라는 것을 말하였다.

제4사: 지금 바로 중천에 떠 있는 해는 동시에 저물고 있는 해이고, 바로 살아 있는 만물은 동시에 죽어가는 만물이다.[15]

이 세계의 만물은 가변적이며, 또 변화 중에 있다는 사실을 밝혔다.

제5사: '대동大同'과 '소동小同'은 다르다. 이것을 소동이小同異라 한다. 만물은 어떤 점에서 모두 같고, 또 어떤 점에서 모두 다르다. 이것을 대동이大同異라고 한다.[16]

예컨대 "모든 사람은 동물이다."라는 명제를 분석해 보자. 모든 사람은 그들이 인간이라는 점에서 같고, 또 그들이 동물이라는 점에서도 같다. 그러나 인간이라는 점에서 같다는 말은 동물이라는 점에서 같다는 말보다 더 대동하다. 왜냐하면 인간이라는 존재는 동물이라는 존재를 내포하고 있지만 동물이란 존재는 인간이란 존재를 내포하고 있다

---

14) 天與地卑, 山與澤平. 『莊子 ; 天下』
15) 日方中方睨, 物方生方死. [同上]
16) 大同而與小同異, 此之謂小同異 ; 萬物畢同畢異, 此之謂大同異. [同上]

고 할 수 없다. 그것은 인간과는 다른 동물이 존재하고 있기 때문이다. 이런 종류의 동일과 차이를 혜시는 '소동이'라고 불렀다. 그러나 만일 우리가 '존재자'를 보편적인 집합으로 간주한다면 만물은 모두 존재자라는 점에서 같다(동일). 그러나 각 사물을 하나의 개별자로서 간주할 때 개별자는 기타 사물과 다른 자기 고유의 개별성을 갖고 있다. 이런 종류의 동일과 차이를 혜시는 '대동이'라고 불렀다. 명가의 이 논의는 선진先秦 중국사회에서 너무나 유명하였기 때문에 '합동이론合同異論'이라고 알려졌다.

　　제6사: 남방은 끝이 없으면서도 끝이 있다.[17]

　"남방南方은 끝이 없다."는 것은 당시인들이 늘 하는 말이었다. 당시는 남방지리에 대하여 거의 알지 못하였다.
　고대 중국인들은 남방이 동방처럼 바다와 연접한 육지의 끝이 있다고 생각하지 않았으며 서쪽이나 북쪽처럼 사막으로 끝난다고도 생각지 않았다. 그래서 남방은 끝이 없다고 여기는 것이 당시인들의 지배적인 생각이었다. 그런데 혜시의 생각은 남방도 결국은 바다에 연접한 끝이 있으리라고 생각하였는데, 그것은 그가 탁월한 지리적 지식을 가지고 있었다는 외적인 표현에 불과할지도 모른다. 그러나 이 명제가 뜻하는 바는 끝이 있다, 또는 끝이 없다고 하는 것은 다 상대적으로 그렇다는 뜻이다.

　　제7사: 오늘 월나라에 갔는데 어제 도착하였다.[18]

---

17) 南方無窮而有窮. [同上]
18) 今日適越而昔來. [同上]

'오늘'과 '어제'는 상대적인 용어이다. 오늘의 어제는 어제의 오늘이고 오늘의 오늘은 내일의 어제이다. 여기에 현재와 과거의 상대성이 있다.

제8사: 연결된 고리는 풀 수 있다.[19]

연결된 고리는 깨뜨리지 않고는 풀 수가 없다. 그러나 파괴는 다른 관점에서 보면 건설일 수도 있다. 우리가 책상을 만든다면 목재의 관점에서 보면 파괴이다. 그러나 책상의 관점에서 보면 건설이다. 그러므로 파괴와 건설은 상대적이다. '연결된 고리는' 깨뜨리지 않고 '풀 수 있다'. 즉, '푼다', '맺는다'는 용어는 상대적이기 때문이다.

제9사: 나는 천하의 중앙이 어디에 있는지 안다. 연燕나라 북쪽과 월越나라 남쪽에 있다."[20]

당시 여러 나라 중에서 연나라가 가장 북쪽에 있었고 월나라가 가장 남쪽에 있었다. 또 그 당시 중국인들은 중국땅을 천하로 생각하였다. 그러므로 천하의 중앙은 연의 남쪽, 월의 북쪽이라고 생각하는 것이 일상인들의 통념이다. 혜시는 이러한 통념을 깨뜨리고 정반대로 주장하였다. 이 주장은 뒤의 사마표司馬彪(2세기)에 의해 잘 해명되었는데 그 내용은 다음과 같다.

천하는 어느 곳이든 중앙이 된다. 둥근 고리는 끝이 따로 없다. 그러므로 어느 곳에서 시작해도 된다.[21]

---

19) 連環可解也. [同上]
20) 我知天下之中央, 燕之北越之南是也. [同上]

제10사: 만물을 똑같이 사랑하라. 천지는 하나의 전체이다.[22]

　이제까지 혜시는 만물이 상대적이며 변화하는 과정에 있음을 주장하였다. 만물에는 절대적인 분별도 없다. 만물은 끊임없이 그 밖의 어떤 것으로 변화하고 있다. 그러므로 만물은 하나이며, 또 그렇기 때문에 우리는 차별 없이 만물을 사랑해야 한다는 것은 논리적인 귀결이다. 『장자』에 다음과 같은 이야기가 실려 있다.

　우리가 만물을 서로 다르다는 관점에서 보면 간과 쓸개도 초나라나 월나라처럼 멀리 떨어져 있고, 동일하다는 관점에서 보면 만물이 모두 하나이다.[23]

공손룡의 보편자론

　명가의 또 다른 주요인물은 공손룡(B.C. 284~259년)이다. 그는 당시 변자로 소문이 나 있었다. 언젠가 그가 국경을 통과할 때 국경의 수비가 "말(馬)은 통행이 금지되었다."고 말하자 공손룡은 "나의 말(馬)은 희다. 그리고 흰말(白馬)은 말이 아니다(非馬)."라고 대답하고, 말을 탄 채 국경을 넘어갔다고 한다.

　혜시가 사실은 상대적이며 가변적이라고 주장한 데 반하여, 공손룡은 이름이 절대적이며 불변적임을 강조하였다. 그리하여 공손룡은 서양철학에서 뚜렷하게 문제시되어 온 보편자Universals, 또는 플라톤적인

---

21) 天下無方, 故所在爲中, 循環無端, 故所在爲始也. 『莊子 ; 司馬彪註』
22) 氾愛萬物, 天地一體也. [同上]
23) 自其異者視之, 肝膽楚越也, 自其同者視之, 萬物皆一也. 『莊子 ; 秋水』

'이데아'의 개념과 똑같은 문제를 다루었다.

『공손룡자公孫龍子』에 적부跡府, 백마론白馬論, 지물론指物論, 통변론通辯論, 견백론堅白論, 명실론名實論 등 6편이 있는데 여기에서는 백마론, 견백론, 지물론이 공손룡의 사상을 가장 잘 대표하고 있다고 생각되어 이것만 논하기로 한다.

1) 백마론

백마론의 주요 명제는 '흰말이 말이 아니다(白馬非馬).'라는 것이다. 이 명제를 공손룡은 세 가지 논증으로 증명하려고 하였다.

제1논증 : 말이라는 것은 형태를 가리키고 희다는 것은 빛깔을 가리킨다. 빛깔을 가리킨 것은 형태를 가리킨 것이 아니다. 그러므로 흰말은 말이 아니라고 주장한다.[24]

서양 논리학의 용어로 풀어서 말한다면 이 논증은 말, 희다, 흰말이란 용어의 그 내포內包가 서로 다름을 강조하였다고 할 수 있다. 첫째 '말'이란 용어가 내포하는 것은 동물의 일종임을 나타내고, 둘째 '희다'란 용어가 내포하는 것은 빛깔을 나타내고, 셋째 흰말이란 용어의 내포는 동물에다 색을 더한 것을 나타낸다. 이 세 가지 용어는 각각 그 내포하는 바가 다르므로 '흰말은 말이 아니다.'라는 뜻이다.

제2논증 : 말을 구할 때는 누렁말, 검은말을 모두 몰고 올 수 있으나 흰말을 구할 때 누렁말, 검은말은 몰고 올 수 없다. 그런데 누렁말, 검은말은 다 한 가지이지만 말을 요구할 때에만 응할 수 있지

---

24) 馬者, 所以命形也 ; 白者, 所以命色也 ; 命色者, 非命形也, 故曰白馬非馬. 『公孫龍子』

흰말을 요구할 때에는 응할 수 없다. 이것으로 흰말은 말이 아니라
는 것은 분명하다.[25]

말이란 용어는 어떠한 색도 배제하거나 취하지도 않는다. 그러므로
누렁 것, 검은 것이 다 거기에 응할 수 있다. 흰말이란 용어는 빛깔을
배제하기도 하고 취하기도 한다. 누렁말, 검은말은 모두 그 빛깔 때문
에 배제된다. 그러므로 오직 흰말만이 그 요구에 응할 수 있을 뿐이다.
배제함이 없는 것은 배제함이 있는 것과는 다르다. 그러므로 흰말은
말이 아니라 뜻이다.[26]
　서양의 논리대로 풀이해서 말하면 이 논증은 말과 흰말은 그 용어
의 외연外延이 다르다는 것을 강조하고 있다. 말이란 용어의 외연은 색
을 고려하지 않고 모든 말을 다 포함하고 있으나, 흰말이라는 용어의
외연은 백색에만 한정하였기 때문에 거기에 상응하는 흰말만을 포함한
다. 그러므로 말과 흰말의 용어의 외연이 다르다. 그러니까 흰말은 말
이 아니라는 소리다.

　　제3논증 : 말은 본래 빛깔을 가지고 있기 때문에 흰말이 있다. 말
에서 빛깔을 없애 보라. 그러면 말 그 자체만이 있을 뿐이다. 그런
데 어떻게 흰말을 얻게 되겠는가? 따라서 흰말은 말이 아니다. 흰말
이란 것은 '말'에다 흰색을 더한 것이다. 이미 '말'에 '흰색'을 더하
였으니 그것은 말이 아니다. 그러므로 '흰말'은 '말'이 아니다.[27]

---

25) 日求馬, 黃黑馬皆可致 ; 求白馬, 黃黑馬不可致 ; …… 故黃黑馬一也. 而可以應有馬,
　　而不可以應有白馬, 是白馬之非馬, 審矣. 『公孫龍子』
26) 馬者, 無去取於色. 故黃黑皆所以應 ; 白馬者有去取於色, 黃黑馬皆所以色去, 故唯
　　白馬獨可以應耳. 無去者, 非有去也 ; 故日白馬非馬. 『公孫龍子』
27) 日馬固有色, 故有白馬. 使馬無色, 有馬如已耳 ; 安取白馬? 故白者, 非馬也. 白馬者,
　　馬與白也, 馬與白非馬也 ; 故日白馬非馬也. 『公孫龍子』

이 논증에서 공손룡은 '말'이라는 일반개념 '馬一 般'과 '흰 말'이라는 일반개념 '白馬一般'의 구분을 강조한 것 같다. '말'이란 일반개념은 모든 말들의 본질적인 속성이다. 그것은 어떤 빛깔도 갖고 있지 않은 바로 '말' 그 자체이다. 그러한 '말'은 '흰말'과 분명히 구분된다. 다시 말하자면 '말' 그 자체는 '흰말' 그 자체와 분명히 구별될 수 있다. 그러므로 흰말은 말이 아니다.

'말' 그 자체 외에 흼(白) 그 자체가 있는데, 이것이 '흼 일반(白一般)'이다. 바로 같은 「백마론편」에 다음과 같은 말이 있다.

> 흼(白)은 흰 것(물건)으로 한정시킨 것이 아니므로 이 흼은 잊어버려도 된다. 흰말이라고 하는 것은 흼이 흰 것으로 한정됨을 말한다. 이렇게 한정된 흰 빛깔은 '흼' 그 자체가 아니다.[28]

한정된 흰 빛깔은 현실에서 보는 구체적인 흰 물건의 흰 빛깔이다. '한정된'이란 용어는 한문의 '정定'자를 의역한 말인데 이 글자는 결정한다는 뜻도 가지고 있다. 이 물건 또는 저 물건에서 우리가 볼 수 있는 흰색은 이 물건 또는 저 물건에 의하여 그 빛깔이 결정된다. 그러나 보편자인 '흼' 그 자체는 어떠한 한정된 흰 대상에 의해서도 결정되지 않고, 한정되어 있지 않는 '흼'이다.

2) 견백론

견백론의 주요 명제는 '굳은 것과 흰 것의 분리(離堅白)'이다. 공손룡은 이 명제를 두 가지 방법으로 증명하려고 하였다. 그 첫 번째 증명은 다음의 대화 속에 잘 나타나 있다.

---

28) 曰白者不定所白, 忘之而可也, 白馬者, 言白定所白也. 定所白者·非白也.『公孫龍子』

여기에 희고 굳은 돌이 있다고 상정해 보자.

"굳은(堅), 흰(白), 돌(石)은 셋이라고 칭하면 되겠는가?"

"안 된다."

"둘이라고 칭하면 되겠는가?"

"된다."

"어째서 그런가?"

"굳지 않고 흰 것을 예로 들면 흰 것과 돌이 합하여 둘이 되고, 희지 않고 굳은 것을 예로 들면 굳은 것과 돌이 합하여 둘이 된다. 보기만 해서는 그 어떤 것이 굳은지 알 수 없고 희다는 것만 알 수 있으니 여기에는 굳은 것이 없고, 만지기만 해서는 그 어떤 것이 흰지 알 수 없고, 굳다는 것만 알 수 있으니 여기에는 흰 것이 없다.[29]

이 대화는 굳음과 흼이 서로 분리되어 있다는 것을 증명하기 위한 인식론적인 탐구이다. 여기에 희고 딱딱한 돌이 있다고 생각해 보자. 만일 우리가 그것을 눈으로만 보면 단지 흰 것, 즉 흰돌만이 있고, 그 것을 손으로 만지면 다만 굳은 것, 즉 굳은 돌만 있을 뿐이다. 우리가 그 돌이 희다고 느끼고 있는 동안 그 돌이 굳다는 것을 느낄 수 없으며, 또 반대로 그 돌이 굳다고 느끼고 있는 동안에는 그 돌이 희다는 것을 알 수 없다. 그러므로 인식론적으로 말해서 한 개의 흰돌이 아니면 굳은 돌이 여기에 있을 뿐, 희면서 굳은 돌은 없다. 이것이 바로 굳지 않고 흰 것을 예로 들면 그것은 모두 둘이고(흰 것과 돌), 희지 않고 굳은 것을 예로 들면 그것은 모두 둘이라(굳은 것과 돌)는 뜻이다.

공손룡의 두 번째 논증은 형이상학적이다. '굳음'이라는 일반개념과

---

29) 堅白石三, 可乎? 曰不可 ; 曰二, 可乎? 曰可. 曰何哉? 曰無堅得白, 其擧也二, 無白得堅, 其擧也二. …… 曰視不得其所白, 而得其所白者, 無堅也 ; 拊不得其所白, 而得其所堅, 得其所堅, 無白也. 『公孫龍子』

'흼'이라는 일반개념은 둘 다 보편자로서 이것은 희다든가 저것은 굳다고 하는 등의 어느 개개의 특정한 대상 속에 있지 않는 한정되지 않은 일반개념이다. 양자는 어떤 흰(굳은) 대상, 또는 모든 흰(굳은) 대상 속에 구체적인 모습으로 나타날 수는 있다. 설령 이 물리적 세계에 굳거나 흰 대상이 전혀 존재하지 않는다고 하더라도 보편적인 '굳음'은 굳음 일반으로서 남아 있을 것이고 보편자인 '흼'은 흼 일반으로서 남아 있을 것이다. 그러한 굳음 일반과 흼 일반은 현존하는 세계의 물리적인 돌이나 기타 굳고 흰 대상과는 전혀 독립되어 존재한다.

이 양자('굳음'과 '흼')가 독립적인 보편자라는 사실은 물리적 세계에서 굳지만 희지 않은 물건들이 존재하며, 또 희지만 굳지 않은 물건들이 존재한다는 것만 보아도 알 수 있다. 그러므로 굳음과 흼은 분리되어 있다는 사실은 명백하다.

이러한 인식론적 · 형이상학적 논증으로 공손룡은 '굳음과 흼은 서로 분리되어 있다.'라는 명제를 수립하였다. 이것은 고대의 중국사회에서 너무도 유명한 명제로서 명가의 대표적인 주장 가운데 하나가 되었다.

3) 지물론指物論

공손룡에 의하면, '물'은 구체적이며 특정한 사물을 뜻하고, 지指는 추상적 보편자를 뜻하였다. '지指'의 글자 그대로의 의미는 명사로서 '손가락'이며 동사로서 '가리키다'이다.

왜 공손룡은 '지'가 보편자를 뜻하는 말이라고 생각하였는가? 이에 대하여 두 가지 답변을 할 수 있다.

첫째, 보통명사, 즉 명가의 용어로 말해 명名은 특정사물의 집합을 가리키면서 그 집합의 공통적인 속성을 내포한다. 반면, 추상명사는 속성 또는 보편자를 직접 가리킨다. 그런데 한문은 굴절어가 아니므로 보통명사와 추상명사를 구분할 수 없다. 그리하여 한문에서는 우리가 보통명사로 부르는 것도 역시 보편자를 가리킨다. 그리고 또 한문에는 관사가 없다. 그러므로 '말Horse', '그 말The horse', '하나의 말A horse'은 모두 '마馬'라고 하는 한마디로 표시된다. 그래서 '馬' 단어는 근본적으로는 보편적 개념인 말을 가리키고 '하나의 말', '그 말' 등은 다만 이 보편개념을 특정화시킨 데 불과한 것 같다. 이것으로 보아 한문에서의 어떤 보편자는 어떠한 이름이 '가리키는 것(指)'이라고 할 수 있다. 이것이 바로 왜 공손룡이 보편자를 '지'(가리키는 것)라고 말했는가 하는 첫째 이유이다.

그 둘째 이유는 지指는 지旨와 그 뜻이 같을 뿐 아니라 발음도 같기 때문에 고대에는 서로 통용되었다. '지旨'는 '생각' 또는 '뜻'을 의미한다. 서구식으로 표현하면 관념Idea 또는 개념Concept을 의미한다.

위에서 말한 논증에서 살펴본 바와 같이 이 관념(指)은 결코 버클리나 흄이 주장하는 주관적 관념이 아니라, 플라톤 철학에서 볼 수 있는 객관적인 '이데아'와 비슷한 것이다.

이것이 바로 보편자이다. 『장자』 「천하편天下篇」에 21사나 되는 명가의 변론이 거론되었는데 그 중에 어떤 것은 혜시의 관점에 근거를 둔 것이 있고, 또 어떤 것은 공손룡의 관점에 근거를 둔 것도 있다. 이 '10사'는 이제까지 역설적인 궤변으로 간주되어 왔으나 그 저자의 근본적인 사상을 파악한다면 그러한 오해는 사라질 것이다.

혜시와 공손룡 학설의 의미

명가의 철학자들은 이름(名)을 분석하고, 명실名實의 관계와 그 차이점을 분석함으로써 중국 철학에서 말하는 '형상形象을 초월한 경지'를 발견하였다. 중국 철학에서는 '형이하形而下'와 '형이상形而上'을 구분하였는데 '형이하'가 바로 실實이다. 예컨대 크고·작고, 네모지고·둥글고, 길고·짧고, 검고·희고 하는 것은 각기 형상의 한 유형이다. 경험의 대상 또는 경험 가능한 대상은 어느 것이나 다 형상을 가지고 있고 이 현실세계에 있다. 현실세계의 형상을 가진 대상은 모두 다 경험할 수 있는 대상이다.

혜시의 '10사' 가운데 제일 처음과 끝에 말한 경지는 바로 형이상의 세계로서 가장 큰 것은 밖이 없는 것이라고 하고 이것을 큰 하나(大一)라고 하였는데, 가장 큰 것이 정말 어떠한 것인지의 정의를 내린 말이다.

'만물을 똑같이 사랑하라.', '천지는 하나의 전체이다.' 이것은 가장 큰 것의 내용이 무엇인가에 관한 정의를 내린 말이다. 후자는 바로 전체는 하나요, 또 하나는 전체라는 뜻을 가지고 있다. 전체는 하나이기 때문에 전체 그밖에는 아무것도 존재할 수 없다. 전체 그 자체는 큰 하나(大一)이므로 전체 그밖에 아무것도 존재할 수 없고, 또 경험의 대상이 될 수도 없다. 그 이유는 경험의 대상은 언제나 경험하는 자와 대립되어 있어야 하기 때문이다. 그런데 만일 우리가 전체는 경험의 대상이 될 수 있다고 말한다면 전체를 마주보고 있는 어떤 다른 존재가, 즉 그 전체를 경험하는 자가 따로 존재해야만 된다. 이렇게 되면 그 어떤 것밖에 아무것도 없는 동시에 어떤 다른 것이 있다고 말하는 것이나 마찬가지가 되기 때문에 이것은 분명히 논리적 모순을 범하고 있다.

공손룡도 역시 형이상의 경지를 발견하였다. 그가 논한 보편자는 경험의 대상이 될 수 없기 때문이다. 우리는 흰 물건을 볼 수 있다. 그러나 보편자인 '흼' 그 자체를 볼 수는 없다. 모든 보편자가 다 이름(名)을 가지고 있는 것은 아니지만 이름에 의하여 지시된 보편자는 모두 형이상의 세계에 있다. 그 세계에는 '굳음'은 '굳음'이고 '흼'은 '흼'이다. 모든 보편자는 다 분리된 독립적 존재들이다.

그러므로 공손룡은 견백론에서 "분리란 모든 보편자의 공통된 것이다. 그러므로 천하의 모든 보편자는 단독으로 존재하며 단독으로 존재하는 것이 정상적인 상태이다(離也者天下故獨而正)."라고 말하였다. 혜시는 '만물을 똑같이 사랑하라.'는 것을 권했고, 공손룡은 "명실의 관계를 바로잡아 천하를 교화시키고 싶다(欲推是辯正名實而化天下焉)."고 하였다. 두 사람은 분명히 자기들의 철학이 '안으로는 성인이 되게 하며, 밖으로는 성왕이 되게 하는 길(內聖外王之道)'을 가지고 있다고 믿었다. 그러나 명가는 '형상을 초월한 경지'를 발견하였지만 그 경지에 대한 충분하고도 자세한 언급은 도가철학에 양보하였다. 도가는 일면 명가의 반대자이지만 일면 명가의 계승자이기도 하다. 이것은 혜시가 장자의 둘도 없는 친구였다는 사실만 보아도 알 수 있다.

제 9 장

노자
老子
: 도가의 제 2 단계

전통적인 견해에 의하면 노자는 현 호남성 남부지방인 초나라에서 탄생하였다고 하며, 공자와 동시대 또는 공자보다 연장자이며 공자는 노자에게 예禮를 물었으며 노자를 매우 칭찬하였다고 한다. 『노자』라고 하는 책은 뒤에 『도덕경』이라고 불렸는데 종래에는 중국 역사상 최초의 철학자로 인정되어 왔지만 최근의 학술풍토는 그 견해를 뒤집어 노자를 공자의 훨씬 뒷시대 인물로 추정하고 있다.

노자老子의 인물과 책

노자의 인물과 『노자』라는 책에 대하여 두 가지 의문이 제기된다. 첫째 노자라는 인물이 언제 생존하였으며, 둘째 『노자』라는 책이 언제 편집되었는가 하는 문제다. 필자는 책과 인물에는 필연적인 연관성은 없다고 생각한다. 실제로 공자보다 연상인 노담老聃이라는 인물이 살았다고 해도, 『노자』라고 제목이 붙은 책은 후대의 저작일 수 있기 때문이다. 이 견해는 노자라는 인물에 관한 종래의 설명과 반드시 모순된다고 볼 수는 없다. 이는 종래의 설명에 노자라는 인물에 대한 종래의 견해를 받아들이는 데는 인색하지 않겠다. 『노자』라는 책은 뒤늦게 이루어진 것 같다. 사실 지금 필자는 그 책의 편집연대는 필자가 『중국철학사』를 쓸 때 상정하였던 연대보다 더 후대라고 믿는다. 지금 필자는 그 책이 『중국 철학사』에서 주장한 바와 같은 혜시나 공손룡 이전이 아니고 그 이후에 쓰여지고 편집되었다고 믿는다. 그 이유는 『노자』

책에는 무명無名에 대한 토론이 꽤 많이 수록되어 있는데, 무명에 대하여 논하려면 우선 '명名' 그 자체에 대한 논의가 앞서야 하기 때문이다. 그렇다고 필자는 노자라는 인물과 『노자』라는 책은 아무 상관이 없다고 주장하는 것은 아니다. 왜냐하면 『노자』라는 책 속에는 사실로 노자가 한 말이 수록되어 있을 가능성도 있기 때문이다. 그러나 필자의 주장으로는 대체적으로 그 책 속에 담긴 사상체계는 공자와 동시대 또는 전시대의 저작일 수는 없다. 이 문제는 이 장 뒤에 좀 더 자세히 논하겠다.

앞으로 필자는 현학적인 태도를 피하기 위하여 『노자』에 이러이러하게 쓰여 있다고 진술하는 대신 노자가 이러이러하게 말했다고 서술하고자 한다. 그것은 마치 우리가 태양 그 자체는 사실 뜨지도 지지도 않는다는 것을 잘 알고 있으면서도 오늘날까지 해가 뜬다, 또는 진다는 말을 사용하는 것과 마찬가지다.

도道: 무명無名

앞 장에서 우리는 명가의 철학자들이 이름(名)의 연구를 통하여 '형상을 초월한 경지(超乎形象, 形而上者)'를 찾아내는 데 성공하였다는 사실을 알았다. 그러나 대다수의 사람들은 형상 중에 있는 것(形而下者), 즉 현실세계만을 생각한다. 사물을 보고 일상인은 그것을 표현하는 데 곤란을 느끼지 않는다. 그리고 일상인은 사물에 대한 이름을 사용하고 있지만 그것은 다만 편의상 붙인 이름(名)이라는 것을 의식하지 못한다. 명가의 철학자들이 이름(名), 그 자체에 대하여 사색하기 시작하였을 때 이 사상은 커다란 진보를 의미하고 있다. 이름에 대하여 사색한다는 것은 곧 사색에 대하여 사색하는 것이기 때문이다. 그것은 고차적 수준의 사색이다.

'형상' 속에 있는 모든 사물은 이름을 가지고 있고 또 적어도 이름을 가질 가능성을 지니고 있다. 이와 같이 만물은 모두 이름을 가지고 (有名) 있다. 노자는 이 '유명'과 대조시켜 '무명無名'에 대하여 말하였다. 형상을 초월한 모든 것이 다 무명은 아니다. 예를 들면 보편자Universal 는 형상을 초월해 있지만 이름은 있다. 그러나 무명이 형상을 초월해 있는 것만은 분명하다. 도가의 도는 바로 이런 종류의 개념이다.

『노자』 제1장에 "말할 수 있는 도는 늘 그러한 도(常道)가 아니요, 이름 붙일 수 있는 이름은 늘 그러한 이름이 아니다. 무명은 천지의 시초요, 유명은 만물의 모태다."[1]라는 진술이 있고, 또 제32장에는 "도는 항상 이름이 없다. 통나무(樸) 같다. 그것을 다듬으면 이름이 있게 된다."[2]고 하였고 또 제41장에서는 "도는 숨어서 이름이 없다."[3]고 하였다.

도가의 사상에는 '유'와 '무', '유명'과 '무명'의 구분이 있다. 이 두 구분법은 사실에 있어서는 하나다. '유'와 '무'는 '유명'과 '무명'의 약칭이기 때문이다. 천지와 만물은 유명이다. 그리하여 하늘은 천天이라는 이름을 가지며 땅은 지地라는 이름을 갖는다. 각 종류의 사물들은 그 종류마다 이름을 가지고 있다. 그리하여 노자는 "일단 통나무가 커지면 이름이 생긴다(始制有名)."라고 말했다. 그러나 도는 이름 붙일 수 없는 무명이다. 뿐만 아니라 도는 모든 유명이 생기게 되는 원천이다. 이것으로 보아 노자가 "무명은 천지의 시초요, 유명은 만물의 모태다." 라고 말한 이유를 알 수 있다.

도는 이름 붙일 수 없는 것(無名)이기 때문에 말(言語)로 표현될 수 없

---

1) 道可道, 非常道. 名可名, 非常名. 無名 天地之始. 有名 萬物之母. 『老子 ; 第1章』
2) 道常無名, 樸 …… 始制有名. 『老子 ; 第32章』
3) 道隱無名. 『老子 ; 第41章』

다. 그러나 우리는 그것에 대하여 말하고 싶어하므로 억지로 거기에다 어떤 이름을 갖다 붙여서 도라고 부르는데, 이것은 정말로 어떤 이름도 아니다. 말하자면 우리가 도를 도라고 부르는 것은 한 물건으로서 책상을 책상이라 부르는 것과는 차원이 다르다. 우리가 책상을 책상이라 부를 때 그것은 이름 붙일 수 있는 어떤 속성을 가지고 있지만, 도를 도라고 부를 때 그것은 이름 붙일 수 있는 속성을 가지고 있지는 않다. 그것은 단순히 하나의 지칭(代互, Designation)일 뿐이다. 중국 철학에서 통상 쓰는 표현을 빌린다면 도는 이름이 없는 이름(無名之名)이다. 『노자』제21장에 다음과 같은 말이 있다.

> 옛날부터 지금까지 그(도의) 이름은 사라지지 않았다. 그래서 만물의 시원始原을 보았다.[4]

도는 만물이 생겨나오는 원천이다. 언제나 사물들이 존재하기 때문에 도는 결코 사라지지 않으며 도의 이름도 결코 사라지지 않는다. 그것은 모든 시초의 시초이므로 만물의 시원을 보았다는 것이다. 결코 사라질 수 없는 이름은 상명常名이다. 그러한 이름은 사실 전혀 어떠한 이름도 아니다. 그러므로 이름 붙일 수 있는 이름은 상명이 아니다(名可名, 非常名)라고 말하였다.

'무명은 천지의 시초이다(無名, 天地之始).' 이 명제는 다만 형식적인 것이지 실질적인 것은 아니다. 말하자면 그 명제는 사실의 문제에 대한 언급이 아니다. 도가들은 이 세상에 만물이 존재하므로 만물을 생성하게 하는 '그 무엇'이 틀림없이 존재한다고 생각하였다. 이 '그 무엇'을 도가들은 '도'라고 칭하였지만 사실 이름 붙일 수 있는 것이 아니다.

---

4) 自古及今, 其名不去, 以閱衆甫. 『老子 ; 第21章』

도의 개념도 역시 형식적인 것이지 실질적인 것이 아니다. 즉, 만물을 생성하게 하는 '그 무엇'에 대하여 어떠한 기술도 할 수 없다. '도'를 통하여 만물이 생겨났으므로 도를 다른 사물 중에 있는 하나의 사물로 보아서는 안 된다. 왜냐하면 도가 그러한 사물의 하나라면 도는 어떤 사물이든지 다 산출해 내는 그 무엇이 될 수 없기 때문이다. 어떤 종류의 사물이건 다 이름을 가지고 있다. 그러나 도 그 자체는 사물이 아니므로 '무명'인 통나무(樸)인 것이다.

이 세상에 생겨난 사물은 어느 것이나 다 하나의 사물(個物)이다. 이렇게 만물들이 생겨나게 되는 것은 무엇보다 우선 '유(有)'가 전제되어야 한다는 것을 의미한다. '무엇보다 우선'이라는 이 말은 시간상의 우선을 말하는 것이 아니라 논리적인 의미에서 우선을 뜻한다. 예를 들면 진화론의 경우처럼 우선 어떤 종류의 동물이 존재하고 그 다음 진화의 과정을 거쳐서 인간이 존재하였다고 말한다면, 이 경우의 '우선'이란 시간상의 '우선'을 뜻한다. 그러나 인간의 존재 이전에 우선 동물의 존재를 말하지 않으면 안 된다고 할 때의 '우선'이란 논리적인 의미에서 '우선'을 뜻한다. 『종의 기원』에 관한 진술은 사실의 문제에 관한 언어적 표현이다. 그리하여 찰스 다윈은 그런 진술을 하기 위하여 여러 해 동안 관찰과 연구를 했다. 그러나 둘째 번의 경우, 사실의 문제에 관하여 어떠한 언급도 하지 않았다. 그것은 단지 인간의 존재는 논리적으로 동물의 존재를 내포한다고 말할 뿐이다. 이와 꼭 같은 방법으로 만물의 존재는 '유'의 존재를 내포한다. 이것이 바로 노자의 "천하의 만물은 유에서 생겨났고, 유는 무에서 생겨났다."5)는 뜻이다.

노자의 이 말은 시간상 오직 '무'만이 있었던 때가 있었고 그 다음 '무'에서 '유'가 생겨난 때가 있었다는 것을 뜻하지는 않는다. 그 뜻은

---

5) 天下萬物生於有, 有生於無. 『老子 ; 第40章』

단지 우리가 사물의 존재를 분석해 보면 거기에 어떤 사물이 있기 이전에 먼저 '유'가 있어야 함을 알 수 있다. '도'는 '무명'이요, '무'다. 그리고 그것에 의하여 만물이 생겨나게 된다. 그러므로 '유'의 존재 이전에 '무'가 있어야 한다. 그래야 그것으로부터 '유'가 생겨나게 된다. 여기에 언급된 것은 우주론이 아니라 존재론에 속한다. 그것은 현실의 시공時空과는 아무런 관계도 없다. 왜냐하면 현실의 시공 속에는 '유'는 없고 단지 만물만이 있기 때문이다.

만물은 많지만 '유'는 오직 하나뿐이다. 『노자』에 "도에서 1이 생기고, 1에서 2가 생기고, 2에서 3이 생기고, 3에서 만물이 생긴다."[6]는 구절이 있다. 여기서 말하는 '1'이란 '유'를 가리킨다. '도에서 1이 생기고'라고 말한 것은 '무에서 유가 생긴다'는 말과 같다. '2', '3'에 관하여서는 많은 해석이 있다. 그러나 '1에서 2가 생기고, 2에서 3이 생기고, 3에서 만물이 생긴다.'고 한 말은 단지 '유'에서 만물이 생겨났다고 말하는 것과 마찬가지일지도 모른다. '유'는 '1'이요, 2와 3은 '많음(多)'의 시초다.

자연의 상도常道

『장자』「천하편」에 노자의 중심사상은 태일太一, 유무有無, 상常 등이라고 말하였다.

'태일'은 '도'이다. 도에서 1이 나온다. 그러므로 도 자체는 '태일'이다. '상'은 불변이다. 그리고 이 세상의 사물들은 가변적이며 변화 중에 있지만, 이 만물의 변화를 지배하는 법칙 그 자체는 불변적이다. 그

---

6) 道生一, 一生二, 二生三, 三生萬物. 『老子 ; 第42章』

러므로 『노자』에서 '상常'이란 말은 늘 불변적인 것을 나타내는 데 쓰인다. 다시 말하자면 '상'은 법칙으로 간주될 수 있다는 말이다. 예컨대 노자는 "천하를 차지하는 것도 항상(常) 무사無事로 한다."[7]고 말하고, "천도는 친애함이 없고 언제나(常) 선인善人의 편에 있다."[8]고 말하였다.

사물의 변화를 다스리는 법칙 가운데 가장 근본적인 것은 어떤 일이건 "그 일이 극단에 이르면 반드시 되돌아온다(物極必反)."는 뜻이다. 이 말은 노자가 한 말은 아니지만 일반 중국인들은 그 사상이 분명히 『노자』에서 유래된 것으로 믿고 있다. 사실 노자는 "되돌아오는 것은 도의 움직임이다(反者道之動)", "커지면 가고, 가면 멀어지고, 멀어지면 되돌아온다."[9]고 했다. 이 사상은 어떤 사물이든지 극단에 다다르면 반대로 언제나 되돌아온다는 말이다. 이것은 자연의 법칙이다.

그래서 『노자』에는 "화禍 그 곁에는 복福이 기대어 서 있고, 복 그 속에는 화가 숨어 있다."[10] 그리고 "적으면 얻게 되고, 많으면 어지러워진다."[11] "회오리바람은 아침나절도 다 불지 못하고 소나기는 하루 동안도 다 내리지 못한다."[12] "천하에서 가장 부드러운 것은 가장 굳센 것을 극복한다."[13] "모든 사물은 혹시 덜어서 이익이 되고 더하면 손해가 되는 수도 있다."[14]는 구절이 있다. 이 모든 역설적인 교훈은 우리가 자연의 근본적인 법칙을 이해한다면 결코 역설이 아니다. 이러한 법칙을 모르는 일상인에겐 이 교훈이 참으로 역설적인 말처럼 들린

7) 取天下常以無事. 『老子;第48章』
8) 天道無親, 常與善人. 『老子;第79章』
9) 大日逝, 逝日遠, 遠日反. 『老子;第25章』
10) 禍兮福之所倚, 福兮禍之所伏. 『老子;第58章』
11) 少則得, 多則惑. 『老子;第23章』
12) 飄風不終朝, 驟雨不終日. 『老子;第22章』
13) 天下之至柔, 馳騁天下之至堅. 『老子;第43章』
14) 物或損之而益, 或益之而損. 『老子;第42章』

다. 그러므로 노자는 "수준 아래 선비가 도를 들으면 크게 웃어 버린다. 그들이 웃지 않으면 도라고 할 수 없다."[15]고 말하였다.

한 사물이 그 극단에 이르면 되돌아온다고 시인한다면, 극極이란 무엇을 의미하는가? 어떤 사물이 발전하는데 어떤 절대적인 한계를 넘어서면 극에 달한다는 말인가? 『노자』에는 그러한 질문이 문제시되지도 않았을 뿐만 아니라 거기에 대한 해답도 없다. 만일 그런 것이 문제시되었더라면 노자는 어떠한 조건 아래서나 다 만물을 규정할 수 있는 절대적인 한계는 없다고 말했으리라고 생각한다.

인간의 행동에 관하여 생각하여 보자. 한 사람의 진보의 한계는 그의 주관적인 감정과 객관적인 상황에 따라 상대적이다. 예컨대 아이작 뉴턴Issac Newton은 전 우주에 비교하여 우주에 관한 자기의 지식은 바닷가에 놀고 있는 한 소년이 바다에 대하여 알고 있는 지식에 지나지 않음을 느꼈다. 이러한 감정을 가지고 있었기 때문에 뉴턴은 이미 물리학에 위대한 업적을 남겨 놓고도 자기 학문이 극에 달하려면 요원하다고 생각하였다. 그런데 만일 어떤 학생이 겨우 물리학 초보의 교과서를 다 배우고 나서 과학에 대하여 알 것은 다 알았다고 생각한다면 그의 학문은 틀림없이 더 이상 진보를 할 수 없고, 오히려 후퇴만 거듭할 것이다. 노자는 "부귀하면서 교만하면 스스로 허물을 남긴다."[16]라고 말하였다. 교만은 자기의 진보가 이미 그 극한에 달하였다는 징조이다. 이것은 우리가 제일 먼저 피하여야 할 일이다.

어떤 주어진 활동에 대한 진보의 한계는 역시 객관적인 상황에 따라 상대적이다. 우리가 음식을 너무 많이 먹으면 고통을 받는다. 과식하면 평시에 좋은 음식물도 그 몸에 해가 된다. 우리는 적당한 양의 음식만 먹어야 한다. 그러나 이 적당한 양은 그 사람의 나이와 건강과

---

15) 下士聞道, 大笑之. 不笑不足以爲道. 『老子 ; 第41章』
16) 富貴而驕, 自遺其咎. 『老子 ; 第9章』

먹는 음식의 질에 달려 있다.

이런 것들이 사물의 변화를 지배하는 법칙들이다. 노자는 그것을 '상常'이라고 불렀다. 그는 "상을 아는 것을 명明이라고 한다. …… 상을 알면 포용성이 있고, 포용성이 있으면 공평해지고, 공평하면 보편성이 있고, 보편성이 있으면 광대해지고, 광대하면 이것이 바로 도이니 도는 영구하다. 그러므로 도에 따라서 사는 사람은 종신토록 위태하지 않았다."[17]고 말했다.

인간행위

노자는 우리에게 "상을 몰라서 경거망동하는 것은 흉하다(不知常, 妄作凶)."고 경고하였다. 우리는 자연의 법칙(常)을 알아서 그것에 따라서 행위를 해야 한다. 노자는 이것을 일러 '습명襲明'이라고 하였다. 인간이 '습명'하기 위한 일반적 규칙은 다음과 같다. 만일 자기가 어떤 일을 성취하고 싶으면 그 반대되는 것부터 시작하고, 어떤 것을 보존하고 싶으면 그 안에 반대되는 요소를 인정하고, 강하게 되고 싶으면 약한 듯한 감정으로 시작하여야 하고, 우리가 자본주의 체제를 유지하고 싶으면 어느 정도의 사회주의 요소를 인정하여야 한다.

그러므로 노자는 "성인聖人은 자신을 내세우지 않기 때문에 자신이 앞서고, 자신을 제외하기 때문에 자신은 존재한다. 그것은 그에게 사심私心이 없기 때문이 아닌가? 그러므로 그는 자기의 사사로운 일을 성취할 수 있다."[18]고 말하고, 또 "성인은 스스로 나타내지 않기 때문에

---

17) 知常曰明 …… 知常容, 容乃公, 公乃周, 周乃天, 天乃道, 道乃久, 沒身不殆.『老子 ; 第16章』
18) 是以聖人後其身而身先, 外其身而身存, 非以其無私耶, 故能成其私.『老子 ; 第7章』

밝게 돋보이고, 스스로 옳다고 주장하지 않기 때문에 드러나고, 스스로 뽐내지 않기 때문에 공功이 있고, 스스로 자랑하지 않기 때문에 오래 간다. 성인은 다투지 않는다. 그러므로 천하에 그와 맞서서 겨룰 자가 없다."[19]고 말하였다. 이 말들은 "되돌아가려는 것이 도의 움직임이다." 라는 말의 첫째 요점을 밝혀 준 것들이다. 『노자』엔 다음과 같은 구절 도 있다. "크게 완성된 것은 이지러진 것 같으나 그 효용은 다함이 없 다. 크게 꽉 찬 것은 빈 것 같으나 그 작용은 끝이 없다. 크게 곧은 것 은 굽은 것 같고, 큰 슬기는 어수룩한 것 같고, 아주 훌륭한 변론은 말 더듬이처럼 들린다."[20] 또 "휘어지면 온전하고, 굽으면 곧게 되고, 움 푹 패이면 꽉 차게 되고, 낡으면 새롭게 되고, 적으면 얻게 되고, 많으 면 어지러워진다."[21] 이것은 '되돌아가려는 것이 도의 움직이다.'라는 말의 둘째 요점이다.

이런 것은 우리가 이 세상에서 안전하게 살고 자기 목적을 성취시 킬 수 있는 방법이다. 이것은 바로 인간 세상에서 어떻게 하면 삶(生) 을 보전하고 불행(禍)과 위험을 피할 수 있는가 하는 도가의 최초의 문 제에 대한 해답이요, 해결책이었다(6장 참조).

슬기롭게 사는 사람은 온순하고 겸양하고 쉽게 만족하여야 한다. 온 순하게 되는 것은 힘을 기르고 강하게 되는 길이며, 겸손은 교만의 정 반대의 길이다. 그래서 교만은 인간의 진보가 그 극한에 이르렀다는 징조인데 겸손은 그 극한이 아직도 멀었다는 정반대의 징조이다. 만족 을 하는 것은 자신을 너무 지나치게 나아가는 것을 막아 극단에 이르 지 않도록 자신을 보호하는 일이다. 그래서 노자는 "만족할 줄 알면

---

19) 聖人 …… 不自見 故明, 不自是 故彰, 不自伐 故有功, 不自矜 故長. 夫唯不爭, 故 天下莫能與之爭. 『老子 ; 第22章』
20) 大成若缺, 其用不弊. 大盈若沖, 其用不窮. 大直若屈. 大巧若拙. 大辯若訥. 『老子 ; 第45章』
21) 曲則全, 枉則直. 窪則盈, 弊則新, 少則得, 多則惑. 『老子 ; 第22章』

욕됨이 없고, 그칠 줄 알면 위태하지 않다."[22] 그리고 또 "성인은 심한 것, 과분한 것, 극대한 것을 버린다."[23]고 말하였다.

이 모든 교훈은 '되돌아오는 것은 도의 움직이다'라는 일반법칙에서 이끌어낸 말들이다. 우리가 잘 알고 있는 무위사상無爲思想도 이 일반원칙에서 나왔다. '무위無爲'는 문자 그대로 번역하면 하지 않음Having No Action 또는 함이 없음NO Action이다. 그러나 무위란 말이 정말로 완전히 행동을 정지하거나 아무것도 하지 않는다는 것을 의미하지는 않는다. 무위는 억지로 하지 않고 별로 힘들이지 않고 행위하는 것을 뜻하며, 인위적이 아닌, 인공人工의 힘을 가하지 않은 자연스런 행위를 뜻한다. 인간의 행위는 다른 사물과 마찬가지의 법칙에 따라야 한다. 즉, 우리 인간이 너무나 지나치게 활동한다면 그것은 유익하게 되기보다는 오히려 해가 된다. 우리가 어떤 일을 너무 과도하게 하면 그 결과는 너무 지나치게 되어 그 일을 전혀 하지 않느니만도 못하다. 사족蛇足이란 바로 이를 두고 한 말인데 그 이야기의 유래는 다음과 같다.

초나라의 제사를 지낸 어떤 사람이 일꾼들에게 술을 주었다. 일꾼들은 상의하였다.

"여러 명이 마시면 부족하고 한 사람이 마시면 넉넉하니 땅에다 뱀을 그려 먼저 완성한 사람이 술을 마시기로 하자."

한 사람이 먼저 그려 술그릇을 당겨 마시려고 왼손으로 그릇을 잡고 오른손으로 뱀을 그리면서 말했다.

"나는 뱀의 다리도 그릴 수 있다."

그가 그리는 도중, 다른 한 사람이 뱀을 다 그려 놓고 술그릇을

---

22) 知足不辱, 知止不殆.『老子 ; 第44章』
23) 聖人去甚, 去奢, 去泰.『老子 ; 第29章』

뺏으면서 "뱀은 본래 다리가 없다. 그대는 어떻게 뱀의 다리를 그리 겠는가?" 하고는 그 술을 마셔 버렸다. 그리하여 뱀 다리를 만들려 고 한 사람은 결국 그 술을 빼앗기고 말았다.[24]

이 이야기는 너무 지나친 행위를 하여 자기 목적을 망쳐놓은 좋은 예이다.

『노자』에 "천하를 차지하려면 항상 일거리를 만들지 않는다. 일거리 를 만들면 천하를 차지할 수 없다."[25]는 말이 있다. 인공적이고 인위적 인 행위는 자연적이며 자발적인 행위와 대립된다. 『노자』에 의하면 도 란 만물을 생성시키는 근원이다. 이 생성과정에서 각 사물은 이 근원 적인 도에서 그 무엇을 얻는다(得). 그런데 이 무엇을 덕이라고 한다. '덕'은 힘Power 또는 덕행을 뜻하기도 한다. 이와 같이 덕이란 낱말 속 에는 도덕적이며 비도덕적인 의미가 다 포괄되어 있다. 노자는 "만물 은 도와 덕을 존귀하게 여기지 않을 수 없다."[26]고 말하였는데, 그 이 유는 도에 의하여 만물이 생산되고 덕에 의하여 만물이 육성되기 때문 에 존귀하게 여긴다.

'무위'의 가르침에 의하면 인간은 필수적이고 자연적인 행위만 하라 고 한다. '필수적'이란 어떤 목적을 성취하는 데 꼭 필요한 것을 뜻하 며 '자연적'이란 어떠한 인위의 무리를 가하지 말고 자기의 덕만을 따 르는 것을 뜻한다. 이렇게 행동하려면 소박함을 우리 인생의 지도이념 으로 삼아야 한다. 소박함이란 노자와 도가의 중요한 사상의 하나이다.

---

24) 楚有祠者, 賜其舍人卮酒. 舍人相謂曰 : 數人飲之不足, 一人飲之有餘, 請畫地爲蛇. 先成者飲酒, 一人蛇先成. 引酒且飲之. 乃左手持卮 ; 右手畫蛇, 日吾能爲之足 ; 未 成一人之蛇. 成奪其卮曰 蛇固無足. 子安能爲之足. 遂飲其酒. 爲蛇足者 ; 終亡其 酒. 『戰國策 ; 齊策』
25) 取天下常以無事, 及其有事不足以取天下. 『老子 ; 第48章』
26) 是以萬物莫不尊道而貴德. 『老子 ; 第51章』

앞서 말한 바와 같이 도란 나무등치(樸) 같은 것인데 이것이야말로 소박한 것 그대로이다. 사실 무명無名의 도보다 더 소박한 것은 아무것도 없다. 덕은 그 다음으로 소박하다. 그래서 덕을 가진 사람은 될 수 있는 대로 소박하게 살려고 한다.

덕을 따르는 생활은 선악을 초월하여 있으므로 『노자』는 우리에게 다음과 같이 일러 준다.

천하의 모든 사람이 아름다움을 아름다움으로 알고 있으면 이것은 벌써 미움일 뿐이고, 천하의 모든 사람들이 선을 선으로 알고 있으면 이것은 벌써 선하지 않은 것일 뿐이다.[27]

그러므로 노자는 인의仁義와 같은 유가의 덕목을 멸시하였다. 왜냐하면 그러한 덕목은 도와 덕이 타락한 데서 생기는 현상이라고 보았기 때문이다. 그래서 노자는 "도를 잃고 나면 덕을 내세우고, 덕을 잃고 나면 인仁을 내세우고, 인을 잃고 나면 의義를 내세우고, 의를 잃고 나면 예禮를 내세운다. 대체로 예란 충실(忠)과 믿음(信)이 부족한 데서 생기는 것이요, 혼란의 첫머리이다."[28]라고 말하였다. 여기에서 우리는 도가와 유가의 상충점을 알 수 있다.

사람들은 너무나 많은 욕망과 너무나 많은 지식을 가지고 있기 때문에 오히려 자기 본래의 덕을 상실하였다. 대부분 사람들은 자기의 욕망을 만족시키려 할 때 오히려 그 반대의 결과를 초래하게 된다. 그리하여 노자는 "오색五色은 사람의 눈을 멀게 하고, 오음五音은 사람의 귀를 먹게 하고, 오미五味는 사람의 입을 버리게 하고, 승마와 수렵은

---

27) 天下皆知美之爲美, 斯惡已, 皆知善之爲善, 斯不善已. 『老子 ; 第2章』
28) 故失道而後德, 失德而後仁, 失仁而後義, 失義而後禮, 夫禮者忠信之薄而亂之首. 『老子 ; 第38章』

사람의 마음을 미치게 한다."[29]고 말하였으며 또 "화禍는 만족함을 모르는 것보다 더 큰 것이 없다."[30]고 말하였다. 이것이 바로 노자가 백성은 욕심이 없어야 한다고 강조한 이유다.

노자는 또한 백성은 지식도 가지고 있지 말아야 한다고 역설하였다. 지식은 그 자체가 하나의 욕망이다. 이것은 백성들로 하여금 욕망의 대상이 무엇인지 좀 더 많이 알게 만들어 이러한 목적들을 얻는 수단으로서 쓰이게 만든다. 지식은 욕망의 주인인 동시에 노예이다. 많이 알면 알수록 백성들은 더 이상 만족할 줄도 절제할 줄도 모른다. 그러므로 『노자』에는 "지혜가 나타난 뒤에 커다란 거짓이 생겼다."[31]고 쓰여 있다.

정치철학

노자는 위에서 말한 가르침에서 정치이론을 이끌어내었다. 이상국가는 성인이 최고 통치자 자리에 앉아 있는 국가라고 주장하는 점에서 도가와 유가의 견해는 일치한다. 오직 성인만이 천하를 다스릴 수 있고 그렇기 때문에 천하는 성인이 통치해야 한다는 것은 양 학파의 똑같은 주장이다. 그러나 유가와 도가의 차이점은 다음과 같다.

유가에 의하면 성인이 군주가 되면 그는 백성을 위하여 되도록 많은 일을 하여 업적을 크게 남겨야 한다. 그러나 도가에 의하면 성군의 임무는 인위적인 일을 하지 않는다. 좀 더 정확히 말하여 일단 해놓은 일은 도로 원상태로 돌리거나 전혀 어떤 일도 하지 않는 것이다. 노자

---

29) 五色令人目盲, 五音令人耳聾, 五味令人口爽, 馳騁畋獵, 令人心發狂. 『老子 ; 第12章』
30) 禍莫大於不知足, 咎莫大於欲得. 『老子 ; 第46章』
31) 智慧出, 有大僞. 『老子 ; 第18章』

가 이렇게 말하는 이유는 이 세계의 문제거리는 할 일이 많이 쌓인 데서 오는 것이 아니라 너무나 많은 일을 해놓았기 때문이라고 한다. 『노자』에 다음과 같은 말이 있다.

천하에 금지령이 많으면 많을수록 백성은 가난해지고, 백성이 예리한 무기를 가지고 있으면 있을수록 국가는 더욱 혼란해지고, 사람들의 기술이 발달되면 될수록 기괴한 물건이 더욱 많이 쏟아져 나오고, 법령이 밝을수록 도적이 더 많이 생긴다.[32]

성인의 첫째 임무는 바로 이 모든 것을 인위적으로 하지 않는 데 있다. 그래서 노자는 다음과 같은 말들을 하고 있다.

지혜를 끊어버리면 백성이 백 배나 이롭고, 인의를 끊어버리면 백성이 다시 효자孝慈스럽게 되고, 교묘한 이익을 끊어버리면 도적이 없게 된다.[33]

현명한 이를 높이지 않음은 백성들로 하여금 다투지 않게 하기 위함이며, 얻기 어려운 재화를 귀중히 여기지 않으면 백성들로 하여금 도적질하지 않게 하고, 욕심낼 만한 것을 보여 주지 않으면 마음이 어지럽지 않게 된다. 그러므로 성인의 정치란 그 마음을 비우고 그 배를 채우며, 그 의지를 약하게 하고, 그 뼈를 튼튼히 하여 항상 백성들로 하여금 무지무욕無知無慾하게 만든다.[34]

---

[32] 天下多忌諱而民自彌貧, 民多利器, 國家滋昏, 人多伎巧, 奇物滋起, 法令滋彰, 盜賊多有. 『老子 ; 第57章』

[33] 絕聖棄智, 民利百倍, 絕仁棄義, 民復慈孝. 絕巧棄利, 盜賊無有. 『老子 ; 第19章』

[34] 不尚賢, 使民不爭. 不貴難得之貨, 使民不爲盜. 不見可欲, 使民心不亂. 是以聖人之治, 虛其心, 實其腹, 弱其志, 強其骨, 常使民無知無欲. 『老子 ; 第3章』

성군은 천하의 모든 번잡한 문제의 원인을 규명한 연후에 무위로 다스린다. 무위로 다스리면 아무것도 하지 아니하여도 안 되는 일이 없다. 그래서 노자는 다음과 같은 말을 하였다.

내가 무위하니 백성들이 저절로 감화되고, 내가 고요함을 좋아하니 백성들이 저절로 바르게 되고, 내가 아무 일도 하지 않으니 백성들이 부유해지고, 내가 무욕하니 백성들이 저절로 순박해진다.[35]

"아무것도 하지 아니해도 안 되는 일이 없다(無爲而無不爲)." 이 말은 표면상 역설적인 것 같으면서도 도가사상의 정수를 말해 주고 있다.
『노자』에 "도는 항상 아무 일도 하는 것이 없으면서도 하지 않는 것이 없다."[36]라고 쓰여 있다.

도에 의하여 만물이 생성되지만 도 자체는 사물이 아니므로 사물이 작용하는 것같이 작용할 수는 없다. 그렇지만 만물이 그것으로부터 생성되어 나온다. 그리하여 도는 아무것도 하지 않으면서도 하지 않는 것이 없다. 도는 각 사물이 제가끔 자기의 일을 하도록 내버려 둔다. 이와 같이 한 국가의 통치자는 도를 본받아 통치자 자신은 아무것도 하지 않고 백성들 자신이 할 수 있는 일은 백성들이 스스로 하도록 내버려 두어야 한다는 것이 도가의 정치철학이며 여기에서 우리는 무위의 또 다른 의미를 포착할 수 있다. 이 사상은 뒤에 다소 수정을 거쳐 법가의 중요한 이론이 되었다.

어린이에겐 지식도 없고 욕심도 없다. 어린이는 본래의 덕을 거의 순수하게 지니고 있다. 어린이들의 소박함과 순진함은 모든 사람이 될 수 있는 대로 간직하고 본받아야 할 특질이다. 그래서 노자는 말한다.

---

35) 我無爲而民自化, 我好靜而民自正, 我無事而民自富, 我無欲而民自樸.『老子;第57章』
36) 道常無爲而無不爲.『老子;第37章』

상덕常德이 몸에서 떠나지 않아, 다시 갓난아기 상태로 되돌아
간다.[37)

덕을 후하게 지니고 있는 사람은 갓난아기에 비교할 수 있다.[38)

어린이의 생활이 이상적인 생활에 보다 가깝기 때문에 성군은 모든
백성이 조그만 어린이처럼 되기를 바란다. 그래서 노자는 "성인은 모
든 이를 어린이같이 다룬다(聖人皆孩之)."고 말했다.

성인은 "백성을 현명하게 하지 않고 도리어 어리석게 한다."[39)고 했다.
'어리석다'는 말은 소박하다 또는 순진하다는 의미를 갖고 있다. 성인
은 백성들이 어리석게 되기를 원할 뿐만 아니라 자기 자신도 그렇게
되기를 원한다. 그래서 노자는 "나는 어리석은 사람의 마음 같구나."[40)
고 말하였다.

도가에서 말하는 어리석음(愚)은 결코 악이 아니라 커다란 덕이다.
그러나 성인의 어리석음이 정말로 어린이의 어리석음이나 일상인의 어
리석음과 꼭 같을까? 그런 것이 아니다. 성인의 어리석음은 오랜 수양
과정을 통하여 온 결과이므로 그 어리석음은 지식보다 더 고차적이다.
중국의 속담에 "커다란 지혜는 어리석은 것 같다(大智若愚)."는 말이 있
다. 성인의 어리석음은 이와 같이 커다란 지혜이지 결코 어린이의 어
리석음이나 일상인의 어리석음은 아니다. 후자의 어리석음은 자연이
부여한 것이지만 성인의 어리석음은 정신수양의 결정체이다. 그러므로
양자의 차이는 엄청나게 크다. 그러나 도가들은 양자를 혼동한 듯한
경우가 많이 있다. 우리는 장자의 철학을 논할 때 이 점을 보다 분명
하게 알 수 있다.

---

37) 常德不離, 復歸於嬰兒. 『老子 ; 第28章』
38) 含德之厚, 比於赤子. 『老子 ; 第55章』
39) 非以明民, 將以愚哉. 『老子 ; 第65章』
40) 我愚人之心也哉. 『老子 ; 第49章』

제 10 장

장자 莊子 : 도가의 제 3 단계

장자(B.C. 369~286년)는 아마도 선진도가先秦道家 중에서 가장 위대한 인물이었던 것 같다. 『사기』의 소개를 인용해 보자.

장자란 사람은 몽인蒙人으로 이름은 주周라고 불렀고, 그는 몽의 칠원리漆園吏 노릇을 한 적도 있으며 양혜왕梁惠王과 제선왕齊宣王과의 동시대인이다. 그의 학문은 살피지 않은 것이 없을 정도로 박학다식하였다. 그러나 그 기본사상은 노자의 설에 귀속되어 있다. 그 저서는 10만 여 권이나 되었는데, 대체로 우화寓話를 많이 썼다.[1]

몽나라는 현 산동성과 하남성 사이에 있는 조그만 나라인데 장자는 여기서 은둔생활을 하였으나 그의 사상은 널리 소문이 나 있었다. 초나라 위왕威王이 장주가 현명하다는 소문을 듣고선 사자를 시켜 후한 재물로 그를 맞을 터이니 재상이 되어 줄 것을 허락해 달라는 뜻을 전하였다. 장주는 웃으면서 사자에게 답했다. "천금은 거액이요, 재상은 존귀한 자리입니다. 그러나 당신만 오직 제사 때 희생으로 잡는 소를 보지 못했던가요? 몇 해 동안 잘 먹이다가 수놓은 비단 옷을 입혀 태묘太廟에 들여보냅니다. 그때야 비로소 홀로 자유를 즐기는 돼지가 되고 싶지만 어찌 마음대로 되던가요? 그대는 지체 말고 빨리 돌아가 이 이상 나를 모독하지 마시오. 나는 차라리 이 더러운 도랑에서 놀면서 자유를 즐길지언정 위정자의 굴레에 매어 있기는 싫습니다."[2]

---

1) 莊子者, 蒙人也, 名周. 周嘗爲蒙漆園吏. 與梁惠王齊宣王同時. 其學無所不窺, 然其 要本歸於老子之言. 其著書十餘萬言, 大抵率寓言也. 『史記 ; 卷63 老莊申韓列傳』
2) 楚威王聞莊周賢, 使使厚幣迎之, 許以爲相. 莊周笑謂楚使者曰 : 千金重利, 卿相尊位 也. 子獨不見郊祭之犧牛乎? 養食之數歲, 衣以文繡, 以入太廟 : 當是之時, 雖欲爲孤

장자莊子라는 인물과 『장자莊子』라는 책

장자는 맹자와 같은 시대였고 혜시의 친구였으나 오늘날 판본의 『장자』는 아마도 3세기(위진시대)의 주석가인 곽상郭象이 편집한 것 같다. 그래서 『장자』의 어느 편을 장자 자신이 정말 썼는지 확실하지 않다. 사실 『장자』는 도가의 여러 글을 모은 것이다. 그 중 어떤 것은 제1단계 도가사상을, 어떤 것은 제2단계의 것을, 어떤 것은 제3단계의 것을 나타내었다. 이 최후의 제3단계의 것을 장자 자신의 철학이라 할 수 있으나 그것조차 장자 자신이 쓴 것이 아니다. 왜냐하면 장자라는 이름은 원시도가의 제3단계를 대표하지만 그 사상체계를 완성한 것은 그의 제자들이었기 때문이다. 예컨대 『장자』의 어떤 편들은 장자보다 뒤의 인물인 공손룡에 관한 언급이 들어 있다.

상대적 행복을 얻는 길

『장자』「소요유편逍遙遊篇」은 재미있는 우화로 가득 찬 단문인데, 그 기본사상은 행복을 달성하는 데 여러 가지 차원이 있음을 설명하고 있다. 우리의 타고난 본성을 자유롭게 구김살 없이 펼쳐 감으로써 우리는 상대적인 행복을 얻을 수 있다. 반면 절대적인 행복을 얻으려면 사물의 본성을 좀 더 깊이 통찰해야 한다.

첫 번째 요구, 즉 우리의 타고난 본성을 구김살 없이 펼쳐가기 위해서는 우선 자기의 타고난 능력을 충분히 또 자유로이 발휘해야만 한다. 우리의 타고난 능력이 바로 '덕'이요, 이것은 직접 '도'에서 말미암

豚, 豈可得乎? 子亟去, 無汚我. 我寧游戲汚瀆之中自快, 無爲有國者所羈. 『史記 ; 卷 63 老莊申韓列傳』

은 것이다. '도'와 '덕'에 대한 사상은 노자나 장자나 다름이 없다. 『장자』「천지편天地篇」에 다음과 같은 말이 있다.

태초에 무無만 있었으면 유有도 없었고 명名도 없었는데 '하나'가 거기에서 나왔다. '하나'가 있기는 했으나 아직 형체가 없었다. 만물이 (그 무엇을) 얻음으로써 생겨났는데 (우리는) 그것을 일러 '덕'이라고 한다.3)

우리가 바로 실재대로의 우리인 것도 우리에게 주어진 덕으로써이다(만물이 생겨난다는 것은 덕을 얻음으로써이다). 바로 이 덕, 즉 우리의 타고난 능력이 충분히 그리고 자유로이 발휘되었을 때 우리는 행복하게 된다. 우리 본성의 자유로운 계발에 관련시켜 장자는 천天(자연적인 것)과 인人(인위적인 것)을 대비하였다.

자연적인 것(天)은 안에 있고 인위적인 것(人)은 밖에 있다. 그러면 무엇을 자연적이라 하고 무엇을 인위적인 것이라 하는가? 소와 말은 네 다리를 가지고 있다. 이것이 자연적이며, 말머리에 멍에를 얹고 소의 코에 고삐를 꿰는 것은 인위적이다.4)

만물은 제각기 다른 본성을 가지고 있으며 그 타고난 능력도 서로 다르다. 그러나 각자가 자기의 타고난 능력을 충분히 또 자유롭게 발휘하였을 때 모든 만물은 균등하게 다 행복하다는 것은 공통점이다. 「소요유편」에 언급된 큰 새(9만 리 상공을 나는 大鵬)와 작은 새(蜩鳩, 쓰르라

---

3) 泰初有無, 無有無名, 一之所起, 有一而未形. 物得以生謂之德. 『莊子 ; 天地』
4) 天在內, 人在外, …… 何謂天? 何謂人? …… 曰 : 牛馬四足, 是謂天 ; 落馬首, 穿牛鼻, 是謂人. 『莊子 : 秋水』

미와 산비둘기)는 서로 그 능력이 전혀 다르다. 대붕은 수만 리를 날아갈 수 있는데 작은 새는 나뭇가지 사이를 가까스로 날 수 있을 뿐이다. 그러나 양자는 자기가 할 수 있고 하기 좋아하는 일을 할 때는 둘 다 행복하다. 그러므로 만물의 본성 속에는 절대적인 획일성도 없고 또 그러한 획일성을 필요로 하지도 않는다.

그러므로 "오리 다리가 비록 짧지만 이어 주면 걱정거리가 되고, 학의 다리가 비록 길지만 끊으면 슬픈 일이다. 그러므로 본성이 긴 것은 잘라서 안 되고, 본성이 짧은 것은 이어서는 안 된다."[5]

정치, 사회철학

고통과 비극이 생기는 이유는 우리가 인위적으로, 또 억지로 그 무엇을 하려고 했기 때문이다. 모든 법, 도덕, 제도, 정부의 의도는 획일적인 기준을 세워 차이를 없애려고 한다. 이 획일을 관철시키려는 사람의 동기 그 자체는 좋을는지 모른다. 그들은 자기들에게 어떤 좋은 것이 발견되면 다른 사람도 그것을 가졌으면 좋겠다고 바랄 수도 있다. 그러나 그들의 이러한 좋은 의도가 상황을 비극으로 만들 뿐이었다.

옛날, 갈매기가 노나라 교외에 내려앉았다. 노나라 후작은 그를 수레에 태워 묘당에 모시고 가서 연회를 베풀었다. 구소九韶(순임금이 지은 음악)를 연주하여 즐겁게 하고 태뢰太牢(소, 양, 돼지의 세 가지 희생을 갖춘 제사 또는 음식)의 요리를 갖추어 올렸으나 그 새는 눈이 부셔 아찔하고 애만 쓸 뿐, 감히 고기 한 점 먹지 못하고 또 술 한 잔 들

---

5) 是故鳧脛雖短, 續之則憂 ; 鶴脛雖長, 斷之則悲. 故性長非所斷, 性短非所續. 『莊子 ; 騈拇』

지 못하고 사흘 만에 죽어 버렸다. 이런 처사는 자기를 보양하는 식으로 한 것이지 새를 기르는 식으로 한 것이 아니다. 물고기는 물속에 있어야 살지만 사람은 물속에 있으면 죽는다. 그러므로 습관이 다르면 반드시 그 좋아하고 싫어하는 것이 다르다. 그래서 옛 성인들은 그 재능을 획일화시키지 않았고, 그 일을 똑같게 시키지 않았다.[6]

노나라 후작은 자기가 생각하기로는 가장 정중하게 그 새(海鳥)를 대접했는데 이것은 분명히 좋은 의도를 가지고 그렇게 한 것이었지만 그 결과는 그가 예상했던 것과는 정반대로 되고 말았다. 이것이 바로 획일적인 법전이나 도덕을 가지고 정치나 사회가 개인에게 그것을 강요하였을 때 생기는 비극이다.

이것을 보면 왜 장자가 형식적이고 기계적인 행정을 통하여 다스리려는 위정자의 생각을 열렬히 통박하였는지 그 이유를 알 수 있다. 장자는 그 대안으로서 '최선의 통치는 무통치無統治'라는 사상을 주장하였다. 장자는 말하였다.

천하를 있는 그대로 보존하여 너그러이 놓아 준다는 말은 들었어도 천하를 다스린다는 말은 듣지 못하였다. 있는 그대로를 보존하는 것은 천하의 백성이 그 본성을 음란시킬까 두려워해서이며, 관대하게 놓아두는 것은 천하의 백성이 그 상덕常德을 바꿀까 두려워하기 때문이다. 이제 천하 백성이 그 본성을 음란시키지 않고, 또 그 상

---

6) 昔者海鳥止於魯郊, 魯侯御而觴之于廟, 奏九韶以爲樂, 具太牢以爲善. 鳥乃眩視憂悲, 不敢食一臠, 不敢飮一杯, 三日而死. 此以己養養鳥也, 非以鳥養養鳥也. …… 魚處水而生, 人處水而死, 彼必相與異, 其好惡故異也, 故先聖不一其能, 不同其事. 『莊子；至樂』

덕을 바꾸지도 않는데 그래도 천하를 다스리는 자가 있어야 할까?[7]

　만일 백성을 현재 있는 그대로 너그러이 놓아두지 않고 그 대신 법률이라든가 제도 등으로 백성을 다스리려 한다면 그 과정은 마치 말의 목에 멍에를 얹고 소의 코에 고삐를 꿰는 것과 같고, 또 그것은 마치 오리의 다리를 늘리고 학의 다리를 줄이려고 하는 처사나 마찬가지다. 자연적이며 자발적인 행위를 어떠한 인공적인 것으로 바꾸는 것을 장자는 "인위로 자연(天)을 파멸시키는 일이며 고의로 생명을 파멸시키는 일이다."[8]라고 말했다. 그 결과는 비참과 불행을 초래할 뿐이다. 그리하여 장자도 노자처럼 '무통치의 통치'를 제창하였지만 노자와는 약간 달랐다. 노자는 "되돌아오는 것은 도의 움직임이다(反者道之動)."라는 자연법칙을 강조하여, 우리가 통치하면 할수록 그 결과는 자기가 바라는 정반대의 수확을 얻는다고 주장하였다. 반면에 장자는 자연(天)과 인위(人)를 구분하여 후자(人)가 전자(天)를 압도하면 할수록 비참과 불행만 초래한다고 강조하였다.
　이제까지 우리는 장자의 상대적 행복을 얻는 방법을 살펴보았다. 그러한 상대적 행복은 자기 자신의 타고난 본성을 따르기만 하면 얻어진다. 이것은 모든 사람이 다 실천할 수 있는 일이다. 장자의 정치, 사회철학은 바로 모든 사람을 위한 그러한 상대적 행복을 달성하는 데 목표를 두었다. 어떠한 정치, 사회철학이나 모두 그것을 실천하기를 바라는 것이 가장 최선의 목표요, 또 그 이상의 목표를 설정하지도 않았다.

---

7) 聞在宥天下, 不聞治天下也. 在之也者, 恐天下之淫其性也. 宥之也者, 恐天下之遷其德也. 天下不淫其性, 不遷其德, 有治天下者哉!『莊子 ; 在宥』
8) 以人滅天, 以故滅命.『莊子 ; 秋水』

정감(情)과 이치(理)

상대적 행복은 자기 이외의 다른 것에 의존해야 하기 때문에 오히려 상대적이다. 우리가 자기의 타고난 능력을 충분하고도 자유롭게 발휘하였을 때 행복하다는 것은 사실이다. 그러나 그 능력의 발휘는 여러 가지 면에서 방해를 받는다. 예컨대 모든 인간 활동을 종식시키는 죽음이 있고 인간 활동을 저해하는 질병이 있으며 인간에게 괴로움을 주는 늙음이 있다. 불가佛家는 생生 그 자체를 더하여 생로병사를 일러 사고四苦라고 하였다. 그러므로 자기의 타고난 능력을 충분히 또 자유롭게 발휘하는 데 근거를 둔 행복은 이와 같이 제한되어 있기 때문에 상대적 행복이다.

『장자』에는 인간이 당한 가장 큰 재난에 대한 토론이 많이 실려 있다. 인간의 불행에서 가장 근원적인 밑바탕에는 죽음에 대한 공포와 죽음이 닥쳐올 것에 대한 불안이 있다. 그러한 공포와 불안은 사물의 본성에 대한 깊은 통찰만 하면 감소되어질 수도 있다. 『장자』에 다음과 같은 이야기가 있다.

　　노자가 운명하자 진실秦失이 조문弔問을 가서 세 마디를 호곡號哭하고 나와 버렸다. 제자들은 "당신은 선생님의 친구가 아니십니까?"라고 묻자, "친구입니다.", "그러면 이렇게 조문을 해서 되겠습니까?", "그렇습니다. 처음에 나는 그가 사람인 줄로 여겼더니 이제 보니 그렇지 않습니다."9)
　　또 진실은 다른 조객들이 호곡을 심하게 하는 것을 비판하였다. "이것은 자연(天)의 이치를 어기고 인정을 배가하는 것이며 또 자연

---

9) 老聃死, 秦失弔之, 三號而出. 弟子曰：非夫子之友邪？曰：然. 然則弔焉若此, 可乎？曰：然. 始也吾以爲其人也, 而今非也. …… 『莊子；養生主』

(天)에서 받은 것을 망각했다. 옛날 사람은 이것이 천성을 위반한 형벌이라고 하였다. 선생님께서 오신 것은 그가 태어날 때가 되어서 왔으며, 선생님께서 가신 것은 자연의 이치에 따라서 갔다. 때를 만나서 안정하고 변을 당해서 순종하면 슬픔과 즐거움이 마음속(內心)에 들어가 방해할 수 없다. 옛날 사람은 이것을 일러 현해懸解라고 했다."10)

조객들이 슬픔을 느끼는 만큼 그들은 고통을 받는다. 그들의 고통은 '자연의 이치를 어긴 형벌(遁天之刑)'이었다. 정감(情)으로 인하여 당하는 정신적인 고통은 어떠한 육체적인 고문보다 가혹한 것이다. 그러나 인간은 이치(理)로써 정감을 완화시킬 수 있으니, 예를 들면 어른의 경우 비가 내려서 자기의 외출을 방해하였을 때 화를 내지 않지만 어린아이는 아마 곧잘 화를 낼 것이다. 그 이유는 어른이 좀 더 넓은 이해력을 가지고 있기 때문에 결과적으로 화를 잘 내는 어린이보다 실망을 덜 할 수 있다.

스피노자에 의하면 "모든 사물의 필연성을 이해하는 한, 우리의 마음은 그 사물의 영향력을 초월한 더 큰 힘을 가졌거나 그 영향력으로부터 덜 괴로움을 당한다."11)

이것을 도가의 말로 표현하면 이치로 정감을 순화(以理化情)시키는 일이다.

장자 자신에 관한 이야기가 이러한 관점을 잘 설명해 준다. 장자는 아내가 죽었을 때 두 다리를 쭉 뻗고 앉아서 술동이를 두드리며 노래를 불렀다. 그의 친구 혜시가 조문을 가서 그 광경을 보고는 "이건 너

---

10) 是遁天倍情, 忘其所受, 古者謂之遁天之刑. 適來, 夫子時也 ; 適去, 夫子順也. 安時而處順, 哀樂不能入也, 古者謂是帝之縣解. 『莊子 ; 養生主』
11) Spinoza, 『윤리학』 제5부 명제 6에서 인용. (原註)

무하지 않는가."라고 말하자 장자는 대답했다.

그렇지 않다. 그가 방금 세상을 떠났을 때엔 '나'라고 어찌 슬퍼하지 않았겠는가? 그러나 시초를 살펴보니 본래 생명이 없었다. 생명이 없었을 뿐만 아니라 형상조차 없었다. 비단 형상이 없었을 뿐만 아니라 본래 기질도 없었다. 황홀한 가운데 뒤섞이어 변화하는 도중 기질이 생기고 기질이 생긴 다음 형상이 생기고, 형상이 차차 변하여 생명이 있게 되고 이제 또 차례로 변하여 사망하였다. 이것은 춘하추동 사계와 똑같이 운행하는 일이다. 내 아내는 우주를 거실로 삼아서 평안히 누워서 잠자고 있는데 내가 엉엉 큰 소리를 내어 호곡을 한다면 내 스스로 운명을 통달하지 못한 것같이 생각되었기 때문에 (울음을) 그쳤다.[12]

이 문구에 대하여 곽상郭象은 다음과 같이 주석을 달았다.

알지 못했을 땐 슬펐지만 이미 달관하고 나서 그쳐 버렸다. 이것은 바로 정에 쏠린 사람을 깨우쳐 지극한 이치를 미루어 보게 함으로써 감정에 얽매임을 풀어 주게 한 것이다.[13]

감정은 이성과 오성으로 중화시킬 수 있다. 바로 이것이 스피노자의 견해였으며 또한 도가의 견해이기도 하다. 사물의 본성을 완전히 달관한 성인은 이와 같은 태도를 가졌기 때문에 정이 없다고 도가들은 주

---

12) 不然是其始死也, 我獨何能無概然! 察其始 而本無生, 非徒無生也. 而本無形, 非徒無形也而本無氣, 雜乎芒芴之間, 變而有氣, 氣變而有形, 形變而有生, 今又變而之死, 是相與爲春秋冬夏四時行也. 人且偃然寢於巨室, 而我噭噭然隨而哭之, 自以爲不通乎命, 故止也. 『莊子；至樂』
13) 未明而概, 已達而止, 斯所以誨有情者, 將令推至理以遣累也. 『莊子；至樂』

장한다. 그러나 성인이 목석같이 전혀 무감각하다는 것을 뜻하지 않는다. 차라리 성인은 감정에 의하여 방해를 받지 않고 '마음의 평정'을 누린다는 것을 뜻한다고 하겠다. 스피노자는 다음과 같이 말하였다.

무지한 사람은 여러 가지 면에서 외적인 요인에 선동되어 진정한 마음의 평화를 누리지 못하고 하느님(神)도 사물도 모른 채 무지하게 살아간다. 그러므로 목숨이 끊어져야만 비로소 세상의 고통을 잊게 된다. 그러나 성인은 마음의 동요가 없고 자기, 하느님(神), 사물에 대한 필연적인 영원의 상(相)을 의식하고 있으므로 그는 결코 죽지 않으며 언제나 마음의 평정을 누리고 있다.[14]

그리하여 성인은 사물의 본성을 달관함으로써 결코 외계에 대한 흥망성쇠의 영향을 받지 않는다. 그렇기 때문에 성인은 외물에 의존치 않고 따라서 그의 행복도 외물의 제한을 받지 않는다. 성인은 절대적인 행복을 얻었다고 해도 과언이 아니다. 이것이 도가사상의 한 노선이며, 이 사상 속에는 체념이나 비관적인 분위기가 조금도 들어 있지 않다. 여기서는 자연변천의 불가피성과 이 자연변천에 대한 인간의 숙명적인 앎을 강조했다.

절대적 행복을 달성하는 길

도가사상에는 사물의 본성이 상대성과 천일합일天—合—을 강조하는 또 하나의 다른 노선이 있다. 이 천일합일의 경계에 이르기 위하여 우

---

14) Spinoza, 『윤리학』 제15장 XLII에서 인용. (原註)

리는 좀 더 고차적 지혜가 요구된다. 그리고 이러한 합일로 인한 행복이야말로 절대적인 행복이다. 이 경계는 『장자』의 「소요유편」에 소상히 설명되어 있는데 여기서 장자는 대붕과 작은 새의 행복을 기술한 다음 인간 중에서 바람을 타고 다닐 수 있는 열자列子라는 인물에 대하여 다음과 같이 부언하였다.

그는 복을 구하는 일에 대하여 급급하지 아니하였다. 이와 같이 그가 비록 걸어다니는 수고를 면할 수 있었을지라도 결국 무엇엔가 의존해야만 했다.[15]

그 무엇이 바로 바람(風)이었다. 그는 바람에 의존해야 하기 때문에 그의 행복은 그만큼 상대적이었다. 그러므로 장자는 다음과 같은 질문을 하였다.

만일 천지의 참된 정신을 타고 육기六氣의 변화를 부리며 무궁한 우주에서 노니는 자라면 또한 무엇에 의존함이 있겠는가? 그러므로 지인至人은 자기가 없고, 신인神人은 공덕이 없으며, 성인聖人은 이름이 없다.[16]

여기에서 말한 지인, 신인, 성인은 바로 절대적인 행복을 달성한 사람이다. 그는 세상일의 잡다한 구분을 초월했을 뿐만 아니라 자기와 세계, 나와 내가 아닌 것의 구분도 초월하였기 때문에 절대적으로 행복하다. 또 그는 도와 합일되었기 때문에 자기가 없다(無己). '도'는 '아

---

15) 彼於致福者, 未數數然也. 此雖免乎行, 猶有所待者也. 『莊子 ; 逍遙遊』
16) 若夫乘天地之正, 而御六氣之辯, 以遊無窮者, 彼且惡乎待哉! 故曰 : 至人無己, 神人無功, 聖人無名. 『莊子 ; 逍遙遊』

무엇도 하지 않으면서도 하지 못하는 일이 없다(無爲而無不爲).' 즉, 도는 아무것도 하지 않기 때문에 또한 공적이 없고, 성인은 도와 합일되었기 때문에 역시 공적이 없다(無功). 성인은 천하를 다스릴 수도 있다. 그러나 그의 다스림은 백성을 그대로 있게 두고 자기의 타고난 능력을 충분하고도 자유롭게 발휘할 수 있도록 한다. 도는 이름이 없기 때문에 도와 하나가 된 성인도 이름이 없다(無名).

유한한 관점

그런데 어떻게 지인至人이 될 수 있을까? 하는 문제가 남아 있다. 이에 대한 해답을 하기 위하여 『장자』「제물론齊物論」을 살펴보자. 「소요유」에서 장자는 두 가지 단계의 행복에 대하여 논하였다. 그런데 「제물론」에서는 두 가지 단계의 지식을 논하였다. 우리의 분석은 제1단계, 즉 비교적 낮은 단계로부터 시작한다. 명가를 강의하는 데서 혜시와 장자는 어떤 것이 서로 비슷하다고 말하였다. 「제물론」에서 장자가 토론한 비교적 낮은 단계의 지식은 바로 혜시의 '10사' 중의 지식과 비슷하다. 「제물론」은 바람을 서술하는 것으로 시작된다. 바람이 불 때 여러 가지 소리가 나는데 각 소리마다 그 특성을 지니고 있다. 이 소리들을 '지뢰地籟'라고 불렀으며 그 밖에 '인뢰人籟'가 있으며 '지뢰'와 '인뢰'가 합하여 '천뢰天籟'를 구성하고 있다.

'인뢰'는 인간세상에서 쓰는 말言로 되어 있다. 이 말들은 바람 때문에 생긴 '지뢰'와는 다르며, 그 말들은 인간의 사상을 나타내고 있다. 이 말들은 긍정과 부정을 나타낼 뿐만 아니라 각 개인의 특정하고 유일한 관점으로부터 생긴 견해를 나타내기도 한다. 사실 이와 같은 견해들은 유한하기 때문에 필연적으로 일방적일 수밖에 없다. 그러나 대부분의 사람들은 자기들의 견해가 일정한 관점에 근거해 있다는 것을 깨닫지 못하므로 항상 자기의 견해는 옳고 남의 것은 그르다고 생각한다. "그러므로 유가와 묵가의 시비가 생겼으며, 때문에―서로―그르다는 것을 옳다고 하고 옳다는 것을 그르다고 한다."[17]

우리가 자기 자신의 일방적인 관점에 따라서 논쟁할 때에는 어느 쪽도 궁극적인 결론에 도달할 길이 없으며, 또한 어느 쪽이 정말로 옳고 그른지 결정할 방도도 없다. 「제물론」은 말한다.

만일 나와 그대가 변론을 한다고 하자. 그대가 나를 이기고 내가 진다면 그대가 과연 옳고 내가 과연 그른가? 내가 그대를 이기고 그대가 진다면, 내가 과연 옳고 그대가 과연 그른가? 우리 둘 중에 한 사람은 옳고 한 사람은 그른가? 그렇지 않으면 우리 둘 다 옳거나 모두 다 그른가? 나도 그대를 알 수 없고 그대도 나를 알 수 없다. 사람들은 그 무엇에 가리워 알지 못하는데 우리는 누구에게 시비를 가려 달라고 하겠는가? 만일 그대와 의견이 같은 이에게 가려 달라고 한다면 이미 그대하고 같은데 어떻게―공정하게―가릴 수 있을까? 또 설령 나와 의견이 같은 이에게 가려 달라고 한다면 이미 의견이 나와 같은데 또 어떻게 공정하게 가릴 수 있을까? 나도 그대도 아닌 다른 이에게 가려 달라고 한다면 이미 나와도 다르고 그대와도 다른데 어떻게 가릴 수 있겠는가? 만일 나와도 의견이 같고 그대와도 같은 이에게 가리라고 한다면 이미 나와도 같고 그대와도 같은데 어떻게 공정하게 가릴 수 있겠는가? 그렇다면 나도 그대도 남도 할 것 없이 모두 다 서로―누가 옳고 누가 그른지―알 수 없다. 또 그 누구에게 가려 달라고 하겠는가.[18]

---

17) 故有儒墨之是非, 以是其所非而非其所是. 『莊子 ; 齊物論』
18) 旣使我與若辯矣, 若勝我, 我不若勝, 若果是也, 我果非也邪? 我勝若, 若不吾勝, 我

이 문장은 명가식의 논증방식을 계승한 흔적이 남아 있다. 명가들은 일상인의 통념을 반박하기 위하여 펴나간 반면에 「제물론」의 증명 목적은 명가의 문하생들을 반박하기 위한 것이었다. 명가들은 변론을 통하여 정말 옳고(是) 그른 것(非)을 판별해 낼 수 있다고 믿었기 때문에 장주는 이러한 시비의 개념은 각 사람의 유한한 관점에 근거하여 이루어졌기 때문에 모든 관점은 상대적일 수밖에 없다고 여겼다. 「제물론」에서 말하였다.

생명이 있는 곳에 바로 죽음이 있고, 곧 죽음이 있는 곳에 바로 생명이 있다. 가능한 곳에 바로 불가능이 있고, 곧 불가능한 곳에 바로 가능이 있다. 그 무엇 때문에 옳기도 하고 그르기도 하며, 그 무엇 때문에 그르기도 하며 옳기도 하다.[19]

만물은 언제나 변하기 마련이다. 또 사물마다 여러 국면을 가지고 있다. 그러므로 동일한 사물을 놓고 여러 가지 해석을 할 수 있다. 일단 이런 주장을 받아들인다면 우리는 좀 더 고차적인 입장에 서게 되고 또 무엇이 옳고 그른가에 대하여 판단할 필요조차 없게 된다. 변론은 스스로 밝혀지기 마련인 까닭이다.

果是也, 而果非也邪? 其或是也, 其或非也邪? 其俱是也, 其俱非也邪? 我與若不能相知也, 則人固受其黮闇, 吾誰使正之? 使同乎若者正之? 旣與若同矣, 惡能正之! 使同乎我者正之? 旣同乎我矣, 惡能正之! 使異乎我與若者正之? 旣異乎我與若矣, 惡能正之! 使同乎我與若者正之? 旣同乎我與若矣, 惡能正之! 然則我與若與人俱不能相知也, 而待彼也邪? 『莊子 ; 齊物論』

19) 方生方死, 方死方生 ; 方可方不可, 方不可方可 ; 因是因非, 因非因是. 『莊子 ; 齊物論』

고차적인 관점

이러한 전제를 받아들인다는 것은 고차적인 관점으로부터 사물을 보는 것이요, 「제물론」에서 말한 바와 같이 사물을 천天(자연의 이치)에 비추어 보는 것(照之於天)이다. '사물을 자연에 비추어 보는 것'이란 유한을 초월한 관점(도의 관점)에서 사물을 본다는 뜻이다. 「제물론」은 다음과 같이 말한다.

이것도 저것이며 저것도 이것이다. 저것은 저것의 시비가 있고 이 것은 이것의 시비가 있다. 과연 이것과 저것의 구별이 있는가? 그렇지 않으면 이것과 저것의 구별은 없는가? 이것과 저것의 상호대립을 없애는 것을 '도추道樞'라고 한다. '도추'를 얻는 것은 마치 원의 중심을 붙잡는 것과 같아서 무궁한 변화에 대응할 수 있다. 옳음(是)의 변화는 무궁하고 그름(非)의 변화도 역시 무궁하다.[20]

다시 말하면 저것(彼)과 이것(是)은 시비가 서로 상대되기 때문에 끝없이 돌고 있는 원과 같다. 그러나 도의 관점에서 사물을 보는 사람은 마치 원의 중심에 있는 것 같아서 원운동에서 진행되고 있는 일을 다 이해하고 있지만 자신이 이 운동에 참가하지는 않는다. 그것은 그의 무위無爲 때문이 아니라 유한을 초월한 고차적인 관점에서 사물을 보기 때문이다. 『장자』에 유한한 관점을 '우물 안 개구리'에 비유한 구절이 있다. 우물 안 개구리는 조그만 하늘만을 보고 그 하늘이 크다고 생각한다. 그러나 도의 관점에서 보면 만물을 있는 그대로 다 볼 수

---

20) 是亦彼也, 彼亦是也. 彼亦一是非, 此亦一是非. 果且有彼是乎哉? 果且無彼是乎哉? 彼是莫得其偶, 謂之道樞. 樞始得其環中. 以應無窮. 是亦一無窮, 非亦一無窮也. 『莊子 ; 齊物論』

있다. 「제물론」은 다음과 같이 말한다.

그럴 수 있으니까 그럴 수 있고, 그럴 수 없으니까 그럴 수 없다. 길이란 다녀서 이루어지고 만물은 이름을 붙이니까 그렇게―불리게―된다. 어째서 그런가?―모두 다―그렇다고 하니 그렇다. 어째서 그렇지 않은가―모두 다―그렇지 않다고 하니까 그렇지 않다. 그렇지만 만물은 본래 그러한 것이 있고 또 만물은 본래 그럴 수 있는 것이 있다. 그렇지 않은 만물은 없고 또 그렇지 않을 만물은 없다. 그러므로 가느다란 풀의 줄거리와 거대한 기둥, 추한 여인과 아름다운 서시西施, 그리고 각종각양의 괴이한 현상은 '도'의 관점에서 본다면 모두 통하여 '하나'가 된다.[21]

만물은 모두 다르지만 본디부터 그렇게 존재할 수 있기 때문에 그렇게 존재한다. 그러나 만물은 다 같이 도에서 유래하였으므로 만물은 천태만상이나 도에로 귀일되는 점에 있어서는 같다. 「제물론」에 다음과 같은 말이 있다.

나누어짐은 바로 이룩됨을 뜻하며 이룩됨은 허물어짐을 뜻한다. 대체로 만물은 이루어짐도 허물어짐도 없이 다시 근본적인 하나로 통한다.[22]

예를 들면 책상은 나무로 만들었다. 책상의 관점에서 보면 이루어진

---

21) 可乎可, 不可乎不可, 道行之而成, 物謂之而然, 惡乎然, 然於然, 惡乎不然, 不然於不然, 物固有所然, 物固有所可, 無物不然, 無物不可, 故爲是擧莛與楹, 厲與西施. 恢恑憰怪, 道通爲一. 『莊子；齊物論』
22) 其分也, 成也, 其成也, 毁也, 凡物無成與毁, 復通爲一. 『莊子；齊物論』

것(成)이지만 목재의 관점에서 보면 허물어진 것(毁)이다. 그러나 이루어진다든가 허물어진다든가 하는 것은 단지 유한한 관점에서 그렇게 보았으며 도의 관점에서 보면 이룩됨도 허물어짐도 없고 단지 상대적일 뿐이다.

나와 내가 아닌 것의 구분도 역시 상대적이다. 도의 관점에서 보면 나와 나 아닌 것도 역시 통하여 하나로 된다.

천하에 미세한 털끝보다 더 큰 것이 없다. 그렇다면 태산太山도 작다. 또 나자마자 죽은 어린애보다 더 오랜 산 이는 없다. 그러니까—700세를 살았다는—팽조彭祖는 일찍 죽었다고 한다. 천지는 나와 더불어 생존하고 만물은 나와 더불어 하나가 되었다.[23]

여기에서 우리는 "만물을 널리 사랑하라. 천지는 하나의 전체다(汎愛萬物, 天地一體)."라는 혜시의 설을 연상하게 된다.

고차원의 지혜(知)

「제물론」에는 다음과 같이 계속된다.

이미 하나가 되었는데 또 무슨 말이 필요하겠는가? 이미 '하나가 되었다.'고 일컬었으니 말이 없다고 할 수 있겠는가? 하나(우주)에다 (내가 '하나'라고 한) 말을 더하여 '둘'이 되었고 둘에다 다시 '하나'를 더하여 '셋'이 되었다. 이렇게 하여 나아간다면 아무리 교묘한 계산가라도 이루 셈할 수 없는데 하물며 보통 사람이야? 그러므로 '무'에서 '유'로 나아가 '셋'에까지 이르렀는데 하물며 '유'에서 '유'까지

---

23) 天下莫大於秋豪之末, 而太山爲小 ; 莫壽乎殤子, 而彭祖爲夭. 天地與我並生, 而萬物與我爲一. 『莊子 ; 齊物論』

이랴?(현상을 좇아가 그들을 구별하지 말자. 우주의 본래 모습은 구별이 없는 것이기 때문이다.)24)

장자는 「제물론」에서 혜시보다 고차적인 경계의 지知를 논하고 있음을 앞의 진술에서 알 수 있다. 이 고차적인 경계의 지혜는 '무지無知의 지知'이다.

정말로 하나(一)인 것은 논의될 수도 사유될 수도 없다. 왜냐하면, 그것이 사유되고 논의되는 순간 곧 그것은 논의하고 사유하는 것의 대상이 되고 말기 때문이다. 그러므로 모든 것을 포괄한 '하나'가 될 수 없다. 논의되고 사유된 '하나'는 결코 참된 '하나'가 아니다. 혜시는 "가장 큰 것은 밖이 없다. 이것을 '큰 하나(大一)'라 한다(至大無外 謂之大一)."고 말했다. 혜시는 실로 '큰 하나'를 잘 기술하였다. 그러나 그는 '큰 하나'는 밖이 없으므로 그것에 대하여 말하거나 생각할 수 없다는 사실을 모르고 있었다. 왜냐하면 논의되고 사유될 수 있는 것은 그 자체 밖에 어떤 것, 즉 사유와 논의까지 포괄할 수는 없기 때문이다. 그런데 도가는 '하나'란 사유할 수도 표현할 수도 없다는 것을 깨달았다. 그리하여 도가는 '하나'에 대한 참다운 이해를 했으며 명가보다 깊은 경지에 이르렀다. 「제물론」에 다음과 같은 기술이 있다.

옳은 것(是)도 옳지 않는 것(不是)이라 할 수 있고, 그런 것(然)도 그렇지 않는 것(不然)이라 할 수 있다. 그런데 옳은 것이 과연 정말로 옳은 것이라면 옳은 것은 자연히 옳지 않은 것과 구별되니 변론할 필요가 없고, 그런 것이 과연 정말로 그런 것이라면 그런 것은 자연

---

24) 旣已爲一矣, 且得有言乎? 旣已謂之一矣, 且得無言乎? 一與言爲二, 二與一爲三. 自此以往巧曆不能得, 而況其凡乎! 故自無適有以至於三, 而況自有適有乎! 無適焉, 因是已. 『莊子 ; 齊物論』

히 그렇지 않은 것과 구별되니 변론할 필요가 없다. 나이를 잊고 또 시비를 잊어버리고 무경無竟(한계와 구분을 지어 놓은 것이 없는 끝없는 곳)에 서 노닐며 '무경'에 맡기었다.(이것이 바로 성인의 도이다.)[25]

'무경'은 도에 도달한 사람이 사는 경지다. 그 사람은 '하나(一)'에 대하여 알고 있을 뿐만 아니라 체험까지 하였다. 이 체득이 바로 무경을 체득한 것이다. 그는 사물에 대한 분별을 모두 잊었으며 심지어 자기 자신까지도 잊어버렸다. 거기엔 오직 구별이 없는 '하나'만이 있을 뿐이며 그 가운데서 살고 있다.

장자는 시적인 표현으로 그러한 사람을 다음과 같이 묘사하였다. 그는 바로 "천지의 참된 정신을 타고, 육기六氣의 변화를 부리며, 무궁無窮에서 노니는 자(若夫乘天地之正, 而御六氣之辯, 以游無窮者)"이다. 그는 정말로 어디에도 매어 있지 않은 사람이다. 그리하여 그의 행복은 절대적이다.

장자는 초기도가들이 풀지 못했던 근본문제에 대한 최종적인 답안을 제시하였다. 그 근본문제란 어떻게 삶을 보존하면 위험을 피할 수 있을까 하는 문제다. 그러나 진인眞人은 그것을 문제로 삼지도 않는다. 『장자』「전자방편田子方篇」에 이런 말이 있다.

무릇 천하(우주)란 만물의 하나된 바를 말하고 있다. 만물은 이 하나 됨을 얻음으로써 같아(同)진다. 그러므로 우리의 온몸은 먼지와 티끌에 지나지 않으며 삶과 죽음, 시작과 끝은 밤낮이 바뀌는 것처럼 여기니까—우리의 내심을—어지럽힐 수가 없다. 그런데 하물며 행복과 불행(禍福)과 얻음과 잃음(得失)이 여기에 개입할 수 있겠는가?[26]

---

25) 是不是, 然不然. 是若果是也. 則是之異乎不是也亦無辯 ; 然若果然也, 則然之異乎 不然也亦無辯. …… 忘年忘義, 振於無竟. 故寓諸無竟. 『莊子 ; 齊物論』

그러므로 장자는 생사의 문제를 문제시하지 않았기 때문에 원시도가들의 근본문제를 해결할 수 있었다. 이것이야말로 참으로 철학적인 문제해결방법이다. 철학은 사실의 문제에 관하여 어떤 것도 알려 주지 않는다. 그러므로 구체적인 물질세계에 대해서는 어떤 문제도 해결할 수 없다. 예를 들면 철학은 우리에게 불로장생 부귀영화의 길을 터 주지도 않는다. 그러나 철학이 할 수 있는 것은 인간에게 인생을 보는 태도를 가르쳐 준다. 여기에서 인간은 '삶과 죽음은 둘이 아니다(生死不二).' 및 '얻은 것과 잃은 것은 다르지 않다(得失無異)'는 태도를 배우게 된다. 실제적인 관점에서 보면 철학은 무용하지만, 그런데도 철학은 우리에게 매우 유용한 관점을 제공할 수 있다. 장자의 표현을 빌리면 이것이 바로 '무용의 쓰임(無用之用)'이다.

스피노자는 어떤 의미에 있어서 성인은 결코 죽지 않는다고 말하였다. 이것은 또한 장자의 사상이기도 하다. 성인(지인)은 '큰 하나', 즉 천지와 합일된 사람이다. 천지가 소멸하지 않는 한 지인至人도 결코 죽지 않는다.

『장자』「대종사편大宗師篇」에 다음과 같은 구절이 있다.

배를 산 속에 감추어 두고 또 산을 못에 감추어 두고 단단히 숨겨 두었다고 한다. 그러나 한밤중 힘센 자가 지고 달아났다. 그런데도 사리에 밝지 못한 자는 알지 못하고 있다. 작은 것을 큰 것 속에 감추는 것은 마땅하다. 그렇지만 잃어버리기 마련이다. 만일 천하를 천하에다 감추어 두면 잃어버릴 리가 없다. 이것이 바로 언제나 변함없는 만물의 실정이다. 그러므로 성인은—어떠한 기쁨과 슬픔도 없이—어떤 사물도 잃어버리지 않는 곳에서 노닐며—도와—함께

---

26) 夫天下也者, 萬物之所一也, 得其所一, 而同焉. 則四支百體將爲塵垢, 而死生終始將爲晝夜, 而莫之能滑, 而況得喪禍福之所介乎?『莊子 ; 田子方』

산다.[27]

이런 의미에서 성인은 결코 죽지 않는다.

신비주의 방법론

'큰 하나(大一)'와 합일되기 위하여 성인은 세상사의 잡다한 차별을 잊어버리고 초월해야 한다. 이런 경지에 달성하려면 우선 '지식을 버려야 한다(棄知).' 이것이 바로 도가들의 '안으로 성인이 되는(內聖)' 방법이다. 통념적인 의미에서 지식의 과제는 사물을 구별지어 주고 또 어떤 사물을 안다고 하는 것은 그것과 다른 사물의 차이를 아는 것이다.

그러므로 '지식'을 버린다는 것은 바로 이러한 차별을 잊어버리(忘)는 일이다. 일단 모든 차별을 잊어버리면 다만 무차별의 '하나'만이 남는데 이것이 '큰 전체(大全)'이다. 이 경지에 도달함으로써 성인은 보다 고차원의 지혜를 갖게 되고, 이러한 지혜를 도가는 '부지不知의 지知'라고 하였다.

『장자』에는 차별을 잊는 방법에 대하여 많이 기술하고 있다. 예를 들면 「대종사편」에 공자와 그가 사랑하는 제자인 안회顔回와의 대화가 기록되어 있는데 그 내용은 다음과 같다.

(안회) "저는 좀 나아졌습니다." (공자) "무엇을 말하느냐?" (안회) "저

---

27) 夫藏舟於壑, 藏山於澤, 謂之固矣. 然而夜半有力者負之而走, 昧者不知也. 藏小大有宜, 猶有所遯. 若夫藏天下於天下, 而不得所遯, 是恒物之大情也. 故聖人將遊於物之所不得遯而皆存.『莊子 ; 大宗師』

는 인의仁義를 잊었습니다." (공자) "되었구나! 그러나 아직 부족하다." 며칠이 지나 안회는 또 공자를 보고 "저는 좀 나아졌습니다." (공자) "무엇을 말하느냐?" (안회) "저는 예악을 잊었습니다." (공자) "되었구나! 그러나 아직도 부족하다." 며칠이 지나 안회는 다시 공자를 보고 "저는 좀 나아졌습니다." (공자) "무엇을 말하느냐?" (안회) "저는 좌망坐忘을 했습니다." 공자가 깜짝 놀라 "좌망이란 것이 무엇이냐?" (안회) "팔다리와 몸을 벗어나고 (의식하지 않고), 총명을 물리쳐 없애며, 형체를 떠나, 지식을 버리고, 통하지 않는 데가 없는 대도大道와 같아지는 것을 좌망이라 합니다." (공자) "(대도와) 같아지면 (私的으로) 좋아하는 것이 없고, 변화하면 집착할 데가 없다. 너는 과연 현명하구나. 나도 너의 뒤를 따르고 싶다."[28]

그리하여 안회는 지식을 제거해 버림으로써 '안으로 성인이 되는(內聖)' 경지에 도달하였다. 지식을 버린 후에는 아무런 지식도 갖지 않는다. 그러나 '무지無知'와 '비지非知'는 근본적으로 다르다. 무지의 상태는 그냥 모르는 상태이지만 비지의 상태는 전에 가졌던 지식을 버린 후에 도달할 수 있다. 전자가 자연의 소산이라면 후자는 정신수양의 산물이다.

도가의 어떤 이는 이 차이점을 명확하게 알고 있었다. 도가들은 방법상의 핵심사상을 표현하기 위하여 '잊는다(忘)'는 용어를 썼다는 사실을 명심할 필요가 있다. 성인은 근본적 무지상태에 머물러 있는 사람이 아니다. 성인은 처음엔 일상적인 지식으로 분별을 하다가 나중엔

---

28) 顔回日: 回益矣. 仲尼日: 何謂也? 日回忘仁義矣. 日可矣, 猶未也. 他日復見, 日回益矣. 日何謂也? 日回忘禮樂矣. 日可矣, 猶未也. 他日復見, 日回益矣. 日何謂也? 日回坐忘矣. 仲尼蹴然 日 何謂坐忘? 顔回日 墮肢體, 黜聰明, 離形去知, 同於大通, 此謂坐忘. 仲尼日 同則無好也, 化則無常也. 而果其賢乎? 丘也, 請從而後也.『莊子; 大宗師』

그 분별을 잊는(忘) 사람이다. 성인과 천치의 차이는 용기 있는 사람과 공포를 경험한 적이 없기 때문에 두려워하지 않는 사람과의 차이보다 더 심하다.

그러나 어떤 도가들은(『장자』의 몇몇 편을 지은 자) 이러한 차이를 알지 못하였다. 그들은 원시적인 사회상태와 정신상태를 찬미하여 성인을 어린이나 바보에 비교하였다. 어린이와 바보는 지각이 없어 일상사를 분별하지 못한다. 그래서 양자는 무차별한 하나에 속한 것같이 보인다. 그러나 그들은 전적으로 무의식상태에 있다. 그들은 무차별의 하나 속에 있으나 그것을 의식하지 못한다. 이것을 무지라고는 하지 않는다. 지식을 거부한 상태에 도달한 지혜를 '부지의 지不知之知'라고 부른다.

제11장

후기 묵가

墨家

『묵자』에는 다른 편과는 달리 논리적 관심을 가진 6편의 특수한 논문이 실려 있는데 그 중 「경상經上」(40장)·「경하經下」(41장)에서는 논리, 도덕, 수학, 과학, 사상에 관한 정의가 기록되어 있다. 「경설상經說上」(42장)·「경설하經說下」(43장)에는 위에서 말한 두 편의 경문經文을 설명했으며 「대취大取」(44장)·「소취小取」(45장) 편에는 논리적인 문제가 주요 관심사로 언급되어 있다. 이 6편 전체의 일반적 목표는 묵가를 옹호하며 논리적 방법으로 명가를 반박하고 있다. 우리는 이 6편을 통틀어서 『묵경墨經』이라고 한다.

장자는 「제물론」에서 두 가지 경계의 지식을 논하였다. 그는 일차적 경계境界의 지식에서 사물의 상대성을 증명하고 혜시와 동일한 점에 도달하여 상식을 비판하였다. 그러나 이차적 경계의 지식에서는 혜시보다 한 걸음 더 나아가 명가를 비판하였다. 그리하여 도가들이 사용한 이론은 논리상에서 볼 때 명가보다 고차적 수준에 있다고 하겠다. 그러나 도가나 명가의 이론은 모두 반성적 사색의 결과이므로 양자 모두 일상적인 규범을 반대하였다.

그 반면 유가는 물론 묵가들도 상식을 옹호하는 철학가들이었다. 이 두 학파는 다방면에서 차이가 있었지만 실천을 중시했다는 점에서는 의견이 일치하였다. 묵가와 유가는 명가의 이론에 반박하고 상식을 옹호하기 위하여 인식론적, 논리적 여러 이론을 발전시켰는데 이러한 여러 이론은 묵가에서는 『묵경』에, 유가에서는 『순자』의 「정명편正名篇」에 반영되어 있다.

지식과 이름에 관한 토론

『묵경』에서 전개한 인식론은 일종의 소박 실재론이다. "지知란 인식 능력(材)이다. 지재知材란 바로 아는 힘이다. 우리는 그것을 가지고 사물을 인식하고 있다. 그러나 인식능력 자체가 반드시 지식은 아니다. 인식능력은 마치 눈이 사물을 똑똑히 볼 수 있는 시력을 가진 것과 마찬가지이다."[1] 그 이유는 지식이 성립되기 위해서는 인식능력에 대응되는 대상이 있어야 하기 때문이다. "지식이란 사물과 접촉하는 것이다. 지식이란 우리들의 주관의 인식능력으로 사물과 접촉하는 것(遇)이며, 사물의 형태와 모양을 모사해 내는 것이다. 그것은 마치 눈이 대상을 보는 것과 마찬가지이다."[2]

인식하는 데 소요되는 여러 감관들(시각, 청각) 이외에 마음(和)이 있는데 우리는 이 마음에 의하여 지知의 대상(사물)을 분명히 이해한다.

지知는 사물을 통찰한다. 지知는 자기가 이미 인식한 것으로 사물을 분석하여 탐구하는 일이다. 그렇게 되면 그 인식은 더 투철하게 된다. 눈이 사물을 명백하게 보는 것과 같다.[3] 다시 말하면 마음(和)은 감관을 통하여 들어온 외물의 인상을 명백하게 해석한다.

『묵경』에는 여러 종류의 지식이 분류되어 있다. 지식의 근원을 살펴보면 3종류로 나눌 수 있다.

(1) 친親: 자기 자신이 직접 관찰하고 경험하여 얻은 지식
(2) 문聞: 전수, 즉 자신이 직접 들었거나(親聞) 전설 또는 기록에 의하여(傳聞) 전달된 지식
(3) 설說: 추리에 의한 지식, 즉 시공時空의 장애를 받지 않고 이미

---

1) 知, 材也. 經說云 : 知材, 知也者, 所以知也, 而不必知, 若明. 『墨子閒詁 ; 經說上』
2) 知, 接也. 經說云 : 知, 知也者, 以其知遇物而能貌之, 若見. [同上]
3) 知, 和也者, 以其知論物 而其知之也著, 若明. [同上]

알고 있는 것을 토대로 알지 못한 것을 연역해 내어 얻은 지식

지식의 대상과 관계를 살펴보면 지식은 4종류로 구분된다.
(1) 명名에 관한 지식
(2) 실實에 관한 지식
(3) 합合에 관한 지식
(4) 위爲에 관한 지식
명과 실, 그리고 명실의 관계가 명가의 독특한 관심사였음을 기억하
게 된다. 『묵경』에 의하면 다음과 같다.

　이름(名)이란 그것으로써―우리가 어떤 사물을―말하는 것이요,
사실(實)이란―그것에 관하여―말해진 것이다.4)

우리가 '이것은 책상이다.'라고 말할 때, '책상'은 이름이요, 그것으
로 우리는 '이것'에 대해 말하는 것이다. 반면 '이것'은 그것에 관하여
우리가 말하고 있는 사실이다. 서양의 논리로 표현하자면 이름은 한
명제의 술어요, 사실은 주어다.
　『묵경』에서 이름은 3종류, 즉 일반적인 것(達名), 분류된 것(類名), 개
별적인 것(私名)으로 구분된다.

　이름에는 달명, 유명, 사명이 있다. 이름은―구체적으로 나누어
설명하면―보편적인 사물을 가리키는 이름이 달명達名이다. 대체로
실물이 있으면 반드시 이 이름을 사용한다. 말(馬)이라고 명명한 이
름은 유명類名이다. 이 종류의 실물은 반드시 이 이름을 가져야 한

---

4) 所以謂, 名也. 所謂, 實也. 『墨子閒詁 ; 經說 上』

다. '장臧'씨라고 이름 지은 것은 사명私名이다. 이 이름은 이 실물(장씨라고 하는 실제 인물)에 국한(止)되어 있다.5)

합슴에 관한 지식은 어느 한 이름(名)이 어느 한 사실(實)에 부합되는지 여부를 아는 지식이다. 이런 지식은 '이것은 책상이다.'와 같은 명제를 진술하는 데 필요하다. 이러한 종류의 지식을 가지면 '이름과 사실(名實)이 서로 짝이 됨6)'을 알게 된다.

위爲에 관한 지식은 어떤 일을 어떻게 할 것인가에 관한 지식으로 영어의 노하우가 바로 이것이다.

'변'에 관한 토론

「소취편小取篇」에는 대부분 '변辯'에 관하여 토론되어 있다.

변이란 이것으로 옳고 그름(是非)의 구분을 밝히고, 질서와 혼란混亂의 기강을 살피고, 같음과 다름(同異)의 입장을 밝히고, 이름과 사실(名實)의 이치를 고찰하며, 이익과 손해를 처리하고, 미심쩍고—애매한 점을 해결한다. 만물의 그러한 점을 모방하고 여러 판단들 사이의 질서와 관계를 따져서 추구한다. —이름(名)으로 실물을 표시하고, 명제(辭)로 뜻(意, 즉 판단)을 펼치고 진술(說)로 이유(故)를 나타낸다. 사물의 동일한 유형에서 이미 알고 있는 부분을 선택하여 예증으로 삼고, 사물의 동일한 유형에 의거하여 알지 못하는 부분을 추

---

5) 名, 達, 類, 私, 名物, 達也, 有實必待之名也. 命之馬, 類也. 若實也者, 必以是名也. 命之臧, 私也. 是名也, 止於是實也.『墨子閒詁；經說 上』
6) 名實耦, 合也. [同上]

리한다.7)

위에 인용한 것의 전반부는 '변'의 목적과 기능을, 후반부는 '변'의 방법론을 다루었다. 한편 '변'에는 7종의 방법인 혹或, 가假, 효效, 비辟, 모侔, 원援, 추推가 있다. 이를 구체적으로 설명하자.

혹或이란 '어떤 것은 그러하다'는 뜻인데 모두가 그렇지는 않은 것을 말한다.

가假는 '가령 그러하다면'이라는 뜻으로 현재는 결코 그렇지 않은 것을 말한다.

효效란 하나의 표준을 세워 그것을 본보기(法)로 삼는 것이다. 이러한 본보기를 시비의 표준이 되게 한다. 이유(故)가 표준에 합치(中)되면 옳은 것(是)이고, 표준에 합치되지 못하면 그른 것(非)이다. 이것이 효의 방법이다.

비辟는 비유이다. 비유는 어떤 모양이 비슷한 사물을 예로 들어서 토론하고자 하는 사물을 설명하는 것이다.

모侔란 서로 같다(相等)는 뜻으로 두 가지 동일한 뜻을 가진 언사(명제)는 서로 인용하여 증명하는 것이 가능함을 말한다.

원援은 증거를 끌어내는 것이다. 이것은 상대방의 논점을 원용하여 자기의 논점을 증명하는 것이다. 그러므로 '당신이 이렇게 말한다면 어찌 나 혼자 그렇지 않다고 말하겠는가?' 하는 명제가 성립된다.

추推는 유추이다. 이는 동일한 유형의 사물 가운데 아직 판단을 취득하지 않은 이 부분과 이미 판단을 취득한 저 부분을 비교하여 이 부분에 판단을 내려 주었다.

"이것은 마치 무엇무엇이라고 말하는 것과 같다(是猶謂)."는 진술의

---

7) 夫辯者, 將以明是非之分, 審治亂之紀, 明同異之處, 察名實之理, 處利害, 決嫌疑焉 摹略萬物之然, 論求群言之比. 以名舉實, 以辭抒意, 以說出故, 以類取, 以類予. 『墨子 ; 小取』

뜻이 같은 명제는 유추 가능함을 표시했다. 그리고 "내가 어찌 그렇게 말하겠는가 (吾豈謂)."는 진술의 뜻이 같지 않은 명제는 유추할 수 없음을 표시한다.[8]

위의 인용문 가운데 효의 방법은 원인을 설명하기 위하여 사용한 방법과 같으며, 유추의 방법은 앞에서 말한 "사물의 동일한 유형에서 이미 알고 있는 부분을 선택하여 예증으로 삼고 사물의 동일한 유형에 의거하여 알지 못하는 부분을 추리한다 (以類取 以類予)."는 방법과 같다. 이 두 가지의 방법이 가장 중요한데 대체로 서양논리의 연역법, 귀납법과 비슷하다.

이 두 방법에 대한 설명을 하기 전에 우선 『묵경』에서 말하는 '고 故'가 무엇인지 언급해 두어야겠다. '고'는 그것 때문에 어떤 것이 이루어지는 것 (故, 所得而成也)이라 정의되어 있으며, 대소 大小 두 가지가 있다. 소고 小故는 그것이 있기 때문에 — 어떤 것이 — 반드시 그렇게 된다고는 할 수 없는 것 (小故有之不必然)이지만, 그것이 없으면 — 어떤 것이 — 반드시 그렇게 되지 않는 것 (無之必不然)이다. 대고 大故는 그것이 있기 때문에 어떤 것이 반드시 그렇게 되는 것이며, 또 그것 없이는 어떤 것이 반드시 그렇게 될 수 없는 것 (大故, 有之必無然)이다.

『묵경』의 소고는 현대논리학에서 말하는 '필연인 必然因'이며 대고는 '필연충족인 必然充足因'이다. 현대논리의 '충족인 充足因'이란, 그것 때문에 그 어떤 것이 반드시 그렇게 되지만, 그것 없이 그 어떤 것이 그렇게 될 수도 안 될 수도 있는 것을 말하는데 묵가는 이 구분까지 말하지는 못했다.

---

8) 或也者, 不盡也. 假也者, 今不然也. 效也者, 爲之法也. 所效者, 所以爲之法也. 故中效則是也 ; 不中效則非也 ; 此效也. 辟也者, 擧他物而以明之也. 侔也者, 比辭而俱行也. 援也者, 曰子然, 我奚獨不可以然也. 推也者, 以其所不取之同於其所取者予之也, 是猶謂也者同也, 吾豈謂也者異也. 『墨子 ; 小取』

현대의 논리적 추론에서 일반명제가 참인가 아닌가를 알리고 나면 사실 또는 실험으로 그 명제를 검증한다. 즉, 어떤 박테리아가 어떤 질병의 원인이라는 것을 확인하려고 할 때, 그 문제를 검증하는 방법은 박테리아가 질병의 원인이라는 일반명제를 하나의 정식으로 세우고 상정한 원인이 정말로 예측한 결과를 낳는가의 여부를 확인하기 위하여 실험해 본다. 이것이 바로 연역추리이며, 『묵경』에서 말하는 '효效'의 방법이다.

일반명제를 하나의 정식으로 세우는 것은 그것을 하나의 법(모델)으로 삼는 일이며, 일반명제를 실험하는 것은 그것의 효과를 검증하는 일이다. 상정한 원인이 예측한 결과를 산출하는 것은 '원인이 효과에 일치하는 것(故效中)'이며 그렇지 않은 것은 '원인이 일치하지 않은 것(故效不中)'이다. 이러한 방법에 의하여 우리는 참된 원인과 거짓 원인을 구별할 수 있으며 또 소고인지 대고인지를 결정할 수 있다.

유추에 의한 추리는 '모든 사람은 죽는다.'라는 명제를 가지고 설명할 수 있다. 그렇게 말할 수 있는 이유는 과거 모든 사람이 죽었고 또 현재나 미래 사람도 과거의 사람과 똑같다는 사실 때문에 우리는 '모든 사람은 죽는다.'라는 일반적인 결론을 내렸다. 이 연역추리에서 우리는 유추의 방법(推)을 사용하였다. 과거의 사람들이 죽었다는 것은 이미 아는 사실이요, 현재 또는 미래 사람들이 죽을 것이라는 것은 알지 못하는 사실이다. 그러므로 '모든 사람은 죽는다.'라는 명제는 이미 알고 있는 사실이나 아직 알지 못한 사실에 모두 동등하게 적용된다. 왜냐하면, 다른 사람도 이와 똑같이 말하기 때문에 우리는 사물의 동일한 유형에 따라서 선택하기도 하고 추리하기도 한다.

겸애설兼愛說을 분명히 함

'변'의 방법에 정통한 후기 묵가들은 묵가의 철학적 입장을 밝히고 변호하는 데 많은 힘을 기울였다. 후기 묵가들은 묵가의 공리주의 전통에 따라서 모든 인간의 행위는 이익을 얻고 손해를 피하는 것을 목표로 한다고 주장하였다. 그리하여 「대취편」에서 이렇게 기록했다.

팔을 보존하기 위하여 손가락을 자르는 것은 이익 중에서 큰 것을 취하고 손해 중에서 작은 것을 취한 행위다. 작은 손해를 취하는 것은 손해를 취하는 것이 아니라 이익을 취한 것이다. 그가 취한 것은 인간이면 지키려는 것이다. 도적을 만나 손가락을 잘리어 자신이 화를 면하였다면 그것은 이익이지만 그가 도적을 만난 것은 손해이다. …… 이익 중에서 큰 것을 취하는 것은 어쩔 수 없어서 그런 것이 아니다. 그러나 손해 중에서 작은 것을 취하는 것은 어쩔 수 없어서 그렇다. 아직 없는 것에서 취하는 것은 이익 중 큰 것을 취하는 것이요, 이미 있는 것에서 버리는 것은 손해 중에서 작은 것을 취하는 것이다.9)

그리하여 모든 인간의 행위에 대한 원칙은 '이익은 최대로, 손해는 최소로 취하라.'는 말이다.

묵자와 후기 묵가는 선善과 이익(利)을 동일시하여 이익은 선의 본질이라고 보았다. 그러면 이익의 본질은 무엇인가? 묵자는 이 문제를 제

---

9) 斷指以存捥, 利之中取大, 害之中取小也. 害之中取小, 非取害也, 取利也. 其所取者, 人之所執也. 遇盜人而斷指以免身. 免身利也. 其遇盜人, 害也, …… 利之中取大, 非不得已也. 害之中取小, 不得已也. 于所未有而取焉, 是利之中取大也. 于所旣有而棄焉. 是害之中取小也. 『墨子閒詁 ; 大取篇』

기하지 않았으나 후기 묵가는 이것을 문제로 삼아 해답을 주었다. 『묵
경』에서 말한다.

이익은 얻어서 기쁜 것이요, 손해는 받으면 싫은 것이다.[10]

후기 묵가는 묵가의 공리주의적 철학을 쾌락주의적으로 해석하였다.
이 입장은 벤담Jeremy Bentham의 유용성의 원리(Principle of Utility)를 연상
시킨다. 벤담은 『도덕과 법률의 원리입문(Introduction to the Principle of
Morals and Legislation)』이라는 저서에서 말한다.

자연은 인류를 쾌락과 고통이라는 두 주인의 지배 아래 두었다.
쾌락과 고통만이 우리 인간이 무엇을 해야 할지를 지적해 준다. 유
용성의 원리는 이 복종을 인정하고 그것을 그 체계의 기초로 상정
한다. 그 목적은 이성과 법의 손에 의해 지극한 행복의 구조를 쌓는
일이다.

벤담은 선악을 쾌락과 고통의 문제로 환원시켰다. 벤담에 의하면 도
덕의 목표는 '최대다수의 최대행복(The Greatest Happiness of The Greatest
Number)'이다.
이것은 또한 후기 묵가들의 사상이기도 하다. 그들은 '이익'을 정의
하고 난 뒤, 이 개념에 비추어 '덕'의 정의를 내렸다. 「경상」에는 다음
과 같은 말들이 있다.

의義란 천하를 이롭게 하는 것이다.[11]

---

10) 利, 所得而喜也. 害, 所得而惡也. 『墨子閒詁 ; 經上』
11) 義, 利也. [同上]

효孝란 부모를 이롭게 하는 것이다.12)

충忠이란 군주를 이롭게 하고 강하게 하는 것이다.13)

공功이란 백성을 이롭게 하는 것이다.14)

'백성을 이롭게 하는 것'이 바로 '최대다수의 최대행복'이다.

겸애설에 대하여 후기 묵가들은 겸애의 주요 속성을 '함께 한다(兼)'라고 보았다. 그들은 「소취편」에서 말한다.

사람을 사랑한다고 말할 때 반드시 보편적으로 모든 사람을 사랑하여야 비로소 사람을 사랑한다고 말할 수 있지만, 사람을 사랑하지 않는다고 말할 때는 모든 사람을 다 사랑하지 않아야 할 필요는 없다. 보편적으로 모든 사람을 사랑하지 않는 것은 자연적으로도 역시 사람을 사랑하지 않는다. 말을 탄다고 말할 때 보편적으로 모든 말을 다 타야 비로소 말을 타는 것은 아니다. 한 마리 말을 타도 말을 타는 것이라고 말할 수 있다. 그러나 말을 타지 않는다고 말하는 경우는 오히려 보편적으로 어떠한 말도 타지 않아야 비로소 말을 타지 않는 것이 된다. 이것은 동일한 유형의 명제이지만 하나는 (사람을 사랑하는 경우) 전체를 포괄하는 경우이고, 다른 하나는 (말을 타는 경우) 전체를 포괄하지 않는 경우이다.15)

사실 인간에게는 누구나 다 사랑하는 사람이 있다. 즉, 인간은 누구

---

12) 孝, 利親也.『墨子閒詁 ; 經上』

13) 忠, 以爲利而強君也. [同上]

14) 功, 利民也. [同上]

15) 愛人, 待周愛人, 而後爲愛人. 不愛人, 不待周不愛人. 不(失)周愛, 因爲不愛人矣. 乘馬, (不)待周乘馬, 然後乘馬也 ; 有乘於馬, 因爲乘馬矣. 逮至不乘馬, 待周不乘馬而後(爲)不乘馬. 此一周而一不周者也.『墨子閒詁 ; 小取』

나 다 자기 자녀를 사랑한다. 그러므로 한 사람이 어떤 다른 한 사람을 사랑한다고 하여 그가 보편적으로 모든 사람을 사랑한다고 할 수는 없다. 그러나 반대의 측면에서 보면, 한 사람이 어떤 사람을—심지어 자기 자녀에게까지도—미워했다는 사실은 그가 사람을 사랑하지 않는 것을 뜻한다. 이것이 바로 묵가의 추리이다.

겸애설의 변호

당시 후기 묵가를 반대하는 두 가지 견해가 있었다.

첫째로 이 세계인류의 수는 무한한데 어떻게 한 사람이 그들 모두를 사랑할 수 있겠는가? 그러므로 이 반대는 '무궁함은 함께 사랑함을 해친다(無窮害兼).'는 제목하에 언급되었다.

둘째로 단 한 사람이라도 사랑하지 않는 것이 일반적으로 사람을 사랑하지 않는다는 명제가 성립된다면, '도적을 죽인다.'는 벌(사형)은 성립될 수 없다. 그러므로 '도적을 죽이는 것은 바로 살인이다(殺盜卽殺人).'라는 견해이다.

후기 묵가는 이러한 반대 의견을 「경하」에서 먼저 반박했다.

인류가 비록 무궁하다 하더라도 겸애의 사상에 저촉되지 않는다. 문제는 무궁한 공간을 채울 수 있는지 여부에 있다.[16]

「경설 하」에서 이 명제를 다음과 같이 해설하였다.

무궁(반대자의 주장): 남방南方이 만일 끝(窮)이 있다면 모든 인류를 다 포괄할 수 있고(고대 중국인은 일반적으로 남방은 끝이 없다고 믿었다.) 끝이 없다면(無窮) 다 포괄할 수는 없다. 또 끝이 있는지 없는지 알지

---

16) 無窮不害兼, 說在盈否 (知). 『墨子閒詁 ; 經下』

못하면 다 포괄할 수 있는지 없는지도 모른다. 또 인류가 그 공간을 채우고 있는지의 여부를 알지 못하면 이 역시 다 포괄할 수 있는지 없는지도 모른다. 그래서 '모든 사람을 다 사랑할 수 있다.'는 명제는 이치에 맞지 않는다(詩).

대답: 만일 인류가 무궁한 공간을 채우지 못한다면 인류—의 인구—는 유한하다. 그러므로 유한한 사람을 다 포괄할 수 있는 것은 어렵지 않다. 그런데 무궁한 공간을 채운다면 이 무궁이란 것은 이미 유한(盡)하다. 그러므로 유한한 것을 포괄하는 것은 어렵지 않다.17)

둘째로 '도적을 죽이는 것은 살인이다.'라는 명제는 묵가에 대한 반대주장이다. 왜냐하면, 사람을 죽이는 것은 모든 사람을 동등하게 또 보편적으로 사랑하는 겸애의 원리에 어긋나기 때문이다. 이에 대한 「소취편」의 답변은 다음과 같다.

흰 말(白馬)은 말(馬)이며 흰 말을 타는 것은 곧 말을 타는 것이다. 검은 말(黑馬)도 말이며 검은 말을 타는 것도 말을 타는 것이다. 획獲 (여자 노비 이름)은 사람이다. 획을 사랑하는 것은 바로 사람을 사랑하는 것이다. 장臧 (남자 노비 이름)은 사람이다. 장을 사랑하는 것은 바로 사람을 사랑하는 것이다. 이것은 전제가 긍정적이면 결론 역시 긍정적인 예이다.

획의 부모는 사람이다. 그런데 획이 자기 부모를 섬기는 것은 사람을 섬기는 것이 아니다. 그의 동생은 미남이다. 그가 동생을 사랑하는 것은 미남을 사랑하는 것이 아니다. 마차는 나무로 만들었다.

---

17) 無, (反對者)南者有窮, 則可盡, 無窮, 則不可盡, 有窮, 無窮, 未可知, 則可盡, 不可盡, 未可知. 人之盈 (之)否 未可知, (而必)人之可盡不可盡, 亦未可知, 而必人之可盡愛也, 詩 (答). 人若不盈無窮, 則人有窮也. 盡有窮, 無難. 盈無窮, 則無窮, 盡也. 盡有窮, 無難. 『墨子閒詁 ; 經說 下』

그러나 마차를 타는 것은 나무를 타는 것이 아니다. 배(船)는 나무로 만들었다. 그러나 배를 타는 것은 나무를 타는 것이 아니다. 도적은 사람이다. 그러나 도적이 많이 있다고 하는 것은 사람이 많이 있다는 것은 아니다. 도적이 없다고 하는 것은 사람이 아무도 없다는 것은 아니다. 이것을 어떻게 설명할까? 도적이 많음을 미워하는 것은 사람이 많음을 미워하는 것이 아니다. 도적이 없기를 바라는 것은 사람이 없기를 바라는 것이 아니다. 이것은 세상 사람들이 모두 공인하는 바이다. 그렇다면 도적도 사람이긴 하나, 도적을 사랑하는 것은 사람을 사랑하는 것이 아니며, 도적을 사랑하지 않는 것은 사람을 사랑하지 않는 것이라고 할 수는 없다. 이와 마찬가지로 도적을 죽이는 것은 사람을 죽이는 것이라고 말할 수 없다. 이 명제는 성립하기 어렵지 않다.[18]

이와 같은 변론으로 후기 묵가들은 '도적을 죽이는 것은 겸애의 원리에 어긋난다.'는 상대방의 주장을 반박하였다.

여러 학파에 대한 비평

후기 묵가들은 자기를 반대하는 다른 학파의 주장을 반박하였을 뿐만 아니라 그들을 비평까지 하였다. 『묵경』에는 명가를 비평하는 글이

---

18) 白馬, 馬也. 乘白馬, 乘馬也, 驪馬, 馬也, 乘驪馬, 乘馬也. 獲, 人也, 愛獲, 愛人也. 臧, 人也, 愛臧, 愛人也. 此乃是而然者也. 獲之親, 人也. 獲事其親, 非事人也, 其弟, 美人也. 愛弟, 非愛美人也. 車, 木也, 乘車, 非乘木也. 船, 木也. 乘船, 非乘木也. 盜人, 人也. 多盜, 非多人也. 無盜, 非無人也. 奚以明之? 惡多盜, 非惡多人也. 欲無盜, 非欲無人也. 世相與共是之, 若是, 則雖盜, 人也 ; 愛盜, 非愛人也 ; 不愛盜, 非不愛人也. 殺盜, 非殺人也 ; 無難矣. 『墨子閒詁 ; 小取』

많이 실려 있다. 주지하는 바와 같이 혜시는 '합동이合同異'를 주장했으며, '10사'에서 그의 논의는 "만물은—관점에 따라—모두 같기도 하고 모두 다르기도 하다(萬物畢同畢異)."는 명제로부터 "모든 만물을 똑같이 사랑하라. 천지는 하나의 전체이다(汎愛萬物, 天地一體也)."라는 결론으로 진행되었다. 후기 묵자들은 이 말이 같다는 '동同'자의 애매성으로부터 생긴 오류라고 생각하였다. '동'자는 여러 가지 뜻을 가지고 있는데 「경상」에서 "동은 중重, 체體, 합合, 류類의 4종으로 나뉜다."[19]고 하였다.

「경설 상」은 이를 더 자세히 설명하였다.

　　동同: 하나의 실물에 두 가지 이름이 있는 것을 '중동重同'이라고 하고, 부분이 전체와 분리될 수 없는 것을 '체동體同'이라 하고, 여러 가지 사물이 한 곳에 모인 것을 '합동合同'이라 하고, 비슷한 사물은 서로 유사한 점을 가지고 있는데 이것을 '유동類同'이라 한다.[20]

「경」과 「경설」에는 '다름(異)'에 대한 논의도 있는데 이는 '같음(同)'과 정반대이다.

『묵경』에는 혜시의 이름은 물론 어떤 다른 이름도 언급되어 있지 않으나 '동'자에 대한 분석으로부터 혜시의 오류는 명백해졌다. 만물이 모두 같다는 것은 만물이 유사한 점을 가지고 있다(類同)는 뜻이며, 만물은 동일한 '사물들'의 집합이라는 뜻이다. 그러나 천지는 일체라는 말은 천지가 부분과 전체의 관계를 가지고 있음(體同)을 뜻한다. '동'자를 두 가지 경우 다 사용하였다 하더라도 어느 특정한 상황에 적용되

---

19) 同·重·體·合·類. 『墨子開詁 ; 經上』
20) 同 : 二名一實, 重同也 ; 不外于兼, 體同也 ; 俱處于室, 合同也 ; 有以同, 類同也. 『墨子開詁 ; 經說 下』

는 명제의 진리는 다른 명제의 진리로부터 추리해낼 수 없다.

공손룡의 '굳음과 흼은 분리된다(離堅白).'에 관한 논의에 대하여 후기 묵자들은 '굳고 흰 돌(堅白石)'이 구체적으로 이 우주에 실재하는 것으로만 생각하였다. 그러므로 그들은 굳은 성질과 흰 성질, 양자가 동시에 돌에 속해 있다고 주장하였다.

굳음과 흼은 서로 분리할 수 없다.[21] 굳음은 돌 안에 있다. 굳음과 흼을 찾지 못할 곳이 없을 뿐만 아니라 굳음과 흼은 동시에 찾을 수 있다. 굳음과 흼이 두 군데 나뉘어 있고, 서로 용납되지 않고 배척되어야 굳음과 흼이 서로 분리된다고 할 수 있다.[22]

후기 묵가들은 또한 도가도 비판하였다. 「경하」 및 「경설 하」에 다음과 같은 말이 있다.

학습은 유익하다. 그 이유는 학습을 비방하는 자가 밝혔다.[23]

학습(도가)은 백성들이 (어째서) 학습이 무익한지 알지 못한다고 생각하였으므로 그것을 알린 것이다. 이로써 학습이 무익하다는 것을 알게 만들었는데 이것이 바로 교육이다. 학습이 무익하다고 주장함을 교육한 것이다. 그러므로 이것은 잘못이다.[24]

이것은 노자의 "학습을 단절해 버리면 아무런 근심이 없다(絶學無憂)."

---

21) 堅白, 不相外也. 『墨子閒詁 ; 經上』
22) 堅 : 於(石), 無所往而不得, 得二. 異處不相盈, 相非, 是相外也. 『墨子閒詁 ; 經說 上』
23) 學之益也, 說在誹者. 『墨子閒詁 ; 經下』
24) 學也, 以爲不知學之無益也, 故告之也. 是使智學之無益也, 是教也, 以學爲無益也, 教誖. 說在辯. 『墨子閒詁 ; 經說 下』

는 진술에 대한 비판이다. 후기 묵가에 의하면 학습과 교육은 상관용어이다. 만약 학습을 단절해 버리면 교육도 불가능해진다. 일단 학습이 성립되면 이에 따라 교육도 성립된다. 만일 교육이 유익하다면 학습은 결코 무익할 수 없다. 학습이 무익하다는 그 가르침(敎) 자체가 유익한 것이다.

「경하」에서 말한다.

변론에 승자가 없다고 하는 말은 반드시 합당하지 못하다.[25]

그런데 「경설 하」에서 이를 이렇게 해설하고 있다.

사람들이 말한 것을 동의하지 않으면 견해가 다른 것이다. 어떤 사람이 그 무엇을 '강아지'라고 말한 것을 다른 사람이 그것을 '개'라고 말하면 동의한 것이다. 그러나 어떤 사람이 그것을 '황소'라고 주장하고 다른 사람은 그것을 '말(馬)'이라고 주장한다면 이견인 것이다(즉, 이견이 생길 때 변론을 빌린다). 모두 다 이기지 못했을 때는 변론이 성립되지 않는다. 변론이란 어떤 사람은 옳다고 말하고 어떤 사람은 그르다고 말할 때 성립되는데, 합당한 자가 승리한다.[26]

「경하」에는 "모든 말(言)이 거짓(詩)이라고 주장하는 것은 거짓이다. 그 이유는 그 말 속에 들어 있다."[27]고 하였다.
이 경문에 대한 「경설」의 주석은 다음과 같다.

---

25) 謂辯無勝, 必不當. 說在辯.『墨子閒詁 ; 經下』
26) 謂 : 所謂, 非同也, 則異也. 同則或謂之狗, 其或謂之犬也. 異則或謂之牛, 其或謂之馬也. 俱無勝, 是不辯也. 辯也者, 或謂之是, 或謂之非. 當者, 勝也.『墨子閒詁 ; 經說 下』
27) 以言爲盡詩. 說在其言.『墨子閒詁 ; 經下』

모든 말(言)이 거짓이라는 명제는 거짓이다(詩)라는 진술은 허용될 수 없다. 만일—이 명제를—진술하는 자의 말이 옳다면, 이것은 거짓이 아니어야 한다(是不詩). 그래야만 이것은 허용될 수 있다. 그러나 진술자의 말이 허용될 수 없는데 그것을 합당하다고 여기는 것은 틀림없이 부당하다.[28)

아는 것과 모르는 것은 똑같다는 주장은 잘못(詩)이다. 그 이유는 논할 방법이 없기 때문이다.[29)

그 무엇에 대하여 알고 있을 때 그것을 논할 수 있다. 아무것도 알지 못한다면 (그 무엇을 논할) 방법이 없기 때문이다.[30)

비난을 비난하는 것은 잘못이다(詩). 그 이유는 비난을 비난하지 않는 데 있다.[31)

비난을 비난하는 것은 자기 자신의 비난을 비난하는 것이다. 비난을 비난하지 않는다면 비난할 만한 것이 없으니 비난할 수도 없다. 이것은 비난을 비난하는 것이 아니다.[32)

이상에서 인용한 예는 모두 장자사상에 대한 비평이다. 장자는 변론에서 어떤 승부도 결정될 수 없다고 주장하였다. 그리하여 설령 어떤 사람이 논쟁에 이겼다 하더라도 승자가 반드시 옳은 것은 아니며, 패자가 반드시 그른 것도 아니라고 생각하였다.

그러나 후기 묵가에 의하면 장자는 바로 이 주장을 공표함으로써 타인과 의견이 다름을 보여 주어 자신이 논쟁을 걸었다. 만일 장자가

28) 以詩, 不可也. 之入之言可, 是不詩, 則是有可也. 之人之言不可, 以當, 必不審.『墨子閒詁 ; 經說 下』
29) 知, 知之否之是同也, 詩 ; 說在無以也.『墨子閒詁 ; 經下』
30) 知, 論之, 非知無以也.『墨子閒詁 ; 經說下』
31) 非誹者詩, 說在弗非.『墨子閒詁 ; 經下』
32) 非誹, 非己之排也. 不非誹, 非可排也. 不可非也. 是不非誹也.『墨子閒詁 ; 經說 下』

논쟁에서 이긴다면, 바로 이 사실로써 그의 주장이 오류를 범했음을 증명한 것이 아닌가.

장자는 또 위대한 논쟁은 말이 필요치 않다(大辯不言)라든가 논쟁하는 말은 그 목적에 미치지 못한다(言辯而不及)는 진술이 있다. 그러므로 "모든 말은 그릇되다(言爲盡詩)." 더구나 장자는 "만물은 제 나름대로 그 안에서 옳고, 그 자신의 의견에서는 옳다. 그러므로 남을 비판해서는 안 된다."고 주장하였다.

그러나 후기 묵가에 의하면 장자가 말한 것 그 자체가 말(言)로 되어 있고 또 그 진술 자체가 남에 대한 비판으로 되어 있다. 그래서 만일 모든 말이 그릇되다면 장자가 하는 이 말도 그릇되지 않은가? 그리고 만일 타인에 대한 모든 비판이 비난받아야 한다면 장자의 비판이 제일 먼저 비난받아야 한다.

장자는 또한 비지非知의 중요성에 대하여 누차 언급하였다. 그러나 그러한 토론 자체가 바로 일종의 지식이다. 아무런 지식이 없다면 지식에 대한 토론도 하지 못한다.

도가를 비평하는 가운데 후기 묵가들은 서양 철학에서 문제시되었던 논리적 역설論理的 逆說을 발굴해 내었다. 서양은 최근 신논리학의 발전과 더불어 이 논리적 역설을 해결하였다. 그리하여 현대논리학의 관점에서 볼 때 후기 묵가들의 비판은 타당성을 잃었다. 그러나 후기 묵가들이 그러한 논리적 사고방식을 가지고 있었다는 사실을 알아둘 필요는 있다. 고대 중국의 어느 다른 학파들보다도 그들은 순수한 인식론과 논리체계를 세우려고 시도했다.

음양가와 선진의 우주발생

陰陽家

3장에서 밝힌 바와 같이 음양가는 방사方士, 즉 술수術數를 행하는 사람들이었다. 『한서』, 『예문지』는 유흠劉歆의 『칠략·술수략七略 術數略』에 의거하여 술수를 여섯 가지로 구분하였는데 그것은 천문天文, 역보歷譜, 오행五行, 시귀蓍龜, 잡점雜占, 형법形法이다.

여섯 가지 종류의 술수

첫째는 천문天文으로, 『한서』「천문편天文篇」에서 이렇게 말한다.

28수宿의 순서를 정하고 오성五星과 일월日月의 진행을 주목하여 길흉의 상象을 기재한다.[1]

둘째는 역보歷譜인데 「역보편歷譜篇」에서 이렇게 말한다.

역보란 사시四時의 위치를 질서 있게 배열하고 춘(추)분과 동(하)지의 절후를 바르게 하고 일월, 오성의 주기가 일치(會)되는 때를 계산하여 추위·더위(寒暑)와 살리고 죽이는 사실을 고찰한다. 그러므로 성왕聖王은 반드시 역수歷數를 바로잡아 의복의 색깔을 세 가지로 통일하여 정하였다. 또 오성, 일월의 주기와 흥액의 환난과 길융(융성함)의 기쁨을 탐지하였는데 그 비술秘術은 모두 다 거기에서 나왔으며 성인이 천명(命)을 아는 비술이다.[2]

---

1) 天文者, 序二十八宿, 步五星日月, 以紀吉凶之象. 『漢書, 天文』
2) 歷譜者, 序四時之位, 正分至之節, 會日月五星之辰, 以考寒暑殺生之實, 故聖王必正歷數, 以定三統服色之制, 又以探知五星日月之會, 凶阨之患, 吉隆之喜. 其術皆出焉, 此聖人知命之術也. 『漢書, 天文』

셋째는 오행五行이다.

오행이란 오상五常의 형기形氣이다. 『서경』에서는 "첫째는 오행이요, 다음은 5사事를 경용敬用하라."고 하였는데 이 말은 경건하게 5사에 종사하여 오행을 따르라는 뜻이다. 태도, 언론, 시력, 청각, 사상이 5사인데 마음이 없으면 오행의 질서가 혼란해지고 오성의 변화가 일어난다. 이것은 모두 율력의 술수에서 나왔지만 분리되어 하나가 되었다. 그 방법 역시 오덕종시五德終始에서 생겨났으며 그 극단에까지 근원을 캐나가면(推) 이르지 않는 데가 없다.3)

넷째, 시귀蓍龜이다. 시蓍란 영경퀴과에 속하는 가새풀로 이 줄기를 가지고 점占을 친다. 귀龜란 거북이 껍질이며 역시 점치는 데 쓰였고, 때로는 소의 어깨뼈도 쓰였다. 고대중국에서 시와 귀는 점치는 중요 매개물이 되었다.

시귀란 성인이 사용했다. 『서경』에서는 "너의 마음에 커다란 회의가 생기면 복서卜筮, 점占에 모의하라."고 하였으며, 『역경』에도 "천하의 길흉을 결정하고 천하의 부지런함을 이루는 것은 시귀보다 더 훌륭한 것이 없다."고 써 있다. 그러므로 군자가 장차 어떤 일을 하려고 하거나 행동하려고 할 때 거기에다(蓍龜占) 물어보고서 말한다. 그가 천명을 받는 것은 마치 음향과 같아 멀고 가까운 것, 그윽하고 깊숙한 것 없이 마침내 장차 다가올 일을 미리 안다. 천하의 지극히 정성된 사람이 아니고서는 그 누가 이와 같은 데까지 참여할 수 있을까?4)

다섯째는 잡점雜占이요, 여섯째는 형법形法이다. 형법에는 관상술은

---

3) 五行者, 五常之形氣也. 書云, 初一日五行. 次二日敬用五事. 言進用五事以順五行也, 貌·言·視·聽·思, 心失而五行之序亂, 五星之變作, 皆出於律歷之數而分爲一者也. 其法亦起五德終始, 推其極則無不至. [同上]

4) 蓍龜者, 聖人之所用也. 書日：女ır有大疑, 謀及卜筮. 易日：定天下之吉凶, 成天下之亹亹者, 莫善於蓍龜, 是故君子將有爲也, 將有行也, 問焉而以言, 其受命也如響, 無有遠近幽深, 遂知來物, 非天下之至精, 其孰能與於此？『漢書, 天文』

물론 풍수風水설까지도 포함된다. 풍수는 바로 인간이 우주(天地)의 소산이라는 사상에 기반을 두고 있다. 그러므로 인간이 현재 살고 있는 집(住宅)이나 죽은 뒤에 묻힐 집(幽宅)은 자연의 힘, 즉 바람과 물(風水)과의 조화를 이루도록 안배해야 한다는 뜻이다.

주대 초기 봉건제도가 확고하게 수립되어 있을 때에는 모든 귀족의 가문에서는 세습적으로 술수를 행하는 전문가를 전속으로 두고 중대한 일이 발생하였을 때마다 그에게 상의를 하였다. 그러나 주왕실의 봉건 제도가 붕괴됨과 더불어 이 전문가들은 세습적 지위를 잃고 사방으로 흩어졌다. 그리고 민간에서는 술수를 계속 실행하였는데 당시 사람들은 그들을 '방사方士'라고 칭하였다.

술수 그 자체는 물론 미신에 근거를 두고 있지만 또한 과학의 기원이 될 수도 있다. 술수는 자연을 적극적으로 해석하여 이를 정복함으로써 자연의 힘을 빌리려는 점에서 과학과 공통점을 가지고 있으며, 초자연적인 힘에 대한 신앙을 포기하고 우주를 순전히 자연의 힘만으로 해석하려고 할 때 술수는 과학이다. 이들 자연의 힘이 무엇인가에 관한 개념은 그 자체가 본래 단순하고 세련되지 못한 것 같으나 그 속에 과학의 단서가 있다.

음양가는 바로 이 점에서 중국 사상에 공헌을 했다. 음양가는 순전히 자연의 힘으로 자연현상을 적극적으로 해석했다는 의미에서 과학적인 경향을 띠고 있다.

고대중국에는 우주의 기원과 그 구조를 설명하려는 두 가지 커다란 사상노선이 있었다. 하나는 음양가의 저작에서, 다른 하나는 『주역』의 「계사繫辭」에서 찾을 수 있다. 이 두 노선은 각각 독자적으로 발전하였다. 「홍범洪範」이나 「월령月令」에는 오행을 강조했으나 음양에 대한 언급이 없고, 『주역』「계사」에는 오히려 음양에 관한 언급이 적지 않으나 오행에 대하여는 일언반구도 없다. 후대엔 두 노선이 융합되었는데 사마담司馬談 (B.C. 110년) 당시에 그러한 사례가 나타났다. 그는 이 사례를 한데 모아 음양가라 칭하였다.

홍범洪範에 나타난 오행五行

우리는 오행을 정태적으로 이해할 것이 아니라 역동적이며 우주 간에 상호작용하는 힘으로써 생각하여야 한다. 학문의 '행行' 자는 To Act(行動), 또는 To Do(하는 것)를 뜻하므로 오행이란 문자 그대로 번역하면 '다섯 가지 행동Five Activity' 또는 '다섯 가지 동력인Five Agents'이 되며, 오행을 일명 오덕五德이라고도 하는데 그 뜻은 '다섯 가지 능력 Five Power'이다.

'오행'이라는 용어는 『상서尚書』 「감서甘誓」에서 최초로 언급되었는데 이—상서—책의 진위 문제는 아직도 판명되지 않았다. 또 설령 판명된다고 하더라도 '오행'의 의미는 연대가 비교적 확실한 다른 문헌에 나타난 의미와 같은 것인지 확신할 수가 없다. 그러나 오행에 관한 최초의 믿을 만한 설명은 『상서』 「홍범」에서 찾아볼 수 있다. 전통적인 견해에 의하면 홍범은 상商나라의 왕자인 기자箕子가 무왕武王에게 전한 말을 기록한 것이라 하며 기자는 하夏나라의 시조인 우禹에서 자기 사상이 연유되었다고 한다. 「홍범」의 저자는 아마도 오행을 강조하기 위하여 이러한 전통을 꾸며낸 것이라고 볼 수 있다. 홍범의 사실적 편집 연대를 B.C. 3~4세기로 추정하는 학자도 있다.

「홍범」에는 구주九疇가 있다. 그 하나는 '오행'인데 첫째 물(水), 둘째 불(火), 셋째 나무(木), 넷째 쇠(金), 다섯째 흙(土)이다. 물은 축축하여 아래로 스며들고, 불은 위로 타올라 가고, 나무는 휘어지기도 하

고 곧아지기도 하며, 쇠는 마음대로 모양을 바꿀 수 있고, 흙은 종자를 심어 오곡을 수확할 수 있다.[5]

그 둘은 '5사事'인데 첫째 태도, 둘째 언론, 셋째 시력, 넷째 청각, 다섯째 사상이다. 태도는 공손해야 하고, 언론은 정당해야 하고, 시력은 밝아야 하고, 청각은 똑똑해야 하고, 사상은 통달해야 한다. 태도가 공손하면 곧 엄숙하고, 언론이 정당하면 사무를 잘 처리하며, 시력이 밝으면 모든 것을 분명히 알 수 있고, 청각이 똑똑하면 지혜로운 꾀가 있고, 사상이 통달하면 성인이 될 수 있다.[6]

'구주'에서 중간 부분을 생략하고 제8부분을 논하면 「홍범」에서 말하는 여러 가지 징조가 무엇인지 알 수 있다.

그 여덟은 여러 가지 징조인데 비(雨), 개임(暘), 따뜻함(暖), 추위(寒), 바람(風), 그리고 알맞은 때(時)이다. 이 다섯 가지 기상이(1년 중) 모두 구비되고 또 각종 기상이 발생되어야 할 순서대로 알맞게 발생되었을 때에는 여러 가지 초목이 번성하고 우거진다. 이 다섯 가지 가운데 어느 하나라도 극단적으로 많으면 흉하고 또 극단적으로 적어도 흉한다.

다음의 것은 좋은 징조이다. 군주가 엄숙하면 때를 맞춘 비가 내리고, 군주가 통치를 잘하면 때에 맞게 날씨가 맑고, 군주가 명석하면 때에 알맞게 따뜻하고, 군주가 지모가 있으면 때에 맞추어 추위가 뒤따르며, 군주가 사리에 통달하면 바람이 때에 알맞게 분다.

---

5) 天乃錫禹 洪範九疇 …… 初一. 曰五行 …… 一, 五行：一曰水, 二曰火, 三曰木, 四曰金, 五曰土. 水曰潤下, 火曰炎上, 木曰曲直, 金曰從革, 土爰稼穡.『尙書, 洪範』

6) 二, 五事：一曰貌, 二曰言, 三曰視, 四曰聽, 五曰思. 貌曰恭, 言曰從, 視曰明, 聽曰聰, 思曰睿. 恭作肅, 從作乂, 明作哲, 聰作謀, 睿作聖. [同上]

다음의 것은 나쁜 징조이다. 군주가 미치면 장맛비가 그치지 않고, 군주가 통치를 잘못하면 가뭄으로 인해 비가 내리지 않고, 군주가 방종하고 게으르면 기후는 언제나 뜨겁고, 군주가 조급하면 늘 한랭하고, 군주가 어리석으면 늘 바람이 분다.[7]

「홍범」의 오행사상은 아직도 세련되지 않았다. 오행을 논함에 있어서 이 편의 집필자는 어떤 구체적 사물인 물, 불 등 물활론物活論적 사고를 벗어나지 못하였다.

그런데 나중에 오행은 어떤 추상적인 동작으로 간주되었다. 이 편의 집필자는 자연(天)과 인간은 서로 관련되어 있으므로 군주의 과오는 자연계의 괴이한 변화(異變)를 초래한다고 생각하였다. 이 설은 뒤에 음양가들에 의해 크게 발전되었는데, 이를 '천인감응설天人感應說'이라고 한다.

이 상응설에 관한 설명은 우선 두 가지 입장에서 살펴보아야 한다. 그 하나는 목적론적인 설명이요, 다른 하나는 기계론적인 설명이다.

전자에 의하면 군주의 잘못된 행동은 하늘(天)을 노하게 하여 이 분노로 말미암아 자연계에 재해가 일어난다. 이것은 하늘이 군주에게 주는 경고이다. 후자에 의하면 군주의 악행은 자동적으로 자연의 질서를 어지럽게 하여 기계적으로 괴변이 일어난다. 천지는 하나의 기계와 같아 만일 어느 한 부분이 고장나면 다른 부분은 자동적으로 영향을 받게 된다. 후자에 음양가의 과학정신이 나타나 있다면 전자에는 비술의 기운이 반영되어 있다.

---

7) 八, 庶徵 : 曰雨, 曰暘, 曰奧, 曰寒, 曰風, 曰時. 五者來備, 各以其敍, 庶草繁廡. 一極備凶, 一極無凶 ; 曰休徵 : 曰肅, 時雨若 ; 曰乂, 時暘若 ; 曰哲, 時奧若 ; 曰謀, 時寒若 ; 曰聖, 時風若. 曰咎徵 : 曰狂, 恒雨若 ; 曰僭, 恒暘若 ; 曰豫, 恒燠若 ; 曰急, 恒寒若 ; 曰蒙, 恒風若. 『尙書, 甘誓』

월령月令

음양가의 문헌 가운데 다음으로 중요한 것은 「월령」인데 이 사상은 『여씨춘추呂氏春秋』에 제일 먼저 나타나 있고, 뒤에 『예기禮記』에 구체적으로 표현되었다. 월령이란 군주나 일반 백성이 자연의 덕과 조화를 이루기 위하여 매월 무엇을 해야 하는가를 지시한 행사력이다.

「월령」에는 우주(天地)의 구조가 음양가의 사상에 의하여 기술되어 있는데 이 구조는 시공적인 면과 모두 다 연관되어 있다. 중국은 북반구에 자리잡고 있었으므로 고대 음양가들은 남방을 열대로, 북방을 한대로 간주하고 사계를 방위에다 배속시켰다. 그리하여 여름은 남쪽에, 겨울은 북쪽에, 봄은 해가 뜨는 동쪽에, 가을은 해가 지는 서쪽에 각각 배속시켰다. 음양가는 주야의 변화도 규모가 적을 뿐 역시 사계의 변화와 마찬가지라 여기고 아침은 봄을, 낮은 여름을, 저녁은 가을을, 밤은 겨울을 축소한 것이라고 주장했다.

남쪽과 여름은 화기火氣가 왕성한 방향과 시기이므로 덥고, 북쪽과 겨울은 수기水氣가 왕성한 방향과 시기이므로 춥다. 수기(水)는 얼음과 눈과 연관되어 있으므로 춥다고 보았다. 이와 마찬가지로 봄은 초목이 자라기 시작하는 때요, 동쪽은 봄에 배속시켰으므로 목기는 동쪽과 봄에 왕성하고, 가을은 초목의 성장이 끝나는 황량한 때이며, 서쪽은 가을에 배속시켰으므로 금기金氣는 서쪽과 가을에 왕성하다. 금속은 딱딱하고 냉혹한 성질을 대표하기 때문에 황량한 가을에 왕성하다고 보았다. 그러므로 5기 가운데 4기는 설명된 셈인데 토기土氣만이 고정된 방위와 계절이 없다. 「월령」에 의하면 토기는 5기의 중심이므로 사방四方의 중심에 자리잡고 있다. 그리고 토기가 왕성한 시기는 여름과 가을 사이의 짧은 시간 동안이라고 한다.

음양가는 이와 같이 시간적으로 그리고 공간적으로 자연현상을 설명하려고 기도하였으며 또 이러한 자연현상은 인간의 행위와도 매우 밀접하게 연관되어 있다고 보았다. 그러므로 위에서 말한 바와 같이 월령이란 군주가 매월 무슨 일을 해야 할까를 규정해 놓은 시행령이다. 그리하여 『예기』에 다음과 같은 말이 있다.

봄이 시작되는 달, 동풍은 얼음을 녹이고 땅속에 숨었던 벌레가 비로소 움직인다. 이 달에는 천기天氣가 하강하고, 지기地氣가 상승한다. 그리하여 천기의 기운이 조화롭게 함께하고 초목이 싹튼다.8)

인간의 행위도 자연의 운행과 조화를 이루어야 하기 때문에 군주는 이 달에 다음과 같은 시행령을 내려야 한다.

천자는 삼공三公에 명하여 은덕을 베풀도록 하고 착한 이를 상 주고 가난한 자를 구제하여 온 백성에게까지 미치게 한다. 그리고 산림과 하천과 폭포에 제사 지내는 희생물은 암컷(牝)을 쓰지 말게 하고, 벌목을 금지시키며 새나 짐승의 보금자리를 뒤엎어 농작물에 이로운 어린 벌레 또 태중에 있는 혹은 방금 출생한 어린 짐승과 어린 새를 죽이지 않도록 한다. 이 달에는 전쟁을 일으켜서는 안 된다. 만일 전쟁을 일으키면 하늘의 재앙을 받는다. 전쟁을 일으키지 않는다는 것은 바로 자기편에서 주동적으로 전쟁을 시작하면 안 된다는 뜻이다.9)

---

8) 孟春之月 …… 東風解凍, 蟄蟲始振, …… 是月也, 天氣下降, 地氣上騰, 天地和同, 草木萌動. 『禮記 ; 月令』
9) 命相布德和令, 行慶施惠, 下及兆民. …… 命祀山林川澤 犧牲毋用牝. 禁止伐木, 毋覆巢, 毋殺孩蟲·胎·夭·飛鳥, …… 是月也, 不可以稱兵, 稱兵以天殃, 兵戎不起, 不可從我始. 『禮記 ; 月令』

매월마다 군주가 그 달에 알맞은 영을 행하지 않고 다른 달에 해당하는 시행령에 따르면 천시에 영향을 주어 괴변이 생긴다.

초봄에 여름의 명령(夏令)을 시행하면 때아닌 비가 내리며 초목이 일찍 시들고 국가는 공포에 놓인다. 가을의 명령(秋令)을 시행하면 그 나라 백성들은 커다란 전염병을 앓게 되며 회오리바람과 사나운 비가 한꺼번에 닥치고 명아주·가라지·쑥 같은 잡초가 우거진다. 겨울의 명령(冬令)을 시행하면 홍수가 범람하고 눈과 서리가 사납게 내려 처음에 뿌려야 할 씨를 뿌릴 수 없게 된다.10)

추연騶衍

음양가의 대표인물은 추연인데 『사기』에 의하면 그는 제나라 사람으로 맹자보다 약간 후에 생존했다고 한다. 그는 음양의 변화를 깊이 살펴 지은 책이 10만여 권이나 되었는데 지금은 모두 다 잃어버렸다. 그러나 『사기』의 「열전」에서 사마천은 추연의 설을 비교적 자세하게 설명하였다. 『사기』에 의하면 추연의 학문방법은 "우선 반드시 조그만 사물을 조사해 본 다음 그것을 크게 미루어서 무한에까지 이르게 한다."11)는 것이었다. 그는 이 방법을 주로 지리와 역사 방면에 응용하였던 것 같다. 추연의 지리에 대한 설명은 『사기』에 다음과 같이 실려 있다.

---

10) 孟春行夏令, 則雨水不時, 草木蚤落, 國時有恐, 行秋令 則民其大疫, 猋風暴雨總至. 藜莠蓬蒿並興, 行冬令, 則水潦爲敗, 雪霜大摯, 首種不入. 『禮記 ; 月令』
11) 必先驗小物, 推而大之, 至於無垠. 『史記 · 孟子荀卿列傳』

그는 중국의 명산, 큰 하천 깊은 계곡과 그 속에 사는 금수와 식물과 진기한 산물을 먼저 열거한 다음 이로부터 해외에 이르러 사람들이 볼 수 없는 것까지 추리하였다. 유학자들이 말하는 중국이란 천하를 81로 나눈 것 중의 한 부분을 차지할 뿐이다. 중국은 적현신주赤縣神州라고 부르는데 그 안에는 9주가 있다. 중국 밖에 적현신주 같은 것이 아홉이 있는데 이것이 이른바 9주다. 여기에서 조그만 바다가 그것(各州)을 둘러싸고 있다. 그래서 민중과 금수가 서로 통행할 수 없다. 이들 9주는 1구역을 이루었는데 이와 같은 것이 아홉 개 있다. 큰 바다가 그 밖을 둘러싸고 있으며 그것은 천지가 맞닿은 곳이다.12)

추연의 역사관에 대하여 사마천은 다음과 같이 기술하였다.

그는 먼저 현세를 말하고 위로는 황제시대黃帝時代에까지 소급한다. 이것은 학자들이 다 같이 기술한 공통점이다. 대체로 선대先代를 따라서 흥망성쇠의 때를 보고 어떤 일을 말하며, 빌미와 길조(禨祥, 신이 내리는 禍福) 제도를 기재하고 천지가 아직 생기기 이전 시대에까지 멀리 미루어 아득하게 고찰할 수 없는 근원에 이른다. 천지가 나뉘어진 이래 오덕五德이 회전하고 움직이며 이동하여 그때그때의 통치가 각각 마땅하고 이와 같이 하늘의 명령에 부응하게 된다.13)

---

12) 先列中國名山大川, 通谷禽獸, 水土所殖, 物類所珍, 因而推之, 及海外人之所不能觀. …… 以爲儒者所謂中國者, 于天下八十一分居其一分耳. 中國名曰赤縣神州. …… 中國外如赤縣神州者九, 乃所謂九州也. 于是有裨海環之, 人民禽獸莫能相通者, 如一區中者, 乃爲一州. 如此者九, 乃有大瀛海環其外, 天地之際焉. [同上]
13) 先序今以上至黃帝, 學者所共術, 大竝世盛衰, 因載其禨祥度制, 推而遠之, 至天地未生, 窈冥不可考而原也. …… 稱引天地剖判以來, 五德轉移, 治各有宜, 而符應若

역사철학

위에서 말한 인용문 가운데 마지막 구절에서 우리는 추연이 새로운 역사철학을 전개하였음을 알 수 있다. 이 설에 의하면 역사의 변화는 오덕의 회전과 이동에 따라서 해석될 수 있다. 사마천은 이 설의 상세한 내용을 기록하지 아니하였으나 『여씨춘추』의 「유시람有始覽」「응동편應同篇」에 잘 다루어져 있고 추연의 이름은 언급되어 있지 않으나 그 내용은 다음과 같다.

대체로 제왕이 장차 흥기하려고 할 때마다 하늘은 반드시 먼저 백성들에 길조를 보여 준다. 황제 때에는 하늘이 먼저 큰 지렁이(大螾)와 큰 개구리(大螻)를 보냈다. 이것을 보고 황제黃帝는 "토기土氣가 승勝하다."고 했다. 토기가 승하므로 그는 황색을 숭상하고 도덕을 모범으로 삼았다. 우임금 때에는 하늘이 먼저 초목을 가을, 겨울에도 죽지 않게 하였다. 우 임금이 "목기木氣가 승하다."고 하였다. 목기가 승하므로 그는 청색을 숭상하고 목덕을 모범으로 삼았다. 탕湯임금 때에는 하늘이 먼저 칼날을 물속에 나타나게 하였다. 탕임금은 "금기金氣가 승하다."고 말했다. 금기가 승하므로 그는 백색을 숭상하고 금덕을 본보기로 삼았다. 문왕文王 때에는 하늘이 먼저 불(火)을 나타내 보였는데 붉은 새가 붉은 종이조각을 입에 물고 주周나라에 내려앉았다. 문왕은 "화기火氣가 승하다."고 말했다. 화기가 승하므로 그는 적색을 숭상하고 화덕을 본보기로 삼았다. 화기를 대신하는 것은 반드시 수기水氣이며, 하늘은 수기를 승하게 만들 것이며 수기가 승하면 제왕은 흑색을 숭상하고 수덕을 본보기로 삼아야 한다. 이렇

茲. 『史記 · 孟子荀卿列傳』

228

게 순환이 계속되면 그 운행은 다시 토기土氣로 옮겨가야 한다.[14)]

음양가는 오덕이 서로 낳고(相生) 서로 이겨낸다(相克)고 주장한다. 그리고 사계는 이 오덕의 생성과정에 맞추어 발생하여 봄의 목기는 여름의 화기를 낳고(木生火), 여름의 화기는 중앙의 토기를 낳고(火生土), 중앙의 토기는 가을의 금기를 낳고(土生金), 가을의 금기는 겨울의 수기를 낳고(金生水), 겨울의 수기는 다시 봄의 목기를 낳는다(水生木)고 했다.

위에서 말한 인용문에 의하면 왕조의 교체도 이와 같이 자연의 오덕의 계승과 합치된다고 한다. 그리하여 황제의 토덕을 하왕조의 목덕이 이겨내고 또 주왕조의 목덕을 상왕조의 금덕이 이겨내고 상왕조의 금덕을 주왕조의 화덕이 이겨내고 화덕은 차례에 따라 수덕에 의하여 이겨내는데 하왕조 다음 어떤 왕조이든 간에 수덕을 갖는다. 그리고 이 왕조는 다시 다음에 오는 토덕에 의하여 이겨내어 순환이 계속된다.

『여씨춘추』의 기록에 의하면 이것은 단순한 이론에 불과하지만, 곧 실제 정치에 막대한 영향을 미쳤다. 그리하여 B.C. 221년 진시황이 6국을 멸하고 천하를 최초로 통일하였는데 그는 주왕조 다음의 대를 계승한 왕조라고 생각하여 정말로 '바야흐로 수덕이 시작된다.'고 믿었다.

사마천의 『사기』에는 다음과 같이 적혀 있다.

의복, 깃발들은 모두 흑색을 숭상하고 수數는 6을 기원으로 삼고

---

14) 凡帝王之將興也, 天必先見祥乎下民. 黃帝之時, 天先見大螾大螻, 黃帝曰：土氣勝. 土氣勝, 故其色尚黃, 其事則土. 及禹之時, 天先見草木秋冬不殺, 禹曰：木氣勝. 木氣勝, 故其色尚青, 其事則木. 及湯之時, 天先見金刃生於水. 湯曰：金氣勝. 金氣勝, 故其色尚白, 其事則金. 及文王之時, 天先見火, 赤烏銜丹書集于周社. 文王曰：火氣勝. 火氣勝, 故其色尚赤, 其事則火. 代火者必將水；天且先見水氣勝. 水氣勝；故其色尚黑, 其事則水. 水氣至而不知, 數備, 將徙于土. 『呂氏春秋；有始覽』

수덕을 본보기로 삼았다. 그리하여 황하의 이름을 덕수德水라고 고
쳤다. 왜냐하면 그것은 수덕의 시작이라고 생각하였기 때문이다. 그
통치는 강력하였고, 모든 일은 다 법에 의하여 결정되었다. 각박하
고 삭막하여 인자롭지도 은혜롭지도 못하고 엄격한 의로움(義)을 좇
을 뿐이었다. 그 다음 오덕의 수에 합치된다.15)

진秦왕조는 학정 때문에 오래 지속되지 못하고, 곧 한漢왕조(B.C.
206~A.D. 220년)가 그 대를 계승하였다. 한왕조 역시 자신도 오덕 중의
어떤 하나의 덕에 의하여 황제가 되었다고 믿었다. 그러나 그 덕이 어
떤 덕인가에 대하여 학자들이 상당한 논란을 벌였다. 어떤 학자는 한
은 진의 대를 이은 왕조이니까 토덕에 의하여 통치되어야 한다고 주장
하였는데, 다른 학자는 진은 너무나 가혹하고 또 너무나 단명하였으므
로 합법적인 왕조로 간주될 수 없고 한왕조가 사실상의 주왕조의 계승
자라고 주장하였다. 두 진영의 학자들은 서로 엇갈린 징조를 놓고 서
로 다른 해석을 부가하였다. 드디어 B.C. 104년 무제武帝는 토가 한의
덕이라고 결정을 내려 공포하였으나, 그 후에도 여전히 이견이 분분하
였다. 한왕조 이후의 사람들은 이 문제에 그다지 관심을 기울이지 아
니하였다. 그런데 1911년 중화민국이 청조의 종지부를 찍을 때, 당시
황제의 공식명칭은 여전히 봉천승운황제奉天承運皇帝(천명을 받들어 오덕의
운행을 계승한 황제)였다. '승운承運'이란 바로 오덕五德의 바뀌어지는 움직
임을 이었다는 뜻이다.

---

15) 推終始五德之傳, 以爲周得火德, 秦代周德, 從所不勝, 方今水德之始, 改年始, 朝賀
皆自十月朔. 衣服旄旌節旗皆上黑. 數以六爲紀 …… 更名河曰德水, 以爲水德之
始. 剛毅戾深, 事皆決於法, 刻削毋仁恩和義, 然後合五德之數. 『史記 ; 秦始皇本紀』

역전易傳의 음양원리

오행설은 우주의 구조만 설명하였고 그 기원에 관한 언급이 없는데, 음양설에 의하여 보충되었다.

양陽이란 말은 원래 '햇볕'을, 음이란 말은 '그늘'을 뜻하였으나 후에 점점 발전되어 음양은 우주의 두 원리 또는 원동력으로 간주되었다. 그리하여 양은 남성적인 것·능동성·더위·밝음·건조·굳음 등을 나타내고, 음은 여성적인 것·수동성·추위·어둠·습기·부드러움 등을 뜻하게 되었다. 이 양대 원동력의 상호작용에 의하여 우주의 삼라만상이 발생하였다.

이 관념은 최근까지도 중국인의 우주관을 지배해 왔다. 음양에 관한 최초의 언급은 이미 『국어國語』(아마도 B.C. 3~4세기에 편집된 것인 듯하다.)에 나타나 있다. 이 역사서는 다음과 같은 이야기를 기재하였다.

> B.C. 780년에 지진이 발생하였을 때 주나라 태사太史인 백양부伯陽父는 설명했다. 대체로 천지의 '기'는 본래 일정한 위치가 있어 그 질서를 잃지 않는다. 만일 그 질서를 과도하게 잃었다면 이것은 백성들이 착란시킨 것이다.
>
> 양기가 숨어서 나오지 못하면 음기가 눌러서 증발할 수 없다. 이리하여 지진이 발생하였다.[16]

그 뒤의 음양설은 주로 『주역周易』과 연관이 되었다. 『주역』은 본래 8괘卦로 구성되어 있는데, 그것은 ☰, ☱, ☲, ☳, ☴, ☵, ☶, ☷ 이다. 위에서 말한 괘 가운데 어느 괘든지 둘을 포개(重疊) 놓으면 ䷀, ䷁, ䷒ 등과

---

16) 伯陽父曰 : 夫天地之氣, 不失其序. 若過其序, 民亂之也. 陽伏而不能出, 陰迫而不能烝, 於是有地震. 『國語 ; 周語』

같이 다 64괘가 나온다. 『주역』의 원본은 이 64괘와 그 괘의 뜻을 풀이한 괘사卦辭로 되어 있다.

전통적 견해에 의하면 8괘는 복희伏羲가 만들었다고 하며, 심지어 황제黃帝에까지 소급하는 사람도 있다. 어떤 학자는 복희가 직접 8괘를 포개어 64괘를 만들었다고 하고 또 어떤 학자는 64괘는 문왕文王이 만들었다고 하며, 어떤 학자는 괘사卦辭와 효사爻辭는 문왕이 썼다고 하며, 어떤 학자는 괘사는 문왕이 쓰고 효사는 주공周公이 썼다고 한다. 이러한 여러 설이 옳고 그르고 간에 중국인들이 8괘와 64괘에 애착을 가졌다는 점이 중요하다.

현대의 옛것을 의심스러워하는 학문 분위기는 다음과 같은 설을 전개하였다. 즉 8괘와 64괘는 주나라 초에 발명되었는데 상왕조에서 시행하였던 복서법으로 거북껍질이나 소뼈에 생긴 갈라진 금을 보고 점치는 방법을 모색하였다. 이 방법은 이 장 서두에서 잠깐 언급했다. 거북껍질이나 소 어깨뼈에 열을 가하여 갈라진 금의 형상을 보고 자기가 점치려고 하는 문제의 해답을 얻는다. 그러나 그러한 금은 수많은 형태를 가지고 있으므로 어떤 고정된 공식으로 그것을 해석하기가 어렵다. 그러므로 주 초에 이런 방식의 점치는 방법은 다른 방법으로 보완되었는데 그것이 다름 아닌 서초筮草의 줄기를 사용하는 서법筮法이다.

서법은 서초의 줄기를 한데 뒤섞었다가 나누면 어떤 때는 짝수, 어떤 때는 홀수가 나온다. 이러한 배합은 수적으로 제한되어 있으므로 어떤 일정한 공식에 따라 해석될 수 있다. 『주역』의 —선과 --선은 이러한 배합의 그림(圖畵)으로 구체적으로 나타났다고 믿어진다. 그러므로 점치는 자는 서초의 줄기를 뒤섞었다 나눔으로써 어떤 주어진 선이 나오며, 하나의 선을 효爻라 하고 이 선이 세 개 모여 괘卦가 되는데 우리는 효와 괘의 뜻을 풀이한 효사와 괘사를 읽음으로써 점치려고 하는 문제에 대한 해답을 얻을 수 있다. 이것이 아마도 『역경』의 기원이었던 것 같다. 그리고 선의 배합을 바꾼다(交易)는 의미에서 역易의 명칭이 유래하였음을 알 수 있다. 그러나 후대에 와서 이『역경』에 많은 보완적 해석이 부가되었는데, 어떤 것은 도덕적이며 어떤 것은 형이상학적이며 어떤 것은 우주론적이다. 이러한 해석은 한대에 와서 비로소 작성되었으며 이것은 현재「십익十翼」에 포함되어 있다. 이 장에서는 주로 우주론적인 해석을 논하기로 하고 다른 것은 15장에서 다루고자 한다.

음양의 관념 이외에『역전』에서 중요한 사상은 수數의 관념이다. 고대인들은 대개 점을 우주의 신비를 푸는 방법으로 간주하였고, 서초점은 여러 가지 수의 배합에 기초를 두고 있었으므로『역전』을 편찬한 자(정확히 알 수는 없어도)는 우주의 신비는 수에서 찾을 수 있다고 믿었던 것 같다. 이것은 결코 놀랄 일이 아니다. 그러므로『역전』에 의하면 양의 수는 언제나 홀수이고, 음의 수는 언제나 짝수이다. 그리하여「계사」에 "하늘(天)의 수는 1이요, 땅(地)의 수는 2요, 천의 수는 3이요, 땅의 수는 4요, 천의 수는 5요, 땅의 수는 6이요, 하늘의 수는 7이요, 땅의 수는 8이요, 하늘의 수는 9요, 땅의 수는 10이다. 하늘의 수와 땅의 수는 서로 배합되어 하늘의 수는 모두 합해 25이며, 땅의 수는 30이다. 그리고 하늘과 땅의 수는 55다. 이것이 우주가 변화되는 이유이다."[17]고 말했다.

후대에 이르러 음양가는 수로 오행을 음양과 연결시키려고 시도하였다. 그리하여, "1은 하늘의 수이며 수水를 낳고, 6은 땅의 수이며 화火를 낳고, 7은 하늘의 수이며 화를 완성시킨다. 3은 하늘의 수이며 목木을 낳고, 8은 땅의 수이며 목을 완성시킨다. 4는 땅의 수

---

17) 天一, 地二, 天三, 地四, 天五, 地六, 天七, 地八, 天九, 地十. …… 天數五, 地數五, 五位相得而各有合. 天數二十有五, 地數三十. 凡天地之數五十有五. 此所以成變化而行鬼神也.『周易 ; 繫辭上』

이며 금金을 낳고, 9는 하늘의 수이며 금을 완성시킨다. 5는 하늘의 수이며 토土를 낳고, 10은 땅의 수이며 토를 완성시킨다. 그리하여 1, 2, 3, 4, 5는 오덕을 낳는 수이며 6, 7, 8, 9, 10은 오덕을 완성시키는 수이다.[18]

그러므로 정현鄭玄(127~200년)은 『예기』 「월령」의 주注에 기록했다.

수數란 오행이 천지를 보좌하여 만물을 생성시키는 순서이다. 역易에서 "천 1, 지 2, 천 3, 지 4, 천 5, 지 6, 천 7, 지 8, 천 9, 지 10"이라고 했는데, 오행은 수에서 시작하고 화가 그 다음 차례요, 목은 그 다음 차례이며 금은 그 다음 차례이고 토는 맨 끝이다. 목이 생산되는 수는 3이요, 완성되는 수는 8이다. 다만 8을 말한 것은 그 완성되는 수를 예로 든 것이다.[19]

이것은 고대 그리스 피타고라스학파의 이론과 상당히 접근되어 있다. 그리스 철학자 디오게네스 라엘티우소Diogenes Laertius가 서술한 이 이론에 의하면 그리스 철학의 4대 원소인 불, 물, 흙, 바람은 간접적이기는 하지만 수에서 유래된 것이라고 한다. 중국의 수數에 관한 이론은 그리스에 비해 뒤늦은 감이 없지 않다.

그리고 『역전』 자체에는 오행에 관한 언급이 없다. 『역전』에는 8괘가 우주의 어떤 사물을 상징하고 있다고 생각되었다.

---

18) 天之數, 一, 生水, 地之數, 六成之. 地之數, 二, 生火天之數, 七成之. 天之數, 三, 生木地之數, 八, 成之. 地之數, 四, 生金 : 天地數九, 成之. 天之數, 五, 生土 : 地之數, 十, 成之. 此一. 二三四. 五 皆爲生五行之數, 六七, 八, 九, 十. 皆爲成之之數. (譯註)

19) 數者, 五行佐天地生物成物之次也. 易曰天一, 地二, 天三, 地四, 天五, 地六, 天七, 地八, 天九, 地十, 而五行自水始, 火次之, 木次之, 金次之, 土爲後, 木生數三, 成數八, 但書八者, 擧其成數. 『禮記 ; 月令』

그리하여 「설괘說卦」에서 다음의 글을 읽을 수 있다.

건乾 ☰은 하늘이며 둥근 것이며 군주이며 아버지이며 ……, 곤
坤 ☷은 땅이며 어머니이며 ……, 진震 ☳은 번개이며, 손巽 ☴은 나
무이며 바람이며, 감坎 ☵은 물이며 달이며 ……, 리離 ☲는 불이며
해이며 ……, 간艮 ☶은 산이며 ……, 태兌 ☱는 못이다.[20]

효와 괘에서 이어진 줄(—)은 양을, 끊어진 줄(--)은 음을 나타낸다.
건괘와 곤괘는 각각 순수하게 이어진 줄(☰)이거나, 끊어진 줄(☷)로
되어 있다. 이것은 양과 음의 특별함을 상징하고 나머지 6괘는 이 건
곤 양괘의 교역에 의하여 산출된 것 같다. 그리하여 건곤은 부모로, 다
른 괘는 자녀로 언급되어진다.

그리하여 건乾에서 처음 효와 곤坤에서 중간 위쪽의 효와 합하여 진
震이 생기는데 이것을 장남長男이라 한다. 이와 마찬가지로 곤에서 처
음의 효와 건에서 중간 위쪽의 효와 합하면 손巽이 되는데 이것을 장
녀長女라고 한다. 건의 중간 효와 곤의 중심에서 아래쪽의 효를 합하
면 감坎이 되는데 이것을 중남中男이라고 한다. 또 곤의 중간 효와 건
의 중심 아래쪽의 효를 합하면 리離가 되는데 이것을 중녀中女라고 한다.
건의 윗부분 효와 곤의 처음과 중간의 효를 합하면 간艮이 되는데 이
것을 소남小男이라 한다. 곤의 윗부분 효와 건의 처음과 중간의 효를
합하면 태兌가 되는데 이것을 소녀小女라고 한다.

건곤의 이러한 배합 또는 교역으로 나머지 6괘가 산출되는데 이것
은 바로 음양 교역의 과정을 도식으로 상징화했으며, 이로부터 천지의
만물이 산출되어 나왔다. 천지의 만물이 음양의 교역으로 산출됨은 마

---

20) 乾爲天 …… 爲圜, 爲君, 爲父 …… 坤爲地, 爲母 …… 震爲雷 …… 巽爲木, 爲風,
…… 坎爲水 …… 爲月, …… 離爲火, 爲日, …… 艮爲山, …… 兌爲澤. 『周易 ; 說卦』

치 남녀의 결합을 통하여 자녀가 산출되는 것이나 비슷하다.

그러므로 『주역』 「계사」에 다음과 같은 말이 있다.

천지의 기운이 서로 감응 합일하여 만물이 화육되고 번영되며, 정기가 결합되어 만물이 화생한다.[21]

천지는 음양의 물리적인 표현이요, 건곤은 음양의 상징적 표현이다. 양은 만물을 생산하는 원리요, 음은 만물을 완성시키는 원리이다. 그러므로 음양에 의하여 만물이 생성되는 것은 남녀에 의하여 생물이 생성되는 것이나 마찬가지다.

중국의 원시종교에서는 남신과 여신이 천지 만물을 생성시켰다고 생각할 수 있는 가능성이 있다. 그러나 음양의 철학에서 그러한 의인적擬人的인 개념은 불식되었고 음양의 원리로 대체되었을 뿐만 아니라 또 음양은 완전히 비인격적인 자연의 동력으로 간주되었다.

---

21) 天地絪縕, 萬物化醇, 男女構精, 萬物化生. 『周易 ; 繫辭下』

제13장

순자
荀子
: 현실주의자

진왕조 이전의 유가(先秦儒家) 중에 3대 인물은 공자(B.C. 479~551년), 맹자(B.C. 371?~289?년) 그리고 순자이다. 순자의 생존연대는 미상이나 대략 B.C. 298년에서 238년 사이로 추정되고 있다. 순자의 이름은 황況이며, 자는 경卿으로 조趙나라(현 호북성 및 산시성 남부) 사람이었다. 『사기』「순경열전荀卿列傳」에 순경이 50세 때에 제齊나라에 갔다는 기록이 있는 것으로 보아 아마도 그는 당시 직하稷下(제나라의 城 이름, 여러 학자들이 모인 곳)의 학원에서는 가장 위대한 사상가였음에 틀림이 없다. 현존하는 『순자』라는 저서는 모두 32편으로 그 대부분이 순자 친필로 쓴 논문이라고 추정되고 있다.

순자의 사상은 맹자의 사상과 대립을 이루고 있다. 어떤 이는 맹자가 유가의 혁신파를 대표한다면, 순자는 보수파라고도 하는데, 이 말에 일리가 없지는 않으나 단순히 그것에 그칠 수도 없다. 맹자는 개인의 자유를 강조하였다는 점에서는 혁신적이나 초도덕적 가치는 소중히 여기어 종교에 가까웠다는 점에서는 오히려 보수적이다. 또 순자는 사회적 통제를 강조하였다는 점에서 보수적이나 자연주의를 천명하면서 어떠한 종교사상도 인정하지 않았다는 점에서는 혁신적이다.

인간의 지위

순자의 성악설性惡說은 맹자의 성선설性善說과 상반되므로 겉으로 볼 때는 순자가 인간을 아주 멸시한 것 같으나 사실 훌륭하고 가치 있는 것은 모두 인간 노력의 결정이라는 것이 순자의 일반적 논조이므로 그의 철학을 인문철학人文哲學이라고 부르는 것도 틀린 말은 아니다. 모든 가치는 인간 문화의 소산이며 문화는 인간이 이룩해 놓은 치적이다. 이 점에서 인간은 천지天地와 동등한 그 중요성을 갖는다. "하늘은 춘하추동 사시의 변화를, 땅은 깊이 간직하고 있는 재원(財)을, 인간은 사물을 다스리는 방법을 가지고 있다. 대체로 이를 능참能參(인간이 천지와 나란히 참여할 수 있는 것)이라고 일컫는다.[1]

맹자는 "자기의 마음을 극진히 함으로써 본성을 깨닫고 그 본성을 알면 하늘을 안다."[2]고 말하였으므로 성인이 되기 위해서는 하늘을 알아야(知天) 한다고 하였다. 그러나 순자는 이와 정반대로 "오직 성인만이 하늘을 알려고 하지 않는다."[3]라고 주장하였다. 순자에 의하면 우주의 세 가지 근본인 하늘(天)·땅(地)·사람(人)은 각각 자기의 직분을 지니고 있다고 한다.

> 뭇 별들이 궤도를 따라 운행하고, 해와 달이 번갈아 비추이며, 사시가 차례를 따라 돌아오고, 음양이 끊임없이 변화하여 비바람이 널리 뿌려져 만물은 각기 그 조화를 얻어 생존하며 그 양육을 받아 성장한다.[4]

앞에서 언급한 것은 하늘과 땅의 사명이지만 인간의 사명은 천지가 인간에게 베푼 것을 이용하여 인위적인 질서(治)를 이룩해 놓은 것이다. 그러므로 순자는 다음과 같이 질문을 던졌다. "하늘을 위대하게 여기어 생각만 하는 것과 만물을 비축하여 하늘을 제어하는 것은 어느

---

1) 天有其時, 地有其財, 人有其治, 夫是之謂能參.『荀子 ; 天論』
2) 盡其心者, 知其性也. 知其性, 則知天也.『孟子 ; 盡心』
3) 唯聖人爲不求知天.『荀子 ; 天論』
4) 列星隨旋, 日月遞炤, 四時代御, 陰陽大化, 風雨博施, 萬物各得其和以生, 各得其養以成. [同上]

쪽이 더 나은가? 하늘에 순응하여 찬양하는 것과 천명을 제어하여 유리하게 응용하는 것은 어느 쪽이 더 나은가?"5) 또 계속하여 그는 "인간이 할 수 있는 것을 놓아 두고 하늘만 생각한다면 만물의 실정을 깨닫지 못하게 된다."6)고 말하였다. 순자에 의하면 그렇게 함으로써 인간은 자기의 할 일을 잊어버리고 하늘에 대하여 생각함으로써 하늘의 소임을 외람되게 자기가 가로채는 셈이다. 이와 같이 인간은 "천지와 나란히 설 수 있는(參) 소지를 버리고 천지와 나란히 된 상태를 원한다면 그것은 환상(惑)이다."7)

인성론人性論

인간의 성품은 교화되어야 한다는 것이 순자의 견해이다. 인간의 성품이 아직 교화되지 않았다는 그 사실만 보아도 그 성품이 선할 리가 없다는 것이다. 그러므로 순자는 "인간의 성품은 악하다. 선한 것은 인위적인 노력의 결과다."8) 또 "성품(性)은 본래 바탕으로서 가공되지 않은 것(質樸)인 데 반하여, 위(僞)는 인위적인 노력에 의한 것을 말한다. 성품이 없으면 인위적인 노력을 가할 곳이 없으며, 인위적 노력이 없으면 성품이 저절로 아름다워질 수가 없다."9)라고 하였다. 순자의 인성관은 바로 맹자의 인성관과 대립되지만 순자도 원하기만 한다면 누구나 성인이 될 가능성이 있다는 점에서는 맹자의 견해와 일치된다. 맹자는 인간이면 누구나 다 요순(성인) 임금과 같이 될 수 있다(人皆可以

---

5) 大天而思之, 孰與物畜而制之? 從天而頌之, 孰與制天命而用之? 『荀子 ; 天論』
6) 故錯人而思天, 則失萬物之情. [同上]
7) 舍其所以參, 而願其所參, 則惑矣. [同上]
8) 人之性, 惡. 其善者, 僞也. 『荀子 ; 性惡』
9) 性者, 本始材朴也 ; 僞者, 文禮隆盛也. 無性則僞之無所加 ; 無僞則性不能自美. 『荀子 ; 禮論』

爲聖人)고 말하였는데 순자도 이와 비슷하게 거리에 있는 사람도 우임 금같이(성인) 될 수 있다(塗之人可以爲禹)고 말하였다.

어떤 이는 이 일치점을 보고 결국 맹·순 사이에는 사실상 아무런 차이도 없다고 말하지만 이러한 표면상의 일치에도 불구하고 그 차이 는 매우 심하다.

맹자에 의하면 인간은 태어날 때부터 '사단四端'을 고유하게 가지고 나왔기 때문에 이 사단을 충실히 확충시키는 자는 성인이 된다고 했 다. 그러나 순자에 의하면 인간은 어떠한 선한 실마리(善端)도 가지지 않고 태어났으며, 반대로 사실상 악한 취향을 가지고 있다고 하였다. 순자는 「성악편性惡篇」에서 인간은 타고나면서부터 이익을 좋아하고, 감각적 쾌락을 가지고 있음을 증명하려고 하였다. 그러나 이러한 악한 취향에도 불구하고 인간은 또한 지능을 가지고 있으며 이 지능이 인간 을 선하게 될 수 있도록 만들었다고 하였다. 그는 또 "거리의 사람도 다 인의, 법도를 알(知) 수 있는 바탕(質)을 가졌고 또 인의, 법도를 행 할 수 있는 능력(能)을 갖추고(具) 있다. 그러므로 그가 우임금같이 훌 륭한 사람이 될 수 있다는 것은 명백한 일이다.10)고 말하였다. 맹자가 인간의 본성은 선하기 때문에 사람은 누구나 다 요순이 될 수 있다고 주장한 데 반하여, 순자는 인간은 본래 지능을 가졌기 때문에 어떤 사 람이든지 다 우임금 같은 훌륭한 인물이 될 수 있다고 주장하였다.

예禮의 기원

그러나 어떻게 인간이 도덕적으로 선하게 될 수 있을까? 만일 모든

---

10) 塗之人也, 皆有可以知仁義法正之質, 皆有可以能仁義法正之具, 然則其可以爲禹明 矣. 『荀子 ; 性惡』

사람이 타고날 때부터 악하다면 선의 근원은 무엇인가? 이러한 물음에 대하여 순자는 두 가지 논설을 전개하였다. 첫째로 인간은 모임(群)을 떠나서 살 수 없다. 그 이유는 인간이 보다 나은 생활을 영위하기 위하여 협동하고 상호부조해야 하기 때문이다. 순자는 "한 사람을 양육시키기 위하여 여러 기술자들이 만들어 놓은 물건이 필요하다. 그리고 아무리 유능한 자라도 모든 기술을 다 겸비할 수는 없으며, 또 한 사람이 모든 관직을 다 겸할 수는 없다. 그런데 백성들이 제각기 따로 떨어져 살면서 서로 돕지 않으면 빈궁해질 것이다."[11]고 했다. 또 이와 마찬가지로 인간이 다른 생물에 지지 않으려면 단결할 필요가 있다. "인간은 황소 같은 힘도 없으며 말(馬)처럼 잘 달릴 수도 없다. 그런데도 소와 말은 인간에게 부림을 당한다. 왜 그런가? 그 이유는 인간이 모임을 구성할 수 있는 데 반해 다른 동물은 그렇지 못하기 때문이다. …… 인간이 화목하면 단결하고 단결하면 보다 큰 힘을 가지며 큰 힘을 가지면 강력해지고 강력해지면 다른 생물을 이길 수 있다."[12]고 말하였다. 이러한 두 가지 이유 때문에 인간은 사회조직을 필요로 하며 이 사회조직의 질서를 유지하기 위하여 인간은 행위의 규범이 요청되는데, 바로 이것이 예(예의·의식·생활습속)이다. 예禮는 유가에서 특히 중시되어 왔으며 또한 순자에 이르러 더욱 강조되었다. 예의 기원에 관하여 순자는 말한다.

예는 어디에서 기원되었는가? 인간은 나면서부터 그 무엇을 하려는 욕구를 가지고 있다. 이 욕구가 충족되지 않는다 하여 추구하지

---

11) 故百技所成, 所以養一人也, 而能不能兼技, 人不能兼官. 離居不相待則窮.『荀子 ; 富國』

12) 力不若牛, 走不若馬, 而牛馬爲用, 何也? 曰人能羣, 彼不能羣也. …… 和則一, 一則多力, 多力則彊, 彊則勝物.『荀子 ; 王制』

않을 수는 없다. 그런데 추구하되 기준과 분수가 없으면 다투지 않을 수 없고, 다투면 혼란해지고, 혼란해지면 만사가 궁핍하게 된다. 선왕은 이 혼란을 싫어하였기 때문에 예의를 제정하여 한계를 분명히 하였다.13)—그렇게 함으로써 사람들의 욕구를 길러 주고 채워 주어 욕구로 하여금 반드시 물건에 궁하지 않게 하였고, 물건도 반드시 욕구에 모자라지 않도록 하였다. 양자(욕구와 물건)가 서로 의지하여 자라나게 된다. 이것이 예가 기원한 곳이다.

순자는 「부국편富國篇」에서 "백성들은 같은 물건을 갖고 싶어하기도 하고, 또 싫어하기도 한다. 욕구는 많고 물건은 적다. 그렇기 때문에 반드시 투쟁이 생긴다."14)고 말했다. 여기에서 순자는 인생의 가장 근본적인 문제점을 지적했다. 만일 백성들이 모두 동일한 물건을 요구하지 않는다면, 예컨대 어떤 사람은 지배하기를 좋아하고 어떤 사람은 지배받기를 좋아한다면 백성들 사이에는 아무런 말썽도 일어나지 않을 것이며, 백성들은 함께 화목하게 잘 살아갈 것이다. 그렇지 않으면 만인이 요구하는 모든 사물이 공기처럼 풍부하다면 역시 문제가 발생하지 않을 것이다. 또 만일 인간이 혼자서 살 수만 있다면 문제는 훨씬 더 간단해질 것이다. 그러나 세상사가 그리 이상적인 것만도 아니다. 인간은 모임(群)을 이루고 살아야 하며 다투지 않고 함께 공존하려면 최소한의 욕구를 충족시키는 상태에서 만인에게 제한이 부과되어야 한다. 예의 기능은 바로 이 한계를 수립하는 일이다. 예가 존재할 때 도덕이 존재한다. 예에 따라서 행동하는 사람은 도덕을 잘 지키는 사람

---

13) 禮起於何也? 曰人生而有欲；欲而不得, 則不能無求；求而無度量分界, 則不能不爭. 爭則亂, 亂則窮. 先王惡其亂也, 故制禮義以分之. 以養人之欲, 給人之求, 使欲必不窮乎物, 物必不屈于欲, 兩者相指而長, 是禮之所起也. 『荀子；禮論』
14) 欲惡同物, 欲多而物寡, 寡則必爭矣. 『荀子；富國』

이며, 예에 거슬려 행동하는 자는 반도덕적인 사람이다.

이것은 도덕적 선의 기원을 설명하기 위한 논증의 일부인데 매우 공리주의적이며, 묵자의 설명과도 아주 흡사하다. 순자는 다른 논증을 다음과 같이 전개하였다.

인간이 인간 노릇을 할 수 있는 까닭은, 단지 그가 두 다리와 털이 나지 않았다는 것 때문이 아니라 인륜人倫을 가릴 줄 알았기 때문이다. 짐승에겐 아비·새끼는 있어도 부자 간의 사랑(慈·孝)은 없으며, 암수는 있으되 남녀의 분별은 없다. 따라서 인간의 도리는 인륜을 가려내는 것보다 더 큰 것이 없고, 이는 모임에서 몫을 나누는 것보다 더 큰 것이 없고, 모임에서 몫을 나누는 것은 예보다 더 훌륭한 것이 없다.[15]

장자가 자연적인 것(天)과 인간적인 것(人)을 구분하였듯이 순자는 자연적인 것(天)과 인문적인 것(文)을 구분하였다. 금수에도 어미·새끼가 있고 암컷·수컷이 있다는 사실은 자연적이며, 반면에 부자·부부간의 인륜관계는 문화와 문명의 소산이다. 이는 자연의 선물이 아니라 인간 정신의 질서이다. 인간은 인륜과 예를 가지고 있으므로 금수와는 다른 생활을 영위해 가고 있다. 이렇게 보면 인간이 예를 지녀야 하는 이유는 어쩔 수 없어서가 아니라 인간이면 마땅히 그렇게 해야 하기 때문이다. 이 주장은 맹자의 주장과 매우 비슷하다.

유가에서 예가 갖고 있는 뜻은 매우 광범위하다. 예는 예의禮儀, 의식儀式, 사회규율社會規律 등의 뜻을 함축하고 있다. 위에서 말한 논증

---

15) 故人之所以爲人者, 非特以其二足而無毛也, 以其有辨也. 夫禽獸有父子, 而無父子之親, 有牝牡而無男女之別. 故人道莫不有辨. …… 辨莫大於分, 分莫大於禮. 『荀子 ; 非相』

에서는 다소 사회규율의 뜻을 취하고 있으며 이러한 의미에서 예는 인간의 행위를 규제하는 기능을 가지고 있다. 예는 인간욕구의 충족을 위하여 규제를 마련했다. 그러나 예는 예의 또는 의식의 의미를 가지고 있는데, 이에 따라 그 기능도 다르다. 예는 인간의 감정을 순화시켜 주고 정화시켜 주는 기능을 갖고 있다. 예에 대한 이 두 가지 해설로 순자는 커다란 공헌을 하였다.

예악론禮樂論

유가에서 가장 중요한 의식은 상례喪禮와 제례祭禮이다. 이 의식은 당시엔 매우 보편적으로 시행되었으며 민간에게까지 널리 파급되었다. 그렇지만 이 의식 속에는 어떠한 미신이나 신화가 섞여 있지 않았다. 유가는 이 의식을 변호하고 여기에다 새로운 의미를 부여하여 새롭게 이해하였다. 우리는 『순자』와 『예기』에서 그 대표적인 예를 찾아볼 수 있다.

십삼경十三經 가운데 전문적으로 예만을 다룬 책은 『의례儀禮』와 『예기禮記』이다. 전자는 당시 실행되었던 의식절차를 사실적으로 기록한 책이며, 후자는 의식에 대하여 유가들이 부여한 해석을 모은 책이다. 필자는 『예기』의 여러 편의 논문을 순자의 제자들이 썼다고 믿는다.

인간의 마음은 지성적인 면과 정서적인 면을 아울러 가지고 있다. 자기와 가장 친하던 사람이 운명하였을 때, 이것을 지성적으로 생각하면 죽은 자는 죽은 자일 뿐 그의 영혼이 존재한다는 것을 증명할 만한 근거는 없다. 그러므로 순수히 지성적인 면에서 본다면 '상례'란 필요 없다.

그러나 인간에겐 정서적인 측면이 있다. 그러므로 자기와 가장 친하던 사람이 세상을 떠났을 때 죽은 자의 영혼만은 다른 세계에 부활하여 영원히 살고 있을 것이라고 믿는다. 인간이 이러한 환상에 빠지면 미신을 진리로 받아들여 지성의 판단을 흐리게 만든다.

지성과 소망은 별개의 것이다. 지식이 중요하기는 하나 인간이 지식만으로는 살 수 없는 것은 정서적인 만족을 아울러 필요로 하기 때문이다. 죽은 자에 대한 태도를 결정함에 있어서 우리는 두 가지 측면을 다 고려해야 한다. 유가에서 해석하는 바와 같이 상례와 제례는 정확히 말해 두 가지 측면을 아울러 실천해야 한다. 이러한 예식은 원래 미신과 신화적 요소가 아주 없다고 단언할 수는 없다. 그러나 유가의 해석으로 말미암아 미신적 측면은 깨끗이 없어졌다. 그 내부에 있었던 종교적 요소는 시詩로 변형되었기 때문에 예식은 종교적이라기보다는 시적인 면이 강하게 표현되어 있다.

종교나 시는 모두 인간의 마음을 표현한 것이며 상상과 현실의 혼합이다. 양자의 차이는 종교가 자기의 말을 진리로 여기는 데 반하여, 시는 자기의 말을 허구라고 간주하는 데 있다. 시가 나타낸 것은 실재가 아니다. 또 시라는 것은 그것이 실재가 아니라는 것도 알고 있다. 그러므로 시는 자신을 속이지만 시는 자기 기만을 의식하고 있다. 시는 매우 비과학적이나 그런데도 과학과 모순되지 않는다. 시를 짓는 활동 속에서 우리는 지능활동의 장애 없이 정서적인 만족을 얻는다.

유가에 의하면 우리가 상례나 제례를 지내고 있을 때 실은 속지 않으면서도 속고 있다고 한다.

『예기』에 다음과 같은 공자의 말이 기록되어 있다.

죽은 이를 다루는데 정말 죽은 것으로 다룬다면 그것은 어진 것이 아니니 그렇게 해서는 안 된다. 또 죽은 이를 정말로 살아 있는

사람처럼 대우한다면 그것은 지혜롭지 못한 것이니 그렇게 해서도 안 된다.16)

말하자면 죽은 이를 우리가 아는 대로만 또는 바라는 대로만 다루어서는 안 되고, 중용中庸으로 죽은 사람을 마치 살아 있는 사람처럼 대우하여야 한다. 순자는 「예론禮論」에서 말한다.

예란 산 사람과 죽은 사람을 대접하는 데 있어서 신중함이다. 삶이란 인생의 시작이며, 죽음이란 인생의 종점이다. 만일 시작과 끝이 모두 좋으면 인간의 도리는 다한 것이다. 대체로 조상이 살았을 때는 후대하고 죽었을 때는 박대한다면 이것은 부모가 지각이 있을 때에는 존경하고 지각이 없을 때에는 태만함을 뜻한다. 죽음의 길은 한번 가면 다시는 돌아올 수 없다. 신하가 군주를 극진히 섬기고, 자식이 어버이를 극진히 섬기는 까닭도 여기에 있다. 상례란 산 이가 죽은 이를 꾸미는 일이다. 그가 마치 살았을 때 섬겼듯이 죽어서도 그렇게 떠나보내는 일이다. 그러므로 죽은 것 같으면서 산 것 같고, 없어진 것 같으면서 있는 것 같아 끝이나 처음이나 한결같다. 그러므로 상례는 별다른 것이 아니라 생사의 뜻을 밝히고 죽은 이를 슬픔과 존경으로써 보내고 마침내는 정성스럽게 잘 묻어야 한다.17)

그는 같은 편에서 제례에 관하여 논하였다.

---

16) 孔子曰: 之死而致死之, 不仁, 而不可爲也, 之死而致生之, 不知, 而不可爲也 『禮記; 檀弓上』
17) 禮者, 謹於治生死者也, 生, 人之始也, 死, 人之終也. 終始俱善, 人道畢矣. …… 夫厚其生而薄其死, 是敬其有知而慢其無知也, 是奸人之道而背反之心也. …… 故死之爲道也, 一而不可得再復也; 臣之所以致重其君, 子之所以致重其親, 於是盡矣. …… 喪禮者, 以生者飾死者也, 大象其生而送其死也; 故如死如生, 如亡如存, 終始一也, …… 故喪禮者, 無它焉, 明生死之義, 送以哀敬而終周藏也. 『荀子; 禮論』

제례는 인간의 의지와 사모하는 정감에서 나왔으며, 충신과 경애의 극치이고 예절과 예모가 지극히 성한 모습이다. 진실로 성인이 아니면 그 의미를 완전히 알 수 없다. 성인은 그 의미를 분명히 알고 군자는 이에 따라서 즐겨 행한다. 관리는 그것을 준수하며, 백성은 그것을 관습으로 삼는다. 군자는 그것을 인간의 도리라고 생각하지만 백성들은 귀신의 일이라 생각한다. 제례는 죽은 사람을 마치 산 사람처럼 섬기며 마치 있는 듯이 섬기는 데 있다. 그들이 섬기는 대상은 모습도 그림자도 없으나 인간의 정감을 순화시켜 준다.[18]

이 해설로 보아 상례나 제례는 종교적인 것이 아니라 완전히 시詩적인 것이 되었다.

조상에게 드리는 제사 이외에도 여러 가지 예가 있는데, 순자는 역시 자기의 일관된 관점에서 이를 해석하였다. 「천론편天論篇」에 다음과 같은 구절이 있다.

기우제를 지낸 뒤에 비가 내리게 되는 것은 무슨 까닭인가? 아무런 이유도 없다. 기우제를 지내지 않아도 비가 오는 것이나 마찬가지 이유다. 일식이나 월식이 생길 때 해와 달을 되살리려 한다. 날씨가 가물면 기우제를 지내고 점을 쳐본 뒤에 중대한 일을 결정한다. 이렇게 하는 이유는 우리가 원하는 바를 얻을 수 있기 때문이 아니라, 그 기원을 정성스럽게 하기 위해서다. 그러므로 군자는 그것을 정성스러운 행동으로 보는데 백성들은 그것을 귀신의 일로 생

---

18) 祭者, 志意思慕之情也, 忠信愛敬之至矣, 禮節文貌之盛矣. 苟非聖人, 莫之能知也. 聖人明知之, 士君子安行之, 官人以爲守, 百姓以成俗 ; 其在君子以爲人道也, 其在百姓以爲鬼事也. …… 事死如事生, 事亡如事存, 狀乎無形影, 然而成文. 『荀子 ; 禮論』

각한다. 그것을 정성스러운 행동으로 여기면 길하지만 귀신의 일로 여기면 흉하다.[19]

우리가 기우제를 지내고 중대사를 결정할 때 점을 쳐보는 이유는 자기의 불안한 감정을 표현하고 싶기 때문이다. 만일 우리가 정말로 귀신을 움직일 수 있다고 기도를 하고 정말로 미래를 예언할 수 있다고 점을 친다면 결국에 가서 미신을 낳는다.

순자는 음악에도 조예가 깊었다. 그는 그 「악론樂論」에서 다음과 같이 말한다.

대체로 음악은 즐겁다. 인간의 감정으로서는 반드시 **빼놓을** 수 없는 것이 음악이다. 그러므로 인간에겐 음악이 없을 수 없다. 즐거우면 반드시 발성을 하게 되고, 움직임이 나타나게 된다. 인간은 즐겁지 않을 수 없고, 즐거우면 겉으로 나타나지 않을 수 없으며, 겉으로 나타나되 도에 벗어나면 혼란이 아니 생길 수 없다. 선왕은 그 혼란을 싫어했으므로 아송雅頌(雅는 정악의 노래, 頌은 조상의 공덕을 찬미한 노래를 말함)의 음악을 제정하여 이끌어 주었다. 그리하여 그 소리는 충분히 즐거우면서도 퇴폐적으로 흐르지 않게 하였다. 그 가사(文)의 뜻은 충분히 또렷하면서도 쇠약해지지 않게 하였으며 그 소리의 굽음과 곧음, 번잡과 간단함, 날카로움과 부드러움, 음절과 곡조는 충분히 인간의 착한 마음을 감동시킴으로써 저 사악하고 더러운 기운이 접근할 수 있는 길을 없앴다. 이것이 바로 선왕이 음악을 설립한 방도이다.[20]

---

19) 雩而雨, 何也? 曰無何也, 猶不雩而雨也. 日月食而救之, 天旱而雩, 卜筮然後決大事, 非以爲得求也, 以文之也. 故君子以爲文, 而百姓以爲神, 以爲文則吉, 以爲神則凶. 『荀子 ; 天論』

그러므로 순자는 음악을 도덕교육의 도구로서 생각하였는데 이것이 줄곧 유가의 음악관이 되어 버렸다.

정명론正名論: 논리이론

순자의 정명론은 유가에서 오래된 논제이며 정명正名이라는 용어는 공자에서 유래되었다. 공자는 "임금은 임금답게, 신하는 신하답게, 아버지는 아버지답게 자기의 할 일을 해야 한다."라고 말하였으며, 맹자도 "아버지가 없고 임금이 없으면 이것은 동물(禽獸)이나 마찬가지이다."라고 말하였다. 이 두 사상가의 관심문제는 순전히 윤리적인 방면이었기 때문에 정명론의 적용도 주로 윤리분야에 국한되어 버렸다. 그러나 순자는 명가들이 극성하던 시대에 살았기 때문에 그의 정명론은 윤리적인 관심과 아울러 논리적인 관심도 지니게 되었다.

「정명편」에서 순자는 우선 인식론적인 문제를 제기하였는데 이것은 후기 묵가의 이론과 비슷하다.

> 인간에게서 그 무엇을 알게 하는 까닭을 인식능력(知)이라 하고, 이 앎과 그 실제 대상이 합쳐진 것을 지식(智)이라고 한다.[21]

인식능력에는 두 가지 부분이 있다. 그 하나는 '천관天官', 즉 눈·귀

---

20) 夫樂者樂也, 人情之所必不免也, 故人不能無樂, 樂則必發於聲音, 形於動靜. ……
故人不能不樂, 樂則不能無形, 形而不爲道, 則不能無亂, 先王惡其亂也, 故制雅頌之聲而道之, 使其聲足以樂而不流, 使其文足以辨而不諰, 使其曲直, 繁省, 廉肉, 節奏, 足以感動人之善心, 使夫邪污之氣, 無由得接焉. 是先王立樂之方也. 『荀子; 樂論』
21) 所以知之在人者謂之知, 知有所合謂之智. 『荀子; 正名』

와 같은 감각기관(耳目之官)이고 다른 하나는 천군天君, 즉 마음(心) 그
자체이다. 천관은 인상을 받아들이고, 마음은 그것을 해석하여 의미를
부여한다. 이 관계를 순자는 다음과 같이 말했다.

마음은 외물을 받아들여 해석하는 능력이 있다. 이 외물을 받아들
여 해석한 다음에 귀를 통과하면 곧 소리를 들을 수 있고, 눈을 통
과하면 곧 형상을 알아볼 수 있다. 그러나 외물을 받아들여 해석하
려면 우선 귀와 눈 등 감각기관 각자가 감각한 것을 종류별로 나누
어—이전에 경험한 것과—맞추어 본 연후에야 비로소 가능하다.
그리하여 오관이 그 무엇에 맞추어 보았어도 알지 못하고, 마음이
외물을 해석하였어도 말할 수 없다면 우리는 그것을 '알지 못함(不
知)'이라고 말하지 않을 수 없다.[22]

이름의 기원과 그 용법에 대하여 순자는 말한다.

이름이란 사물을 지시하기 위하여 만들어졌다. 그리하여 위로는
귀하고 천함(貴賤)을 밝히고, 아래로는 다르고 같음(同異)을 가려낸다.[23]

말하자면 이름은 한편으로는 윤리적인 이유에서 또 한편으로는 논
리적인 이유에서 유래되었다.
이름의 논리적인 용법에 대하여 순자는 다음과 같이 말했다.

우리는 그 어떤 것에 의거하여 이름을 같게도 하고 다르게도 하

---

22) 心有徵知. 徵知則緣耳而知聲可也, 緣目而知形可也. 然而徵知必將待天官之當簿其
　　類 然後可也. 五官簿之而不知, 心徵知而無說, 則人莫不然謂之不知.『荀子；正名』
23) 制名以指實, 上以明貴賤, 下以辨同異. [同上]

였으므로 그 뒤부터는 그 어떤 것에 따라서 명명하였다. 그리하여 서로 같은 사물은 같은 이름을 붙이고, 서로 다른 사물은 다른 이름을 붙였다. 내실內實이 다른 사물은 다른 이름을 붙여야 함을 알기 때문에 내실이 다른 사물은 다른 이름을 붙이지 않을 수 없다. 그러므로 혼란될 수 없다. 그것은 마치 내실이 같은 사물은 같은 이름을 붙이지 않을 수 없는 것이나 마찬가지이다.[24]

이름(名)의 논리적 분석에 대하여 순자는 다음과 같이 주장하였다.

만물이 비록 많이 있지만 어떤 때는 그것을 모두 통틀어 말하고 싶다. 그러므로 우리는 그것을 '물物'이라고 일컫는다. 물이란 가장 보편화된 이름(大共名)이다. 이름을 점점 보편화하는데 보편화하고 또 보편화하면 더 이상 보편화할 수 없는 데에 이른 다음에야 그친다. 어떤 때는 한 가지만 들어서 말하고 싶다. 그래서 우리는 그것을 '새', '짐승'이라고 말한다. '새'와 '짐승'은 가장 세분화된 이름(大別名)이다. 우리는 그 이름을 세분하고 또 세분하면, 더 이상 세분할 수 없는 데에 이른 다음에야 그친다.[25]

그리하여 순자는 두 가지의 명칭을 구분하였는데 그것은 공명共名과 별명別名이다. 공명은 우리 이성의 종합적인 추론의 산물이요, 별명은 분석적인 추론의 소산이다.

---

24) 此所緣而以同異也. 然後隨而命之, 同則同之, 異則異之. …… 知異實者之異名也, 故使異實者莫不異名也, 不可亂也. 猶使異實(楊注云, 或曰當爲同實)者 莫不同名也. [同上]

25) 故萬物雖衆, 有時而欲徧舉之, 故謂之物. 物也者, 大共名也, 推而共之, 共則有共, 至於無共然後止. 有時而欲徧舉之, 故謂之鳥獸. 鳥獸也者, 大別名也, 推而別之, 別則有別, 至於無別然後止. 『荀子 ; 正名』

모든 이름은 사람이 짓는 것이므로 이름이 약정되는 과정에 있을 때 어느 한 사물을 어느 특정한 명칭으로 꼭 그렇게 불러야 할 이유는 없다. 예를 들면 '개'를 '개'라고 부르지 않고 '고양이'라고 불러도 상관이 없다. 그러나 일단 약속을 통하여 어떤 명칭이 어떤 사물에 명명되었을 때에는 그 명칭은 그 사물에만 붙여야지 다른 사물에 붙여서는 안 된다.

이를 순자는 이런 말로 표현했다.

이름에는 본래 그렇게 붙여야 하는 것이 없고 약속에 의하여 붙여진 것이다. 그러나 약속이 정하여지고 이미 습관적으로 사용되었을 때 우리는 그것을 의명宜名(마땅한 명칭)이라고 한다.26)

순자는 또 "만일 어떤 왕이 흥기한다면 틀림없이 옛날 이름을 따르는 것도 있고, 새로운 이름을 지어내는 것도 있다."27)고 말하였다. 그리하여 새로운 이름을 제정하고 그 의미를 부여하는 것은 군주 및 제왕이 하는 일이다. 순자는 다음과 같이 말하였다.

그러므로 제왕이 이름을 제정하여 이름이 정해지고 사실이 관명해져서 도가 실행되고 뜻이 통용되면 신중하게 백성을 통솔하여 통일시킨다. 그러므로 실명에 새로운 딴 해석을 가하고 제멋대로 이름을 제정하여 바른 이름(正名)을 혼란시켜 백성들로 하여금 의혹케 하고, 사람들이 소송을 많이 하면 이것을 아주 간사한 것(大姦)이라 한다. 그 죄는 거짓 부절符節(신분을 알려주는 징표)과 불량 도량형을 쓰는 죄와 마찬가지이다.28)

---

26) 名無固宜, 約之以命, 約定俗成謂之宜.『荀子 ; 正名』
27) 若有王者起, 必將有循舊於名, 有作於新名. [同上]

여러 학파의 오류

순자는 명가 및 후기 묵가의 대다수 논증이 논리적인 궤변에 근거를 두고 있으므로 오류라고 생각하였다. 그는 오류를 세 가지로 분류하였다.

첫째는 소위 이름으로 다른 이름을 흐려 놓는 일(以名亂名)이다. 그 대표적인 예로 묵가의 도적을 죽이는 것은 사람을 죽이는 것이 아니다(殺盜非殺人)라는 명제를 들었다. 순자에 의하면 도적이란 말은 사람이라는 말이 내포되어 있기 때문에 사람이라는 명사의 범주의 외연은 도적이라는 명사의 범주를 내포한다. 그러므로 우리가 도적을 말할 때 이 속엔 동시에 사람이라는 뜻도 가지고 있다.

둘째는 사물로서 이름을 흐려 놓는 일(以實亂名)이다. 그 예로서 순자는 산과 연못은 평평한 높이에 있다(山淵平)는 명제를 들었다. 이 명제는 "산과 늪은 높이가 평평하다(山與澤平)"는 혜시의 문구를 고쳐 썼다. 사물은 구체적이므로 개개의 경우를 지시하지만 이름은 추상적이므로 일반적인 범주 또는 일반적 법칙을 지시한다. 그러므로 개별적인 예외를 가지고 일반법칙을 부인하려 할 때, 그 결과는 사실로써 이름을 파괴하는 일이다. 높은 지대에 위치한 연못은 사실 낮은 지대에 있는 산과 높이가 같을 수도 있다. 그러나 우리는 어떤 특정한 예를 들어 모든 연못은 모든 산과 높이가 같다고 추론할 수는 없다.

셋째는 이름으로 사실을 흐려 놓는 일(以名亂實)이다. 순자는 묵자의 "우마牛馬는 말이 아니다."라는 명제를 예로 들었다. 이 명제는 '흰 말은 말이 아니다.'는 논리와 같은 내용이다. 우마란 이름을 살펴보면 그것은 말이라는 이름과는 다른 뜻임을 알 수 있다. 그러나 사실상 '우

---

28) 故王者之制名, 名定而實辨, 道行而志通, 則愼率民而一焉. 故析辭擅作名, 以亂正名, 使民疑惑, 人多辨訟, 則謂之大姦, 其罪猶爲符節度量之罪也. [同上]

마'라는 집합에 속한 동물 중에는 '말(馬)'이 실제로 끼어 있다.

순자는 이 모든 오류가 생기는 원인을 성군聖君이 존재하지 않기 때문이라고 보았다. 성군이 존재했더라면 그는 정치적인 권위로 백성의 마음을 통일시켜서 논쟁도 시비도 없는 곳에서 진정한 인생을 살도록 지도할 수 있었다.

순자는 여기에서 당시 파란 많던 시대정신을 대변해 주었다. 그 시대는 만인이 다 전쟁의 쓰라린 고통을 종식시켜 줄 정치적 통일을 열망하던 시대였다. 그러한 통일은 실제에 있어서 중국의 통일에 불과했지만 당시 사람들은 전 세계(天下)의 통일이나 다름없이 생각하였다.

순자의 문하에서 가장 뛰어난 두 인물은 이사李斯와 한비자韓非子였다. 두 사람은 중국 역사에 커다란 영향을 끼쳤다. 이사는 후에 진시황제의 재상이 되었는데 진시황제는 B.C. 221년에 중국을 강압적으로 통일하였고, 이사는 진시황제와 함께 정치적인 통일뿐 아니라 사상적인 통일을 하려고 온 힘을 기울였다. 그 운동은 B.C. 231년에 분서갱유焚書坑儒로 그 절정을 이루었다. 다른 제자인 한비자는 법가의 주도적 인물로서 진시황의 정치적·사상적 통일을 위한 이론적인 구실을 마련해 주었다. 법가의 사상은 다음 장에서 기술하고자 한다.

제14장

한비자와 법가

韓非子

法家

초기 주周왕조의 봉건사회는 두 가지 규범에 의하여 질서가 유지되었다. 그 하나는 '예의(禮)'요, 다른 하나는 '형벌(刑)'이다. 예의는 군자 또는 귀족들의 행위를 규제하는 불문율이었으며, 형벌은 시민 또는 소인들에게만 적용되었다. 『예기』에 "예는 서민에게까지 내려가지 않고, 형벌은 대부大夫에게까지 미치지 않는다."[1]고 기록되어 있다.

법가의 사회적 배경

중국의 봉건사회는 그 구조가 비교적 간단하였기 때문에 『예기』에서 말한 규범의 실현이 가능하였다. 천자天子와 제후 · 대부들은 모두 혈연적 인척관계를 맺고 있었다. 제후는 천자와 주종관계를 맺고 또 각국의 대부들은 제후들과 주종관계를 맺고 있었다. 그러나 사실상 이 귀족들은 세습적으로 특권을 물려받았기 때문에 세월이 갈수록 이 특권은 자기 윗사람에 대한 충성과는 별개의 것으로 간주되었다. 그리하여 중앙의 주나라 천자가 다스리는 통치권 내에 종속된 각국들은 사실상 반독립적 상태였으며 이들 국내에도 이와 같이 많은 반독립 상태의 '가家'들이 있었다. 이들 '국國'이나 '가'의 제후와 대부들은 서로 인척들이기 때문에 사회적 · 외교적 관계를 맺고 사건이 발생하면 '군자의 협약Gentlemen's Agreement'인 불문율에 따라 그 사건을 처리하였다. 말하자면 그들의 행위는 '예'에 의하여 다스려졌다.

---

1) 禮不下庶人, 刑不上大夫. 『禮記 ; 曲禮』

상위에 있는 천자와 제후들은 직접 백성들과 접촉하지는 않았지만 그들은 하위의 대부들에게 문제를 해결토록 위임했으며 이 대부들은 자기 지역 내의 백성을 직접 통치하였다. 지역 내의 인구는 한정되었으므로 귀족들은 자기 통치하의 백성들의 실정을 잘 알 수 있었다. 형벌은 자기의 신하들을 계속 복종시키기 위한 도구였다. 그러므로 초기 봉건사회에서의 여러 관계는 상하를 막론하고 개인적인 역량과 접촉의 기반 아래서 유지되었다.

주나라 말에는 이러한 유형의 사회가 붕괴되자 광범위하게 사회적 · 정치적 변화가 발생하였다. 군자와 소인계급의 사회적 차별이 예전처럼 절대적으로 현격하게 구별되지는 못했고, 공자 당시에 벌써 토지와 직위를 잃은 귀족들이 있었는가 하면 재능과 행운으로 사회적 · 정치적으로 탁월한 지위에 오른 평민도 있었다.

이제 사회계급의 낡은 고리는 깨어졌다. 그리고 시간이 지남에 따라 대국의 영토는 공격과 정벌로 점점 더 확대되었다. 전쟁을 수행하기 위하여 이 대국들은 강력한 행정력을 필요로 하였다. 즉, 고도의 중앙 집권력을 가진 정부가 요청된 것이다. 그 결과 정부의 기능과 구조는 이전보다 훨씬 복잡하게 되었으며 강대국의 출현과 더불어 새로운 상황에서 새로운 문제가 허다하게 발생하였다. 그러한 상황은 당시 봉건국가의 군주들이 직면한 상황이었으며, 이 문제를 풀려는 것이 공자 이래 여러 학자들의 공통된 관심사였다. 제자백가들이 제출한 해결책의 대부분이 실천하기엔 요원한 것들이었다. 왜냐하면 군주들이 필요로 한 것은 백성들에게 선정을 베풀기 위한 이상적인 정책이 아니라 각국이 당면한 새로운 문제를 다룰 현실적이고 구체적인 대안이었다.

당시의 소수 인물들은 현실적이며 실제적인 정책을 예리하게 파악하고 있었으며 당시의 군주들은 이러한 인물들의 충고에 귀를 기울이는 것이 상례였다. 그리고 그들의 제안이 실효성이 있으면 그 인물들은 왕왕 군주의 충실한 고문이 되기도 하였고, 어떤 경우엔 재상宰相까지 되었는데 이러한 고문을 '법술지사法術之士'라고 하였다.

그들은 광대한 영토를 통치하는 방법을 개발하였다고 하여 그러한 '법술지사'라는 이름이 붙었다. 그들이 개발한 통치방법이란 다스리는 자의 편에 고도로 집중된 권력을 위임하는 방법이었으며, 그 방법은 극히 간단한 것이었다. 그 방법에 의하면 다스리는 자가 성인 또는 군자가 될 필요는 없고 그 방법만 잘 운용하면 평민도 통치할 수 있다. 그리고 한걸음 더 나아가 자기들의 방법을 이론화하고 합리화시키는 인물도 나타났는데 이들이 법가의 중추를 이루었다. 그러므로 법가의 사상을 법률학[2]과 관련시키는 것은 잘못이다.[3] 현대용어로 말하면 법가의 주장은 주로 조직론, 방법론, 지도자론, 지도방법 등이었다. 만일 누가 백성들을 조직하여 지도하는 데 있어 전체주의 노선을 택한다면 법가의 이론과 실천방법이 오늘에도 유익하고 유용할 것이다.

한비자韓非子: 법가를 체계화한 자

한비자는 법가의 대표인물이다. 그는 현 호남성 서부에 위치했던 한韓나라 명문 귀족의 후예다. 『사기』에는 한비자에 대하여 다음과 같이 기록되어 있다.

이사와 함께 그는 순자荀子의 문하에서 수업하였는데 이사는 자기가 한비자만 못하다고 생각하였다.[4]

---

2) 오늘날 서구에서 도입된 법학. (譯註)
3) 현대의 법치란 법 앞에 만인이 평등하지만 법가에서 말하는 법이란 군주를 제외한 일반사람에게만 적용되므로 '一人之下 萬人之上'의 법이다. (譯註)

한비자는 유능한 문필가로서 『한비자』의 저자이기도 하다. 미묘하게도 한비자의 도를 운용하여 다른 나라들을 정복한 나라는 바로 진秦나라였고 또 한비자가 옥사당한 나라도 진나라였다. 한비자가 옥사한 원인은 친구였던 이사의 정치적인 모함 때문이었다. 이사는 진나라의 관리로서 진시황이 한비자를 총애하는 것을 질투했는지도 모른다.

법가의 최후인 동시에 최고의 이론가인 한비자 이전의 법가에는 3파의 사상계통이 있었다.

그 첫째 계통은 맹자와 동시대 인물인 신도愼到가 주도하는 학파로서 그들은 세勢가 통치의 가장 중요한 요소라고 주장하였다. 둘째 계통은 신불해申不害(B.C. 337년 사망)가 주도하는 학파로서 그들은 술術이 가장 중요한 요소라고 주장하였다. 셋째 계통은 상앙商鞅(B.C. 338년 사망)이 주도하는 학파로서 그들은 법法을 강조하였다. 세는 세력 또는 권위를 말하고, 법은 통제를 말하고, 술은 일을 처리하고 사람을 다루는 방법 또는 치국책을 말한다. 한비자는 이 3학파의 주장을 어느 하나도 빼놓을 수 없다고 생각하였다.5) 그래서 한비자는 이렇게 말했다.

총명한 군주는 제도를 시행하는 데 하늘같이 공평하고6) 인물을 등용하는 데 귀신같이 밝았다. 하늘같이 공평하므로 누구도 그를 비난하지 못하고 귀신같이 밝기 때문에 누구도 그를 곤란에 빠뜨리지 못한다. 위세를 부려 교화를 엄하게 실시하면 백성들은 그를 거스르려 해도 거스를 수 없다. 그런 연후에야 법을 시행할 수 있다.7)

---

4) 與李斯俱事荀卿, 斯自以爲不如非. 『史記 ; 卷63 列傳』

5) 韓非子는 法家의 集大成者로서 "術만 있고 法이 없거나 法이 있고 術이 없는 것"은 모두 '不可'라고 했으며 "天下를 制壓하여 諸侯를 정복한 것은, 그 威勢 때문이다"고 했다. 『韓非子』「定法 · 人主篇」참고. (譯註)

6) 淸 王先愼은 不測이라고 註를 달았다. (譯註)

7) 故明主之行制也天, 其用人也鬼. 天則不非, 鬼則不困. 勢行敎嚴 逆而不違. …… 然後一行其法. 『韓非子 ; 八經 第48』

총명한 군주는 하늘과 같이 법에 따라서 공평무사하게 행동한다. 이것이 법의 기능이다. 총명한 군주는 귀신과 같이 은밀하게 백성을 통치하는 법을 갖고 있기 때문에 백성들은 자기들이 어떻게 지배당하고 있는지 알 수 없다. 이것이 술의 기능이다. 그리고 총명한 군주는 법을 강력하게 실행시킬 수 있는 위세를 가지고 있다. 이것이 세의 기능이다. 세 가지는 모두 '제왕의 도구'이다.[8] 그러므로 세 가지 가운데 어느 것도 소홀히 할 수 없다.

법가의 역사철학

중국인들이 전통적으로 과거의 경험을 중시한 것은 아마도 압도적으로 많은 농업인의 사고방식에서 유래되었을 것이다. 농부들은 토지에 자기의 모든 생활 근거를 두었기 때문에 여행할 여가가 거의 없었다. 농부들은 해마다 반복되는 사계절의 변화에 맞추어 토지를 경작하여야 하므로 과거의 경험은 농사를 짓는 데 훌륭한 길잡이가 되었고, 어떤 새로운 일을 하려고 할 때는 의례히 과거의 경험을 살펴보는 것이 습관화되었다.

이러한 심리가 은연중 중국 철학에 커다란 영향을 끼쳤다. 공자 이래 여러 학자들은 대부분 고대古代의 권위 있는 인물에 의탁하여 자기 학설을 옹호하였다. 공자는 문왕과 주공에, 묵자는 공자의 설을 개선하기 위해 문왕과 주공보다 1,000년 앞선 인물인 우임금에, 맹자는 묵가보다 한 걸음 더 올라가 우임금보다 앞선 인물인 요순에게, 최후로 도가들은 유가와 묵가에 대항하여 자기들의 사상을 전파시키기 위하여

---

8) 皆帝王之具也.『韓非子 ; 定法 第43』

요순보다 앞선 인물인 복희伏羲와 신농神農의 권위에 각각 위탁하였다. 이렇게 과거를 회고함으로써 이들 철학자들은 복고적 역사관을 만들어 내었다. 이 철학자들은 제각기 다른 학파였지만 모두 인류의 황금시대는 미래가 아니라 과거였다는 데 의견이 일치하였고, 역사의 움직임은 그때부터 점차적으로 퇴화의 길을 걸어왔다. 그러므로 인간의 구원은 어떤 새로운 것을 창조해 내는 데 있지 않고 이미 있었던 것으로 되돌아가는 데 있다고 보았다.

이러한 역사관에 대하여 법가는 이의를 제기하고 시대변천의 요청을 파악하여 현실적으로 대처하였다. 고대인들이 보다 순박하였고 어떤 의미에서 아마 덕德이 많았음을 인정하였지만 그들이 본성적으로 선했다기보다는 물질적인 환경에 기인했다고 법가들은 주장했다.

그러므로 한비자는 "옛날에는 백성의 수가 적고 재산은 넉넉하였으므로 백성들은 다투지 않았다. 그러나 오늘날 백성들은 다섯 아들을 많다고 생각하지는 않지만 그 아들이 또 다섯 아들을 갖는다면 할아버지가 세상을 떠나기 이전에 벌써 스물다섯 명의 손자가 생긴다. 이리하여 백성은 많아지고 재화는 적어진다. 힘을 다해 수고롭게 일을 하여도 얻는 것은 적기 때문에 백성들이 서로 다툰다."9)고 확인했다.

이렇게 환경이 완전히 다르기 때문에 새로 나타난 문제는 오직 새로운 수법에 의해서만 해결될 수 있다고 했다. 이 엄연한 사실을 깨닫지 못하는 자는 어리석은 자뿐이다. 한비자는 어떤 종류의 인물을 우화로써 예시해 주었다.

송나라에 밭 가는 사람이 있었다. 그리고 밭 가운데 나무 그루터기가 있었다. 어느 날 토끼가 달려가다가 그루터기에 부딪쳐 목이

---

9) 人民少而財有餘, 故民不爭. …… 今人有五子不爲多, 子又有五子, 大父未死而有二十五孫, 是以人民衆而貨財寡, 事力勞而供養薄, 故民爭. 『韓非子 ; 五蠹 第49』

부러져 죽었다. 그 뒤로부터 그 사람은 괭이를 놓고 그루터기만 지키고 앉아 다시 토끼를 얻기 바랐으나 토끼는 다시 잡을 수 없었고 그 자신은 송나라의 웃음거리가 되었다. 만일 당신이 선왕의 정책으로 오늘날 백성을 다스리려고 한다면 토끼를 잡으려고 그루터기를 지키는 자나 꼭 같은 따위의 인물이다. 그러므로 세상의 변화에 따라서 일하고, 일에 알맞게 준비하여야 한다.[10]

한비자 이전에 상군商君도 이와 비슷한 말을 하였다.

백성의 도덕풍속이 피폐해지면 그에 따라 법령도 반드시 바꾸어야 하며 세상사가 변함에 따라 도道의 실행도 달리 해야 한다.[11]

이 변화의 역사관은 현대인에겐 평범할 뿐이다. 그러나 법가의 역사관은 고대 중국의 다른 학파의 우세한 이론에 대항한 혁명적인 견해였다.

통치방법

새로운 정치 정세에 대처하기 위하여 법가들은 새로운 통치방법을 제시하고 이것을 확신하였다. 그들은 우선 법을 확립하는 일을 급선무로 보았다. 한비자는 다음과 같이 말했다.

---

10) 宋人有耕田者, 田中有株, 兎走, 觸株折頸而死, 因釋其耒而守株, 冀復得兎, 兎不可復得, 而身爲宋國笑, 今欲以先王之政, 治當世之民, 皆守株之類也. …… 故事因於世, 而備適於事. 『韓非子 ; 五蠹 第49』
11) 民道弊而所重易也 ; 世事變而行道異也. 『商君書 ; 開塞 第7』

법이란 펴서 널리 알린 문서로서 관부에 설치되어 백성에게 공포된 것이다.[12]

이 법을 통하여 백성들은 해야 할 것과 해서는 안 될 것이 무엇인가를 알게 된다. 일단 법이 공포되면 군주는 백성의 행동을 예리하게 주시하고 있어야 한다. 군주는 세를 갖고 있으므로 법을 어기는 자는 벌을 주고, 법을 잘 준수하는 자는 상을 준다. 그렇게 함으로써 군주는 백성이 아무리 많다 하더라도 잘 다스릴 수 있다. 한비자는 바로 이 점에 관하여 이렇게 말하였다.

성인이 나라를 다스리는 데 있어서, 백성들이 스스로가 착한 일을 한다고 믿지 않고, 다만 백성들이 나쁜 일을 하지 않게 만든다. 한 나라 안에서 착한 일을 하는 사람은 열 손가락 꼽기 힘들지만 백성들이 나쁜 일을 하지 않게 만들어 놓는다면 그 나라는 모두 잘 다스려질 수 있다. 다스리는 자는 대다수를 상대해야지 몇몇 사람을 위주로 할 수는 없다. 그러므로 군주는 덕을 힘쓰지 않고 법에 힘쓴다.[13]

그리하여 군주는 법과 세勢로 백성을 다스렸다. 군주는 특별한 능력이나 고매한 도덕을 필요로 하지 않으며 유가들이 주장한 바와 같이 군주는 선행善行을 위한 모범을 세울 필요도 없고, 인격적 감화를 통하여 다스릴 필요도 없다. 그런데 군주가 법을 만들고 백성의 행동을 살피기 위해서는 그 일을 할 수 있는 능력과 지식이 필요하므로 이 과정은 사실 간단하지 않다고 이견을 제기할 수도 있다. 이에 대한 법가의

---

12) 法者, 編著之圖籍, 設之於官府, 而布之於百姓者也.『韓非子 ; 難三 第3』
13) 夫聖人之治國, 不恃人之爲吾善也, 而用其不得爲非也. 恃人之爲吾善也, 境內不什數 ; 用人不得爲非, 一國可齊. 爲治者用衆而舍寡, 故不務德而務法.『韓非子 ; 顯學』

답변은 다음과 같다. 군주는 자신이 모든 일을 할 필요는 없다. 군주는 술(백성을 다루는 방법)만 가지고 있으면 스스로 만사를 다 해낼 수 있다.

'術術'이라는 용어는 철학적으로 흥미 있는 개념이다. 이것은 정명正名이라는 옛 이론의 한 부분이며 법가들이 말하는 이 정명이란 "이름에 따라서 사실을 따지는 것"[14]을 뜻한다.

법가들이 말하는 사실(實)이란 관직을 맡은 인물을 뜻하며, 이름이란 관직의 이름을 가리킨다. 관직의 이름을 보면 관직을 맡고 있는 사람이 무슨 일을 해야 할지 알 수 있다. 그러므로 '이름에 따라서 사실을 따지는 것'이란 어떤 관직을 맡고 있는 인물은 그 직위에서 마땅히 해야 할 일을 완수할 책임을 지고 있음을 뜻한다. 군주의 임무는 어느 한 인물에게 어느 한 이름(名)을 부여해 주는 것인데, 말하자면 어느 한 인물에게 어느 한 관직을 수여하는 일이다. 이 관직에 알맞은 여러 기능은 이미 법에 의해 규정되었고 또 관직명에 나타나 있다. 그러므로 군주는 어떤 일이 순조롭게 잘 진행되는 한, 그 일을 진행하는 데 쓰인 방법에 대하여 생각할 필요가 없다. 일이 잘 진행되면 공로자에게 상을 주고 그렇지 않으면 벌을 주면 된다. 그것이 전부다. 그러나 어떤 관직에 어떤 인물이 가장 적합한가를 어떻게 알 수 있을까? 이 물음에 대한 법가의 답변은 다음과 같다. 이 문제 역시 꼭 같은 術術로 알 수 있다.

신하된 자가 진언進言하면 군주는 신하가 요구한 대로 일을 맡긴다. 그러나 그 일에 대한 책임을 지운다. 그리하여 공功이 그 일에 들어맞고 또 그 일이 진언한 대로 이루어지면 상을 주고, 공이 그 일에 들어맞지 않고 일이 이루어지지 않으면 벌을 준다.[15]

---

14) 循名而責實. 『韓非子 ; 定法』
15) 爲人臣者陳而言, 君以其言授之事, 專以其事責其功. 功當其事, 事當其言, 則賞, 功

이러한 과정을 겪은 후 군주가 상벌을 엄격히 시행하면 무능력자는 관직을 준다고 하더라도 감히 그 직책을 맡으려 하지 않는다. 그리하여 모든 무능력자가 제거되고 능력 있는 자들만이 관직에 남아 있게 된다. 그러나 문제는 여전히 남아 있다.

'사실(實)'이 그 이름에 정말로 부합되는지 여부를 군주가 어떻게 알 수 있을까? 법가들의 답변은 다음과 같다. 군주가 의심이 나면 그 결과에 대해 자신이 직접 시험해 보면 된다. 예컨대 자기가 만든 요리가 정말로 좋은 요리인지 확인할 수 없으면 단지 그 요리를 맛봄으로써 문제는 해결된다. 그러나 군주는 언제나 스스로 그 결과를 판단할 필요는 없다. 군주는 자기 대신 남을 시켜 판단할 수 있다. 그렇게 되면 엄격히 그 이름에 상응하는 책임을 지고 판단을 내릴 수 있다. 법가에 의하면 그들의 통치방법은 정말로 극히 간단하다. 군주가 다만 상벌의 권위만 쥐고 있으면 '아무것도 하지 않고' 다스릴 수 있다. 그러면 실행되지 않는 것은 아무것도 없게 된다.

그러한 상벌은 한비자가 말하는 "권력의 두 손잡이(二柄)"이다. 인간의 본성은 이익을 추구하고 손해를 피하려고 하는데 여기에서 바로 상벌의 효과가 생긴다. 그러므로 한비자는 다음과 같이 말하였다.

천하를 다스리는 데는 반드시 인간의 정감(人情)에 따라야 한다. 인정에는 좋아하고 싫어함이 있으므로 상벌이 적용될 수 있다. 상벌이 적용될 수 있으면 금령禁令이 수립될 수 있으며 통치의 방법이 구비될 수 있다.16)

不當其事, 事不當其言, 則罰. 『韓非子 ; 二柄』

16) 凡治天下, 必因人情. 人情者, 有好惡, 故賞罰可用 ; 賞罰可用, 則禁令可立而治道具矣. 『韓非子 ; 八經』

한비자는 순자의 제자였으므로 인간의 성품은 악하다고 믿었다. 순자는 인간의 성품을 선하게 만들기 위한 수단으로서 인위적인 교화(化性起僞)에 역점을 두었지만 한비자는 그런 곳에 관심을 두지 않았다. 이것이 바로 두 사람의 차이점이다.

한비자나 기타 법가들은 현실적인 인간의 성품을 있는 그대로 파악하였기 때문에 법가의 통치방법은 실용적이다. 현실적 인간은 도덕적으로 교화될 수 있다는 생각에서가 아니라, 인간의 성품은 악하다는 전제 아래서 이러한 통치방법이 제창되었다.

법가와 도가

"아무 일도 하지 않아도 안 되는 일이 없다(無爲而無不爲)."는 것은 도가道家의 '무위無爲'사상이며 또한 법가의 사상이기도 하다. 한비자 및 기타 법가에 의하면 군주에게는 무위의 덕이 가장 필요하다. 군주는 남에게 일을 시키는 것 이외에는 어떤 일도 스스로 해서는 안 된다. 한비자는 다음과 같이 언급하고 있다.

해와 달이 비치고, 사계절이 운행되고, 구름이 퍼지고 바람이 불듯, 군주는 꾀로 마음을 묶거나 사심私心으로 자신을 얽매지 않는다. 통치는 법술에 의거하고 상벌을 통해 시비가 가려지도록 하며 저울에다 무겁고 가벼운지를 달아 본다.[17]

바꾸어 말하면 군주는 국가를 통치하는 기구機構를 가졌기 때문에

---

17) 日月所照, 四時所行, 雲布風動 ; 不以智累心, 不以私累己 ; 寄治亂於法術, 託是非於賞罰, 屬輕重於權衡. 『韓非子 ; 大體』

아무 일도 하지 않아도 안 되는 일이 없다.

도가와 법가는 중국 사상의 양극단을 대표한다. 도가는 인간을 원래
순박하다고 보았는데 법가는 인간을 전적으로 악하다고 보았다. 그리
하여 도가가 인간의 절대적인 자유를 옹호하였는 데 반해, 법가는 극
단적인 사회통제를 주장하였다. 그럼에도 불구하고 두 학파는 '무위'에
공통적인 기반을 두고 상통되었다.

법가의 치국책을 후기 도가들도 다소 다른 말로 표현하면서 사용하
였다. 『장자』에서 우리는 '인간사회를 통제하는 길'에 관한 언급을 찾
을 수 있다. 이 언급 속에는 유위와 무위의 구별, '천하에 부림당함(爲
天下用)'과 '천하를 부림(用天下)'의 구별이 있는데 무위는 '천하를 부리는
길'이요, 유위는 '천하에 부림당하는 길'이다. 군주가 존재해야 하는 이
유는 온 천하를 통치하기 위함이다. 그러므로 군주의 직책과 임무는
스스로 모든 일을 하는 것이 아니라 타인들이 일을 하도록 시키는 일
이다. 다시 말하면 군주의 통치방법은 '무위'로 천하를 부리는 일이다.
반면 신하의 직책과 임무는 명령을 받아서 그에 따라 모든 일을 처리
하는 것이다. 바꿔 말하면 신하의 직능은 '유위'로 천하에 의해 부림을
당하는 것이다. 『장자』「천도편天道篇」에 다음과 같은 구절들이 있다.

군주(上)는 반드시 무위함으로써 천하를 부리나, 신하(下)는 유위하
여 천하에 부림을 당한다. 이는 바뀌지 않는 도다.[18]

『장자』는 계속하여 다음과 같이 말하였다.

그러므로 옛날에 천하의 제왕은 지혜가 비록 온 세상(天地)에 펼쳐

---

18) 上必無爲而用天下, 下必有爲爲天下用, 此不易之道也. 『莊子 ; 天道』

진다 하더라도 스스로 생각하지 않고, 언변이 비록 만물을 아로새긴
다 하더라도 스스로 말하지 않고, 능력이 비록 사해 내에서―모든
일을―다 해낼 수 있지만 스스로 행하지 않는다.[19]

군주는 마땅히 그래야 한다. 군주가 어떤 한 가지 일에 대하여 생각
하면 자연히 생각해 내지 못하는 일도 있을 것이기 때문이다. 그런데
군주의 직능은 자기 통치 아래의 '모든' 일을 다 생각해야 하기 때문
에 그 해결책은 군주 혼자서 스스로 생각하고 말하고 행위하는 것이
아니라, 자기 대신 남이 그렇게 하도록 명령만 내리면 된다. 이렇게 군
주는 실제로 아무 일도 하지 않아도 안 되는 일이 없다(無爲而無不爲).
　　군주가 어떻게 천하의 사람을 임용할 것인가에 대한 상세한 설명이
『장자』에 기록되어 있다.

　　옛날에 대도大道를 밝히는 자는 먼저 하늘(자연의 이치)을 밝히고 그
　다음 도덕道德을 밝혔다. 도덕이 밝혀지면 그 다음 인의仁義를, 인의
　가 밝혀지면 그 다음 분수分守(나뉘어진 몫과 그것을 지킴)[20]를, 분수가
　밝혀지면 그 다음 형명刑名(실제 맡은 일과 그 이름)을, 형명이 밝혀지면
　그 다음 인임因任(재능에 따라서 직책을 맡김)을, 인임이 밝혀지면 그 다
　음 원성原省(미루어서 살펴봄)을, 원성이 밝혀지면 그 다음 옳고 그름(是
　非)을, 옳고 그름이 밝혀지면 그 다음 상벌을, 상벌이 밝혀지면 우매
　한 자와 지혜로운 자가 마땅한 직위를 담당하고, 고귀한 자와 비천
　한 자가 제자리를 차지하니 어질고 현명한 사람과 못난 사람이 실정

---

19) 故古之王天下者, 知雖落天地, 不自慮也 ; 辯雖彫萬物, 不自說也 ; 能雖窮海內, 不自
　　爲也. [同上]
20) 仁에는 앞뒤가 있고 義에는 上下의 나뉨(分)이 있는데, 앞선 사람이 뒷사람을 멋대
　　로 하지 않고, 아랫사람이 윗사람을 침범하지 않는 것이 지킴(守)이다. 『王安石』
　　(譯註)

에 따라 쓰이게 된다. 이것을 태평太平이라 하며, 통치의 극치이다.21)

이 문구의 후미는 분명히 법가의 주장과 일치하고 있다. 그러나 도가는 한 걸음 더 나아가 다음과 같이 주장하였다.

옛날에 대도大道를 밝히는 자는 다섯 번째 비로소 맡은 일과 그 이름(刑名)을 거론하였으며 아홉 번째서야 상벌을 언급하였다. 그런데 갑자기 맡은 일과 그 이름을 말하는 자는 그 근본을 모르며, 갑자기 상벌을 말하는 자는 그 시초를 모른다. 이런 사람은 정치의 도구(治之具)는 알지만 정치의 도리(治道)는 모른다. 그는 천하에 부림당할 수는 있으나 천하를 부릴 줄은 모르니, 그는 하나밖에 모르는 인물이요, 단지 화술話術만을 알 뿐이다.22)

이 구절에서 우리는 법가에 대한 도가의 비평을 엿볼 수 있다. 법가의 통치방법은 통치하는 자가 상황을 잘 이해하지 못하고 무조건 공평무사公平無私함을 요구한다. 통치자는 벌을 받아야 할 자가 친구나 친척일지라도 벌을 주어야 하며 상을 받아야 할 자가 적이라도 상을 주어야 한다. 통치하는 자가 한 번이라도 이 규율을 어기면 전체의 국가조직은 붕괴된다. 그러한 요구는 보통 인물에게는 너무 막중한 부담이다. 참으로 그러한 요구를 완수할 수 있는 사람은 성인聖人뿐이라 해도 과언이 아니다.

---

21) 古之明大道者, 先明天, 而道德次之, 道德已明, 而仁義次之, 仁義已明, 而分守次之, 分守已明, 而形名次之, 形名已明, 而因任次之, 因任已明, 而原省次之, 原省已明, 而是非次之, 是非已明, 而賞罰次之. 賞罰已明而愚知處宜, 貴賤履位 ; 仁賢不肖襲情 …… 此之謂太平, 治之至也. 『莊子 ; 天道』

22) 古之語大道者, 五變而形名可擧, 九變而賞罰可言也. 驟而語形名, 不知其本也 ; 驟而語賞罰, 不知其始也. …… 此有知治之具, 非知治之道 ; 可用於天下, 不足以用天下, 此之謂辯士, 一曲之人也. [同上]

법가와 유가

유가儒家는 법치法治를 반대하였고 예禮에 의한 덕치德治를 주장하였다. 이는 전통적인 통치방법이었다. 그러나 유가는 현실상황이 이미 변화되었다는 사실을 파악하지 못하였으므로 보수적이었다.

그러나 유가는 혈통에 의해 우연적으로 구분되는 재래의 계급 구분을 중시하지 않았다는 점에서 혁신적이었다. 공자나 맹자는 이전 사람과 마찬가지로 군자와 소인에 대하여 말하였으나, 이 구분은 세습적인 계급의 차이가 아닌 도덕적 수양에 의해 결정되었다.

필자는 서두에서 중국의 초기 봉건사회는 두 가지 규범, 즉 군자는 예의에 의하여, 소인은 형벌에 의하여 통치되었다는 사실을 지적하였다. 그러므로 유가는 귀족뿐만 아니라 서민대중도 형벌이 아닌 예의에 따라서 다스려져야만 된다고 하여 보다 고차적인 행위를 백성들에게 요구하였다. 이러한 의미에서 유가는 혁신적이었다.

법가의 사상에도 역시 계급의 구분은 없었다. 법과 군주 앞에서는 만인이 평등하였다. 서민을 보다 고차적 행위의 수준으로 이끌어 올리는 대신 법가들은 예의를 폐지하고 모든 이에게 똑같이 적용되는 상벌에만 의존함으로써 귀족의 지위를 끌어내렸다.

유가사상이 이상주의적이라면 법가사상은 현실주의적이다. 중국 역사상 유가는 항상 법가를 비열하다고 비난하였으며, 법가는 유가를 글만 읽고 세상일에는 경험이 없는 사람(白面書生)이라고 비꼬았다. 이는 양가의 근본적인 사상의 차이에서 비롯되었다고 할 수 있다.

제 15 장

儒家

유가의 형이상학

역易은 원래 점치는 책(卜書)이었다. 그런데 후세에 유가는 거기다 우주론적 · 형이상학적 · 윤리적 해석을 가미하였는데 이것이 바로『역전易傳』1) ― 십익十翼이라고도 함 ― 이다.『역전』에 포함된 우주론은 이미 12장에서 고찰하였고, 또 23장에서 언급될 것이다. 이 장에서는『역전』과『중용中庸』에서 나타난 형이상학 및 윤리론만 다루고자 한다.『중용』은『예기』의 1편이다. 전통적인 견해에 의하면『중용』은 공자의 손자인 자사가 지었다고 하는데 사실 대부분 후대에 첨가된 것 같다.『역전』과『중용』은 특히 중국 고대 유가사상의 형이상학적 발전에 있어서 최후의 국면을 대표한다. 실로 양 저작은 형이상학적 관심이 얼마나 컸던지 위진魏晉시대의 신도가(19장 참조)들은 역을 노자 · 장자와 더불어 삼현철학三玄哲學의 하나로 꼽기까지 하였으며, 불교도인 양무제梁武帝(502~549년)는『중용』에 대한 주석을 내기까지 하였다. 10~11세기(宋朝)에 신사禪師들도 역시 그러한 주석을 냈는데 그것이 신유가新儒家가 나오게 된 기틀이 되었다.

도道

『역전』에서 가장 중요한 형이상학적 사상은 도가에서와 마찬가지로 '도'에 관한 사상을 뜻한다. 그러나 그것은 도가에서 일컫는 '도'와는 상당히 다른 측면을 갖고 있다. 도가에서 말하는 도는 무명無名이요,

---

1) 易傳 또는 十翼에는 彖傳 上 · 下, 象傳 上 · 下, 繫辭傳 上 · 下, 文言傳, 說卦傳, 序卦傳, 雜卦傳이 있다. (譯註)

뭐라고 이름 붙일 수 없다. 그러나 『역전』의 저자는 도란 이름을 붙일 수 있을 뿐만 아니라 엄밀하게 말하면 이름을 붙일 수 있는 것이 도요, 또 도라야 이름을 붙일 수 있다고 생각하였다.2)

우리는 도가의 것을 유일한 '도道'로, 『역전』의 것을 개별적인 '도道'로 나타내어 구분을 지어도 무방하다. 도가의 도는 우주만물의 생성과 변화가 유래되는 유일한 것인데 『역전』의 도는 복수적이며 우주만물을 지배하는 원리들이다. 도는 서양 철학의 보편자Universal(중국에서는 共相이라 함)의 개념과 약간 유사하다. 앞에서 살펴본 바와 같이 공손룡은 '굳음(堅)'을 이런 종류의 보편자로 간주하였는데 이 세계의 구체적인 딱딱한 사물을 딱딱하게끔 만들어 주는 것이 바로 이 보편자 '굳음'이기 때문이다. 이와 같이 『역전』의 용법으로 말하면 딱딱한 사물이 딱딱하게 되는 까닭은 '굳음의 도(堅道)' 때문이다. 이 '굳음의 도'는 각 사물의 딱딱함과는 별개의 것이며 이름 붙일 수 있는 형이상학적 원리이다.

임금의 도, 신하의 도, 아비의 도, 아들의 도는 그들이 마땅히 걸어야 할 길이다. 그러므로 이들 각자는 군신부자라는 이름(名)으로 명시되어 있으므로 각자는 자기 이름에 상응되도록 행동해야 한다. 이 속에 공자의 정명사상이 다시 나타나 있다. 그러나 공자의 정명사상은 단지 윤리론에만 그쳤지만, 『역전』의 정명론은 형이상학적인 면까지 가지고 있다.

주지하는 바와 같이 역은 원래 점치는 책이었다. 어떤 사람이 시초蓍草(점치는 데 쓰는 풀)로 점을 쳐 어떤 효爻나 괘卦를 설명한 글(효사와 괘

---

2) 著者는 『新原道』에서 "道家는 無名이 形象을 초월한다는 사실만 알고 有名 역시 形象을 초월할 수 있다는 것을 알지 못했다. 名이 가리키는 바가 事物이라면 形象 世界內의 것이며 名이 가리키는 바가 共相(Universal)이라면 形象을 초월했다. 公孫龍이 말하는 '堅·白·馬' 등은 形象을 초월하였는데도 이름이 있다. 이런 것들은 이름이 있을(有名) 뿐 아니라 진정으로 이름을 붙일 수 있다."라고 했다. (譯註)

사)은 자기가 궁금해 하는 사실을 예시해 준다고 생각하였다. 이 내용을 우리 실생활에서 발생하는 여러 가지 사례에 적용하였으며, 이것이 하나의 틀(套)을 이루었고 이 틀을 『역전』의 저자는 공식화하기에 이르렀다.

이 관점에서 역을 보면 효사와 괘사는 하나의 도 혹은 여러 가지 도를 나타내는 공식이라고 할 수 있다. 64괘사와 384효사는 우주의 모든 도를 나타내 준다고 생각하였다.

괘와 효는 이 보편적 도에 대한 상징(象)이라고 보았다. 그리하여 「계사 상繫辭 上」에 "역이란 것은 상징(易者象也)이다."는 말이 있는데 64괘 · 384효는 모두 상징이다.

그러한 상징은 기호논리학에서 말하는 변항Variables과 비슷하다. 이 변항은 구체적인 한 사물의 집합 또는 수많은 사물의 집합에 대입시킬 수 있다. 즉, 무슨 사물이든지 어떤 조건에 합치되기만 하면 모두 어떤 변항에 대입시킬 수 있다. 말하자면 그것은 어떤 괘 또는 어떤 효에 대입시킬 수 있다는 것을 뜻한다. 이 괘사나 효사는 모두 공식인데 이 집합의 사물들이 이러한 상황 아래에선 꼭 따라야 하는 도다. 점을 치는 관점에서 보면 이 도에 따르면 길吉하고 그렇지 않으면 흉凶하다고 하는데, 도덕적 교훈에서 보면 도에 따르면 옳고(是) 그렇지 않으면 그르다(非)는 말이다.

64괘의 첫 괘인 건乾은 남성적인 강건剛健함을, 둘째 괘인 곤坤은 여성적 유순柔順함을 상징한다. 대체로 강건한 성질의 사물은 모두 건괘에 대입할 수 있고, 유순한 성질의 사물은 모두 곤괘에 대입할 수 있다. 그러므로 건의 괘사와 효사는 우주의 남성적인 사물들에 대한 도를 나타내고, 곤의 괘사와 효사는 여성적인 모든 사물들에 대한 도를 나타낸다고 볼 수 있다.

그리하여 곤괘의 「단사彖辭」—괘로써 길흉을 판단한 말—에 "앞서

가면 길을 잃고 헤매이지만 뒤따르면 순조롭게 상도常道를 얻는다(先迷失道 後順得常)."고 하였으며, 건괘 문언전文言傳에서도 "음陰은 비록 아름다운 덕을 가지고 있으나, 그것을 간직한 채 지도자(王)를 쫓아서 일할 따름이지 감히 그 무엇을 앞장서서 이루려 하지 않는다. 이것이 땅의 도요, 처의 도요, 신하의 도이다. 땅의 도는 앞장서 그 무엇을 이루려 하지 않고 하늘의 도를 대신하여 유종의 미를 거둔다."3)고 했다.

그 정반대되는 것이 바로 건괘다. 건은 하늘과 남편과 군주를 상징한다. 바로 이 건괘의 괘사와 효사는 하늘의 도, 지아비의 도, 임금의 도를 나타낸다. 그러므로 만일 어떻게 군주 또는 남편 노릇을 할 것인지에 관해 알고 싶으면 역의 건괘에서 무슨 말을 하였나를 찾아보면 되고, 어떻게 신하 또는 아내 노릇을 할 것인가에 관하여 알고 싶으면 곤괘를 찾아보면 된다. 「계사」에 이런 말이 있다.

역의 괘효는 천지를 본떠 만든 것이다. 그러므로 천지의 도를 두루 포함시킬 수 있다.4)

역은 무엇을 하는 것인가? 역은 만물의 뜻을 알려 주고, 천하의 사업을 성취시킨다. 그 도는 천하를 덮는다. 역의 작용은 이와 같을 뿐이다.5)

역은 이름이 하나이지만 세 가지 뜻이 있다. 첫째 간역簡易이요, 둘째 변역變易이요, 셋째 불역不易이다.6)

간역이란 도를, 변역이란 천지만물의 변화를 가리킨다. 사물들은 변화무쌍(變易)하지만 도는 영원불변(不易)하다. 사물은 복잡다양하지만 도

---

3) 陰雖有美含之, 以從王事, 弗敢成也. 地道也, 妻道也, 臣道也. 地道無成, 而代有終也. 『周易 ; 坤卦彖辭』
4) 易與天地準, 故能彌綸天地之道. 『周易 ; 繫辭 上』
5) 夫易, 何爲者也? 夫易開物成務, 冒天下之道, 如斯而已者也. 『周易 ; 繫辭 上』
6) 易一名而含三義. 易簡, 一也. 易變, 二也. 不易, 三也. 『孔穎達 ; 周易正義』

는 간단하고 알기 쉽다(簡易).

생성生成의 도

온갖 사물을 지배하고 있는 도 이외에 만물 전체를 관통하는 도가
있다.7) 「계사」에 "한 번은 음이 되고 한 번은 양이 되는 것(一陰一陽)을
도라고 한다. 이 도를 계속 이어나가는 것이 선善이요, 이것에 의하여
이루어진 것이 성性이다."8)고 했으며 이것이 천지만물을 생성하는 도
인데 그러한 생성은 천지의 산물이다. 또 「계사」에 "하늘의 큰 덕(大德)
을 삶(生)이라고 한다(天之大德曰生)."는 말도 있다.

한 사물이 생성되는 데는 그것을 생성시킬 수 있는 것이 있어야
하며 또 이 사물을 만드는 데 쓰이는 재료가 있어야 한다.9) 전자는 능
동적이요, 후자는 피동적이다. 능동적인 것은 강건한데 이것이 바로 양
陽이다. 피동적인 것은 유순한데 이것이 바로 음陰이다. 사물이 생성되
려면 이 두 가지가 화합되어야 한다. 그러므로 "하나의 음과 하나의
양을 도라 한다."고 말하였다.

만물은 다른 사물과의 관계에 따라서 양도 될 수 있고 음도 될 수
있다. 예를 들면 한 남자는 자기 부인에 대해서는 양이지만 이러한 양
이 덜 드러났다는 점에서 아버지는 음이다. 그러나 형이상학적 의미에
있어서의 양은 만물을 생성하는 측면을 말하는 양이요, 음은 만물이
생성된 측면을 말하는 음이다. 그러므로 이때의 "한 번은 음이 되고

---

7) 著者는 『新原道』에서 "天下之道와 天地之道를 설명하였는데 君道 · 臣道 · 夫道 ·
   妻道는 前者에 속하고 一陰一陽之謂道는 後者에 속한다"고 했다. (譯註)
8) 一陰一陽之謂道 ; 繼之者善也, 成之者性也. 『周易 ; 繫辭 上』
9) 이 文句는 아리스토텔레스 철학의 '形相'과 '質料' 개념에 易의 陰陽을 堅强附會하
   려는 것 같은 인상이다. (譯註)

한 번은 양이 되는 것을 도라고 한다."는 말에 있어서 음양이란 절대적인 의미를 갖는다.

「계사」에는 두 가지 진술이 있다는 사실을 알아두어야 한다. 하나는 우주와 그 안의 사물에 관한 진술이요, 또 하나는 역의 상징(象)에 관한 진술이다.

> 역에는 태극이 있는데 이것이 양의兩義를 낳고, 양의는 사상四象을 낳고, 사상은 8괘를 낳는다. 8괘는 길흉을 결정하고, 길흉은 대업大業을 낳는다.10)

이 말은 뒤에 신유가의 형이상학 및 우주론의 기초가 되었지만 사실적인 우주를 가리킨 것이 아니라 역 가운데의 상징을 지시한 말이다. 그러나 「계사」에 의하면 이러한 상징과 공식은 우주 자체에 정확한 대상을 가지고 있으므로 두 진술은 실로 서로 바꾸어 쓸 수 있다고 한다. 그리하여 "한 번은 음이 되고 한 번은 양이 되는 것을 도라고 한다."는 말은 우주에 관한 진술이지만 "역에 태극이 있는데 이것이 양의를 낳는다."는 말과 서로 바꿀 수 있다. 도는 태극과 같고 음양은 양의에 해당한다. 「계사」에 "하늘의 큰 덕을 삶이라 한다."는 말이 있고, 또 "낳고 또 낳는 것이 역의 작용이다(生生之謂易)."라는 말이 있다. 이 두 진술에서 전자는 우주에 관한 것이고 후자는 역에 관한 것이다. 그러나 양자는 서로 바꾸어 말할 수 있다.

---

10) 易有太極, 是生兩儀, 是兩生四象, 四象生八卦, 八卦定吉凶, 吉凶生大業. 『周易；繫辭 上』

변역變易의 도

역에는 변역이 있는데 「계사」에서는 천지의 만물이 변화과정에 있다는 것을 강조하였다. 태괘泰卦의 제3효에 다음과 같은 말이 있다. "평평하면서 기울어지지 않은 것은 없고, 가서 돌아오지 않는 것은 없다(無平不陂 無往不復)." 이 말은 『역전』에 의하여 만물이 변화과정에 있다는 정식整式으로 간주되었다. 이것이 바로 만물변화의 도이다. 한 사물이 종국에 달하고 또 종국의 상태가 유지되려면 그 작용은 바른 자리(正位)와 바른 시간(正時)에 발생하여야 한다. 『역전』에서 이 '바름'이란 보통 정正과 중中이란 말로 표시된다. '정'에 관하여는 「단사」에 다음과 같은 말이 있다.

여자는 안에서 바른 자리를 지키고 남자는 밖에서 바른 자리를 지킨다. 남녀가 바르게 자리잡음은 천지의 큰 뜻이다. …… 아버지 자리에는 아버지가, 아들 자리에는 아들이, 형의 자리에는 형이, 동생의 자리에는 동생이, 남편의 자리에는 남편이, 아내의 자리에는 아내가 자리잡고 있을 때 가도家道가 바르게 되고 가도를 바르게 하면 천하의 모든 것이 안정될 것이다.[11]

'중中'은 지나치지도 모자라지도 않음을 뜻한다. 인간의 본성은 되도록 많이 소유하려고 한다. 그러므로 『역전』과 『노자』는 지나치게 많음을 커다란 악으로 간주한다. 노자는 '반反'(40장)과 '복復'(16장)을 강조하였으며 『역전』 역시 '복'을 논하고 있다. 그리하여 복괘 「단사」에 "다시 돌아온다는 것에서 천지의 핵심을 본다(復其見天地之心乎)."라고 말했다.

---

11) 家人, 女正位乎內, 男正位乎外, 男女正, 天地之大義也. …… 父父, 子子, 兄兄, 弟弟, 夫夫, 婦婦, 而家道正, 正家而天下定矣. 『家人卦 彖辭』

다시 돌아온다(復)는 개념을 응용하여 「서괘序卦」에서는 64괘의 순서를 해설하고 있다. 역은 본래 두 가지 큰 부분으로 나뉘어 있다. 이 「서괘」는 64괘 가운데 첫 번째는 자연계를 다루는 것으로 되어 있고, 두 번째는 인간사를 다루는 것으로 되어 있다.

「서괘 상편序卦 上篇」에서 말한다.

천지가 있은 다음에 거기서 만물이 생겨나고 천지 사이를 꽉 채우고 있는 것은 오직 만물뿐이다. 그러므로 준괘屯卦로써 건곤 다음을 이어받는다. 준이란 꽉 차 있다는 것이다.[12]

「서괘」는 성격상 상반된 괘들이 이어지는 순서를 밝히려 시도하였다. 「서괘 하편序卦 下篇」에서 "천지가 있은 다음에 만물이 있고, 만물이 있은 다음에 남녀가 있고, 남녀가 있은 다음에 부부가 있고, 부부가 있은 다음에 부자가 있고, 부자가 있은 다음에 군신이 있고, 군신이 있은 다음에 상하의 구분이 있고, 상하의 구분이 있은 다음에 예의가 행하여진다."[13]고 말했다.

상편과 마찬가지로 성격이 다른 각 괘의 순서를 설명하려고 시도한다. 예순 번째의 괘명은 기제既濟인데 모든 것이 다 완성되었다는 뜻이다.

이에 대해 「서괘」는 설명한다. "사물은 무궁무진하므로 다음을 미제未濟로 받아서 64괘의 끝을 맺는다(物不可窮, 故受之以未濟終焉)."

이 해석에 의하면 64괘의 배열은 적어도 아래의 세 가지 사상을 함

---

12) 有天地, 然後萬物生焉. 盈天地之間者 唯萬物. 故受之以屯. 屯者, 盈也. 『周易 ; 序卦』

13) 有天地, 然後有萬物. 有萬物, 然後有男女. 有男女, 然後有夫婦. 有夫婦, 然後有父子. 有父子, 然後有君臣. 有君臣, 然後有上下. 有上下, 然後禮義有所錯. 『周易 ; 序卦』

축하고 있다.

(1) 인간 사이든 자연 사이든 간에 우주에서 발생하는 모든 사건은 자연의 질서 속에 연속적으로 생긴 산물이다.

(2) 진행과정에 있어서 만물은 자신 속에 부정否定을 함유하고 있다.

(3) 진행과정에는 "만물의 종극이 있을 수 없다(物不可窮也)."

어떤 일을 성공시키려면 너무 지나치는 일이 없도록 주의하여야 하며, 그 무엇을 잃지 않으려면 그 어떤 것과 상반된 것을 보완시키지 않으면 안 된다. 이 점에서 『주역』과 『노자』는 같은 사상을 가지고 있다.

> 군자는 편안할 때 위태한 것을 잊지 아니하고, 존재할 때 멸망하는 일을 잊지 아니하고, 다스려질 때 어지러워지는 일을 잊지 않는다. 그러므로 몸이 편안할 수 있고 국가를 보전할 수 있다.[14]

『주역』에서도 역시 『노자』와 마찬가지로 겸손과 겸양의 덕을 크게 중시하고 있다. 「겸괘謙卦」의 단전에서 말한다.

> 겸손하면 형통한다. 하늘의 도는 가득 찬 것을 덜어내고 빈 곳은 보탠다. 땅의 도는 가득 찬 것을 바꾸어 차지 않는 데로 흐른다. 귀신은 가득 차 있는 자에게 손해를 주고, 겸손한 자에게는 복을 준다. 사람의 도는 교만한 것을 미워하고 겸손한 것을 좋아한다. 겸손하면 높은 지위에 있는 이는 빛이 나고, 낮은 자리에 있는 자는 남이 업신여기지 못한다. 그러므로 시종 겸손의 도를 지키는 군자는 유종의 미를 거둘 수 있다.[15]

---

14) 君子安而不忘危, 存而不忘亡, 治而不忘亂, 是以身安而國可保也. 『周易 ; 繫辭 下』

15) 彖曰, 謙亨, …… 天道虧盈而益謙, 地道變盈而流謙, 鬼神害盈而福謙, 人道惡盈而

중中과 화和

'중中'의 사상은 『중용』에서 극도로 발전되었다. '중'은 아리스토텔레스의 황금률Golden Mean 사상과 비슷하다. '중'을 단지 산술적인 중간으로 생각해서는 큰 착오를 범한다. '중'의 참뜻은 너무 지나치지도(過), 모자라지도 않는(不及) 꼭 알맞은 것을 뜻한다. 만일 어떤 사람이 서울(Washington)에서 대구(New York)로 간다고 하자. 대구(New York)에서 차를 내려야만 옳았을 터인데 부산(Boston)까지 내려갔다면 너무 지나쳤으며, 대전(Philadelphia)에서 멈추었다면 너무 부족했다.

B.C. 3세기경 송옥宋玉의 시에 이런 구절이 있다.

> 한 푼을 보태면 너무 길고
> 한 푼을 덜면 너무 짧다.
> 분을 바르면 너무 희고
> 연지를 칠하면 너무 빨갛다.16)

이 문장에서 그 미녀의 얼굴과 화장은 꼭 알맞게 잘되었다는 것을 묘사했다. '꼭 알맞다'는 것을 유가에서는 '중'이라고 한다. '꼭 알맞다'는 사상에는 시간이 중요한 몫을 차지하고 있다. 겨울에 털외투를 입는 것은 옳으나 여름에 입는 것은 철에 맞지 않는다. 그러므로 유가는 때론 '시간'과 '중용'을 관련시켜 '시중時中'이란 말을 흔히 쓰는데 이 말은 시간적으로 꼭 알맞음을 뜻한다. 예컨대 맹자는 공자를 다음과 같이 평하였다.

好謙, 謙, 尊而光, 卑而不可踰, 君子之終也. 『周易 ; 謙卦』
16) 增之一分則太長, 減之一分則太短. 著粉則太白, 施朱則太赤了. 『文選善 19 ; 登徒子好色賦』

벼슬길에 나아갈 시기가 되면 나아가고, 머물러 있을 시기가 되면 머물고, 오래 계속할 시기가 되면 계속하고, 빨리 물러날 시기가 되면 빨리 물러난다. 그것이 바로 공자의 인간됨이다.[17]

그러므로 성인 가운데서 공자는 시인時人, 때에 따라 알맞게 행동하는 사람이었다.[18]
『중용』은 말한다.

희로애락이 아직 발동되어 나오지 않는 상태를 '중'이라고 하며, 이미 발동되어 마디마디마다 꼭꼭 들어맞는 상태를 '화和'라고 한다. '중'은 천하의 큰 근본이며, '화'는 천하가 도에 이른 것이다. 일단 중화가 성립되면 천지가 제자리를 잡으며, 만물이 육성된다.[19]

정감이 전혀 발동되지 않을 때 마음에는 지나침도 모자람도 없다. 바로 꼭 알맞을 뿐이다. 이것이 바로 '중'의 상태를 설명한 말이다. 그런데 정감이 발동되어 조화를 이루었다면 이것 역시 '중'에서 나왔으며 '중'은 조화를 이루도록 하여 혼란에 떨어지지 않게 한다.

정감에 관하여 언급한 말은 그대로 또한 욕망에도 적용된다. 개인의 행위나 사회관계에 있어서 욕망의 만족과 정감의 발로가 가장 알맞은 상태에 있을 때 여기에 중용이 있다. 어느 한 사람의 욕망과 정감이 적당하게 만족되고 표현되었을 때에 그 사람은 자기 인격에서 조화를 이룬 사람이며 그의 정신은 건전하다. 이와 같이 한 사회를 구성하고

---

17) 可以仕則仕, 可以止則止 ; 可以久則久, 可以速則速, 孔子也.『孟子 ; 公孫丑 上』
18) 孔子, 聖之時者也.『孟子 ; 萬章 下』
19) 喜怒哀樂之未發, 謂之中, 發而皆中節, 謂之和. 中也者, 天下之大本也. 和也者, 天
下之達道也. 致中和, 天地位焉, 萬物育焉.『中庸』

있는 여러 사람들의 제각기 다른 정감과 욕망이 모두 만족되고 적당한 정도로 표현되었을 때 그 사회는 내적으로 화목하게 되어 결국은 평화롭게 된다.

화和는 여러 가지 다른 요소들을 조정하여 화합시키는 일이다. 『좌전左傳』은 정치가 안자晏子 (B.C. 493년 사망)의 말을 기록하고 있는데 그는 화和와 동同은 다르다고 주장하였다.

'화'는 마치 국을 끓이는 것과 같다. 물, 식초, 소금, 장 등으로 생선을 요리한다.

장작으로 불을 지펴 요리사(宰夫)는 간을 맞추어 맛있는 국을 만든다. 만일 물에 물을 탄다면 그 누가 먹을 것이며, 만일 거문고 하나만 뜯는다면 그 누가 들을 것인가. 한 가지 일만은 옳지 못함은 이와 같다.[20]

여기에 '동'과 '화'의 차이점이 있다. '동'은 획일성 또는 동일성을 뜻하는데 이것은 이질적인 것과 서로 양립할 수 없다. '화'는 조화를 뜻하는데 이질적인 것과 양립할 수 있을 뿐만 아니라 '화'는 이질적인 것들이 통합되었을 때 생긴 결과이다. 그러나 조화를 이루기 위하여 이질적인 것들은 각자 적당한 비율로 구성되어 있어야 하는데 이것이 바로 '중'이다. 그러므로 '중'의 기능은 바로 조화를 이루는 일이다.

잘 조직된 사회는 재질과 직업이 다른 사람들이 각기 자기에게 알맞은 자리에 앉아서 자기에게 알맞은 기능을 수행하는 조화된 총화를 이룬 사회이며, 만민이 동등하게 만족하여 충돌이 없는 사회이다.

하나의 이상세계는 또한 조화를 이룬 세계이다. 『중용』은 말한다.

---

20) 和如羹焉. 水·火·醯·醢·鹽·梅, 以烹魚肉, 燀之以薪, 宰夫和之, …… 若以水濟水, 誰能食之? 若琴瑟之專壹, 誰能聽之? 同之不可也如是! 『左傳; 昭公 20年』

만물은 서로 해를 입히지 않고 육성되며 모든 도는 서로 어긋남이 없이 아울러 똑같이 실행된다. 적은 덕행은 냇물과 같이 끊임없이 흐르며 큰 덕행은 왕성하게 일어나서 무궁에까지 뻗힌다. 이것이 바로 천지를 위대하게 만든 까닭이다.[21)

이러한 조화는 인간사회뿐만 아니라 우주 전체에까지 충만하여 있는데 이것을 대화大和라고 한다. 『역』의 「단전」은 다음과 같이 말한다.

건은 위대한 창조력의 근원이다. 건의 법칙은 변화한다. 변화함으로써 만물은 제각기 천성을 바르게 발휘하게 되어 천지만물의 위대한 조화를 보전한다. 그러므로 건의 법칙의 운행은 순조롭고 영원히 한결같다.[22)

범용(庸)과 평상(常)

『중용』에서는 이렇게 말한다.

하늘이 인간에게 부여한 것을 본성이라 하고, 이 본성에 따르는 것을 도라고 하며, 도를 닦는 것을 교敎라고 한다. 도는 잠시라도 인간을 떠날 수 없다. 떠날 수 있는 것은 도가 아니다.[23)

---

21) 萬物並育而不相害, 道並行而不相悖. 小德川流, 大德敦化. 此天地之所以爲大也. 『中庸 30章』
22) 大哉乾元 …… 乾道變化, 各正性命, 保合大和, 乃利貞. 首出庶物, 萬國咸寧. 『周易 ; 乾卦 象傳』
23) 天命之謂性, 率性之謂道, 修道之謂教, 道也者, 不可須臾離也. 可離, 非道也. 『中

여기에서 우리는 용庸에 관한 중요한 사상을 다루게 되는데 이것은 『중용』에서 다루는 주요한 개념이다.

모든 사람은 누구나 매일 먹고 마시는 것이 필수적임을 안다. 그러므로 먹고 마시는 일은 인류의 평범한 일상사이다. 우리 인간이 바로 먹고 마시지 않고는 아무것도 할 수 없을 정도로 중요하기 때문에 평범한 일상적인 일이다. 이 말은 인간관계와 도덕에도 그대로 적용된다. 어떤 사람은 이러한 것을 너무나 범용한 일이므로 별로 가치가 없다고 생각한다. 그러나 누구나 도덕 없이는 아무것도 할 수 없을 정도로 중요하기 때문에 그렇다. 먹고 마시고 그리고 인륜도덕을 맺고 사는 것은 인간의 본성을 따르기 때문이다. 그것은 바로 도 이외에 별다른 것이 아니다. 정신수양이라든가 도덕적 교훈이란 바로 이 도의 수양에 지나지 않는다.

도는 어떠한 사람이나 다 행할 수 있는 것이라면 무엇 때문에 정신수양이 필요할까? 그것은 모든 사람이 제 나름대로 도를 따라 살고는 있다고 하지만 그들이 모두 다 자각을 하면서 살고 있는 것은 아니기 때문이다.

『중용』에서 "먹고 마실 줄 모르는 사람은 하나도 없다. 그러나 정말로 그 맛을 알고 먹는 사람은 드물다(人莫不飮食也, 鮮能知味也)."고 하였는데 정신수양을 하는 이유는 백성들이 모두 어느 정도 실제로 도를 따르도록 하여, 자기들이 행하는 일의 의미를 깨닫게끔 알려 주는 데 있다. 더구나 비록 모든 사람이 필요불가결하기 때문에 하는 수 없이 도를 따르기는 하지만 모든 사람이 완전히 따르는 것은 아니다. 그러므로 어떤 사람도 인륜을 떠나서는 살 수 없다. 또 동시에 이 인간관계에 의하여 만들어진 모든 요건에 완전하게 부응할 수 있는 사람도 없다.

庸 1章』

정신수양을 하는 이유는 사실상 이미 많건 적건 간에 이미 행하고 있는 현재 상태의 인간을 완전하게 하는 일이다. 그리하며 『중용』은 말한다.

군자의 도는 그 쓰이는 곳이 매우 넓으면서도 그 본체는 은밀하다. 비록 어리석은 아녀자라 할지라도 그것을 알 수는 있다. 그런데 그 지극한 곳에 이르러서는 성인이라 할지라도 알지 못하는 데가 있다. 일반 우매한 부부도 행할 수는 있다. 그런데 그 지극한 데 이르러서는 성인이라 할지라도 실행할 수 없는 것이 있다. 군자의 도는 부부 간의 관계에서 시작되지만 그 극치에 이르면 천지 간에 모든 이치를 다 살필 수 있다.[24]

명明과 성誠

『중용』에서는 이 완전함을 성誠으로 묘사하고 명明과 아울러 설명하였다.
『중용』은 이렇게 말한다.

지극히 참된 것(至誠)에서 저절로 선도善道가 밝혀지는 것(明)을 천성天性이라 하고, 선도를 밝히어(明) 참됨(誠)에 이르는 것을 인위적 교화라고 한다. 참(誠)되면 밝아지고 밝으면 참되게 된다.[25]

---

24) 君子之道, 費而隱. 夫婦之愚, 可以與知焉. 及其至也, 雖聖人亦有所不知焉. 夫婦之
   不肖, 可以能行焉. 及其至也, 雖聖人亦有所不能焉. …… 君子之道, 造端乎夫婦,
   及其至也, 察乎天地. 『中庸 12章』
25) 自誠明, 謂之性. 自明誠, 謂之敎. 誠則明矣, 明則誠矣. 『中庸 21章』

말하자면 마시고 먹는 평범한 일상생활의 일이나 인간관계 등의 일에 있어서 일단 그 의미를 깨달으면 이미 성인이 될 수 있다. 우리가 깨달은 것을 완전하게 실천할 때도 역시 성인이 될 수 있다. 우리가 그들을 성실하게 실천하지 못하면 그들의 의미를 완전히 알았다고 할 수 없다. 또 우리가 그 의미를 완전히 알 수 없으면 그것을 성실하게 실천할 수 없다.

『중용』은 "성誠이란 자기의 인격만 완성하는 것으로 그치는 것이 아니라 모든 만물을 완성시키기 위한 원인(所以)이기도 하다. 자기 인격을 완성하는 것은 인자仁慈함이요, 모든 만물을 완성시키는 것은 지혜이다. 인仁과 지智는 모두 천생의 덕성이요, 안과 밖을 결합시키는 도이다."고 말하였다.

이 문구의 의미는 분명한 것 같으나 필자는 인과 지가 어째서 바꾸어서는 안 되는지 모르겠다. 『중용』에서 "오직 천하의 가장 성실한 성인이라야 비로소 자기의 본성을 극진히 발휘할 수 있고, 자기의 본성을 극진히 발휘할 수 있으면 다른 사람의 본성을 극진히 발휘시킬 수 있으며, 다른 사람의 본성을 극진히 발휘시킬 수 있으면 천지의 변화를 도울 수 있다. 천지의 변화와 육성을 도울 수 있으면 천지와 더불어 참여할 수 있게 된다."고 말하였다.

자기 자신의 인격을 완성시키는 동안 다른 사람도 역시 완성시키는가 살펴보아야 한다. 남이 완성되는 것을 무시하고서는 자신의 인격을 완성시킬 수 없다. 그 이유는 우리가 인간관계를 통하여, 즉 사회생활의 영역 내에서 자기 자신을 완성시키는 것은 바로 하늘로부터 받은 것을 극도로 발전시키는 일이기 때문이다. 그리고 남을 도와주는 것은 천지의 변화 및 육성을 도와주는 일이다. 이러한 사물들의 의미를 완전히 이해함으로써 우리는 천지와 나란히 설 수 있다. 그러한 깨달음을 『중용』에서는 밝음(明)이라 하였고, 이렇게 나란히 참여를 형성하는 것을 참(誠)이라 하였다. 이렇게 참여하는 데는 어떠한 특수한 노력이 필요한가? 아니다. 일상적 평범한 일에 대하여 그 의의를 완전히 깨닫고 '꼭 알맞게' 행하기만 하면 된다. 그렇게 함으로써 우리는 안과 밖의 결합을 얻게 되는데 이는 천지에의 인간의 참여뿐만 아니라 인간이 천지와의 합일됨을 뜻한다. 이렇게 하여 우리는 저 세상적인 것(出世間)에 도달하게 되는데, 그렇지만 또한 동시에 이 세상적인 것(世間)을 잃지 않는다.

후에 신유가는 바로 『중용』의 이 사상을 발전시킴으로써 불가의 저 세상적인(出世間) 철학을 공박하였다. 이것이 곧 인간의 마음을 우주와 합일되는 경지에까지 고양시키는 유가적 방법이다.

이 방법은 도가의 것과도 다르다. 도가는 지혜(智)를 버림으로써(絶聖棄知) '저 세상(彼)'과 '이 세상(此)'의 구분을 초월한 경지에까지 우리의 마음을 끌어올린다. 반면 유가의 방법은 사랑(仁)의 확충을 통하여 자기와 다른 사물의 간격을 초월하는 데까지 마음을 끌어올린다.

제16장

세계정치와 세계철학

"역사는 결코 반복되지 않는다."고 주장하는 이가 있는가 하면 "태양 아래 새로운 것은 아무것도 없다."고 하는 이도 있다. 이 두 개의 명제를 결합하여야 전체적 진의를 파악할 수 있다. 오늘날 20세기의 국제정치를 중국인의 역사적 안목으로 보면 중국의 춘추전국시대의 재판再版인 것 같은 인상을 준다.

진秦 통일 이전의 정치상황

춘추시대(B.C. 722~481년)는 그 시대가 『춘추』에 기술되어 있는 시대이기 때문에 그렇게 이름을 붙였다. 그리고 전국시대(B.C. 480~222년)는 전쟁하는 국가들이라는 뜻으로 봉건국가 간의 치열한 전쟁시대였다는 사실에서 그 명칭이 유래되었다. 주지하는 바와 같이 봉건시대의 인간의 행위는 '예禮'에 의하여 다스려졌다. '예'는 개인의 행위만을 규제한 것이 아니라 국가에서도 역시 '예'로써 다스렸다. '예'는 주로 평시에 실행되었으나 어떤 것은 전시에도 효용이 나타나기도 하였다. 이 평시와 전시에 있어서의 '예'는 오늘날 국제법에 해당한다고 볼 수 있다.

근래에 국제법이 점점 더 그 효력을 상실하여 가고 있음을 우리는 본다. 최근 국가 사이의 선전포고나 최후통첩도 없이 공격한 사례가 허다하며 또 전투기가 병원을 폭파시키고 적십자를 보지 못하였던 것처럼 말하는 사례가 허다하다. 위에서 말한 춘추전국시대에서도 이와 비슷하게 '예'의 효력이 상실되어 가고 있던 시대였다.

춘추시대에는 그래도 국제관계의 '예'를 지키는 사람들이 있었다. 『좌전』은 B.C. 638년에 초나라와 송나라 간의 유명한 홍泓에서의 전쟁을 기록하고 있다.

낡은 사고방식을 지닌 송양공은 자기가 직접 군사를 지휘하였다. 초나라의 군사가 대열을 정비하고 강을 건너려는 그 순간, 양공 휘하의 장군 대사마고大司馬高가 초나라의 군사가 강을 건너는 동안 공격할 것을 허락해 달라고 하였다. 이 말을 들은 양공은 초나라 군대가 진을 치기 전에는 군사를 공격하지 않겠다고 대답하였다. 그 결과 송나라의 군사는 참담한 패배를 당하였으며 양공 자신도 부상을 입었다. 그러나 이러한 사실에도 불구하고 그는 자기 원래의 결심을 고수하였다. 그 결정이란 "군자는 부상당한 사람에게 두 번 다시 상처를 입히지 않으며 반백의 머리칼을 한 사람은 포로로 잡지 않는다(君子不重傷, 不禽二毛)."는 것이었다. 이 결심은 대사마고를 격분시켰다. 그는 다음과 같이 양공에게 말했다.

"만일 다시 상처를 주지 않는 것이 좋다면 왜 부상을 안 입히지는 못할까? 반백(노인)을 포로로 잡지 않는 것이 좋다면 왜 적에게 항복하지는 못할까?"[1]

양공이 말한 것은 전통적인 '예'에 일치한 것이었으며, 이 '예'는 서양 중세의 기사도정신에 해당한다고 볼 수 있다.

현대 정치가들이 여러 국가 간에 평화를 유지하기 위하여 사용하는 방법이 중국 역사 초기 정치가들이 시도하였으나 실패로 돌아간 것과 거의 똑같다는 사실을 지적하는 것은 재미있는 일이다. 예컨대 B.C. 551년에 이른바 '군비축소' 미병弭兵회담(『춘추좌전』: 양공 27년)이 개최되었다. 그 후 그 제안은 당시의 '천하'를 두 세력권으로 나누어 놓았다.

---

1) 若愛重傷, 則如勿傷. 愛其二毛, 則如服焉. 『春秋左傳 ; 僖公 22年』

"동쪽에는 제나라 선왕이 동쪽 황제가 되었고, 서쪽에서는 진나라 소왕이 서쪽 황제가 되었다."[2] 그리고 군소국가들 사이에 서로 여러 가지 동맹을 맺기로 했다. 전국시대에는 이 동맹이 '종縱'과 '횡橫' 두 가지의 일반적 유형으로 고착되었는데, 종은 북에서 남으로 맺었고 횡이란 서에서 동으로 맺었다.

당시 전국 7웅雄 중, 진秦나라가 가장 공격적이었다. 종적인 형태의 동맹은 6국이 진나라에 대항하기 위해서이며 또 지역적으로 진나라는 가장 서쪽에 있었고 기타 6국은 남북에 걸쳐 진나라의 동쪽에 산재하였기 때문에 종이라 불리게 되었다. 반면에 횡적인 형태의 동맹은 진나라가 한 국가 또는 몇 국가와 결합하여 나머지 나라를 공격하기 위한 것이었다. 그리하여 진나라는 서쪽에서 동쪽으로 영토를 넓혀 나갔다.

진나라는 먼 나라와 친교를 맺고, 가까운 나라와는 싸우는 원교근공遠交近攻 방법을 취하였다. 결국에 가서 진나라는 자기의 대항세력인 종의 동맹을 파괴시키는 데 성공하였다. 여러 국가 중에 진나라는 농전農戰에 우세하고 '제5종대Fifth Column'의 전술을 실시함으로써 6국을 하나씩 정복하고 마침내 전 중국을 통일하였다(B.C. 221년). 이로부터 진왕은 자신을 진시황제秦始皇帝라 칭하였으며, 이로써 그는 역사상 유명한 인물이 되었다. 동시에 그는 봉건제도를 폐지하고 역사상 최초로 중앙집권적 전제국을 건설하였다.

중국의 통일

그리하여 최초로 전국이 실제로 통일되었으니 그러한 통일의 열망

---

2) 三十六年, 王爲東帝, 秦昭王爲西帝.『史記 ; 田敬仲完世家 第16』

은 만민이 전부터 오랫동안 기다리던 숙원이었다.

『맹자』에 이러한 이야기가 있다.

양혜왕이 맹자에게 물었다. "천하가 어떻게 하여야 안정될까요?" 맹자가 "하나로 통일될 때 평화가 있소."라고 하자, "그럼 누가 세상을 통일할 수 있을까요?"하고 왕이 되물었다. "사람 죽이기 좋아하지 않는 자가 통일할 것입니다."[3]라고 맹자는 대답했다.

이 진술은 당시 사람들의 소원을 바로 대변하여 준 말이다.

'천하'라는 말은 오늘날에는 세계를 뜻하는데 문자 그대로 '하늘 아래 모든 것'을 뜻한다. 어떤 경우 천하는 하나의 특정한 '왕조'를 가리키는 경우도 있는데 이는 고대 중국에 있어서의 천하란 바로 중국 봉건왕조에 한정되었기 때문이다. 이 말은 사실이다. 그러나 그 천하라는 말의 내포와 어느 특정한 시대인들이 사용하던 그 말의 외연을 혼동해서는 안 된다. 후자의 용법은 당시 사람들이 가졌던 지식에 한정이 되나, 전자는 정의定義를 내릴 문제다.

예를 들면 고대에서 '인人'이란 말이 중국 종족 속에서만 적용되었다고 하더라도 '인'이란 말을 중국인이라고 번역하여야 한다고 말할 수는 없다. 왜냐하면 고대 중국인이 인이란 말을 사용할 때 뜻하는 의미는 사실 보편적 인류 전체를 의미하였기 때문이다. 이와 같이 설령 당시 사람들은 세계에 대하여 중국밖에 알지 못하였다 하더라도 그들이 말하는 '천하'란 세계를 뜻하였다.

공자 때부터 일반 중국인과 특히 정치 사상가들은 세계를 의식하면서 정치적인 문제에 대하여 생각하기 시작하였다. 그러므로 진나라가

---

3) 天下惡乎定? 吾對曰 '定于一'. 孰能一之? 對曰 : 不嗜殺人者能一之.『孟子 ; 梁惠王 上』

중국을 통일한 것은 당시 사람들에게는 오늘날 우리가 세계를 통일한 것으로 보는 것이나 다름없었다.

지금으로부터 2,000여 년 전(B.C. 221년) 통일 이래 중국인들은 어떤 시기에 있어서는 비정통적이라고 간주하는 예외가 있긴 하였으나(원나라와 청나라와 같이) 줄곧 하나의 천하, 하나의 정부 밑에서 살았다. 중국인들은 세계평화를 위하여 일하는 중앙집권화된 조직에 습관이 되어 왔다. 그러나 최근 중국은 춘추전국시대를 방불케 하는 국제정치상황에 뛰어들었다. 이 과정 속에서 중국인은 사고방식과 행동양식을 바꾸지 않으면 안 되었다는 점에서 중국인의 눈에 역사는 반복해 왔다고 보게 되었으며, 이것이 현재의 고통을 참는 데 많은 공헌을 하여 왔다.

대학大學

중국 철학의 국제적인 성격을 설명하기 위하여 우리는 『대학』의 사상에 관하여 관심을 환기시켜 보자. 『대학』은 『중용』과 마찬가지로 『예기』의 한 편이었으며 『중용』과 함께 송왕조(960~1274년)에 이르러 『사서四書』에 포함되었는데 『사서』는 신유학 철학(性理學)의 기본교재였다.

성리학자는 『대학』을 공자의 제자인 증자曾子의 저작이라 여기고, 『대학』은 도를 깨우치는 입문서로 생각했다. 『대학』은 머리편에 다음과 같이 말한다.

대학의 도는 명덕明德을 밝히고, 백성을 사랑하고(親民), 지극한 선 (이것을 서양에서는 최고선이라 함)에 머무는 데(止於至善) 있다. 옛날 천하에 명덕을 밝히려고 하는 사람은 먼저 자기 국가를 잘 다스리고(治國),

국가를 잘 다스리려고 하는 사람은 먼저 자기 가정을 가지런히 하고(齊家), 자기 가정을 가지런히 하려는 사람은 먼저 자기 자신을 수양하고(修身), 자신을 수양하려고 하는 사람은 자기의 마음을 바로잡고(正心), 자기 마음을 바로잡으려는 사람은 먼저 지식을 넓히며(致知), 지식을 넓히려고 하는 사람은 사물을 연구하여야(格物) 한다. 사물이 연구된 다음에야 뜻이 진실되고, 뜻이 진실된 다음에야 마음이 바로잡히고, 마음이 바로잡힌 다음에야 자신이 수양되고, 자신이 수양된 다음에야 가정이 다스려지며, 가정이 다스려진 다음에야 국가가 안정되고, 국가가 안정된 다음에야 천하가 평화롭게 될 수 있다.4)

이 진술을 『대학』의 3강령 8조목이라고 한다. 후대의 유학자에 의하면 이 3강령綱領은 '명덕을 밝힌다(明明德)'는 하나의 강령으로 귀결된다. 백성을 사랑하는 것(親民)은 '명덕을 밝히는' 길(方法)이요, '지극한 선이 머문다(止於至善)'는 것은 '명덕을 밝히는' 가장 완성된 일이다.

8조목條目은 역시 자기 자신을 수양한다(修身)는 한 조목으로 귀결된다.

위의 인용문에서 수신修身 전의 격물치지格物致知에 이르는 단계는 수신을 위한 방법이다. 수신 후의 제가齊家 등에 이르는 단계는 수신의 최고성취에 이르는 길(方法)이며 그것은 또한 원문에서 말하는 '지극한 선에 머물기'위한 길이다. 인간은 사회에서 자기의 의무를 최선으로 다하려고 하지 않으면 자기의 본성을 완전하게 개발시킬 수 없다. '명

---

4) 大學之道 : 在明明德, 在親民, 在止於至善. 知止而後有定, 定而後能靜, 靜而後能安, 安而後能慮, 慮而後能得. 物有本末, 事有終始, 知所先後, 則近道矣. 古之欲明明德於天下者, 先治其國 ; 欲治其國者, 先齊其家 ; 欲齊其家者, 先修其身 ; 欲修其身者, 先正其心 ; 欲正其心者, 先誠其意 ; 欲誠其意者, 先致其知 ; 致知在格物. 物格而後知至, 知至而後意誠, 意誠而後心正, 心正而後身修, 身修而後家齊, 家齊而後國治, 國治而後天下平. 『大學』

덕을 밝힌다는 것(明明德)'은 자신을 수양하는 것(修身)이나 마찬가지다. 전자는 후자의 내용에 지나지 않는다. 그러므로 몇 개의 사상은 하나의 사상으로 묶을 수 있다. 이것이 유가의 중심이다.

우리가 나라를 다스리고 세계(천하)를 평화롭게 할 수 있기 이전에 어떤 한 국가나 세계지구에 있어서 원수 노릇을 하여야 한다는 것은 결코 아니다. 우리는 단지 한 국가의 국민으로서 또 천하의 천민天民으로서 자기의 최선을 다하면 된다. 그렇게 되면 치국治國과 평천하平天下를 완전히 이룩할 수가 있다. 이처럼 성실하게 자기의 최선을 다함으로써 최고의 선(至善)에 머물게 된다.

『대학』의 저자가 세계정치와 세계평화(平天下)에 관하여 생각하고 있었다는 것을 지적하는 것으로 이 장의 목적은 충분하게 달성한 것이 된다. 『대학』의 저자가 이러한 문제를 처음 생각했다고 하기보다는 그 문제를 체계적으로 정리했다는 데 의의가 있다. 그에겐 자기 국가의 치안만이 정치상의 최후목표도 아니요, 자신만의 정신수양이 궁극의 목표도 아니었다. 정신수양상의 방법이 되는 격물格物의 문제에 대하여는 뒤에 성리학을 다룰 때 언급하겠다.

순자荀子의 절충적 경향

B.C. 3세기 후반기의 중국 철학계에서는 혼합주의 또는 절충주의적 경향이 강하게 나타났다. 잡가雜家의 주요저작인 『여씨춘추』가 바로 그 당시에 편찬되었다. 그러나 이 저작이 대부분 여러 학파를 여러 장으로 나누어 설명하고 있지만 잡가 그 자체의 사상을 위한 이론적인 체계를 제시하지 못하였다. 그러나 유가와 도가의 저작자들은 체계적인 이론을 제시하였다. 양 학파는 의견이 달랐음에도 불구하고, 우리는

여기에서 그들이 당시 잡가의 정신을 어떻게 비추어 보았는가를 알 수 있다.

이들 저자들은 하나의 절대적인 진리, 즉 '도'가 존재한다는 점에서 의견이 일치되었다. 상이한 각 학파는 대부분 '도'의 어느 특정한 면만을 보았는데, 이 점에서는 도의 다양성을 나타내는 데 공헌하였다. 그러나 유가의 저자들은 전체적인 진리(道)를 파악한 사람은 공자이며, 다른 학파는 유가에 종속되었다고 주장하였다. 어떤 의미에서 여러 학파는 유가에 보충적인 것이지만 반면에 도가 저작가들은 전체적 진리(道)를 파악한 사람은 노자, 장자였으므로 도가는 다른 여러 학파보다 우위에 있다고 주장하였다.

『순자』에 「해폐편解蔽篇」이라는 장이 있는데 다음과 같은 내용의 글이 있다.

옛날에—제후의—손님 노릇 하였던 학자들은—눈이—가리워졌다. 그리하여 혼란스런 여러 학파가 생겨났으니 바로 이것이다. 묵자는 유용(用)에 눈이 가리워 문화의 가치를 알지 못하였고, 송자宋子(맹자 동시대인)는 욕심을 적게 갖는 것에만 눈이 가리워 소득所得을 알지 못하였고, 신자愼子(愼到라고도 함, 법가의 한 사람)는 법에 눈이 가리워 현명한 사람의 진가를 알지 못하였고, 신자申子(申不害, 역시 법가의 한 사람)는 세력(勢)에 눈이 가리워 지혜(知)를 알지 못하였고, 혜자惠子(명가의 혜시)는 변론에 눈이 가리워 사실을 알지 못하였고, 장자는 자연(天)에 눈이 가리워 인간을 알지 못하였다. 유용의 관점에서 보면 도는 이익을 추구하는 것에 지나지 않으며, 욕심을 적게 갖는다는 관점에서 보면 도는 만족에 지나지 않으며, 법의 관점에서 보면 도는 술수(數)에 지나지 않으며, 세력의 관점에서 보면 도는 방편에 지나지 않으며, 자연의 관점에서 보면 도는 자유방임에 지나지 않으며, 말의 분석(辭)의 관점에서 보면 도는 논쟁에 지나지 않는다. 이러한 여러 가지 견해는 도의 한 모퉁이에 지나지 않는다. 대체로 도의 본체는 늘 한결같으면서도(體常) 모든 변화를 포괄하고 있다(盡變). 도는 한 모퉁이 견해로는 거론하기 부족하다. 도의 일면만을 보는 자의 그 곡해된 지식으로는 도의 전체성을 파악할 수 없다. 공자는 인자하면서도 지혜로워서 가리워진 곳이 없었다. 그러므로 그는 다방면으로 학술을 배워서 충분히 선왕의 도를 본받을 수 있었다.[5] 『순자』의 「천론편天論篇」에 다음과 같은 말이 있다.

노자는 굽히는 면만 보았고 펴는 면을 보지 못하였다. 묵자는 평등한 면만을 보았고 차별을 보지 못했다. 송자는 어떤 사람은 욕심이 적다는 면만을 보았고 욕심이 많은 면은 보지 못하였다.[6]

순자에 의하면 한 철학자에서 독특한 견해와 폐단은 병행하고 있다. 철학자는 독특한 견해를 가지고 있다. 그러나 동시에 이 독특함 때문에 폐단이 생긴다. 그러므로 자기 철학 나름의 탁월성은 그의 결점이기도 하다.

---

5) 昔賓孟之蔽者, 亂家是也. 墨子蔽於用而不知文, 宋子蔽於欲而不知得, 愼子蔽於法而不知賢, 申子蔽於埶而不知知, 惠子蔽於辭而不知實, 莊子蔽於天而不知人. 故由用謂之道盡利矣, 由欲謂之道盡嗛矣, 由法謂之道盡數矣, 由勢謂之道盡便矣, 由辭謂之道盡論矣, 由天謂之道盡因矣, 此數具者, 皆道之一隅也. 夫道者體常而盡變, 一隅不足以舉之 ; 曲知之人, 觀於道之一隅, 而未之能識也. …… 孔子仁知不蔽, 故學亂術, 足以爲先王者也. 『荀子 ; 解蔽』

6) 老子有見於詘, 無見於信. 墨子有見於齊, 無見於畸, 宋子有見於少, 無見於多. 『荀子 ; 天論』

장자莊子의 절충적 경향

『장자』의 마지막 장인 「천하편」에서 작자는 도가의 입장에서 여러 학파를 비평하였다. 「천하편」은 실로 고대 중국 철학을 간추려 설명한 해설서이다. 우리는 이 「천하편」의 작자가 누구인지 확인할 도리가 없으나 그는 확실히 고대 중국 철학의 가장 훌륭한 철학사가인 동시에 비평가였다.

이 편에서 우선 저자는 전체적인 도와 부분적인 도를 구분했다. 전체적인 도는 바로 내성외왕內聖外王이 도이며, 이에 대한 연구를 도술道術이라고 하였다. 부분적인 도는 전체적인 도의 어느 특정한 일면인데 이에 대한 연구를 방술方術이라 하였다.

「천하편」에 다음과 같은 말이 있다.

> 천하에 방술을 쓰는 사람이 많아졌다. 각자는 자기의 사상이 더할 나위 없이 완전한 것으로 생각한다. 그런데 고대에 소위 도술이란 것이 과연 어디에 있었던가? …… 그것으로(道術) 인하여 성인이 태어난 바가 있고 왕이 (자기의 업적을) 완성한 바가 있다. 양자는 모두 하나(一)에 근원을 두었다.7)

그 하나가 내성외왕內聖外王의 도다. 이 편은 한 걸음 더 나아가 도의 근본과 말단(本末) 그리고 자세함과 거치름(精粗)의 구분을 하였다.

옛 사람은 얼마나 완벽하였던가. …… 그들은 근본원리를 분명히 알아 이것을 말단의 제조절차에 연관시키고 모든 곳에 통하게 하여 커다란 것과 조그마한 것, 세밀한 것과 거치른 것에까지 그들의 운행은 미

---

7) 天下之治方術者多矣, 皆以其有爲不可加矣. 古之所謂道術者, 果惡乎在? 曰:無乎不在. 曰:神何由降? 明何由出? 聖有所生, 王有所成, 皆原於一.『莊子;天下』

치지 않은 곳이 없었다.

그들의 가르침 중 명확하게 제도 속에 구체화되어 있는 것은 옛날 법전과 대대로 전하는 역사 속에 아직까지 많이 보존되어 있다. 그 가르침 중에 시詩·서書·예禮·악樂 속에 있는 것은 대부분 추나라, 노나라의 신사紳士와 선생들이 밝힐 수 있었다. 시로써 뜻을 말하고, 서로써 사건을 기록하고, 예로써 행위를 인도하고, 악으로써 조화를 이끌어간다. 역으로써 음양을 말하며, 춘추로써 명분을 나타낸다.[8]

그리하여 「천하편」은 유가도 도와 어떤 관련이 있다고 주장한다. 그러나 그들이 알고 있었던 것은 수단과 제도에 한정되어 있었다. 그들은 그 밑에 깔린 원리(道)에 대하여는 아무것도 알지 못하였다. 말하자면 그들은 단지 도의 조잡한 면과 작은 가지만을 알고 있었을 뿐, 그 안의 정밀하고 근본적인 것은 알지 못하였다.

「천하편」은 다음과 같이 계속 전개된다.

이제 천하가 크게 문란하여졌고, 성인과 현인은 알려지지 않고 도와 덕은 일치되지 아니하였으며, 천하의 많은 사람들은 대부분 전체의 한 국면만을 살피어 스스로 좋아하였다. 이것은 마치 눈·코·입·귀·몸이 각각 자기 기능을 하고 있지만 서로 통할 수 없는 것과 마찬가지이다. 또는 여러 기술자의 기술과 같이 각자는—자기 기술 분야에—뛰어난 데가 있고 때로는 유용한 데가 있지만 전체를 두루 포괄하지 못하는 어느 한 귀퉁이의 선비이다. …… 그러므로 내성외왕의 도는 어둡게 되어 밝혀지지 못하고—답답하게—막히어 펼쳐

---

8) 古之人其備乎 …… 明於本數, 係於末度, 六通四辟, 小大精粗, 其運無乎不在, 其明而在數度者, 舊法世傳之史, 尙多有之. 其在於詩書禮樂者, 鄒魯之士搢紳先生, 多能明之. 詩以道志, 書以道事, 禮以道行, 樂以道和, 易以道陰陽, 春秋以道名分. 『莊子 ; 天下』

지지 못하였다.9)

그리고 「천하편」의 저자는 각 학파를 분류하여 각 파는 도의 어떤 일면만을 '들었다'는 사실을 인정하였다. 그러나 각 학파의 단견을 날카롭게 비평하였다. 그리고 노자와 장자를 극도로 칭찬하였다. 그러나 도가의 이 두 지도적 인물 역시 기타 여러 학파와 마찬가지로 단지 "도의 일면만을 들었다."고 말함으로써 은근히 비판을 받은 것이 된다. 「천하편」의 저자가 말하려고 한 뜻은 다음과 같아 유가는 구체적인 문물과 제도는 알고 있었으나 그것에 내재한 원리는 알지 못하였고, 도가는 원리는 알고 있었으나 문물과 제도는 알지 못하였다. 다시 말하면 유가는 도의 말단만을 알고 그 근본을 몰랐으며, 도가는 근본은 알고 있었으나 그 지엽적인 것은 알지 못하였다. 오직 양자를 결합하여야 전체적인 진리가 될 수 있다.

사마담과 유흠

이러한 잡가적 경향은 한漢왕조에까지 계속되었다. 『회남자』는 도가의 경향을 강하게 띤 저작이긴 하나, 『여씨춘추』와 같은 성질의 책이다. 이 책 이외에 역사가인 사마담과 유흠(B.C. 46~A.D. 23년)은 역시 잡가적인 경향을 보여 주고 있다. 그 중에서 사마담은 도가였는데 「육가의 요지」라는 논문에서 그는 다음과 같이 말하고 있다.

---

9) 天下大亂, 賢聖不明, 道德不一, 天下多得一, 察焉以自好, 譬如耳目鼻口, 皆有所明, 不能相通. 猶百家衆技也, 皆有所長, 時有所用. 雖然, 不該不遍, 一曲之士也. [判天地之美, 析萬物之理, 察古人之全, 寡能備於天地之美, 稱神明之容.] 是故內聖外王之道, 闇而不明, 鬱而不發. 『莊子；天下』

천하에 한 가지 목적이 있지만 그것에 관하여 여러 가지 생각을
한다. 돌아가는 곳은 같이 하지만 그곳으로 향하는 길은 달리한다.[10]

이것이 바로 여러 가지 학파의 사상과 같은 경우다. 이들 모두는 사
회의 안정과 질서를 추구하지만 설명방식에 있어서 다른 길을 따른다.
그 중에 어떤 것은 분명하고 어떤 것은 그렇지 않다. 그리고 사마담은
'6가'의 장단점을 논하는데 도가가 각 가 중에서 좋은 점은 다 결합하
였으므로 다른 학파보다 우위에 있는 것으로 생각하였다. 「칠략七略」
에서 『전한서』「예문지」에 인용된 바와 같이 그는 '10가'를 들면서 사
마담과 마찬가지로 「역대전易大傳」과 동일한 문구를 인용하였다. 그리
고 그는 다음과 같이 결론을 내렸다.

이제 각 가家는 자기의 장점을 발전시켰다. 그리고 각자는 지식과
사려를 끝까지 탐구함으로써 자기들의 근본 취지를 밝히었다. 비록
편견과 단점이 있기는 하였으나 가르침의 요지가 돌아가는 곳을 합
하면 역시 육경六經의 지엽이요, 후예이다. …… 만일 육예의 방법을
닦을 수 있고 이 9가(소설가란 철학적인 중요성이 없기 때문에 제외되었다.)의
말을 관찰하여 그들의 단점을 버리고 장점을 취할 수 있으면 다양
한 사상의 여러 국면을 통달할 수가 있게 된다.[11]

이러한 모든 진술은 사상계에 있어서조차 통일을 위한 강렬한 열망
을 반영하고 있다. B.C. 3세기 백성들은 수세기 동안의 국가 간의 전

---

10) 天下一致而百慮, 同歸而殊道. 『周易 ; 大傳』
11) 今異家者各推所長, 窮知究慮, 以明其指. 雖有蔽短, 合其要歸, 亦六經之支與流裔.
…… 若能修六藝之術, 而觀此九家之言, 舍短取長, 則可以通萬方之略矣. 『前漢書 ;
30章』

쟁에 상심하여 정치적 통일을 열망하였다. 따라서 그들의 철학자들도 사상의 통일을 희구하였는데 잡가는 바로 그 첫 번째의 시도였다. 그러나 잡가 자신은 통일된 체계를 수립하지 못하였다. 잡가는 전체적 진리를 믿었고 여러 학파에서 그들의 장점을 취사 선택함으로써 이 진리, 즉 '도'에 도달하기를 희망하였다. 그러나 그들이 일컫는 '도'란 아마도 단지 여러 가지 다른 요소의 잡동사니였으며 어떠한 근원적인 조직원리에 의하여 연결된 것도 아니므로 거기에 고상한 명칭을 붙일 가치도 없다.

중국적 민족주의에 대한 주석12)

더크 보드Derk Bodde 박사는 다음과 같이 기술하였다.

······ 이 진술에 질문을 하겠다. 예컨대 육조六朝 · 원元 · 청淸대는 사실상 상당히 오랜 기간이었으며 그러한 상황이 이론상으로는 비정상적인 것으로 간주되기는 하였으나 혼란과 이민족 지배의 관념에 중국인들은 습관이 되어 왔는가 하는 문제에 질문을 던지겠다. 더욱이 통일된 정상적인 상황하에서도 때때로 흉노匈奴와 같은 이민족의 끊임없는 침입에 대처하기 위하여 또 제국 안에서 가끔 일어나는 내란을 수습하기 위하여 대규모의 정치적 책동과 군사적 행동을 취하였다. 나는 결코 현 상태를 중국인에게 낯선 상황이 주어졌다고 생각하지는 않는다. 그러므로 설령 그들의 영향이 참으로 세계적인 규모로서 강조되어진다고 할지라도 결코 낯선 상황은 아니다.

---

12) 본서 '16장 6중국의 통일' 참조. (原註)

보드 박사가 언급한 역사적 사실은 의심할 나위 없이 옳다. 그러나 이 문구에 있어서의 필자의 관심은 역사적 사실 그 자체라기보다는 19세기 말, 20세기 초 중국인들이 그 사실에 대하여 무엇을 느꼈는가 하는 점이다. 원元과 청淸왕조의 이민족 통치를 강조하는 것은 근대 민족주의 관점에서 만들어졌다. 옛날부터 중국인은 중국 또는 화하華夏와 이적夷狄을 엄밀히 구분하여 왔다는 사실이다. 그러나 이 구분은 종족적이기보다는 문화적이다. 중국인은 전통적으로 이 세계에는 세 가지 종류의 생물이 있다고 생각하여 왔는데 즉 중국인, 야만인 그리고 금수였다. 이 가운데 중국인은 가장 교화가 잘되었고 그 다음 야만인이며 금수는 전혀 교화가 되어 있지 않다고 보았다.

몽고족과 만주족이 중국을 정복할 때 그들은 이미 상당한 정도로 중국의 문화를 받아들였다. 그들은 정치적으로 중국을 지배하였지만 중국은 문화적으로 그들을 지배하였다. 그러므로 그들은 중국인의 최대관심사인 중국 문화의 연속성과 단일성에 어떠한 단절이나 변화를 주지는 못하였다. 그러므로 중국은 전통적으로 원과 청을 중국 역사상 서로 교체되는 수많은 왕조 가운데 두 왕조로서 간주하였다.

이 사실은 중국 역사의 편찬에서 알 수 있다. 예컨대 명왕조는 한편으로 원왕조에 항거한 민족주의적인 혁명을 일으켰지만 그럼에도 불구하고 명의 통치하에서 편찬된 원사元史는 정사正史로 취급하여 원왕조를 송왕조의 정통적 후계자로서 다루고 있다. 이와 마찬가지로 황종희黃宗羲(1610~1695년)는 만주족에 반기를 든 민족주의적 학자였는데 그의 저서 『송원학안宋元學案』에서 원왕조 치하 고관을 지낸 허형許衡(1209~1281년)과 오징吳澄(1249~1333년) 같은 학자에게 도덕적인 견책은 하지 않았다.

중화민국도 이와 마찬가지로 청나라 역사를 편찬하였는데 청왕조 역시 명왕조를 계승한 정통왕조로 다루었다. 『청사淸史』는 후에 현 정부에 의하여 금지되었는데 그 이유는 1911년 혁명을 다룬 부분에 불만이 있었기 때문이다. 그래서 결국 전혀 다른 방법으로 새로운 『청사』가 쓰여질 가능성이 있다. 그러나 필자가 여기에서 관심을 가지고 있는 것은 전통적인 견해이다. 전통에 관한 한 원과 청은 다른 왕조나 마찬가지로 정통왕조이다.

혹자는 중국인이 민족감정을 가지고 있지 않다고 말할지 모르나 그것이 바로 필자의 관점이다. 중국인은 세계를 '천하'라는 말로 생각하는 것이 습관이 되어 있기 때문에 민족주의적인 감정이 없다.

중국인이 흉노족과 같이 이민족(비중국인)과 투쟁을 한 사실에 대하여 말하자면 전통적으로 중국인은 때때로 금수와 투쟁하여야 할 필요가 있듯이 야만인과도 투쟁할 필요가 있음을 느꼈다. 중국인은 흉노와 같은 백성은 중국과 천하에서 공존할 만한 위치에 있다고 느끼지 않았다. 이것은 마치 미국인이 홍인종紅人種과 미국 대륙에서 공존해야 한다고 느끼지 않는 것이나 마찬가지이다.

중국인은 종족적인 구분은 그다지 강조하지 않았기 때문에 그 결과 3~4세기에 각종의 이민족이 자유롭게 중국에 들어와 살도록 허용되었다. 이 운동은 내사內徙(Inner Colonization)라는 것으로 이것은 육조 시대에 정치적 분쟁의 주요 원인이 되었다. 그러한 내사는 바로 히틀러의 『나의 투쟁Mein Kamf』이라는 저서에서 초민족주의적 견해라는 이유로 비판의 대상이 되었다.

불교의 전래는 중국인에게 자기 이외에 또 문화를 가진 백성들이 존재한다는 사실을 깨닫게 해 준 것 같다. 그러나 전통적으로 인도에 대하여 두 가지 견해가 있다. 불교를 반대하는 중국인은 인도를 단순히 다른 종류의 야만인이라고 믿었고, 반면 불교를 신봉하는 중국인은 인도를 '서역의 정토'로서 간주하였다. 그들은 인도를 이 세계(현재의 세상)을 초월한 성역으로 칭찬하였다. 그러나 불교의 전래 이후 불교가 중국인의 생활에 엄청난 영향을 미쳤음을 인정하는 데는 인색하고 중국인만이 이 인류 가운데서 교화된 백성이라고 믿어 왔다.

이러한 관념을 가지고 있었기 때문에 중국이 16~17세기에 서구인과 접촉하게 되었을 때 그들은 서구인을 이전의 이민족과 같은 야만인으로 생각하여 그들을 서양 오랑캐(洋夷)라 불렀다. 그 결과 비록 중국인들이 서구인과의 투쟁에서 많은 패배를 당했음에도 불구하고 크게 동요하지 않았다. 그러나 중국인은 서구인 역시 자기와는 다르지만 그와 대등한 문명을 가지고 있다는 사실을 발견하였을 때 동요하기 시작하였다. 그 상황 속에서 진지한 것은 중국인 이외에 이민족이 존재한다는 사실이 아니라, 중국의 문명에 대등한 세력과 중요성을 가진 문명이 있다는 점이었다. 중국 역사상 그러한 상황과 나란히 비교될 수 있는 시대는 춘추전국시대이다. 이 시대에서는 나라는 각각 다르지만 대등한 문화를 가진 국가들이 서로 전쟁을 하던 시기였다.

우리가 증국번曾國藩(1811~1872년), 이홍장李鴻章(823~1901년)과 같은 19세기의 위대한 정치가의 저서를 읽으면 그들이 서구의 충돌에 대하여 바로 이러한 식으로 해석했다는 증거가 많이 있음을 발견할 수 있다. 이 주석은 바로 그들의 감정을 거스르지 않기 위한 이유를 기술하려는 시도에서였다.

제 17 장

동중서 董仲舒 : 한제국의 漢帝國 이론가

"사람 죽이기를 좋아하지 않는 자가 천하를 통일할 수 있다."[1]고 한 맹자의 예언은 적중하지 못했다. '잔혹하고 포악한 나라(虎狼之國)'로 소문난 진나라가 천하를 통일하였다.

진나라는 '농전술(農戰術)', 즉 경제적·군사적 방면이 다른 나라보다 우세하였으며, 순전히 무력과 무자비한 법가의 이념으로 자기의 적대국을 정복하는 데 성공하였다.

음양가와 유가의 혼합

그러나 맹자의 말이 틀린 것은 아니다. B.C. 221년에 천하를 통일한 진은 겨우 15년 만에 멸망하였기 때문이다. 진시황이 세상을 떠나자 진제국은 그 학정에 항거하던 연속적인 반란으로 붕괴되고 한(B.C. 206~A.D. 220년)왕조가 이를 계승하였다. 한왕조는 진왕조의 정치적 통일이념을 받들어 미완사업을 진척시켜 새로운 정치사회질서를 수립하였다.

그러한 시도를 하는 이론화에 큰 공을 세운 사람이 동중서董仲舒(B.C. 179~104년)였다. 그는 광천인廣川人(현 호남성 남부)으로 제자백가 중에서 유가만을 한왕조의 전통신앙으로 확립하는 데 큰 공적을 세웠고, 또한 유가의 정통성을 수호하기 위하여 제도적인 기반을 창출해 내기도 하였다. 중국의 과거제도는 동중서의 생존시에 벌써 그 윤곽이 짜이기

---

1) 不嗜殺人者能一之. 『孟子 ; 梁惠王 上』

시작하였다. 당시의 이 고시제도 아래서는 문벌이나 부귀에 의해서가 아니라 오히려 일정기간에 실시하는 시험의 합격에 의하여 관직에 임명될 수 있었다. 이 시험은 전국적으로 동시에 시행되었으며 근소한 예외가 있기는 했지만, 각계각층의 모든 사람에게 공개적으로 시행되었다. 이 고시제도는 한왕조에게는 그 초기단계에 머물러 있었기 때문에 보편화되지 못하고 수세기 뒤에서야 비로소 실현되었다. 그러나 동중서가 그 제도를 최초로 제창했다는 사실이 그의 큰 업적이며 또 과거제도를 실시하는 데 있어서 그 운영지침의 이념적 토대를 유가경전에 두어야 한다고 주장했다는 사실도 매우 의의 있는 일이다.

동중서는 학문 연구에만 전심전력한 나머지 "3년이나 자기 집 정원도 내다보지 않았다(三年不窺園)."고 전하며 『춘추번로春秋繁露』라는 두툼한 책을 저술한 그는 "발(簾)을 내리고 자기의 학설을 논의하는가 하면 제자들로 하여금 지방으로 전파하게끔 하였기 때문에 그의 얼굴을 알지 못한 사람도 있으리라 한다."2)(『한서漢書』「동중서전」 참조).

동중서가 시도한 사업은 당시의 새로운 정치적·사회적 질서에 이론적인 당위성을 부여해 주는 것이었다. 인간은 하늘(天)의 일부이므로 인간행위의 정당성은 하늘의 운행에 달려 있다고 생각한 그는 음양의 이론에 의거하여 하늘과 인간 사이에는 밀접한 상호관계가 존립한다고 하여 음양가에서 이끌어낸 형이상학의 이론과 유가적인 정치·사회 철학을 한데 결부시켰다.

'하늘(天)'이란 땅과 대비되는 '하늘' 혹은 지성과 의지를 가진 '자연'을 뜻한다. 동중서의 철학을 말할 경우 어느 쪽의 번역도 아주 적절하지는 못하다. 그러므로 필자의 동료인 김악림金岳霖 교수는 미발표 원고에서 "만일 하늘(天)이 자연과 자연을 주재하는 하느님(上帝)의 의미

---

2) 下帷講誦, 弟子傳以久次相受業 或莫見其面 『漢書; 董仲舒傳』

를 동시에 가지고 있다면 어떤 때는 자연Nature(自然之天)을, 또 어떤 때는 하느님Heaven(主宰之天)을 강조함으로써 '하늘(天)'의 의미에 접근하게 된다."고 말한 바 있었다.

12장에서 지적한 바와 같이 고대 중국에는 음양과 오행이라는 양대 사상 노선이 뚜렷하게 나뉘어 각기 우주의 근원과 그 구조에 대한 적극적인 해석을 해왔다.

이 말은 어떤 경우 예건대 노자나 장자의 경우에는 옳지 않으나 동중서의 경우에는 합당한 말이다. 이 장에 '하늘(天)'이라는 용어가 나오면 김 교수의 말을 다시 상기해 주기 바란다.

그러나 뒤에 이 양대 노선은 점차 혼합되기 시작하였고 동중서에 이르러 더욱 현저하여 그의 철학에는 음양론과 오행론이 합일하게 되었다.

우주론

동중서에 의하면 우주에는 10대 요소, 즉 천天 · 지地 · 음陰 · 양陽 · 목木 · 화火 · 금金 · 수水와 인人이 있다(『춘추번로』 18장 참조). 특히 음양에 관한 그의 사상은 매우 구체적이다.

"우주에는 음양의 기氣가 있다. 마치 물고기가 언제나 물속에 잠겨 살 듯이 인간은 언제나 '기' 속에 잠겨 살고 있다. 그런데 음양의 '기'가 물과 다른 점이 있다면, 보인다는 것과 보이지 않는 것일 뿐이다."[3]

동중서가 부여한 오행의 순서는 「홍범」에 있는 순서와 달라 첫째 목, 둘째 화, 셋째 토, 넷째 금, 다섯째 수인데 각자는 서로를 낳고 서로를 이

---

3) 天地之間, 有陰陽之氣, 常漸人者, 若水常漸魚也. 所以異於水者, 可見與不可見耳.
   『春秋繁露 ; 天地陰陽』

긴다. 목은 화를 낳고, 화는 토를 낳고, 토는 금을 낳고, 금은 수를 낳고, 수는 목을 낳는데, 이것은 서로가 생겨나는 순서요. 역으로 목은 토를 이기고, 토는 수를 이기고, 수는 화를 이기고, 화는 금을 이기고, 금은 목을 이긴다. 이것은 서로를 이기는 순서이다.

동중서는 음양가와 마찬가지로 목화금수의 각각 방위는 물론 사시四時를 주재한다고 생각하였다. 그리하여 목은 동쪽과 봄을, 화는 남쪽과 여름을, 금은 서쪽과 가을을, 수는 북쪽과 겨울을 각각 주재하고 토는 중앙을 주재하며 나머지 사시의 기에 도움을 준다. 사시의 운행은 음양의 작용으로 설명되어질 수 있다. 음과 양은 줄었다, 늘었다, 왕성했다, 쇠퇴했다 하는 것이 일정한 궤도에 따라 순환하며 사방을 두루 통하여 다닌다.

'양'이 점점 자라 동에서 '목'의 기운을 돋구어 움직이면 봄이 오며, 다시 '양'이 점점 강하게 되어 남으로 이동하여 화의 기운을 돋구면 여름이 온다.

『노자』와 『역자』에서 주장한 것처럼 이 우주의 '되돌아 가는(反)' 도에 따르면, 성장 다음에는 반드시 소멸이 뒤따르게 마련이다. 그러므로 '양'이 절정에 달하여 쇠잔하기 시작하면 '음'이 성장하기 시작하여 동쪽4)으로 움직이게 되어 '금'의 기운을 돋구면 가을이 오고, '음'이 점점 힘을 얻어 북으로 이동하여 '수'의 기운을 돋구면 겨울이 온다. 그러나 '음'도 그 절정에 달하면 쇠퇴하기 시작하고 그와 동시에 '양'이 새로운 성장을 시작한다.

그리하여 사시의 변화는 음양이 성쇠하고 유동하여 생기며 사시의 연속은 실로 음양의 연속에 의하여 생긴다.5) 동중서는 다시 이렇게 말

---

4) 서쪽이 가을의 방향이긴 하나 서쪽이라고 하지 않았다. 그 이유는 다음과 같다. 董仲舒는 "天은 陽을 믿지만 陰은 믿지 않는다."고 했다. (原註)
5) 陽이 正東에 있으면 봄이지만 陰이 正東에 있으면 가을이다. (譯註)

한다.

"천지의 변함없는 도道는 음양의 연속이니 '양'이 '하늘'의 덕행(德)
이라면 '음'은 '하늘'의 형벌(刑)이다. 그러므로 하늘의 도는 세 계절(봄·
여름·가을)로써 나서 이루어지고(生成) 한 계절로(겨울)로써 잃고 죽어버
린다."6)

"하늘은 양을 신임하지만, 음은 믿지 않는다. 하늘은 덕을 좋아하지
형을 좋아하지 않는다."7)

"하늘도 역시 희로의 기를 가지고 있으며, 애락의 마음(心)을 가지고
있다. 인간과 하늘은 서로 대응하므로 끼리끼리 짝이 되어 하늘과 인
간은 하나를 이룬다."8)

그러므로 인간은 생리면에서나 정신면에 있어서 하늘을 모방한 것
또는 버금가는 것으로 인간 자신은 천지만물의 영장이다.

"하늘·땅·사람은 만물의 근본이다. 하늘은 만물을 낳고 땅은 기르
고, 사람은 완성시킨다."9)

사람이 어떻게 하여 만물을 완성시키는가에 대하여 동중서는 예악,
즉 문화와 문명의 힘으로 만물을 완전하게끔 할 수 있다고 했다. 문명
과 문화가 없었다면 우주는 불완전할 것이라 생각한 그는 하늘·땅·
사람에 관하여 다음과 같이 말하였다.

"이들 삼자는 서로 손과 발처럼 연관되어 일체를 이루고 있으니 그
들 중 어떤 것도 없어서는 안 된다."10)

---

6) 天地之常, 一陰一陽. 陽者天之德也, 陰者天之刑也. …… 是故天之道. 以三時成生,
   以一時喪死.『春秋繁露 ; 陰陽義』
7) 天之任陽 不任陰, 好德, 不好刑, 如是也.『春秋繁露 ; 陰陽義』
8) 天亦有喜怒之氣, 哀樂之心, 與人相副, 以類合之, 天人一也.『春秋繁露 ; 陰陽義』
9) 天地人萬物之本也. 天生之, 地養之, 人成之.『春秋繁露 ; 立元神』
10) 三者相爲手足, 合以成禮, 不可一無也.『春秋繁露 ; 立元神』

인성론

하늘에는 음과 양이 있는 것과 같이 하늘의 짝(副)인 인간의 마음도
역시 성품(性)과 정감(情)을 가지고 있다. 성품이란 의미를 동중서는 넓
은 의미로 썼다. 좁은 의미에서의 성품은 정감과는 다르며, 또 정감과
대립되는 의미로 쓰는 데 대해 넓은 의미에서의 성품은 정감을 포괄하
여 때로는 기본바탕(質)으로 간주하기도 한다. 그리하여 그는 인간의
기본바탕을 성품(좁은 의미로써)과 정감으로 나누어 성품에서 사랑(仁)의
덕이 나오고 정감에서 악이 생겨난다고 보고, 좁은 의미의 성품은 하
늘의 양(陽)에 해당하고 정감은 음(陰)에 해당한다고 한다.

이 점에서 동중서는 인간본성, 즉 인간의 기본바탕이 선한가 악한가
에 관한 낡은 대립을 청산하였다. 그리고 성선설을 주장하는 맹자의
견해에도 찬동하지 않았다. 그 이유는 다음과 같다.

선善은 비유컨대 쌀과 같고 성품은 벼와 같다. 벼는 쌀을 산출하
나 벼를 곧 쌀이라고 하지 않는 것과 같이 성품(넓은 의미의 기본바탕)
은 선을 산출하지만 성품 그 자체는 선한 것이 아니다. 쌀과 선은
하늘의 일을 인간이 계승함으로써 —天—밖에서 완성되었다. 양자
는 하늘이 하는 일의 범위 안에 있지 않다. 하늘이 하는 일은 어느
지점에까지 와서 멈추어 버리니 이 멈춘 범위 안에 있는 것은 하늘
이라 하고, 이 밖에 있는 것을 훌륭한 성왕의 가르침(王敎)이라고 한
다. 왕교는 성품(기본 바탕) 밖에 있지만, 왕교 없이 성품은 완전히 계
발되어질 수 없다.11)

---

11) 善如米, 性如禾. 禾雖出米, 而禾未可謂米也. 性雖出善, 而性未可謂善也. 米與善,
人之繼天而成於外也, 非在天所爲之內也. 天所爲所至而止, 止之內謂之天 ; 止之外
謂之王敎. 王敎在性外, 而性不得不遂. 『春秋繁露 ; 實性』

이와 같이 동중서의 인간문화의 가치에 대한 강조는 실로 인간의 위치를 천지와 등질화等質化하였으며, 이 점에서 순자의 사상과 접근하면서도 인간의 기본바탕이 악하다고 간주하지 않는 데서 그와도 달랐다. 왜냐하면 선이란 우리의 성품을 계승한 것이지 그 반대는 아니기 때문이다.

인간문화를 성품의 계승으로 생각하는 한에 있어서 그는 또한 맹자와 가깝다는 점을 다음의 기술에서 엿볼 수 있다.

> 어떤 이는—인간의—본성은 선의 빌미(端)를 가지고 있고—인간의—마음은 선의 기본 바탕을 가지고 있는데, 어째서 그것이 곧 선하다고 하지 않는가? 라고 한다. 그러나 나는 그건 그렇지 않다고 대답한다. 왜냐하면 고치에는 명주실을 만들 성분이 있으나 고치가 곧 명주실이 아니요, 달걀 속에는 병아리가 될 요소가 있으나 달걀이 곧 병아리는 아니다. 만일 이 비유로 보면 무슨 의심이 있을 수 있겠는가?[12]

여기에서 어떤 이가 제기한 문제는 맹자의 의견이요, 그에 대한 대답은 동중서 자신과 맹자와의 차이점이다.

그러나 이 두 철학자의 견해의 차이는 사실 문자적인 것에 지나지 않는다. 동중서는 말한다.

> 맹자는 아래로 금수의 행위와 비교하여 인간의 기본바탕을 평가하므로 인간의 본성은 이미 선(已善)하다고 한다. 그러나 나는 위로 성인의 행위와 비교하여 인성을 평가하므로 인간의 성품은 아직 선

---

12) 或曰性有善端, 心有善質, 尙安非善? 應之曰：非也. 繭有絲, 而繭非絲也, 卵有雛, 而卵非雛也. 比類率然, 有何疑焉?『春秋繁露；深察名號』

하지 않다(未善)고 말한다.13)

그러므로 맹자와 동중서의 차이점을 간단히 말한다면, 그것은 이미 선한 것(已善)과 아직 선하지 않은 것이(未善) 될 뿐이다.

사회윤리

동중서에 의하면 음양론은 사회질서의 형이상학적인 변호론이기도 하다. 그는 다음과 같이 기술하였다.

대체로 만물은 반드시 짝(合)이 있어 위(上)가 있으면 반드시 아래(下)도 있고, 왼쪽이 있으면 반드시 오른쪽도 있고, 추위가 있으면 반드시 더위도 있고, 낮이 있으면 반드시 밤도 있다. 이 모든 것은 짝을 이루고 있다. '음'이란 '양'의 짝이요, 아내는 남편의 짝이요, 아들은 아버지의 짝이요, 신하는 군주의 짝이다. 이와 같이 만물은 짝을 이루지 않은 것이 없고, 또 짝을 이루면 그것은 모두 음양이다. 군신·부자·부부의 오상五常을 모두 다 음양의 도에서 취했다. 군주가 양이면 신하는 음이요, 아버지가 양이면 아들은 음이요, 남편이 양이면 아내는 음이다. 왕도王道의 3강령은 하늘에서 찾을 수 있다.14)

---

13) 孟子下質於禽獸之所爲, 故曰性已善, 吾上質於聖人之所爲, 故謂性未善.『春秋繁露 ; 深察名號』
14) 凡物必有合. 合, 必有上, 必有下, 必有左, 必有右, …… 有寒必有暑, 有晝必有夜, 此皆其合也. 陰者, 陽之合. 妻者, 夫之合. 子者, 父之合. 臣者, 君之合. 物莫無合, 而合各有陰陽. …… 君臣, 父子, 夫婦之義, 皆取諸陰陽之道. 君爲陽, 臣爲陰, 父爲陽, 子爲陰, 夫爲陽, 妻爲陰. …… 王道之三綱, 可求於天.『春秋繁露 ; 基義』

한대 이전의 유가에 의하면 사회에는 '오륜', 즉 다섯 가지 주요 인간관계가 있다고 한다. 즉, 군신유의君臣有義, 부자유친父子有親, 부부유별夫婦有別, 장유유서長幼有序, 붕우유신朋友有信이 그것이다. 오륜 중에서 동중서는 세 가지를 뽑아 '3강'이라 하였는데, 강綱이란 문자 그대로 풀이하면 고기 잡는 그물의 벼리로서 거기에 모든 그물코가 엮어져 있다. 그리하여 군주는 신하의 벼리이며(君爲臣綱), 아버지는 아들의 벼리(父爲子綱)이며, 남편은 아내의 벼리(夫爲婦綱)이다.

'삼강' 이외에 '오상五常'도 역시 모든 유가에서 준수하는 규범으로 상常이란 바로 규범 또는 변함 없는 규칙을 뜻한다. 유가의 다섯 가지 변함 없는 도덕인 인·의·예·지·신의 '오상'에 대하여 동중서 자신이 특별히 강조하지는 않았지만 그것을 '오행'에다 관련시킨 것은 거의 모든 한대 학자들의 공통적 주장이었다. 그는 인仁을 나무(木)와 동쪽에, 의義를 쇠(金)와 서쪽에, 예禮를 불(火)과 남쪽에, 지智를 물(水)과 북쪽에, 신信을 흙(土)과 중앙에 관련시켰다(『白虎通義』 8권 참고).

'오상'은 개인의 덕목들이지만, '삼강'은 사회윤리이다. '강상綱常'이란 옛날에 도덕 또는 일반적인 도덕률을 뜻하였고 문화와 문명의 본질인 도덕률의 지시에 따라 인간은 자기 본능을 계발시켰다고 한다.

정치철학

그러나 모든 사람이 다 스스로 이 성품을 계발시킬 수 있는 것은 아니다. 동중서는 그들로 하여금 성품을 계발시킬 수 있게끔 도와 주는 것이 바로 국가의 기능이라고 보았다.

하늘이 백성을 낳았으니 그 성품에는 선의 바탕(善質)은 있으나 아직 선할 수는 없다. 그리하여 백성을 위하여 제왕을 세워 이들을 선하게 만들었다. 이것이 바로 하늘의 뜻이다.15)

제왕은 경慶·상賞·벌罰·형刑의 '4정政'으로 다스리는데 '4정'은 바로 4시時를 모방하여 만들어졌다. 다음 말은 동중서의 설명이다.

경·상·벌·형은 각각 춘·하·추·동과 끼리끼리 상응하여 마치 부절符節을 합하는 것과 같다. 그러므로 제왕이 하늘에 따라 행함을 그 도라 일컬었다. 하늘엔 4시가 있고 제왕에겐 '4정'이 있어 '4정'은 마치 '4시'와 같아 통하여 비슷함이 있는 것과 같은 것은 하늘과 인간이 공통점을 갖고 있기 때문이다.16)

국가의 조직 역시 '4시'를 본떠서 만들었다. 동중서에 의하면 관직을 4등급으로 나눈 것은 4시를 본떴으며 또 각 관리 밑에 3보좌관을 둔 것17)은 각 계절에 3개월이 있다는 점을 본떴다. 인간은 자기의 능력과 덕행에 따라 4등급으로 나뉘어지게 되기 때문에 관리의 등급이 생긴 것이므로 국가는 유능한 인재를 뽑아서 그들의 천부의 능력과 덕행에 따라서 임용한다.

그러므로 하늘은 4시를 가려 12개월을 처음과 끝으로 하였으니 여기에 하늘의 변화가 모조리 나타났다.18) 인간의 변화를 모조리

---

15) 天生民性, 有善質而未能善, 於是爲之立王以善之, …… 此天意也. 『春秋繁露; 深察名號』
16) 慶賞罰刑, 與春夏秋冬, 以類相應也, 如合符. 故曰王者配天; 謂其道, 天有四時, 王有四政, 四政若四時, 通類也, 天人所同有也. 『春秋繁露; 四時之副 55』
17) 大傳에 "옛날 ① 天子 밑에 三公이 있었고, ② 一公마다 三卿이 이를 보좌하였고, ③ 一卿마다 三大夫가 이를 보좌하였고, ④ 一大夫마다 三元士가 보좌하였다."고 되어 있다. (譯註)

발휘하여 하늘의 변화와 짝을 이루게 할 수 있는 자는 오직 성인뿐이다.19)

하늘과 인간은 이렇게 밀접하고 친근하다고 지적한 동중서는 인간 정치의 모든 잘못은 결과적으로 하늘의 이상한 현상을 출현하게 한다고 주장했다. 음양가가 이미 한 바와 같이 이 설에 대하여 목적론적이며 기계론적인 해석을 가하였다. 목적론적으로 말하면 인간의 통치에 어떤 과오를 범할 때 이것은 필연적으로 하늘의 불쾌함과 분노를 야기시키며 그러한 불쾌함과 분노는 지진, 일식, 월식, 가뭄, 홍수 등과 같은 천재지변을 통하여 표현하니 이는 통치자로 하여금 과오를 시정토록 경고하는 방편이다. 기계론적으로 말하면 "온갖 사물은 자기와 이질의 것은 버리고 동질의 것은 서로 쫓는다."20) "사물들은 자기와 유사한 것을 서로 부른다."21) 그러므로 인간의 이상異常은 필연적으로 하늘의 이상을 불러일으킨다고 주장한다. 동중서는 자기의 목적론적인 설법과는 달리 이것이 바로 하늘의 법칙이며 하늘에는 초자연적인 것은 결코 없다고 주장하였다(『춘추번로』, 「동류상동」편 참조).

역사철학

12장에서 추연은 역사상 왕조의 교체가 '오덕(즉, 오행)'의 영향을 받

---

18) 原文은 "是故天選四時十二而人變盡矣"로 되어 있으나 蘇輿는 "天選四時, 終十二, 而天變盡矣"로 고쳐야 말이 된다고 주장하여 著者는 蘇輿의 주장에 따랐음을 알 수 있다. (譯註)
19) 是故天選四時, 終十二, 而天變盡矣. 盡人之變合之天, 唯聖人者能之. 『春秋繁露; 官制象天』
20) 百物去其所與異, 而從其所與同. 『春秋繁露義證; 同類相動 57』
21) 物故以類相召也. [同上]

는다는 '오덕종시설'을 주장하였다고 설명한 바 있다. 어떤 왕조는 어떤 한 덕과 짝을 이루고 있기 때문에 그 왕조의 통치자는 그 덕에 맞는 장치를 행하여야 한다는 데 대해 동중서는 이 설을 수정하여 왕조의 교체는 '오덕'의 운행에 일치하는 것이 아니라 '삼통三統'의 결과에 의한 것이라고 주장하였다. 삼통은 흑통黑統·백통白統·적통赤統인데 각자는 그 자신의 통치체계를 가지고 있으며, 각 왕조는 하나의 통을 대표한다고 한다.

고대 중국역사에서 하왕조(B.C. 2205~1766년)는 흑통을, 상왕조(B.C. 1766?~ 1122?년)는 백통을, 주왕조(B.C. 1122?~255년)는 적통을 대표한다. 이것이 역사발전의 1주기이다. 주왕조 이후 새로 생긴 왕조는 또다시 흑통을 대표하여 똑같은 결과가 다시 나타나게 되었다고 한다.

오늘날에도 색깔은 상이한 체계의 사회조직을 지시하는 데 사용한다. 동중서의 삼색이론과 비슷한 설로 보면 파시즘은 흑색이며, 자본주의는 백색을, 공산주의는 적색을 나타낸다.

물론 이것은 우연의 일치이다. 동승서에 의하면 '삼통'은 근본적으로 다른 것은 아니나 새로운 왕은 하늘의 특명을 받았기 때문에 왕조를 수립하였다고 주장한다. 그리하여 자기가 새로운 천명을 받았다는 사실을 분명히 알리기 위하여는 외형적인 변화를 시도하여 수도를 옮기고, 국호를 제정하고, 연호를 개정하며, 복색을 바꾸는 작업을 했다.

인륜 도리의 대강령과 정치·교화·습관·문의文義는 예전 그대로 남아 있다. 그런데 무엇 때문에 이들을 바꾸어야 하는가? 그러므로 새로운 왕은 명목상 제도를 바꿀 수 있으나 근본 원리(道)는 사실상 바꾸지 못한다.[22]

---

22) 若夫大綱人倫, 道理政治, 敎化習俗, 文義, 盡如故, 亦何改哉? 故王者有改制之名, 無易道之實. 『春秋繁露義證 ; 楚莊王 1』

이 기본원리는 바로 동중서가 말하는 도다. 『전한서』 「동중서 열전」 에 의하면 그의 말을 다음과 같이 인용하고 있다.

도의 근본은 하늘에서 나왔으며 하늘은 변화하지 않으므로, '도' 역시 변화하지 않는다.[23]

통치자가 천명에 의하여 다스린다는 설이 결코 새로운 것이 아니다. 그것은 『사기』에서 그러한 예를 찾을 수 있고 맹자도 이미 그것을 충분히 밝혀 놓았다. 그러나 동중서에 이르러서는 이 설이 하늘과 인간이 전체 철학 속에 구체화하여 더 명백하게 설명되어 있다.

봉건시대의 모든 군주는 자기들의 권위를 조상으로부터 물려받았고 심지어 진시황제도 예외는 아니었다.

그러나 한왕조 시조의 경우는 이와는 달라 평민신분으로서 봉기하여 천하의 황제가 되었다. 그러므로 왕조 측은 이에 대한 합리적인 변명을 필요로 하였으며 이에 동중서는 그 변명의 구실을 마련해 주었다.

군주가 천명을 받아 다스린다는 그의 이론은 제왕의 권위를 옹호해 주는 동시에 또한 제한을 가한다.

제왕은 항상 하늘이 내리는 징조를 지켜보고 거기에 따라 행위하여야 한다. 이상한 자연현상이 통치자에게 불안을 야기시킬 때, 자기 자신과 자기의 정책을 반성해 보고 그것을 개혁하려고 하는 것은 한대 제왕들의 습관이 되었고 또 정도의 차이는 있지만 후대의 모든 제왕들의 관례가 되었다.

동중서가 주장한 '삼통교체설'은 또한 어떤 왕조에 제한을 가한다. 아무리 훌륭한 황실이라 할지라도 그 통치기간은 한정이 되어 있어 종

---

23) "道之大田原出于天, 天不變, 道亦不變"『漢書 ; 董仲舒傳』

말이 오면 다른 왕조에게 천명을 넘겨 주어야 하며, 이에 대신할 새로운 왕조의 시조는 새로운 천명을 받는다. 그것은 바로 유가가 천명을 통하여 절대왕정의 권력에 제한을 가하려는 수단이다.

『춘추春秋』에 관한 해석

동중서에 의하면, 주왕조의 직접적 계승자는 진왕조도 아니고 한왕조도 아니다. 실제로 천명을 받아 주왕조를 이어 '흑통'을 대표한 사람은 공자였다. 공자는 제왕의 자리에 있지 않았으나 사실상의 제왕(素王)이었다.

이 괴이한 설은 동중서 및 그 학파가 사실로 믿고 또 주장하던 설이다. 『춘추』는 원래 공자의 고향인 노나라의 편년기編年紀였는데 그들은 이것을 공자의 정치적 저작으로 간주하여 공자가 『춘추』에 의탁하여 새로운 왕조의 제도를 세우고, 정도正道를 행사하였으며 또한 흑통을 대표하고 이 '흑통'의 변화와 함께 생기는 모든 제도를 제정하였다고 한다. 『춘추』에 대한 해석으로 특히 유명하였던 동중서는 『춘추』의 구절을 인용함으로써 자기 철학의 모든 면을 합리화시켰고 또 사실상 그 철학의 권위는 주로 『춘추』에서 이끌어 내었다. 그리하여 그의 저서의 이름을 『춘추번로』라고 했다.

그는 춘추시대(B.C. 722~481년)를 3기로 구분했다. 이것을 '삼세三世'라 일컬었으니 ① 공자 자신이 직접 목격하였던 시대(有見), ② 공자가 구전口傳을 통하여 들었던 시대(有聞), ③ 공자가 전래된 기록을 통하여 들었던 시대(有傳聞)가 그것이다. 동중서에 의하면 공자가 『춘추』를 쓸 때 이 삼세에 일어난 사건을 기술하기 위하여 특이한 이름을 사용하였으므로 그 '필법(書法)'을 깊이 살핌으로써 『춘추』의 원래의 의미(微言大

義)를 찾아낼 수 있다고 한다.

사회발전의 세 단계

『춘추』에 관하여 세 가지 유명한 기록은 『좌전左傳』·『공양전公羊傳』·『곡양전穀梁傳』이다. 이 3전은 쓴 사람의 이름을 따서 붙였으며, 한대 이후부터 이 3기록 자체가 하나의 고전이 되었다.

『춘추』를 해석한 3전에서 특히 『공양전』은 동중서와 거의 비슷하게 『춘추』를 해석하여 거기에도 '삼세'에 대한 설이 있는데 한왕조 말기 하휴何休(129~182년)는 그에 대한 주석을 내고 이 이론을 더 자세히 부연하였다.

하휴에 의하면, 『춘추』는 '거란세據亂世 (혼란의 시대)'·'승평세升平世 (평화에로 접근하는 시대)'·'태평세太平世 (세계평화의 시대)'의 기록이라 한다. 그는 삼세의 최초기, 즉 공자가 전래된 기록으로 안 시대를 '거란세'로 보아 자기가 태어난 노나라에 모든 관심을 집중시켜 노나라를 자기 개혁의 중심지로 삼고자 하였다. 그 다음 시대, 즉 공자가 구전을 통하여 들었던 시대(有聞)를 '승평세'로 보아 당시에 자기 국가에 선정을 베풀었으므로—중국—국내의 모든 국가에 평화를 갖다 주었다. 최후의 시대, 즉 공자가 직접 목격한 시대(有見)는 '태평세'에 해당하니 이는 그가 중국의 모든 국가를 평화에로 인도하고 주위의 오랑캐(夷狄)를 교화시키는 시대로 이 시대에는 "천하는 멀고 가깝고, 크고 적고 간에 모든 나라는 하나와 같다(天下遠近大小若一)."고 하휴는 주장하였다(하휴의 『춘추 공양전』「은공」 원년 B.C. 722년 참조).

물론 공자가 실제로 이런 일을 다했다는 뜻으로 말한 것이 아니라, 공자가 만일 권력을 실제로 가지고 있었더라면, 그런 일을 완수했을 것이라는 뜻에서였다. 그러나 그렇다고 하더라도, 공자 자신이 『춘추』의 '삼세'에서 단지 최후의 시기 동안밖에 생존치 못했기 때문에 하휴의 설은 환상적인 면을 남기고 있다. 여하간 공자가 노나라로부터 시작하여 천하에까지 평화를 가져오게 했다는 하휴의 설명은 『대학』의 평천하平天下로 나아가는 단계와 비슷하다.

사회발전의 3단계설은 역시 『예기』 「예운편禮運篇」에도 나타나 있다. 「예운편」에 의하면, 첫째 단계는 '혼란의 세계'요, 둘째는 '소강小康의 세계'요, 셋째는 '대동大同의 세계'인데, 이 최후의 단계를 다음과 같이 기술하고 있다.

대도大道가 실행되었을 때 천하는 천하 사람들이 공유하여 현명하고 유능한 이를 선택할 뿐 아니라 사람마다 신의를 지키고 서로 힘을 합하여 화목하게 지냈다. 그러므로 백성들은 오로지 자기 어버이만을 공경하거나 자기 자식만을 사랑한 것이 아니라, 노인에겐 세상을 떠날 때까지 여생을 누리도록 하였다. 청장년에게는 일자리를 주었고 어린이에겐 마음놓고 자라게 하였고 과부·고아·독신·불구자들을 불쌍히 여겨 그들 모두가 양육받도록 하였다. 남자는 각각 자기의 직분을 다하였고, 여자는 각각 자기의 가정을 갖게 하였다. 재화가 미개발되어 땅에 버려진 상태로 있음을 싫어하는가 하면 반드시 자기의 소유로만 깊숙이 감추어 두려고 하지 않았고, 자기의 온갖 노력을 아끼지 않았으되 반드시 자신을 위해서만 노력하지는 않았다. 이것이 '대동'이다.[24]

---

24) 大道之行也, 天下爲公. 選賢與能, 講信修睦, 故人不獨親其親, 不獨子其子, 使老有所終, 壯有所用, 幼有所長, 矜寡孤獨廢病者, 皆有所養. 男有分, 女有歸. 貨惡其棄於地也, 不必藏於己 ; 力惡其不出於身也, 不必爲己. 是故謀閉而不興 盜竊亂賊而不作 故外戶而不閉, 是謂大同. 『禮記 ; 禮運』

「예운편」의 편찬자는 이 대동의 사회를 지나간 황금시대로 설정하였지만 그것은 분명히 한대 사람들의 꿈을 대변한 말이다. 한대인들은 분명히 정치적 통일, 그 이상의 꿈을 실현하고 싶었던 것이다.

제18장

유가儒家의 독존과 도가道家의 부흥

한왕조는 연대적으로뿐만 아니라 모든 면에서 진왕조를 계승하였으므로 한왕조는 진왕조의 통일을 더욱 확고하게 만들었다.

사상의 통일

통일이라는 목적을 달성하기 위하여 진秦이 선택한 정책 중에 사상의 통일이 가장 시급하고 중요하였다. 진이 적대국을 모두 정복한 후, 진의 재상인 이사는 진시황에게 다음과 같은 제안을 내놓았다.

옛날에 천하는 흩어져 혼란하고 서로 통일할 수 없었다. 사람들은 자기가 사적私的으로 배운 것을 좋다고 생각하여 위(上)에서 세워놓은 것을 비난하였다. 이제 폐하는 천하를 병합하였는데 사학私學이 서로 참여하여 법교法敎의 제도를 비방했다. 만일 이런 것들이 금지되지 않으면 위에서는 군주의 위세가 떨어질 것이며 아래에서는 당파가 형성될 것이다.[1]

그리고 나서 이사는 가장 강력한 제의를 하였다. 그 내용은, 즉 진나라 기록(秦紀)을 제외한 모든 역사적 기록 그리고 박사관博士官에 보

---

[1] 古者天下散亂, 莫能相一 …… 人善其所私學, 以非上所建立. 今陛下并有天下 …… 而下私學乃相與非法敎之制, …… 如此不禁, 則主勢降乎上, 黨與成乎下. 『史記 ; 李斯列傳』

관한 의학, 약학(醫藥), 점치는 것(占筮), 나무 심는 것(種樹)에 관한 책을 제외한 '제가백가' 사상의 저작과 기타 모든 문헌을 나라에 바쳐서 불 태워 버려야 한다고 했다.

"만일 어떤 사람이든 배우고 싶으면 그들은 관리를 자기의 스승으로 삼아야 한다."[2]

진시황제는 이 제의를 받아들여 B.C. 213년에 이를 시행토록 명령 을 내렸다. 사실 이 명령은 철저하기는 했으나 법가사상의 논리적인 응용에 지나지 않았다. 한비자도 이미 이것을 미리 내다보았다.

총명한 군주가 다스리는 국가에는 서적이 없고 법만이 스승의 역 할을 담당할 것이며, 선왕의 말은 없어지고 관리가 스승 노릇을 할 것이다.[3]

이사가 이를 제의한 목적은 '명약관화'하다. 그는 분명히 통일된 천 하와 정부 그리고 통일된 역사와 사상을 원하였다. 그런데 의학서와 같은 실용적인 서적들은 금서목록에서 제외되었다. 이유는 기술에 관 한 서적은 '이념Ideology'과는 아무런 관계가 없었기 때문이라고 말할 수 있다. 그러나 진왕조의 폭정은 급속도로 진의 멸망을 초래하였고 그 뒤를 이어 한왕조가 건립되자 많은 고서와 '제자백가'의 저작들이 다시 햇빛을 보았다. 한의 군주들은 진의 극단적 조처Measures를 좋아하 지는 않았으나 정치적인 통일을 유지하기 위하여 사상통일의 시급함을 느끼게 되었다.

한무제漢武帝(B.C. 140~87년)는 동중서의 제의에 따라 사상통일의 작업 을 준비하였다. B.C. 136년경 황제에게 바치는 대책對策(In a Memorial)에

---

2) 若有欲學者 以吏爲師.『史記 ; 秦始皇本紀』
3) 故明主之國, 無書簡之文, 以法爲敎 ; 無先王之語, 以吏爲師.『韓非子 ; 五蠹49』

서 동중서는 다음과 같이 기술하였다.

춘추의 대일통大一統의 도는 천지의 영원한 경륜이며 고금의 공통
된 정의正義입니다. 그러나 오늘날의 교사들은 엉뚱한 길을 걷고 기
괴한 이론을 펼칩니다. 제자백가는 자기네의 특수한 방법으로 각기
다른 뜻을 나타냅니다. 그러므로 군주는 통일할 수 있는 취지를 가
지게 되지 못하고 법제가 자주 바뀌므로 아래의 백성들은 자기가
무슨 법령을 지켜야 할지 알지 못합니다. 신의 어리석은 생각인지
모르나 이(백가들이 말하는) 모든 것이 육예의 분과分科와 공자의 학술
에 들어 있지 않다고 봅니다. 그러하오니 그(백가) 도를 모두 끊어 버
리고 나란히 추진시키지 마셔야 합니다.4)

무제武帝는 이 제의를 받아들여 유가를 관학官學으로 공포하였으며
6경六經은 거기서 정통적 지위를 얻게 되었다. 확실히 유자들은 이렇게
새로 얻은 지위를 공고히 하기 전에 상당한 시간이 소요되었다. 그리
고 그 과정 중에 그들은 다른 여러 학파로부터 많은 사상을 흡수하였
다. 이렇게 하여 형성된 유가는 주대 초기의 유가와는 매우 다른 면을
가지고 있다.

앞장에서 이 절충적인 융합과정이 어떻게 작용하였는가를 밝힌 바
있다. 그럼에도 불구하고 무제 때부터 유가는 기타 다른 학파보다 관
에 의하여 그들의 가르침을 설명할 기회를 더 많이 얻게 되었다.

동중서가 언급한 대일통의 도는 『춘추 공양전』에도 논급되어 왔다.
『춘추』의 제1장에 '은공 원년 왕정월隱公 元年 王正月'이라는 말이 있

---

4) 春秋大一統者, 天地之常經, 古今之通誼也, 今師異道, 人異論, 百家殊方, 指意不同,
是以上亡以持一統, 法制數變, 下不知所守. 臣愚以爲, 諸不在六藝之科, 孔子之術者,
皆絶其道, 勿使並進. 『前漢書；董仲舒傳 卷56』

는데 이에 대한 공양의 주석은 다음과 같다.

왜 『춘추』에서는 '왕정월'이라고 말했을까? 그것은 바로 대일통을 지칭한 것이다.[5]

동중서와 공양학파에 의하면 이 대일통은 공자가 『춘추』를 쓸 때에 이상적으로 수립된 새로운 왕조를 위하여 설정한 계획 중의 하나라고 한다. 동중서의 제의에 따라 실시한 무제의 방법은 이사李斯가 진시황에게 제의한 것보다 더 적극적이었지만 온건하였다.

양자는 다 천하의 지성적 통일을 목표로 하였다. 무제는 제자백가를 무조건 무차별적으로 모두 폐기하지 않고 그 대신 사상계의 여유를 남겨 두었다. 한나라의 방법은 제자백가 중에서 유가를 선정하여 관학官學으로서의 우위성을 부여하였다. 그리고 유가 이외의 학파의 사상을 사적으로 가르치는 데 대하여 금지령을 내리지 않았다는 점이 또한 진과 달랐다.

어떤 사람이건 오직 관직에 등용되고 싶으면 '육경'과 '유학'을 공부하면 될 뿐이었다. 유학을 국가교육의 기반으로 만듦으로써 관리등용을 위한 중국의 유명한 과거제도의 기반이 정립되었다. 그렇게 한의 방법은 사실상 진의 방법과 그 이전의—공자 이후 일반화된—사학의 실시와 조화를 이루었다.

중국의 최초의 개인교사가 이제는 최초의 국사國師가 되었다는 사실은 참으로 흥미있는 이야기다.

---

5) 何言乎王正月? 大一統也. 『春秋, 公羊傳』注

한대 사상에서의 공자의 지위

따라서 그 결과 B.C. 1세기 중엽에 공자의 지위는 매우 고양되었다. 이 무렵 '위서緯書'라는 새로운 문헌이 나타났다. 서書는 책 또는 저작을 뜻하며, 위緯는 문자 그대로 씨줄이며 날줄(經)에 대비되는 말로서 사용되었다. 한대의 대다수인은 공자가 육경을 쓴 후에 그곳에다 표현하지 못한 뜻을 남겨 두었다고 믿었다. 그리하여 공자는 육경에 대응하여 그 보완으로서 육위六緯를 썼다고 생각하였다. 육경과 육위를 합하여야 공자의 완전한 가르침이 성립된다고 하였다. 이 육위는 한대에 조작된 것들이었다. 이 육위에 공자의 지위는 중국 역사상 최고 절정에 달하였다.

예컨대 육위의 하나인 『춘추위 함한자春秋緯 含漢孶』에 다음과 같은 말이 있다.

> 공자가 말하기를 나는 『사기』를 열람하고 고도古圖를 보고 인용하며 하늘의 변화를 추리하여 수집하였다. 그렇게 한 다음 한왕조의 제왕들을 위하여 법을 제정하였다.[6]

또 『춘추위 연공도演孔圖(Expositony Chartson Confucius)』에서는 공자는 실제로 천의 아들인 흑제黑帝였으며 살아 있을 당시에 수많은 기적을 행하였다고 한다. 그리하여 이 위서에서는 공자는 미래를 점칠 수 있는 사람들 중에서 하나의 신 또는 초인적 존재로 간주되었다. 만일 이 견해가 보편화되었다면 공자는 중국에서 예수 그리스도와 비슷한 지위를 차지하였을 것이고, 유가는 아마도 종교가 되었을 것이다. 그러나

---

6) 孔子曰 邱攬吏記, 援引古圖, 推集天變, 爲漢帝制法. 『春秋緯 ; 含漢孶』

그 후 현실적이며 합리적인 사고방식을 가진 유자들은 공자와 유가에 관한 '괴이한 견해'에 이의를 제기하였다.

이들 합리적 유가에 의하면 공자는 신도 왕도 아니라 단지 성인일 뿐이라고 하였다. 공자는 한왕조가 생길 것은 예견하지도 않았으며 또한 어떠한 왕조를 위하여 법을 제정하지도 않았다. 그는 단순히 과거의 위대한 전통문화의 유산을 물려받고 거기에 새로운 정신을 가미하여 만대에 전한 위대한 스승이었을 뿐이었다.

고문학파와 금문학파의 투쟁

이 유자들은 고문학파古文學派라고 하는 한 집단을 형성하였는데, 이 학파의 명칭은 진나라의 분서갱유(B.C. 213년) 이전의 경전을 가지고 있다고 주장했기 때문에 생겼다. 그러므로 경문經文은 발견될 당시 이미 고어가 된 과두문蝌蚪文으로 쓰여졌다.

이 학파에 반대되는 동중서와 기타 학자는 금문학파今文學派에 속하는데, 금문학파라는 명칭은 현대에서 보통 사용하던 문장으로 경문을 썼기 때문에 생겼다. 이 두 학파의 대립은 중국 학술사상 최대 논쟁 중의 하나다.

여기에서는 세부적으로 논하지는 않고 고문학파는 금문학파에 대항하는 반동 혹은 혁신으로서 발생하였다는 점만 지적하는 것으로 그친다.

고문학파는 전한 말, 당시의 유명한 학자인 유흠劉歆(B.C. 46~A.D. 23년)으로부터 지지를 받았다. 실로 그의 열성이 얼마나 컸던지 후대에 금문학파의 학자들은 그가 혼자서 고문경전을 위조하였다고 비난하였다.

필자는 금·고문 두 학파의 기원을 진나라 이전 유가들에게까지 소급될 수 있다고 믿는다. 금문학파는 원시유가의 이상주의적 학파의 계승자이며 고문파는 현실주의적 학파의 계승자이다. 다시 말하면 전자는 맹자를 중심으로 하는 집단에서 유래되었고, 후자는 순자를 필두로 하는 집단에서 유래되었다.

『순자』에 「비십이자편非十二子篇」이 있는데 그 중의 한 구절은 다음과 같다.

　　대략적으로 선왕을 본받기는 하였으나 그 전통은 모른다.…… 옛 전통에 기반을 두고 학설을 꾸며내어 이를 일러 오행이라고 하였다. 그들의 견해는 매우 괴팍하고 어긋나 아무런 규범(禮)도 없고 어둡고 아리송하나 아무런 설명도 없으며 막히고 간략하나 아무런 풀이가 없다.…… 자사가 이를 시작하였고 맹자가 이를 뒤따랐다.7)

이 문구는 오랫동안 현대학자들의 의심을 자아내었다. 왜냐하면『중용』이나『맹자』에서 오행에 관한 언급을 전혀 찾을 수 없기 때문이다. 그렇지만『중용』의 한 구절을 인용해 보면 다음과 같다.

　　한 나라가 장차 흥하려고 할 때 틀림없이 길조吉兆가 생기며, 망하려고 할 때에는 반드시 흉조凶兆가 생긴다.8)

『맹자』에 다음과 같은 구절이 있다.

　　"500년 동안 왕이 일어나는 것은 불가피한 일이다."9)

---

7) 略法先王而不知其統, …… 案往舊造說, 謂之五行, 甚僻違而無類, 幽隱而無說, 閉約而無解, …… 子思唱之, 孟軻和之.『荀子；非十二子』
8) 國家將興, 必有吉祥, 國家將亡, 必有妖孼.『中庸 24章』

이 인용문은 『맹자』나 『중용』의 저자—자사가 아니라 하더라도 그의 제자 가운데 한 사람—는 어느 정도 하늘과 사람이 상호작용하여 역사는 반복된다는 사실을 믿었던 것으로 본다.

이런 이론은 음양(오행)가에겐 보편적이다. 그렇다면 우리는 동중서는 유가의 맹자계열과 어느 정도 관련을 맺고 있었다고 간주할 수 있고, 자사와 맹자에 대한 순자의 비난은 더 한층 그 의의를 더해 준다고 생각한다.

만일 동중서의 견해가 사실상으로 맹자 문인들의 맹아적인 형태에까지 거슬러 올라갈 수 있다면 뒤에 동중서에 의해 발전된 사상으로 판단컨대 맹자의 문인들은 '괴팍함(僻違)'과 '아리숭함(幽隱)'으로 특징지워질 수 있다. 이 가설은 맹자가 동중서와 마찬가지로 『춘추』를 공자의 저작으로 돌리고, 특히 그 가치를 부여했다는 사실로 인하여 더욱 강화될 수 있다. 맹자는 말한다.

공자는 천하의 혼란을 두려워하여 『춘추』를 지었다. 『춘추』는 천자의 사업이다. 그러므로 공자는 "나를 아는 자는 오직 『춘추』 때문이요, 나를 헐뜯는 자도 『춘추』 때문이다."라고 하였다.[10]

공자가 『춘추』를 지은 것은 천자의 사업이라고 생각하는 맹자의 설을 더 발전시키면 공자가 실제로 천명을 받아 천자가 되었다는 동중서의 설로 자연히 귀결된다. 더구나 동중서는 분명히 맹자의 성론(性論)과 비교가 되는 인성론을 전개하였다.

전장에서 살펴본 바와 같이 두 학설의 차이는 사실 명목에 불과한

---

9) 五百年 必有王者興. 『公孫丑 下』
10) 孔子懼, 作春秋. 春秋, 天子之事也. 是故孔子曰 : 知我者, 其惟春秋乎? 罪我者其惟春秋乎. 『孟子 ; 滕文公 下9』

것이라 해도 과언이 아니다. 만일 금문학파가 맹자계열의 이상주의적 유가의 계승자라는 가설이 용인된다면, 고문학파는 순자계열의 현실주의적 유가에서 연유되었다고 상정하는 것은 당연하다. 그런데 1세기경의 사상가들은 고문학파의 문인들이었으며 그들은 모두 순자와 도가에 가까운 자연론적 우주관을 갖고 있었다는 사실을 주목할 필요가 있다 (순자 자신도 초기에는 이 방면에서 도가의 영향을 받았다.).

양웅楊雄과 왕충王充

이 견해의 한 대표자로서 고문학파의 한 사람인 양웅(B.C. 53~A.D. 18년)을 들 수 있다. 그의 저서 『태현太玄』은 대부분 '되돌아옴은 도의 움직임'이라는 개념으로 충만되어 있는데 이 개념은 『노자』와 『주역』의 기본사상이다.

그는 『법언法言』이라는 책도 저술하였는데 이 책에서 그는 음양가를 공박하였다. 그런가 하면 맹자도 높이 평가하였다. 그렇다고 하여 이런 사실이 필자의 이론을 무효화시키지는 못했다. 왜냐하면 맹자가 음양에 대한 경향을 가지고 있었지만 한왕조의 금문학파처럼 극단적인 데까지 이르지는 않았기 때문이다.

왕충(B.C. 27~A.D. 100년)은 두말 할 것 없이 고문학파의 위대한 사상가이다. 그는 과학적 회의주의 정신을 가진 우상파괴주의자였으며 그의 주저서는 『논형論衡』이다. 이 저서의 특징적인 정신을 기술하면서 그는 다음과 같이 말했다.

시詩 300편을 한마디로 말하면 생각함에 사악함이 없다는 것이다. 논형편도 10여 편이 되지만 역시 한마디로 말하면 허망虛妄을 미워

한다는 것이다.11)

그는 또 말했다.

  사실은 효과를 거두는 것보다 더 분명한 것이 없고 논의는 증거를 갖는 것보다 더 결정적인 것은 없다.12)

이러한 정신을 구사하여 그는 음양가의 학설을 공박하였으며, 특히 목적론적이건 기계론적이건 간에 천인상응설天人相應說을 공격하였다. 그는 다음과 같이 기술하였다.

  천도는 무위자연의 도이다. 그러나 만일 천이 인간을 견책한다면 이것은 유위이며 자연이 아니다. 황로가黃老家는 천도를 논술하여 그 실증을 얻었다.13)

음양가에 대해 왕충은 개론적으로 다음과 같이 말하였다.

  인간이 우주에 자리잡고 있는 것은 마치 벼룩과 이가 옷 안에 있는 것과 같고 개미가 구멍 속에 있는 것과 같다. 이와 벼룩과 개미가 이리저리 날뜀으로써(逆順橫縱) 옷과 구멍 안의 기氣를 변동시킬 수 있을까? 이와 벼룩, 개미들은 할 수 없다. 그런데 물론 인간만이 할 수 있다고 말하는 것은 사물과 기의 이치를 통달하지 못한 것이다.14)

---

11) 詩三百, 一言以蔽之, 曰思無邪. 論衡篇以十數, 亦一言也. 曰疾虛妄. 『論衡, 佚文 ; 卷61』
12) 事莫明於有效, 論莫定於有證. 『論衡, 薄葬 ; 卷67』
13) 夫天道, 自然也, 無爲. 如譴告人, 是有爲, 非自然也. 黃老之家, 論說天道, 得其實矣. 『論衡, 譴告 ; 卷42』

도가와 불학佛學

그리하여 왕충은 1세기 뒤에 올 도가의 부흥을 위한 길을 깔아 놓았다. 도가를 말할 때 철학으로서의 '도가'와 종교로서의 '도교'의 구분을 다시 강조하거니와 여기서 말하는 도가의 부흥이란 도가철학을 말한다. 이 부흥된 도가철학을 필자는 '신도가新道家'라고 부르겠다. 도교역시 한말에 창시되었다는 사실과 민간에 보급되어 있는 이 도교를 새로운 도가라고 언급한 사람이 있다는 사실을 알아두는 것도 흥미 있다. 고문학파는 유가에서 음양의 요소를 일소해 버렸는데 음양의 요소는 뒤에 도가와 결합하여 도교라는 새로운 형태의 종교를 형성하였다.

이리하여 공자는 신神의 지위에서 교사의 지위로 하락된 반면, 노자는 도교의 시조(敎主)가 되었으며 도교는 궁극적으로 불교를 모방하여 도관道觀과 도사道士와 예식을 갖추었다. 그리하여 도교는 원시도가의 모습을 완전히 찾을 수 없는 조직된 종교가 되었다. 1세기에 도교가발생하기 훨씬 전에 불교가 인도에서 중앙아시아를 거쳐 중국으로 전래되었다. 불가의 경우에도 도가와 마찬가지로 종교로서의 '불교'와 철학으로서의 '불학'의 구분이 있음을 강조하여야 하겠다. 방금 언급한것과 같이 불교는 도교를 제도화하고 조직화하는 데 많은 자극을 주었다. 도교는 토착신앙으로서 이민족의 신앙인 불교가 중국땅에 침입하는 것을 분개하여 주시하고 있던 사람들의 민족감정을 불러일으킴으로써 크게 발전하였다. 사실 어떤 사람은 불교를 미개의 종교로 간주하기도 하였다. 성장과정에 있어서 제도, 의식 심지어 경전의 의식까지도 이민족 종교에서 빌어 왔다. 제도화된 종교로서 불교 이외에 또한 철

---

14) 人在天地之間, 猶蚤虱之在衣裳之內, 螻蟻之在穴隙之中. 蚤虱螻蟻爲逆順橫從, 能令衣裳穴隙之間氣變動乎? 蚤虱螻蟻不能, 而獨謂人能, 不達物氣之理也. 『論衡; 變動卷49』

학으로서의 불가도 있다. 도교는 거의 언제나 불교에 적대적인 태도를 취하였는데, 도가철학은 오히려 불가철학을 자기의 친근한 벗으로 받아들였다. 도가는 확실히 불가보다는 출세간적인 면이 적다. 그럼에도 불구하고 그들에게는(형이상학적 측면에서) 서로 비슷한 점이 많이 발견되었다.

도가의 '도道'는 어떤 이름도 붙일 수 없고 불가의 '진여眞如' 또한 그 무엇으로도 기술될 수 없다. 그것은 '하나(一)'도 '여럿(多)'도 아니요, 그것은 또한 '하나가 아닌 것(非一)'도 아니며 '여럿 아닌 것(非多)'도 아니다. 중국인들은 이것을 '백비百非'라는 말로 표현해 내었다. 3~4세기에 유명한 도사들은 대개 불교의 승려들과 친한 친교를 맺고 있었다. 그 학자들은 대개 불경에 정통해 있었고 승려들도 도가의 저서에 특히 『장자』를 깊이 이해하고 있었다.

그들이 함께 만났을 때는 '청담淸談'을 하였다. 그들의 화제가 '아닌 것도 아니다(非非)'에 관한 주제에 이르렀을 때 말을 중단하고 미소로써 뜻이 서로 통하였다. 그러한 상황에서 우리는 '선禪'의 정신을 찾을 수 있다. '선'은 불교의 한 종파로서 불가와 도가의 철학을 가장 정교하고 가장 미묘하게 결합한 것이다. 선은 뒤에 중국 철학과 시, 회화 등에 커다란 영향을 미쳤다. 이 문제는 22장에서 상세히 논하기로 한다.

정치 · 사회의 배경

여기서 잠시 한대의 유가가 우위를 차지하고, 그 결과로써 도가가 부흥한 정치적 · 사회적 배경을 더듬어 보자. 유가의 승리는 단순한 행운 또는 당시 소수인의 기호 때문인 것은 결코 아니다. 거기엔 불가피한 상황이 있다.

진나라는 혹독하고 잔인한 방법으로 나머지 6국을 정복하였는데 이 것은 국내 통치와 외교관계에 드러났으며 법가철학에 이론적 근거를 두고 있었다. 진이 멸망한 후 누구나가 법가의 냉혹함 때문에 또 유가 의 인의의 덕을 완전히 경시하였기 때문이라고 비난하였다.

무제武帝는 유가를 관학으로 삼는다고 공포하였을 뿐 아니라, B.C. 141년에 또 신불해申不害 · 상앙商鞅 · 한비漢非 등의 법가와 소진蘇秦 · 장의張儀 등의 종횡가의 이론을 가진 철학가는 모두 관직에서 파면한 다는 명을 내렸다(『漢書武帝紀』를 참고할 것).

그리하여 법가는 진시황의 대실책에 대한 모든 죄를 대신 뒤집어쓰 게 되었다. 제가 가운데 법가로부터 가장 소외당한 학파가 유가와 도 가였다. 그러므로 여기에 대한 반동으로서 이 두 학파가 다시 일어난 것은 당연한 일이다. 한왕조 초기에 도가는 '황로학黃老學'으로 알려져 한동안 상당히 영향을 끼쳤다. 이것은 문제文帝(B.C. 179~157년: 무제의 할아 버지)가 '황로학'의 신봉자였으며 또 사마담이 『육가의 요지』에서 도가 를 최상위에 올려놓은 사실만 보아도 충분히 알 수 있다.

도가의 정치철학에 의하면 훌륭한 통치자는 많은 일을 처리하는 데 있지 않고 될 수 있는 대로 일거리를 만들지 않는 데 있다고 한다. 그 러므로 성군이 통치하면 그는 전임자의 과도한 통치로 인하여 야기된 나쁜 결과를 백지화시키려 노력해야 한다. 이것이 바로 한왕조 초기의 백성들이 원하던 것이었다. 왜냐하면 진이 과도하게 통치하여 문제가 발생하였기 때문이다. 그러므로 한왕조의 시조인 고조高祖는 승리의 혁 명군을 장안長安으로 이끌고 가서 일반 백성에게 "살인한 자는 사형에 처하고, 절도 또는 상해를 한 자는 그 값에 해당하는 벌을 받는다. 그 러나 이러한 간단한 규정 밖의 모든 진의 법규는 폐지한다."15)는 '약법

---

15) 與父老約, 法三章耳 : 殺人者死, 傷人及盜抵罪. 餘悉除去秦法. 『史記 ; 卷8 高祖 本紀』

3장約法三章'을 공포했다.

　이렇게 한왕조의 시조는 설령 그가 무의식적이긴 하지만 황로학을 실천하고 있었다. 그리하여 도가의 철학은 한조 초기의 제왕들의 요구와 일치하였다.

　한의 정책은 진의 제왕이 해놓은 일을 백지로 돌리고 국민에게 오랫동안 시달리던 전쟁에서 원기를 회복시킬 기회를 주었다. 이러한 목적이 완수되자 도가의 철학은 이제 더 필요성이 없게 되었다. 그리고 건설적인 계획이 더 요청되었다. 통치자는 이것을 유가에서 가져왔다.

　유가의 사회·정치·철학은 보수적인 동시에 또한 혁신적이다. 유가가 근본적으로 귀족정치의 철학이라는 점에서 보수적이나, 이 귀족정치에 새로운 해석을 부가했다는 점에서 혁신적이다. 유가도 공자의 생시 일반적으로 용인하였던 군자와 소인의 구분을 주장한다. 그러나 이 구분은 원래 혈통에 의거하지 말고 재능과 덕망에 근거를 두어야 한다고 강조한다. 그러므로 백성 중에 재능과 덕망을 가진 자가 사회에서 고귀한 자리를 차지해야 한다고 생각하는 것은 당연하다.

　2장에서 유가는 중국사회의 중추가 되어온 가족제도에 대하여 이론적으로 합리화해 주었다는 사실을 지적한 바 있다. 봉건제도의 붕괴와 더불어 평민은 봉건군주로부터 해방되었으나 구귀족제도는 그대로 남아 있었다. 그러므로 유가는 현존하는 사회제도의 근간철학으로서 남아 있었다. 봉건제도 폐지의 주요결과는 정치권력과 경제력과의 분리였다. 새로운 지주가 자기의 지방사회에서 심지어 정치적으로까지 큰 영향을 행사했다는 것은 사실이다. 그러나 적어도 그들은 결코 지방사회의 실질적인 통치자는 못되었다. 설령 그들이 재물과 부와 특권으로 정부관리에게 영향력을 행사했다 손 치더라도 이것은 더 나아간 단계를 대변한다.

관리와 지주와 같은 새로운 귀족들은 대부분 유가에서 요구하는 덕망 있고 능력이 있는 인물이라곤 할 수 없지만, 그럼에도 불구하고 그들은 모두 어떤 지식을 필요로 하였는데 유가만이 이 필요에 응할 수 있는 적임자였다. 이것은 바로 사회적 신분을 구별짓기 위한 복잡한 예의에 대한 지식이었다. 그리하여 자기의 모든 적대자를 정복하고 마침내 한왕조의 시조가 된 한고조는 제일 먼저 유가인 숙손통叔孫通과 그 문인에게 궁중 예식의 초안을 만들라고 명하였다. 그후 한고조는 새로 재정한 예의에 따라 궁정에서 첫 알현을 한 후 흡족해 하며 "나는 오늘에서야 황제의 고귀함을 알았다."[16]고 말하였다. 숙손통의 이러한 행위를 그의 동료 유자들은 용납하지 않았다. 그러나 우리는 그가 성공한 것으로 보아 당시의 귀족들이 유가를 반대하거나 또는 그 참된 정신을 알지 못하였으나 그러면서도 왜 유가를 좋아했는가 하는 이유를 알 만도 하다.

그러나 무엇보다도 가장 중요한 사실은 3장에서 이미 언급한 것처럼 서양인들이 유가를 '공자학파Confucianist School'라고 부른 것은 부적절하다. 유가는 사실상 '유儒 Literati'가들이었으며 이 '유'가는 사상가였을 뿐 아니라 또한 고대 문화유산이 무엇인지 잘 아는 학자였다. 다른 학파들은 이 양자를 겸하지 못하였다. 그들은 과거의 경전을 가르침으로써 위대한 문화유산을 담당하였고 여기에다 또 가장 훌륭한 해석을 부여하였다. 대체로 과거의 경험을 존중하는 농업국가에서는 유가가 가장 영향력이 큰 집단이 되지 않을 수 없었다.

법가에 관하여 말하면 법가는 진시황의 대실책에 대한 희생물이 되었지만 결코 완전히 배척받은 것은 아니다. 13장에서 필자가 언급한 바와 같이 법가들은 현실주의적인 정객들이었다. 그들은 새로운 정치

---

16) 吾乃今日知爲皇帝之貴也!『史記 ; 劉敬, 叔孫通列傳』

상황에 새로운 통치방법을 제시할 수 있는 인물들이었다. 그러므로 중국제도의 판도가 확장됨에 따라 제왕들은 법가의 이론과 기술에 의존하지 않을 수 없었다. 그 결과 한왕조 이래로부터 정통 유자들은 보통 통치자를 일러 '표면상으로는 유가이지만 사실상에 있어서는 법가(儒表法裏)'라고 비난하였다. 사실을 말하면 유·법 양가는 각기 자기에 알맞은 적용범위를 가지고 있다. 유가의 적용범위는 사회조직, 정신적·도덕적 문화와 유식한 학풍의 영역이다. 그리고 법가의 적용범위는 현실통치의 방법이었다.

도가 역시 그러한 기회를 가지고 있다. 중국 역사상 수많은 정치적·사회적 혼란기가 있었다. 그때마다 백성들은 경전을 공부하기 위해 시간을 내지도 관심을 기울지도 못했고 현 정치·사회체제를 비판하는 경향이 있었다. 이러한 시대에서도 유가는 자연히 약화되고 도가가 강화되는 경향이 있었다. 도가는 현 정치·사회체제에 대하여 날카로운 비판을 가하였으며 또한 위험과 손해를 피하기 위한 현실도피적인 사상체제를 제공하였다. 이것은 바로 난세에 사는 백성들의 욕구를 채워 주는 데 좋은 사상이었다.

220년에 한왕조가 망하자 오랫동안 분열과 혼란의 시대가 뒤따랐다. 이 시기는 589년 수隋왕조가 재통일할 때까지 계속되었다. 이 4세기는 남쪽과 북쪽에 있는 여러 왕조들 간에 빈번히 발생하는 전쟁과 정치적인 분열의 시기로, 또 잡다한 유목민인 이민족이 현저하게 그 세력을 일으키는 시기로 특징지어진다. 이민족(즉, 한족이 아닌 민족) 중에서, 어떤 민족은 강제로 만리장성을 뚫고 들어와 북부 중국에 정착하였으며 어떤 민족은 평화적인 동화同化정책을 통하여 들어왔다.

북쪽에 있는 수많은 왕족들은 이민족이 통치하였는데, 이들은 양자강까지는 세력을 확장시키지 못했다. 이러한 정치적인 특징으로 인하여 한에서 수에 이르는 이 400년 간은 '육조시대六朝時代' 또는 '남북조

시대南北朝時代'라고 흔히 부르고 있다.

당시 이 시대는 정치적으로나 사회적으로 암흑기였는데 여기에서 비관주의가 성숙되었다. 어떤 점에 있어서 이 시대는 대체로 같은 시기의 서구 중세와 비슷하다. 서구에서 기독교가 지배세력인 것과 마찬가지로 중국에서도 새로 전래한 불교가 흥하고 있었다. 그러나 어떤 사람이 말한 바와 같이 이 시대를 열등한 문화의 시기라고 말한 것은 아주 잘못이다. 오히려 협의에서 문화라는 용어를 사용한다면 아마도 이 시기를 중국 문화상 여러 면에 있어서 최고봉에 달했던 시대라고 말해도 무방하다. 회화 · 서예 · 시, 그리고 철학(즉, 현학)이 바로 이때에 전성기를 만났다.

다음 두 장에서 필자는 그 당시 지배적인 철학에 대하여 소개하려고 한다. 이 철학을 필자는 '신도가新道家'라고 부른다.

제
19
장

新
道
家

신도가
1 :
합리주의자들

'신도가新道家'란 우리에게 생소한 말이다. 이는 위진시대魏晉時代(3~4세기)의 '현학玄學'을 표현한 새로운 용어이다. '현玄'자는 '검다', '깊다', '오묘하다'는 뜻을 가지고 있는데『노자』첫 장에 나오는 말로서 도가 "현묘玄妙한 것 가운데에서도 또 현묘하다(玄之又玄)."라고 기술되어 있다. 그러므로 '현학'이라는 용어 하나만 보아도 이 학파가 도가를 이어받았다는 사실을 알 수 있다.

명가에 대한 관심의 부흥

8, 9, 10장에서 명가가 '형상을 초월(形而上)'한 경지의 사상에 어떻게 기여했는가를 살펴보았다. 3~4세기에 도가의 부흥과 더불어 명가에 대한 관심도 다시 일기 시작하였다. 신도가들은 혜시, 공손룡을 연구했으며 현학을 명리名理와 연관시켰다.[1] 명리란 '명사를 판단·구별하는 것과 원리의 분석(能辨名析理)(곽상의『장자』「천하편」주를 참조할 것)'을 뜻하는데 8장에서 살펴본 바와 같이 이것은 공손룡파의 주장이기도 하다.

『세설신어世說新語』에 다음과 같은 말이 있다.

---

1)『사서史書』에 배위(裵頠)는 본래 '명리(名理)'를 논하는 사람이라 기재하였는데 이것은, 즉 그가 정통적 현학가임을 표시한 말이다. 왜냐하면 현학의 이론은 원래 위나라 초기의 '명가' 사상을 이어받았기 때문이다. 一湯錫予著.『魏晉玄學論考』 p.140 참조. (譯註)

손님이 악광樂廣에게 '손가락이 닿지는 않았다(指不至)'의 뜻을 물어 보았다. 악광 역시 그 문구를 세밀히 분석하지 않고 곧장 주미塵尾—청담을 하던 사람이 많이 가졌던 고라니의 털로 만든 먼지털이—의 손잡이를 책상에 갖다 대면서 물었다. "이것이 닿았는가, 닿지 않았는가?" 손님은 "닿았지요." 하고 대답하니, 악광은 또 주미를 들어올리며 "닿았다면 어떻게 치울 수 있겠는가?"라고 물었다.2)

'손가락이 닿지는 않았다.'라는 진술은 『장자』 「천하편」에 기술되어 있는 바와 같이 공손룡 일파들이 쓰던 논변 중 하나다. 지指라는 한 이름(名詞)의 내포는 개념이고 변하지 않는 것이다. 이름의 외연과 그 내포는 서로 다른 것이다. 우리가 어떤 사물을 가리켰을(指) 때 그것이 이미 도달하였다(至)는 것과는 다르다. '지指'란 문자 그대로 손가락을 뜻하나, 8장에서 필자는 보편자Universal로 번역하였다. 이것은 개념이며 변하지 않는 것이다. 그러나 여기에서—지指를 보편적인 개념으로 파악하였는가 또는 실지의 손가락으로 보았는지가 논쟁의 초점이 된다. 그런데—악광은 문자 그대로 손가락으로 생각하였음이 분명하다. 주미가 책상에 닿을 수 없는 이치는 손가락이 책상에 닿을 수 없는 것이나 마찬가지이다.

손가락이나 그 밖의 어떤 것을 책상에 갖다 대는 것을 우리는 보통 책상에 닿는 것으로 생각한다. 그러나 악광에 의하면 개념으로 논하여 닿음(至)이 정말로 닿음이 된다면 그것은 떼어낼 수가 없다. 그런데 주미는 떼어낼 수 있으므로 눈에 보이는 닿음은 진정한 닿음이 되지 못한다. 이렇게 닿음(指)의 이름(개념)을 고찰함으로써 악광은 그 원리를 분석하였다. 이것이 바로 당시의 명리를 말(談名理)하는 한 예이다.

---

2) 客問樂令旨不至者. 樂亦不得剖析文句. 直以塵尾柄确几曰, 至不? 客曰: 至. 樂因又擧塵尾曰: 若至者, 那得去?『世說新語; 文學4』

공자의 재해석

신도가들은 대부분 아직까지 공자를 위대한 성인으로 간주했다는 사실이 주목된다. 그 이유 가운데 하나는 국가의 스승으로서의 공자의 지위가 당시만 하더라도 확고부동하게 서있었기 때문이요, 다른 하나는 유가의 주요경전이 점차 노장의 정신에 따라서 재해석되어 가면서 신도가에 의하여 수용되었기 때문이다. 예를 들면 『논어』「선진편先進篇」에 "안회顏回는 거의 도에 가까웠다. 그런데 자주 텅 비었다(屢空)."[3]는 공자의 말이 실려 있다. 공자가 말한 뜻을 살펴보면 안회는 자기의 가장 사랑하는 제자였고 매우 가난했음(텅 비었다는 것은 재산이 없었다는 뜻)에도 불구하고 즐거움을 누렸다는 의미이다. 이것은 바로 안회의 덕이 거의 완전에 가까웠음을 보여준 예다. 그러나 10장에서 살펴본 바와 같이 『장자』에 안회가 '좌망坐忘'[4]했다는 묵시적 이야기가 실려 있다. 그러므로 이 이야기를 염두해 둔 『논어』의 한 주석가인 태사숙명太史叔明(474~546년)은 말한다.

안회는 …… 인의를 버리고 예악을 잊었으며 몸뚱이를 내던지고(墮) 눈귀 밝음(聰明)을 떨쳐(黜) 버리고 좌망하여 무한과 통하여 하나가 되었다. 이것이 있음을 잊었다는 뜻이다. 있음을 잊고 갑자기—그 무엇이—죄다 없어졌으니 텅 비지 않았다면 무엇일까? 만일 성인의 경지에서 이 경지를 증명하면 성인은 잊었다는 사실을 잊어버

---

3) 子曰：回也其庶乎, 屢空. 『論語；先進』
4) ① Legge는 "앉아서 모든 것을 잊었다(I sit and forget everything)." ② Giles와 임어당은 "앉아서 자기 자신을 잊었다(I can forget myself while sitting)." ③ 평유란은 "모든 것을 잊었다(I forget everything)." ④ 쓰즈키(鈴本大拙)는 "심망心忘(Mind Forgetting)"이라고 했는데 오경웅(吳經熊)은 "잊어버림 속에 앉아서 또는 침잠되어 있다(Being Seated on Steeped in Forgetting)."고 했다. 『禪學的 黃金時代』, p.36. (譯註)

리는데(忘忘), 현자는 잊었다는 사실만큼은 잊어버릴 수 없다. 그리하여 마음에는 아직 그 무엇이 다 없어지지 못하게 되어 한 번은 텅비고 한 번은 텅 비지 못하였기 때문에 가끔(屢)이라는 이름이 생기게 되었다.[5]

고환顧歡(453년)의 주를 보면 다음과 같은 말이 있다.

대체로 욕심내려 하지 않으려는 욕심마저도 없는 것은 성인의 늘가지고 있는 모습이다. 그리고 욕심내려 하지 않으려는 욕심을 가지는 것은 현자의 분별(分)이다. 두 가지 욕심이 동시에 없기 때문에 온전히(全) 텅 비었다(空)는 사실로 성인이라 일컬었다. 그리고―욕심이―하나는 있고 하나는 없기 때문에 빌(虛) 때마다 현자라고 일컬었다. 현자는 있음(세속)의 관점에서 보면 욕심을 가지려는 데(有欲)에 대한 욕심이 없고, 무無의 관점에서 보면 욕심을 가지지 않으려(無欲)는 욕심이 있다. 비기는 비었지만(虛) 욕심을 아직 죄다 없애지는 못하였으니 이는 가끔(屢)이 아니고 무엇이겠는가?[6]

신도가들은 도가였음에도 불구하고 공자를 노자나 장자보다도 훨씬 훌륭하다고 생각하였다. 공자는 잊음(忘)에 대하여 말하지 않았다. 그 이유는 잊음에 대하여 배웠다는 사실을 잊었기 때문이다. 공자는 무욕에 대하여서도 말하지 않았다. 그것은 이미 무욕하려는 욕심도 없는

---

5) 顏子 …… 遺仁義, 忘禮樂, 隳支體. 黜聰明, 坐忘大通. 此忘有之義也. 忘有頓盡, 非空如何? 若以聖人驗之, 聖人忘忘. 大賢不能忘忘. 不能忘忘, 心複爲未盡. 一未一空, 故屢名生也焉. 『皇侃;論語義疏』卷6.

6) 夫無欲於無欲者, 聖人之常也. 有欲於無慾者, 賢人之分也. 二慾同無, 故全空以目聖, 一有一無, 故每虛以稱賢. 賢人自有觀之, 則無慾於有慾, 自無觀之, 則有慾於無慾. 虛而未盡, 非屢如何. 『皇侃;論語義疏』卷6.

경지에 이르렀기 때문이었다. 그리하여 『세설신어』에는 배휘裴徽와 왕필王弼 간의 '청담淸談'이 실려 있다. 왕필은 현학가의 위대한 인물로, 『노자주老子註』와 『주역주周易註』는 그 자체가 하나의 고전이 되었다. 그 청담은 다음과 같이 이어진다.

왕필王弼(226~249)이 약관 때 배휘裴徽를 방문했다. 그 때 배휘는 "무無는 참으로 만물의 근본인데 성인(공자)은 '무'를 말하지 않았고, 노자는 '무'의 사상을 끊임없이 펼쳐 나갔다. 어째서 그런가?"라고 물으니, 왕필은 "성인은 무를 체득하고 있으며 또 '무'란 가르칠 수 없는 것이므로 '유'만을 말하지 않을 수 없었다. 그러나 노장은 '유'의 테두리를 완전히 벗어나지 못하였으므로 언제나 자기들의 부족한 점을 가르쳤다."[7]고 대답하였다.

이것을 노자는 다음과 같이 설명했다.

아는 사람은 말하지 않고, 말하는 사람은 알지 못한다.[8]

향수向秀와 곽상郭象

이 시대에서 가장 위대한 철학적 저서 중의 하나는 곽상(약 312년 사망)의 『장자주莊子註』이다. 이 저서가 실제로 곽상의 것인지는 역사적으

---

7) 王輔嗣弼冠詣裴徽, 徽問曰 : 夫無者, 誠萬物之所資, 聖人莫肯致言, 而老子申之無已, 何邪? 弼曰 : 聖人體無, 無又不可以訓, 故言必及有 ; 老莊未免於有, 恆訓其所不足. 『世說新語 ; 文學』
8) 知者不言 言者不知. 『老子 ; 56章』

로 문제가 되어 있다. 왜냐하면 그는 그 당시 사람들에게서 표절했다는 비난을 받았기 때문이다. 곽상의 저서는 실제로 곽상의 선배학자인 향수(약 221~300년)의 저서라고 한다. 두 사람이 각각 『장자』에 주석을 내었는데 그 사상은 매우 일치하였기 때문에 시간의 흐름에 따라 두 사람의 주석서는 합치가 되어 단일 저서가 된 것으로 추측된다.

예컨대 『세설신어』 제4장에는 「소요유」(장자 제1편)에 향수와 곽상에 의한 주석이 있다고 말하고 있는데, 이는 당시의 유명한 불승인 지둔支遁(314~366년)의 주석과 비견이 안 될 만큼 유명하다. 그러므로 지금의 『장자주』는 곽상이라는 이름이 적혀 있으나 『장자』에 대한 향수, 곽상 공동 주석으로서 두 사람의 저작이었던 것 같다. 그러므로 『진서晉書』의 「향수전」에는 향수는 『장자주』를 내었다 했고, 「곽상전」에서는 "그 주석을 확장시켰다(述而廣之)."고 썼는데 이 말은 사실에 가까운 것 같다.

『진서』에 의하면 향수, 곽상 두 사람이 다 지금의 호남성 출신으로 '청담'과 '현학'의 위대한 인물이었다고 한다. 필자는 이 장에서 이 두 철학자를 신도가의 합리주의적 학파의 대표자로서 다루었다. 또한 『세설신어』의 용례에 따라 '향수와 곽상의 주석(向郭註)'으로써 『장자주』에 대해서도 말하겠다.

'도道'는 '무無'다

향수·곽상의 해석은 노장의 원시 도가사상의 가장 중요한 몇 항목에 수정을 가했다. 첫째 '도'는 참으로 '무'라는 것이다. 노자·장자도 역시 도는 무라고 주장했다. 그러나 그때의 무란 무명無名을 뜻했다. 즉, 노장에 의하면 도란 사물이 아니다. 그러므로 그것은 이름을 붙일 수 없다. 그러나 향수·곽상의 해석에 의하면 도란 참으로 문자 그대로 무다. "도는 있지 않는 곳이 없다. 그러나 있지 않는 곳이 없으니 있는 곳은 무다."9) 향수·곽상이 또 말하였다.

　무엇이 또 사물에 앞서 있겠는가? 음양이 사물보다 앞섰다고 생각한다. 그러나 음양이란 것은 그 자체가 사물이다. 그러면 음양보다 앞선 것은 무엇인가? 자연이 앞섰다고 여길 것이다. 자연은 단지 사물 그 자체일 뿐이다. 그렇다면 궁극적인 도가 사물에 앞섰다고 생각할 수 있다. 그러나 궁극적인 도(至道)는 궁극적인 무(至無)다. 이미 도가 무라면 어떻게 도가 사물에 앞섰다고 할 수 있겠는가? 그러면 사물에 앞선 것은 무엇인가? 그런데도 사물은 오히려 끊임없이 생겨난다. 이것을 보면 곧 사물은 저절로 그러한 것이며, 그렇게 만든 것이 있는 것이 아님(즉, 사물의 창조주는 없다.)이 분명하다.10)

또 다른 구절에 다음과 같이 진술되어 있다.

　세상 어떤 사람은 곁그림자(罔兩, 그림자 부근에 생긴 또 하나의 희미한 그림자)는 그림자에 의해 생겼으며 그 그림자는 형체Bodily Form에 의해, 그 형체는 조물주에 의해 만들어졌다고 말하는데 나는 조물주가 있는지 없는지를 물어보고 싶다. 만약 조물주가 없다면 어떻게 사물을 창조할 수 있을까? 그러나 만일 조물주가 있다면 그는 단지 사물들 가운데 하나일 뿐인데 어떻게 한 사물이 다른 사물을 만들어낼 수

---

9) 言道無所不在也無所無在而所在皆無也. 『莊子注 ; 大宗師』
10) 誰得先物者乎哉? 吾以陰陽爲先物 ; 而陰陽 卽所謂物耳 ; 誰又先陰陽者乎? 吾以自然爲先之, 而自然卽物之自爾耳. 吾以至道爲先之矣 ; 而至道乃至無也 ; 旣以無矣, 又奚爲先? 然則先物者誰乎哉? 而猶有物, 無已. 明物之自然, 非有使然也. 『莊子注 卷7 ; 知北遊』

있을까? 그러므로 조물주란 존재하지 않으며 만물은 각기 스스로 만들어낸다. 만물은 자생한 것이니 어느 다른 것에 의하여 만들어진 것이 아니다. 이것이 천지(우주)의 올바른 모습이다.11)

노자와 장자는 인격적 창조주의 존재를 부인하고 그 자리에 비인격적인 도를 대치시켰는데 도에 의해 만물이 생성되었다고 하였다. 향수·곽상은 한 걸음 더 나아가 도는 참으로 무라고 주장하였다. 그들에 의하면 모든 사물이 도에서 생성되었다는 초기 도가들의 진술은 단지 모든 사물은 그 자체에서 생성되었다(自生)는 것을 뜻한다. 그러므로 향수·곽상은 이렇게 기록한다.

도는 아무것도 할 수 없다. 도에서 그 무엇을 얻었다고 말하는 것은 스스로 얻은 것을 밝히려고 한 까닭이다. 스스로 얻은 것이지 도가 그것으로 하여금 얻게 할 수는 없다.12)

이와 같이 모든 사물이 '유'로부터 생겨났고 '유'는 '무'로부터 생겨났다고 하는 초기 도가의 진술은 단순히 '유'는 그 자체로부터 생겨났다는 것을 뜻한다. 『향수·곽상의 주석』(이하 향·곽 주라 함)의 한 구절에 다음과 같은 말이 있다.

오직 무가 변화하여 유가 될 수 없을 뿐만 아니라 유 또한 변화

---

11) 世或謂 罔兩待景, 景待形, 形待造物者. 請問 夫造物者 有耶? 無耶? 無也, 則胡能造成哉? 有也, 則不足以物衆形. …… 故造物者無主, 而物各自造 ; 物各自造, 而無所待焉 ; 此天地之正也. 『莊子注 ; 齊物論』

12) 道, 無能也, 此言得之於道, 乃所以明其自得耳. 自得耳, 道不能使之得也 ; 我之未得, 又不能爲得也, 然則凡得之者, 外不資於道, 內不由於己, 掘然自得而獨化也. 『莊子注 ; 大宗師』

하여 무가 될 수 없다. 그러므로 비록 유는 천태만상으로 변화하지만 하나도 무로 변할 수 없다. 하나도 무가 될 수 없으므로 예부터 유가 아닌 때가 없었으며 언제나 존재할 뿐이다.13)

만물의 독화獨化

만물이 자연히 발생한다는 것은 향수·곽상의 '독화獨化(Self-transformation)'의 학설이다. 이 이론에 의하면 사물들은 조물주에 의해 창조되지 않았다. 그러나 이 사물들은 그럼에도 불구하고 한 사물이 다른 사물과 관계가 없는 것은 아니다. 관계는 존재하며 또 관계는 필연적이다. 그리하여 『향·곽 주』에서는 다음과 같이 언명하였다.

사람의 생명은 형체가 비록 7,000밖에 안 되지만 반드시 오상五常이 갖추어져야 한다. 그러므로 비록 조그만 몸일지언정 온 천지의 것을 다 동원하여서 받들어야 한다. 그러므로 우주 만물에서 모든 존재자는 하루라도 서로 없어서는 안 된다. 만일 한 가지 사물이라도 갖추어지지 않으면 살아 있는 자는 살 수가 없으며, 한 가지 이치라도 이르지 않으면 타고난 수명(천년)을 마칠 수 없다.14)

만물은 다른 사물을 필요로 한다. 그러나 만물은 그럼에도 불구하고 자기 독자적으로 존재하지 다른 사물 때문에 존재하는 것은 아니

---

13) 非唯無得化而爲有也 ; 有亦不得化而爲無矣. 是以有爲之爲物 雖千變萬化, 而不得一爲無也. 不得一爲無, 故自古無未有之時而常存也. 『莊子注 ; 知北遊』
14) 人之生也, 形雖七尺而五常必具. 故雖區區之身, 乃擧天地以奉之. 故天地萬物, 凡所有者, 不可一日而相無也. 一物不具, 則生者無由得生, 一理不至, 則天年無緣得終. 『莊子注 ; 大宗師』

다. 『향·곽 주』에는 다음과 같이 쓰여 있다.

천하에서 서로 '남과 나(他我), 자신을 나(我)라 하고 다른 사물을 남(他)이라 한다.'의 관계를 가지고 있지 않은 것은 하나도 없다. 그러나 이 '나(我)'와 '남(他)'은 자기를 위하려고 한다. 이는 동쪽과 서쪽이 서로 반대되는 것과 같다. 그러나 남과 나는 입술과 이빨처럼 서로 더불어 함께 있다. 입술과 이빨은 서로가 서로를 위한 적이 한 번도 없다. 그러나 입술이 없으면 이가 시리다. 그러므로 '남'과 '내'가 자기 할 일을 하는 데도 '나'를 도와 주는 공은 굉장히 크다. 이것은 서로 반대되지만 서로 없어서는 안 된다.15)

향수·곽상의 주에 의하면 사물의 상관관계는 양국의 연합군의 관계와 비슷하다. 나라마다 군대는 각각 자기 나라를 지키기 위하여 싸운다. 그러나 각 군대는 동시에 서로 다른 군대를 도와 준다. 한 군대의 승리 또는 패배는 타국의 군대의 사기에 영향을 미치지 않을 수 없다. 우주에 존재하는 만물은 그 생존을 위한 필수조건으로서 전 우주를 필요로 한다. 그러나 그 사물은 어떤 특정한 사물에 의해서 생겨난 것은 아니다. 어떤 조건(因)이나 환경(緣)이 주어지면 어떤 사물은 필연적으로 생겨난다. 그렇다고 하여 어떤 사물들이 유일한 창조주 또는 어떤 개체에 의하여 생겨남을 뜻하지 않는다. 바꾸어 말하면 사물들은 대체로 여러 조건(因緣)에 의하여 생겨나는 것이지 독특하게 어느 특정한 사물에 의해서 생겨나는 것은 아니다. 예컨대 사회주의는 어떤 일반적 경제조건의 소산이지 마르크스, 엥겔스가 만들어낸 것이 아니다.

---

15) 天下莫不相與爲彼我, 而彼我皆欲自爲, 斯東西之相反也. 然彼我相與爲脣齒, 脣齒未嘗相爲, 而脣亡則齒寒, 故彼之自爲, 濟我之功弘矣. 斯相反而不可相無者也. 『莊子注 ; 秋水』

더욱이 『공산당선언』은 말할 것도 없다. 이런 의미에서 만물은 스스로 생겨나지(自生) 다른 것에 의해 생겨나지(依他生) 않는다고 말할 수 있다. 그리하여 『향·곽 주』에서는 다음과 같이 기록했다.

우리 인간의 생명이란 어쩌다 잘못하여 생긴 것이 아니다. 그리고 우리의 생명이 현존하는 것도 허망하게 있는 것이 아니다. 비록 이 우주(천지)가 광대하고 사물이 무수히 많다 하더라도 그러나 내가 만난 상황(遇)이 때마침 여기에 있다면—비록 온 우주(천지)의 신명과 국가의 성현이 온 힘을 다해 지극한 데까지 안다 해도 이것은 어길 수 없는 일이다.—그러므로 대체로 만나지 못하게 된 것은 만날 수 없고, 그것이 만나게 된 것은 만나지 않을 수 없다. 하지 못하게 된 것은 할 수가 없고, 하게 된 것은 하지 않을 수가 없다. 그러므로 만물은 존재하는 그대로 맡겨 두어라. 그러면 저절로 맡을 것이다.16)

이것은 또한 사회현상에도 그대로 적용될 수 있는 말이다. 『장자주』는 이렇게 설명한다.

만물은 자연(天)이 아닌 것이 없다. 하늘이란 것은 자연스런 것이다. 사람도 모두 자연스럽다면 어지러움과 다스림, 성공과 실패, 만나고 못 만남, 이 모두는 인간의 행위가 아니라 자연일 뿐이다.17)
향수·곽상이 말한 '자연'이란 바로 '사물'의 어떤 조건 또는 환경의

---

16) 人之生也, 非誤生也 ; 生之所有, 非妄有也. 天地雖大, 萬物雖多, 然吾之所遇, 適在於是, [則雖天地神明, 國家聖賢, 絶力至知 而弗能違也] 故凡所不遇, 弗能遇也, 其所遇, 弗能不遇也 ; 凡所弗爲, 弗能爲也, 其所爲, 弗能不爲也. 故付之而自當矣. 『莊子注 ; 德充符』

17) 物無非天也者, 天也者, 自然者也. 人皆自然, 則治亂成敗, 遇與不遇, 非人爲也, 皆自然耳. 『莊子注 ; 大宗師』

필연적인 결과를 뜻한다.

『장자』「천운편」에서 성인이 천하의 평화를 교란시켰다는 구절에 대한 주는 다음과 같다.

　　유구한 역사(百代)의 흐름이 이어져 오늘날 변란의 여러 조건이 모였다. 그 폐단이 여기까지 이른 것은 우禹(성인) 때문이 아니다. 그러므로 천하 때문이라고 말하였다. 성인·현인들의 자취가 천하를 어지럽힌 것이 아니라 천하에 이 변란이 있는 것은 필연적이다.[18]

제도와 도덕

향수·곽상은 천지를 계속 변화상태에 있다고 간주하였다. 그래서 『향·곽 주』에서 이렇게 말하였다.

　　대체로 힘이 없는 것 같으면서도 사실은 가장 힘이 센 것은 변화다. 그러므로 천지는 번쩍 들어 새로움을 향해 나아가며 산악을 짊어지고서 낡은 것을 벗어 던진다. 그러므로 잠시도 쉬지 않고 곧 새것을 섭렵한다. 천지만물은 때에 따라 옮겨가지 않음이 없다. ─세계가 모두 새롭다. 그런데 스스로는 옛것으로 여긴다. 배(舟)는 날마다 모습이 바꾸어 가고 있지만 겉으로 보기엔 옛것이나 다름이 없다. 산은 날로 새롭게 모습을 바꾸고 있지만 눈으로 보기엔 앞서 본 모습과 같다. ─이제 한 번 팔을 엇갈려 만져 보니 없어졌다. 모두 알지 못하는 사이에 사라진다. 조금 전의 나는 결코 지금의 내가 아니

---

18) 承百代之流, 而會乎當今之變, 其弊至於斯者, 非禹也, 故曰天下耳. 言聖知之迹非亂天下, 而天下必有斯亂. 『莊子注 ; 天運』

다. 나와 현재 이 순간(今)은 다 가버렸는데 어찌 늘 옛것만 지키고 앉아 있겠는가?[19]

사회도 역시 언제나 유동하는 상태에 있으며 인간의 요구도 언제나 변화 중에 있다. 어떠한 시대에 절 적용되었던 제도와 도덕이 다른 시대에는 잘 맞지 않을 수도 있다. 『장자주』에 다음 구절이 있다. "대체로 선왕의 전례典禮는 당시의 요구에 맞추어 사용하기 위함이었다. 그러나 시대가 지나갔는데도 그것을 버리지 않는다면 백성을 괴롭히는 요괴가 될 것이다. 그러므로 새롭게 바로잡을 단서를 일으켰다."[20] 또 말하였다.

성인을 본받는 자는 그가 행한 흔적을 본받을 뿐이다. 그러나 흔적이란 것은 이미 지나간 것이어서 현재의 변화에 적응하는 도구가 아니다. 어찌 그것을 숭상하여 집착하기에 넉넉하겠는가? 이루어진 흔적에 집착하여서 아무 한계(方)가 없는 데에서 부림당한다. 한계가 없는 것은 지극하고 흔적은 걸려 있는 것이다.[21]

사회는 환경과 더불어 변화한다. 환경이 변화하면 제도와 도덕은 그와 함께 변화하여야 한다. 만일 제도나 도덕이 변화하지 않는다면 인위적인 억지가 되고 사람을 괴롭히는 유령이 된다. 새로운 제도나 새

---

19) 夫無力之力, 莫大於變化者也, 故乃揭天地以趨新, 負山岳以捨故. 故不暫停, 忽已涉新, 則天地萬物無時而不移也. [世皆新矣, 而日以爲故 ; 舟日易矣, 而視之若舊 ; 山日更矣 ; 而視之若前.] 今交一臂而失之, 皆在冥中去矣. 故向者之我 非復今我也. 我與今俱往, 豈常守故哉? 『莊子注 ; 大宗師』
20) 夫先王典禮, 所以適時用也. 時過而不棄, 印爲民妖, 所以興矯效之端也. 『莊子注 ; 天運』
21) 法聖人者, 法其迹耳. 夫迹者, 已去之物, 非應變之具也, 奚足尙而執之哉, 執成迹以御乎無方, 無方至而迹滯矣. 『莊子注 ; 胠篋』

로운 도덕이 자발적으로 생기는 것은 당연한 일이다. 새것과 낡은 것은 그들이 처한 시대가 다르기 때문에 서로 판이하다. 새것은 새것대로 낡은 것은 낡은 것 대로다. 그 시대의 요구에 부흥하기 위하여 만들어진 것이므로 어느 것이 훌륭하다든가 못하다고 할 수 없다. 향수와 곽상은 제도나 도덕 그 자체를 반대하지 않았다. 노자와 장자도 마찬가지였다. 그들은 단지 시대에 뒤떨어지기 때문에 현실에 합당하지 못한 제도와 도덕을 반대했을 뿐이다.

유위有爲와 무위無爲

향수와 곽상은 원시도가의 자연(天)과 인간(人), 유위와 무위에 관한 사상에 대하여 새로운 해석을 부가하였다. 사회상황에 변화가 생길 때 새로운 제도와 도덕은 자동적으로 생기게 마련이다. 그것이 저절로 생기게 내버려 둔다는 것은 바로 자연(天)에 따르며 '무위'에 따르는 일이다. 그런데 그것을 반대하고 이미 그 시대에 뒤떨어진 낡은 것을 고수하려 드는 것은 인위적이요 '유위'적이다. 『향·곽 주』에 다음과 같은 구절이 있다.

대체로 높은 것이 낮은 것으로 가는 것은 거스를 수 없는 흐름이다. 작은 것은 작은 것끼리 큰 것은 큰 것끼리 서로 모이는 것은 어찌할 수 없는 대세이다. 어떤 사람의 마음이 텅 비어 사사로운 정이 없으면 그에겐 여러 가지 지혜가 창고처럼 모일 것이다. 한 지도자가 이러한 시대조류의 모임을 이어서 세상을 다스리는 위치에 서게 된다면 어떻게 할 것인가? 그는 단순히 그 시대의 지혜에 맡겨 환경의 필연성에 따라 세상인들이 스스로 보살피게 놓아둘 뿐이다.[22]

만일 어떤 사람이 그의 활동에서 자기의 타고난 능력을 충분히 그리고 자유롭게 행사하도록 내버려 둔다면 이것은 '무위'다. 그렇지 못하면 '유위'다.

주석의 한 구절을 인용하면 다음과 같다.

대체로 훌륭한 기수는 자기의 말(馬)이 능력을 남김없이 발휘하도록 한다. 이렇게 하는 것(盡能)은 바로 말 스스로에게 맡겨 두는 데 있다. …… 만일 둔마(駑)나 천리마(驥)의 힘에 맡겨 두고 천천히 가든가 빨리 달리는 분수에 맞추면, 설령 팔방을 누빈다 하더라도 여러 말들의 생명은 보전될 수 있다. 미혹한 사람은 말의 성질에 맡겨 둔다는 소문을 듣고 내버려 두고 타지 않아야 한다고 말하는 사람이 있는가 하면 무위의 풍문을 듣고 걷는 것보다는 누워 있는 것이 낫다고 말하는 사람도 있다. 이런 사람들은 장자의 취지를 너무도 잘못 알고 있다.[23]

이러한 비평에도 불구하고 『장자』를 이해하는 데 있어서 그러한 사람들의 생각이 완전히 잘못된 것은 아니다. 그러나 향수·곽상은 장자를 주석하면서 분명히 고도의 순수성을 발휘하였다. 향수·곽상 역시 초기도가의 단순과 소박한 사상에 대한 새로운 의미를 부여하였다. 『향·곽 주』에서 말하는 바는 이렇다.

---

22) 夫高下相受, 不可逆之流也;小大相群, 不得已之勢也;曠然無情 群知之府也. 承百流之會, 居師人之極者, 奚爲哉? 任時世之知, 委必然之事, 付之天下而已. 『莊子注;大宗師』

23) 夫善御者, 將以盡其能也. 盡能在於自任. …… 若乃任駕驥之力, 適遲疾之分, 雖則足迹接乎八荒之表, 而衆馬之性全矣. 而惑者聞任馬之性, 乃謂放而不乘, 聞無爲之風, 遂云行不如臥;…… 斯失乎莊生之旨遠矣. 『莊子注;馬蹄』

만일 이지러지지 않은 것을 순수하다고 여긴다면 여러 행사(百行)가 동시에 거행되고 많은 변화가 나란히 갖추어진다 하더라도 지극히 순수하다. 만일 섞이지 않은 것을 소박(素)이라 한다면 용의 문채, 봉황의 맵씨는 그 아름다움이 볼 만한 것이라 하더라도 지극히 소박하다. 만일 자연의 바탕(質)을 보존하지 못하고 겉으로 꾸미는 데 섞어 놓으면 아무리 순수한 개·염소의 가죽이라 할지라도 어찌 그것을 순수하다고 할 수 있을까.24)

지식과 모방

노자와 장자 두 사람은 다 세상 사람이 보통 '성인聖人'이라 여기는 그러한 사람을 반대했다. 선진도가의 문헌에서 '성인'이란 말은 두 가지 뜻을 가지고 있다. 도가들이 말하는 '성인'이란 '지인至人'을 뜻하거나 또는 '모든 지식을 가진 사람'을 뜻한다. 노자와 장자는 지식을 공격하였다. 따라서 모든 지식을 가진 자를 공격하였다. 그러나 앞 절에서 우리는 향수·곽상이 성인이 되는 것을 반대하지 않았음을 알 수 있다. 그들이 반대한 것은 성인을 모방하는 것이다.

플라톤은 플라톤으로 태어났고, 장자는 장자로 태어났다. 그들의 천재성은 용의 문채나 봉황의 맵씨와 마찬가지로 천부적인 것이다. 그들은 어느 것이나 마찬가지로 단순(純)하고 소박(素)하였다. 플라톤이 『이상국』을 쓰고, 장자가 「소요유」를 쓴 것은 하나도 이상할 것이 없다. 왜냐하면 그들은 단지 자신의 본성에 따라 그것을 썼을 뿐이었기

---

24) 苟以不虧爲純, 則雖百行同擧, 萬變參備, 乃至純也；苟以不雜爲素, 則雖龍章鳳姿, 倩乎有非常之觀, 乃至素也. 若不能保其自然之質. 而雜乎外飾, 則雖犬羊之鞹, 庸得謂之純素哉! 『莊子注；刻意』

때문이다.

이 견해는 『장자주』의 다음 문구로부터 구체화되어 있다.

지식은 끝이 없다. 그러므로 지식이라 이름붙인 것은 알맞은 정도
를 잃은 데서 생겨났고 아무도 모르는 끝에서 사라진다. 아무도 모
르는 끝이란 자기의 지극한 분수(至分)에 맡겨 털끝만큼의 무게(銖)도
더함이 없다. 그러므로 만근의 무게를 짊어져도 참으로 자기의 능력
에 알맞으면 홀연히 자기 몸에 무거움을 알지 못한다.[25]

만일 지식(知)을 이러한 방식으로 이해한다면 플라톤이나 장자 어느
사람도 어떤 지식을 가졌다고 간주할 수 없다.

지식을 가진 자는 남을 잘 배우는 자일 뿐이다. 그런데 향수와 곽상
은 배움을 세 가지 이유로 나쁘게 보고 있다.

첫째, 배움은 무용無用하다. 『향 · 곽 주』에서 다음과 같이 말하였다.

옛날의 일은 이미 옛날에 사라졌다. 비록 그것을 전한다 하더라도
어찌 옛날 것을 오늘날 그대로 보존할 수 있겠는가? 옛날 것은 오
늘날에는 없다. 그리고 오늘날의 일도 변화 중에 있다. 그러므로 우
리는─남의 것을─배우는 것을 끊어버리고 우리 본성에 따라 행하
여 시대와 더불어 변화한 후에야 지극한 경지에 이르는 것이다.[26]

만물은 항상 움직이고 있다. 매일 우리는 새로운 문제, 새로운 욕구,

---

25) 此知之無涯也. 故知之爲名, 生於失當, 而滅於冥極. 冥極者, 任其至分而無毫銖之
加. 是故雖負萬鈞, 苟當其所能, 則忽然不知重之在身. 『莊子注 ; 養生主』
26) 當古之事, 已滅於古矣, 雖或傳之, 豈能使古在今哉! 古不在今, 今事已變, 故絶學任
性, 與時變化而後至焉. 『莊子注 ; 天道』

새로운 상황에 처해 있다. 우리는 이 새로운 상황과 문제와 요구에 대처할 새로운 방법을 강구해야 한다. 심지어 어느 주어진 한 순간에 있어서조차 그 상황과 문제점과 요구가 개인 각자마다 다 다르다. 그러므로 그들의 방법 역시 달라야 한다. 그러므로 남의 것을 배우기만 해서야 무슨 소용이 있겠는가?

둘째로 남을 배우는 것은 아무런 효과도 거두지 못한다. 『장자주』의 한 구절에 다음과 같은 말이 있다.

> 욕정으로써 어떤 사람들은 이루離婁(위대한 마술가)나 사광師廣(위대한 음악가)이 되려고 노력하였지만 될 수 없었다. 그러나 이루나 사광은 욕정이 없었기 때문에 눈과 귀가 남보다도 예민(聰明)하였다. 욕정을 가지고 어떤 사람은 성현이 되려고 노력하였으나 그렇게 할 수 없었다. 그러나 성현은 욕정이 없기 때문에 성현이 되었다. 어찌 다만 성현이 되는 길은 절대적으로 멀며 이루나 사광이 되는 길은 사모하기 어려운 것인가? 비록 바보나 장님 벙어리, 닭울음, 개 짖는 소리라 할지라도 어찌 욕정을 가지고 그것을 억지로 할 수 있겠는가? 역시 끝내 할 수 없을 것이다.[27]

만물은 자기의 현재 있는 그대로의 본성을 발휘해야 한다. 한 사물이 다른 사물로는 될 수가 없다.

셋째, 남을 배우는 것은 해롭다. 『장자주』에 다음과 같은 말이 있다.

> 자기의 본성에 그치지 못하고 자기 밖에서 끊임없이 찾으려는 사

---

27) …… 故有情於爲離曠而弗能也. 然離曠以無情而聰明矣, 有情於爲賢聖而弗能也, 然賢聖以無情而賢聖矣. 豈直賢聖絶遠而離曠難慕哉? 雖下愚聾瞽及鷄鳴狗吠, 豈有情於爲之, 亦終不能也.『莊子注 ; 德充符』

람이 있다. 대체로 밖에서 구할 수 없는데 그것을 구하려고 하는 것은 비유하자면 그것은 마치 동그라미를 가지고 네모를 배우고 물고기가 새를 사모하는 것과 같을 뿐이다. …… 이것이 저것에 가까우면 가까울수록 더욱 멀어지며 사실 더 많이 배워 얻을수록 더 본성을 잃는다.28)

그리고 또 말하였다.

이루의 그림과 사광의 소리는 눈·귀 있는 자가 귀하게 여기는 것이다. 생명을 받은 것은 분수를 가지고 있다. 그런데—남이—귀하다고 여기는 바를 가지고—자기—삶을 이끌어 가면 그 생명은 잃어버린다. 만약 그 귀하다고 여기는 바를 허물어뜨리고 남을 버리고 나에게 맡긴다면 눈·귀 밝음이 각기 온전히 될 것이고 우리는 그 참됨을 함유(含)하게 될 것이다.…… 만물은 각각 무엇을 할 수 있는 능력을 가지고 있다. 우리가 할 수 있는 바가 같지 않는데 익힌 바를 감히 달리할 수 없다면 교묘한 것 같지만 치졸한 것이 될 것이다. 그러므로 사람을 잘 쓰는 자는 네모난 것은 네모나게 하고, 동그란 것은 동그랗게 하여 각자가 그 자기가 할 수 있는 바에 맡기면 사람은 본성을 평안하게 여길 것이다.29)

남을 배움으로써 성공할 가능성이 아주 희박할 뿐만 아니라, 또 남

---

28) 不能止乎本性, 而求外無已. 夫外不可求而求之, 譬猶以圓學方, 以魚慕鳥耳 …… 此愈近, 彼愈遠, 實學彌得 而性彌失. [故齊物而偏尙之累去矣.] 『莊子注 ; 齊物論』
29) [夫聲色離曠, 有耳目者所貴也], 受生有分, 而所貴引之, 則性命喪矣, 若乃毀其所貴, 棄彼任我, 則聰明各全, 人含其眞矣, …… [則萬物各有能也. 所能雖不同, 而所習不敢異, 則若巧而拙矣. 故善用人者, 使能方者爲方, 能圓者爲圓, 各任其所能. 人安其性.] 『莊子注 ; 胠篋』

을 배움으로 인하여 자기 자신을 잃을 가능성이 크다. 바로 남을 배우는 것이 해롭다는 말이다. 그리하여 배움은 무용하고 효과도 없고 또 해롭다. 오직 인생의 의미 있는 생활양식은 '자기 본성에 따라 사는 일(任我)'이다. 이것이 또한 '무위'를 실천하는 것이기도 하다.

사물의 평등

그러나 우리가 만일 그 귀하다고 여기는 바를 무너뜨리고(毁其所貴) 참으로 '나 자신에 따라서 살 수 있다(任我)'면 우리는 이미 향수·곽상이 언급한 '한 사물은 다른 것보다 낫다고 보는 얽매임(偏尙之累)'을 제거할 수 있다. 다시 말하면 우리가 이미 사물의 평등성의 원리(齊物之道)를 이해했다면 보다 고차적 관점에서 사물을 볼 수 있게 된다. 우리는 이미 무차별한 전체의 평등의 상태로 가는 길 위에 서 있다.

『장자』「제물론」에서 장자는 제물론齊物論을 강조하였는데 특히 '물론物論'의 평등(齊一)을 강조하였다. 향수·곽상은 주에서 좀 더 구체적으로 이 이론을 전개하였다. 그리하여 장자는 "천지는 하나의 손가락이요, 만물은 하나의 말(馬)이다(天地一指也, 萬物一馬也)."라고 하였는데 그에 대한 『향·곽 주』는 다음과 같다.

옳고 그름이 없다는 것을 밝히려면 서로 비교하는 것보다 더 좋은 것이 없다. 거꾸로 뒤집어 서로 비교해 보면, 남과 나의 관계에서 자기가 옳다는 점에서—남과 내가—이미 똑같고 또 상대방은 그르다는 점에서도 마찬가지이다. 상대방이 그르다는 점에서 모두 같은 의견을 가졌다면 천하에는 옳은 것이 하나도 없다. 그리고 자기가 옳다고 생각하는 점에서 모두 같은 의견을 가졌다면 천하에는 그른 것이 하나도 없다. 무엇으로 그것이 그런 줄을 알 수 있겠는가? 만일 옳은 것이 과연 정말로 옳은 것이라면 천하에는 그것을 그르다고 생각할 것이 있을 수 없다. 그른 것이 과연 정말로 그른 것이라면 또한 그것을 옳다고 생각할 것이 있을 수 없다. 이제 옳고 그름이 어지러이 뒤섞여 이 조그만 것을 밝힐 주체가 없는 것은 각자가 다 편견을 믿는다는 점에서 모두 똑같이 일치되기 때문이다. 하늘을 우러러 보고 땅을 굽어 살펴보아도 모두 다 그렇지 않은 것이 없다. 그렇기 때문에 지인至人은 천지가 하나의 손가락이요, 만물은 하나의 말임을 알았다. 그러므로 호연하게 크게 평안할 수 있다. 천지만물은 각각 자기의 몫을 담당하여 스스로 얻는다는 점에서 같으므로 옳은 것도 없고 그른 것도 없다.[30]

절대자유와 절대행복

만일 우리가 사물 간의 차별을 초월할 수 있다면 우리는 절대적인 자유를 누릴수 있고, 그렇게 되면 『장자』의 「소요유」에서 기술된 바와 같은 절대적인 행복을 가질 수 있다. 이 편의 9만 리를 나는 대붕과 쑥대 사이만 겨우 날아다니는 메추라기, 하루도 못 사는 버섯, 8000년을 살았다는 참죽나무, 쥐꼬리만 한 재능을 가진 관리, 그리고 바람을 타고 다니는 열자 등의 이야기에 대한 향수·곽상의 주는 다음과 같다.

---

30) [將明無是無非, 莫若反覆相喻. 反覆相喻, 則彼與我, 旣同於自是, 又均於相非, 均於相非. 則天下無是 ; 同於自是, 則天下無非]. 何以明其然耶? 是若果是, 則天下不得復有非之者也. 非若果非, 亦不得復有是之者也. 今是非無主, 紛然殽亂, 明此區區者, 各信其偏見而同於一致耳. 仰觀俯察, 莫不皆然. 是以至人知天地一指也, 萬物一馬也 ; 故浩然大寧, 而天地萬物, 各當其分, 同於自得, 而無是無非也.『莊子注 ; 齊物論』

진실로 자기 본성에 만족하면 대붕이라 해서 작은 새에게 스스로 귀하다 생각할 것도 못되고 그렇게 되면 작은 새도 천지天池(대붕이 도착할 목적지)를 부러워함이 없다. 그러므로 비록 크고 작음의 차이는 있지만 그 소요逍遙는 한 가지이다.31)

그러나 그들의 행복은 상대적인 행복일 뿐이다. 만일 만물들이 그 어떤 한정된 영역에서 즐긴다면 그들의 즐거움도 한정되어 있음에 틀림없다. 그리하여 『장자』는 「소요유편」에서 유한을 초월하고 무한과 일치되어 무궁과 절대행복을 즐기는 정말로 자유자적하는 사람에 대한 이야기로 끝을 맺었다.

그는 유한을 초월하여 무한과 일체가 되었기 때문에 '자기가 없고(無己)' 그는 자연의 본성에 따라 만물로 하여금 저절로 그 즐거움을 얻게 하였으므로 '공이 없고(無功)', 그는 '도'와 일체가 되어 이름 붙일 수 없으므로 '이름이 없다(無名).' 이 사상은 향수·곽상의 주에서 더욱 분명하게 또 세련되게 발전되었다.

만물은 각각 본성을 가지고 있으며 그 본성은 각각 그 한계(極)를 가지고 있다. 모두 다 지식이 크고 작거나 수명이 짧거나 긴 대로 살아간다. 대대로 나이와 지식의 크고 작음을 들어 각기 자기 한 쪽(方)만을 믿었는데 이것으로는 어떤 것도 서로 우세하다 할 수가 없다.32)

여러 가지 다른 예화를 든 후에 장자는 자기와 상대방을 잊고 모든

---

31) 苟足於其性, 則雖大鵬無以自貴於小鳥, 小鳥無羨於天地, …… 故小大殊, 逍遙一也. 『莊子注 ; 逍遙遊』
32) 物各有性, 性各有極, 皆如年知, …… 歷舉年知之大小, 各信其一方. 未有足以相傾者也. 『莊子注 ; 逍遙遊』

차별을 무시한 자유자재한 사람(獨立無待之人)을 설명함으로써 이야기의 끝을 맺었다.

만물은 제각기 딴 영역에서 소요하지만 자유자재(無待)한 사람은 어떤 공적도 없고 이름도 없다. 그러므로 크고 작음을 통일하는 자는 크고 작음의 구분을 하지 않는 자이다. 만일 크고 작음이 있다고 한다면 비록 대붕이라도 메추라기와 마찬가지로 또 작은 관리와 바람 타고 다니는 열자도 마찬가지로 똑같이 외물에 얽매이게 될 뿐이다. 삶과 죽음을 같게 여기는 사람은 삶과 죽음이 없는 자이다. 만일 삶과 죽음이 있다고 한다면 비록 큰 참죽나무는 버섯균과 마찬가지로 또 팽조는 아침버섯과 마찬가지로 다 일찍 죽을 뿐이다. 그러므로 크고 작음이 없는 곳에서 노니는 자는 끝이 없는 자(無窮者)요, 삶과 죽음을 까마득히 모르는 자는 끝이 없는 자(無極者)이다. 그런데 소요를 하지 못하고 유한한 곳(有)에 매여 있으면 소요하게 내버려둔다 하더라도 끝나는 데(窮)가 있기 때문에—결코—자유로울(無待) 수 없다.[33]

『장자』는 「소요유」 제1편에서 자유로운(無待) 사람을 이렇게 기술했다.

천지의 참된 정신을 타고 육기六氣의 변화를 부리어 무궁한 우주에서 노니는 자로 말할 것 같으면 그가 또 무엇에 의존한다는 말인가?[34]

---

33) [異方同得而我無功名]. 是故統小大者. 無小無大者也. 苟有乎小大, 則雖大鵬之與斥鷃, 宰官之與御風, 同爲累物耳, 齊死生者, 無死無生者也. 苟有乎死生, 則雖大椿之與蟪蛄, 彭祖之與朝菌, 均於短折耳. 故遊於無小無大者, 無窮者也. 冥乎不死不生者, 無極者也. 若失逍遙而繫於有方, 則雖放之使遊而有所窮矣. 未能無待也.
[上同]
34) 若夫乘天地之正, 而御六氣之變, 以遊無窮者, 彼且惡乎待哉.

향수·곽상의 주는 이렇다.

  천지란 만물을 통틀어 가르친 이름의 총칭이다. 천지는 만물을 본
바탕으로 삼고 만물은 반드시 자연의 바른 길을 따른다. 자연이란
만들지 않고 저절로 그렇게 된 것이다. 그러므로 대붕이 높이 나를
수 있고 메추라기가 낮은 곳에서 나를 수 있는 것과 참죽나무가 장
수할 수 있고 버섯균이 단명하는 것은 모두 자연히 그렇게 할 수
있는 것이지 배워서 또는 만들어서 할 수 있는 것이 아니다. 만들어
서 하지 않고 스스로 할 수 있기 때문에 정기正氣다. 그러므로 천지
의 정기를 탄다는 것은, 즉 만물의 본성에 순응하는 것이다. 육기의
변화를 부린다는 것은, 즉 변화하는 길을 따라 노니는 것을 뜻한다.
이와 같이 나아가면 어디에 막다른 곳이 있겠는가? 만나는 것이면
무엇이나 다 탄다면 또 무엇에 의존할 필요가 있겠는가? 이것은 지
극히 덕이 있는(至德) 사람은 상대와 자기를 함께 자유롭게 거닐게
한다. 만일 그 무엇에 의존해야 한다면 열자의 솜씨가 아무리 경쾌
하고 묘하다 하더라도 바람이 없으면 다닐 수 없다. 그러므로 반드시
그 어떤 것에 의존한 후에야 소요할 수 있는데 하물며 대붕이야! 대
체로(오직 사물과 더불어 알지 못하는 사이에) 커다란 변화에 따르는 자만이
아무것에 의존하지 않고 언제나 통달할 수 있다. 어찌 자기만이 통
달할 뿐이겠는가? 또한 그 어떤 것을 의존하는 것에 순응하여, 그
어떤 것에 대한 의존함을 잃게 하지 않는다. 어떤 것에 대한 의존함
을 잃지 않으면 크게 통하는 것과 똑같다.[35]

---

35) 天地者, 萬物之總名也. 天地以萬物爲體, 而萬物必以自然爲正. 自然者, 不爲而自
   然者也. 故大鵬之能高, 斥鷃之能下, 椿木之能長, 朝菌之能短, 凡此皆自然之所能,
   非爲之所能也. 不爲而自能, 所以爲正也. 故乘天地之正者, 卽是順萬物之性也 ; 御
   六氣之辯者, 卽是遊變化之塗也. 如斯以往, 則何往而有窮哉? 所遇斯乘, 又將惡乎
   待哉? 此乃至德之人, 玄同彼我者之逍遥也. 苟有待焉, 則雖列子之輕妙, 猶能以

향수·곽상의 사상체계에서 '도'란 정말로 '무'이다. 또 그의 사상체계에서 천 또는 천지(문자 그대로 번역하면 '하늘', '하늘과 땅'이지만 여기서는 우주를 뜻한다.)는 가장 중요한 사상이다. 천은 만물을 일반적으로 부르는 이름이므로 현존하는 사물의 총합이다. 하늘의 관점에서 사물을 보고 또 하늘과 자신이 합일되는 것은 사물과 사물의 차별을 초월하며 도가가 말한 바와 같이 형상을 초월한다. 그리하여 향수·곽상의 주는 선진 도가에 대한 주요한 수정을 가하였을 뿐만 아니라, 『장자』를 분명하게 밝혀 놓았다. 그러나 명확성보다 암시성을 더 좋아하는 사람은 틀림없이 어느 선승禪僧의 "곽상이 장자의 주를 냈다고들 하지만 나는 오히려 장자가 곽상의 주를 냈다고 본다."는 말에 찬동할 것이다.

無風而行, 故必得其所待, 然後逍遙耳, 而況大鵬乎! 夫唯與物冥而循大變者, 爲能無待而常通. 豈自通而已哉! 又順有待者, 使不失其所待, 所待不失, 則同於大通矣. 『莊子注 ; 逍遙遊』

제
20
장

新
道
家

신도가

2··· 정감주의자들

향수와 곽상은 장자의 주註에서 사물의 분별을 초월한 마음을 가진 사람과 자기의 멋에 따라 사는 사람에 대한 이론적인 설명을 덧붙였다. 그런 인물의 특질이 바로 '풍류風流'의 본질이다.

풍류와 낭만주의

『세설신어世說新語』를 읽으면 풍류사상을 알 수 있다. 이 저서는 유희경劉義慶(403~444년)이 편찬하였고 유효표劉孝標(463~521년)가 주를 달았다.

진晉왕조 신도가의 도사道士들과 불가의 학승들은 '청담淸談'을 하며 세월을 보냈다고 한다. 청담의 화술은 지고한 사상을 간결한 문체로 표현하였다. 그러므로 청담은 그 본질상 매우 간결하기 때문에 청담을 할 수 있는 친구 간의 지적 수준은 상당히 높아야만 한다. 그러므로 청담은 가장 품위 있는 지적인 활동으로 손꼽혔다.

『세설신어』에는 그러한 '청담'과 그 청담에 참가한 유명인물에 대한 글들이 실려 있고, 그 글 속에는 풍류사상에 젖었던 3~4세기의 인물들의 사상이 생생하게 소개되어 있어서 『세설신어』는 '풍류'의 전통과 사상을 연구하는 데 귀중한 자료이다.

그러면 '풍류風流'란 무엇인가? 풍류의 도를 체득한 사람은 무궁무진한 묘미를 느끼지만 풍류란 말은 정확하게 번역하기에는 무척 까다로운 용어이다. 풍류는 문자 그대로 '바람과 흐름'이라는 뜻을 가지고 있다.

그러나 이 뜻은 정곡을 찌르지는 못하고 다만 자유분방하다는 일면의 뜻을 품고 있다는 점에서 비슷할 뿐이다.

동양인으로서 영어의 Romantism 또는 Romantic하다는 말의 어의를 완전히 파악하는 것은 불가능하다. 그 뜻은 대체로 풍류의 뜻과 매우 가깝다고 생각한다. 풍류는 주로 도가사상의 표현이다.

이 중국 철학사상 유가와 도가의 전통은 서구의 고전주의와 낭만주의 전통과 비슷하다고 기술할 수 있다.

한漢(B.C. 206~A.D. 220년)과 진晉(265~420년)은 중국 역사상 두 왕조명칭일 뿐만 아니라 한과 진은 상이한 사회적 · 정치적 · 문화적 특성으로 인하여 독특한 문학 및 예술양식과 생활방법을 갖게 되었다. 한왕조의 문예양식과 생활방식이 위엄을 갖추고 장엄하다면, 진왕조의 것은 우아하고 자유분방하다고 하겠다. 그런데 이 우아함도 '풍류'의 한 특징으로 꼽을 수 있다.

양주楊朱의 쾌락의 동산

우선 『열자列子』의 제7편인 「양주편楊朱篇」(Anton Forke는 Yang Chu's Garden of Pleasure라고 번역함)에 대하여 언급할 필요가 있다. 6장에서 살펴본 바와 같이 「양주편」의 내용은 고대의 순수한 양주의 사상을 대표한다. 오늘날 중국학자들은 『열자』 그 자체도 3세기 저작으로 취급하고 있다. 그러므로 『열자』의 「양주편」도 역시 3세기의 저작으로 보는 것이 마땅하다. 사실 「양주편」은 당시의 일반적 사상의 흐름과도 일치하며 또 풍류의 한 국면을 표현하고도 있다. 「양주편」에서 '안(內)'과 '밖(外)'을 구분하였는데 가공인물인 양주는 "인간을 괴롭히는 것에 네 가지가 있다고 보았다. 첫째는 장수長壽요, 둘째는 명예名譽요, 셋째는 지위地位요, 넷째는 재산財産이다. 이 네 가지를 가진 사람들은 귀신을 두려워하고, 사람을 두려워하고, 권력을 두려워하고, 형벌을 두려워한다. 이것을 일러 몸을 도사리는 사람(遁人)이라 한다. 죽일 수도 살릴 수도 있는 것, 즉 목숨을 제약하는 것이 밖에 있다. 그러나 자기 운명에 거스르지 않는 사람은 무엇 때문에 장수를 부러워하며, 고귀함을 좋아하지 않는 사람은 무엇 때문에 명망을 부러워하며, 권세를 필요로 하지 않는 사람은 무엇 때문에 지위를 부러워하며, 부를 탐내지 않는데 무엇 때문에 재산을 부러워하겠는가? 이러한 종류의 인물을 일러 순민順民이라 한다. 천하에는 상대할 것이 없다. 자기 자신 안에서 운명을 제어한다.[1]

B.C. 6세기에 살았던 정鄭나라의 유명한 정치가인 자산子産과 그의 두 형제 간의 상상적인 대화가 있다.

자산이 통치한 지 3년 안에 정나라는 잘 다스려졌다. 그러나 그의 형(공손조)과 아우(공손목)는 어찌할 수 없었다. 형은 호주가好酒家였고 아우는 호색가好色家였다.[2] 어느 날 자산은 그 형과 아우에게 이렇게 말하였다.

"인간이 금수보다 고귀한 것은 슬기로운 생각 때문이요, 이 슬기로운 생각이 동반하는 것이 예의요, 예의가 이루어지면 명예와 지위가 이르게 된다. 그런데 너희들이 단지 감정에 자극되어 움직이고 즐겨하는 욕심에 빠지면 생명이 위태롭다."[3]

---

1) 楊朱曰: 生民之不得休息, 爲四事故. 一爲壽, 二爲名, 三爲位, 四爲貨. 有此四者, 畏鬼, 畏人, 畏威, 畏刑: 此謂之遁人也. 可殺可活, 制命在外. 不逆命, 何羨壽? 不矜貴, 何羨名? 不要勢, 何羨位? 若不貪富, 何羨貨? 此之謂順民也. 天下無對, 制命在內. 『列子;楊朱』

2) 子産相鄭, 專國之政; 三年, 善者服其化, 惡者畏其禁, 鄭國以治, 諸侯憚之, 而有兄曰公孫朝, 有弟曰公孫穆. 朝好酒, 穆好色, …… 『列子;楊朱』

3) 因閒以謁其兄弟, 而告之曰: 人之所以貴於禽獸者智慮, 智慮之所將者禮義. 禮義成

이 말에 대해 두 형제는 대답했다.

"우리가 밖을 잘 다스려도 이 외물들은 반드시 다스려지는 것이 아니고 자신은 오히려 수고와 고통을 받는다. 그러나 우리가 안을 잘 다스리면 이 외물은 반드시 어지럽히지 않고 자기의 본성은 자유롭게 된다. 당신의 밖을 다스리는 것으로는 그 법을 한 나라 안에서 잠시 동안 시행시킬 수 있으나 인간의 마음에는 합치되지 못한다. 반면 나의 안을 다스리는 것(內治)으로는 온 세계(天下)에까지 넓혀질 수 있고, 또 넓혀지면 군신의 도리 같은 것은 없어진다.[4]

이 장에서 말하는 '안을 다스림(治內)'은 향수·곽상이 말하는 자기의 본성에 따라서 사는 것(任我)에 해당하며 '밖을 다스림(治外)'은 남을 따라서 사는 것(從人)과 일치한다. 우리는 자기 자신에 따라서 살아야지 남을 따라서 살아서는 안 된다. 신도가들은 이 점에 있어서는 의견이 모두 같다. 그러나 신도가에는 합리론자와 정감주의자의 구분이 있다. 향수와 곽상이 대표하는 전자는 이성理性에 따르는 생활을 강조하였는데, 반면 앞으로 언급할 인물들이 대표하는 후자는 흥취에 따르는 생활을 강조하였다.

흥취에 따라 살려는 사상은 「양주편」에 그 극단적인 형태가 표현되어 있다. 이 편의 한 구절에서 안평중晏平仲은 관이오管夷吾 ─ 두 사람은 고대 제齊나라의 유명한 정치가였는데 역사상으로는 동시대의 인물이 아니다. ─ 에게 양생법養生法을 물었다는 이야기가 적혀 있다.

다음은 안평중과 관이오의 문답이다.

則名位至矣. 若觸情而動, 聃於嗜慾, 則性命危矣.『列子 ; 楊朱』
4) 夫善治外者, 物未必治而身交苦 ; 善治內者, 物未必亂而性交逸. 以若之治外, 其法可暫行於一國, 未合於人心 ; 以我之治內, 可推之於天下, 君臣之道息矣.『列子 ; 楊朱』

관이오: 인생은 자신의 갈 길을 자유롭게 가도록 해야 될 뿐이다. 막거나 저지하지 말아야 한다.

연평중: 그 자세한 내용은 무엇입니까?

관이오: 귀가 듣고 싶어하는 것은 무엇이나 듣게 하고, 눈이 보고 싶어하는 것은 무엇이나 보게 하고, 코가 냄새를 맡고 싶어하는 것은 무엇이나 맡게 하고, 입이 말하고 싶어하는 것은 무엇이나 말하게 하고, 몸이 편안하고 싶어하면 편히 즐기게 하고, 뜻이 하고 싶은 것이면 무엇이나 하도록 내버려 두라. 귀가 듣고 싶은 것은 음성인데 듣지 못하게 하는 것은 귀의 예민함(聰)을 막는 것이라 하고, 눈이 보고 싶은 것은 미색美色인데 보지 못하게 하는 것은 눈 밝음(明)을 막는 것이라 하고, 몸이 즐기고 싶은 것은 풍부한 음식과 좋은 옷(美厚)인데 즐기지 못하게 하는 것은 몸의 쾌적(適)을 막는 것이라 하고, 코가 냄새 맡고 싶은 것은 향기 좋은 산초나무와 난초인데 못 맡게 하는 것은 냄새에 예민함(顫)을 막는 것이라 하고, 입이 이야기하고 싶은 것은 시비是非인데 말하지 못하게 하는 것은 지혜(智)를 막는 것이라 하고, 뜻이 하고 싶은 것은 거리낌 없이 멋에 따라 행하는 것(放逸)인데 행하지 못하게 하는 것은 본성(性)을 막는 것이라 한다. 이 모든 막힘이 인생을 못 쓰게 하고 학대하는 주요원인이다. 이 주요원인을 제거하고 하루·한 달·한 해·십 년 동안 즐거이 죽음을 기다리는 것이 바로 나의 양생법이다.[5] 이번에는 관이오가 안평중에게 죽음을 맞는

---

5) 管夷吾曰 : 肆之而已, 勿壅勿閼. 晏平仲曰 : 其目奈何? 夷吾曰 : 恣耳之所欲聽, 恣目之所欲視, 恣鼻之所欲向, 恣口之所欲言, 恣體之所欲安, 恣意之所欲行. 夫耳之所欲聞者音聲, 而不得聽, 謂之閼聰 ; 目之所欲見者美色, 而不得視, 謂之閼明 ; 鼻之所欲向者椒蘭, 而不得嗅, 謂之閼顫 ; 口之所欲道者是非, 而不得言, 謂之閼智 ; 體之所欲安者美厚, 而不得從, 謂之閼適. 意之所欲爲者放逸, 而不得行, 謂之閼性. 凡此諸閼, 廢虐之主. 去廢虐之主, 熙熙然以俟死, 一日, 一月, 一年, 十年, 吾所謂養. 『列

방법을 물었다

관이오 : 이제 나는 그대에게 이미 양생법을 말했으니 장사葬事는 어
   떻게 하면 되는 것이오?
양평중 : 장사는 매우 간단한 문제요. 무엇을 가지고 알려드릴까요?
관이오 : 나는 본래부터 그것을 듣고 싶었소.
양평중 : 일단 죽어 버리면 죽음이 나에겐 무슨 상관이 있소? 사람
   들이 내 시체를 태워도 좋고, 물속에 가라앉혀도 좋고, 땅에 묻어도
   좋고, 묻지 않아도 좋고, 거적에 말아 도랑에 버려도 좋고, 비단옷
   을 입혀 돌관에 넣어도 좋소. 이 모든 것은 오직 우연일 뿐이오.

   관이오는 포숙鮑叔과 황자黃子를 돌아보며 "삶과 죽음의 도에 대하여
우리 두 사람은 한 걸음 더 잘 알게 되었습니다."[6]고 말하였다.

흥에 따라 사는 인생

   「양주편」에서 기술한 내용은 위진魏晉시대 사상의 전체는 아니지만
그 사상의 정수를 대표한다. 앞에서 예증한 바와 같이 이 편에서 양주
가 관심을 보인 것은 대부분 좀 세련이 덜된 흥취였다. 확실히 그러한
흥취를 찾는 것은 신도가에 의하면 반드시 멸시되어야 할 것이 아니
다. 그렇지만 형상을 초월한 도의 경지가 무엇인지 알지 못하고 흥취

   子;楊朱』
6) 吾旣告子養生矣, 送死奈何? 晏平仲日 : 送死略矣, 將何以告焉? 管夷吾曰 : 吾固欲聞
   之. 平仲曰 : 旣死, 豈在我哉? 焚之亦可, 沈之亦可, 瘞之亦可, 露之亦可, 衣薪而棄諸
   溝壑亦可, 袞衣衣繡裳而納諸石槨亦可, 唯所遇焉. 管夷吾顧謂鮑叔黃子曰 : 生死之
   道, 吾二人進之矣. 『列子;楊朱』

만 찾는 것이 유일한 목적이라면 제일급의 '풍류'라고는 할 수 없다.

『세설신어』에서 죽림칠현竹林七賢 가운데 한 사람인 유령劉玲(221∼ 300년)에 관한 이야기가 있다. 유령이 방에서는 완전히 벌거벗고 사는 버릇으로 인하여 남의 빈축을 샀다. 이에 대하여 그는 응수했다. "나는 천지를 집으로 삼고, 방을 잠방이로 삼는다. 그대들은 왜 내 잠방이 속에 들어 왔는가."[7] 유령은 흥취를 찾기는 하였지만 세속을 초탈한 정감을 가지고 있었다. 이러한 정감이 풍류의 특질을 알기 위하여서는 필수적이다.

이러한 정감을 가지고 도가에서 수양을 하는 사람은 순전히 감각적인 욕구보다도 한층 미묘한 쾌감을 느낀 것이며, 더욱 세련된 욕구를 갖게 될 것임에 틀림없다. 『세설신어』는 당시 명사名士(Famous Scholars)의 기이한 행동들을 많이 기록하고 있다. 그들은 순전히 흥에 따라 행동했으나 결코 감각적인 쾌락을 즐길 생각은 조금도 하지 않는다. 『세설신어』에 다음과 같은 이야기가 있다.

　　왕자규王子逵(388년 사망: 중국의 명예술가인 왕휘지의 다섯째 아들)는 산음山陰(현 항주 부근)에 살았다. 어느 날 밤, 눈이 수북이 내렸다. 그는 잠이 깨어 창문을 열고 술잔에 술을 따르라고 명하였다. 온 주위를 둘러보니 너무도 깨끗하였다. 좌사의 '초은' 시를 읊다가 갑자기 그는 친구 대안도戴安道가 생각났다. 이때 대안도는 염剡에 살고 있었다. 그는 한밤중에 조그만 배를 타고 그 곳에 갔다. 밤새도록 걸려 바야흐로 그 집 문 앞에 도착하려는 순간 그는 들어가지 않고 되돌아왔다. 사람들이 그 까닭을 물어보자, "나는 본래 흥에 겨워 갔다가 흥이 다하여 돌아왔는데 반드시 대안도를 만날 필요가 있겠는가?" 하

---

7) 日我以天地爲棟宇, 屋室爲褌衣, 諸君何爲入我褌中?『世說新語;任誕』

고 그는 대답하였다.8)

『세설신어』에는 또 다른 이야기가 실려 있다.

　종회鐘會(225~264년: 정치가, 대장군, 문인)는 혜강嵇康(223~262년: 철학가, 문
인)과 만나 즐길 기회가 없음을 섭섭히 여기고 있었다. 그래서 그는
어느 날 몇 명의 선비를 데리고 그를 방문하였다. 종회가 그 곳에
도착했을 때 혜강은 커다란 나무 밑에서 쇠를 달구어 두드리고 있
었으며 향수는 혜강을 도와 옆에서 풀무를 부치고 있었다. 혜강은
망치질을 그치지 않고 옆에 아무도 없는 듯 옮길 때도 한마디도 하
지 않았다. 종회가 일어나 가니,
　혜강 : 무슨 소문을 듣고 왔으며 무엇을 보고 가는가?
　종회 : 들을 것을 듣고 왔다가 볼 것을 보고 가네.9)

　진晉대의 사람들은 당시 훌륭한 인물들의 용모에도 매우 탄복하였
다. 혜강은 그 용모와 자태가 특히 빼어나 위풍이 당당하였다. 어떤 사
람은 그를 옥산玉山에다 비유하고, 어떤 사람은 그를 소나무(若狐松, 松下
風)에다 비유하기도 하였다. 아마도 종회가 들은 소문과 몸소 본 것은
바로 이러한 위용이었다. 『세설신어』에 다음과 같은 이야기도 있다.

　왕자유王子猷가 서울을 떠나 아직 나루터에 있을 때였다. 환자야桓

---

8) 王子猷居山陰, 夜大雪, 眠覺, 開室, 命酌酒, 四望皎然詠左思「招隱」詩, 忽憶戴安道.
　時戴在剡, 卽便夜乘小船就之. 經宿方至. 造門, 不前而返. 人問其故? 王曰 : 吾本乘
　興而行, 興盡而返, 何必見戴?『世說新語 ; 任誕』
9) 鍾士季精有才理, 先不識嵇康 ; 鍾要于時賢俊之士, 俱往尋康 ; 康方大樹下鍛, 向子期
　爲佐鼓排. 康揚槌不輟, 傍若無人, 移時不發一言. 鍾起去, 康曰 : 何所聞而來? 何所
　見而去? 鍾曰 : 聞所聞而來, 見所見而去.『世說新語 ; 簡傲』

子野가 피리를 잘 분다는 소문은 예부터 듣고 있었으나 서로 만나지는 못하였다. 때마침, 나루터 언덕에 환자야가 지나가고 있었고 왕자유는 배 안에 있었다. 어떤 손님이 환자야를 알아보고 "저 분이 바로 환자야요." 하고 말하니 왕자유는 사람을 시켜 서로 인사를 하고 "듣건대 그대는 피리를 잘 분다 하니 나에게 한 번 연주해 주실 수 있는지?" 하고 요청하자, 환자야도 당시 존귀한 몸이 되어 평소에 왕자유의 이름을 듣고 있었던 터이라 곧장 차에서 내려 호상에 걸터앉아 세 곡조를 연주하고 끝나자 곧장 차를 타고 가버렸다. 주인이든 손님이든 한마디도 건네지 않았다.[10]

그들은 단순히 음악의 순수함만을 즐기려 한 것이 아니었다. 왕자유가 환자야에게 피리를 불어달라고 요청한 것은 환자야가 피리를 잘 분다는 사실을 알고 있었기 때문이요, 또 환자야가 왕자유를 위해 피리를 분 것도 자기의 연주를 잘 감상할 수 있음을 알았기 때문이다. 그러면 그만이었지 그 이상 무슨 말을 하겠는가?

『세설신어』에는 지둔支遁(314~366년: 유명한 불교 승려)에 관한 이야기도 실려 있다.

지둔은 학鶴을 좋아하였다. 염의 동쪽 산(遁山)에 갔을 때 어떤 사람이 그에게 쌍학을 선사하였다. 새끼일 때 날갯죽지가 자라나자 날려고 하니 지둔은 놓치는 것이 아까워 깃촉을 잘랐다. 학은 다시는 높이 나를 수 없었다. 학은 날개를 돌아보며 고개를 떨어뜨리는 것

---

10) 王子猷出都, 尙在渚下, 舊聞桓子野善吹笛, 而不相識. 遇桓於岸上過, 王在船中, 客有識之者云? 是桓子野. 王便令人與相聞云. '聞君善吹笛, 試爲我一奏.' 桓時已貴顯, 素聞王名, 卽便廻, 下車, 踞胡牀, 爲作三調 ; 弄畢, 便上車去. 客主不交一言. 『世說新語 ; 任誕』

이 마치 번민하고 풀이 죽은 듯 보였다. 그는 말했다. 학은 이미 하늘을 찌르는 자태를 가지고 있는데 어찌 사람의 눈과 귀 근처에서 노리개 노릇을 하려고 하겠는가? 잘 길러 깃촉이 자라게 한 다음 날려 보냈다.11)

또 다른 하나의 이야기는 다음과 같다.

완적阮籍(210~263년: 철학자인 동시에 시인)과 그의 조카 완씨의 일가들은 모두 술을 썩 잘 마셨다. 그들이 모두 한 자리에 모였을 때에는 보통의 술잔으로 술을 따라 마시는 것이 아니라 큰 동이에 술을 담고 둘러앉아 서로 큰 술잔으로 퍼 마셨다. 때로 돼지떼가 마시러 오면 그들과 같이 직접 올라가 함께 마시게 하였다.12)

지둔의 학에 대한 동정과 완씨의 돼지에 대한 무차별한 관대는 바로 그들이 자연의 다른 사물과 장벽 없이 한 몸이라는 느낌을 가지고 있었다는 사실을 예증하고 있다. 이런 느낌은 풍류의 특질을 체득하기 위하여 필수불가결한 것이며 예술가가 되기 위하여서도 빼놓을 수 없다. 왜냐하면 참된 예술가는 자기가 묘사하는 대상에 자기의 느낌을 투사하여 그 대상을 표현하여 낼 수 있기 때문이다. 지둔 자신은 자기가 남의 노리개가 되는 것을 원하지 않았다. 그래서 그는 이 느낌을 학에다 비추어 보았다. 비록 그가 예술가로서의 명성은 없었지만 이런 의미에서 그는 정말로 진정한 예술가였다.

---

11) 支公好鶴, 住剡東岇山, 有人遺其雙鶴；少時, 翅長欲飛, 支意惜之, 乃鎩其翮. 鶴軒翥不能復起, 乃反顧翅垂頭視之如有懊喪意. 林曰：旣有凌霄之姿, 何肯爲人作耳目近玩? 養令翮成, 置使飛去.『世說新語；言語』

12) 諸阮皆能飮酒, 仲容至宗人閒共集, 不復用常梧斟酌, 以大甕盛酒, 圍坐, 相向大酌. 時有群猪來飮, 直接上去, 便共飮之.『世說新語；任誕 12』

정감적 요소

10장에서 살펴본 바와 같이 장자에 의하면 성인은 감정을 가지고 있지 않다. 성인은 사물의 본성에 대하여 고차적인 이해를 하고 있기 때문에 사물의 변화나 변천에 의하여 영향을 받지 않는다. 성인은 '이성으로 감정을 교화(以理化情)'한다. 『세설신어』에는 어떤 자극에도 마음이 흔들리지 않는 사람들에 대하여 기술하고 있다. 가장 유명한 경우는 바로 사안謝安(320~385년)에 대한 이야기다.

그가 진晉나라의 재상으로 있을 때였다. 북방의 진秦나라가 자기 나라에 대한 대공세를 퍼부었다. 이때 진왕秦王 스스로 군을 이끌고 왔는데 그 군대들이 어찌나 많은지 진왕은 자기의 군대들이 양자강에 채찍 하나씩 던지면 강을 막을 수 있다고까지 장담하였다. 진晉나라의 백성들은 대경실색하였으나 사안은 까딱도 않고 조용히 자기의 조카 사현謝玄을 선봉장으로 임명하고 군대를 이끌고 가서 침략자를 막으라고 명령하였다. 중국 역사상 유명한 회강淮江의 전투에서 사현은 대승리를 거두었고, 진秦의 군대는 쫓겨갔다. 이 최후승리의 소식이 사안에게 전달되었다.

그 때 그는 친구와 바둑을 두고 있었다. 조금 있으려니 사현이 보낸 회강에서의 편지가 도착하였다. 그는 편지를 끝까지 읽고 나서 묵묵히 아무 말도 없이 천천히 바둑판을 향하였다. 친구가 회강의 전투가 치열했는가 물었다. 그는 "우리 아이들이 적을 대파했답니다."라고 답하였다. 그럼에도 그의 얼굴빛, 하는 행동은 평시나 조금도 다름이 없었다.[13]

---

13) 謝公與人圍棋, 俄而謝玄淮上信至, 看書竟, 默然無言, 徐向局. 客問淮上利害? 答曰: 小兒輩大破賊. 意色舉止, 不異於常. 『世說新語 ; 雅量』

『삼국지三國志』는 하안何晏(249년 사망)과 왕필 간의 오정五情을 주제로
한 토론을 기록했다.

하안은 장자의 이론에 따라 성인은 희로애락을 가지고 있지 않다
고 생각하였는데 그 논설은 매우 자세하여 종회 등이 이 설을 좇았
다. 그러나 왕필은 다른 견해를 가졌다. 왕필의 주장에 의하면 성인
이 보통사람보다 빼어난 점은 그 신명神明이요 보통사람과 같은 점
은 오정五情이다. 신명이 빼어났으므로 성인은 정기精氣를 체득하여
무와 통할 수 있다. 그러나 오정은 보통사람과 같기 때문에 기쁨과
슬픔 없이 사물에 감응할 수는 없다. 성인은 사물에 감응은 하지만 사
물에 얽매이지는 않는다. 이제 성인이 사물에 얽매이지 않는다 하여
곧 사물에 감응하지 않는다고 말하는 것은 잘못된 점이 많다.14)

왕필의 이론은 다음과 같이 요약될 수 있다. 성인은 "오정五情을 가
지고 있으나 거기에 얽매이지 않는다." 이 말이 정확히 무엇을 뜻하는
가를 왕필은 분명히 밝히지 않았다. 그러나 그 뜻은 뒤에 신유가에 와
서 발전되었다(그 문제는 24장에서 분석하겠다.).

현 단계에서는 단지 신도가 가운데 다수의 인물이 합리주의적 경향
을 띠었지만 정감이 매우 풍부한 인물도 적지 않았다는 사실을 지적할
필요가 있다. 처음 언급한 바와 같이 신도가들은 미묘한 감수성을 가
지고 있었다. 앞에서 말한 자기 표현의 이론과 더불어 이러한 감수성
을 가졌으므로 신도가들은 대부분 언제 어느 때든지 오정이 일어나면
그 감정을 자유롭게 발산하는 것은 그리 놀라운 일이 아니다.

---

14) 何晏以爲, 聖人無喜怒哀樂, 其論甚精, 鍾會等述之, 弼與不同. 以爲, 聖人茂於人
   者, 神明也. 同於人者, 五情也. 神明茂, 故能體沖和以通無. 五情同, 故不能無哀樂
   以應物. 然則聖人之情, 應物而無累於物者也, 今以其無累, 便謂不復應物, 失之多矣. 『三國
   志 魏書註; 卷28』

한 예로서 『세설신어』에 죽림칠현의 한 사람인 왕융王戎(234~305년)에 관한 이야기가 실려 있다.

왕융이 아들 만자萬子를 잃었을 때 그의 친구 산간山簡이 그를 위문하러 갔다. 왕융은 너무도 슬퍼 자기를 억제하지 못하였다. 이것을 보고 산간이 말한다. "어린애는 품에 품을 정도로 조그만데 무얼 이렇게까지 하는가?" 왕융은 대답한다. "성인은 정을 잊어버린다. 또한 (감정도 없는) 최하의 인물은 정에도 미치지 못한다. 그러나 바로 우리들한테 모든 정이 모여 있지 않은가!" 산간도 그 말에 감복되어 더욱 그를 위해 슬피 울었다.15)

왕융의 말은 바로 신도가의 인물들이 대부분 정감주의자Sentimentalists였다는 이유를 설명해 준다. 그러나 그들은 대부분 어떤 한 사람을 잃었다거나 얻었기 때문에 그랬다기보다는 인간이나 우주의 어떤 일반적인 국면에 처해 있을 때 그들은 감상적이었다고 하겠다. 『세설신어』에 위개衛玠(286~312년: 하동 안읍 사람)가 양자강을 건널 때, 마음에 근심이 가득 차 얼굴이 파리하여 주위에 있는 사람에게 한 말이 있다.

이 망망한 강을 바라보니 온갖 세상사가 모두 이리 얽히고 저리 얽힘을 깨닫지 않을 수 없구나. 인간인 이상 만일 이 감정을 가지지 않을 수 없다면 역시 누가 다시 이 감정을 견딜 수 있을까?16)

환자야는 매번 청가清歌(반주 없이 부르는 노래)를 들을 때마다 곧 "어찌 이럴 수가!"라고 감탄하였다. 사안은 이 말을 듣고 "자야야말로 참으로

---

15) 王戎喪兒萬子, 山簡往省之, 王悲不自勝. 簡曰: '孩抱中物, 何至於此?' 王曰: '聖人忘情, 最下不及情; 情之所鍾, 正在我輩!' 簡服其言, 更爲之慟. 『世說新語; 聖逝』

16) 衛洗馬初欲渡江, 形神慘悴; 語左右云: 見此茫茫, 不覺百端交集, 苟未免有情, 亦復誰能遣此! 『世說新語; 言語』

깊은 정감을 가진 사람이라고 할 만하다."고 말하였다.17)

이러한 미묘한 정감으로 인하여 이들 풍류의 사나이들은 흔히 대하는 사물을 보고도 일상인이 느끼지 못하는 정감을 발휘한다. 그들은 인생과 우주 전체에 대하여도 정감을 가지고 있다.

『세설신어』에 다음과 같은 기록이 있다.

왕장사王長史가 모산茅山 (현 산동성에 있음)에 올라가 대성통곡을 하며 "나는 마침내 정감 때문에 죽어야 하는가?" 하고 말했다.18)

성性적 요인

서구에서 낭만주의는 가끔 섹스적인 요소를 포함하기도 한다. 중국의 '풍류'라는 말 역시 그렇다. 특히 '흐른다(流)'는 용례에서 다분히 그러한 뜻을 발견할 수 있다. 그러나 진晉대 신도가들의 섹스에 대한 태도는 감각적이라기보다는 순수하고 미적인 것 같았다. 『세설신어』에서 그 예를 찾을 수 있다.

완적의 이웃집에 아름다운 부인이 살고 있었다. 그 집에서는 목로주점을 열고 술을 팔았다. 완적과 왕안풍王安豊은 늘 그 부인과 더불어 술을 마시곤 하였다. 완적이 취하면 곧 부인 옆에서 잠이 들곤 하였다. 그의 남편은 처음에 유달리 이 사건을 의심하였으나 자세히 살펴보고 난 뒤엔 마침내 아무런 다른 뜻이 없었음을 알았다.19)

---

17) 桓子野每聞清歌, 輒喚奈何! 謝公聞之曰 : 子野可謂一往有深情! 『世說新語 ; 任誕』
18) 王長史登茅山, 大慟哭曰 : 琅邪, 王伯興, 終當爲情死. 『世說新語 ; 任誕』
19) 阮公鄰家婦有美色, 當壚酤酒. 阮與王安豊常從婦飲酒. 阮醉, 便眠其婦側. 夫始殊疑之, 伺察 終無他意. 『世說新語 ; 任誕』

산도山濤와 혜강과 완적이 만나면 금란金蘭의 두터운 정을 나누었다. 산도의 처 한씨는 자기 남편과 두 사람의 교우관계가 보통이 아님을 깨닫고 남편에게 물었다. 그랬더니 그는 "요새 벗삼을 만한 자는 오직 두 사람밖에 없는 걸."이라고 대답했다. 그의 처는 또 "옛날 부기負羈의 처도 몸소 고언狐偃과 조쇠趙衰가 재상감이 될 수 있는지 살펴보았는데 이제 저도 두 분의 행동거지를 엿보고 싶은데 괜찮은가요?"라고 물었다. 이튿날 두 사람이 왔다. 아내는 남편에게 그들이 밤새도록 머물도록 권하고서 술과 고기를 차려 놓았다. 그리고 한밤중에 담구멍을 뚫고 그들을 엿보느라 날이 새도록 자기 방으로 돌아갈 줄 몰랐다. 아침에 남편이 부인 방에 들어와 "두 사람이 어떻습디까?"라고 묻자, 그 아내는 "당신은 재질이 두 분만 못하니 식견으로서 벗을 삼아야 합니다."라고 답하였다. 그러니까 남편도 "그들도 역시 나의 식견이 뛰어난 것으로 여기고 있더군." 하고 말하였다.[20]

　　완적이나 한씨는 모두 감각적인 어떠한 면에도 기울지 않고 각각 여성의 미와 남성의 미를 감상하였던 것 같다. 그들은 섹스적인 요소는 완전히 잊어버리고 미를 감상하였다고 하는 것이 타당할지도 모른다.
　　그러한 것이 진대 신도가들의 풍류정신의 한 특징이다. 신도가에 의하면 풍류는 자발적인 자연상태에서 유래되는데, '자연'은 유가의 전통이 된 '명교'와 상반되는 입장에 있다. 그러나 유가가 점차 기울어지는 이 마당에서도 유명한 학자요 문인인 악광樂廣(340년 사망)은 "명교 중에도 역시 즐거움(樂)의 여지가 있다(名敎中自有樂也)."고 말하였다. 24장에서 알게 되겠지만, 신유가는 바로 '명교' 속에서 그러한 즐거움(樂)을 찾으려고 시도했다.

---

20) 山公與嵇, 阮一面, 契若金蘭. 山妻韓氏, 覺公與二人異於常交, 問公. 公曰：我當年可以爲友者, 唯此二生耳! 妻曰：負羈之妻 亦親觀狐趙；意欲窺之, 可乎? 他日, 二人來, 妻觀公止之宿, 具酒肉, 夜穿墉以視之, 達旦忘反. 公入, 曰：二人何如? 妻曰：君才致殊不如, 正當以識度相友耳. 公曰：伊輩亦常以我度爲勝. 『世說新語；賢媛』

제 21 장

중국 불학의 건립

불교가 중국에 전파된 것은 중국 역사상 획기적인 사건 가운데 하나였다. 전파된 불교는 중국 문화의 일익을 담당하여 종교, 철학, 문학, 예술 등 각 분야에 걸쳐 독특한 영향력을 행사했다.

불교의 전파와 발전

불교가 중국에 전파된 정확한 연대는 역사가들 사이에서 해결되지 않은 상태로 남아 있다. 그러나 중국에서 불교는 아마도 기원 1세기 반경에 발흥된 것으로 추측된다. 전통적으로는 한명제漢明帝(58~75년) 때에 들어왔다고 전해지지만 명제 이전에 이미 중국에 불교가 전파되어 있었다는 증거가 있다. 불교는 끈질기게 전파되어 점진적인 발전의 과정을 거쳤다. 100~200년 간에 불교는 음양가의 비술이나 도가와 크게 차이가 없는 신비한 종교로서 간주되었다는 사실을 중국의 문헌을 통하여 알 수 있다. 2세기경에 어떤 학파는 불타가 노자의 여러 제자 중 하나에 지나지 않는다(老子 化胡經)는 이론을 전개하였는데 이는 아마도 『사기』의 「노자 한비열전」에 쓰여진 진술로부터 발상의 단서를 얻었을 것이다. 「노자 한비열전」에 노자는 말년에 자취를 감추어 아무도 그가 간 곳을 알지 못했다(莫知其所終)고 쓰여 있다. 이 진술을 곰곰이 생각한 열성 도가들은 노자가 서방 인도로 가서 불타와 기타 인도인을 가르쳤는데 그 제자가 29명이나 되었다는 이야기를 꾸며내었다. 『대장경大藏經(Buddhise Sutras)』의 가르침도 단순히 노자 『도덕경』의 가르침을 외국적으로 변형한 데에 불과하다는 뜻을 함축하고 있다.

3세기부터 4세기까지 비교적 형이상학적인 성격을 띤 많은 불경들이 번역되어 불교는 중국인에게 좀 더 상세히 인식되었다. 이때에 불교는 도교보다도 도가사상, 특히 장자의 철학에 매우 유사한 것으로 간주되었다. 그리하여 불교 저술은 왕왕 도가사상에 의하여 해석되기도 하였다.

우리는 이 방법을 격의格義,[1] 즉 유비類比에 의한 해석이라고 한다. 그러한 방법은 자연히 부정확성과 왜곡을 수반하게 되므로 5세기에 불경 번역이 홍수처럼 쏟아져 나올 때 이 격의는 채택되지 않았다. 그러나 5세기의 위대한 불교 저술가들도(심지어 인도의 승 구마라즙 같은 이도) 불교 사상을 표현하기 위하여 '유'·'무'·'유의'·'무위' 등과 같은 도가의 용어를 여전히 사용하였다. 격의의 방법과 그 실용에는 차이가 있어서 격의의 방법에서는 낱말들의 피상적인 유사성만을 찾는 데 반하여, 그 실용은 그 용어에 의하여 표현된 사상의 내적인 연관성을 찾는 데 있다. 그러므로 이들이 남긴 저술의 의도로 판단하여 보아 이 실용은 불교 사상의 어떠한 오해나 왜곡도 지적하지 못하였다. 오히려 인도 불교와 도가사상의 합치된 점을 지적함으로써 중국 불학의 초석을 마련해 주었다고 할 수 있다.

여기에서 '중국 불교'란 말과 '중국 안의 불교'라는 용어를 구분하여 사용할 필요가 있다. 불교의 어떤 학파는 인도의 종교적·철학적 전통에 국한되어 중국의 철학·종교와 아무런 접촉을 갖지 못하였던 학파도 있었다. 그 예로는 유식종有識宗 또는 법상종法相宗을 들 수 있다. 인도에서 불법을 연구한 현장玄奘(564~664년)에 의하여 소개되었던 이와

---

1) 『經子騈言』에 의하면 격의란 불가에서는 자기들의 경전을 內典이라 하고 그 밖의 경전들, 즉 유가·도가의 경전을 外典이라 하는데 내전으로 내전을 해석하는 것을 승의(勝義)라 하고 외전을 해석하는 것을 격의(格義)라 한다. (譯註)

같은 종파를 '중국 안의 불교'라고 불러도 무방하다. 그 영향은 소수의 인물과 국한된 시기를 제외하고는 그 모든 지식인들의 사고에까지 영향을 미치지는 못하였고 또 미칠 수도 없었다. 그러므로 이른바 중국 정신의 발달에 아무런 역할도 하지 못하였다.

반면에 '중국 불교'는 중국 사상과 접촉을 가진 불교 사상이므로 중국의 철학적 전통과 함께 발전되었다. 앞으로 불가의 중도종中道宗은 도가사상과의 사이에 약간의 유사성을 지니고 있는 것을 알게 되었고, 불가와 도가와의 상호접촉으로 인하여 선종禪宗이 탄생되었다는 사실은 명약관화하다. 선종은 불교이기는 하나 또한 중국적인 것이며 불교의 한 종파이지만 중국의 철학·문학·예술에 끼친 영향은 실로 막대하다고 하겠다.

불학의 일반적 개념

중국에 전파된 불교 사상은 대부분 한문으로 번역되었는데 그 엄청난 노고는 이루 말할 수 없이 컸다. 대승경전大乘經典과 소승경전小乘經典은 다 번역되었으나 대승경전만이 유독 중국 불교상에 존속할 수 있는 지위를 얻었다. 대체적으로 대승불교가 중국인에게 가장 큰 영향을 끼친 것은 불성佛性(Universal Mind) 때문이었으며 이른바 형이상학의 부정적 방법을 사용하였기 때문이다. 이 문제를 논의하기 전에 우선 불교의 일반적 개념을 살펴보아야겠다.

불교에는 수많은 종파가 있고 각 종파마다 모두 독특한 특색을 지니고 있지만 그 모든 종파는 공통적으로 '업業(Karma)'의 이론을 믿고 있다. 업은 보통 행위 또는 행동으로 표현되나 실제로 쓰이는 의미는 그것보다 훨씬 더 광범위하다. 즉, 그것은 유정有情(Sentient Being)2)한 행동

(身)에만 꼭 국한되지 않고 말(口)하고 생각(意)하는 것에까지 적용하는 것을 말한다. 불교에 의하면 우주의 모든 현상, 좀 더 정확하게 말하면 각 유정들이 우주에 나타나는 모든 현상은 자기 마음의 표현(Manifestations)으로서 유정이 행위하고 말하고 생각할 때 그의 마음은 그 무엇을 하고 있으며 그 무엇이 원인이 되어 아무리 먼 미래라고 할지라도 반드시 그 어떤 결과를 초래한다. 이 결과가 업의 응보應報이다. 업은 원인이며 그 응보가 결과다. 각 개체는 인과因果의 연속된 고리로 생겨났다. 유정의 현생(Present Life)은 이러한 인과응보의 전 과정 중의 한 국면일 뿐이다.

죽음은 자기 존재의 끝이 아니라 그 인과응보 과정의 다른 국면일 뿐이다. 현재에서 나의 존재(個我)가 어떻게 존재하느냐 하는 것은 과거에 그가 행한 결과로부터 유래하며, 현재 그가 하는 행동은 후세에 자기가 어떻게 있을까를 또한 결정하게 된다. 그러므로 하나의 나의 존재가 지금 행위하는 것은 내생來生에 그 결과를 낳게 될 것이며 그가 미래에 무엇을 할 것인가 하는 것은 또 다시 그 뒤에 오는 다른 미래에 그 결과를 낳게 될 것이다. 이러한 과정의 계속적 진행은 무한하다. 이 인과응보의 고리가 소위 윤회輪廻(Samsara)라고 하는 것으로 윤회가 각 유정의 고통이 되는 주요근원이다.

불교에 의하면 이러한 모든 고뇌는 나의 존재가 사물의 본성을 알지 못함으로써 생긴다고 한다. 우주의 모든 사물은 마음(心)이 잠깐 나타난 것으로서 혼란스럽고 또 일시적이다. 그런데도 나의 존재는 끊임없이 사물에 집착하고 열망한다. 이 근본적인 무지를 무명無明(Avidya)이라고 하니 무명에서 생에 대한 집착과 열망이 생기며 이 때문에 개체는 영원한 윤회에 얽매이게 되어 결코 그것을 벗어날 수가 없게 된다.

---

2) 有情(Sattva). 梵語曰薩埵. 舊譯曰衆生. 新譯曰有情. 有情識者, 有愛情者, 總名動物. 『佛學大辭典』에서 인용. (譯註)

윤회의 고리를 벗어날 수 있는 유일한 희망은 무명을 깨닫는(覺) 것에까지 전환시켜 올려놓는 데 있다. '깨달음(覺)'이란 산스크리트어로 '菩提, Bodhi'라고 한다. 불교 종파의 모든 교리와 실천은 보리에 도달하려는 노력이다. 이 노력으로부터 나의 존재가 수많은 환생을 거치는 동안에 사물에 집착하거나 열망하지 않고도 업業(Karma)을 쌓을 수 있다. 그 결과 이 업을 소유한 나는 생사의 수레바퀴인 윤회로부터 벗어나게 되는데 바로 이 경지를 '열반涅槃(Nirvana)'이라 한다.

열반의 상태는 정확하게 말하여 무엇을 의미하는가? 나의 존재, 이른바 불성Budha Nature과의 원초적인 일치를 실현하거나 스스로 자각하는 것을 말한다.

나의 존재가 곧 불佛이다. 그러나 합일 이전의 나의 존재는 그 상태를 실현하지 못하였거나 또 그것에 대한 자각조차 없다. 대승불교의 한 종파인 '성종性宗'은 바로 이 이론을 상세하게 설명하였다. 왜냐하면 이 종파는 '성性'과 '심心'을 동일시하였기 때문이다. 이 이론을 설명함으로써 '성종'은 불성의 사상을 중국에 도입하였다.

그러나 대승불교의 공종空宗이라든가 중도종中道宗(School of the Middle Path) 같은 다른 종파는 이런 식으로 열반을 설명하지 않았다. 그들의 접근방법은 소위 부정적 방법이다.

이제설二諦說

중도종은 세제世諦(Truth in Common Sense)와 진제眞諦(Truth in Higher Sense)라는 이제설을 제창하였을 뿐만 아니라, 거기에는 여러 가지 절차가 있다고 주장하여 낮은 수준에서의 진제는 단지 높은 수준의 세제에 불과하다고 하였다. 이 종파의 대성자인 길장吉藏(549~623년)에 의하면 이제는 세 가지가 있다고 한다.

(1) 범인凡人은 만물을 실재하는 것(有)으로만 알고 무는 알지 못하였으므로 불타는 범인에게 모든 사물이 무無이고 공空이라고 가르쳤다. 이 수준에서 모든 사물이 유라고 말한 것은 세제요, 모든 것이 무라고 말한 것은 진제이다.

(2) 그러나 모든 사물이 유라고 말하는 것도 일면적이요, 무라고 말하는 것 역시 일면적이다. 양자는 다 일면적이다. 왜냐하면 그러한 주장은 사람들에게 무無(Non Existence)란 단지 유有(Existence)가 없어지거나 빠진 것의 결과라는 잘못된 인상을 주기 때문이다. 사실상 '유'는 동시에 '무'다. 예컨대 우리 눈앞에 있는 책상이 정말로 존재하는 것이 아니라는 것을 증명하기 위하여 부서뜨릴 필요까지는 없다. 사실상 책상은 언제나 조금씩 마멸되어 가고 있다. 우리가 책상을 부서뜨리기 시작할 때 벌써 우리가 부수고자 했던 그 책상은 보이지 않는다. 무슨 말이냐 하면 현재 이 순간에 있는 실제의 책상은 결코 바로 일순간의 책상이 아니기 때문이다. 이 책상은 바로 앞 순간의 책상처럼 보일 뿐이다. 그러므로 이제의 제2의 차원에서는 모든 사물이 유라고 말하는 것과 모든 사물이 무라고 하는 것 둘 다 세제이다. 그러면 어떻게 말하여야 할까? '한쪽이 아닌 중도中道에서' 사물들이 유도 무도 아님을 알아야 한다고 주장하는 것이 진제이다.

(3) 그러나 중도가 한쪽이 아니라고(즉, 유도 무도 아닌 것) 말한다는 것은 역시 구별을 하는 것이다. 모든 구별은 그 자체가 한쪽인 것이다. 그러므로 사물은 유도 무도 아니고 바로 여기에 한쪽이 아닌 중도가 있다고 말하는 것도 제3차원에서 보면 단순히 세제에 불과하다. 진제는 다음과 같이 말한다. 즉, 사물은 '유'도 '무'도 아니다. 또

'비유非有'도 '비무非無'도 아니다. 그리고 중도는 한쪽인 것도 아니고, 한쪽이지 않은 것도 아니다.

위 문장에서 필자는 유나 무라는 용어를 사용하였다. 그 이유는 그 문자를 사용하는 데 있어서 당시 중국 사상가들이 불교에서 논의된 중심문제와 도가에서 논의된 중심문제 사이에 유사성을 느끼고 있었기 때문이다. 좀 더 깊이 분석하여 보면 그 유사성이란 어떤 점에서는 피상적이라는 사실이 드러나지만 도가에서 형상을 초월한 것이라고 파악하고, 불가에서는 '무'를 '아니다, 아니다(非非)'라고 말하였을 때 바로 거기에 참된 유사성이 있었다.

이런 특수한 종파의 불가와 도가의 유사성은 양자의 진리파악의 접근방법과 이 방법에 의하여 도달된 최후 경지에 있다. 그 방법은 논증의 층차적인 면을 말할 것이므로 어떤 한 수준에서 언급된 것은 곧 그보다 높은 수준에서 부정된다. 10장에서 우리가 본 바와 같이 이 방법은 『장자』의 「제물론」에서 사용된 방법인데, 그것은 바로 위에서 논하였다. 일체를 부정하는 그 부정까지 포함하여 일체가 부정될 때 『장자』의 철학에서 본 것과 꼭 같은 경지에 도달하게 되는데 그 경지에서는 자기가 모든 것을 잊었다는 사실까지 포함하여 모든 것을 잊는다. 이 경지를 장자는 '좌망坐忘'이라고 표현했는데 불가의 용어로 말하면 이것은 '열반'에 해당된다.

우리는 이 불교종파에 대하여 정확하게 열반의 경지가 어떤 것인지를 물어볼 수 없다. 왜냐하면 불교에 의하면 우리는 제3층차의 진제에 도달하였을 때 우리는 어떤 것도 단정을 내릴 수 없기 때문이다.

승조僧肇의 철학

5세기 중국에서 앞의 종파와 동일한 종파의 위대한 스승 가운데 한 사람이 있었으니 그가 바로 구마라즙鳩魔羅汁(344~413년)이다. 그는 안식국安息國인이었으며 현재 중국의 신강성新疆省에서 태어났다. 그는 401년에 장안(현재의 섬서성)에 들어와 413년 그가 세상을 떠날 때까지 그곳에서 살았다. 이 13년 동안 그는 수많은 불교경전을 한문으로 번역하였으며 수많은 제자를 길러냈는데 그 제자들 가운데 어떤 사람은 아주 유명하게 되어 그 영향력도 컸다. 이 장에서는 그 중 승조와 도생道生만을 언급하겠다.

승조(384~414년)는 장안 부근의 사람이었다. 그는 처음에 노자와 장자를 공부하였고 뒤에는 구마라즙의 제자가 되었다. 그가 쓴 몇 편의 논문은 『조론肇論』이라는 책에 수록되어 있는데 그 가운데에 「부진공론不眞空論」이라는 글의 내용은 다음과 같다.

만물에는 과연 만물을 유有 아니게 만드는 까닭을 가지고 있으며 또한 만물을 무 아니게 만드는 까닭을 가지고 있는가? 전자 때문에 만물은 유이면서 유가 아니요, 후자 때문에 만물은 무이면서 무가 아니다. …… 그 까닭이란 유가 참으로 유라고 한다면 유는 스스로 언제나 유이어야 하는 것이지 어찌 그 유가 인연 때문에 유가 되겠는가. ―불교에 의하면 어떤 것의 존재는 수많은 조건(緣起)에 의존하기 때문이다. ―그러면 그것이 참으로 무라고 한다면 그 무는 언제나 무이어야 하지 어찌 그 무가 인연―의 흩어짐―때문에 무가 되겠는가. 만약 유가 스스로 유일 수 없고 인연을 기다린 뒤에야 유이라면 유는 참된 유가 아님을 알게 된다.…… 그런데 만일 만물이 무라고 한다면 아무것도 생겨나지 말아야 할 것이다. 만일 어떤 것이 생겨난다면 그것은 결코 무가 아니다. 만일 우리가 그 어떤 것을 유라고 말하고 싶지만 이 유는 참으로 생겨난 것이 아니다. 만일 우리가 그 어떤 것을 무라고 말하고 싶지만 그 어떤 것은 형상을 가지고 있다. 형상을 가지고 있는 것은 무와 같지 않으며 또 참이 아닌 것은 실유實有가 아니다. 그렇다면 부진공不眞空의 뜻은 여기에서 드러난다.3)

또 「물부천론物不遷論」이라는 제목의 논문에서 승조는 다음과 같이 말했다.

대체로 세상 사람들이 만물을 움직인다고 하는 생각에는 오늘날까지 옛날의 사물이 이르지 않기 때문에 만물의 참모습은 '움직임(動)'이요, '조용함'이 아니라고 주장한다. 그런데 내가 '조용함'이라고 일컫는 이유도 역시 옛 사물이 오늘날까지 이르지 않기 때문에 '조용함'이요 '움직임'이 아니다. 말하자면 '움직임'이요 '조용함'이 아니라고 하는 것은 옛것이 변화하여 그대로 내려오지 않기 때문이며, '조용함'이요, '움직임'이 아니라는 것은 옛것이 과거에는 사라지지 않았기 때문이다. ─즉 오늘날에는 없지만 과거에는 있었다.─ ……
만일 우리가 옛것(向物)들을 옛날에서 구한다면 그 사물들은 옛날에는 없지 않았으나 옛것을 오늘에서 찾는다면 그것들은 오늘에는 있지 않고, …… 오늘날에는 아직 없어지지 않았다. 그러므로 사물이

---

3) 然則萬物果有其所以不有, 有其所以不無. 有其所以不有, 故雖有而非有, 有其所以不無, 故雖無而非無, 雖無而非無, …… 所以然者夫有若眞有, 有自常有, 豈待緣而後有哉? 譬彼眞無, 無自常無, 豈待緣而後無也? …… 若有不能自有, 待緣而後有者, 故知有非眞有 …… 萬物若無, 則不應起, 起則非無. …… 欲言其有, 有非眞生, 欲言其無, 事象旣形, 象形不卽無, 非眞非實有 然則, 不眞空義, 顯於玆矣.『肇論；不眞空論』

사라지지 않았음을 안다. 그런데 뒤집어서 오늘날에서 구한다면 오늘날 역시 과거로 가지 않는다. 이것을 일러 옛것은 옛날에 스스로 있었지 오늘날에 따라서 옛날에 이르지 않았다고 하는 것이다. 이와 같이 오늘날 것들은 오늘날에 있고, 옛날을 따라서 오늘에 이른 것은 아니다……. 결과는 원인을 모두 다 갖추지는 않는다. 그러나 어떤 원인 때문에 결과가 있다. 원인 때문에 결과가 있으므로 원인은 옛날에 없어지지 않았다. 결과가 원인을 갖추지 않으니 원인은 오늘에 오지 않는다. 원인은 전하여 오는 것도 아니고 사라지지도 않는다. 그러므로 '부천不遷의 뜻'은 명확하게 된다.[4]

여기에서 사물들이 매 순간마다 끊임없이 변화하고 있다는 것으로 어떤 주어진 순간에 존재하는 것은 사실로 그 순간의 새로운 사물이며 과거에 존재하였던 사물과 똑같지는 않다.
「물부천론」에서 승조는 다음과 같이 기록하고 있다.

범지梵志가 어렸을 때 출가하였다가 백발이 되어서 돌아왔다. 이웃 사람들은 그를 보고 "옛날의 모습이 아직 남아 있군요." 하고 말하니 범지는 대답하기를 "나는 옛날 나와 비슷하게 보일지라도 옛날의 나는 아니다."[5]라고 말하였다. 범지는 순간순간마다 존재하였다. 이 순간의 범지는 옛날부터 전하여 내려온 범지가 아니다. 옛날의

---

4) 夫人之所謂動者, 以昔物不至今, 故曰動而非靜. 我之所謂靜者, 亦以昔物不至今, 故曰靜而非動. 動而非靜以其不來;靜而非動, 以其不去 …… 求向物於向. 於向未嘗無;責向物於今, 於今未嘗有, …… 於今未嘗無, 故知物不去. 履而求今, 今亦不往, 是謂昔物自在昔, 不從今以至昔;今物自在今, 不從昔以至今 …… 何者? 果不俱因, 因因而果. 因因而果, 因不昔滅, 果不俱因, 因不來今, 不滅不來, 則不遷之致明矣. 『肇論;物不遷論』
5) 梵志出家, 白首而歸, 隣人見之曰 昔人尙存乎? 梵志曰 吾猶昔人. 非昔人也. [同上]

범지는 현재에서 과거로 거슬러 올라간 범지도 아니다. 만물이 매 순간마다 변화한다는 사실로부터 보면 움직임만이 있을 뿐 고요함 이란 있을 수 없다. 그런데 만물이 매 순간마다 그 순간에 머물러 있다는 사실로부터 보면 불변만이 있을 뿐 변화는 있을 수 없다.

그런데 만물이 매 순간마다 그 순간에 아직도 있다는 사실로부터 판단하면 고요함만이 있고 움직임은 없다.

이것이 제2차원의 수준에서 이제二諦를 구체화한 승조의 이론이다. 이 차원에서 사물은 '유'이며 고요하다고 말하든지, 아니면 사물이 '무'이며 움직인다고 하든지 간에 모두 세제世諦이다. 사물이 유도 무도 아니요, 고요함도 움직임도 아니라고 말하는 것이 진제眞諦이다.

승조는 제3차원의 수준에서 이제를 구체화하여 「반야무지론般若無知論(Prajna Wisdom of Budha)」이라는 논문에서 위와 같이 말하였다. 승조는 반야Prajna를 성인의 지혜라고 기술하였는데 이 반야지般若知는 지식이 아니다. 왜냐하면 한 사물에 대한 지식은 그 사물의 성질을 뽑아서 그 성질을 지식의 대상으로 삼고 있다. 그러나 반야지는 소위 '무'를 직시하는 데 있다. 이 무는 형상을 초월하여 아무런 성질도 없다. 그러므로 '무'는 결코 지식이나 대상일 수 없다. 무를 알려면 무와 곧 일치해야 된다. 이처럼 무와 하나가 되는 상태를 열반이라고 부른다.

열반과 반야는 원래 같은 하나이며 또한 동일한 상태의 양 국면이다. 열반이 알려질 수 없는 무엇인 것처럼, 반야는 상식적인 앎이 아니라 부지의 지(不知之知)인 것이다. 때문에 제3차원의 경계에서는 어떤 것도 말할 수 없는 상태로 침묵을 지키고 있는 수밖에 없다.

도생道生의 철학

승조는 31세로 세상을 떠났다. 그가 요절하지 않았더라면 그의 영향은 더 컸을 것이다. 구마라즙 문하에서 승조와 함께 공부하던 도생(434년 사망)은 거록鉅鹿(오늘날의 하북성 서북부) 사람으로 팽성彭城(오늘날 강소성 북부)에서 태어나 승조와 함께 구마라즙 문하에서 배웠다. 도생은 박식하고 총명하고 말 잘하는 승려라고 소문이 나 그가 설법을 할 때 그 옆에 있는 돌까지 고개를 끄덕였다고 전하여진다. 만년에 그는 현재의 강소성에 있는 여산廬山에서 불법을 강론하였는데 여산은 당시 불학의 중심지로 도안道安(385년 사망)과 혜원慧遠(416년 사망) 같은 위대한 승려들이 강론을 하던 곳이었다. 도생은 너무나 새롭고도 혁신적인 이론을 많이 제창하여 한때는 보수적인 승려들에 의하여 남경南京으로부터 추방당한 적도 있었다.

도생의 설법 가운데 '선불수보善不受報'라는 설이 있다. 이것을 주제로 한 그의 논문은 없어졌으나 승우僧祐가 편찬한 『홍명집弘明集』에는 「명보응론明報應論」이라는 혜원의 논문이 실려 있다. 이 논문은 확정할 수 없지만 도생이 항상 사용하던 개념의 어느 한 면을 여기서 찾아볼 수 있다. 그 일반적 사상은 도가의 '무위無爲'와 '무심無心' 사상을 형이상학에다 적용시켰다. 우리가 본 바와 같이 무위는 글자 그대로는 '하지 않음'을 뜻하지만 사실 '행위를 하지 않는 것'을 뜻하지는 않고 '억지로 하지 않는 행위'를 뜻한다. 우리가 자발적으로 행위할 때, 즉 아무런 심사숙고나 선택이나 노력 없이 행위할 때 우리는 몸소 '무위'를 실천하고 있다. '무심無心'도 글자 그대로는 마음이 없는 것을 뜻하며 위에서 기술한 방식으로 '무위'를 실행할 때 우리는 또한 '무심'도 실천하고 있다.

만일 우리가 '무위'와 '무심'의 도에 따른다면 설령 우리가 다방면의 활동에 종사하지만 사물에 집착하거나 열망하는 것이 아니라고 혜원은 주장하였다. 그리고 자기의 업Karma의 결과(應報)는 자기의 집착과 열망으로 인하여 생겼기 때문에 이러한 '무위'와 '무심'의 상태 아래서는 자신의 업은 어떠한 응보도 뒤따르지 않는다. 이 혜원의 이론이 도생 본래의 사상과 같거나 같지 않거나 관계없이 사회적·윤리적 의의만 지니고 있었던 도가의 이론을 불교의 형이상학에 확장시켰다는 점은 퍽 재미있다. 원래는 혜원의 이론 자체로도 확실히 중국 불교상 중요한 발전이며 뒤에 선종禪宗이 나오게 된 바탕이 된다.

도생의 다른 이론은 '돈오성불頓悟成佛'이다. 돈오성불에 대한 논문은 없어졌다. 그러나 사령운謝靈運(433년 사망)의 『변종론辯宗論』 속에 나타나 있다. 그 이론은 '점오성불'에 대한 반동으로서 전개되었다. 점오성불론漸悟成佛論에 의하면 학습과 실천을 점차적으로 쌓아야만 비로소 성불成佛할 수 있다. 도생과 사령운도 그러한 학습과 실천의 중요성을 부인하지는 않았으나 다음과 같이 주장하였다.

학습과 실천의 축적이 아무리 많다 할지라도 그것은 단지 일종의 준비작업일 뿐이다. 준비작업만 가지고는 우리가 성불하기에는 충분하지 못하다. 성불은 떡 벌어진 두 바위 사이를 뛰어넘는 것과 같이 순간적으로 일어난다. 우리가 그 틈을 잘 뛰어넘는 경우에는 순식간에 온전히 저 편에 도달하여 성불하지만, 그렇지 못할 경우 우리는 과거 그대로의 상태로 남아 있다. 양자 간에는 아무런 중간단계가 없다.

이 돈오성불론을 전개한 이유는 다음과 같다. 즉, 성불한다는 것은 '무'와 일치 또는 불성佛性(Universal Mind)과 일치한다는 뜻이다. '무'란 형상을 초월한 것으로 그 자체는 결코 어떤 '물건(物)'이 아니며 그렇기 때문에 부분으로 나뉘어질 수 있는 것이 아니다. 그러므로 우리는 온전한 하나(Oneness)를 오늘 그 일부를 얻고 나머지 부분을 내일 얻고 그렇게 할 수는 없다. 온전한 하나란 그 자체에 전체를 포함한 하나를 뜻한다. 이것보다 조금이라도 부족하면 온전한 것이 아니다.

이 점에 대하여 사영운과 기타 여러 도인과의 변론이 『변종론』에 상세히 적혀 있다. 승유僧維와 사령운의 다음과 같은 문답을 보자.

> 물음(승유): 대체로 학자로 하여금 '유有'의 극한을 끝까지 캐어 들어가면 자연히 '무'에 이른다. 만일 유가 부절符節처럼 들어맞아 하나가 되었다면 무엇 때문에 '무'를 말하여야 할까. 그런데 만일 '무'를 바탕으로 삼아서 '유'를 모조리 없애 버리려 한다면 어찌 이 과정을 점오漸悟라고 하지 않을 수 있겠는가.[6]
>
> 답변(사영운): 한 학생이 '유'의 경계境界에 머물러 있는 한 그가 한 것은 무엇이나 다 '배움(學)'이지 '깨달음(覺)'은 아니다. 깨달음을 얻기 위하여 처음엔 수련에 전념하여야 하지만 '깨달음' 자체는 유를 초월하여 있다.
>
> 물음(승유): 만일 어떤 학생이 학습에 전념하여 '무'와 일치되기를 바란다면 이런 식으로 그는 어떤 진보를 하겠는가. 만일 진보하지 않는다면 왜 그는 배우려 하겠는가? 만일 점차 진보하였다면 이것은 바로 점오가 아닌가?[7]
>
> 답변(사영운): 학습에 전념하면 마음의 더러운 요소(累)를 제거하는 적극적인 경지에는 도달할 수 있으나, 그러한 제거가 더러운 요소를 씻어내어 버린 것처럼 보일지는 모르되 사실은 더러운 애착이 전혀 없어진 것은 아니다. '모든 걸림이 함께 사라진 것(萬滯同盡)'만이 돈오이다.

---

6) 有若符契, 何須言無也. 若資無以盡有者, 焉得不謂之漸悟耶. 『廣弘明集；卷20』
7) 在有之時, 學而非悟. 悟在有表, 託學以至. 但階級教愚之談, 一悟得意之論矣. 維再問：論云, 悟在有表. 得不以漸, 使夫涉學希宗, 當日進其期, 不若使明不日進與不言同. 若日進其明者, 得非漸悟乎? 『廣弘明集；卷20』

물음(승유): 만약 어떤 학생이 배움을 전념하면 일시적으로 '무'와 일치될 수 있을까? 될 수 있다면 이 일시적 일치는 전혀 일치되지 않는 것보다 낫지 않은가? 그러면 이것이 바로 점오가 아닌가?

답변(사영운): 그러한 일시적 일치는 잠깐 일치한 것(假同)일 뿐이다. 참된 일치는 그 본성상 영원하고 일시적인 일치가 참된 일치처럼 보이지만, 마음이 깨끗하지 못한 요소를 억압하여 그것이 소멸한 것처럼 보이는 것과 꼭 같이 잘못된 것이다.

편지 속에 도생에 의하여 뒷받침된 이 모든 논설들은 역시 『변종론』에 포함되어 있다. 후자는 도선道宣(596~667년)이 편찬한 『광홍명집廣弘明集』에 있다. 도생의 또 하나의 다른 이론은 "모든 중생衆生은 모두 불성(Universal Mind)을 가지고 있다(一切衆生, 莫不是佛, 亦皆皆涅, 『法華經疏』)"는 내용이다. 이 주제에 대한 그의 논문은 없어졌으나 그 사상은 대장경의 주석에서 알아볼 수 있다. 이 주석에 의하면 모든 중생은 불성을 가지고 있으나 다만 자기가 불성을 가지고 있음을 깨닫지 못하였을 뿐이다. '무명無名(Avidya)'이란 끈이 그를 생사의 윤회에다 묶어 놓았으므로 그는 원래 자기 안에 불성을 가지고 있다는 사실을 깨닫고 그 다음 학습에 의하여 자기 자신의 불성을 '보는 것(見)'이 필요하다. 이 보는 것(見性)은 돈오로써 가능하다. 왜냐하면 불성은 나뉘어질 수 없기 때문이다. 도생의 다음과 같은 말, 즉 "혼란스러움으로부터 벗어남으로써 우리는 궁극Ultimate에 되돌아갔고 궁극에 되돌아감으로써 우리는 근본Original을 얻었다."[8]는 말에서도 그 뜻을 짐작할 수 있다.

이 근본을 얻은 상태가 열반Nirvana의 상태이다. 그러나 열반은 생사의 윤회와 전혀 다른 어떠한 외적인 것도 아니며 현상계와 전혀 다른

---

8) 便反迷歸極, 歸極得本. 『大般涅槃經集解 ; 卷1』

외적인 불성의 실재계도 아니다. 일단 우리가 돈오하기만 하면 현상계
가 바로 동시에 불성의 실재계이다. 그리하여 도생은 말한다.

대승불교大乘佛教의 깨달음은 가까이서 생사를 버리지 않으며 멀
리서 더욱 그것을 탐구하지도 않는다. 이것은 바로 생사의 일 한가
운데 있으니 그 내용으로서 깨달음으로 삼는다.[9]

도생은 "피안彼岸에 도달하였다면 피안에 도달한 것이 아니다. 도달
도 도달되지 않음도 없어진 다음에야 참 도달이다. 여기서 차안此岸은
생사를 뜻하고 피안은 열반을 뜻한다."[10]고 하였으며 또 "만일 우리가
불타를 불佛이라고 본다면 불타는 보이지 않는다. 이러한 이치는 본래
없는 것이니 우리는 불타가 있음을 보지 않아야 참으로 불타를 볼 수
있다."[11]고 하였다.

이것은 아마도 "불타에겐 정토靜土나 다른 세계가 따로 없다."는 도
생의 다른 이론을 의미하는 것일지도 모른다. 불타의 세계는 단순히
여기, 이 현재의 세계일 뿐이다.

『보장론寶藏論』(전통적으로 승조의 저작이라고 하나 거짓인 것 같다.)에 다음과
같이 비유하고 있다.

어떤 사람이 금그릇이 가득 쌓인 창고에서 언제나 금의 본체(金體)
만 보고 여러 가지 형상(相)은 보지 않는다. 또 설령 그가 그릇의 모
양을 본다 할지라도 역시 그 그릇은 모두 금이다. 그는 이미 그릇의

---

9) 生曰. 夫大乘之悟, 本不近捨生死, 遠更求之也. 斯在生死事中, 即用其實爲悟矣. 『維
　摩詰經註 ; 卷7 僧肇選』
10) 生曰. 若有到則不到也. 無到不到, 然後爲到耳. 此岸者生死也, 彼岸者涅槃也. 『維
　摩詰經註 ; 卷9 僧肇選』
11) 生曰. 若以見佛爲見者. (此理本無) 佛又不見也. 不見有佛, 乃當見佛耳. [同上]

모양에 현혹되지 않고 분별을 떠나서 언제나 금의 본체를 본다. 그러므로 그는 허명과 오류가 있을 수 없다. 진인眞人도 이와 같이 언제나 참된 하나(眞一)를 보고 갖가지 모양을 보지 않으며 비록 갖가지 모양을 본다 하더라도 역시 참된 하나일 뿐이다. 멀리 망상을 떠나 전도됨이 없이 참된 실제에 머문다. 이를 이름하여 성인이라 한다.12)

이 말은 승조의 말이라 볼 수 없으나, 그 은유는 후기 불교도들이 항시 인용하였다.

불성의 실재는 그 자체가 현실계인 것은 마치 금그릇이 그 자체가 금인 것과 같다. 형상계 이외의 다른 실세계가 없다고 보는 것은 마치 금그릇 이외에 어떤 다른 금이 없다는 것과 같다. 어떤 사람은 '무명' 때문에 현상계만 볼 뿐 '불성'의 실재는 보지 못한다. 깨달음을 한 사람은 '불성'을 보았으나 이 불성은 아직도 현상계에 있다. 두 사람이 본 것은 똑같다. 그러나 깨달음의 상태에서 본 것은 무지의 상태에서 본 것과는 전혀 다른 의미를 가지고 있다. 이것이 중국 불교에서 흔히 "미혹되면 평범한 사람이요, 깨달으면 거룩한 사람이다(迷則爲凡悟則爲聖)."는 말의 의미이다.

도생의 다른 이론으로 보면 불법을 믿지 않는 사람(一闡提人, Icchantika)까지도 성불할 수 있다. 이것이 바로 사람은 모두 불성을 가지고 있다라는 이론의 논리적 결론이다. 그러나 그 사상은 당시 유행한 『열반경涅槃徑(Parinirvana Sutra)』의 사상과 정반대(직접적인 모순)가 되었으므로 그는 새로운 이론을 발표하여 수도 남경에서 한때 추방당하기도 하였다. 그러나 몇 년 후 『열반경』이 완전히 번역되었을 때 도생의 이론이 그 경

---

12) 譬如有人, 於金器藏中, 常觀於金體, 不睹衆相, 雖睹衆相, 亦是一金. 旣不爲相所惑, 卽離分別. 常觀金體, 無有虛謬. 喻彼眞人, 亦復如是. 常觀眞一, 不睹衆相, 雖睹衆相, 亦是眞一. 遠離妄想, 無有顚倒. 住眞實際, 名曰聖人. 『寶藏論』

전의 한 문구에 의하여 확증되었다. 그의 전기를 쓴 혜교慧皎(554년 사망)는 "불법을 믿지 않는 사람까지도 성불할 수 있다."고 한 도생의 해석이 경經의 증거에 의하여 확실하게 수립되었기 때문에 그의 돈오이론과 선불수론善不受論은 당시 불교도들에 의하여 높이 숭앙을 받았다.[13]고 기술하였다.

혜교 또한 도생의 다음과 같은 말을 기술하였다.

상징(象)은 뜻(意)을 표현하기 위해 있다. 일단 뜻을 이해하였으면 상징은 잊어버려야 한다. 언어는 이치를 설명하기 위해 있다. 일단 이치가 파악되면 언어는 종식되어야 한다. 고기를 잡고 나서 고기 잡는 그물을 버려야 비로소 도를 말할 만하다.[14]

언어에 대한 비유는 『장자』에 언급되어 있다.

통발(筌)은 고기를 잡기 위해 있다. 고기를 잡으면 통발은 생각하지 말자. 덫은 토끼를 잡기 위해 있다. 토끼를 잡으면 덫은 생각하지 말자.[15]

중국 철학에서는 전통적으로 언어의 그물이라는 말을 항상 사용하였는데 이 전통에 의하면 가장 훌륭한 진술은 '언어의 그물에 떨어지지 않는(不落言筌)'일이다.

길장吉藏의 '이제二諦'에서 우리는 제3층차의 경지에 도달하면 아무

---

13) 乃說一闡提人皆得成佛 於是大涅般經未至此土 孤明先發 獨見忤衆 『高僧傳；卷7』

14) 夫象以盡意, 得意則此忘；言以詮理, 入理則言息. …… 若忘筌取魚, 始可與言道矣. 『高僧傳；卷7』

15) 荃者所以在魚, 得魚而忘荃；蹄者所以在兔, 得兔而忘蹄. 『莊子；外物』

말도 할 수 없음을 알았다. 그 경계에서는 언어의 그물에 떨어질 위험성은 없다. 도생이 불성을 말할 때 그는 거의 이 그물에 떨어졌다. 왜냐하면 불성을 '마음(心)'으로 말함으로써 일반인들에게 불성은 정의를 내릴 수 있는 한계에 있다는 인상을 주었기 때문이다. 이 점에서 도생은 불성을 지나치게 강조하는 『열반경』의 영향을 받아 '성종性宗'에 접근하였다. 다음 장에서 알게 되겠지만, 도생이 살고 있었던 때의 선禪의 이론적 근거가 마련되었다. 그러나 선사 자신들은 이 장에서 기술된 이론을 보다 높은 구원대 위에 올려놓을 필요가 있다.

이제까지의 논술에서 우리는 몇백 년 뒤에 올 신유가사상의 싹을 찾을 수도 있다. 도생의 사람마다 성불할 수 있다는 설은 맹자의 "사람마다 다 요순이 될 수 있다."[16]는 사상을 상기시킨다. 맹자는 또 "우리의 마음을 극진히 하면 우리의 본성을 알게 되고, 우리의 본성을 완전히 알면 하늘을 알게 된다."[17]고 언명하였다.

그런데 맹자가 말한 마음(心)·본성(性)은 모두 인성론이지 형이상학이 아니다. 맹자의 마음·본성에다 도생이 제시한 학설을 따라 형이상학적인 해석을 한다면 어느덧 우리는 신유가사상의 길로 들어서게 된다.

우주의 마음(佛性)이라는 개념은 중국 철학에 기여한 인도의 사상이다. 불교 전파 이전에 중국에는 단지 신체적 '마음mind'은 있었으나 '우주의 마음(唯識, Mind)'은 없었다. 도가의 '도'는 노자가 말한 바와 같이 '오묘하고 또 오묘한 것(玄之又玄)'이다. 그러나 이것은 '우주의 마음'은 아니었다. 이 장에서 다룬 불학의 시대를 지나서야 비로소 중국 철학에는 마음뿐만 아니라 '우주의 마음'도 존재하기 시작했다.

---

16) 人皆可以爲堯舜 『孟子 ; 告子 下』
17) 盡其心者知其性也, 知其性 則知天矣 『孟子 ; 盡心 上』

제 22 장

선禪 : 침묵의 철학

'선'의 원래 명칭은 '선나禪那'인데 그 어원은 산스크리트어의 'Dhyana'를 음역한 것에서 비롯되었다. 영어로는 흔히 'Meditation'이라 번역한다. 선종禪宗에 대한 전통적인 설명은 다음과 같다.

불타는 경전 이외에 "마음에서 마음으로 전하지 문자를 내세우지 않는다(以心傳心, 不立文字)."라는 비법으로 전수하였다고 한다. 이 비법은 그의 제자 가운데 한 사람에게 전수되고 또 차례로 전수되어 보리달마菩提達磨에까지 내려 왔는데, 그는 인도의 제28대조이며 520~526년 사이에 중국에 와서 중국 선종禪宗의 창시자(初祖)가 되었다.

선종의 역사에 대한 전통적 설명

보리달마는 혜가慧可(486~593년)에게 전하였고 혜가는 제2조가 되었다. 제5조 홍인弘忍(605~713년)의 두 제자에 이르러 선종은 남북 두 개의 종으로 갈라지게 되었는데 신수神秀(706년 사망)는 북종北宗의 창시자가 되었으며 혜능慧能(638~713년)은 남종南宗의 창시자가 되었다. 남종이 북종을 능가하였으므로 혜능이 홍인의 의발衣鉢을 받아 제6조가 되었다. 후에 선종은 혜능의 제자들에 의하여 후세에 영향을 많이 미치게 되었다(道原의 『傳燈錄』을 참고 바람).

우리가 얼마나 이 설명을 믿을 수 있을까 하는 많은 문제점이 있다. 왜냐하면 그 설명은 11세기 이후의 문헌에 의존하고 있기 때문이다. 이 장에서는 이 문제에 대한 연대적 고증을 하는 데 목적이 있는 것이 아니다. 다만 오늘날 선종의 비법을 역사적 사실로서 받아들일 필요가 없다는 것만 지적하면 그만이다.

앞에서 기술한 바와 같이 선종의 이론적 배경은 승조僧肇나 도생道生 같은 인물에 의해서 중국에서 이미 창안되었다. 이러한 배경으로 인하여 그 창시자인 전설에 가까운 인물, 보리달마를 살펴보지 않아도 선종은 거의 불가피하게 발생하지 않을 수 없었던 것 같다.

그러나 신수와 혜능으로 말미암아 종파가 나뉘게 된 것은 역사적 사실이다. 북종과 남종의 창시자들의 차이점은 앞에서 언급하였던 법성종法性宗(Universal Mind)과 공종空宗(Empty School)의 차이를 재현한 것으로 이 차이점은 혜능의 『법보단경法寶壇經』에 나타나 있다. 이 저서에서 우리는 혜능의 고향은 현 광동성이었으며 홍인의 불제자가 되었다는 사실을 알 수 있다. 그 설명은 다음과 같이 계속된다.

어느 날 비법을 전수해야 되겠다고 생각한 홍인은 제자들을 불러 모아 자기의 의발衣鉢(불교에서 쓰이는 말로 스승이 제자에게 도를 전하여 주었다는 표시로써 주는 옷과 식기)을 물려받을 사람은 선종의 요지를 게偈(불교의 덕을 찬양하거나 가르침의 요지를 설명하는 글)로써 잘 표현해 내는 사람이 될 것이라고 선언했다.

신수는 다음과 같은 게를 지었다.

몸이 보리수라면
마음은 맑은 거울
때때로 부지런히 거울을 닦아
먼지가 끼지 않게 하라.[1]

---

1) 身是菩提樹, 心如明鏡台. 時時勤拂拭, 勿使惹塵埃. 『六祖壇經』

이 사상을 반박하기 위하여 혜능은 다음과 같은 게를 썼다.

　보리는 본래 나무가 아니며
　맑은 거울 역시 대(台)가 아닌 것
　본래 아무것도 없는데
　어디서 먼지가 일어나느냐?[2]

홍인은 혜능의 게를 인정하고 자기의 의발을 물려주었다. 혜능은 그리하여 제6조祖가 되었다.

신수의 게가 도생이 설명한 불성을 강조하였다면 혜능의 게는 승조의 무無를 강조하였다. 선종에서 흔히 말하는 두 문구가 있다. 그 하나는 "그 마음이 바로 곧 부처이다(卽心卽佛)."이며 또 하나는 "아무런 마음도 없고 아무런 부처도 없다(無心無佛)."이다. 신수의 게는 전자의 표현이요, 혜능의 게는 후자의 표현이다.

불립문자不立文字의 도

선종은 주로 혜능이 설정한 노선을 따라 발전되었다. 선종에서 이미 공종空宗과 도가道家가 결합되기 시작하였다. 공종에서 제3층차의 고차적 경지를 선종에서는 제1의第一義라고 불렀다. 앞에서 살펴본 바와 같이 제3층차에 대하여 아무 말도 할 수 없다. 제1의第一義는 그 본성상 언어로 표현 불가능하다. 문익선사文益禪師(985년 사망)는 "제일의第一義란 무엇인가?" 하는 질문을 받고, 거기에 대하여 "내가 당신에게 말하면

---

2) 菩提本非樹, 明鏡亦非台, 本來無一物, 何處惹塵埃. 『六祖壇經』

그것은 제이의第二義가 될 것이오."라고 대답하였다.[3]

선사들은 제자를 개인적인 접촉을 통하여서만 가르치는 것이 원칙이었다. 그러나 그러한 접촉의 기회를 갖지 못했던 이들의 편의를 도모하기 위하여 선사들이 한 말을 기록하였다. 어록이라고 하는 이 어록은 관례가 되어 뒤의 신유가들에게 계승되었다. 이 어록에서 우리는 어느 학생이 불교의 근본원리에 관한 질문을 시도하였을 때 그는 선사로부터 몽둥이로 얻어맞거나 아주 엉뚱한 대답을 듣게 되는 사례를 만난다. 예컨대 그 학생은 야채값이 3원 한다는 말도 듣게 된다. 이러한 해답은 선의 목적을 잘 알지 못하는 사람에게는 매우 역설적인 것처럼 보이나 그 목적은 단지 학생에게 그의 질문에 대한 답이 불가능하다는 사실을 알려 주는 데 있다. 일단 이 의도를 안다면 그는 더 많은 것을 배우게 된다.

도는 언어로 표현하는 것이 불가능하다. 왜냐하면 '무'라고 하는 것은 말할 수 있는 그 무엇이 아니기 때문이다. 그것을 '불성'이나 혹은 다른 이름으로 부른다면 우리는 이것에 대한 정의를 내리는 것이 되어 도리어 그것에 제한을 가하는 결과가 된다. 선사와 도가가 말한 바와 같이 그렇기 때문에 우리는 '언어의 그물(言筌)'에 떨어진다.

다음은 혜능의 제자인 마조馬祖(709~788년)와 어떤 승려의 문답이다.

승려(물음): 스님, 어째서 마음은 곧 부처라고 말씀하십니까?
마조(답변): 어린애 울음소리를 그치게 하기 위함이다.
승려(물음): 울음을 그칠 때는 어떻게 하지요?
마조(답변): 마음도 아니고 부처도 아니지.[4]

---

3) 如何是第一義? 師云 : 我向爾道, 是第二義. 『文益禪師語錄 ; 大檽經 第47册』
4) 或問和尚, 爲甚麼說卽心卽佛? 師曰 爲止小兒啼. 曰啼止時如何? 師曰, 非心非佛. 『古尊宿語錄 ; 卷1』

또 방거사龐居士가 마조에게 질문한 대목이 있다.

방거사 : 만법萬法과 아무 관계도 없는 사람은 어떤 사람입니까?
마조 : 네가 단숨에 서강西江의 물을 다 삼켜 버릴 때까지 기다려라.
　　그러면, 나는 너에게 말하겠다.5)

　　그런 행동은 분명히 가능성이 없다. 그것을 시사함으로써 마조는 제
자에게 자기는 그 질문에 답할 수 없음을 암시해 준 것일 뿐, 그 질문
은 정말로 대답 불가능한 것은 아니었다. 만물과 무관한 사람은 만물
을 초탈한 사람이니 그를 어떤 사람이라고 어떻게 대답할 수 있을까?
이를 일종의 선문답禪問答이라고 한다.
　　'무' 또는 '제1의'를 표현하기 위하여 침묵을 지키는 선사도 있다.
예를 들면 혜충선사慧忠禪師(755년 사망)와 자린공봉紫璘供奉이 논의를 하
였는데 그때 선사는 의자에 올라가 아무 말도 않고 있었다.

공봉 : 제가 논쟁할 수 있도록 의제를 세우십시오.
혜충 : 나는 벌써 의제를 내놓았소.
공봉 : 그 의제란 무엇입니까?
혜충 : 과연 모른다면 공의 경지가 아니오.
그리고 나서 그는 의자에서 물러났다.6)

　　혜충이 내놓은 의제는 침묵이었다. '제1의' 또는 '무'는 그것에 대하

---

5) 龐居士問馬祖 : 不與萬法爲侶者是甚麼人? 馬祖說 : 待女一口吸盡西江水, 卽向汝道. 『古尊宿語
　　錄 ; 卷1』
6) 師與紫璘供奉論議, 旣陞坐. 供奉曰 : 請師立義 某甲破. 師曰 : 立義竟. 供奉曰 : 是什
　　麼義? 師曰 : 果然不見, 非公境界 ; 便下坐. 『景德傳燈錄 ; 卷5』

여 어떠한 말로 할 수 없기 때문에 그것을 설명하는 최선의 방법은 침묵을 지키는 방법의 문답이다.

이런 견해에서 본다면 어떤 불경도 '제1의'와 참된 관련을 가지고 있지 않은 것이 없다. 임제종臨濟宗의 창시자인 선사 의현義玄(866년 사망)은 다음과 같은 말을 했다.

만일 당신이 있는 그대로의(如法) 견해를 얻으려 한다면 남의 유혹을 받지 말아야 한다. 당신은 안에서나 밖에서나 만나는 것은 곧 죽여야 한다. 불타를 만나면 불타를 죽이고 조사祖師를 만나면 조사를 죽여라. 그래야 비로소 해탈을 얻게 될 것이다.[7]

수양방법

도에 관하여 아는 것은 상식적인 앎이 아닌 앎(不如之如)이다. 그러므로 수양방법도 역시 상식적인 수양이 아닌 수양(不修之修)이다.

마조가 회양懷讓의 제자가 되기 전에 형산衡山(현 호남성)에서 살았다. 그는 홀로 외딴 암자에서 좌선을 익히고 있었다. 어느 날 회양이 암자 앞에서 벽돌을 갈기 시작하였는데 마조는 본체만체하였다.

얼마나 지난 뒤에 마조는 회양에게 물었다.

마조 : 무엇을 하십니까?

회양 : 거울을 만들려고 하네.

마조 : 벽돌을 갈아서 어떻게 거울을 만들 수 있습니까?

---

7) 你欲得如法見解, 但莫受人惑, 向裏向外, 逢著便殺, 逢佛殺佛, 逢祖殺祖, …… 始得解脫.
『古尊宿語錄 ; 卷4』

회양: 벽돌을 갈아 거울을 만들 수 없다면 좌선하여 어떻게 부처가 될 수 있을까?[8]

이 말을 듣고 마조는 깨달았다. 그리하여 회양의 제자가 되었다.

선종에 의하면 성불을 위한 최선의 수양방법은 어떤 수양방법도 전혀 의도적으로 하지 않는 데 있다. 고의적으로 노력을 들여 자신을 수양하는 것은 유위有爲이다. 유위는 확실히 어떤 좋은 결과를 산출하기는 하지만 영속성이 없다. 황벽黃檗선사 희운希運(847년 사망)은 다음과 같은 여러 말들을 했다.

설령 항하恒河의 모래같이 몇 겁劫 동안 육도만행六度萬行(Paramitas: 구원을 얻는 방법)을 수행하여 불보리(佛菩提)를 얻었다고 하자. 이것 역시 궁극적인 경지는 아니다. 왜 그런가? 그 이유는 인연조작因緣造作속에 있기 때문이다. 인연이 없어진다면 무상無常에로 돌아간다.[9]

모든 행동은 근본적으로 덧없으며 모든 힘은 끝날 날이 있다. 모든 행동은 마치 활을 허공에 쏜 것 같아 그 힘이 다하면 한 바퀴 돌아 떨어져 버린다. 모든 행동은 모두 생사의 윤회에 귀속된다. 만일 이것을 수행하는 데 있어서 불타의 뜻을 알지 못하면 헛수고로 끝나고 말기 때문에 어찌 큰 잘못이 아니겠는가?[10]

만일 무심無心(어떤 목적을 갖지 않는 마음)을 깨닫지 못하면 형상에 집착하여 마업魔業에 빠지게 된다. …… 사실상 보리Bodhis 등의 법은

---

8) 馬祖(道一)居南岳傳法院, 獨處一庵, 唯習坐禪, 凡有來訪都不顧. (師) 一日將磚於庵前磨, 馬祖亦不顧, 時旣久, 乃問曰 : 作么么? 師云 : 磨作鏡. 馬祖云 : 磨磚豈能成鏡? 師云 : 磨磚旣不成鏡, 坐禪豈能成佛? 『古尊宿語錄 ; 卷1』
9) 黃檗(希運)云 : 設使恒沙劫數, 行六度萬行, 得佛菩提, 亦非究竟. 何以故? 爲屬因緣造作故. 因緣若盡, 還歸無常. 『古尊宿語錄 ; 卷3』
10) 諸行盡歸無常. 勢力皆有盡期. 猶如箭射於空, 力盡還墜. 都歸生死輪回. 如斯修行, 不解佛意. 虛受辛苦, 豈非大錯. 『古尊宿語錄 ; 卷3』

414

본래 없다. 불타가 보리를 말한 것은 다만 백성을 가르치기 위한 수단에 불과했다. 그것은 어린애의 울음을 그치게 하기 위하여 노란 잎을 금전이라고 하는 것과 마찬가지이다. …… 다만 인연에 따라 구업舊業을 없애고 더 이상 새로운 재앙을 짓지 않도록 하는 일이다.11)

그리하여 최선의 수양방법은 고의적인 노력이나 목적을 둔 마음 없이 자기의 할 일을 다하는 데 있다. 이것은 바로 도가들이 말하는 '무위'이며 '무심'이다. 이는 혜원慧遠의 이론이며 또한 아마도 도생의 선불수보론善不受報論의 의미를 한층 더 심오하게 만든 것 같다. 이 수양방법은 그 결과가 아무리 좋다 할지라도 좋은 결과를 얻을 목적으로 어떤 일을 하는 것이 아니다. 오히려 어떠한 결과도 뒤따르지 않는 그런 식의 일을 하고 있다. 자기의 모든 행동이 목적을 수반하지 않을 때, 그 때는 이전에 쌓였던 업의 결과도 없어지고 그렇게 되면 생사의 윤회에서 해탈되어 열반에 이른다.

고의적 노력이나 목적성 없이 어떤 일을 하는 것은 자연대로다. 자연대로 살아가야 한다. 임제의현臨濟義玄은 말한다.

도는 유전流傳하고 불법에는 힘들이는 데가 없다. 단지 일상적인 일만을 평범하게 할 뿐이다. 대소변을 보고, 옷을 입고, 밥을 먹고, 고단하면 드러눕는 등 작위 없는 행위를 어리석은 이는 비웃지만 똑똑한 이는 알아챈다.12)

---

11) 黃檗云 : 若未會無心, 著相皆屬魔業. [乃至作淨上佛事, 並皆成業. 乃名佛障, 障汝心故. 被因果管束, 去住無自由分.] 所以菩提等法, 本不是有. 如來所說, 皆是化人. 猶如黃葉爲金錢, 權止小兒啼. [故實無法, 名阿耨菩提. 如今旣會意, 何用驅驅?] 但隨緣消舊業, 莫更造新殃. 『古尊宿語錄 ; 卷3』

12) 臨濟 (義玄)云 : 道流佛法無用功處. 祇是平常無事, 屙屎送尿, 著衣吃飯, 困來卽臥.

성불하려는 사람이 종종 이 길을 따르지 못하는 이유는 그들이 자기를 신뢰하지 않기 때문이다. 의현은 또다시 말한다.

오늘날 학자들이 도를 얻지 못하는 병은 어디에 있을까? 그들의 병은 자기에 대한 신뢰를 가지고 있지 않는 데 있다. …… 당신은 누가 조사祖師이며 불타인지 알고 싶은가? 내 앞에서 설법을 들은 그대들이 조사요, 불타이다.13)

그리하여 수도하는 방법은 자기 자신에 대한 신뢰를 가지고 그 밖의 모든 것을 버린다. 우리는 다만 일상생활의 평범한 일을 추구하며 그 이상 아무것도 하지 않는다. 이것이 바로 선사들이 말하는 상식적인 수양이 아닌 수양(不修之修)이다.

여기에 문제가 있다. 이제 말한 사실이 그렇다고 인정된다면 이런 수양을 거친 사람과 수양을 전혀 거치지 않는 사람과의 차이는 무엇인가? 만일 후자가 전자와 꼭 같은 행위를 한다면 후자도 열반Nirvana에 이르러야 한다. 그렇다면 생사의 윤회가 전혀 없게 될 때가 와야 한다.

이 질문에 대하여 다음과 같이 대답해도 무방할 것이다. 옷 입고, 밥 먹는 것 그 자체는 간단하고 평범한 문제이다. 그러나 완전히 어떠한 의도도 없는 마음과 어떠한 집착 없이 그런 일을 한다는 것은 쉽지 않다. 예컨대 어떤 사람은 고운 옷을 좋아하고, 나쁜 옷을 싫어한다. 또 남이 그 옷을 칭찬해 주면 기뻐한다. 이것은 모두 그 옷을 입었기 때문에 생긴 집착이다. 선사들이 강조하는 것은 도를 닦는 데는 제도

愚人笑我, 智乃知焉. 『古尊宿語錄 ; 卷4』
13) 如今學者不得, 病在甚處? 病在不自信處. [你若自信不及, 便茫茫地徇一切境轉. 被它萬境回換, 不得自由. 你若歇得念念馳求心, 便與祖佛不別.] 你欲識得祖佛麼? 祗你面前聽法底是, 『古尊宿語錄 ; 卷4』

화된 종교의 의례나 기도 같은 그러한 특별한 행동을 필요로 하지 않는다. 우리는 단순히 아무런 의도도 없이 어떠한 일상생활에도 집착하지 않으려고 노력해야 하며 그러한 수양은 평범하고 간단한 일상생활을 해나가는 데서 생긴다. 처음엔 노력 없이 되기 위하여 노력을 할 필요가 있다. 그리고 의도적인 마음을 갖지 않기 위하여 의도적인 마음을 쓰는 것은 마치 잊기 위하여 우선 잊어야겠다고 회상할 필요가 있는 것과 같다. 그러나 뒤에 일정한 시간이 지나면 우리는 노력 없이 되려는 그 노력을 버려야 하고, 의도적으로 어떤 목적도 가지지 않겠다는 마음도 버려야 한다. 그것은 마치 자기가 잊어야 되겠다고 생각한 것도 결국에는 잊어버리는 것과 같다.

그리하여 수양을 하지 않는 것 같으면서도 하는 수양은 그 자체가 하나의 훌륭한 수양이다. 이러한 무지無知의 지혜는 하나의 고차원의 지혜와 같다. 그러한 지혜는 원초적인 무지와는 다르다. 애써 닦지 않는(不修) 수양은 마찬가지로 원초적 자연상태와 다르다. 원초적인 무지와 자연상태는 자연의 선물이지만 무지의 지혜(無如之知)와 무수의 수양(無修之修)은 둘 다 정신의 창조이기 때문이다.

돈오頓悟

점수漸修의 과정은 아무리 길어도 다만 준비작업에 불과하다. 왜냐하면 성불하려면 이 수양은 절벽을 건너뛰는 것과 같은 돈오를 통하여 도달되어야 하기 때문이다. 이러한 뜀뛰기가 있어야 성불이 가능하다. 이러한 뜀뛰기(飛躍)를 선사들은 '견도見道(Vision of Tao)'라고 한다. 남천보원南泉普願(선사, 830년 사망)은 제자들에게 말한다.

도란 앎(知)에도 알지 못함(不知)에도 해당되지 않는다. 앎은 망녕된 깨달음(妄覺)이며 알지 못함은 맹목적인 무의식(無記)이다. 마치 어디에도 걸리지 않는 도에 참으로 도달한다면, 크게 텅 비어 툭 터진 것(太虛廓然) 같으니 어찌 억지로 시비를 가리겠는가.14)

도의 자각은 도와 일체가 되는 것이다. 툭 터진 것과 같은 공간은 허공이 아니다. 그것은 다만 모든 차별이 사라진 상태이다. 이 상태는 선사에 의하면 앎(智)과 이치(理)가 알지 못하는 사이에 합치되고 대상(境)과 정신(神)은 한데 모이게 되어 경험자와 경험 대상의 구분이 없어지는 상태라고 말한다.

"물을 마셔본 사람이 그 물이 찬지 뜨거운지 안다(如人飮水, 冷暖自如)." 『육조단경六祖壇經』의 마지막에 나타나 있는 이 표현은 후에 다른 선사들이 널리 인용하였다. 그 뜻은 경험자와 경험 대상의 구분이 없음을 체득한 자만이 참으로 그 경지를 안다는 말이다.

이런 상태 아래서는 경험자는 상식적 의미의 지식을 버린다. 왜냐하면 이런 종류의 지식은 아는 자(能)와 알려지는 자(所)의 구분을 요청하기 때문이다. 그럼에도 불구하고 그가 무지한 것이 아니다. 그 경지는 남천이 지적했듯이 맹목적인 무의식과는 다르기 때문이다. 이것이 소위 부지의 지(不知之知)의 경지이다.

학생이 바야흐로 돈오의 경지에 도달하려 할 때 스승이 그를 최대한 도와줄 수 있다. 바야흐로 도약하려 할 때는 도움이 아무리 미약하다 하더라도 큰 도움이 된다. 이 단계에 있는 스승은 돈오로 도약함을 돕기 위하여 몽둥이(棒) 또는 고함(喝)의 방법을 쓴다.

---

14) 趙州(從諗)語錄云 : 師問南泉(普願) : 如何是道? 普云 : 平常心是道. 師云 : 還可趣向 不? 泉云 : 擬卽乖. 師云 : 不擬爭知是道? 泉云 : 道不屬知不知, 知是妄覺, 不知是無 記. 若眞達不疑之道, 猶如太虛廓然, 豈可强是非也.『古尊宿語錄 ; 卷13』

선사가 제자들에게 어떤 문제를 생각해 보라고 내어 주고는, 갑자기 그를 몽둥이로 몇 차례 때리거나 고함을 지른 사례들이 선禪을 기록한 문헌 속에 많이 나타나 있다. 만일 이러한 행위가 적합한 순간에 행하여졌다면 학생은 돈오의 결과를 낳을 수 있다. 물리적인 행동이 부가되면 학생에게 자극을 주어 학생이 이전에 오랫동안 준비해 온 심리적인 자각을 하게 된다는 것으로 설명이 될 것 같다.

돈오를 설명하기 위하여 선사들은 "백척간두진일보百尺竿頭進一步"라는 은유를 쓴다. 백척간두에서 한 발짝 더 나가면 그 전의 모든 일은 갑자기 사라져 버리는 것과 마찬가지로 별안간 깨달았을 때는 그 전의 모든 문제가 갑자기 해결되어 있음을 안다. 이러한 방법은 획득점을 위한 일시적 적극적 노력을 의미하는 것이 아니라 전통적 인습을 과감히 타파할 때, 지금까지의 모든 문제들이 더 이상 문제거리가 되지 않는다. 그런 뜻에서 오히려 해결방법이 생긴다. 그래서 이 도를 '무엇에도 걸림이 없는 도(不礙之道)'라고 한다.

얻음이 없는 얻음(無得之得)

돈오를 얻었다는 것은 그 이상의 어떠한 얻음도 없다. 그리하여 서주舒州 조사(1120년 사망)는 말한다.

만일 이제 분명하게 되었다면, 예전에 분명하게 되지 못하였던 곳은 어디인가? 그러므로 도는 예전에 잘 몰랐다면, 이제는 깨닫게 된 것이며, 이제 깨닫게 된 것은 예전에는 잘 몰랐던 것이다.[15]

---

15) 如今明得了, 向前明不得底, 在甚麼處? 所以道, 向前迷底, 便是卽今悟底. 卽今悟底, 便是向前迷底.『古尊宿語錄 ; 卷32』

앞에서 살펴본 바와 같이 승조와 도생에 의하면 실재는 곧 현상이다(眞如는 언제나 드러나 있다). 이에 대해 선종에서는 항상 사용하는 표현이 있다.

산은 산이고 강은 강이다. 혼란된 상태에 있을 때 산은 산이고 강은 강이다. 그러나 깨달은 상태에서는 산은 역시 산이고 강은 역시 강이다.16)

이와 비슷한 예로 선사들은 "나귀를 타고 나귀를 찾는다."는 상용어를 쓴다. 이 말의 뜻은 현상계 밖에서 실재를 찾는다는 뜻이다. 바꾸어 말하면 생사의 윤회 밖에서 열반Nirvana을 찾는다는 말이다.

서주 선사는 말한다.

다만 두 가지 병폐가 있다. 하나는 나귀를 타고 나귀를 찾는 것이요, 다른 하나는 나귀를 타고 내리려고 하지 않는 것이다. 나귀를 타고 나귀를 찾는 것은 어리석은 행동으로―그런 행동을 하는 자는 ―벌 받아야 한다고 그대는 말한다. 이것이 바로 심한 병폐다. 그러나 나―산승山僧―는 당신에게 나귀를 도대체 찾으려 하지 말라고 하겠다. 내 말에 대하여 영리한 사람은 즉석에서 곧 알아듣고 나귀 찾는 일을 그만둘 것이고, 그러면 미친 마음(狂心)이 드디어 없어질 것이다. 그러나 만일 나귀를 알고 타고나서 내리려고 하지 않는다면 이 병은 더욱 고치기 어렵다. 나는 당신에게 절대로 나귀는 타지 말라고 하겠다. 당신 자신이 나귀이며 모든 산하대지가 나귀인데 어째서 당신은 나귀를 타고 있는가? 당신이 타고 있으면 당신의 병은

---

16) 山是山, 水是水. 在你迷中, 山是山, 水是水. 在你悟中, 山是還山, 水還是水. 『禪人常設』

고칠 수 없다. 만일 당신이 타지 않으면 천하세계는 탁 트일 것이며 이 두 가지 병이 한꺼번에 퇴치되고, 마음에 어떤 일도 남아 있지 않게 된다. 이를 일러 도인道人이라 하는데 다시 무슨 일이 필요하겠는가?[17]

만일 깨달은 뒤에도 그 어떤 것을 얻었다고 자부하면 이는 나귀를 타고 내리려고 하지 않는 것과 같다. 황벽은 말한다.

　말과 침묵, 움직임과 고요함, 일체의 소리와 색깔, 이 모두가 다 깨닫는 일(佛事)인데 어디서 불타(佛)를 찾으려 하는가? 머리 위에 머리를 두려고 하거나 입 위에 입을 두려고 하지 말라.[18]

깨닫기만 하면 만물 속에 모두 불타가 있고 또 어느 곳에나 다 불타가 있다. 어느 선승이 절에 들어가 불상에 침을 뱉고 꾸중을 듣자, 그는 "불타가 어디 있는지 보여 달라."고 하였다. 그렇기 때문에 선사는 보통사람이 사는 것과 꼭 같이 살고, 보통사람이 행동하는 것과 꼭 같이 행동하면서 깨달음(覺)에로 이행한다. 이러면서 결국에는 죽고 마는 인간 본성(세속계)을 딛고 성인의 경지에 들어간다. 그러나, 그 후에 여전히 성인의 경지를 떠나서 다시 한 번 인간계(세속계)에 들어와야 한다. 이것이 바로 선사들이 말하는 '백척간두진일보'의 경지이다. '백척간두'는 깨달음에 도달한 최절정의 상태를 비유한 말이다. '한 걸음 더

---

17) 舒州云:只有二種病, 一是騎驢覓驢, 二是騎驢不肯下. 你道騎卻驢了, 更覓驢, 可殺, 是大病. 山僧向你道, 不要覓, 靈利人當下識得. 除卻覓驢病, 狂心遂息. 旣識得驢了, 騎了不肯下, 此一病最難醫. 山僧向你道, 不要騎. 你便是驢, 盡山河大地是個驢, 你作麼生騎, 你若騎, 管取病不去. 若不騎, 十方世界廓落地 此二病一時去. 心下無一事, 名爲道人, 復有什麼事?『古尊宿語錄;卷31』

18) 黃蘗語錄云:問:今正悟時, 佛在何處? 師云:語默劫靜, 一切聲色, 盡是佛事. 何處覓佛? 不可便頭上安頭, 嘴上加嘴.『古尊宿語錄;卷3』

나간다(進一步)'는 깨달음 다음에도 할 일이 있다는 것을 뜻한다. 그러나 그가 해야 할 일은 일상사 그 이상의 것으로 남천이 언급했듯이 피안彼岸의 세계(깨달음 이후의 세계)를 알고 난 후에 돌아와 차안此岸의 세계(세속계)에서 살아야 한다.

성인은 여전히 이쪽(此岸)에 살고는 있지만 저쪽(彼岸)을 깨달은 것은 결코 헛일이 아니며, 평범한 사람과 꼭 같은 일을 하지만 그에게는 다른 의미가 있다. 백장회해百丈懷海(814년 사망)는 "깨달음 이전의 것을 욕심 많은 노여움이라 한다면, 깨달음 이후의 것은 불타의 지혜이다. 사람은 예전과 다름이 없지만 그가 한 일은 다를 뿐이다."[19]라고 말했는데 최후의 한 구절은 문자상의 잘못된 오류인 것 같다. 백장이 생각한 것은 여전히 "사람이 한 행위는 예전과 다름없으나 다만 사람은 이전과 같지 않다."[20]는 것이 분명하다.

사람은 똑같지 않다. 왜냐하면 그가 한 일은 보통사람이 한 일과 같지만 그는 어떤 것에도 집착하지 않는다.

"하루 종일 먹지만 한 낱의 곡식도 삼키지 않고, 하루 종일 옷을 입고 있지만 한 올의 실도 닿지 않는다."[21]

이것이 흔히 선사들이 하는 말의 의미다. 그러나 흔히 하는 말이 또 있다. "물 긷고 장작을 패는 데, 거기에 훌륭한 도가 있다." 이에 대해 우리는 "만일 그렇다면 어버이를 섬기고 임금을 섬기는 것, 이것은 오묘한 도리가 아닌가(事父事君 不是妙道)?"라고 질문할 수도 있다.

위에서 분석한 선종의 설법대로 논리적인 결론을 내린다면, 우리는 부득이 그렇다고 대답하지 않을 수 없다. 그러나 선사 자신의 논리적인 해답은 다음 몇 장의 주제가 된 인물인 신유가들에게로 보류되었다.

---

19) 未悟未解時名貪瞋悟了喚作佛慧故云不異舊時人, 異舊時行履處
20) 不異舊時人, 不異舊時行履處. [同上]
21) 雲門(文偃)曰：終日著衣吃飯, 未曾觸著一粒米, 掛著一縷絲.『古尊宿語錄；卷15』

제 23 장

신유가

新儒家

1 : 우주론자들

영토가 분할된 지 수백 년 만에 수隋 왕조(590~617년)는 천하를 재통일하였
지만, 얼마 안 되어 고도로 중앙집권화된 당唐 왕조(618~ 906년)에게 사직社
稷을 넘겨 주지 않으면 안 되었다. 당은 문화적·정치적으로 중국의 황금
기였으며, 한대漢代의 전성기와 대등하였고 어떤 면에서는 한대를 능가하
였다.

622년에는 관리 등용을 위한 과거제도가 다시 실시되었고, 이 관리
등용시험에 유가의 경전인 오경五經이 기본교재로 채택되었다. 628년
(정관 2년)에 당태종(627~649년)은 국자학國子學에 공자의 묘(孔廟)를 세우
라고 명령을 내렸고, 630년에 태종은 학자들에게 유가 경전의 공식
적인(官方) 판본을 준비토록 명령을 내렸다.

이 작업의 일환으로서 경전을 놓고 그 이전에 썼던 수많은 주석들
가운데 표준적인 주석이 선택되었고, 이 표준 주석의 뜻을 밝히기 위
하여 소疏가 쓰여졌다. 주석과 소를 단 경전들은 국자학에서 가르치도
록 명령하였다. 이리하여 유가는 관학官學으로서 재확인되었다.

그러나 유가는 맹자, 순자, 동중서와 같은 인물들이 나타나 한때
드러내었던 생명력을 상실한 지 벌써 오래되었다. 원문은 과거 그대
로 남아 있었지만 원문에 대한 주석과 소는 전보다 훨씬 그 수가 많
아졌다. 그럼에도 불구하고 당시의 정신적인 관심과 요구에 만족할
만한 해답을 주지 못하였다. 도가의 융성과 불교의 도입으로 사람들
은 형이상학적 문제, 즉 도덕적 가치를 초월한 문제에 더 관심을 두
었다. 우리가 4장, 7장, 15장에서 살펴본 바와 같이 『논어』·『맹자』·
『중용』, 특히 『주역』 같은 책에서 그러한 문제에 대한 논의가 없었
던 것은 아니다.

그러나 이러한 것들은 새로운 시대의 문제에 대처하기 위하여 참

으로 새로운 해설과 해명을 필요로 하였는데 황실의 여러 학자들의 많은 노고에도 불구하고 새로운 형태의 해석이 나오지 못했다.

한유韓愈와 이고李翶

당 말기에야 비로소 새로운 해석을 시도한 인물이 나타났다. 그가 바로 한유(768~824년)와 이고(844년 사망)이다. 그들은 『대학』, 『중용』과 같은 저작을 재해석함으로써 당시의 문제에 대한 해답을 주려고 하였다. 한유는 『원도原道(On the Origin and Nature of Truth)』에서 말한다.

내가 도라고 일컫는 것은 도가·불가에서 이제까지 말하던 도가 아니다. 요임금은 이것을 순임금에게, 순임금은 우임금에게, 우임금은 문왕·무왕·주공에게, 문왕·무왕·주공은 공자에게, 공자는 맹자에게 전하였다. 그러나 맹자가 세상을 떠난 후 도는 전하여지지 못했으며 순자와 양웅楊雄이 그 일부만 선택하였고 도의 정수는 전하지 못했으며 도를 말하기는 했으나 상세하지 못했다.1)

이고도 『복성서復性書(On the Restoration of Nature)』에서 말한다.

옛날의 성인은 이 도를 안자顔子에게 전하였고 중니仲尼의 손자인 자사子思는 할아버지의 도를 받아 『중용』편을 저술하여 맹자에게 전하였다. 아아! 본성(性)과 천명(命)을 다룬 저서들은 남아 있었지만 학

---

1) 斯吾所謂道也, 非向所謂老與佛之道也. 堯以是傳之舜；舜以是傳之禹；禹以是傳之湯；湯以是傳之文武周公；文武周公傳之孔子；孔子傳之孟軻. 軻之死, 不得其傳焉 荀與楊也, 擇焉而不精, 語焉而不詳 ……. 『韓昌黎文集；原道』

자들은 그것을 밝힐 수 없었다. 그러므로 그들은 모두 장자, 열자, 노자, 불타 등에 탐닉하였다. 알지 못하는 사람은 공자의 제자들은 본성과 천명의 도를 깊이 연구해 낼 수 없다고 말하였으며 모두가 그렇게 믿었다. 만일 어떤 사람이 나에게 본성과 천명의 도를 물어 본다면 나는 내가 알고 있는 것을 그에게 전하겠다. 나는 이와 같이 오랫동안 빠지고 끊어지고 버려져 들어내지 못하였던 도를 세상에 전할 수 있게 되기를 바랄 뿐이다.[2]

요임금, 순임금으로부터 전하여 내려오는 도통설道統說은 대체로 맹자에 의하여 이미 시사되었지만 한유와 이고의 글 속에서 다시 확인되었다. 이것은 불타의 '이심전심以心傳心'의 비법이 홍인弘忍과 혜능慧能에까지 의발을 전하였다는 선종의 사상에서 영감을 얻은 것이다. 정자程子는 『중용』 머리말에서 "이 편은 공자의 심법心法을 전수한 것"이라고 분명히 말하였다(이 말은 주자의 『중용장구』의 머리말에서 인용되었다.) 도통이 맹자 뒤에 이어지지 못하였다는 것은 당시 보편적인 생각이었다. 그러나 이고는 그 자신이 도에 대한 자기 나름의 견해를 가지고 있었으며 또 자기의 가르침을 통하여 맹자의 후계자로서 행동할 수 있다고 느꼈다.

이것은 모두 한유의 도통설을 받아들였으며 자기들 스스로가 그 도통을 이어받았다고 주장하였다. 그들의 주장은 터무니없는 것은 아니었다. 신유가는 실로 원시유학의 의리적義理的인 측면을 이어받았으며 특히 맹자의 신비주의적 경향을 계승하였기 때문이다.

---

2) 昔者聖人以之傳于顔子 …… 子思, 仲尼之孫, 得其祖之道, 述中庸 四十七篇, 以傳於孟軻. …… 嗚呼? 性命之書雖存, 學者莫能明, 是故皆入於莊列老釋. 不知者. 謂夫子之徒. 不足以窮性命之道, 信之者皆是也. 有問於我, 我以吾之所知而傳焉. …… 缺絶廢棄不揚之道, 幾可以傳於時. 『復性書 李文公集』 卷2

이리하여 신유가는 도학자로 통하고 그들의 철학은 도학이라고까지 일컫게 되었다. '신유가新儒家'란 이 '도학道學'을 서양식으로 표현하기 위하여 새로 만든 용어이다.

신유가의 사상적인 주요원천으로서는 세 개의 사상노선이 있다. 첫째는 유가 그 자체요, 둘째는 불가로서 이는 선禪을 매개로 한 도가와 더불어 신유가의 형성기에 있어서 가장 영향력이 컸다. 신유가에게는 선종이나 불학은 동의어였으며 뒤에 언급하겠지만 어떤 의미에 있어서 신유가는 선종의 논리적 발전이라고 하여도 무방할 것 같다. 셋째는 도교인데 음양가에 관한 도교의 우주론적 해석은 중요한 요소가 되었으며 신유가의 우주론은 주로 이 사상노선과 연관되었다.

이 세 개의 사상노선은 서로 이질적인 것은 물론 심지어 여러 가지 면에서 모순되었다. 그러므로 철학자들이 이 세 개의 사상을 하나로 통합시키는 데 오랜 시일을 요하였다. 특히 이 통합은 단순한 절충이 아니라 동질적인 총체로 형성되는 순수한 체계이기 때문에 더 오랜 시일이 걸렸다. 그리하여 신유학의 기원은 한유와 이고에까지 소급될 수 있지만 사상체계는 2세기에 비로소 형성되기 시작하였다. 이때는 당의 멸망 후 혼란의 시기를 거친 뒤에 송宋(960~1279년)이 다시 중국을 통일하였던 시기로서, 이때의 초기 신유가들은 주로 우주론에 관심을 기울였다.

주돈이周敦頤의 우주론

우주론적 철학의 창시자는 주돈이(1017~1073년)였다. 그는 흔히 염계濂溪 선생으로 더 잘 알려져 있다. 그는 현 호남성湖南省 도현인道縣人으로서 말년에는 혜원慧遠과 도생道生이 불법을 강론한 곳으로 이름난 여

산려山에서 살았다. 주돈이의 『태극도설太極圖說』은 송나라 초기 도사 진단陳搏 의 『무극도無極圖』에서 힌트를 얻어 그렸다. 주돈이가 이를 그리기 훨씬 전에 이미 도교를 신봉하는 사람들이 비법의 도표로서 수많은 신비한 도식을 그려냈다. 그래서 도사들은 비법을 전수받는 사람은 그 비법에 의하여 죽지 않고 오래 살 수 있다고 믿었다. 주돈이는 그 도식 가운데 하나를 입수하게 되어 그것을 재해석하고 우주 창조의 과정을 설명하기 위하여 자기 자신이 고안한 도식으로 수정했다고 한다. 혹은 주돈이가 『주역』「계사편」에 있는 어떤 구절에서 찾아낸 사상을 연구하고 발전시켜서 그 사상을 설명할 목적으로 도교의 도표를 이용하였다고도 한다. 그 결과 만들어진 도식을 『태극도』라고 하고 그 도식에 대한 해설을 『태극도설太極圖說』이라고 한다. 도설은 그 도식의 해석을 보지 않아도 아주 알기 쉽게 읽을 수 있다. 도설의 본문은 다음과 같다.

무극無極(Ultimateless)이면서 태극太極(Supreme Ultimate)이다. 태극이 움직여 양陽을 낳고 움직임이 극에 달하면 조용하여지고, 조용하면 음陰을 낳는다. 조용함이 극에 달하면 움직임으로 되돌아간다. 한 번 움직이고 한 번 조용함이 서로 그 뿌리가 되어 음으로 갈리고 양으로 갈리니 곧 음과 양이 성립하게 된다. 양의 변화와 음의 결합으로 말미암아 화수목금토火水木金土가 생겨난다. 오기五氣가 순조롭게 퍼져서 사계절이 운행한다. 오행五行은 하나의 음양이요, 음양은 하나의 태극이다. 태극은 본래 무극이다. 오행이 생성되면 각각 그 독특한 본성을 가지게 된다. 무극의 참된 본체(眞)와 음양, 오행의 정수가 묘하게 결합하여 응결된다. 건도乾道는 남자가 되고 곤도坤道는 여자가 된다. 이기二氣(즉 음양)가 서로 감응되어 만물을 생성한다. 만물은 생기고 또 생기어 변화가 끝이 없다. 오직 사람만이 빼어남을 얻어 가장 영특하다. 인간의 형체가 이미 생기며 정신은 지각을 개발시킨다. 오성이 감동하여 선악의 분별이 생기고 만사가 생겨난다. 성인은 자신을 중정中正과 인의仁義로써 규정하고 조용함(욕심이 없으므로 조용하다.)을 주요소로 삼아 인극人極을 세운다.3)

『주역』 「계사편」에 "역易에 태극이 있는데 이것이 음과 양을 낳았다."고 하였다. 주돈이의 『태극도설』은 이 구절의 사상을 발전시켰다. 그것은 간단하지만 주희朱熹(1136~1200년)의 우주론에 기초적 개요를 제공하여 주었다. 주희는 신유가에서 가장 위대한 인물 중 한 사람이다. 그에 관하여는 25장에서 언급하겠다.

정신적 수양방법

불교의 궁극적 목표는 인간이 어떻게 하면 성불成佛할 수 있는가를 가르쳐 주는 데 있다. 이 문제는 당시 가장 중요한 문제들 가운데 하나였다. 이와 마찬가지로 신유가의 궁극적 목표는 성인聖人이 되는 방법을 가르쳐 주는 데 있다.

불교의 불타와 신유가의 성인의 차이점은 다음과 같다.

불교에서는 사회나 인간세계를 떠나 정신수양을 하는 것을 말하며 성인은 인간세계 안에서 정신수양하는 것을 말한다. 중국 불교의 가장

---

3) 無極而太極. 太極動而生陽, 動極而靜, 靜而生陰. 靜極復動. 一動一靜互爲其根. 分陰分陽, 兩儀立焉. 陽變陰合而生水火木金土, 五氣順布, 四時行焉. 五行一陰陽也, 陰陽一太極也, 太極本無極也. 五行之生也, 各一其性. 無極之眞, 二五之精, 妙合而凝. 乾道成男 坤道成女. 二氣交感, 化生萬物. 萬物生生, 而變化無窮焉, 惟人也得其秀而最靈. 形旣生矣, 神發知矣. 五性感動, 而善惡分, 萬事出矣. 聖人定之以中正仁義而主靜(自注無欲故靜), 立人極焉. 『周子全書 ; 1卷』

큰 발전은 원시불교의 저 세상적(彼岸的)인 사상을 축소시킨 점이다. 선사들이 "물 긷고 나무를 하는 데도 훌륭한 도가 있다."고 말한 것을 보면 충분히 그것을 알 수 있다. 그러나 선사들은 그들의 사상을 논리적 결론에까지 밀고 가지는 못하였다. 그리하여 "자기 가족과 국가에 봉사하는 데에도 훌륭한 도가 있다(事君事父亦是妙道)."는 말을 하지는 못했다. 만약 선사들이 이런 말을 했더라면 물론 그들의 가르침은 결코 불교적이 아니다.

신유가들 역시 성인이 되는 것은 그들의 주요과제 중의 하나였다. 주돈이의 대답은 우리가 '조용함을 주로(主靜)' 하여야 한다고 하였다. 그는 조용함을 주로 함(主靜)을 욕심을 없앰(無欲)이라고 정의를 내렸다. 그는 두 번째의 저서 『통서通書』에서 '무욕'이란 말을 도가나 선가의 '무위無爲' 또는 '무심無心'이란 말과 거의 동의어로 쓰고 있다는 사실을 알 수 있다. 그러나 주돈이가 '무위'·'무심'이란 말 대신 '무욕'이라는 말을 썼다는 사실은 불교의 저 세상적 요소로부터 벗어나야겠다는 의도를 엿볼 수 있다. 글자를 사용하는 용법상 '무욕'에 있어서의 '무無'는 '무심'에서의 '무'만큼 포괄적인 것이 못 된다. 『통서』에서 이렇게 말하였다.

욕심이 없으면 조용할 때 마음이 텅 비고, 움직일 때 곧바로 나아간다. 조용하고 텅 비면 밝게 알고, 밝게 알면 사회에 통달한다. 움직임이 곧으면 공정하고, 공정하면 넓게 된다. 밝게 통하고 공평하게 넓으면 거의 성인에 가깝다.[4]

신유가에서는 '욕欲'이란 말을 언제나 이기적 욕심(私欲) 또는 단순히

---

[4] 無欲則靜虛動直. 靜虛則明, 動直則公, 公則溥 明通公溥, 庶矣乎. 『周子全書 ; 3卷 通書』

이기심(自私)을 뜻하는 것으로 썼다. 때때로 신유가들은 그 의미를 분명하게 하기 위하여 사私라는 접두사를 붙여서 '사욕'이라고도 하였다. 이 문구 속에 나타난 주돈이의 사상은 신유가들이 가끔 잘 인용하는 『맹자』의 다음과 같은 구절로 잘 설명될 수 있다.

> 만일 한 아이가 우물에 떨어지려고 하는 것을 갑자기 보았을 때 누구나 다 깜짝 놀라며 측은한 마음을 갖는다. 이것은 아이 아버지의 칭찬을 받으려고 한 것도 아니요, 친구나 친척에게서 칭찬을 받으려고 한 것도 아니요, 구해 주지 않아서 비난을 받기 싫어서 그런 것도 아니다.5)

신유가에 의하면 맹자가 여기에 기술한 그러한 상황에 처하여 있는 사람은 어떤 사람이든지 자연히 자발적으로 그러한 반응을 한다고 한다. 인간은 본성상 근본적으로 선하다. 그러므로 인간 마음의 내면적 상태는 어떠한 이기적 욕심도 가지지 않는 상태이다. 주돈이가 표현했듯이 '조용하고 텅 빈(靜虛)' 상태다. 그것을 행위에 적용시키면 아이를 구하려는 직접적인 충동으로 이끈다. 이런 종류의 즉각적인 행동을 주돈이는 '움직임이 곧바르다(動眞)'라고 일컬었다.

그러나 만일 그 사람이 내면에서 나오는 충동에서 행동하지 않고 그 아이를 구하기 전에 잠시 멈추고 생각을 했다면 곤경에 처한 그 아이가 적의 아이이므로 구해 주지 않아야 한다고 생각할 수도 있으며, 또는 그 아이가 친구의 아들이므로 구해 주어야 한다고 생각할 수도 있다. 어느 경우에든 그의 행동 동기는 사심에서 나온 것이므로 원래 마음의 조용하여 텅빈(靜虛) 상태는 물론, 움직여 올곧은(動眞) 상태까지

---

5) 今人乍見孺子將入於井, 皆有怵惕惻隱之心, 非所以內交於孺子之父母也, 非所以要譽於鄉黨朋友也, 非惡其聲而然也. 『孟子 ; 公孫丑 上』

도 잃어버린 것이 된다.

신유가의 의견에 의하면 마음은 모든 사욕이 없어졌을 때 맑은 거울같이 된다고 한다. 맑은 거울은 그 앞에 어떤 물체를 놓든지 무엇이나 다 비출 수 있다. 거울의 맑음은 마음의 '밝음(明)'에 비유되고 거울이 무엇이든 비출 수 있음이 마음의 '통함(通)'에 비유된다. 마음에 어떤 이기적 욕망이 없으면 외적 자극에 대한 그 자발적 반응은 움직임이 곧바르게 된다. 곧바르므로(直) 공평하고, 공평하므로 차별 없이 수행된다. 그런 것이 바로 보편성의 본성이다. 이것이 주돈이의 성인이 되는 방법이며 그것에 도달하는 데는 선사들처럼 자연스럽게 살고 자연스럽게 행위하는 데 있다.

소옹邵雍의 우주론

여기서 언급될 또 하나의 다른 우주론적 철학자는 소옹(1011~1077년)이다. 그는 강절康節 선생으로 통하며 현 호남성湖南省 출신이다. 주돈이와는 약간 다르지만 소강절邵康節 역시 『주역』으로부터 그의 우주론을 전개하였는데, 주돈이처럼 자기 이론을 설명하기 위하여 도표를 만들었다.

18장에서 우리는 한대漢代에 수많은 위서緯書(미래의 일과 길흉복을 예언한 책)가 출간되어 원래의 육경六經을 보완시켜 놓았다고 하였다. 『역위』에서 그 이론은 어떤 한 해에다 각각 64괘의 작용을 설명했다. 이 이론에 의하면 열두 달 각각은 몇 개의 괘의 영향 아래 있게 되는데 이 괘의 어느 하나가 그 달에 일어난 일을 주도하는 역할을 한다. 그러므로 이 괘를 벽괘辟卦(Sovereign Hexagram)라 한다. 이 벽괘는 복復(☷☳), 임臨(☷☱), 태泰(☷☰), 대장大壯(☳☰), 쾌夬(☱☰), 건乾(☰☰), 구姤(☰☴), 둔遯(☰☶), 부否

(☷), 관觀 (☷), 박剝 (☷), 곤坤 (☷)이다. 이 괘가 중요한 이유는 이 괘들이 1년 중 음양의 변화를 나타내 주기 때문이다.

이 괘들은 12장에서 살펴본 바와 같이 이어진 선(─, 劃線)은 양을 나타내고 끊어진 선(--, 絶線)은 음을 나타낸다. 양은 더위와 관련되어 있고 음은 추위와 관련되어 있다. 복(☷)괘, 즉 다섯 개의 끊어진 선과 하나의 이어진 선으로 된 괘는 음(추위)이 그 극점을 달하고 양(더위)이 다시 나타나기 시작하며 그 달은 음력 11월 달이며 동지가 들어 있는 달이다. 건(☰)괘는 양이 극도에 달한 네 번째 달(4월)의 벽괘이다. 구(☰)괘는 다섯 번째 달(5월)의 벽괘인데 이 달에 음이 다시 생겨나서 하지가 생긴다. 그리고 곤(☷)괘는 10월의 벽괘인데 이 달에 음이 극도에 달하고 동지가 들어 있는 달로서 양이 다시 생겨나기 바로 전달이며 기타의 괘는 음양변화의 중간과정을 가리킨다.

12괘(전체)는 순환한다. 음의 영향력이 극도에 도달했을 때 다음 괘의 맨 밑바닥에서 양의 괘가 나타난다. 양의 괘는 위로 올라가면서 점차로 달마다 많아지면서 드디어 극도에 달하게 된다.

그러면 다음 괘의 맨 밑바닥에 음이 다시 나타난다. 그리고 이번에도 음이 극도에 달할 때까지 음괘가 많아진다. 그리고 그 다음엔 양이 다시 생긴다. 그리하여 그 해의 주기와 괘의 주기는 다시 시작된다. 그러한 것이 자연의 불가피한 운행과정이다.

소옹의 우주론은 12벽괘의 이론에다가 더 한층 설명을 부가하였다. 주돈이의 경우에서와 같이 소옹은 『주역』「계사편」의 이론으로부터 그의 체계를 이끌어내었다.

「계사편」에서 "역易에 태극이 있다. 태극은 양의(곧 음과 양)를 낳고 양의는 사상四象을 낳고 사상은 8괘를 낳는다."고 말하였다. 이 과정을 설명하기 위하여 소옹은 다음과 같은 도표를 만들었다.

이 도표의 맨 아래에 있는 선은 양의兩儀인데 소옹의 체계에서는 음양이 아니라 동정動靜이다. 두 번째 있는 선은 첫째번 선과 관련된 듯이 보이는데 이것이 사상四象이다.

예컨대 가운데 있는 양 아래의 획선이 동動 아래의 이어진 선과 결합하므로 두 개의 이어진 선이 포개어지는데 이것이 양의 상이다. 즉, 소옹은 양을 하나의 이어진 선이 아니라 두 개의 이어진 선(══)으로 나타내었다. 이와 같이 가운데 있는 음 밑의 끊어진 선과 동 밑의 이어진 선이 결합함으로써 하나의 끊어진 선과 하나의 이어진 선이 포개어졌다. 이것이 곧 음의 상이다. 말하자면 음의 상은 ══이 아니라 ══이다.

위와 꼭 같은 방법으로 맨 위의 선은 가운데 선과 맨 밑의 선과의 연결이 이루어져 있는 듯 보인다. 이것이 8괘이다. 예컨대 태양 밑에 있는 이어진 선이 합하여 3개의 이어진 선이 되는데 이것이 건乾(☰)의 괘이다. 이와 같이 위의 태음 밑에 있는 끊어진 선과 중간의 '양陽' 밑에 있는 이어진 선과 아래의 '동動' 밑에 있는 이어진 선이 합하여 하나의 끊어진 선과 두 개의 이어진 선이 되는데 이것이 태兌(☱)괘이다. 그리고 또 위의 '소양' 밑에 있는 이어진 선과 중간의 '음' 밑에 있는 끊어진 선과 아래의 '동動' 밑에 있는 이어진 선이 합하여 이離(☲)괘가 된다. 똑같은 과정을 달리 결합함으로써 다음과 같은 여덟 개의 괘가 전부 얻어진다. 그것은 건乾(☰)·태兌(☱)·이離(☲)·진震(☳)·손巽(☴)·감坎(☵)·간艮(☶)·곤坤(☷)이다. 이들 각각의 괘는 어떤 원리 또는 작용을 나타낸다. 이 원리의 구체화로 인하여 하늘·땅·우주만물이 생겨난다.

소옹은 다음과 같이 말한다.

> 하늘(天)은 움직임(動)에서 생겨났고 땅(地)은 고요함(靜)에서 생겨났다. 한 번 움직이고 한 번 고요함이 엇갈려(交) 천지의 도를 남김없이 발휘한다. 움직임의 시초에서 양이 생겨나고 이 움직임의 맨 끝에서 음이 생겨난다. 한 번 음이 되었다가 한 번 양이 됨이 엇갈려(交代하여) 하늘의 작용을 발휘한다. 고요함이 처음 나타남으로써 부드러움(柔)이 생겨나고 이 고요함의 맨 끝에서 굳셈(剛)이 생겨난다. 한 번 굳세고 한 번 부드러움이 엇갈려 땅의 작용을 다 발휘한다.6)

굳셈과 부드러움(剛柔)이란 용어는 『주역』의 「계사편」에서 빌어온 말이다. 「계사편」에 "하늘의 도를 세워 음과 양이라 하고 땅(地)의 도를 세워 굳셈과 부드러움이라 하며 사람의 도(人道)를 세워 인의仁義라 한다."7)고 말하였다. 소옹은 한 걸음 더 나아가 "태양은 해가, 태음은 달이, 소양은 별이, 소음은 별자리(辰)가 되었다. 일월성신의 상호작용은 천체에 최대의 조화를 주었다. 태유는 물(水), 태강은 불(火), 소유는 흙(土), 소강은 돌(石)이 되었다. 물, 불, 흙, 돌이 상호작용하여 지체에 최대의 발전을 가져왔다."8)고 말하였다.

---

6) 天生於動者也 ; 地生於靜老也 ; 一動一靜交而天地之道盡之矣. 動之始則陽生焉, 動之極則陰生焉 ; 一陰一陽交而天之用盡之矣. 靜之始則柔生焉, 靜之極則剛生焉, 一剛一柔交而地之用盡之矣. 『皇極經世 ; 觀物 內篇』
7) 立天之道曰陰與陽. 立地之道曰柔與剛, 立人之道曰仁義. 『周易 ; 繫辭』
8) 太陽爲日, 太陰爲月, 少陽爲星, 少陰爲辰, 日月星辰交而天之體盡之矣. 太柔爲水,

이것이 그의 도표에서 엄격히 연역해낸 소옹의 우주기원론이다. 이 도표 속에 태극은 실제로 보이지 않는다. 그러나 도표의 첫째 선 아래의 공간에 의하여 상징된 존재로서 이해된다. 소옹은 "태극은 움직이지 않는 하나이다. 그것이 두 개를 낳으니 이 두 개(음양)는 곧 신神이다. 이 신은 수數를 낳고 수는 상象을 낳고 상은 도구(器, 개개의 사물)를 낳는다."[9]고 말하였다. 이 수數와 상象이 도표 속에 나타나 있다.

만물의 진화법

위에 표시한 도표 위에 다시 세 개의 선(4, 5, 6층)을 올려놓고서 먼저와 똑같은 배합과정을 거쳐서 64괘의 도표를 만들어낸다(이것은 8괘의 배합형식으로부터 이끌어내었다.). 이 도표를 똑같이 2등분하여 하나하나 각각 반원이 되게 구부리고, 이 두 반원을 합치면 소옹의 64괘원도방위도卦圓圖方位圖가 된다. 이 도표를 살펴보면(간단히 하기 위하여 여기서는 64괘를 12주괘로 줄였다.) 이 12개의 주괘主卦는 다음과 같은 순서가 나타난다(중앙으로부터 보아 위로부터 시계방향으로 나아간다.). 이 순서는 거듭 중첩하는 방법(加一倍法, The Method of Doubling)을 쓰면 자동적으로 도달된다. 왜냐하면 도표 속에 각 선(띠)의 상象의 수는 언제나 바로 아래 선의 상이 중복된 것이기 때문이다. 그래서 6개의 선이 모두 결합되어서 64괘가 생겨난다. 이 단순한 진행과정이 도표를 자연스러운 것처럼 보이게도 만들고, 동시에 신비스러운 것처럼 보이게 하고 있다. 그 결과 신유가

太剛爲火, 少柔爲土, 少剛爲石, 水火土石交而地之體盡之矣. 『皇極經世 ; 觀物內篇』

9) 太極, 一也, 不動, 生二, 二則神也 …… 神生數, 數生象, 象生器. 『皇極經世 ; 觀物內篇』

들은 이 도표 속에서 만물의 생장진행을 지배하는 보편적 법칙과 우주의 신비를 푸는 열쇠를 발견할 수 있다고 생각하였으며 이것은 소옹의 가장 위대한 발견 가운데 하나라고 하여 추종하였다.

이 법칙은 1년 사시(四季)의 변화에만 적용될 뿐만 아니라 낮과 밤 24시간의 바뀜에도 적용된다. 소옹과 기타 신유가에 의하면 음은 단순히 양의 부정으로서만 해석될 수 있다. 그러므로 양이 우주의 생성하는 힘이라면 음은 우주의 파괴적인 힘이다. 이런 뜻으로 음양을 풀이하면 이 도표에 나타난 법칙은 우주의 만물이 생성과 파괴의 단계를 거치는 길을 표시하는 것이 된다. 그래서 복復괘(☷☳)의 첫째 효(初爻)는 생성단계의 시작을 나타낸다. 건乾(☰)괘는 건설단계의 완성을 나타낸다. 구姤(☰☴)괘의 첫째 효(初爻)는 파괴단계의 시작을 나타내며, 이 단계는 곤坤(☷)괘에서 완결된다. 이런 방식으로 하여 이 도표는 그 자체 내에 부정을 포함한 만물의 법칙을 도식적으로 설명한다. 이것은 『노자』와 『역전』 「계사편」에서 강조된 원리이기도 하다. 전체로서의 우주는 이 보편법칙에 예외가 없다. 그래서 소옹은 복괘의 첫째 효(初爻)에서 세계가 생겨났다고 주장한다. 그리고 태괘泰卦에서 개개의 사물이 생겨나기 시작하고, 그 때 인류가 나타났으며 건괘乾卦에서 문명의 황금기에 도달하였다고 한다. 그 다음은 계속적인 몰락의 과정만이 뒤따르다가 박괘剝卦에까지 이르면 모든 사물이 퇴폐되고 곤괘坤卦에서 전 세계가 없어진다. 그리하여 다른 세계가 복괘의 첫째 효(初爻)와 더불어 시작하여 전 과정이 되풀이된다. 이와 같이 생성되었다가 파괴된 각 세계는 12만 9600년 간 지속된다.

소옹의 주된 저서는 『황극경세皇極經世』인데 우리의 현존하는 세계에 관한 정밀한 연대기적 도표(年譜)이다. 소옹의 연대기에 의하면 우리 세계의 황금기는 이미 지나가 버렸고 그것은 중국의 전통적인 요임금 시대였다. 오늘날 우리 시대는 박괘剝卦에 해당하는데 만물이 몰락해

가기 시작하는 때다.

14장에서 살펴본 바와 같이 대부분의 중국 철학자들은 역사과정을 계속적인 몰락의 과정으로 생각하였다. 만물은 자신 속에 모순을 포함한다는 이론은 헤겔 사상처럼 들린다. 그러나 헤겔에 의하면 어떤 것이 부인되었을 때 하나의 새로운 것이 보다 높은 수준에서 시작되나 『노자』와 『주역』 「계사편」에 의하면 어떤 것이 부정되었을 때 새로운 것은 단지 옛것을 되풀이할 뿐이라고 하였다. 이것이 필자가 2장에서 지적하였듯이 농경민들의 특징적인 철학이다.

장재張載의 우주론

이곳에서 언급할 세 번째 우주론의 철학자는 장재(1020~1077년)이다. 그는 보통 횡거橫渠 선생이라 불린다. 그는 현 섬서성陝西省 출신이다. 장횡거도 관점이 다르긴 하지만 역시 『역전』에 근거를 두고 우주론을 전개하였다. 여기에서 그는 특히 '기氣'의 사상을 강조하였는데 이 '기'의 개념은 후기 신유가의 우주론과 형이상학에서 점점 더 중요하게 되었다. '기'라는 말을 영어로 번역하면 Gas 또는 Ether를 뜻한다. 그런데 신유가사상에서 그 뜻은 어떤 때는 좀 추상적이며 어떤 때는 구체적이다. 이 뜻은 특정한 철학자마다 달리 사용하고 있다. '기'의 의미가 좀 더 추상적일 때 플라톤과 아리스토텔레스의 철학에서 말하는 질료質料와 가까운데, 이런 의미에서 '기'는 만물이 거기서부터 생성하여 나오는 무차별의 원질(The Primary Undifferentiated Material)을 뜻한다. 그러나 '기'의 의미가 구체적일 때는 현존하는 개개의 사물을 이루고 있는 물질을 뜻한다. 장재가 말하는 '기'는 구체적 의미의 기이다.

장횡거도 앞의 사람들과 같이 『역전』의 문구, 즉 "역易에 태극이 있는데 이것이 양의를 낳고"라고 한 내용에서 자기의 우주론의 기반을 삼았다. 그러나 장재는 태극을 '기' 그 이상의 아무것도 아니라고 생각하였다. 그는 대표저작인 『정몽正蒙』에서 다음과 같이 서술했다.

태화太和는 도(여기서 도는 태극을 말한다.)라고 하는데 그 안에서는 떴다 가라앉았다 올라갔다 내려왔다가 움직였다 가만히 있다가 하여 서로 감응하는 성질(Quality)이 있다. 그리고 인온絪縕(만물을 생성하는 원기가 왕성한 모양)하여 서로 움직이게 하며 서로 이기기도 하고 지기도 하며, 늦추었다 줄었다 하는 힘의 시초가 나타난다.10)

태화는 온전한 상태의 '기'에 붙인 이름인데 장횡거는 이것을 야마野馬(아지랑이)라고도 불렀다. 뜨고 올라가고 움직이는 것들은 음의 성질이다. 기의 성질에 의하여 영향을 받을 때는 내려와 가라앉는다. 그 결과 기는 끊임없이 모이든가 흩어지든가 한다. 기가 모여서 구체적인 사물들이 생겨나게 되고 기가 흩어져서 이 사물들이 소멸된다.
『정몽』에서 장재는 이렇게 말하였다.

기가 모일 때 우리 눈에 뚜렷이 볼 수 있게 되어 개개 사물의 모양(形)이 있게 되고, 기가 흩어질 때 뚜렷이 볼 수 없게 되어 모양이 없게 된다. 바야흐로 기가 모였을 때 어찌 그것은 손님(客)—손님처럼 일시적으로 그런 모양을 하고 있는 것—이라고 말하지 않을 수 있겠으며 바야흐로 기가 흩어졌을 때 어찌 갑자기 무無라고 말할 수 있겠는가?11)

---

10) 太和所謂道, 中涵浮沉升降動靜相感之性, 是生絪縕 相蕩 勝負 屈伸之始 …… 『張子全書 ; 正蒙』
11) 氣聚 則離明得施而有形 ; 不聚 則離明不得施而無形. 方其聚也, 安得不謂之客? 方

그리하여 장재는 도가나 불가의 '무'사상을 배척하였다. "만일 우리가 공空이 기氣라는 것을 알면 무無가 없다는 사실을 안다."[12] 허虛는 정말로 완전히 텅 빈 것이 아니라 단지 기가 흩어진 상태에서 눈에 보이지 않을 뿐이다.

『정몽』의 문구 중에서 특히 유명한 글이 있는데 장재의 서재 서쪽 벽에 따로 새겨져 있었다고 하여 『서명西銘』이라 하였다. 『서명』에서 장재는 우주의 만물이 하나의 똑같은 '기'로 되어 있으므로 인간과 모든 사물은 하나의 커다란 몸의 부분에 지나지 않는다고 하였다. 우리는 건곤(하늘과 땅)을 부모를 모시듯 받들어야 하고 모든 사람을 우리의 형제로 간주하여야 한다고 주장하였다. 우리는 '효孝'의 덕을 넓혀서 우주의 어버이를 섬김으로써 '효'를 실천하여야 한다.

그러나 이렇게 섬기는 데는 어떤 특별한 행동이 필요하지 않다. 모든 도덕적 행동은 우리가 그것을 이해할 수가 있다면 우주의 어버이를 섬기는 행동이다. 예컨대 만일 어떤 사람이 자기와 같은 사회구성원이라고 하여 남을 사랑하였다면 그는 자기 사회의 의무를 한 것이요, 사회에 봉사하고 있는 것이다. 그러나 만일 어떤 사람이 단지 자기 사회의 구성원일 뿐만 아니라 우주 어버이의 자녀들이기도 하기 때문에 다른 사람들을 사랑했다면 이것은 사회에 기여하는 것일 뿐만 아니라 동시에 전체로서의 우주의 어버이를 섬기는 것이다. 『서명』은 "살아 있을 때 나는 우주 부모를 따르고 섬기며, 죽으면 나는 편히 쉰다(生吾順事沒吾寧也)."는 구절로 끝을 맺었다.

이 글은 뒤에 신유가들에 의해 매우 칭송받았는데 이는 삶에 대한 유가의 태도를 불가나 도교 및 도가의 태도와 뚜렷하게 구별지어 주었기 때문이다. 장재는 다른 곳에서 이렇게 말했다.

其散也, 安得遽謂之無? [同上]

12) 知太虛卽氣 卽無無. 『張子全書 ; 正蒙』

태허太虛 ─즉 태화太和인 도道 ─는 기로 되어 있다. 기는 모여서 만물이 되지 않을 수 없다. 만물은 흩어져서 태허가 되지 않을 수 없다. 이것을 따라서 드나드는 것은 다 어쩔 수 없이 그러한 것이다.13)

성인은 우주의 본성을 이해하기 때문에 "살아도 얻는 바가 없으며, 죽어도 잃는 바가 없다(生無所得, 死無所喪)."는 사실을 안다. 그러므로 성인은 단지 평범한 생활을 하려고 한다. 살았을 때 성인은 사회의 일원으로서 또 우주의 일원으로서 자기에게 부과된 의무를 다하고 죽음이 닥쳤을 때는 평안히 쉰다.

성인은 일상인이 해야 할 일을 한다. 그러나 스스로 체득해낸 것이기 때문에 그가 하는 일은 새로운 의미를 갖는다. 신유가들은 모든 도덕적 행동은 초도덕적인 그 이상의 가치를 요한다는 관점을 전개하였다. 그들은 모두 자기들 안에 선사들이 '묘한 도(妙道)'라고 하는 그 특성을 가지고 있다. 이런 의미에서 신유가사상은 사실 선사상을 한층 더 발전시켰다.

---

13) 太虛不能無氣. 氣不能不聚而爲萬物. 萬物不能不散而爲太虛. 循是出入, 是皆不得已而然也. 『張子全書 ; 正蒙』

제
24
장

신유가
新儒家

2 : 두 학파의 발단

신유가는 두 개의 주요학파로 분류해 왔다. 우연하게도 정호程顥 (1032~1085년), 정이程頤(1033년~1108년) 형제가 두 학파의 창시자가 되었다. 그들을 '이정二程'이라 일컫는다. 동생 정이는 주희朱熹(1130~1200년) 가 완성한 정주학파程朱學派 또는 '이학理學'의 창시자가 되었으며, 형兄 정호는 육구연陸九淵(1139~1193년)이 계승하여 왕수인王守仁(1473~1529년)이 완성한 육왕학파陸王學派 또는 '심학心學'의 창시자가 되었다. 이 양 학 파 간의 차이와 중요성은 정이·정호 시대에는 인식되지 못하였으나 주희와 육구연이 일대논쟁을 시작한 이래 오늘날까지도 계속되고 있다.

다음 25장에서 살펴보려는 양파의 주요문제는 사실 근본적인 철학 적 의의를 가진 문제다. 서양 철학의 용어로 표현하면 자연법칙(Laws of Nature)이 심心 혹은 유심唯心에 의하여 성립되는가 그렇지 않은가의 여부에 관한 문제이다. 그것은 플라톤적 실재론(Realism)과 칸트적 관념 론(Idealism) 간의 문제제기였으며[1] 형이상학에서의 유일한 문제라고 하 여도 과언이 아니다. 만일 그것이 해결된다면 기타 여러 논쟁의 쟁점 이 없어질 것이다. 이 장에서 필자는 이 문제를 상세히 논할 수는 없 으므로 단지 중국 철학사에 있어서 문제의 발단만 간단하게 제시하려 고 한다.

---

1) 플라톤의 Idea계는 객관적 실재이므로 저자는 Realism이라 보았으며, 칸트는 오성을 자연의 입법자로 보았다. 그래서 저자는 Idealism이라 해석하고 있다. (譯註)

정호의 인仁 사상

정이 · 정호 형제는 현 하남성河南省 출신이었다. 형 정호는 호를 명도明道라 하고, 동생 정이는 이천伊川이라고 한다. 두 형제의 부친은 주돈이의 친구였으며 장횡거의 사촌이었다. 그러므로 그들 형제가 어렸을 때 주돈이로부터 가르침을 받았으며, 후에 장횡거와 항상 토론을 일삼았다. 더구나 그들은 소옹과도 그리 멀지 않은 곳에 살아 이 다섯 철학자가 밀접하게 접촉할 수 있었던 사실은 중국 철학사에서 여간 다행스러운 일이 아니다.

정호는 장횡거의 『서명西銘』을 읽고 매우 감탄하였다. 그 이유는 『서명』의 중심 테마가 '만물은 한 몸(一體)이다'라는 것인데 이것이 곧 자기 철학의 중심사상이기도 하였기 때문이다. 정호에 의하면 만물과 합일되는 것이 인仁의 주요특징인 것이다.

그는 다음과 같이 말했다.

학자는 반드시 먼저 인仁을 알아야 한다. 인은 만물과 혼연하여 같은 몸(同體)이 되어 있다. 의 · 예 · 지 · 신은 모두 인이다. 이 이치를 알아서 성誠 · 경敬으로 간직하고 있으면 된다. 막고 검속할 필요가 없고 끝까지 찾아낼 필요도 없다. 이 도는 사물과 대립되는 것은 아니다. '크다(大)'라는 말도 그것을 밝히기에 부족하다. 천지의 작용Function은 다 나의 작용이다. 맹자는 "만물이 모두 나에게 갖추어져 있다."고 말하였다. 우리는 자신을 반성해 보고 참(誠)되면, 곧 커다란 즐거움이 된다. 그런데 자신을 반성하였는데 아직 참(誠)되지 아니하였다면 여전히 이 둘은 대립되어서 합하려고 하여도 마침내 합일될 수 없다. 그러니까 어떻게 즐거움을 얻을 수 있겠는가? 『서명』에서 이 본체(體)를 상세하게 잘 설명하였다. 우리가 이 뜻을 보존하여 수양하면 또다시 무슨 일이 있겠는가? 반드시 여기에 일삼음이 있어야 하되 그치지 말고, 잊지 말고, 조장하지 말고, 아주 조그만 힘도 무리하게 들이지 말아야 한다. 이것이 그것(仁)을 보존하는 길(道)이다.[2]

7장에서 필자는 정호가 인용한 맹자의 진술을 충분히 언급하였다. 우리는 '조장하지 말고', '어떤 일을 해야 한다'는 것이 맹자의 '호연지기'를 기르는 방법이며, 이 방법은 신유가들에 의하여 크게 칭송을 받았다. 정호에 의하면 우리는 본래 만물과 일체라는 도리를 먼저 이해한 다음, 우리가 필요한 모든 것은 이것을 마음속에 보존하고 성실(誠)하게 그리고 조심스럽게(敬) 이 도리를 실천하는 일이다. 그러한 공부工夫를 쌓음으로써 우리는 참으로 만물과 일체되는 것을 느끼게 된다. 이른바 "성실(誠)하게, 그리고 조심스럽게(敬) 그것(仁)을 간직한다(以誠敬存之)."는 진술은 곧 '우리가 반드시 해야 할 어떤 일이 있음(必有事焉)'을 뜻한다. 그러나 이 합일Unity에 도달하려는 데 있어서는 아무런 인위적 노력이 없다. 이런 의미에서 우리는 조그마한 힘도 들이지 않고(夫嘗致織毫之力) 이루어야 한다.

정호와 맹자의 차이점은 전자가 후자보다 더 형이상학적인 해석을 인仁에다 부과했다는 점이다. 『역전』에 "하늘(天)의 큰 덕(大德)은 생生이다(天地之大德曰生)."의 '생生'이란 용어는 단순히 산출Production 또는 생산해내는 것Produce을 의미할 수도 있고 또한 생명Life 혹은 탄생To Give Birth to Life을 뜻하기도 한다. 15장에서 필자는 '생'을 '생산'으로 번역

---

2) 學者須先識仁 ; 仁者渾然與物同體, 義禮智信皆仁也. 識得此理, 以誠敬存之而已 ; 不須防檢. 不須窮索 …… 此道與物無對, …… 天地之用. 皆我之用. 孟子言萬物皆備於我, 須反身而誠, 乃爲大樂, 若反身未誠 則猶是二物, 有對, 以已合彼, 終未有之, 又安得樂? 訂頑意思(橫集 · 西銘, 舊名 訂頑) 乃備言此體, 以此意存之, 更有何事. 必有事焉而勿正, 心勿忘, 勿助長, 未嘗致織毫之力, 此其存之之道.『二程遺書 ; 卷2』

하였다. 그 이유는 그것이 『역전』의 사상과 가장 잘 화합되는 말처럼 보이기 때문이다. 그러나 정호와 신유가에 의하면 생은 '생명' 또는 '탄생'을 뜻한다. 그러니까 만물에 깃들어 있는 '생명', 이것이 곧 천지의 인仁이다.

'불인不仁'이란 표현은 중국 의학에서 마비를 말할 때 쓰는 전문용어이기도 하다. 정호는 말했다.

> 의학서에서 수족의 마비를 불인이라고 말했는데 그 증상을 가장 잘 표현한 말이다. 어진 자(仁者)는 천지만물은 곧 하나의 몸(一體)이라고 생각하기 때문에 자기 아닌 것이 없다.—만물을—자기라고 여긴다면 만물을 위해 무슨 일인들 못할까? 만일 자기가 만물을 가지고 있지 않다면 저절로 자기와 서로 관계없게 된다. 만일 손과 발이 마비(不仁)되면 기氣(Vital Force)가 온몸에 두루 통하지 못하니—손발도—다 자기에게 속하지 않게 된다.[3]

정호에 의하면 만물 간에는 형이상학적으로 내적 연관성이 있다는 것이다. 맹자의 '측은지심惻隱之心' 또는 '차마 하지 못하는 마음(不忍人之心)'은 단순히 우리와 다른 사물 간의 연관성을 표현한 말이다. 그러나 이 '차마 하지 못하는 마음'은 가끔 이기심(自私) 또는 신유가들이 항상 사용하는 말인 이욕利欲 또는 욕심(欲)에 의하여 흐려지는 수가 있으므로 본래의 합일Unit을 잃어버린다. 이때, 본래 자기와 만물은 합일되어 있다는 것을 기억하고 성실하고 경건하게(以誠敬存之) 행위하는 것이 필요하다. 이렇게 하여 차차로 본래적인 일체가 다시 회복된다는

---

[3] 醫書言手足痿痺爲不仁 ; 此言最善名狀. 仁者以天地萬物爲一體, 莫非己也. 認得爲己, 何所不至? 若不有諸己, 自不與己相干. 如手足不仁, 氣已不貫, 皆不屬己. 『二程遺書 ; 卷2 上』

것이 바로 정호 철학의 주된 관념이며, 이를 뒤에 육구연과 왕수인이 상세하게 발전시켰다.

정주程朱의 리理 사상에 관한 기원

8장에서 우리는 벌써 공손룡이 보편자와 사물 간의 구분을 명확히 해놓았다는 사실을 알았다. 그는 '희다(白)'고 하는 것은 이 세상의 흰 물건과 아무 상관없이 존재하는 것이라고 주장하였다. 공손룡은 플라톤의 두 세계, 즉 현상계와 예지계(속세와 영원)를 구별한 사상을 가지고 있었던 것 같다. 그러나 이 사상은 그 뒤에 발전되지 못하고 명가의 철학은 중국 사상에서의 주류에서 벗어나 다른 방향으로 나아갔다. 그리하여 중국 철학자들이 다시 한 번 영원의 관념Eternal Idea에로 관심을 돌리는 데 천 년이나 걸려 정이와 주희에 이르러 비로소 가능하게 됐다.

그러나 정이나 주희는 명가의 계승자는 아니었으며 공손룡이나 명리名理에 관심을 두지도 않았다. 명리란 명名에 대한 분석에 기반을 둔 원리이며 신도가들 사이에서 논의한 문제였다. 이 문제에 대하여 19장에서 다루었다. 정주는 리理의 관념을 『역전』으로부터 발전시켰다.

필자는 15장에서 도가의 '도'와 『역전』의 '도' 사이에 차이가 있음을 지적하였다. 도가의 '도'는 우주에 있는 만물이 유래되는 통일된Unitary 원초의 그 무엇이며, 『역전』의 '도'는 반대로 우주 하나하나의 사물을 지배하는 여러 개의 원리들이다. 바로 이 개념에서부터 정이천과 주희가 리理의 관념을 이끌어내었다.

그러나 정이와 주희에게 직접적인 자극을 준 것은 장재와 소옹의 사상인 것 같다. 앞에서 장재는 구체적인 특수한 사물이 나타났다가 사라지는 것을 '기'의 모임과 흩어짐으로 설명하였다는 사실을 말했다.

'기'의 모임(聚)으로 말미암아 사물들이 형성되어 나타났다. 그러나 이 이론은 서로 다른 종류의 사물들이 왜 생겼는가 하는 이유를 설명하지는 못한다.

꽃과 나뭇잎은 둘 다 '기'가 모여 생긴 것이라고 인정한다 하더라도 왜 꽃은 꽃이고 나뭇잎은 나뭇잎인가? 그 이유에 대하여는 알지 못한다. 여기에서 정이와 주희의 '리理' 관념이 나왔다. 정주에 의하면 우리가 보는 우주는 '기氣'뿐만 아니라 또한 '리理'의 산물이다. '기'의 응집이 상이한 '리'에 따라서 상이한 방법으로 일어나기 때문에 상이한 종류의 사물들이 존재한다. 꽃은 꽃의 '리理'에 따라서 기가 응집되었기 때문에 꽃이 되었고, 나뭇잎의 리에 따라서 기가 응집되었기 때문에 나뭇잎이 되었다.

소옹의 도표는 리理의 사상을 제창하는 데 도움을 주었다. 소옹에 의하면 도표가 나타내는 것은 개개 사물의 변화를 지배하는 법칙Law이다. 이 법칙은 이 도표에 선행할 뿐만 아니라 개체 사물의 존재에도 선행한다. 소옹은 복희伏羲가 처음 도표를 그리기 전에 『주역』은 이미 존재했다고 주장하였다. 정이 · 정호(二程) 형제 가운데 한 사람은 "소옹의 시詩에서 그는 복희가 그리기 전에 이미 『주역』이 있었고 깎아 없앤 뒤부터 다시는 시詩가 없다."고 썼다. 이 견해는 결코 이전에 언급된 적이 없었다.[4]고 하였다. 이 이론은 신실재론자의 이론과 똑같다. 신실재론자는 여러 개의 수가 있기 전에 하나의 수가 있었다고 주장하였다.

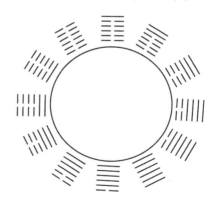

---

4) 堯夫 (邵雍之號) 詩 …… "須信畫前原有易, 自從刪後更無詩 此意古原無人道來" 『二程遺書 ; 卷2 上』

정이程頤의 리理 관념

장재와 소옹 철학의 배합은 그리스 철학자들의 '형상'과 '질료'의 구분을 연상케 한다. 이 구분을 정이천과 주희는 매우 명확히 하였다. 정이천과 주희는 플라톤과 아리스토텔레스처럼 이 세상의 만물이 존재하기 위해서는 어떤 물체 속에 어떤 원리가 구현되어 있어야 한다고 생각하였다. 만일 어떤 사물이 존재한다면 그 사물에는 어떤 원리가 반드시 존재한다. 그러나 어떤 원리가 있으면 그 원리에 상응하는 사물은 존재할 수도 있고 않을 수도 있다. 정주는 이 원리를 '리理'라고 불렀으며 사물을 '기氣'라고 불렀다. 주희의 기는 장재 철학체계의 '기'보다 훨씬 더 추상적이다.

정이(이천)도 '형상形上'과 '형하形下'를 구분하였다. 이 용법의 출처는『주역』「계사 상편」에서 찾아볼 수 있다.

"형이상인 것을 도道라고 하고 형이하인 것을 기器라 한다."5)

정이천과 주희의 철학체계에서 이 구분은 서양 철학의 구체와 추상 간의 구분에 해당된다. '리'는 '형상形上'인 '도道' 또는 서양 철학에서 말하는 추상Abstract이며 '기器'는 형하 또는 구체Concrete인데 정주는 개별적인 사물을 뜻하는 것으로 보았다.

정이천에 의하면 '리'란 영원하며 증가할 수도 소멸할 수도 없다는 것이다. "하늘의 이치(天理)라고 하는 것은 생겼다가 없어지고 증가했다가 감소하는 것을 상정할 수도 없다."6) 또 "온갖 리(百理)란 널리 다 퍼져 있다. 요임금이 임금의 도리를 다하였다고 하여 임금의 도리가 늘어나고, 순임금이 아들의 도리를 극진히 했다고 해서 아들의 도리가 늘어났다고 어찌 말할 수 있겠는가."7)

---

5) 形而上者謂之道, 形而下者謂之器.『周易 ; 繫辭 上』
6) 天理云者, …… 怎生說得存亡加減. 是佗原無少欠, 百理俱備.『二程遺書 ; 卷2 上』

정이천은 또한 형이상의 세계는 그 안에 아무것도 없이 텅 비었으나 모든 것으로 꽉 차 있다고 기술하였다. 그 이유는 그 안에 구체적인 사물은 없으면서도 온갖 '리'로 꽉 차 있기 때문이다. 온갖 '리'는 현실계에 구현되어 나타나든지 안 나타나든지 관계없이, 또 우리 인간이 그것에 관하여 알고 있든지 모르고 있든지 상관없이 영원히 존재한다.

정이천의 수양방법은 다음과 같은 그의 유명한 말에 잘 표현되어 있다. 수양하려면 반드시 경건(敬)으로써 하여야 하고, 학문의 진보를 위하여는 지식을 넓히는(致知) 데 있다.[8]

'경'이란 용어는 삼가다, 조심하다로 번역되며 성실 또는 진실로도 번역될 수 있다. 정명도 역시 배우는 사람은 만물이 원래 하나라는 것을 먼저 알아야 하며, 그런 연후에야 이 성실함(誠)과 경건함(敬)으로 그것을 간직하고 있어야 한다고 말했다. 경건함(敬)은 이때부터 정신수양방법을 설명하기 위하여 신유가들이 사용한 핵심적 용어가 되었다.

주돈이가 정신수양방법을 위해 사용한 용어는 '조용함(靜)'이었다. 중국어로 '경敬'과 '정靜'은 다 'Ching'으로 발음되지만 '정'은 조용함을 뜻한다. 사실 정신수양방법에서 '조용함(靜)'을 경건함(敬)으로 바꾸어 놓았다는 점에서 신유가는 선종과 결별하고 한 걸음 더 나아갔다.

22장에서 지적한 바와 같이 정신수양과정에는 노력이 필요하다. 설령 우리의 궁극적 목표가 노력하지 않아도 좋은 상태에 도달하는 데 있다고 할지라도 그 노력 없는 상태에 이르기까지에는 처음엔 대단한 노력이 요구된다. 그러나 이것을 선가禪家들이 말한 것은 아니고 또 주돈이의 '조용함(靜)'도 이것을 표현한 것은 아니었으나, 경건함(敬)이라

---

7) 百理俱在 平鋪放着. 幾時道堯盡君道, 添得些君道多. 舜盡子道, 添得些子道多. 元來依舊? 『二程遺書 ; 卷2 上』

8) 涵養須用敬, 進學則在致知. 『二程遺書 ; 卷2 上』

는 용어를 사용함으로써 이 노력이라는 개념이 전면에 나타났다.

수양하는 데 있어서 우리는 언제나 삼가(敬)하여야 한다. 그러나 무엇을 삼가야 할 것인가? 신유가의 두 학파 간에 논쟁점이 된 이 문제는 다음 두 장에서 다시 다루어 보겠다.

감정을 처리하는 방법

20장에서 왕필이 성인은 "감정을 가지고 있으나 감정에 얽매이지 않는다(有情而無累)."는 주장을 했는데 『장자』에도 역시 그러한 말이 있다.

지인至人의 마음씀이 거울과 같아 만물을 보내지도 마중하지도 않으며 순응하기는 하되 감추어 두지도 않는다. 그러므로 만물을 이기면서도 상하지 않을 수 있다.[9]

왕필의 감정에 대한 이론은 장자의 이 진술을 전개시킨 것 같다.

신유가의 감정을 조절하는 방법은 왕필과 똑같은 노선을 따랐다. 그 방법의 골자는 자신이 감정에 얽매이지 않게 하는 일이다. 정호가 말하였다.

천지의 한결같은(常) 태도는 그 마음이 만물에 두루 퍼져 있으되 자체는 마음이 없고, 성인의 한결같은(常) 태도도 그 정감이 만사에 순응하면서도 자신은 아무런 정감이 없다. 그러므로 군자의 배움은 툭 터져 있으면서 크게 공평하며 사물이 오는 대로 거기에 순응한

---

9) 至人之用心若鏡, 不將不迎, 應而不藏, 故能勝物而不傷. 『莊子 ; 應帝王』

다. 사람의 정감에는 각기 가리워짐이 있으므로 도道에 나아가지 못한다. 사람은 대체로 사사로운 이익을 위하고 잔꾀를 쓰는 데에 걱정이 생긴다. 사사로운 이익을 위하면(自私) 자발적 반응으로 행동할 수 없고, 잔꾀를 쓰면(智) 깨달음을 자연스럽게 얻을 수가 없다. 성인은 당연히 기뻐할 때 기뻐하며 당연히 노해야 할 때 노하기 때문이다. 그러므로 성인의 기쁨과 노함은 마음에 매여 있는 것이 아니라 사물에 매여 있다.10)

이 말은 정명도가 장횡거에게 쓴 답서의 일부분이다. 정명도가 말한 "툭 터져 있으면서 크게 공평하여 사물이 오는 대로 순응한다(物來而順應廓然而大公)."는 것과 "사사로운 이익을 위하지 말라(勿自私)." 그리고 "꾀를 사용하지 말라(勿用智)."는 것은 주돈이가 말한 마음이 조용하고—욕심이 없이—텅 비고 움직이면—이익을 고려하지 않고—곧바로 표현된다는 것(靜虛動直)과 같은 내용이다.

정명도에 의하면 성인도 때때로 기뻐하고 화를 내는 것은 당연하다. 그러나 성인의 마음은 넓고 허심탄회하여 확연하고 공평하기 때문에 이런 기쁘고 분노한 감정이 생겼을 때, 그 감정은 단지 우주에 있는 객관적인 현상일 뿐 자신과 특별히 연관되어 있지 않다.

성인이 기뻐하거나 분노할 때 그것은 마땅히 기뻐하거나 분노할 만한 외계의 사물이 마음에 기뻐하거나 분노한 감정을 일으킬 뿐이다. 성인의 마음은 모든 것을 비추는 거울과 같다. 그러므로 대상이 없어지면 그 대상이 일으켰던 감정도 사라지게 되니 성인은 감정을 가지고

---

10) 夫天地之常, 以其心普萬物而無心 ; 聖人之常, 以其情順萬事而無情. 故君子之學, 莫若廓然而大公, 物來而順應. …… 人之情 各有所蔽, 故不能適道, 大都患在於自私而用智. 自私則不能以有爲爲應跡 ; 用智則不能以明覺爲自然. …… 聖人之喜, 以物之當喜 ; 聖人之怒, 以物之當怒 ; 是聖人之喜怒, 不繫於心也. 而繫於物也. 『明道文集 ; 卷3』

있지만 감정의 노예가 되지 않는다. 그러면 앞에서 언급되었던 이야기로 다시 돌아가 보자.

한 아이가 우물에 빠지려 하는 것을 어떤 사람이 보았다고 하자. 만일 그 사람이 자연스런 정감Natural Impulse에 따른다면 그는 곧 달려가 그 아이를 구하려고 할 것이다. 그가 성공했다면 틀림없이 그에게 기쁨을 줄 것이요, 실패했다면 틀림없이 슬픔을 일으키게 할 것이다. 그러나 그의 행위는 툭 터져 크게 공정하기 때문에 일단 그 일이 끝나면 그의 감정도 역시 사라진다. 그리하여 그는 감정을 가지고 있으나 감정의 노예가 되지는 않는다.

신유가들이 통상 잘 쓰는 다른 예화는 공자의 사랑하는 제자인 안회의 이야기다. 공자는 "안회는 분노를 옮기지 않는다(不遷怒)."고 하였다. 보통 사람은 화가 날 때, 가끔 다른 사람에게 욕을 하고 물건을 부수고 자기의 감정을 도대체 어찌할 바를 모른다. 이것을 일러 분노를 옮긴다(遷怒)고 한다. 그는 화가 나게 만든 대상으로부터 그렇지 않은 것에까지 자기의 화를 옮긴다. 신유가들은 공자의 이 말을 매우 진지하게 받아들여 안회의 이러한 성품을 공자의 문인 중에서 가장 으뜸가는 것으로 간주하여 그를 정신수양에 있어서 공자에 버금간다고 생각하였다. 그리하여 정이천은 말하였다.

우리는 어째서 안회가 분노를 옮기지 않았는가를 알지 않으면 안 된다. 이를 거울에 비유하면 아름다운 것은 아름답게 보이고 추한 것은 추하게 보이는 것과 같으니 거울에 어찌 좋고 싫음이 있겠는가? 세상 사람들은 집에서 난 화를 밖에 나가서까지도 화난 안색을 드러낸다. 그러나 성인은 결코 사물로 인하여 분노함을 품는 적이 없다. …… 군자는 사물을 부리고 소인은 부림을 당한다.[11]

신유가에 의하면 안회가 분노를 옮기지 않은 이유는 자신이 그의 감정에 매어 있지 않았기 때문이다. 어떤 사물이 그의 마음의 거울에 사물이 나타나는 것과 같이 어떤 감정을 일으키게 할 수는 있으나 그 자신은 감정에 얽매어 있지 않으므로 다른 대상에 옮길 것이 없다. 그는 그의 마음에 감정을 일으키는 어떤 사물에 응하기는 하지만 그 자신은 사물의 노예가 되지 않았기 때문에 그는 풍류(樂)를 즐기는 사람으로 인정되었고 그 때문에 신유가들은 그를 크게 칭송하였다.

행복(樂)의 탐구

20장에서 필자는 신도가들이 명교名教에서 행복(樂)을 찾으려 시도하였다고 말했다. 실로 행복(樂)의 탐구는 신유가의 공공연한 목표 가운데 하나였다. 예컨대 정명도는 말한다.

우리가 주돈이를 모시고 배울 때 그는 언제나 우리에게 공자와 안회의 행복(樂, Happiness)이 어디에 있으며 어떠한 일을 즐겼는가를 찾아보라고 하였다.[12]

사실 『논어』에는 공자와 그 제자들의 즐거움(樂)을 기록한 글이 많이 실려 있다. 그 중에서도 신유가들이 흔히 인용하는 글은 다음과 같다.

---

11) 須是理會得因何不遷怒. …… 譬如明鏡, 好物來時, 便見是好 ; 惡物來時, 便見是惡 ; 鏡何嘗有好惡也. 世之人固有怒於室而色於市. 若聖人因物而未嘗有怒. …… 君子役物, 小人役於物. 『二程遺書 ; 卷18』
12) 敦頤每令尋孔顔樂處, 所樂何事. 『宋史 ; 卷427』

나물 먹고 물 마시고 팔을 베고 누웠어도 즐거움이 또한 그 가운데 있는 것이니 옳지 않으면서도 부하고 귀한 노릇 하는 것은 나에게 뜬구름과 같다.13)

안회에 대하여 다시 공자는 말한다.

안회는 참 어질구나. 한 그릇 밥과 한 모금의 물을 먹고 누추한 거리에서 청빈하게 살았으니 다른 사람 같으면 그런 가난에 견디지 못할 것을 안회만은 여전히 즐겼으니 참으로 안회는 어질도다.14)

다른 한 가지는 자로子路 · 증석曾晳 · 염유冉宥 · 공서화公西華 이 네 사람이 공자를 모시고 있을 때다. 공자는 그들 제자에게 장차 무엇이 되고 싶으냐고 물었다. 먼저 자로는 "국방의 일을 맡아보고 싶습니다."고 대답했다. 다음에 염유는 "재정의 일을 맡아보고 싶습니다."고 대답했다. 세 번째로 공서화는 "예의절차의 일을 맡아보겠습니다."고 대답했다.

그러나 네 번째의 증석은 다른 사람의 말에 귀를 기울이지 않고 거문고를 뜯고 있다가 다른 사람이 말을 마쳤을 때 그는 "화창한 봄날에 봄옷이 다 되거든 벗 오륙 명과 동자 육칠 명과 더불어 기수沂水에 가서 목욕하고 구름이 노니는 곳에서 바람 쏘이며 노래나 읊고 오겠습니다."라고 대답하자 공자는 "내 뜻도 너와 같다."고 동조하였다.15)

정이천은 처음 두 구절을 평하였다.

---

13) 飯疏食飲水, 曲肱而枕之, 樂亦在其中矣. 不義而富且貴, 於我如浮雲. 『論語；述而』
14) 子曰：賢哉回也! 一簞食, 一瓢飮, 在陋巷, 人不堪其憂, 回也不改其樂. 賢哉回也. 『論語；雍也』
15) 曰：莫春者, 春服旣成, 冠者五六人, 童子六七人, 浴乎沂, 風乎舞雩, 詠而歸. 夫子喟然歎曰：吾與點也. 『論語；先進』

나물 먹고 물 마시는 그 자체에는 조금도 즐거움이 없다. 이 구절의 뜻은 공자와 안회가 단지 이러한 간소한 음식만을 들었음에도 불구하고 그 즐거움(樂)을 지니고 있었다는 사실에 있다.16)

이 논평은 그 자체는 옳으나 공자·안회가 즐거워하였던 것(樂)이 무엇인가 하는 문제는 여전히 남아 있다.

어떤 사람 선우신鮮于侁과 정이천의 문답이다.

선우신 : 안회는 어째서 그 즐거움을 바꿀 수 없었을까요?
정이천 : 그가 즐긴 바를 알면 바꾸지 않은 이유를 알 수 있지요. 그러면 안회가 즐겼던 것이 무슨 즐거움인지 아십니까?
선우신 : (안회는) 도를 즐겼지요.
정이천 : 만일 안회로 하여금 도를 즐길 만하다고 하여 즐기게 하였다면 그는 안회가 아니요.17)

이 진술은 선종의 진술과 흡사하다. 『이정유서二程遺書』의 편집자인 주희는 이 구절을 『유서』에 포함시키지 않고 부록으로 『외서外書』라는 책에 따로 실었다. 그럼에도 불구하고 그 말은 참된 면을 갖고 있다. 성인의 즐거움은 자기 마음에서 우러나오는 자연적인 것이기 때문이다. 주돈이는 이것을—마음이—"조용하고 텅 비어 움직임이 곧바르다

---

16) 『程氏經說 卷6』 이상에서 인용한 글을 정호는 이렇게 해석하였다. "나물 먹고 물 마시며, 가난한 동네는 즐길 만한 것이 아니다. 대개 스스로 그 즐거움(幸福)을 가지고 있을 뿐이다. '그' 자를 잘 음미해야 그 자체가 깊은 뜻을 가지고 있다."(簞, 瓢, 陋巷, 非可樂, 蓋自有其樂耳, 其字當玩味意, 自有深)『二程遺書 ; 卷12』

17) 鮮于侁問, 曰 : 顔子何以不能改其樂? 子曰 : 知其所樂, 則知其不改. 謂其所樂者何樂也. 曰 : 樂道而已. 子曰 : 使顔子以道爲可樂而樂乎? 則非顔子矣. 『二程外書 ; 卷41』

(靜虛動直)."고 하였으며 정명도는 "툭 트여서 크게 공정하다. 사물이 오면 이에 순응한다(廓然而大公, 物來而順應)."라고 표현하였다. 그는 도를 즐긴 것이 아니라 단지 자기 있는 그대로의 인생을 즐겼을 뿐이다.

신유가들의 이 견해는 위의 인용된 『논어』의 세 번째 구절을 해설하여 보면 뚜렷하여진다. 이 구절에 대한 주희의 해석은 다음과 같다.

증점曾點의 학문은 대개 독특한 견해를 가지고 있는 것 같다. 무릇 인간의 욕심(人欲)이 다 없어진 곳에 천리天理가 흐르니(流行) 곳곳마다 가득 차 조금도 빠지거나 모자람이 없었다. 그러므로 움직일 때나 가만히 있을 때나 언제나 이와 같이 조용하였으며 그가 자신의 뜻을 말하면 자기가 있는 그 자리에서 그 날마다 늘 하는 일(日用之常)을 즐기는 것에 지나지 않는다. 처음부터 자기를 버리고 남을 따르려는 뜻이 없었으며 그의 마음은 침착하여 곧바로 천지만물과 위아래로 함께 흘러 각각 자기 있는 곳의 묘한(妙) 도리를 얻게 되면— 그러한 기상은—은연중에 저절로 말로 나타나게 된다. 이제 세 분이 소소하게 지엽적인 것에 자기를 맞추려고 하니 그 기상은 증점과 같을 수가 없다. 그러므로 공자께서 감탄하여 증점을 깊이 인정하여 주었다.[18]

20장에서 풍류의 근본 특질은 사물을 분별하는 단계를 넘어서서 그 무엇보다도 사물 그 자체와 일치하여 사는 마음을 갖는 것이라고 말하였다. 주희의 주석에 의하면 증점이 바로 이런 종류의 풍류인이었기

---

18) 曾點之學, 蓋有以見夫人欲盡處. 天理流行, 隨處充滿, 無少欠闕. 故其動靜之際, 從容如此. 而其言志, 則又不過卽其所居之位. 樂其日用之常, 初無捨己爲人之意. 而其胸次悠然, 直與天地萬物上下同流, 各得其所之妙, 隱然自見於言外. 視三子之規規於事爲之末者, 其氣象不侔矣. 故夫子歎息而深許之. 『論語集註 卷6 ; 先進篇註』

때문에 즐거움(樂, 즉 幸福)을 가졌다. 이같이 주희의 진술에서도 역시 우리는 신유가의 낭만적인 요소를 발견할 수 있다. 신유가는 '명교'에서 행복을 찾으려고 했다고 말한 바 있지만, 그러나 동시에 명교는 자연에 반대되는 것이 아니라 오히려 자연에서 한 걸음 발전한 형태다. 이는 또한 공자와 맹자의 중심 테마였다고 신유가들은 주장하였다.

신유가 자신들은 이 사상을 실행하는 데 성공했을까? 사실 그들은 성공하였다. 그 성공의 구체적인 예는 소옹의 시와 정호의 시 속에서 찾아볼 수 있다. 소옹은 매우 행복한 사람이었으며 정호는 그를 '풍류의 호걸(風流之豪)'이라고 불렀다.

소옹은 자기 집을 안락와安樂窩(Happy Nest)라고 이름 지었으며 자신을 안락安樂 선생(Master of Happiness)이라고 불렀다. 그의 시 「안락음安樂吟(Song on Happiness)」을 아래에서 보자.

안락선생 이름은 아무도 모른다네.
30년 간 락洛 강변에 살던 그.
감정은 바람과 달, 마음은 강이나 호수 위에 뜨고
부귀빈천, 배웅과 영접, 얽매임과 거리낌도 아무것도 없구나.
가난하나 걱정 않고, 마셔도 취하지가 않네.
모든 봄을 몰아, 못가에서 시를 읊고, 들창가에 잠들었네.
마음을 즐길 조그만 수레, 큰 뜻을 펼 한 자루 붓,
반 소매옷에 삿갓 쓰고 때때로 숲에서 쉬고 물가를 거닐며
착한 사람 보고, 착한 행위를 듣고, 착한 말 하고, 착한 뜻 펴기를 즐기네.
선인禪人에 아첨하지도 않고 방사方士에 아첨하지도 않았네.
자기 집을 떠나지도 않았으나 천지와 일체가 되어 살았네.
큰 병력(三軍)으로도 그를 업신여길 수 없고 거금으로도 유혹할 수

없네.

그는 정말 행복하게 65년을 살았네.[19]

정명도는 「추일우성秋日偶成」이라는 시에서 다음과 같이 읊었다.

한가로이 아무 일 없어도 조용치 않네.

잠 깨면 해는 벌써 동창에 비추이고

조용히 보니 만물은 자족하여 제 갈 길 가고 있네.

사시四時의 흥취는 나 또한 남과 같이 즐기니

천지와 형상 밖까지 도가 통해 있다네.

바람과 구름이 떠가는 그 곳 내 생각 없어 두고,

부귀로도 이 빈천한 즐거움을 흔들 수 없으니

남아男兒가 이 경지에 다다르면 이게 바로 영웅호걸 아닌가.[20]

이러한 인물은 일상적인 의미의 영웅호걸이 아니라 무엇에 의하여서도 정복할 수 없다는 의미에서의 영웅호걸이다. 그런 사람이 소위 '풍류호걸風流人豪(Hero)'이다. 신유가들 중에서 소옹이 너무나 자기의 즐거움을 과시했다고 해서 비난하는 사람이 있으나 그러한 비판이 정명도에게는 가하여지지 않았다. 어떻든 우리는 여기에서 중국의 낭만주의(風流)와 고전주의(名敎)가 혼합된 극치를 찾아볼 수 있다.

---

19) 安樂先生 不顯姓氏, 垂三十年 居洛之涘. 風月情懷 江湖性氣 色斯其舉 翔而後至 無賤無貧, 無富無貴 無將無迎 無拘無忌. 窘未嘗憂, 飮不至醉, 收天下春 歸之肝肺, 盆池資吟, 瓮牖薦睡. 小車賞心 大筆快志, 或戴接䍦, 或著半臂, 或坐林間, 或行水際. 樂見善人, 樂聞善事, 樂道善言, 樂行善意. 聞人之惡, 若負芒刺. 聞人之善, 如佩蘭蕙. 不佞禪伯, 不諛方士, 不出戶庭, 直際天地, 三軍莫凌, 萬鍾莫致, 爲快活人 六十五歲. 『伊川擊壤集；4卷』

20) 閑來無事不從容, 睡覺東窓日已紅. 萬物靜觀皆自得, 四時佳興與人同, 道通天地有形外, 思入風雲變態中. 富貴不淫貧賤樂, 男兒到此是豪雄. 『明道文集；卷54』

제
25
장

신유가 3 :: 이학 (주자학)

新儒家

理學

정이천이 죽은 뒤 22년 만에 주희朱熹(1130~1200년)가 현 복건성福建省에서 탄생하였다. 이 20여 년 동안에 일어났던 정치적 변화는 엄청났다. 송왕조는 문화적으로 우수했지만 군사적으로는 결코 한漢·당唐 왕조만큼 강하지 못했다. 그리하여 언제나 이민족들의 위협 아래 놓이게 되었다. 송왕조가 북동의 퉁그스족인 여진족(金)에게 수도(오늘날 개봉開封)를 잃었던 일대파국에 직면하여 마침내 1127년 양자강 이남에 왕조를 재수립하지 않을 수 없었다. 따라서 송왕조의 전기는 북송(960~1126년), 후기는 남송(1127~1279년)이라고 불렀다.

중국 역사상 주희의 지위

주자朱子란 이름으로 더 잘 알려진 주희는 치밀한 논증과 명석한 사고와 해박한 지식과 수많은 저서를 남긴 철학자이다. 그의 저서 가운데 하나인 『주자어류朱子語類』만도 140권의 부피이다. 정주학程朱學 또는 이학理學은 주자로 말미암아 절정에 달하였다. 이 학파가 누리는 최초의 지위는 저 유명한 육왕陸王학파와 청조의 몇몇 학자들에 의해 몇 차례나 도전의 대상이 되었음에도 불구하고 근대 서양 철학이 중국에 들어올 때까지 중국인의 의식 가운데 가장 뿌리 깊이 자리잡고 있었던 유일한 철학체계였다.

필자는 17장에서 중국의 왕조는 과거제도를 통하여 국가에서 채택한 이데올로기를 계승하고 이것을 더욱 확고히 하였다고 말한 적이 있다. 국가시험을 치르는 사람은 반드시 국가에서 채택한 판본과 주석에 기반을 두고 과거문안을 작성하도록 되어 있었다. 23장에서 필자는 당 태종의 주요사업 가운데 하나는 경전이 뜻하는바, 그 바른 '의미(正義)' 와 공식적인 판본(欽定)을 펴내는 일이라고 했다. 송대의 위대한 정치가 요 개혁가인 왕안석王安石(1021~1086년)은 이 경전의 일부에 '새로운 의 미(新義)'를 부여하였는데 1075년 신종新宗 황제는 왕안석의 '신의'를 국가에서 채택하도록 명령을 내렸다. 그러나 이 명령은 왕안석의 반대 파가 정권을 잡았을 때 곧 취소되고 말았다.

신유가들은 『논어』, 『맹자』, 『대학』, 『중용』을 가장 중요한 기본교 재로 생각하여 이들을 한데 묶어서 『사서四書』라는 이름을 붙였다. 주 희는 『사서』에 집주集註를 붙였으며, 이 글을 자기의 저서 가운데 가 장 중요한 것이라고 생각하였다. 그는 심지어 세상을 떠나기 바로 전 날까지도 이 주석의 수정작업을 하고 있었다고 한다. 그는 또한 『주역 본의周易本義』와 『시집전詩集傳』도 지었다.

원元왕조, 인종은 1313년 『사서』를 과거시험의 기본교재로 사용하도 록 명령을 내렸고 공식적인 주석은 주자의 집주를 따르도록 명령을 내 렸다. 기타의 경전에 대한 주석도 주자의 집주를 따르도록 정부가 뒷 받침해 주었다. 과거에 합격하기를 바라는 사람들은 『주희집주』에 따 라서 이 경전들을 해석하지 않을 수 없었다. 이 관습은 명明·청淸대에 는 물론 1905년 정부가 근대 교육제도(學校)를 도입하려고 과거를 폐지 할 때까지 계속되었다.

18장에서 지적한 바와 같이 유가가 한왕조에서 최고의 지위를 획득 한 주요이유들 가운데 하나는 철학적 사색과 학문적 연구를 결합하는 데 성공하였던 까닭이다. 주희 자신에 있어서도 유가의 이러한 양 측 면이 뚜렷하게 잘 나타나 있다. 그의 넓은 학식은 저명한 학자가 되게 하였고, 그의 깊은 사상은 제일류의 철학자로 만들었다. 주희가 지난

800년 동안 중국 사상에 있어서 탁월한 인물이었다는 사실은 결코 우연이 아니다.

리理: 원리原理

앞 장에서 우리는 정이程頤 (伊川)의 리理에 대한 학설을 살펴보았다. 주희는 이 학설을 훨씬 더 명석하게 밝혀 놓았다. 주희는 말한다.

형이상인 것은 모습도 없고 그림자도 없다. 이것이 이치(理)이다. 형이하인 것은 형상도 있고 모양도 있다. 이것이 사물(器)이다.[1]

한 사물은 그 이치(理)의 구체적 실례이다. 만일 이러한 이치(理)가 존재하지 않는다면 이러이러한 사물도 존재할 수가 없다. 주희는 말한다.

어떤 사물을 만들어 내었을 때 곧 여기에 어떤 이치(理)가 있다.[2]

만물에는 그것이 자연적이든 인공적이든 간에 이치(理)가 존재한다. 『주자어류』의 한 문구 속에 다음과 같은 문답이 있다.

문: 말라 시들어진 물건도 역시 본성(性)이 있다고 하였는데 이것은 무슨 뜻입니까?

답: 그들은 모두 처음 생겨날 때부터 이치를 가지고 있었다. 그러므로 천하에 그 본성이 없는 사물은 하나도 없다.

---

1) 形而上者, 無形無影是此理. 形而下者, 有情有狀是此器. 『朱子語類 ; 卷95』
2) 做出那事, 便是這裏有那理. 『朱子語類 ; 卷101』

계단 위를 걸으면서 주자는 말을 이었다. "이 계단의 벽돌에는 벽돌의 이치가 있다." 그리고 앉으면서 "대나무 의자에는 대나무 의자의 이치가 있다."3)고 하였다.

말라 시들어진 물건에는 생명이 없다고 말할지 모르지만 그 가운데도 역시 이치를 가지지 않은 것은 하나도 없다.
다른 문구에는 다음과 같은 말이 있다.

문 : 이치는 사람이나 사물이나 똑같이 하늘에서 얻은 것이다. 그런데 감정을 가지지 않은 사물도 역시 이치를 가지고 있는가?
답 : 물론 본래부터 이치를 가지고 있다. 예컨대 배는 물 위에서만 갈 수 있고, 차는 육지에서만 갈 수 있다.4)

또 다른 문구는 이러하다.

문 : 시들고 말라버린 사물 속에도 이치가 있는가?
답 : 사물이 존재하자마자 곧 이치는 그 속에 내재해 있다. 하늘(天)은 붓 한 자루도 낳은(生) 적이 없다. 인간이 토끼털을 가지고 붓을 만들었다. 붓이 존재하자마자 곧 그 속에 이치가 내재해 있다.5)

붓 속에 내재한 리는 그 붓의 본성(性)이다. 우주의 기타 모든 사물

---

3) 問 : 枯槁之物亦有性, 是如何? 曰 : 是他合下有此理. 故曰 : 天下無性外之物. 因行階云 ; 階磚便有磚之理. 因坐云 ; 竹椅便有竹椅之理. 『朱子語類』 卷4』
4) 問 : 理是人物同待於天者, 如物之無情者亦有理否? 曰 : 固是有理. 如舟只可行於水, 車只可行於陸. [同上]
5) 問 : 枯槁有理否? 曰 : 才有物, 便有理. 天不曾生箇筆, 人把兔毫來做筆, 才有筆, 便有理. 『朱子語類 ; 卷4』

에도 역시 이 말은 참이다. 각 사물은 그 자신의 이치를 가지고 있다. 그래서 어떤 사물의 구성분자가 존재하는 곳은 언제나 그런 종류의 이치가 그 사물 속에 내재하여 그 본성을 만들고 있다. 현재 있는 그대로의 사물들을 만들어 놓은 것이 바로 이 이치다. 그리하여 정주학파에 의하면 모든 범주의 대상이 마음(心)을 가지지 않더라도 그들 모두 자기 자신의 독특한 본성(性), 즉 이치를 가지고 있다. 이러한 이유로 말미암아 사물은 이 세상에 나타나기 전에도 벌써 사물의 이치는 존재한다. 주희는 유숙문劉叔文에게 답하는 편지에서 이렇게 썼다.

> 이치에서 보면 설령 사물이 없다 하더라도 어떤 사물의 이치는 존재한다. 그러나 역시 이러이러한 이치만은 존재하나 이러이러한 사물은 존재하지 않는다.[6]

예컨대 인간이 배와 차를 만들기 이전에도 이미 배와 차의 리는 존재했다. 우리는 배와 차의 발명이라고 말하는데 사실 배와 차의 리를 인간이 발견한 것에 불과하며 이에 따라서 이런 사물들을 만든 것에 지나지 않는다. 모든 리는 물리적 우주가 생기기 이전에 존재한다. 『주자어류』의 한 문구는 다음과 같다.

> 문: 천지가 아직 개벽하기 전에도 후세에 있을 모든 사물들이 그곳에 존재했는가?
> 답: 오직 이 이치만이 존재했다.[7]

---

6) 若在理上看, 則雖未有物而已有物之理. 然亦但有其理而已, 未嘗實有是物也. 『朱文公文集 ; 卷46』
7) 徐問 : 天地未判時, 下面許多都已有否? 日 : 只是都有此理. 『朱子語類 ; 卷1』

이치는 언제나 존재한다. 즉, 이치는 영원하다.

태극太極

모든 사물에는 이치가 존재한다. 이치는 그렇게 있어야 할 바 그대로의 사물을 만들어 준다. 이치는 그 사물의 극, 즉 사물의 궁극적인 표준이다.(극極이라는 글자는 본래 건물 지붕의 맨 꼭대기에 있는 용마루의 이름으로서 신유가에서 이를 사물의 최고의 이상적 모범을 뜻하는 데 사용하였다.) 전체로서의 우주는 또한 궁극적인 표준이 존재해야 하는데 이것은 최고의 것이며 또 모든 것을 포함하고 있다. 그것은 모든 사물의 잡다한 이치를 포괄하며, 또 천지만물의 이치의 총화이다. 그러므로 그것은 '태극太極'이라 불린다. 주희는 말한다.

사물마다 모두 하나의 표준(極)을 가지고 있는데 이것이 궁극적인 이치이다. 천지만물의 이치를 총괄하는 것은 바로 태극이다.8)

또 주자는 말을 잇는다.

무극이란 단지 맨 끝에 이르러 더 이상 갈 데가 없음을 뜻한다. 지극히 높고, 지극히 현묘하며, 지극히 정교하고, 지극히 신비로워 더 이상 올라갈 곳이 없다. 주렴계는 사람들이 태극은 형체를 가지고 있다고 말할까봐 '무극이 곧 태극'이라고 하였다. 이는 아무것도 없는 가운데 지극한 이치가 있음을 나타내었다.9)

---

8) 事事物物 皆有個極, 是道理極致. …… 總天地萬物之理, 便是太極. 『朱子語類；卷94』

이 진술로부터 우리는 주희의 철학체계에 있어서 태극의 위치는 플라톤의 철학체계에서 선의 이데아와 아리스토텔레스의 철학체계에 있어서 신神(순수형상)에 해당한다고 볼 수 있다.

그러나 주희 사상체계에서, 플라톤의 선의 이데아나 아리스토텔레스의 신神보다도 더 신비적인 면이 하나 있다. 그에 따르면 태극은 전체로서의 우주의 총화일 뿐만 아니라 동시에 개개의 각 사물 가운데 내재해 있다. 하나하나의 사물마다 이 사물의 그러한 까닭이 되는 이치를 구비하고 있으면서 동시에 그 가운데 태극의 전체도 구비하고 있다. 주희는 말한다.

— 일반적으로 — 하늘(天), 땅(地)에 대하여 말하면 하늘과 땅 가운데에도 태극이 있으며 만물들에 대하여 말하면 만물마다 각기 태극이 있다.10)

만일 그렇다면 태극은 분열된 것이 아닌가. 주희는 아니라고 대답했다. 『어류』에서 그는 말한다.

본래 하나의 태극만이 있는데 이것이 만물의 각각에 품수稟受되었다. 또 각 만물은 다 하나의 태극을 구비하고 있다. 그것은 마치 하늘에 있는 달과 같다. 달은 하나뿐이지만 강과 호수에서 반사되어 가는 곳마다 보인다. 그러나 달이 나뉘어졌다고 말할 수 없는 것과 같다.11)

---

9) 無極只是極至, 更無去處了. 至高至妙, 至精至神, 更沒去處. 濂溪恐人道太極有形, 故曰無極而太極. 是無之中有箇至極之理. 『朱子語類 ; 卷94』

10) 在天地言, 則天地中有太極 ; 在萬物言, 則萬物中各有太極. 『朱子語類 ; 卷1』

11) 如此, 則是太極有分裂乎? 曰 : 本只是一太極, 而萬物各有稟受, 又自各全具一太極爾. 如月在天, 只一而已. 及散在江湖, 則隨處而見, 不可謂月已分也. 『朱子語類 ;

플라톤 철학에서 예지계와 현상계의 일—과 다多 사이의 관계를 설명하는 데 있어서 난점이 있었다는 사실을 알고 있다. 주희도 역시 이러한 난점을 가지고 있었으나 이 난점을 그는 불가에서 항시 사용하는 비유적인 예화인 월인만천月印萬川으로써 처리하였다.

사물의 전체집합의 이치가 그 집합의 개개의 각 사물에 어떻게 관계하며 또 이 관계는 이치의 분열을 가져오는 수도 있는지의 여부에 관한 문제는 당시에 제기되지 않았다. 만일 제기되었다면 주희는 또 똑같은 예화로써 대처하였으리라 생각된다.

기氣

만일 이치밖에 아무것도 없다면 소위 '형이상' 그 외에 아무것도 존재할 수 없었다. 그러나 우리의 구체적인 물리적 세계는 그 위에 이치의 틀이 부과되어진 기운(氣)의 존재로 말미암아 만들어졌다. 주희는 말한다.

우주(천지)에는 이치도 있고 기운(氣)도 있다. 이치란 형이상의 도이며 만물을 생성하는 근본이다. 기운(氣)이란 형이하의 사물(器)이며 만물을 생성하는 재료(具)다. 그러므로 인간과 사물은 생성될 때에 반드시 이 이치를 품수한 연후에야 본성(性)을 가지며 이 기운(氣)을 품수한 연후에야 형체(形)를 갖는다.12)

卷94』

12) 天地之間, 有理有氣. 理也者, 形而上之道也, 生物之本也 ; 氣也者, 形而下之器也, 生物之具也. 是以人物之生, 必稟此理, 然後有性. 必稟此氣, 然後有形.『答黃道夫書 : 文集 ; 卷58』

그는 다시 말한다.

이 기운은 작용하기 위하여 이치에 의존하는 것 같다. 그리하여 기운이 모이고 흩어지고 할 때 이치도 역시 거기에 있다. 대개 기운은 응결하여 사물을 만들 수 있는 데 반하여 이치는 감정도 없고, 헤아리는 것도 없고, 조작하는 힘Creative Power도 없다. 이치는 하나의 깨끗하고 텅 빈 넓은 세계이며 형태도 없고 조작할 줄도 모른다. 그러나 기운은 한데 엉겨 모여 사물을 생성시킬 수 있다. 그러나 이 기운이 있으면 이치는 바로 그 가운데에 있다.[13]

여기서 장횡거가 미처 언급하지 못한 바를 주자가 어떤 방식으로 이론을 펴갔는가를 알 수 있다. 개개의 사물은 어떤 것이나 다 기운이 한데 엉겨 모인 것이지만 그것은 단지 하나의 사물인 것만은 아니고 동시에 어떤 범주 속에 있는 한 사물이기도 하다.

사물 그 자체는 단순히 기운이 모이고 흩어짐에 지나지 않지만, 반드시 이치에 따라서 모이고 흩어진다. 그것이 바로 기운이 모이고 흩어짐이 있을 때마다, 이치가 언제나 필연적으로 그 가운데 있다고 말하는 이유이다.

이치와 기운의 상대적인 선후에 관한 문제는 주희와 그의 제자들 사이에서 많이 논의된 문제이다. 어느 한 경우에 주자는 이렇게 갈파했다.

이 일이 아직 있기 전에 먼저 이치가 있었다. 예컨대 아직 임금과 신하가 없었을 때에도 군신의 도리는 먼저 있었으며 아직 부자가

---

13) 疑此氣是依傍這理行. 及此氣之聚, 則理亦在焉. 蓋氣則能凝結造作. 理却無情意. 無計度, 無造作. …… 若理則只是個淨潔空闊的世界, 無形跡, 他却不會造作, 氣則能醞釀凝聚生物也. 但有此氣, 則理便在其中. 『朱子語類 ; 卷1』

없었을 때에도 부자의 이치는 먼저 있었다.14)

이는 물리적 우주인 사물에 선행하여 이치가 존재한다는 그의 명백한 견해인 것이다. 그러나 일반적으로 이치가 기운에 선행하는가? 주희는 이에 대하여 말한다.

　　이치는 결코 기운에서 떠난 적이 없다. 그럼에도 불구하고 이치는 형이상의 것이요, 기운은 형이하의 것이다. 그러므로 형이상·하에서 말하면 어찌 선후가 없겠는가.15)

또한 다음과 같은 문구들이 도처에서 보여지고 있다.

문 : 이 이치가 있으면 곧 기운이 있다고 하였는데, 그것은 선후를
　　나눌 수 없는 것처럼 보인다.
답 : 요컨대 이치가 선행한다. 그러나 단지 오늘 이치가 있고 내일
　　기운이 있다고 말할 수 없을 뿐 반드시 선후가 있어야 한다.16)

이 문구로부터 주희가 염두에 둔 것은 사실 기운 없는 이치가 없으며 또한 이치 없는 기운도 없다는17) 것임을 알 수 있다. 기운이 없을 때는 한 번도 없었으며 이치는 영원한 것이어서 이치가 반드시 시초라고 말하는 것도 논리에 맞지 않는다. 그러므로 제일 먼저 생긴 것이 이치인가 기운인가 하는 문제는 참으로 무의미한 질문이다. 그럼에도

---

14) 未有這事, 先有這理, 如未有君臣也, 已先有君臣之理. 未有父子, 已先有父子之理.
　　『朱子語類 ; 卷95』
15) 曰 : 理未嘗離乎氣, 然理形而上者, 氣形而下者. 自形而上下言. 豈無先後? 『朱子語類 ; 卷1』
16) 問 : 有是理, 便有是氣, 似不可分先後, 日要之也先有理, 只不可說 今日有是理, 明
　　日卻有是氣也, 須有先後. 『朱子語類 ; 卷94』
17) 天下未有無理之氣, 亦未有無氣之理. 『朱子語類 ; 卷1』

불구하고 기운의 시초에 관하여 말하는 것은 단지 사실적인 불합리인데 반해, 이치의 시초에 관하여 말하는 것은 논리적인 모순이다. 이러한 의미에서 이치와 기운에 선후가 있다고 말하는 것은 틀리지는 않는다.

그러면 다른 문제가 제기된다. 즉, 이치와 기운 중에서 어느 것이 플라톤과 아리스토텔레스가 말하는 '원동자原動煮'인가. 이치는 원동자가 될 수 없다. 왜냐하면 이치에는 정감도 없고 헤아림도 없으며 창조력도 없기 때문이다. 그러나 이치 자체는 움직이지 않지만 깨끗하고 널따란 이치 속에는 움직임(動)의 이치와 조용함(靜)의 이치가 있다. 움직임의 이치는 그 자체가 움직이지 않고, 조용함의 이치도 그 자체가 정지해 있지는 않으나 기운이 그들을 받아들이자마자 곧 그 기운은 정지하거나 움직이기 시작한다. 움직이는 기운을 양陽이라 하고, 정지해 있는 기운을 음陰이라 부른다. 그리하여 중국 우주론에서 말하는 우주의 근본적인 두 요소가 생겨난다. 주희는 말한다.

양은 움직이고 음은 조용하지만 태극이 움직이고 조용한 것이 아니다. 단지 이치에는 움직임과 조용함이 있을 뿐 이치는 보이지 않는다. 우리는 음양으로 인하여 이치를 알게 되는데, 이치는 음양 위에 타고 있다. 이는 마치 인간이 말을 타는 것과 비슷하다.[18]

그리하여 아리스토텔레스 철학에서 움직이지 않고 움직이게 하는 부동不動의 동자動者와 같이 태극은 움직이지는 않지만 동시에 모든 것을 움직이게 하는 것이다.

음양의 상호작용으로 오행五行이 생겼으며 여기에서부터 우리가 지

---

18) 陽動陰靜, 非太極動靜, 只是理有動靜. 理不可見, 因陰陽而後知, 理搭在陰陽上, 如人跨馬相似. 『朱子語類 ; 卷94』

금 알고 있는 이 물리적 세계가 생겨났다. 주희는 그의 우주론에서 주돈이와 소강절의 대부분 이론들을 뒷받침해 주었다.

마음과 본성

주희에 의하면 개개의 사물이 생겨날 때에 그 가운데는 어떤 이치가 들어 있다. 이것이 현재 있는 그대로의 사물을 만들며 그 본성을 이룬다는 사실을 앞에서 살펴보았다. 인간도 다른 사물과 마찬가지로 구체적인 세계에 산출된 구체적인 개체이다. 그러므로 본성(性)이란 것은 다만 각 개인 속에 있는 인간의 이치이다. 정이천의 '본성은 곧 이치이다(性則理).'라는 말을 주희는 여러 곳에서 보강하였고 또 주석을 달았다. 여기에서 말하는 이치는 그 보편적인 형태의 이치가 아니고 단지 개인이 구비한 이치이다. 이것은 정명도의 역설적인 말, 즉 비로소 "본성이라고 말할 때 그것은 이미 성(성의 본체)이 아니다."[19]라고 그가 대변해 준 말의 뜻은 단지 그것이 개별화된 이치이지 보편적인 형태의 이치가 아니라는 것을 뜻할 뿐이다.

인간이 구체적인 형태를 갖기 위해서는 기운의 품수가 있어야 하며 또한 만인에게 이치는 똑같이 부여되어 있다. 그런데 인간의 차이를 만드는 것은 기운이다. 주희는 말한다.

이치가 있은 다음에 기운이 있다. 기운이 있으면 이치는 반드시 있다. 맑은 기운을 품수한 사람은 성현이 되고 성인의 본성은 맑고

---

19) 才說性時, 便已不是性也. 『朱子語類 ; 卷94』

人有此形氣, 此理始具於形氣之中 而謂之性. 才是說性, 便已涉乎有生, 而兼乎氣質, 不得爲性之本體. 『近思錄註 ; 卷L』

찬 물속에 있는 보물과 같다. 그러나 흐린 기를 품수한 사람은 어리석고 못나게 되어 그의 본성은 흐린 물속에 있는 보물과 같다.[20]

그러므로 사람마다 이치로부터 품수한 것 이외에 기운에서 품수한 것을 가지고 있는데 이것을 주희는 기품氣稟이라고 불렀다. 그러한 것이 바로 주희가 악惡의 기운을 설명하는 데 쓰인 이론이다.

플라톤이 지적한 바와 같은 사람마다 구체적 인간이 되기 위하여서는 질료가 부여되어야 하며 또 질료를 부여받았기 때문에 그 결과 필연적으로 이상계理想界에는 미달되도록 되어 있다. 예컨대 현실에 나타난 둥근 물건은 상대적으로 둥글 뿐이지 절대적으로 둥근 원圓은 아니다. 그것이 현실계(구체적)의 아이러니이다. 현실계에서는 인간도 예외는 아니다. 주희는 다음과 같이 말한다.

오히려 너의 품수한 기운이 어떠한지 보라. 그러나 이 이치는 단지 선할 뿐이다. 이미 이치인데 어떻게 이치가 악할 수 있을까. 이른바 악이란 기품 때문이다. 맹자의 논지는 모조리 다 본성이 선함을 설명한 것인데 '선하지 않음'이 있다는 데서는 설명이 모자랐다. 이 설명은 그 처음에는 선하지 않음이 없었으나 뒤에 비로소 선하지 않음이 생겼다는 것이다. 이와 같다면 본성을 논한 것 같지만 기질은 논하지 않았으니 완비되지 못하였다. 그러나 정자程子학파는 기질지성의 이론으로 맹자의 진술을 보충하였으며 그리하여 우리는 그 문제에 대한 완전하고도 원만한 견해를 갖게 되었다.[21]

---

20) 有是理而後有是氣, 有是氣則必有是理. 但禀氣之清者. 爲聖爲賢, 如寶珠在清冷水中. 禀氣之濁者, 爲愚爲不肖, 如珠在濁水中. 『朱子語類；卷4』

21) 却看你禀得氣如何 然此理却只是善, 旣是此理, 如何得惡? 所謂惡者, 却是氣也, 孟子之論, 盡是說性善, 至有不善, 說得陷溺, 是說其初無不善, 後來方有不善耳 若如此, 却似論性不論氣, 有些不備, 却得程氏說出氣質來接一接, 便接得有首尾, 一齊

'기질지성'이라는 용어는 각 개인이 실제로 형체를 구비한 데서 생기는 성품을 뜻한다. 그것은 언제나 플라톤이 말한 바와 같은 이상을 추구하지만 언제나 부족한 데가 있어 이상에 도달할 수 없다. 원래의 보편적인 형태의 이치를 '천지지성天地之性'이라 부르고 이것을 가지고 '기질지성'과 구분하였다. 주희의 이 구분은 이미 장횡거가 정했으며 정이천과 주희도 이것을 뒤따랐다. 두 사람의 견해에 의하면 이 구분을 사용함으로써 인간의 본성이 선한가 악한가 하는 낡은 논의는 완전히 해결되었다.

　　주희와 사상체계에서 본성은 마음(心)과 다르다. 『주자어류』에 다음과 같은 두 차례의 문답이 기록되어 있다.

　　문 : 신령(靈)스러운 곳은 마음인가, 그렇지 않으면 본성인가?
　　답 : 신령(靈)스러운 곳은 마음일 뿐, 본성은 아니다. 본성은 단지 이치일 뿐이다.[22]

또 다른 구절을 살펴보면 이렇다.

　　문 : 알고 느끼는 것(知覺)은 마음의 신령스러움이 본래 이와 같은 것인가, 기운이 한 것인가?
　　답 : 오로지 기운만은 아니다. 먼저 알고 느끼는 것(知覺)의 이치가 있으나, 이치 자체는 알고 느끼지 못한다. 기가 모여 형체를 이루고 이치와 기운이 합할 때에 비로소 알고 느낄 수 있다. 비유하면 등불과 같다. 등불은 기름을 받기 때문에 곧 밝은 불꽃을 가지게 되는 것과 같다.[23]

　　圓備了. 『朱子全書 卷43』
22) 問 : 靈處是心抑是性? 曰 : 靈處只是心, 不是性, 性只是理. 『朱子語類 ; 卷5』

마음은 기타의 다른 사물들과 마찬가지로 이치와 기운의 결합체이다. 마음과 본성이 다른 점은 마음은 구체적인데 본성은 추상적이다. 마음은 생각하고 느끼는 활동을 할 수 있지만 본성은 할 수 없다. 그러나 우리 마음에 그러한 활동이 일어날 때마다 우리의 본성 속에 거기에 해당하는 이치가 있다고 추론할 수 있다.

주희는 이렇게 쓰고 있다.

본성을 논함에 있어 요는 모름지기 본성이 도대체 어떠한 것인지 먼저 알아야 한다. 정자는 '본성이 곧 이치다.'라고 말했는데 가장 훌륭하게 그것을 표현하였다. 이제 그것을 이치로 말한다면, 필경에 이치는 오히려 형상도 그림자도 없다. 단지 이 한 도리는 인간에게 있어서 인의예지의 본성일 뿐이다. 그러나 인의예지는 어떠한 형상을 가지고 있는가. 역시 이러한 도리만 가지고 있을 뿐이다. 이 도리가 있으면 바로 많은 일을 해낼 수 있다. 그러므로 측은한 마음을 가질 수 있고, 나쁜 짓을 부끄러워할 수 있고, 남을 공경할 수 있고, 옳고 그름을 가릴 수 있다. 약藥의 본성을 예를 들어 비유해 보자. 어떤 약은 찬 성질을 가지고 있고, 어떤 약은 더운 성질을 가지고 있다. 그러나 약 자체에서는 이러한 성질들의 형상을 볼 수가 없다. 다만 약을 복용한 다음에 차고 더운 성질을 알 수 있는데 이것이 약의 본성이다.[24]

---

23) 問：知覺是心之靈固如此, 抑氣之爲邪? 曰：不專是氣, 是先有知覺之理. 理未知覺, 氣聚成形, 理與氣合, 便能知覺. 譬如燭火, 是因得這脂膏. 便有許多光燄. 『朱子語類；卷5』

24) 曰論性, 要須先識得, 性是箇甚麼樣物事, 程子 '性卽理也. 此說最好, 今且以理言之, 畢竟却無形影, 只是這一箇道理, 在人仁義禮智性也. 然四者有何形狀, 亦只是有如此道理, 便做得許多事出來, 所以能惻隱羞惡辭遜是非也. 譬如論藥性, 性寒, 性熱之類, 藥上亦無討這形狀處, 只是服了後, 却做得冷 做得熱的. 便是性. 『朱子語類』

7장에서 맹자가 인간의 본성에는 사덕四德이 있는데 이것이 '사단四端'으로 나타난다는 주장을 살펴보았다. 위의 인용문에서 주희는 주로 마음과 본성(心性)만을 문제삼은 맹자의 이 이론에 형이상학적인 정당성을 부여하였다. 주희에 의하면 사덕은 이치에 귀속되어 있고 본성에 속해 있으나, 반면 사단은 마음의 작용이다. 우리는 구체적인 것을 통하지 않고는 추상적인 것을 알 수가 없는 것과 같이 본성을 통하지 않고는 본성을 알 수가 없다. 다음 장에서 살피게 되는 육왕학파는 '마음이 곧 본성(心卽性)'이라고 주장하였다. 이것이 양 학파의 주요쟁점의 하나이다.

정치철학

이 세상 모든 사물이 자기 자신의 이치를 가지고 있다면 현실적으로 존재하는 통치기구로서의 국가에도 통치의 이치가 존재해야만 된다. 만일 그 국가가 조직적이고 이 이치에 따라서 통치된다면 그 국가는 안정되고 번영할 것이요, 그렇지 못하면 그 국가조직은 파괴되어 무질서하게 될 것이다.

주희에 의하면 이 이치는 이전의 선왕先王들이 가르치고 실천한 통치의 원리다. 그러나 그것이 어떤 주관적인 것은 아니다. 이 이치는 가르치고 실천을 하든 안 하든 상관없이 영원히 존재한다.

이 점에 있어서 주희는 그와 다른 견해를 주장하는 친구 진량陳亮(1143~1194년)과 열띤 토론을 벌였는데 이때 주자는 다음과 같이 기술했다.

1500년 동안 요·순·삼왕·주공·공자에 의해 전해 내려온 도(통치의 원리)는 이 세상에서 단 하루도 실천된 적이 없었다. 그러나 도가 영원히 존재(常存)함을 논한다면 처음부터 인간이 관여할 수 있는 것이 아니다. 도는 단지 예나 지금이나 항상 존재하며 사라지지 않는다. 비록 도는 과거 1500년 동안 인간에 의해 허물어지곤 하였지만 결국에는 소멸시킬 수 없었다.[25]

또 이렇게 썼다.

대체로 도는 종식된 적이 없다. 인간 자신이 도를 종식시켰다.[26]

사실 선왕은 국가를 도에 따라서 다스렸을 뿐만 아니라 정치적으로 높은 지위를 얻은 영웅호걸들도 가끔 무의식적으로 불완전하기는 하지만 어느 정도 똑같은 도에 따르지 않으면 안 되었다.

주희는 다음과 같이 기술한다.

나는 언제나 이 이치(통치의 원리)는 과거에 있어서나 현재에 있어서나 하나이며 똑같다고 생각한다. 그 이치를 따르는 자는 성공하고 어기는 자는 실패한다. 옛날의 성인은 본래부터 홀로 그것을 실행했을 뿐만 아니라, 현대의 영웅호걸 중에서도 역시 이 도를 따르지 않고 무슨 공적을 쌓은 사람은 아무도 없다. 그러나 여기엔 차이가 있다. 옛날의 성인은 근본적인 데에서부터 수양(惟精惟一)공부를 하였으

---

25) 千五百年之間, …… 堯, 舜, 三王, 周公, 孔子所傳之道, 未嘗一日得行於天地之間也. 若論道之常存, 却又初非人所能預, 只是此個, 自是亘古亘今. 常在不滅之物. 雖千五百年被人作壞, 終鬓滅它不得耳.『答陳同甫書 : 文集 ; 卷36』
26) 蓋道未嘗息, 而人自息之. [同上]

므로 중용을 지킬 수 있었으며 그들이 한 일은 모두 철두철미 선善을 발휘하지 아니한 것이 없었다. 그러나 소위 현대의 영웅호걸들은 그러한 수양공부를 결코 실천한 적이 없다. 다만 사욕이 있는 곳에만 머리를 내민다. 그들 중에 자질이 있는 자는 어쩌다 이 이치와 알지 못하는 사이에 합치되는 자가 있어 그가 어느 정도 이치에 따르느냐에 의하여 그 무엇을 성취하기는 하지만 그들이 어떤 때는 이치에 들어맞고 또 어떤 때는 들어맞지 않으니 선을 모조리 다 발휘하지 못한다는 점에서 그들도 소위 현대의 영웅호걸과 매한가지다.[27]

주희의 이론을 설명하기 위하여 건축의 예를 들어보자. 집은 건축의 원리에 따라 지어져야 한다. 설령 이 현실세계에서 실제로는 아무런 집도 지어져 있지 않다 하더라도 이 원리만은 영원히 남아 있다. 위대한 건축가는 이 원리에 따라서 집을 짓는 자다. 예컨대 그가 짓는 집은 튼튼하고 오래 갈 것임에 틀림없다. 집이 지어지려면 위대한 건축가뿐만 아니라, 집을 지으려는 모든 사람은 같은 원리를 따라야 한다. 그러나 서투른 건축기사는 이 원리에 대한 이해나 지식 없이 단순히 직감 또는 실제의 경험을 통하여 대강 따를 뿐이다. 그 결과 그들이 지은 집은 건축의 원리에 완전히 부합할 수 없어 가장 훌륭한 집을 지을 수가 없다. 그것이 바로 성현의 통치와 영웅호걸의 통치와의 차이점이다.

7장에서 살펴본 것처럼 맹자는 두 종류의 통치, 즉 왕도정치와 패도정치가 있다고 주장했다. 주희와 진량의 논쟁은 맹자와 똑같은 논의의

---

27) 常竊以爲亘古亘今, 只是一理, 順之者成, 逆之者敗, 固非古之聖賢所能獨然, 而後世之所謂英雄豪傑者, 亦未有能捨此理而得有所建立成就者也. 但古之聖賢, 從本根上便有惟精惟一功夫, 所以能執其中, 徹頭徹尾, 無不盡善. 後來所謂英雄, 則未嘗有此工夫, 但在利欲場中, 頭出頭沒, 其資美者乃能有所暗合, 而隨其分數之多少以有所立 ; 然其中或否, 不能盡善, 則一而已. 『答陳同甫書 : 文集 ; 卷36』

계속이었다. 주희와 기타의 신유학자들은 한·당 시대로부터 내려온 모든 통치는 패도정치였다고 주장했다. 왜냐하면 그들 지배자들은 모두 자신의 욕망을 위하여 다스렸지 백성들의 이익을 위하여 다스리지 않았기 때문이었다. 그러므로 여기에서도 주희는 맹자를 뒤따랐다. 그러나 앞의 경우처럼 주로 정치적인 맹자의 이론에 형이상학적인 타당성을 부과하였다.

정신수양방법

철학자가 왕이 되거나 왕이 철학자가 될 때까지 완전한 국가를 가질 수 없다는 플라톤의 사상에 대부분의 중국 사상가들은 동감하고 있다. 『이상국가론』에서 플라톤은 장차 군주가 될 철학자의 교육에 관하여 많은 분량으로 상세히 설명하고 있다. 주희도 역시 앞에서 살펴본 바와 같이 옛날의 성군은 가장 현명하게 근본을 닦았다고 말하였다.

이 수양방법은 무엇인가? 주희는 이미 우리 모든 인간과 만물에 태극이 완전하게 들어 있다고 말하였다. 태극은 모든 사물의 이치의 총화이므로 이 이치는 모두 우리에게 감추어져 있으나 우리의 형체 때문에 이치가 잘 나타나지 않는다. 우리 안에 들어 있는 태극은 흐린 물 속에 있는 진주와 같다. 그러므로 우리가 해야 할 일은 바로 이 진주를 볼 수 있게 하는 일이다. 그렇게 하는 방법은 주희나 정이천에 있어 한 가지이다. 그것은 앞 장에서 살펴본 바의 두 가지, 즉 '거경居敬'과 '격물치지格物致知'이다.

이 방법은 그 근거를 『대학』에 두고 있는데 신유가들은 『대학』을 '덕 있는 생활에 들어가는 입문서'로 간주하였다.

16장에서 살펴본 바와 같이 『대학』에서 가르친 수양방법은 사물을 연구함(格物, Investigation of Things)과 지식을 넓힘(致知, Extention of Things)으로부터 시작하는데 정주학파에 의하면 격물의 목적은 영원한 이치에 관한 우리의 지식을 넓히는 데(致知) 있다. 이 방법은 어째서 이치의 탐구(窮理)부터 시작하지 않고 '사물의 연구(格物)'부터 하는가?

주희는 말한다.

『대학』에서 격물은 말하면서도 궁리窮理는 말하지 않은 까닭은 대개 궁리를 말하면 붙잡을 것이 아무것도 없는 덩그런 허공을 움켜쥐는 것과 같기 때문이다. 단지 격물만을 말하면 그것은 곧 형이하의 구체적 사물(器)에서 형이상의 원리(道)를 찾는 것이 된다.[28]

다시 말하면 이치는 추상적이요, 사물은 구체적이다. 우리는 구체적인 것을 통하여 추상적인 것을 탐구해야 한다. 그 결과 무엇이 영원한 세계에 있으며, 무엇이 우리의 본성에 있는가 하는 것을 알게 된다. 우리가 이치에 관하여 알면 알수록 보통은 형체에 가려진 그 본성이 더욱더 잘 보이게 된다.

주희는 이렇게 언급했다.

대개 인간 마음의 신령스러움Intelligence은 알지 못하는 것이 없고, 천하에는 이치 없는 사물도 없다. 그러나 이치에 대해서 아직 다 궁구하지 못했기 때문에 이 지식에는 끝까지 다 밝혀 내지 못한 것이 있다. 그러므로 『대학』은 처음 가르칠 때에 학생으로 하여금 이 세상의 사물을 이미 자기가 아는 이치에 따라서 더욱 캐고 들어가 그 끝에 이를 때까지 추구하게 하는 이유가 바로 여기에 있다. 우리가

---

28) 大學所以說格物, 却不說窮理, 蓋說窮理, 則似懸空無捉摸處, 只說格物, 則只就那 形而下之器上, 便尋那形而上之道. 『朱子語類 ; 卷62』

오랫동안 노력하면 드디어 어느 날 아침 활연히 툭 트일 것이다. 그렇게 되면 모든 만물이 정교하든 거칠든, 겉이든 속이든 할 것 없이 두루 미치어 자기 마음의 전체 큰 모습이 밝혀지지 않음이 없게 된다.29)

우리는 여기서 다시 돈오頓悟의 이론을 맞이한다.

이것은 그 자체에서 충분히 갖추어져 있는데도 어째서 '경건함(敬)'에 의해 보완되어야 하는가? 그 해답은, 즉 그러한 '경건함' 없는 사물의 연구(格物)는 단순히 지능적인 훈련이기 때문에 바람직한 돈오의 목표에로 인도할 수 없다. 사물을 연구하는 데 있어서 우리가 하고 있는 것은 본성을 볼 수 있도록 하는 일이요, 진주가 빛나도록 닦는 일이라는 사실을 항상 염두에 두어야 한다. 단지 깨달으려고(悟) 늘 생각하고 있어야 비로소 하루아침에 크게 깨달(大悟)을 수 있다. 이것이 바로 '경건함'의 기능이다.

주희의 정신수양방법은 플라톤의 방법과 매우 유사하다. 우리의 본성에 만물의 이치가 있다는 주자의 이론은 플라톤의 선행지식론과 매우 흡사하다. 플라톤에 따르면 "우리는 탄생 전에 모든 본질에 관한 지식을 가지고 있었다(Phaedo, 75)."고 한다. 이 선행지식이 있었기 때문에 정확한 순서를 밟아서 각개의 아름다운 사물(美)을 볼 줄 아는 사람은 훌륭한 미의 본질을 갑자기 파악할 수 있다.

이것도 역시 '돈오'의 한 형태이다.

---

29) 蓋人心之靈, 莫不有知, 而天下之物, 莫不有理 ; 惟於理有未窮, 故其知有不盡也. 是以大學始教, 必使學者卽凡天下之物, 莫不因其已知之理而益窮之, 以求至乎其極. 至於用力之久, 而一旦豁然貫通焉, 則衆物之表裏精粗無不到, 而吾心之全體大用無不明矣. 『大學章句, 補格物傳』

제26장

신유가 4 : 심학 · 양명학

新儒家

心學

陽明學

24장에서 살펴본 바와 같이 육왕학파陸王學派를 일명 '심학心學'이라고
도 한다. 정호가 그 선구자인데 육구연陸九淵과 왕수인王守仁에 와서
그 체계가 완성되었다. 육구연(1139~1193년)은 상산象山선생이라고 널리
알려졌으며 현 강동성 사람이다. 상산과 주희는 상반된 견해를 가졌
음에도 불구하고 친구였다. 그들의 주요 철학문제를 둘러싼 구두 또
는 서면 논쟁은 당시에 중요한 관심을 불러일으켰다.

육구연의 '마음(心)'에 관한 관념

육구연과 왕수인 두 사람은 모두 돈오를 친히 체험한 결과로써 자기
들의 사상이 참되다는 것을 확신하게 되었다고 한다. 어느 날 육구연
은 고서를 읽다가 그 속에서 우주라는 낱말을 접하게 되었는데 그 책
의 주석자는 다음과 같이 기록했다.

"위(하늘)와 아래(땅)를 포함한 사방(四方上下)을 우宇라 하고 지나간
과거, 미래, 현재(往古來今)를 주宙라고 한다."고 정의를 내렸다. 육구
연은 이 풀이를 보고 크게 깨달아서 우주 안의 모든 일은 내가 할
본분의 일이요, 내 본분의 일은 곧 우주의 모든 일이다.[1]

---

1) 他日讀古書, 至宇宙二字, 解者曰：四方上下曰宇, 往古來今曰宙. 忽大省曰：宇宙內
   事, 乃已分內事；已分內事, 乃宇宙內事.『象山全集；卷33』

또 육구연은 이런 말을 했다.

　　우주는 곧 나의 마음이요, 내 마음은 곧 우주이다.[2]

　　주희는 정이천의 "본성이 곧 이치이다(性則理)."라는 말을 이어받은
데 대하여 육구연은 이것을 "마음이 곧 이치이다(心則理)."라는 말로 대
치하였다. 양자의 차이는 글자 한 자밖에 안 되지만 그 속에 담긴 뜻
은 두 학파의 사상에서 근본적인 차이를 드러내고 있다. 25장에서 살
펴본 바와 같이 주회 사상체계에 있어서의 마음(心)은 기운(氣)과 마찬
가지로 이치(理)의 구체적인 결합으로 생각되었다.

　　그러므로 추상적인 이치 그 자체와는 다르다. 따라서 주희는 단지
본성이 이치라고만 하였을 뿐, 마음이 이치라고 하지 않았다. 이와는
반대로, 육구연의 사상체계에서는 마음 자체가 본성이다. 그리고 그는
마음과 본성의 구분은 단지 문자상의 표현 차이에 지나지 않는다고 보
았다. 그러한 문자상의 구분에 대하여 다음과 같이 말하였다.

　　오늘날 학자의 독서란 다만 글자의 풀이일 뿐, 글 속에 흐르는 참
된 뜻을 탐구하지 않는다. 예컨대 정감(情) · 본성(性) · 재질(才) · 마음
(心)은 모두 동일한 사물을 지칭하는 것으로 용어가 우연히 같지 않
을 뿐이다.[3]

　　그러나 25장에서 살펴본 바와 같이 주희의 마음과 본성의 구분은
결코 단순한 '글자의 풀이'만도 아니었다. 주희에 의하면 사실에 있어

2) 宇宙便是吾心 ; 吾心便是宇宙. 『象山全集 ; 卷33』
3) 今之學者, 讀書只是解字, 更不求血脈. 且如情性心才都只是一般物事, 言偶不同耳.
　　『象山全集 ; 卷35』

서 정말로 그러한 구분이 존재한다고 보았기 때문이다. 그러나 주희가 본 실재는 육구연이 본 것과 꼭 같은 것은 아니다. 주희는 실재를 두 세계, 즉 이치Abstract와 기운Concrete으로 되어 있다고 보았으며 육구연 은 실재란 오직 한 세계, 즉 마음(개인의 마음 또는 우주의 마음)의 세계로 구성되어 있다고 생각하였다. 그러나 육구연의 주장은 다만 심학파의 세계관이 무엇인가 하는 개략적인 지식만을 전달할 뿐이다. 그러므로 좀 더 완전한 설명을 들으려면 왕수인의 주장에 귀를 기울여야 한다.

왕수인의 우주관

왕수인(1472~1528년)은 현 절강성 여요인餘姚人이다. 보통 양명선생陽明 先生으로 알려져 있다. 그는 뛰어난 철학자였을 뿐만 아니라 능력 있고 도덕적으로 성실한 실천적 정치가로서도 명망이 높았다. 청년시절에 그는 열렬한 정주학파 학도였다. 그래서 그는 주희의 가르침을 실행하 기로 결심하고 대나무의 이치(理)를 탐구하기 시작하였다. 그는 자기 마음을 밤낮 일주일 동안을 계속하여 대나무(物)에다 집중시켰으나 아 무것도 찾아내지 못하였다. 드디어 그는 큰 실망을 하고 그 시도를 포 기하지 않을 수 없었다. 그러나 그 후 정치적인 모략을 받아 잠시 조 정에서 추방당하여 겹겹이 둘러싸인 두메산골에 사는 동안, 어느 날 갑자기 그는 '격물치지'의 큰 뜻을 깨닫게 되었다. 그 결과 그는 『대학』 의 중심사상을 새로 알게 되었고 또한 『대학』을 재해석하였다. 이렇게 하여 그는 심학파의 가르침을 완성하고 구체화하였다. 왕수인의 문인 서애徐愛가 편찬한 스승의 언행록인 『전습록傳習錄』에 다음과 같은 말 이 실려 있다.

선생님이 남진南鎭에서 유람할 때 어느 친구 한 분이 낭떠러지에 있는 꽃나무를 가리키며 물었다.

"이 세상(천하)에는 마음 밖에 어떤 사물도 없다고 하셨는데 이 꽃나무는 저절로 꽃이 피었다가 저절로 떨어지곤 하는데 나의 마음과는 무슨 상관이 있을까?"

선생이 대답하길 "자네가 이 꽃을 보지 않았을 때는 이 꽃과 자네의 마음이 다 고요(寂)했다. 그런데 자네가 와서 이 꽃을 보았을 때는 이 꽃의 빛깔이 일시에 또렷해졌다. 이것으로 이 꽃이 자네의 마음 밖에 있지 않다는 사실을 알 것이다."4)라고 하였다.

또 다른 구절에는 다음과 같은 말이 있다.

선생: 자네는 하늘과 땅 중간에서 무엇이 천지의 마음이라고 생각하는가?

학생: 저는 인간이 하늘과 땅의 마음이라고 들은 적이 있습니다.

선생: 그러면 인간에 또 마음이라고 불리는 것은 무엇인가?

학생: 그것은 다만 하나의 신령스러운 밝음(靈明, Spirituality or Consciousness)일 뿐입니다.

선생: 그것 보게, 천지를 꽉 채우고 있는 것은 단지 이 신령스런 밝음(靈明)뿐일세. 인간은 다만 형체 때문에 전체와 분리가 되어 있다네. 나의 신령스런 밝음(靈明)이 곧 천지·귀신·만물을 떠나면 나의 신령스런 밝음(靈明)도 역시 없어지지. 이와 같이 하나의 기운이 유통되고 있으니 어떻게 다른 것과의 간격이 있겠

---

4) 先生遊南鎭, 一友指巖中花樹問曰：天下無心外之物, 如此花樹, 在深山中, 自開自落, 於我心亦何相關? 先生云：爾未看此花時, 此花與爾心同歸於寂. 爾來看此花時, 則此花顏色, 一時明白起來, 便知此花, 不在爾的心外. 『傳習錄；下』

는가?5)

이 말에서 우리는 왕수인의 우주관을 알 수 있다. 이 우주관에 의하면 우주는 마음의 정체整體이며 그 곳에는 오직 하나의 세계만이 존재하는데, 그 세계는 바로 우리들이 살고 있는 구체적인 이 현실세계다. 그리하여 주희가 크게 강조한 추상적인 이치의 세계가 존재할 여지는 없어졌다. 왕수인은 그리하여 마음(心)이 이치라고 주장했다.

마음이 곧 이치(理)이다. 이 세상에 어떻게 마음 밖의 일이 있으며, 마음 밖의 이치가 있겠는가?6)

마음의 실체는 본성이요, 본성이 이치이다. 그러므로 효도하는(孝) 마음이 있기 때문에 효도의 이치가 있다. 만일 어버이에 효도하는 마음이 없다면 그러한 이치도 존재하지 않는다. 그리고 임금에게 충성하는 마음이 있기 때문에 충성하는 이치가 있다. 만일 임금에게 충성하는 마음이 없다면 그러한 이치도 없다. 어떻게 이치가 우리 마음 밖에 있을 수 있을까?7)

이 말에서 우리는 훨씬 더 명확하게 주희와 왕수인의 차이와 그들

---

5) 先生曰：爾看這個天地中間, 其麼是天地的心? 對曰：曾聞人是天地的心. 曰：人又甚麼叫做心? 對曰：只是一個靈明 可知充天塞地, 中間只有這個靈明. 人只爲形體自間隔了. 我的靈明, 便是天地鬼神的主宰. …… 天地鬼神萬物, 離却我的靈明, 便沒有天地鬼神萬物了. 我的靈明, 離却天地鬼神萬物, 亦沒有我的靈明. 如此便是一氣流通的, 如何與他間隔得?『傳習錄；下』

6) 心卽理也. 天下又有心外之事, 心外之理乎?『傳習錄；上』

7) 心之體, 性也. 性卽理也. 故有孝親之心. 卽有孝之理；無孝親之心, 卽無孝之理矣. 有忠君之心, 卽有忠之理, 無忠君之心, 卽無忠之理矣. 理豈外於吾心耶?『答顧東橋書：傳習錄；中』

이 대표하는 두 학파의 차이를 알 수 있다. 주희의 체계에 의하면 효도하는 이치가 있기 때문에 어버이를 사랑하는 마음이 있으며, 충성의 이치가 있기 때문에 임금에게 충성하는 마음이 있다고 말할 수 있을 뿐이다. 그렇게 되면 그 반대는 말할 수 없다. 그러나 왕수인은 바로 정반대의 학설을 주장하였다.

주희의 사상체계에 의하면 마음이 존재하건 안 하건 이치는 객관외재의 실재이다. 왕수인의 사상에 의하면 마음이 없으면 이치도 없다. 그러므로 마음은 우주의 입법자요, 이 입법에 의하여 이치는 제정되고 있다.

밝은 덕(明德)

이러한 우주관으로 왕수인은 『대학』에 형이상학적인 정당성을 부여했다. 16장에서 살펴본 바와 같이 『대학』은 이른바 '3강령', '8조목'에 관하여 언급하고 있다. '3강령'은 "밝은 덕을 밝히고(明明德), 백성을 친하게 하며(親民) 지극한 선에 머문다(止於至善)."는 뜻이다. 왕수인은 『대학』을 대인大人의 학문이라고 정의를 내렸다. '명명덕'에 관한 왕양명의 설명은 다음과 같다.

대인大人이란 천지만물을 일체―한 몸뚱아리―로 생각하는 사람이다. 그는 천하를 한 식구처럼 생각하고, 중국을 한 사람처럼 생각한다. 형체를 구분하고 너와 나를 구별하는 사람은 소인小人이다. 대인이 천지만물을 일체로 삼을 수 있는 까닭은 일부러 그렇게 하려고 했기 때문이 아니라 그 마음(心)의 사랑(仁)이 본래 이와 같이 천지만물과 일체가 되었기 때문이다. 어째서 대인의 마음만이 그럴까. 소인의 마음도 역시 그렇지 않음이 없다. 그런데 소인은 스스로 작게 만들었을 뿐이다. 그러므로 어린 아이가 우물에 빠지려는 것을 보고는 반드시 깜짝 놀라 측은한 마음을 갖는다. 이것은 바로 사랑(仁)에서 그는 어린 아이와 더불어 일체를 이룬다. 어린 아이와 그는 같은 인류인 것이다. 그런데 새와 짐승이 울부짖고 벌벌 떨고 있는 것을 보면 반드시 그것을 차마 보지 못하는 마음을 갖는다. 이것은 바로 새와 짐승을 사랑하는 마음(仁) 속에서 그는 새와 짐승과 일체를 이룬다. …… 이 모든 것으로 보아 비록 소인이라 할지라도 역시 사랑(仁)을 가지고 있다. 이것은 바로 하늘이 내리신 본성에 근거를 두었기 때문에 저절로 신령스럽게 환하여(靈昭) 어둡지 않는 것(不昧者)이다. 그러므로 그것을 밝은 명덕이라고 한다.

진실로 사욕의 가리움이 없다면 소인의 마음까지도 일체가 되는 사람(仁)은 대인과 마찬가지다. 그러나 일단 사욕의 가리움이 생기면 대인의 마음이라 할지라도 칸칸이 나뉘어 좁아지기 마련이다. 이것은 소인과 마찬가지다. 그러므로 대인이 되려는 학자는 오로지 사욕의 가리움을 제거하여 스스로 그 명덕을 밝혀서 그 천지만물 일체의 본연을 회복하여야 한다. 본체의 밖에 더 중요한 것이 있을 수는 없다.8)

『대학』의 3강령 가운데 제2의 '친민親民'에 관하여 왕수인은 다음과

---

8) 陽明子曰 : 大人者, 以天地萬物爲一體者也. 其視天下猶一家, 中國猶一人焉. 若夫間形骸而分爾我者, 小人矣. 大人之能以天地萬物爲一體也, 非意之也, 其心之仁本若是其與天地萬物而爲一也. 豈惟大人, 雖小人之心 亦莫不然. 彼顧自小之耳. 是故見孺子之入井, 而必有怵惕惻隱之心焉. 是其仁與孺子而爲一體也. …… 是其一體之仁也. 雖小人之心, 亦必有之. 是乃根於天命之性, 而自然靈昭不昧者也. 是故謂之明德. …… 是故苟無私慾之蔽, 則雖小人之心, 而其一體之仁, 猶大人也. 一有私欲之蔽, 則雖大人之心而其分隔隘陋, 猶小人矣. 故夫爲大人之學者, 亦惟去其私欲之蔽. 以自明其明德, 復其天地萬物一體之本然而已耳. 非能於本體之外. 而有所增益之也. 『大學問』

같이 언급하였다.

　　명덕을 밝힌다는 것은 천지만물이 일체라는 그 본체를 수립하는
일이요, 백성을 가까이 한다(親民)는 것은 천지만물이 일체라는 작용
(用)을 널리 행하는 일이다. 그러므로 명덕을 밝히는 일은 반드시 백
성을 가까이 하는(親民) 데 있으며, 또 백성을 가까이 하는(親民) 것은
그 명덕을 밝히기 위한 이유이다. …… 군신·부부·붕우에서 시작
하여 산천·귀신·짐승·초목에 이르기까지 실제로 모두 그들을 가
까이(親) 함으로써 나는 천지만물을 일체로 삼는 일을 널리 행하여야
한다. 그런 다음에 비로소 나의 명덕은 밝혀지지 않음이 없고, 그
때에야 참으로 천지만물과 일체가 될 수 있다.9)

　　제3강령인 '지극한 선에서 머문다(止於至善).'에 관하여 왕수인은 이렇
게 말한다.

　　지극한 선(至善)이란 명덕과 친민이 궁극의 기준이다. 하늘이 명한
본성은 순수하고 지선하다. 그 본성의 밝고 어둡지 않은 것은 지극
한 선의 나타남이요, 명덕의 본체이다. 그런데 이것이 이른바 양지良
知이다. 지극한 선이 나타나면 옳은 것은 옳고 그른 것은 그르며 무
겁고 가볍고 두껍고 얇은 것이 감응에 따라서 끊임없이 변하여 쉬
지 않는다. 그래도 역시 자연스런 상태를 언제나 가지고 있다. 이것
은 인간과 사물의 여러 행위의 최고 준칙이며, 여기에 더하거나 덜

---

9) 明明德者, 立其天地萬物一體之體也. 親民者, 達其天地萬物一體之用也. 故明明德
必在於親民, 而親民乃所以明其明德也. …… 君臣也, 夫婦也, 朋友也, 以至於山川
神鬼鳥草木也, 莫不實有以親之, 以達吾一體之仁, 然後吾之明德始無不明, 而眞能
以天地萬物爲一體矣.『大學問』

하거나 하려는 의심이 조금도 허용되어서는 안 된다. 그 사이에서 더하거나 덜하거나 하려는 의심이 조금이라도 있으면 '사사로운 의도이고 보잘것없는 꾀(私意小智)'이지 지극한 선(至善)이라고 말할 수 없다.[10]

양지良知

그리하여 3강령은 우리 마음의 타고난 본성인 '명명덕'이라는 하나의 강령으로 줄일 수 있다. 우리는 선하든 악하든 간에 모두 근본적으로 똑같은 마음(心)을 가지고 있다. 이 마음은 결코 사욕에 의해 전적으로 가리워져 있을 수 없고 언제나 사물에 대한 직각적인 반응 속에 나타난다. 그 경우의 예를 들면 어린 아이가 우물에 빠지는 것을 갑자기 보았을 때 스스로 느끼는 깜짝 놀라는 마음이다. 사물에 대한 최초의 반응에서 우리는 자연히 그리고 자발적으로 옳은 것은 옳고 그른 것은 그르다는 사실을 안다. 이렇게 아는 것은 우리가 타고날 때부터 가진 본성(天命之性)이 나타난 것이며, 왕수인은 그것을 '양지良知'라는 말로 표현하였다. 우리는 다만 이 양지의 제시에 따라서 주저하지 않고 행위하며 나아가고 있다. 만일 이 양지의 지시에 따라 즉각 행동하지 않고 변명할 구실을 찾으려 한다면 양지에 그 무엇을 더하거나 그 무엇을 빼거나 하여 지극한 선을 상실하기 쉽다. 변명거리를 찾으려는 행동은 사욕에서 유래한 보잘것없는 잔꾀(小智)인 것이다. 23~24장에서

---

10) 至善者, 明德親民之極則也. 天命之性, 粹然至善, 其靈昭不昧者, 此其至善之發見, 是乃明德之本體, 而卽所謂良知也. 至善之發見, 是而是焉, 非而非焉, 輕重厚薄, 隨感隨應, 變動不居, 而亦莫不有天然之中；是乃民彝 物則之極, 而不容少有擬議增損於其間也. 少有擬議增損於其間, 則是私意小智, 而非至善之謂矣.『大學問』

살펴본 바와 같이 주돈이와 정명도 역시 이와 꼭 같은 설을 전개하였다. 그런데 왕수인은 형이상학적인 기반을 좀 더 공고히 하였다. 양간楊簡(1226년 사망)이 처음 육구연을 만났을 때, 우리의 '본심本心'이 무엇인가를 물었다고 한다. 본심本心이란 용어는 원래 선禪을 행하는 이들이 즐겨 사용했으나 육왕학파의 신유가는 그대로 답습하였다. 그 질문에 육구연은 맹자의 '사단'에 대한 문구를 암송하였다. 양간은 이 말을 듣고 이 문구는 소년시절부터 읽어 왔으나 '본심'이 아직까지도 무엇인지를 알지 못한다고 말했다. 당시 그는 관리였으므로 대화하는 도중에 소송장의 판결문을 보라는 부름을 받았다. 사무가 끝나자 그는 육구연에게 돌아와 다시 똑같은 질문을 하였다. 그 때 육구연은 이렇게 대답했다. "저 소송을 한 자들은 반드시 한쪽은 옳고 한쪽은 그르다. 만일 누가 옳고 누가 그른가를 알아서 어떤 사람은 옳고 어떤 사람은 그르다고 결정을 내렸다면 이것이 '본심'이 아니고 무엇이겠는가?"

양간이 이 말을 듣고 홀연히 깨달았다. 양간은 다시 물었다.

"이것으로 그치는 것입니까?" 육구연은 소리를 높여 대답하였다.

"그 밖에 또 무엇이 있겠는가?" 양간은 다른 말을 할 틈도 없이 절을 하고 돌아왔다. 그리고 종신토록 그를 스승으로 섬기었다.[11]

또 다른 하나의 이야기가 있다. 왕수인의 제자가 어느 날 밤 자기집에서 도둑을 잡아놓고 그에게 양지에 대하여 강의를 하였다. 그 도둑은 크게 비웃으며 질문하였다.

"선생님, 나의 양지가 어디 있는지 알려 주십시오."

그 당시 날씨가 무더웠으므로 그는 도둑에게 우선 더우니 웃옷을 벗으라고 하였다. 그리고 또 말하였다.

---

11) 且彼訟扇者必有一是一非. 若見得孰是孰非, 卽決定謂某甲是, 某乙非矣. 非本心而何? 先生聞之, 忽覺此心澄然. 亞問曰 : 止如斯耶? 公竦然端厲, 復楊聲曰 : 更何有也! 先生不暇他語, 卽揖而歸 …… 終身師事焉.『慈湖遺書 ; 卷18』

"이렇게 무더운데 왜 당신은 바지마저 벗지 않소?"

이 말에 도둑은 주저주저하여 대답했다.

"그건 아주 옳지 않은 것 같습니다."

그러자 그는 그에게 크게 외쳤다.

"거기에 바로 당신의 양지가 있소!"

그 도둑이 이 대화로 깨달았는지 여부는 말하지 않는다. 그러나 이 이 야기와 앞 이야기는 확실히 학생(제자)들을 깨닫도록 가르치는 전형적인 선禪의 방법이다. 그들은, 인간은 누구나 다 양지Intuitive Knowledge를 가 지고 있는데 이는 본심이 나타난 결과이며, 이 본심을 통하여 즉각적 으로 옳은 것은 옳다, 그른 것은 그르다는 것을 안다는 사실을 밝혔다. 모든 사람은 그 본심에 있어서는 성인이다.

왕수인의 제자들은 "길거리를 가득 메운 것이 모두 성인이다(滿街都 是皆聖人)."고 자주 말하였는데 이 말은 사람은 누구나 성인이 될 가능 성이 있다는 뜻이다. 만일 그 누가 양지의 지시에 따라서 행동만 한다 면 그는 실로 성인이 될 수 있다. 다시 말하면 그는 다만 양지를 실천 으로 옮겨야 된다고 했다. 왕수인의 용어로 말하면 이것이 바로 '양지 를 넓히는 것(致良知)'이다. 그러므로 '치양지'는 왕수인 철학의 골자이 며 만년에 그는 이 말만을 언급했다.

격물格物은 정사正事

『대학』은 또한 '8조목'에 관하여도 언급하였다.

'8조목'이란 '수신修身'할 때 거쳐야 하는 8단계를 뜻한다. 8조목의 처음 두 조목이 '격물格物'과 '치지致知'이다. 왕수인에 의하면 '치지'는 바로 '치양지'를 뜻한다. '수신'은 자기의 양지를 따라서 그것을 실천에 옮기는 것에 지나지 않는다. 격물이란 만물Things의 연구라는 뜻이다. 이러한 취지로 격물을 해석한 사람은 정이천과 주희였다. 그러나 왕수인에 의하면 격格이란 바로잡는다(格正也)는 뜻이고 물物이란 사事(Affairs)를 뜻한다(格者事也). 왕수인에 의하면 양지는 불가佛家에서 가르친 명상이나 정관을 통하여 넓어질 수는 없다. 그러므로 양지는 일상사를 처리하는 일상생활의 체험을 통하여 넓어져야 한다. 그래서 그는 다음과 같이 말했다.

> 마음(心)이 발동된 것(所發)이 뜻(意, Will, Thought)이요, 뜻(意)이 —지향하여 —있는 곳이 바로 물(Things, Affairs)이다. 예를 들면, 자기의 뜻(意)이 어버이를 섬기는 데 있다면 이 어버이를 섬기는 일이 바로 물物이요, 자기의 뜻이 백성을 사랑하고 사물을 아껴 주는 데 있다면 백성을 사랑하고 사물을 아껴 주는 것이 바로 물이다.12)

이 사건(物)은 옳을 수도 그를 수도 있다(是非). 그러나 시비가 결정되자마자 곧 우리의 양지는 그것을 알 수 있다. 우리의 양지가 한 일이 옳다고 인정하면 우리는 성실하게 실천하고, 우리의 양지가 그것이 그르다고 인정하면 우리는 중단하여야 한다. 이런 식으로 우리는 사事를 바로잡고(格物), 또 우리의 양지를 넓힌다(致知). 일을 바로 잡지(正事) 않고 양지를 넓히는(致良知) 방법은 없다. 『대학』에서 "양지를 넓히는 것은 일(事)을 바로잡는 데 있다(致知在格物)."고 말하는 이유가 바로 그것이다.

8조목의 다음 두 단계는 '성의誠意'와 '정심正心'이다. 왕수인에 의하면 '성의'는 격물과 치지가 가장 성실하게 수행되는 것, 그 이상의 아

---

12) 心之所發便是意, …… 意之所在便是物. 如意在於事親, 卽事親便是一物. …… 意在於仁民愛物卽, 仁民愛物便是一物. 『傳習錄 ; 上』

무엇도 아니다. 우리가 양지의 지시에 따르지 않고 변명거리를 찾으려
한다면 우리는 뜻에 성실하지 못함(不誠意)이 있다. 이 성실하지 못함은
정명도·왕수인이 말하는 '사사로운 욕심과 보잘것없는 꾀(自私用智)'에
불과하다. 뜻(意)이 성실하면 마음은 바로잡을 수 있다(正心). 그러므로
'정심'이란 '성의'에 지나지 않는다. '8조목'의 다음 네 단계는 수신·
제가·치국·평천하修身齊家治國平天下이다. 왕수인에 의하면 수신은 치
양지나 마찬가지이다. 왜냐하면 양지를 넓히지 않고 어떻게 수신할 수
있을까? 수신하는 데 있어서 '치양지' 이외에 또 무엇을 하여야 할까?
'치양지'하는 데서는 백성을 사랑해야(親民) 한다. 또 백성을 사랑하는
데서 어떻게 '제가齊家' 이외에 다른 방식을 동원할 수 있으며, 또 다
른 방식으로 어떻게 치국治國과 평천하平天下에 최선을 기울일 수 있을
까? 그리하여 8조목은 모두 결국 '치양지'라는 하나의 조목으로 환원
된다.

왕수인의 글을 다시 인용하면 다음과 같다.

인간의 마음은 자연스러운 연못(天淵)이다. ─인간의 마음속에─포
함되지 않은 것은 아무것도 없다. 우리 모두는 원래 하나의 자연(天)
이다. 그러나 사사로운 욕심의 장애 때문에 자연스런(天) 원래 상태
를 잃어버린다. 만일 이제 생각생각마다 양지를 넓히고 이 가리워진
것을 제거해 나가며 모든 가리움이 제거되면 우리의 본심이 회복되
고 우리는 곧 이 자연스런 연못이 된다. 일부분의 양지는 전체의 양
지요, 전체의 양지는 일부분의 양지임을 알게 된다. 이 모두가 하나
의 본체다.13)

---

13) 人心是天淵, 無所不賅, 原是一個天, 只爲私欲障礙, 則天之本體失了, …… 如今念
   念致良知, 將此障礙窒塞一齊去盡, 則本體已復, 便是天淵了. …… 便見一節之知,
   卽全體之知. 全體之知, 卽一節之知. 總是一個本體. 『傳習錄 ; 下』

마음의 경건함(敬)

　그리하여 왕수인의 사상체계는 주돈이·정명도·육연의 사상과 같은 노선을 따르고 있다. 그러나 그는 좀 더 체계적이면서도 정확한 용어로 표현하였다. 『대학』의 '3강령'과 '8조목'은 그의 사상체계에 너무나 잘 들어맞았다는 사실은 왕수인 자신에게는 확신을, 다른 사람에 대하여는 권위를 갖다 주었다. 그의 정신수양체계와 방법은 간단하면서도 직접적이다. 즉, 이것들은 사상체계에 강력한 호소력을 줄 수 있었던 특질들이다.

　우선 필요로 하는 것은 우리들 모두 각자가 우주와 일체인 '본심'을 가지고 있다는 사실을 이해하는 일이다. 이러한 이해를 육구연은 맹자에게서 빌어 온 문구인 "먼저 가장 중요한 것을 세워 놓는다(先立乎其大者)."라고 말하였다. 한 예를 들어 보자.

　　근래 나를 비판하는 자가 이르기를, 먼저 중요한 것을 세워 놓는다라는 단 하나의 문구를 제외하고는 전혀 아무것도 중요하지 않다고 생각하였다는데 내가 그 말을 듣고서 참으로 그렇다고 대답하였다.14)

　24장 신유가에 의하면 정신수양을 하는 데는 경계하여 조심하고 주의를 기울일 필요가 있다는 사실을 지적하였다. 그러나 무엇을 조심하고 경계하며 주의를 기울일까?

　육왕학파에 의하면 우리는 '먼저 가장 중요한 것을 세워 놓고' 그 다음에 그것에 주의를 기울여야(敬) 한다. 그것은 바로 정주학파가 먼

---

14) 近有議吾者云：除了先立乎其大者一句, 全無伎倆, 吾聞之曰誠然. 『陸象山全集 ; 卷34』

저 가장 중요한 것을 세워 놓지도 않고 직접 또 우연히 사물의 탐구부터 시작하였다는 것을 비판하는 것이기도 하다.

이러한 상황 아래서는 마음의 주의·경계가 정신수양에 있어서 어떤 결과로도 이끌어 갈 수가 없다. 육왕학파는 이 과정을 솥에 쌀을 넣지 않고 밥을 지으려고 불을 지피는 것에 비유하였다. 그러나 여기에 대한 정주학파의 해답은 다음과 같다.

"우리가 격물로부터 시작하지 않으면 그 무엇이 어떻게 확고하게 수립될 수 있을까? 우리가 만일 격물을 배제한다면 먼저 가장 중요한 것을 세워 놓는다는 것은 단지 순간적인 깨달음(頓悟)을 통하는 길밖에 남은 것이 없다."

정주학파는 이것을 유가적이라기보다는 선禪적이라고 간주하였다. 24장에서 살펴본 바와 같이 정명도 역시 "학생은 먼저─모든 만물의 일체인─인仁을 이해한(學者優先識仁) 다음, 성실(誠)과 경건(敬)으로 그것을 잘 보존해야 한다. 그리고 그 밖에 아무것도 할 필요가 없다. 우리는 단지 자신을 믿고 수양을 계속할 필요가 있다."고 하였다. 육구연도 이와 유사한 어조로 말한다.

"철저히 힘쓰고 분발하여 일어나라. 너를 묶는 그물을 찢어 버려라. 네 길을 막는 가시덤불을 불살라 버려라. 더러운 웅덩이를 깨끗이 쓸어 없애라."15)

그렇게 될 때는 심지어 공자의 권위까지도 반드시 존경이 될 필요가 없다. 또 다시 육상산이 진술한 말이다.

"배우는 데 있어서 진실로 근본을 안다면 육경六經은 다 나의 주석일 뿐이다."16) 이 점에서 우리는 분명히 육왕학파는 선종禪宗의 연장임을 알 수 있다.

---

15) 激勵厲奮迅, 決破羅網, 焚燒荊棘, 蕩夷汙澤. 『陸象山全集 ; 卷34』
16) 學苟知本, 六經皆我註脚. 『陸象山全集 ; 卷34』

불교 사상의 비판

육왕학파와 정주학파는 다 같이 불교를 맹렬히 비판하였다. 불교 비판에 있어서도 양 학파의 차이점이 또다시 드러났다. 그리하여 주희가 말한다.

불가佛家에서 '공空'을 말할 때 이것은 그들이 전적으로 잘못되었다는 것을 뜻하는 말이 아니다. 그러나 불교도들은 이 '공' 속에 진리가 존재함을 알아야 한다. 만일 우리가 참된 이치(理)가 있음을 알지 못하고 단지 도道와 나(我)는 다 '공'이라고만 말한다면 그런 주장은 무슨 소용이 있겠는가? 비유하면 차고 깨끗한 물이 밑바닥에까지 채워진 맑은 연못과 같다. 처음 연못을 보았을 때 그 안에 물이 하나도 없는 것같이 보인다. 그래서 어떤 사람은 이 연못을 보고 '비었구나.' 하고 말할 것이다. 만일 이 사람이 찬지 더운지(空)를 알려고 손을 그 속에 갖다 대지 않았다면 그는 그 속에 물이 있다는 사실을 알지 못할 것이다. 바로 이와 같은 것이 불가의 견해이다.[17]

또 그는 말을 잇는다.

유가들은 리理를 생성되지도 멸하지도 않는 것으로 간주하는데 불가에서는 신식神識[18]을 생성되지도 멸하지도 않는 것으로 본다.[19]

---

17) 釋氏說空, 不是便不是, 但空裏面須有道理始得. 若只說道我是個空, 而不有個實底道理, 却做甚用. 譬如一淵清水, 清泠徹底, 看來一如無水相似, 他便道此淵只是空底. 不曾將手去冷是溫, 不知道有水在裡面. 釋氏之見正如此.『朱子語類 ; 卷126』
18) 有情之心識 靈妙不可思議. 故曰 神識, 猶靈魂.『佛教大辭典』참조. (譯註)
19) 儒者以理爲不生不滅, 釋氏以神識爲不生不滅.『朱子語類 ; 卷126』

주희에 의하면 불가에서 말하는 구체적인 세계가 공이라고 하는 것은 정당성이 없는 것이 아니다.

왜냐하면 구체적 세계의 사물들은 변화하고 또 일시적이기 때문이다. 그러나 거기에는 또한 영원하고 변화하지 않는 이치가 있다. 이런 의미에서 우주는 공空이 아니다. 불가들은 이치가 실재한다는 사실을 알지 못한다. 왜냐하면 연못 속에 있는 물이 색깔이 없기 때문에 보지 못하는 것과 마찬가지로 리는 추상적이기 때문이다. 왕수인도 역시 불가를 비판하였다. 그러나 아주 다른 견해로써 비판하였다.

선가仙家(즉 도교를 말함)에서 허虛에 관하여 말할 때 (유가의) 성인은 어찌 거기에 아주 작은 내용이라도 더할 수 있을까? 불가에서 무無를 말할 때 (유가의) 성인은 어찌 무無에 아주 작은 유有를 더할 수 있을까? 그러나 선가들이 허를 말하는 것은 그 동기가 양생養生에서 나왔으며 불가들이 무를 말한 것은 그 동기가 생사고해를 떠나는 데서 나왔다. 그들의 이러한 사상들을 심心의 본체에다 더하면, 그것은 허무의 본색이 아니고 오히려 본체에 장애가 된다. (유가의) 성인은 단순히 그에게 양지 본래 상태를 돌려 주었을 뿐, 이러한 의사에 그 어떤 것도 갖다 붙이지 않는다 …… 천하만물은 모두 나의 양지의 쓰임 가운데에 갖추어져 있다. 그런데 어떻게 일개의 물物이 양지 밖에 초월해서 그것을 막을 수가 있을까?[20]

다시 왕수인은 말한다.

---

[20] 仙家說到虛 聖人豈能虛上加得一毫實? 佛家說到無, 聖人豈能無上加得一毫有? 但仙家說虛, 從養生上來;佛家說無, 從出離生死苦海上來;却於本體上加却這些子意思在, 便不是他虛無的本色了, 便於本體有障礙. 聖人只是還他良知的本色, 更不着些子意思在 …… 天地萬物, 俱在我良知的發用流行中;何嘗又有一物超於良知之外, 能作得障礙?『傳習錄;下』

불가들은 현상(相)에 집착하지 않는다고 주장하지만 실상은 현상에 집착하는 것이요, 우리 유가는 현상에 집착하나 사실은 현상에 집착하지 않는다고 선생께서 말씀하신 적이 있는데 그 이유를 묻고 싶습니다. 불가는 부자夫子관계에 얽매임을 두려워하여 도리어 부자를 피하고, 군신君臣의 관계에 얽매임을 두려워하여 군신을 멀리하고, 부부夫婦의 관계에 얽매임을 두려워하여 부부를 도피하는데, 이것은 모두 부자·군신·부부관계에 집착하였기 때문에 도피하지 않을 수 없다. 그러나 우리 유가는 부자라면 인仁으로 대접해 주고, 군신이라면 그를 의義로 대우해 주고, 부부라면 별別로써 응대해 준다. 어찌 부자·군신·부부의 현상(相)에 집착하겠는가.[21]

만일 이 논조에 따라 간다면 신유가들은 도가나 불가들 자신보다도 한층 더 도가와 불가의 근본사상을 고수하고 있다고 해야 한다. 신유가들은 도가 이상의 도가들이고 불가 이상의 불가들이다.

---

21) 先生嘗言佛氏不著相, 其實著了相 ; 吾儒著相, 其實不著相 ; 請問. 曰 : 佛怕父子累, 却逃了父子 ; 怕君臣累, 却逃了君臣 ; 怕夫婦累, 却逃了夫婦, 都是爲個君臣父子, 夫婦著了相, 便須逃避. 如吾儒有個父子, 還他以仁 ; 有個君臣, 還他以義 ; 有個夫婦, 還他以別. 何嘗著父子君臣夫婦的相? 『傳習錄』

제 27 장

서양 철학의 도입

모든 철학체계는 잘못 이해되고 잘못 사용되기 쉽다. 신유가의 두 학파도 역시 마찬가지다. 주희에 의하면 영원불변한 이치(理)를 이해하기 위하여 우리는 사물들에 대한 연구(格物)를 시작하여야 한다. 그러나 이 원칙을 주희는 엄격하게 실행하지 못하였다. 주희의 어록 가운데 우리는 그가 사회·자연현상에 대한 관찰을 하기는 했으나 그 당시에는 대개가 경전에 대한 연구 내지 주석에 힘을 기울였다는 사실을 알 수 있다. 주희는 영원불변한 이치가 존재할 뿐만 아니라, 옛 성인의 말씀이 또한 영원불변의 이치라고 믿었다. 그러므로 그의 체계에는 권위주의적이며 보수주의적인 요소가 들어 있다. 이 요소들은 정주학파의 전통으로서 날이 갈수록 더욱 명백하게 되었으며 이 학파가 관학(官學)으로 되었다는 사실은 이 경향을 더욱 짙게 만들었다.

신유학에 대한 반동

육왕학파는 이런 보수주의에 대한 혁명이다. 왕수인이 살던 당시에는 이 혁신운동이 최고조에 달하였다. 아주 쉬운 방법으로 이 운동은 모든 사람의 양지良知(Intuitive Knowledge)에 직접 호소하였다. 양지는 인간의 본심本心(Original Mind)의 내적인 빛이다. 이 학파는 정주학파처럼 결코 관학으로 인정받지는 못했지만 여전히 그 영향력을 발휘하였다. 그러나 육왕학파도 왕수인의 철학도 역시 오해되고 또 오용되었다. 왕수인에 의하면 양지가 직각적으로 안 것은 우리의 의지 또는 사상의 윤리적 측면인 것이다. 그것은 단지 우리에게 마땅히 무엇을 해야 할 바를 알려 줄 뿐이다. 그러나 그것을 어떻게 해야 할지는 알려 주지 않는다. 거기에는 오늘날 서구에서 흔히 쓰는 방법이 결핍되었다. 어떤 상황에서 마땅히 해야 할 바를 어떻게 할 것인지에 관해 왕수인은 "우리는 현재 상태의 여러 가지 일에 관련된 행동의 실천적 방법을 연구하여야 한다."고 말하였다. 그러나 그 후의 제자들은 양지는 그 자체가 방법을 포함한 모든 것을 알려 줄 수 있다는 사실을 믿게 된 것 같다. 이런 말을 하는 것은 불합리하다. 그런데 육왕학파의 문하생들은 확실히 이 불합리성에서 오는 피해를 받았다.

앞 장에서 왕수인이 불교를 비판하기 위하여 선종의 논증방법을 사용했다는 사실을 알았다. 이것은 엄격히 말해 가장 잘못 사용되기 쉬운 예증이다. 다음과 같은 우스운 이야기가 우리에게 전해졌다. 어떤 학자가 절을 방문하였는데 그 사찰의 스님에게 별로 공경을 받지 못하였다. 그런데 바로 그 때 마침 한 고관이 그 절을 방문하였는데, 스님은 그에게 최대의 공경을 표시하였다. 관리가 간 다음 학자는 스님에게 차별대우의 이유를 묻자, 스님은 대답하였다.

"공경하는 것은 공경하지 않는 것이요, 공경하지 않는 것은 공경하는 것이오."

학자는 느닷없이 스님의 뺨을 때렸다. 그러자 스님은 화가 나서 대들었다.

"왜 때리십니까?"

학자는 말하였다.

"때리는 것은 때리지 않는 것이고, 때리지 않는 것은 때리는 것이다."

이 이야기는 왕수인 시대 이후에 유행되었는데, 이 풍자적 이야기 속에 왕수인과 선승들을 꼬집으려는 의도가 들어 있었다.

왕수인이 살아 있을 당시에 그가 영향을 발휘하였던 명明왕조(1368~1643년)는 몽고족이 세운 원元왕조(1280~1368년)를 뒤엎은 한족이 세운 왕조였다. 오랜 세월이 흘러 명왕조는 내란과 외침으로 말미암아 전복이 되고 청淸왕조(1644~1911년)가 그 자리에 들어섰다. 청왕조 지배하의 중국은 역사상 두 번째로 이민족의 지배를 받게 되었는데 이번에는 만주족이었다. 그런데 만주족은 몽고족보다 훨씬 중국문화에 동조적이었다. 청왕조의 초기로부터 후반기로 접어들기 이전까지는 대체로 내적 평화와 번영을 누린 시기였다. 그 시기 동안 비록 다른 면에서 문화적·사회적 보수주의가 점증하는 시기이긴 했지만 중국은 문화적으로 웅대한 발전을 하였다.

정주학파는 관학으로서 전보다 훨씬 더 확고하게 그 기반을 굳혀 나갔다. 그러나 재야에서는 정주학파는 물론 육왕학파에 대한 중대한 반동이 일어났다. 이 반동의 지도인물은 이 두 학파가 선종과 도가의 영향을 받아 공자의 사상을 잘못 해석하였으며 그리하여 원시유가의 실천적인 면을 상실하였다고 비난하였다. 그리하여 "주희는 도사道士이고 육구연은 선사禪師(走子道陸子禪)"라고 공격하는 사람도 있었다. 어느 의미에서 이 비난은 전적으로 부당한 것은 아니었다. 그것은 우리가 앞에서 말한 것에서 살펴본 바와 같다. 그러나 철학의 관점으로부터 보면 그 말을 전혀 상관이 없다. 23장에서 지적했듯이 신유학이란 유가·불가·도가(선종을 통과)·도교의 종합사상이다. 중국 철학사의 관점으로부터 보면 그러한 종합은 발전을 뜻한다. 그러므로 나쁜 것이 아니라 오히려 좋은 것이다.

청조에서는 유가의 정통적 지위가 이전보다도 더욱 강화되었다. 신유학이 순수유학과 동일하지 않다고 주장하는 것은 신유학은 잘못되고 틀렸다고 주장하는 것과 같았다. 실로 신유학을 반대하는 사람들의 견해로 볼 때 신유학의 해로운 영향은 불교나 도가보다 한층 더 심했다. 왜냐하면 신유학이 원시유가와 유사하게 보여 백성들을 더 쉽사리 현혹시킬 수 있음으로 해서 백성들을 미궁에 빠지게 할 수 있기 때문이다. 이 이유로 말미암아 청조의 학자들은 한漢으로 돌아가자는 운동을 개시하였는데, 이것은 한왕조의 학자들이 초기경전에 달았던 주석을 되찾아 보자는 뜻이다.

청대 학자들은 한나라의 학자들이 공자의 시대에 더 가까이 살았고 중국에 불교가 전래되기 이전이어서 경전에 대한 해석이 공자사상의 진수眞髓에 보다 가깝고 또한 보다 편견이 없다고 믿었다. 그 결과 신유가들이 등한시했던 한대 학자의 수많은 저서를 연구하였는데 이 연구를 한학漢學이라 불렀다. 그리고 이 한학과 대조하여 신유학을 송학宋學이라고 불렀다. 그 이유는 신유학의 주요학파가 송대에 전성기를 이루었기 때문이다.

18세기에서 20세기 초까지 한학과 송학을 고수하는 청대 학자들의 논쟁은 중국 사상사에 있어서 가장 중요한 것 가운데 하나였다. 오늘날의 관점에서 보면 그것은 실로 원전에 대한 문자적인 해석과 의미적인 해석의 논쟁이었다. 문자적 해석은 원전의 문자 그대로의 사실적인 의미가 더 믿을 만한 것이라고 강조한 반면, 의미적 해석은 원전이 마땅히 그래야 한다는 당위적 의미를 강조하였다(They Ought to have Meant). 한漢학자들이 원전에 대한 고증과 문자적인 해석을 강조함으로써 그들은 고증학考證學 · 문헌학文獻學 같은 분야에 현저한 발전을 이룩해 놓았다. 실로 그들의 문헌학적 · 역사적 연구 및 기타의 연구는 청대만이 해 놓은 가장 위대한 문화적 업적이었다. 철학적으로 한학자의 공헌은 별로 중요시되지 못하였다.

그러나 문화적으로 그들은 보다 광범위한 중국문화의 성과에까지 당시인들의 마음을 터놓는 데 커다란 공적을 세워 놓았다. 명대의 대부분의 학자들은 신유학의 영향 아래서 과거시험에 합격하는 데 필요한 지식만을 갖고 있었다. 그리하여 그들의 온 정력을 『사서』즉, 『대학』· 『논어』· 『맹자』· 『중용』에 기울였다. 따라서 그들은 기타의 문헌에 대해선 잘 알지 못하였다. 하지만 청대의 학자들이 원전(고문헌)에 대한 고증학적인 재평가에 관심을 두자 자신들의 연구를 단지 유가의 경전에만 국한시킬 수가 없었다. 그리하여 그들은 정통적인 유가 이외에 오랫동안 무시되었던 『묵자』·『순자』·『한비자』 등을 포함한 기타 다른 여러 제자의 모든 경전도 연구하기 시작하였다.

그들은 원문에 삽입된 많은 착오문을 바로 고쳤으며 자구字句의 옛날 용례를 설명하였다. 오늘날 문헌들이 과거보다 더 읽기 쉽게 된 것도 고증학자들이 노력 덕분이다. 그들의 작업은 서양 철학의 도입에 자극을 받아 근대 수십년 동안에 제자백가에 관한 철학적 연구에 관심을 다시 불러일으키는 데 많은 도움을 주었다. 이것이 앞으로 우리가 관심을 둘 주제이다.

공자교孔子敎를 위한 운동

여기서는 중국인들이 서양문화와 처음으로 접촉한 태도를 정확하게 밝힐 필요는 없다. 이미 명대 말기(16세기 말~17세기 초)에 중국학자들은 당시 예수회Jesuit 선교사들에 의해 도입된 수학·천문학에 감동되었다는 사실을 지적하는 것만으로도 충분하다.

서구인들이 중국과 그 주변의 나라들을 극동極東(Far East)이라고 부른다면 초기 중국인들은 서구와 접촉할 시기의 유럽을 태서泰西(Far West)라고 불렀다. 불교가 들어올 당시 중국인들은 인도India를 '서역西域'이라 불렀다. 그러므로 그들은 인도의 서쪽에 있는 나라를 '태서'로 부를 수밖에 없었다. 이 용어는 지금은 잘 쓰이지 않고 있으나 19세기 후반기만 해도 상투적으로 쓰였다.

16장에서 필자는 중국인이 전통적으로 중국과 오랑캐를 구별한 것은 종족적인 것이라기보다는 문화적인 것이라고 말하였다. 그러므로 중국인들의 민족주의적 감정은 정치적이라기보다는 문화적이라고 할 수 있다. 중국인들은 고대문화의 상속자라는 점과 함께 기타의 고대문명국과 지리적으로 멀리 떨어져 있기 때문에 다른 민족들이 색다른 문명권에서 다른 방식으로 살아갈 수 있다는 것은 상상조차 하기 힘든 일이었다. 그러므로 중국인들이 이질적인 문화를 접할 때마다, 그 문화를 멸시하고 저항하는 경향이 있었다. 약간 이질적이어서 그런 것이 아니라 단지 중국인들은 이질적인 문화를 열등하거나 잘못된 것으로 생각하였기 때문이다.

18장에서 살펴본 바와 같이 불교의 도입은 도교를 창건하도록 자극하였으며 도교는 바로 이질적 신앙에 대한 일종의 민족적 반동으로 생겨났다. 이와 마찬가지로 그리스도교 선교사들에 의해 도입되었던 서양문화 역시 매우 유사한 반동을 자아내었다. 16~17세기에 막 주목한 바와 같이 선교학자들은 종교로서가 아니라 수학과 천문학의 성과로 중국인을 감동시켰다. 그러나 그 후 특히 19세기에 유럽의 늘어가는 군사적·상업적 우위와 때마침 만주족 아래 중국 정치세력의 몰락은 중국인들로 하여금 그리스도교의 자극을 더욱더 느끼게 하였다. 19세기 선교사들과 중국인들 간에 발생했던 몇 번의 주요한 반목이 있은 다음, 유명한 정치가요 개혁자인 강유위康有爲(1858~1927년)에 의해 서양의 점점 늘어가는 영향에 대처하기 위한 공자교孔子敎 수립운동이 시작되었다. 이 사건은 결코 우연이 아니었다. 왜냐하면 심지어 중국 사상의 내적인 발전의 관점으로부터도 한학漢學의 학자들이 그 길을 터놓았기 때문이다.

17~18장에서도 밝혔듯이 한대에는 두 개의 유학파가 주류를 이루었다. 그 하나는 고문古文학파요, 다른 하나는 금문今文학파다. 청대에 한대 학자들의 연구가 다시 일어나자, 이 두 학파(고문·금문)의 논쟁도 제

기되었다. 동중서가 이끄는 금문학파는 공자가 이상적인 새로운 왕조를 세운 사람이라고 믿었으며 그 뒤에는 공자를 이 지구 위에 자기의 사명을 실현할 임무를 가진 초자연적인 존재, 즉 인간 가운데 실재하는 신으로 간주하기까지 하였다.

강유위는 한학 중 금문학파를 지지하는 청대의 지도인물이었다. 그리고 그는 유가를 하나의 조직된 종교로서 수립하기 위한 자료를 금문학파 속에서 찾아내었다. 동중서의 연구에서 우리는 이미 공자에 대한 그의 환상적인 이론을 알았다. 그런데 강유위의 이론은 그보다 훨씬 더 심각하였다. 앞에서 살펴본 바와 같이 『춘추』는 정확히 말해(『춘추』에 대한) 한대 유가의 주석과 『예기』의 세계(천하)가 '삼통三統' 또는 '삼세三世'의 과정을 거친다는 개념을 가지고 있다. 이제 강유위는 이 이론을 되살려서 공자의 시기는 멸망과 무질서의 첫째 시기였음을 뜻한다고 해석하였다. 우리 시대에 점점 증가하는 동서 사이의 대화와 유럽과 미국의 정치적·사회적 개혁은 인간 무질서의 단계에서 보다 높은 단계로, 즉 평화에 접근하는 단계로 진보하고 있음을 보여 주었다. 그리고 그 다음은 차례로 전 세계의 단합의 시대가 올 것이며 이 단합은 인류발전의 최종 단계인 대동大同의 단계를 실현하는 것이라고 주장하였다. 1902년에 쓴 『논어주論語注』에서 강유위는 "공자는 이 모든 일을 미리 알았다(公子己豫知之)."고 말하였다. 강유위는 1898년 저 유명한 정치개혁의 지도자였다. 그러나 이 개혁은 불과 몇 개월만에 만주족인 청나라 정부에 대한 정치적인 반발이라는 이유로 그는 해외로 망명하였고 그의 추종자들은 처형됨으로써 실패로 끝나고 말았다. 강유위가 주장한 것은 서양의 새로운 문화를 그대로 받아들이는 것이 아니라, 고대의 순수한 공자의 가르침을 실현하자는 것이었다. 강유위는 유가경전에 대한 많은 주석을 내었는데 자기의 새로운 사상을 주석을 통하여 해석하였다. 또한 강유위는 1844년에 발표한 저서 『대동서大同書』

에서 공자의 시도에 따라서 인류발전의 제3단계로 미루어 보아 실현 가능성이 있는 이상향으로서 구체적인 청사진을 제시하였다. 비록 이 책이 너무 대담하고 혁신적이어서 가장 몽상적인 작가들까지도 깜짝 놀라게 했지만 강유위 자신은 결코 몽상가는 아니었다. 그는 자기의 계획이 인류문화의 최고 최종단계에서가 아니면 실천이 될 수 없다고 주장하였다. 그는 자기의 실제 정치 계획을 위하여 입헌군주제를 주장하였는데 처음에는 너무 과격하다는 이유로 보수주의자들에게 미움을 받았고, 또 나중에는 너무 보수적이라는 이유로 급진주의자들에게 미움을 샀다.

그러나 20세기는 종교의 시기는 아니었다. 중국에 그리스도교의 전래와 더불어 종교와는 상반된 현대과학이 들어왔다. 따라서 그리스도의 영향은 그 자체가 중국에서는 한계를 갖고 있었으며 공자교를 세우려는 운동도 초기에 사라져 버렸다. 그럼에도 불구하고 청조의 멸망과 더불어 1912년 중화민국이 수립되고 중화민국 헌법을 초안할 때 강유위의 후계자들은 유교를 국교로 삼아야 한다고 강력히 요구하였다. 이 문제에 대한 활발한 논쟁이 전개되었는데, 드디어 중화민국 헌법은 유교를 국교로서가 아니라 윤리적 · 사회적 질서를 위한 윤리강령으로 규정한다는 타협에 도달하였다.

하지만 이 헌법은 한 번도 실행되지 못했다. 그리고 또 강유위가 의도했던 의미에서의 종교화된 유교에 대하여 언급하는 사람도 없었다. 사실 1898년까지 강유위 및 그의 동료들은 서양 철학에 대하여 거의 무지했다. 그의 친구 담사동譚嗣同(1865~1898년)은 강유위보다 훨씬 더 민감한 사상가였는데 정치적 개혁이 실패했을 때 희생당했다. 그는 『인학仁學』이라는 책을 썼는데 이 책에서 그는 신유학에다 근대화학과 물리학에서 얻은 몇 가지 사상을 도입하였다. 그의 저서 서두에 그는 인학을 연구하기 전에 읽어야 할 책들의 목록을 열거하였다. 그런데 그 목록 가운데 서양 사상에 관한 문헌은 단지 『신약新約 (New Testment)』 과 수학·물리학·화학·사회학에 관한 몇 개의 논문만이 언급되었을 뿐이다. 이처럼 그 당시 사람들은 서양 철학에 관하여 거의 알지 못했으며, 서양문화에 대한 그들의 지식은 기계와 군함 이외에 주로 과학과 그리스도교에 국한되었음을 알 수 있다.

서양 사상의 전래

20세기 초에 서양 사상의 위대한 권위자는 엄복嚴復 (1853~1920년)이었다. 그는 젊었을 때(1876~1879년) 관비 유학생으로서 해양학을 연구하기 위해 영국에 머무르는 동안 당시 유행하던 인문분야에 관한 저서를 섭렵했다. 그리고 중국으로 돌아와 헉슬리(Thomas Huxley)의 『천연론天演論 (Evolution & Ethics)』, 애덤 스미스(Adam Smith)의 『원부原富 (An Enquiry into the Nature and Causes of the Wealth of Nation)』, 스펜서(Herbert Spencer)의 『군학사언 群學肄言 (The Study of Sociology)』, 밀(Jhon Stuart Mill)의 『군기권계론群己權界論 (On Liberty)』과 『논리학穆勒名學 (System of Logic)』, 젠크스(E. Jenks)의 『사회통 전社會通詮 (A History of Politics)』, 몽테스키외(Montesquieu)의 『법의法意 (Espit de Lois)』, 그리고 제본스(Jevons)의 『명학천설名學淺說 (Lessons in Logic)』 등 과 같은 저서를 중국어로 번역하였다. 그가 이 저서를 번역하기 시작한 때는 1894~1895년 첫 번째 중일전쟁 이후로 이때부터 매우 유명하게 되었으며 그의 번역서 역시 널리 읽혀졌다. 그의 번역서가 인기가 있었던 데는 세 가지 이유가 있었다. 첫째는 중국이 서양인들의 수중에서 연달아 굴욕을 받고 난 뒤 중일전쟁(1894~1895년)에서까지 패배하자, 중국인들은 자신들의 고대문명의 우월성에 대한 확신이 흔들리게 되었다. 그리하여 서양 사상에 대하여 그 무언가를 알려고 하는

512

욕구가 생겨나기 시작하였다. 그 이전까지 중국인들은 서양인들이 단지 과학·기계·대포·군함에만 우세할 뿐, 정신적으로는 우월할 것이 없다고 오판(Fancied)했다. 두 번째는 엄복이 자기 번역서의 많은 구절에다 주석을 달아 놓고 (독자에게 좀 더 이해를 잘 시키기 위해) 저서의 어떤 사상과 중국 철학의 사상을 비교한 부분이었다. 이는 격의格義와 비슷한데 격의는 불교경전의 번역과 관련지어 21장에서 언급했다. 세 번째는 엄복의 번역서 속엔 스펜서 및 기타 다른 사람의 근대영어가 고전 문체의 중국어로 번역되었기 때문이다. 엄복이 번역한 책을 통하여 『묵자』·『순자』 등과 같은 고대 중국 고전작품을 읽는 것과 똑같은 인상을 받았기 때문이다. 문학적 업적에 대한 중국인들의 전통적인 존경 때문에 엄복시대의 중국인들은 어떤 사상이든 고전 문체로 표현될 수 있다는 사실만으로도 중국 고전작품과 동일한 가치가 있다는 미신을 갖고 있었다. 그러나 엄복의 번역 내용을 보면 그가 서양 철학은 거의 소개하지 못했음을 알 수 있다. 번역서 가운데 철학과 관계되는 서적으로는 제본스(Jevons)의 『명학천설(Lesson in Logic)』과 밀(Mill)의 『명학(System of Logic)』이 전부이며 그나마 전자는 요약판이요, 후자는 미완성이었다. 엄복은 스펜서를 모든 시대의 가장 위대한 철학자라고 추켜세웠는데, 이것만 보아도 그의 서양 철학 지식이 매우 국한되었음을 알 수 있다.

엄복과 동시대의 인물로서 이 방면에서 보다 깊은 이해와 통찰력을 가졌으나 철학연구를 포기해 대중에게 알려지지 않은 학자가 있다. 그가 바로 왕국유王國維(1887~1927년)이다. 그는 근래의 위대한 역사가요, 고고학자요, 문필가로 명성을 떨친 학자였다. 그는 30세가 되기 이전에 이미 쇼펜하우어와 칸트를 연구하였는데 이런 사실만으로도 영국 사상 이외의 것은 잘 몰랐던 엄복과는 확연히 구분된다.

그러나 왕국유는 30세가 되자 철학 공부를 포기하였다. 『삼십자술三十自述(a Self-account at the Age of Thirty)』이라는 책에서 그 이유를 다음과 같이 언급하였다.

　　나는 꽤 오랫동안 철학에 싫증을 느꼈다. 철학적인 이론들 가운데 좋아할 만한 것은 믿을 수 없고 믿을 수 있는 것은 좋아할 수 없는 이론들이 대부분이었다. 나는 진리를 알고 있다. 그러나 나는 그것을 좋아할 수는 없다. 기타의 다른 이론들은 좋아할 만했다. 그러나 나는 그것을 믿을 수는 없다. 이것이 지난 2~3년 동안 내가 체험했던 가장 큰 괴로움이었다. 근래 나 자신의 관심이 점차 철학으로부터 문학으로 바뀌어 갔다. 왜냐하면 문학 속에서 나는 직접적인 위안을 발견하고 싶었기 때문이다.

또 그는 영국의 스펜서나 독일의 칸트 같은 인물은 단지 제2류의 철학자들이며 그들의 철학은 과학 또는 초기체계의 혼합주의밖에 되지 않는다고 말하였다. 그 당시 그에게 알려진 기타의 철학자들은 단지 철학사가들뿐이었다. 그가 철학을 계속 공부했다면 자신도 철학사가는 충분히 될 수 있었다고 말했다. "그러나 나는 순수 철학가는 될 수 없지만 그런데도 철학사가는 되고 싶지 않다. 이것이 내가 철학에 싫증이 난 또 하나의 다른 이유다."라고 말했다. 필자는 왕국유의 글을 상세히 인용하였다. 이 인용문으로 판단하건대 그가 서양 철학을 어느 정도 통찰했다고 본다. 중국 표현에도 있는 바와 같이 그는 그 안에서 쓴맛 단맛을 다 보았다. 대체로 20세기 초에 서양 철학에 대하여 어느 정도는 알고 있었다. 필자도 상해의 학부 학생시절 일반논리학 강의가 개설되어 있었으나 당시 상해에서는 그 강의를 할 수 있는 사람이 아무도 없었다. 드디어 한 선생이 물색되었는데 그는 우리에게 제본스Jevons의 『명학천설』의 복사본을 사서 교재로 쓰자고 하였다. 그의 수업은 영어 교사가 영어 독본을 학생들에게 가르치는 식으로 우리에게 논리학 책을 읽게 하였다. 심지어 Judgment에 대해 배울 때 그는 나에게 g와 m 사이에 e를 삽입하지 않도록 확신시키기 위해서 Judgment라는 단어의 스펠링을 읽어보라고 요구하기도 하였다.

다행히 얼마 되지 않아 우리는 다른 선생을 모시는 행운을 얻었다. 새로온 선생은 양심적으로 논리학 강의를 알찬 강의로 만들려고 노력하였다. 제번스Jevons의 책 끝에 많은 연습문제가 있었는데 이 선생님은 우리에게 이 연습문제를 하라고 하지도 않았다. 그렇지만 필자는 혼자서 그 연습문제를 예습하다 도무지 이해할 수 없는 문제가 있어서 수업이 끝난 후 그것을 선생님에게 설명해 달라고 했다. 그 문제를 놓고 필자와 한 시간 반 동안 토론하였지만 끝내 풀지 못하고 드디어 선생님은 "그것을 생각해 보고 다음에 올 때 풀어 주겠다."고 말하였다. 그후 그는 다시 오지 않았다. 이 일에 대하여 필자는 좀 미안한 생각이 들었다. 필자는 결코 그를 골탕 먹일 의도가 없었기 때문이다.

베이징대학교는 그 당시 중국의 유일한 국립대학이었는데 중국철학과·인도철학과·서양 철학과의 3과가 있었다. 그러나 그 당시 종합대학교로서 설립되었을 때 중국철학과 하나만 있었다. 1915년에 서양철학과가 설치될 것이 정해졌다. 그 때부터 독일 철학을 연구한 교수가 맡았는데 아마 그가 그 과목을 강의할 수 있었던 것 같다. 따라서 나도 그 해 베이징으로 가서 학부에 입학허가를 얻었다. 그러나 내 기대에 어긋나게 학생들을 가르쳤던 교수가 바로 사망하였다. 그래서 나는 중국철학과에서 공부하지 않으면 안 되었다. 중국철학과에는 고문학파, 금문학파, 육왕학파를 대표하는 학자들이 있었다. 그 중의 한 분이 육왕학파의 후계자였는데 그가 우리에게 중국 철학사를 1주일에 네 시간씩 2년 동안 강의하였다. 그는 전통적인 성군인 요순시대로부터 강의를 시작하여 첫 학기 맨 끝 강의는 겨우 공자로부터 약 500년 전 인물인 주공周公에까지 진행되었다. 그러자 누가 이런 속도로 강의가 진행되면 얼마나 걸려야 강의가 끝나느냐고 물었다. 선생은 "……철학 연구에는 완성 또는 미완성 같은 그런 것은 없다. 만일 이 강의를 끝 마치고 싶다면 나도 한마디로 끝낼 수 있다. 끝마치고 싶지 않다면 이 강의는 결코 끝날 수 없다."고 대답하였다.

서양 철학의 전래

듀이John Dewey와 러셀Bertrand Russell이 1919년 베이징대학교와 기타 지방에 초대되어 강의하였다. 두 사람은 중국에 온 최초의 서양 철학 자였다. 그들로부터 중국인은 처음으로 서양 철학에 대한 정식 강의를 들었다. 그러나 그들이 강의한 철학은 대부분 자기 개인의 철학이었다. 이것은 청중들에게 전통 철학체계는 모두 대체되어야 하고 폐기되어야 한다는 인상을 주었다. 서양 철학사에 대한 근소한 지식을 가지고 있 던 대다수 청중들은 서양 철학 이론에 대한 중요성을 발견할 수 없었 다. 시인하든 부인하든 서양 사상의 초기의 전통을 우리가 이해하지 못하면 철학을 이해할 수 없었다. 그리하여 이 두 철학자의 학설을 받 아들인 사람은 많았으나 조화하여 이해하는 사람은 적었다. 그럼에도 불구하고 그들의 중국 방문은 그 당시 대부분의 학생들에게 새로운 지 성적인 시야를 열어 주었다. 이런 점에서 그들의 체류는 커다란 문화 적·교육적 가치를 지녔다.

21장에서 필자는 중국 불교와 중국에 있어서의 불교는 다른 것이고 중국 철학에 대한 불교의 공헌은 '우주의 마음(心, Universal Mind)'의 사상 이라고 말했다. 서양 철학의 전래에서도 이와 비슷한 경우가 있었다. 예컨대 듀이와 러셀의 방문이 있은 후 한때 중국에 많은 철학체계가 성행하였다. 그러나 그것들은 거의 모두가 단지 중국의 서양 철학을 대표할 뿐 불교의 선종 경우처럼 중국 정신의 발전 속에 용해된 것은 아무것도 없었다.

필자의 소견으로는 중국 철학에 대한 서양 철학의 영원한 기여는 논리적 분석의 방법이라 생각된다. 21장에서 살펴본 바와 같이 불교와 도교는 다 부정적인 방법을 사용했다. 분석적 방법은 바로 이 방법의 반대다. 그러므로 적극적 방법Positive Method이라 불러도 무방하다. 부정적 방법은 차별을 제거하고 그 대상이 무엇이 아니라는 데 반하여 적극적 방법은 차별을 만들어 그 대상이 무엇이라는 것을 말한다. 불교로부터 부정적 방법이 소개되었다는 사실은 중국인에게 그리 중요한 것은 아니었다. 왜냐하면 불교가 그 방법을 강화시키기도 했지만 이미 도가 속에는 그 방법을 갖고 있었기 때문이다. 그러나 적극적 방법의 도입이야말로 매우 중대한 문제였다. 그것은 중국인에게 새로운 사고 방법과 중국 정신계에 변화를 갖다 주었다. 그러나 다음 장에서 이해하게 되겠지만 이 방법과 재래에 있었던 기타의 방법과는 바꿀 수 없다. 단지 재래의 방법에다 이 방법을 보강시킬 수 있을 뿐이다.

우리에게 필요한 것은 서양 철학의 이미 내려진 결론이 아니라 그 사고방식이다. 옛날에 어떤 사람이 신선神仙(Immortal)을 만났는데, 신선은 그 사람에게 무엇을 원하느냐고 물었다. 그는 금을 원한다고 말하였다. 신선은 손가락으로 옆에 있는 돌멩이를 만지니까 그 돌멩이는 금방 금으로 변했다. 신선은 그 사람에게 가져가라고 했으나 싫다고 하였다. 그러자 "그 밖에 또 무엇을 원하느냐?"고 신선이 물었다. 그 사람은 "나는 당신의 손가락을 원한다."고 대답하였다.

분석적 방법은 서양 철학자의 손가락이다. 중국인은 그 손가락을 원한다. 서양의 여러 가지 철학 연구분야 가운데 맨 먼저 중국인의 관심을 끈 것이 논리학이었다는 이유는 바로 여기에 있다. 엄복이 밀J, S. Mill의 『명학System of Logic』을 번역하기 이전에 이지조李芝燥(1630년 사망)

가 이미 아리스토텔레스의 논리학에 대한 예수회 신부들의 중세 교과서를 번역하였다. 그 번역서의 제목은 『명리탐名理探』이었다. 우리는 17장에서 명리란 명名에 대한 분석을 통한 원리의 분석을 뜻한다는 사실을 알았다. 엄복은 논리학을 명학名學이라고 번역하였다. 8장에서 살펴본 것같이 공손룡에 의해 대표되는 명가철학의 본질은 정확히 말해 '명名'의 분석을 통한 원리의 탐구였다. 그러나 바로 8장에서 필자는 이 명가철학은 정확히 논리학과 꼭 같은 것은 아니라고 지적하였다. 유사성은 있지만 중국인들이 맨 처음 서양 논리학에 대하여 그 무언가를 들었을 때 그들은 곧 그 유사성을 알아차리고 그것을 자신들의 명가에다 연관시켰다. 오늘날에 이르기까지 도입된 서양 철학의 가장 풍성한 성과는 불교를 포함한 중국 철학 연구가 다시 새롭게 일어난 데에 있다.

이 서술에는 아무것도 역설적인 것이 없다. 우리가 익숙치 않은 새 사상을 만날 때, 해설과 비교와 상호인식을 위하여 친근한 것에 관심을 돌려야 하는 것은 당연할 뿐이다. 그리고 분석적 방법으로 무장하고 이러한 사상에 관심을 돌렸을 때, 우리가 그것들은 분석해야 하는 것도 당연하다. 이 장의 처음에서 우리는 유가 이외의 여러 학파(제가백가) 사상의 연구를 위하여 한학의 학자들이 그 길의 포장을 깔아 놓았다는 사실에 대해 말했다. 고대 문헌에 대한 한학자들의 해설은 철학적이 아니라 주로 고증학적 내지 문헌학적이었다.

그러나 그것은 우리가 고대 중국의 제자백가 철학사상을 분석하기 위하여 분석적 방법을 적용하기 전에 꼭 필요한 작업이었다. 서양 철학에서 논리학이 가장 최근의 중국인의 관심을 끌었던 분과였기 때문에 고대 중국 철학 중에서 명가에 대한 상세한 연구가 먼저 시작된 것은 당연하다.

호적胡笛 박사의 『고대 중국의 논리적 방법의 발전(先秦中國史: The

Development of the Logical Method in Ancient China)』이라는 저서가 1922년에 초판된 이래 이 분야 연구에 대한 중요한 공헌이 되어 왔다. 양계초梁啓超 (1873~1930년)도 또한 명가연구와 기타 학파의 연구에 많은 공헌을 했다.

분석적 방법을 사용하여 옛날 사상을 해석하고 분석한 것은 1937년 중일전쟁의 발생까지 그 시대의 정신을 특징지어 준 것이다. 심지어 그리스도교 선교사들까지도 이 사조의 영향을 벗어날 수 없었다. 이것은 바로 중국에 체재한 많은 선교사들이 왜 중국의 철학서적들을 번역하고 서양어로 중국 철학에 관한 책을 썼는가 하는 이유가 될 수 있다. 이에 반해 선교사들은 서양 철학 고전을 중국어로 번역하거나 서양 철학에 관하여 중국어로 저술하거나 소개하는 일은 매우 드물었다. 그러므로 철학분야에는 선교사들이 이른바 선교활동과는 역행되는 행위, 말하자면 거꾸로 중국에게 선교를 당하는 역전의 양상을 보여 준 것이라고 할 수 있다.

제28장

현대 중국의 철학

지금까지 중국 철학의 변천과 발전에 대하여 언급하여 왔다. 그러나 독자들은 다음과 같은 질문을 하고 싶을지도 모른다. 즉, 현대 중국 철학은 특히(중일) 전쟁시대의 중국 철학의 특성은 무엇인가? 그리고 중국 철학은 앞으로 세계 철학에 어떤 공헌을 할 것인가? 사실 필자도 이러한 질문을 가끔 받았지만 그럴 때에 약간 당황을 금할 수 없었다. 왜냐하면 현대 중국 철학을 옹호 또는 반대하건 간에 전통을 잘 모르는 독자에게 그 철학의 특징을 잘 설명하기는 어렵기 때문이다. 그러나 이제 독자들은 중국 철학의 전통을 어느 정도 이해하였다고 생각하므로 필자는 앞의 논술을 이어서 이 문제의 해답을 하려고 한다.

철학가와 철학사가

필자는 자신의 신변 기술에만 그치려고 한다. 왜냐하면 이 기술만이 오로지 가치가 있다고 생각해서가 아니라 필자가 가장 잘 알고 또 설명하는 데도 유익하리라 믿기 때문이다. 필자가 단지 사상가의 이름과 주의主義만을 나열하는 것은 원치 않는다. 이름과 주의의 나열에 그친다면 그 내용을 알 수 없을 뿐만 아니라 사상의 관련도 지을 수 없다고 생각한다. 어떤 철학자는 무슨 '주의자'라고 간단히 언급해 버리면 오히려 오해를 자아내기 쉽다.

필자의 『중국철학사』의 하권은 1934년에 간행되었는데 중일전쟁이 발발하기 3년 전이며, 상권은 1937년 10월에 보드Derk Bodde 박사가 영어로 번역하여 출판하였는데 전쟁이 터진 뒤 석 달 만의 일이었다. 그러므로 그 저서에서 필자가 앞장의 끝에서 언급한 것이 바로 당시의 사조를 나타낸 것이다. 『중국 철학사』에서는 한학자들의 연구업적을 원용하였으며 고대 철학자들의 사상을 밝히기 위하여 분석적인 방법을 적용하였다.

역사가의 안목으로 본다면 이 방법을 사용한다는 것은 한계를 면할 수 없다. 왜냐하면 고대 철학자들의 본래의 사상이 근대 해설자들의 소개만으로 분명하지 못할 것이기 때문이다. 철학사가의 기능은 과거 철학자들이 사용하던 용어가 실제로 그들 자신에게 무엇을 뜻하였는가를 밝히는 것이지 자신의 해석을 가미하여 그 뜻은 반드시 이러이러하여야 된다는 것은 아니다. 『중국철학사』에서 필자는 되도록 분석적 방법을 일관적으로 사용하려고 노력하였다.

그러나 순수한 철학자의 관점에서 본다면 과거의 철학자들의 사상을 밝히고 그들의 이론의 타당성과 불합리성을 해명하기 위하여 그 이론을 논리적인 결론에까지 이끌어내는 것은 단순히 이 사상과 학설에 대하여 그들 자신들이 무엇을 생각하는가를 지적하는 것보다 확실히 흥미 있고 중요한 일이다. 그렇게 하는 데에는 고대에서 현대에로 발전하는 과정에 있으며 또 이 발전은 앞에서 말한 시대정신의 다른 모습이기도 하다. 그러나 그러한 일은 결코 역사가의 과제가 아니라 철학자의 창조적인 작업이다. 필자는 왕국유의 생각처럼 단순히 철학사가에 머무르고 싶지는 않았다. 그리하여 새로운 저서를 쓸 준비를 하고 있었는데 바로 그 순간 1937년 여름 전쟁이 일어났다.

전쟁 중의 철학적 저서

전쟁 전에는 필자가 졸업한 베이징대학교 철학과와 필자가 지금 가르치고 있는 청화淸華대학교의 철학과는 중국에서 가장 영향력이 컸던 학과였다. 두 대학은 자기 나름대로 전통과 학풍을 가지고 있었다. 베이징대학교는 관념론적인 경향, 즉 서구용어로는 칸트주의, 헤겔주의, 중국 철학용어로는 육왕陸王적인 경향으로 학문의 방향을 세웠다. 반면에 청화대학교는 실재론적인 경향, 즉 서구용어로는 신실재론이 플라톤적이라는 의미에서의 플라톤적이요, 중국 철학용어로는 정주程朱적인 경향을 가지고 철학적 문제를 풀기 위하여 논리적인 분석을 사용하는 방향으로 나아갔다.

이 두 대학교는 모두 북평北平(베이징)에 자리잡고 있었고, 전쟁이 발발하자 모두 서남쪽으로 옮기었다. 그 곳에서 두 학교는 제3의 천진天津의 남개대학南開大學과 통합되어 전쟁기간 동안 줄곧 남서연합대학을 형성하게 되었다. 그 두 철학과는 함께 드물고도 훌륭한 결합을 하였으며, 그 때 철학과는 중국 철학과 서양 철학의 모든 중요한 학파를 대표하는 아홉 명의 교수들로 구성되어 있었다. 처음에 통합된 연합대학은 호남성湖南省의 장사長沙에 있었다. 그러나 우리 철학과는 인문계의 다른 학과와 함께 각각 남악南岳이라고도 불리는 형산에 자리를 잡았다.

우리는 그 곳에서 겨우 넉 달 만인 1938년 봄, 남서지방인 쿤밍(昆明)으로 다시 이주하였다. 그러나 이러한 몇 개월은 정신적으로 매우 고무되어 있던 때였다. 우리는 당시 중국 역사상 최대의 국가적인 위기 속에 있었다. 그런가하면 우리는 22장에서 언급한 바와 같이 회양懷讓이 거울을 만들려고 벽돌을 갈고 있었던, 그리고 주희가 한때 거주하였던 그 곳에서 살았다. 우리는 남송이 외국 군대에 의하여 남쪽으로 밀려갔을 때와 같은 운명을 겪었다. 그러나 우리는 모두 한 건물 속에서 철학자·작가·학자들의 훌륭한 사회를 이루고 있었다. 우리에게 그 기회가 그렇게 예외적으로 자극을 주고 힘을 고취시키게 할 수 있었던 데는 바로 이처럼 이 역사적 순간과 지리적 위치와 인물의 모임이 잘 결합되었기 때문이다.

이 몇 달 동안 필자와 동료교수 탕용동湯用彤·김악림金岳霖은 우리들이 착수해 온 저서를 완성시켰는데 탕 교수는 『중국불교사』의 상권, 김 교수는 『논도論道』, 필자는 『신리학新理學』이 그것이었다. 김 교수와 필자는 사상적으로 많은 공통점을 가지고 있었다. 그러나 필자의 저서는 제목이 가리키는 바와 같이 정주학파의 전개였는 데 반하여 그의 저서는 형이상학적 문제에 대한 독자적인 연구 성과였다. 그 후 쿤밍에서 필자는 『신사론新事論(China's Road to Freedom)』, 『신원인新原人(New Treatise on The Nature of Man)』, 『신원도新原道(The Spirit of Chinese Philosophy)』(이 책은 옥스퍼드 대학의 휴츠 E. R. Hughes에 의하여 번역되어 런던에서 출판되었다.), 그리고 『신지언新知言(New Treatise on The Methodology of Metaphiscs)』과 같은 일련의 책도 집필하였다.

이로부터 필자는 현대 중국 철학의 한 경향을 설명하는 것으로서 그 결과를 일부 요약하려고 한다. 그렇게 함으로써 우리는 아마도 중국 철학이 미래의 철학에 무엇을 공헌할 수 있는지 부분적이나마 이해할 수 있을 것이다.

철학적으로 좀 더 정확하게 말하면 형이상학적인 근거는 그 무엇이 존재한다는 것을 체험하는 것과 더불어 시작한다. 그 무엇은 그 밖의 어느 것도 될 수 있다. 그 무엇이 존재한다(Something Exist)는 진술로부터 신리학에서 정주학파뿐만 아니라, 도가의 모든 형이상학적 사상과 개념은 단지 '그 무엇이 존재한다'는 진술이 논리적으로 내포內包되는 방식으로 모든 것을 간주하였다. 어떻게 이치(理)와 기운(氣)의 사상이 이 진술로부터 연결될 수 있는가를 아는 것은 어렵지 않다. 또 기타의 사상들도 역시 이와 똑같은 방식으로 다루어졌다. 예컨대 움직임(動)이라는 개념도 세계의 어떤 사실이 최초로 운동하기 위한 우주론적인 개념으로 취급하지 않고 존재 그 자체의 사상 속에 함축되어 있는 형이상학적 개념으로 취급하였다. 존재한다는 것은 하나의 활동이며 하나의 운동이다. 만일 우리가 정지하고 있는 측면에서 세계에 대하여 생각한다면 도가의 편에 서서 그 어떤 것이 존재하기 전에 우선 존재Being의 존재가 있어야 한다고 말할 것이다. 그런데 우리가 역동적인 측면에서 세계를 생각한다면 유가의 편에 서서 그 어떤 것이 존재하기 이전에 우선 움직임Movement이 있어야 한다고 말할 것이다.

이것은 단지 존재의 활동에 관한 다른 방식의 서술이다. 필자가 인간의 도화식적 사상圖畫式的 思想이라 한 것은 사실 상상想像인데 인간은 존재 혹은 운동Movement을 만물의 아버지인 신神으로 생각하는 것이다. 이러한 종류의 상상적인 사고에는 종교 또는 우주론이 들어 있으나 철학이나 형이상학은 들어 있지 않다.

이와 똑같은 논증의 방법을 따라서 필자는 『신리학』에서 중국 철학의 모든 형이상학적 사상을 이끌어내어 그 사상을 명석하고도 체계적인 전체로 포괄할 수 있었다. 그 저서는 호평을 받았다. 왜냐하면 『신리학』에서 비판한 것은 중국 철학의 구조를 이제까지 서술해 왔던 것보다 훨씬 더 명석하게 설명해 주었기 때문이다. 그후 『신리학』은 중국 철학의 새로운 부흥을 대표하는 것으로 간주되었으며 이것은 또 중국의 새로운 부흥으로 상징되기도 하였다.

앞에서 살펴본 바와 같이 정주학파에는 권위주의와 보수주의 요소가 적지 않게 들어 있다. 그러나 『신리학』에서는 이 요소를 파괴하였다. 필자는 형이상학은 단지 이치(理)가 존재한다는 것만을 알 수 있을 뿐, 각각의 이치(理)가 지닌 내용을 알 수는 없다고 생각한다. 개개의 이치(理)의 내용을 과학적·실용적인 방법을 사용하여 발견해 내는 것은 과학의 의무이다. 이치(理) 그 자체는 절대적이고 영원하다. 그러나 이들이 우리에게 알려진 이치(理), 즉 과학이론 법칙에서 다루는 이치(理)는 상대적이요, 가변적이다.

이치(理)가 실현되려면 물질적인 기반을 필요로 한다. 다양한 형태의 사회는 사회구조의 다양한 이치(理)의 실현이다. 그리고 이치(理)가 실현되기 위하여 필요한 개개의 이치(理)의 물질적 근거는 주어진 형태의 사회 속에 있는 경제적 기반이다. 그러므로 역사분야에서 필자는 경제적 해석을 믿는다. 그래서 『신사론』에서 필자는 이 해석을 중국 문화와 역사에 적용시켰으며 또 이 책의 2장에서도 적용시키고 있다.

왕국유의 철학적 고민은 지식의 각 분파가 그 독자적인 적용영역이 있다는 사실을 깨닫지 못했기 때문이라고 생각한다. 만일 그 학설이 사실의 문제에 대한 언급을 하지 않는다면 우리는 어떠한 형이상학의 학설도 믿을 필요가 없다. 그러나 만일 그 학설이 그러한 언급을 한다면 그것은 나쁜 형이상학이다. 이것은 불경한 과학과 똑같다. 그렇다고 이 말은 좋은 형이상학의 학설은 믿을 수 없음을 뜻하는 것은 아니다. 다만 그 학설은 너무나 명백해서 자기가 그것을 믿는다고 말할 필요가 없다는 것을 뜻할 뿐이다. 그것은 마치 우리가 수학을 믿는다고 말할 필요가 없는 것과 마찬가지이다. 형이상학과 수학 및 논리학의 차이점은 다음과 같다. 수학이나 논리학은 우리가 어떤 것이 존재한다는 진술, 즉 사실의 문제에 대한 언명으로부터 출발할 필요가 없는데 형이상학만이 그 어떤 것이 존재한다는 진술을 할 필요가 있다.

철학의 본성

필자가 『신리학』에서 사용한 방법은 전적으로 분석적이다. 그러나 이 책을 쓰고 나서 필자는 21장에서 언급한 바와 같이 부정적 방법의 중요성을 깨닫기 시작하였다. 현재 어떤 사람이 필자에게 철학의 정의를 내려 보라고 한다면 필자는 역설적으로 철학은 (특히 형이상학은) 지식의 한 영역을 차지하고 있는데 궁극적으로 '지식이 아닌 지식'에까지 발전된 것이라고 말할 것이다. 만일 정말 그렇게 된다면 우리는 부정적 방법을 사용할 필요가 생긴다. 철학, 특히 형이상학은 사실의 문제에 관한 지식을 증대시키는 데는 무용하다. 그러나 우리의 마음(正信)을 한 차원씩 높여 주는 데는 필수 불가결하다.

이러한 몇 가지 견해는 단지 필자 자신의 소견일 뿐 아니라 전에 살펴본 바와 같이 중국 철학의 전통이라고 할 수 있는데, 바로 이 점이 미래의 세계철학에 어떤 공헌을 할 수 있으리라고 생각한다.

철학은 다른 학문 분야와 마찬가지로 경험으로부터 출발한다. 그러나 철학, 특히 형이상학은 궁극적으로 경험을 초월한 '그 무엇'에로 발전되어 간다는 점에서 다른 분야와는 다르다. 이 '그 무엇'은 감각되지 않으나 사유될 수는 있다. 예를 들어 우리는 네모난 책상은 감지할 수 있으나 네모는 감지할 수 없다. 이것은 우리의 감각이 덜 발달되었기 때문이 아니라 네모는 이치(理)이어서 이것은 논리적으로 사유만 할 수 있을 뿐, 감각은 할 수 없기 때문이다. '그 무엇'은 또한 감각이 될 수 없을 뿐만 아니라, 엄격히 말해서 심지어 사유까지도 할 수가 없다. 1장에서 필자는 철학을 인생에 대한 반성적 사색이라고 말하였다. 철학의 반성적 본성 때문에, 철학은 논리적 사고의 대상이 될 수 없는 '그 무엇'을 궁극적으로 생각하지 않으면 안 된다. 19장에서 살펴본 바와 같이 한문의 "하늘(天)은 만물의 총칭이다."라고 말했을 때 '하늘'은 이처럼 때때로 전체를 뜻하는 데 사용되기도 하였다.

우주는 현재 존재하는 모든 것의 총체이므로 우리가 그것에 대하여 생각할 때 우리는 반성적 사색을 하고 있다. 왜냐하면 사색과 사상가는 또한 총체 속에 포함되지 않으면 안 되기 때문이다. 그러나 우리가 그 총체에 대하여 사색할 때, 사색의 대상이 된 총체는 사색 그 자체를 포함하고 있지는 않는다. 왜냐하면 그 총체는 사색의 대상이 되고 또 사색하는 주체와 대립하고 있기 때문이다. 그러므로 우리가 사색하고 있는 총체는 사실상 현재 존재하는 모든 것의 총체가 아니다. 그렇지만 총체는 사색할 수 없다는 사실을 깨닫기 위하여는 총체에 대하여 먼저 사색하지 않을 수 없다.

우리는 사색할 수 없다는 사실을 알기 위하여 사색을 필요로 한다. 마치 침묵을 의식하기 위하여 소리가 필요한 것과 같다. 우리는 사색할 수는 없는 것에 대하여 사색하여야 한다. 그런데 우리가 그렇게 하려고 하자마자 그것은 곧 사라져 버린다. 이것이 바로 철학의 가장 매력적이면서 골치 아픈 측면이기도 하다.

논리적으로 볼 때 감각되지 않는 것은 경험을 초월한다. 감각할 수도 또 사색할 수도 없는 것은 지성을 초월한다. 경험과 지성을 초월한 것에 관하여 우리는 번잡한 언급을 할 수 없다. 그러므로 철학은 물론 적어도 형이상학은 그 본성상 단순하여야 한다. 그렇지 않으면 그것은 또 다시 나쁜 과학만 될 뿐이다. 그런데 철학은 그 단순한 사상을 가지고도 자기 기능을 수행하는 데 부족함이 없다.

생활환경

철학의 기능은 무엇인가. 1장에서 제시한 바와 같이 중국 철학의 전통에 의하면 철학의 기능은 사실의 문제에 대하여 실증적인 지식을 증가시키는 것이 아니라 마음(心)을 고양시키는 것이다. 여기에서 필자는 뒤에서 말한 이 말의 의미를 좀 더 분명하게 잘 설명하여야 할 것 같다.

『신원인』에서 필자는 인간이 어떤 일을 하고 있을 때, 또 자기가 하고 있는 일을 하고 있을 때, 또 자기가 그 일을 하고 있다는 사실을 의식하고 있을 때, 인간은 다른 동물과 구별된다고 말하였다. 인간이 자기가 하고 있는 일에 의미를 부여하는 것이 앎이며 자기 의식이다.

이와 같이 여러 가지 행동에 부여한 여러 가지의 의미가 곧 생활경계이다. 총체적으로 볼 때, 서로 다른 사람들이 똑같은 일을 할 수도 있다. 그러나 그들이 알고 의식하는 정도에 따라서 이 일은 그들에게 여러 가지 다른 의미를 갖게 될지도 모른다. 각 사람은 모두 자기 자신의 생활경계를 가지고 있다. 이 생활경계는 다른 사람의 생활경계와 꼭 같지는 않다. 그러나 이렇게 하나하나 차이가 나는데도 불구하고 우리는 이 다양한 생활경계를 일반적으로 4등급으로 분류할 수 있다. 최하의 것부터 시작하여 본다면 자연경계自然境界, 공리경계功利境界, 도덕경계道德境界, 천지경계天地境界이다. 어떤 사람은 자기의 재능이나 사회의 관습이 시키는 대로 단순히 따라만 하는 수도 있다. 어린이나 원시인 같은 사람은 자기가 하고 싶은 일을 한다. 그리하여 그가 하는 일은 별로 의의가 없다. 만일 있다면 그에게만 있다. 그의 생활경계가 바로 순박한 경계이다. 또 어떤 사람은 자신을 알고 또 자신을 위하여 모든 일을 하는 수도 있다. 그렇다고 그가 반드시 비도덕적이라는 사실을 뜻한다는 것도 아니다. 그가 어떤 일을 하는데 그 결과가 남에게 이익을 주는 수도 있다. 그러나 그가 그것을 하는 동기는 자기 이익이다. 그러므로 그가 하는 일은 모두 자신의 유용성에만 의의가 있다. 이 생활경계가 바로 공리경계이다. 또 어떤 사람은 사회가 존재하여 자기는 그 사회의 한 성원임을 의식하고 있다. 이 사회가 전체이며 자기는 그 전체의 일부분이다. 이러한 사실을 알고 있으므로 그는 사회 전체의 이익을 위하여 모든 것을 행한다. 즉, 공자가 말한 바와 같이 그는 의로움(義)을 위하여 행하는 것이지 이익(利)을 위하여 행하지는 않는다고 했다. 그는 진정으로 도덕적인 사람이며 그가 한 행위는 엄격한 의미에 있어서 도덕행위다. 그가 하는 모든 일은 도덕적 의의를 가지고 있다. 그러므로 그의 생활경계가 도덕경계이다.

끝으로 어떤 사람은 사회 전체를 초월한 우주(천지) 전체가 있음을 알고 있다. 그는 한 사회의 일원일 뿐만 아니라 우주의 한 일원이기도 하다. 그는 사회조직상의 한 시민일 뿐만 아니라, 맹자가 말한 바와 같이 천민天民이기도 하다. 이러한 사실을 알고 있는 사람은 우주를 위하여 모든 일을 한다. 그는 자기가 행하고 있는 일의 의미를 알고 있을 뿐만 아니라 자기가 무슨 일을 하고 있다는 사실을 자각하고 있다. 그가 한 이 이해와 자기 의식은 보다 높은 생활이며 이것을 필자는 천지경계天地境界라 불렀다.

4경계 중에서 자연경계와 공리경계는 현실인現實人의 산물이다. 반면에 도덕경계와 천지경계는 이상인理想人의 산물이다. 앞의 두 경계는 자연의 산물이지만 뒤의 두 경계는 정신(心)의 창조물이다. 자연경계가 최하위이며 그 다음이 공리경계요, 다음이 도덕경계이며, 최상위는 천지경계이다. 자연경계는 거의 이해와 자기 의식은 필요로 하지 않지만, 공리경계와 도덕경계는 좀 더 필요로 하고 천지경계는 가장 필요로 하기 때문에 그와 같은 4경계가 생기게 되었다. 도덕경계는 도덕적 가치의 경계요, 천지경계는 도덕적 가치를 초월한 경계이다.

중국 철학의 전통에 의하면 철학의 기능은 인간에게 보다 높은 생활경계, 특히 최고의 경계에 도달하도록 도와 주고 있다. 천지경계는 아마도 철학의 영역이라고 불러도 무방하다. 왜냐하면 그 경계는 우주에 대한 이해를 얻는 철학을 통하지 않고는 도달될 수 없기 때문이다. 단순히 도덕률에 일치하는 행위만도 아니요, 또 도덕적 인간은 어떤 도덕적 관습만을 실천하는 그런 인물도 아니다. 그는 그 행위가 내포하고 있는 도덕원리를 이해하면서 행위하고 살아간다. 그에게 이러한 이해를 갖도록 하는 것이 철학의 임무이다.

도덕경계에서 사는 것은 현인賢人(도덕적으로 완전한 사람)이 되는 것이요, 천지경계에서 사는 것은 성인聖人이 되는 것이다. 철학은 성인이 되는 길을 가르친다. 필자가 제1장에서 지적한 바와 같이 성인이 되는 것은 인간으로서 최고의 완전무결한 인간에 도달하는 일이다.

플라톤은 『이상국가론』에서 철학자는 감각계의 동굴로부터 예지계叡智界까지 고양되어야 한다고 말했다. 만일 철학자가 예지계에 있다면 그는 또한 천지경계에 있다. 그러나 이 경계에 사는 사람의 최고목표는 우주(천지)와 일체가 되는 것이다. 이 일체 속에서 그는 예지를 초월한다.

앞의 장에서 중국 철학은 성인이 되기 위하여 특별한 행위를 할 필요가 없다는 사실을 언제나 강조하여 왔다. 성인은 기적을 행하지도 않고 또 행하려 하지도 않는다. 성인은 일상인이 하는 행동 그 이상의 행동을 하지 않는다. 그러나 고도의 이해를 가졌으므로 성인이 하는 행동은 그에게는 일상인과는 다른 의의를 가지고 있다. 바꾸어 말하면 성인은 자각의 상태 안에서 자기가 할 일을 한다. 선승禪僧이 말한 바와 같이 '각覺'이라는 한마디 말은 모든 신비의 근원이다. 이것이 이러한 이해로부터 나온 최고의 생활경계의 내용을 가진 결과의 의미이다. 그리하여 중국의 성인은 세간적인 동시에 출세간적이며 중국 철학은 현세적現世的이면서 저 세상적(彼岸世)이다. 미래의 과학의 진보와 더불어 독단과 미신을 가진 종교는 과학에게 그 자리를 양보할 것이며 초월의 세계에 대한 인간의 열망은 미래의 철학에서 얻을 것이다. 미래의 철학은 그러므로 이 세상적이면서도 저 세상적이 될 것도 같다. 이 점에서 중국 철학은 그 무엇을 공헌할 것이다.

형이상학의 방법론

『신지언新知言(New Treatise on the Methodology of Metaphysics)』에서 필자는 실증적 방법과 부정적 방법의 두 가지 방법을 주장하였다. 실증적 방법의 본질Essence은 탐구의 주제인 형이상학의 대상에 대하여 언급하는 것이요, 부정적 방법의 정수는 그것에 대하여 언급하지 않는 것이다. 그렇게 함으로써 부정적 방법은 그 어떤 것의 본질에 관한 어떤 국면을 드러낸다. 즉, 적극적인 기술과 분석을 할 수가 없는 국면이 드러난다. 필자는 2장에서 서양의 철학은 소위 가설에 의한 개념(Concept by Postulation)으로부터 출발하고 중국 철학은 소위 직관直觀에 의한 개념(Concept by Intuition)으로부터 출발한다는 노드롭Northrop 교수의 의견에 동의하였다. 그 결과 서양 철학은 자연히 실증적 방법이 그 주류를 형성하여 왔고 중국 철학은 부정적 방법이 그 사상을 지배하여 왔다. 이 말은 특히 무차별적인 전체로부터 시작하여 끝나는 도道에 해당한다. 노자 혹은 장자에서 우리는 도道가 실제로 무엇이라는 것을 배우지 않고, 다만 도가 무엇이 아니라는 것만을 배웠다. 우리가 도가 무엇이 아니라는 것을 알면 도가 무엇이라는 관념은 어느 정도 쉽게 알게 된다.

이 도가의 부정적 방법은 앞에서 살펴본 바와 같이 불가에 의해 강조되었다. 도가와 불가의 결합으로 선종禪宗이 발생되었다. 필자는 선종을 침묵의 철학A Philosophy of Silence이라고 부르고 싶다. 만일 우리가 침묵의 의미와 중요성을 이해하고 깨닫는다면 우리는 형이상학의 대상에 관한 그 무엇을 얻는다.

서양에서 칸트는 형이상학의 부정적 방법을 사용했다고 해도 무방하다. 『순수이성비판』에서 칸트는 알 수 없는(不可知) 세계, 즉 물자체의 세계를 발견하였다. 칸트와 기타 다른 서양 철학자들에게는 불가지(알 수 없는)의 세계는 알 수 없기 때문에 우리는 그것에 대하여 아무것도 말할 수 없다. 그러므로 형이상학을 포기하든가, 인식론에서 정지하는 것이 훨씬 현명하다. 그러나 부정적 방법을 사용하는 데 습관이 되어버린 이에게는 그것은 당연한 것으로 여긴다. 왜냐하면, 불가지의 세계는 알 수 없는 것이므로 그것에 대하여 아무 말도 하지 말아야 하기 때문이다. 형이상학의 임무는 불가지의 세계에 대하여 무엇이라고 말하는 것이 아니라 단지 불가지의 세계는 알 수 없다는 사실에 대하여만 몇 마디 언급할 수 있을 뿐이다. 우리가 불가지의 세계는 알 수 없다는 사실을 알 때 결국은 그것에 대하여 '어떤 것'을 알게 된다. 이 점에서 칸트의 업적은 크다.

모든 철학의 위대한 형이상적 체계는 그 방법론에 있어서 부정적이든 실증적이든 간에 그 자체는 신비주의의 관을 쓰고 있다. 부정적 방법은 본질적으로 신비주의의 방법이다. 그러나 실증적인 방법을 최대한도로 원용한 플라톤, 아리스토텔레스, 스피노자의 경우에 있어서까지도 그들 체계의 절정에는 모두 신비성이 들어 있다.

『이상국가론』에서 플라톤은 자신의 선善의 이데아를 바라보고 또 그와 일체가 된다고 하거나, 형이상학에서 철학자는 신과 함께 사고에 대한 사고를 한다든가, 『윤리학』에서 철학자는 '영원의 상相'으로부터 사물을 보고 있다든가, '신에 대한 지적인 사랑을 즐기고 있다.'고 할 때 그들은 침묵밖에 또 무엇을 할 수 있는가?라고 말하고 있다. 그들의 진술이 비일非一, 비다非多, 비비일非非一, 비비다非非多와 같은 문구로 표현된 것보다 나은 것이 무엇인가?

그리하여 두 방법은 서로 모순이 된다기보다는 서로 상호보완적이다. 완벽한 형이상학적 체계는 실증적 방법으로 출발하여 부정적 방법으로 끝난다.

만일 철학이 부정적 방법으로 끝나지 않는다면 그것은 철학의 최절정에는 도달하지 못한다. 또 만일 실증적 방법으로 출발하지 않는다면 철학을 하기 위한 본질적인 명석한 사고를 하지 못한다. 신비주의는 명석한 사고의 반대도 아니요, 또 그 하위에 있는 것도 아니다. 정확히 말해서 그것을 초월해 있다. 신비주의는 합리적인 것의 반대가 아니요, 합리를 초월해 있는 것이다.

중국 철학사에서 실증적 방법은 결코 완벽하게 발전되지 못했다. 사실 실증적 방법은 대부분 무시되었다. 그러므로 중국 철학은 명석한 사고가 부족하다. 이것은 바로 중국 철학이 단순성으로 특징지어지는 이유 중의 하나다. 명석한 사고가 결핍되어 있기 때문에 중국 철학의 단순성은 외형적인 면으로 보아 상당히 세련되지 못하였다. 중국 철학의 단순성 그 자체는 칭찬할 만하나 그 세련되지 못함은 명석한 사고의 훈련을 통하여 제거되어야 한다. 명석한 사고는 철학의 국면이 아니라 모든 철학자들이 필요로 하는 필수불가결의 정신훈련이다. 확실히 이것은 중국 철학자들이 필요로 하는 필수불가결의 정신훈련이다. 반면에 서양 철학사는 부정적 방법을 완벽하게 발전시켰다고는 볼 수 없다. 두 철학의 결합은 미래의 철학을 창출해 낼 것이다.

다음과 같은 선 이야기가 있다.

어떤 스승(禪師)이 도가 무엇이냐고 묻는 사람에게 엄지손가락을 불쑥 내밀었다. 그리고 아무 말도 하지 않고 앉아서 엄지손가락만 내보이곤 하였다. 이것을 본 상좌가 그를 흉내 내기 시작하였다. 어느 날 스승이 그가 이와 같은 흉내를 내고 있는 것을 보고 번개같이 재빠르게 그 상좌의 손가락을 잘라버렸다. 상좌는 울면서 달아났다. 스승은 그를 오라고 부르고 나서 상좌가 머리를 돌리자마자 이번에는 자기 손가락을 잘라버렸다. 이때 상좌는 갑자기 깨달았다고 한다.[1]

이 이야기가 사실이든 아니든 간에 그것은 다음과 같은 진리를 시사하여 준다. 철학자 또는 철학도는 부정적 방법을 사용하기 전에 먼저 실증적 방법을 거쳐야 하며, 철학의 단순한 경지에 도달하기 전에 그 복잡한 경지를 거쳐야 한다. 우리는 침묵을 지키기 전에 많이 이야기를 해야 한다.

---

[1] 『曹山語錄』 "俱胝和尚, 凡有詰問, 唯擧一指, 後有童子, 因外人問 : '和尚說何法要?' 童子亦竪起一指胝聞. 遂以刃斷其指, 童子號哭而去. 胝復召之, 童子回首, 胝却竪其指. 童子忽然領悟."

영문 편집자 후기

최근 중국에 관한 수많은 논저가 출간되었다. 그럼에도 불구하고 중국 철학에 대한 우리의 지식이 얼마나 빈약한가는 실로 놀랄 만한 일이다. 최고학부를 나온 사람들조차도 중국의 주요 철학자의 이름을 들라고 하면, 전공한 사람이 아니고는 고작해야 공자, 맹자나 노자, 장자의 이름을 들면 그만일 정도다. 이 말은 일반인에게는 물론 일반 철학 교사 수준에까지 거의 적용될 수 있다.

중국 철학에 관한 저서나 논문들이 없는 것은 아니지만 극소수의 예외를 제외하곤 일반 독자에게 너무도 전문적이거나 아니면 통속적이어서 읽을 가치조차 없는 것이 대다수다. 실로 이 책은 공자에게서부터 현대에 이르기까지 중국 사상의 전모를 체계적으로 요령 있게 설명하려고 시도한 최초의 영문저서일 뿐 아니라 더욱이 중국에서도 중국 철학사를 써서 명망이 높은 중국의 학자가 뜻을 갖고 세상에 내놓았다는 점에서 한층 더 의의 있는 일이다.

이 책을 읽노라면 중국 철학의 범주는 공자나 노자 또는 유가나 도가에 국한되는 것이 아니라 그 이상 훨씬 더 광범위함을 알게 된다. 2500년 동안 중국의 사상가들은 서양의 철학자들이 관심을 경주하였던 주요문제들을 거의 모두 다루어 왔으며, 또 몇백 년 동안 동일한 이름을 지녀온 학파들이라 할지라도 실질적인 사상 내용은 시대마다 커다란 변천을 거듭했다. 예를 들면 유가사상 가운데 공자의 사상은 12세기의 주희朱熹를 통하여 재현되었고 그 사상이 유가의 정통사상이 되리라고는 주희 자신도 생각지 못했다.

이러한 변화 속에서 우리는 되풀이되어 등장하는 어떤 주제를 발견하게 되는데 1장에서 펑유란 박사는 그것은 '안으로는 성인聖人이 되고, 밖으로는 제왕이 되는 것(內聖外王)'이라고 표현하였다. 어떻게 하면 우리는 '내성외왕'의 도를 얻을 수 있을까? 문자상의 의미에서보다는 비유로써 더 이해하기 쉬운 이 문제는 항시 중국 철학의 중심과제가 되어 왔다. 펑유란 박사가 지적한 바와 같이 세간적世間的이면서 출세간적出世間的인 양면성을 지니고 있는 이 문제는 그의 최근 저서 『신원도新原道』의 주제이기도 하다. 편집자는 지금 그의 이야기를 중언부언하여 오히려 본뜻에 흠집을 낼 의사는 없다. 단지 서양인들이 미처 반도 깨닫지 못하는 바로 이 특질이 깔린 중국이야말로 고산高山에서 수도修道를 하고 앉아 있는 성인의 나라인 동시에 극히 현실적이며 실리에 밝은 사람들이 사는 나라라고 하는 상식적인 인상을 주는 데 도움이 된다는 사실을 제시하는 것으로 그치겠다.

편집자가 1930년 북평北平에서 중국 철학 및 중국문화를 연구하기 시작하였을 당시 다행스럽게도 청화대학淸華大學에서 펑 박사의 중국 철학 강의(1934~35)를 듣게 되었다. 당시는 그가 마침 『중국철학사』 하권을 출판하였을 때로 그 책은 출간과 동시에 이 분야의 표준판이 되었다.

어느 날 편집자가 강의를 받으러 갔을 때 펑 박사는 이 책을 영역할 만한 사람을 알고 있는지 물어 왔으며 이를 기회로 편집자가 직접 그 작업을 착수하기로 하였다. 그리하여 1937년 여름 중일전쟁이 발발하기 전, 상권을 영어로 번역 간행하였고 2~3년 내로 곧 하권을 번역하려고 마음 먹었다.

그러나 나의 번역 작업은 중국에서 계속할 수 없게 되었다. 수년간에 걸친 긴 전쟁이 계속되었으며 또 다른 많은 과제들이 간간히 끼어들게 되었다. 그러므로 틈틈이 손질하던 중에 1946년 가을 펑 박사가 펜실베이니아 대학의 초빙교수로 왔을 때에야 비로소 본격적 번역작업을 시작할 수 있었다. 이로부터 편집자는 하권의 각 장을 차례대로 하나씩 번역한 것을 매사추세츠 주 케임브리지의 하버드 연경연구소 간행 〈하버드 아시아학회Harvard Journal of Asiatic Studies〉에 발표하였다. 그리고 발표예정인 것들과 합하여 그 목록을 이 발간 예정서 후미의 참고문헌에 포함시킬 예정이었다. 최근 '플브라이트 법안'의 호의로 학자와 교사들의 중국 및 다른 나라 파견계획에 편집자도 참가할 수 있는 기회를 얻어 북평에 1년 간 머물러 1949년 가을까지는 하권 전부의 번역을 마치려고 하였다. 그러나 지난해 필라델피아에서 편집자가 이 작업에 착수하였을 때 펑 박사는 자기가 직접 영어로 원래의 『중국철학사』 축소판을 내겠다는 계획을 밝혀왔고 본인을 그 편집자로 참가시켜 이 책이 나오게 되었다.

이 책의 주제는 대부분 원본 『중국철학사』에 의거하였다. 장章의 구성상 16장까지는 대체로 『중국철학사』 상권에 해당하고 나머지 장은 하권에 해당한다. 그러나 영역본 『중국철학사』 상권만 해도 454페이지나 되며, 원본의 하권은 그 상권

보다 50페이지 더 많다는 사실만 보아도 이 책은 상당히 축소된 것이다. 『중국철학사』에서 별로 크게 다루지 않은 사상가를 과감히 삭제하고 주註도 대부분 피하고 판본에 대한 연대 저자 등 상세한 고증도 삭제하여 버렸다. 그럼에도 불구하고 이 책은 확고한 학적 기반에 서서 철학적 주제에 대하여 상당히 정확하고 성숙한 설명을 하였다.

따라서 본서는 몇 가지 점에서 통상적인 축소판과는 구별되는 특징이 있다. 첫째, 이 책은 특히 구미歐美 독자들을 염두에 두었기 때문에 순전히 중국인을 위해 쓴 책과는 주제선정이나 서술방식에 있어 꼭 같지 않다. 예를 들면 12장 그리고 27장은 원 철학사에는 전혀 없는 부분이다.

둘째, 이 책은 펑 박사가 1934년 『중국철학사』를 출간한 경험을 거친 연후에야 도달할 수 있는 경지에서 내린 결론과 강조점이 많이 포괄되어 있다. 예를 들면 3장은 1936년 처음으로 『중국철학사』의 부록으로 출간하였던 이론을 요약하였고 또 오로지 펑 박사 자신의 철학 사상만을 소개한 28장은 또한 필연적으로 새로울 수밖에 없다. 왜냐하면 이 사상은 중일전쟁中日戰爭 동안에 쓴 일련의 창조적인 철학적 저작 속에 발표되었기 때문이다. 그리고 19장에서 22장에 이르는 신도가新道家와 불가에 대한 서술은 『중국철학사』와는 달리 상당한 수정을 가하였다(중국 철학사의 이 장에 해당하는 부분은 편집자가 영역한 노선과 비슷하게 수정했다).

이 책에서 주제를 선정하고 서술하고 실제 영문으로 쓴 이는 물론 펑 박사 자신이다. 편집자는 주로 서구 독자의 수요를 염두에 두고 그가 쓴 영문을 독자들이 읽을 수 있도록 고쳐서 그의 원고를 편집하는 데 보탬이 되었을 뿐이다. 이 책에서 인용한 원문의 영역문은 때론 약간 수정하긴 했지만 대부분 편집자의 영역문을 빌어다 썼으며 어떤 경우 관건이 되는 용어나 구절은 그 자신이 직접 번역하거나 『신원도The Spirit of Chinese Philosophy』의 역자 휴즈E. R. Hughes의 번역문을 빌어다 썼다. 그외 대부분의 인용문은 전혀 새로운 것이다.

이 글을 마치기 전에 일반 독자를 위해 중국 역사에 관하여 간단히 언급해 두는 것이 본서의 이해에 도움이 될 것이다.

전통적으로 중국 역사는 기원전 3,000년 전 삼황오제三皇五帝의 통치로부터 시작하였다고 한다. 중국인이나 서양인들이 삼황오제에 관한 이 전설을 무비판적으로 받아들일 경우 중국문화가 과도하게 낡았다는 그릇된 인상을 자아내기 쉬우나 오늘날 학자들은 일반적으로 삼황오제가 전설적인 인물에 지나지 않으며, 그것은 필시 후대인이 그들을 이상화하여 날조한 것이라는 사실에 동의하고 있다. 중국의 첫 왕조인 하夏(전통적으로 B.C. 2205~1766)도 미래의 고고학에 의해 언젠가 확인이 되겠지만 아직은 증거가 없어 분명치 않다.

그러나 상대商代(전통적으로 B.C. 1766~1123)에 대하여 우리는 확고하게 역사적으로 실재하였다는 사실을 인지할 수 있다. 상의 수도에서 발굴된 거북껍질이나 뼈에 새긴 갑골문들이 그 실재성을 증명해 준다. 이 갑골문은 바로 이 책의 12장에 기술된 바와 같이 점을 치기 위하여 마련된 것이다.

그후 주대周代(B.C. 1122?~256)의 출현과 더불어 역사적 기록이 풍부해진 시기는 중국 철학의 황금기였다. 주왕조 초기에는 수많은 군소국들이 대부분 황하 연안에 자리 잡아 주를 종주국으로 한 봉건체제에서 공동생활을 영위하여 갔다. 그러나 시간이 지남에 따라 봉건제도는 점차 붕괴되어 그 결과 주왕조의 세력이 약화되는 동시에 서서히 여러 제국 간의 전쟁이 치열해져 감에 따라 격렬한 정치·사회·경제적 변동이 일기 시작하였다.

따라서 당시인들이 당면한 급격한 문제에 대해 해답을 찾으려는 노력은 처음으로 중국의 조직적인 철학사상을 낳게 하였고, 이것이 그 시대의 문화적 자랑이었다.

공자(B.C. 551~479)는 이 철학자들 가운데 최초의 인물이며 뒤를 이어 제자백가들이 쏟아져 나왔다. 이 책의 3장에서 16장까지의 대부분의 주제는 이 학파들을 다루고 있다. 공자 이후의 이 시기를 전국시대戰國時代라고 한다.

영문 China라는 이름이 유래된 진秦, Chin나라는 그와 대적하고 있던 6국을 멸망시킴으로써 기원전 221년 전국시대의 종언을 고하고 처음으로 통일된 제국을 형성하였다. 진왕조는 옛날 봉건제도를 중앙집권제로 바꾸어 놓았으며 그 이후의 모든 왕조의 통치체제가 답습한 이 제도는 1912년에 탄생한 중화민국을 제외하고는, 중국 정치사상 단 한 번도 변하지 않았다. 최대의 변화를 가져온 최대사건이었던 것이다.

진이 이 목적을 달성하기 위하여 사용한 갖가지 가혹한 방법은 오히려 진을 멸망하게 한 원인이 되기도 하였다. 그러나 그 통일사업은 정치적으로 강력한 한漢왕조(B.C. 206~220)에 의하여 계승되어 한제국의 판도는 현재의 중국령 대부분의 영토를 점유할 수 있었을 뿐 아니라 이러한 통일정책은 사상의 통일까지도 수반하게 되었다. 이리하여 주대의 제자백가들은 대부분 분파되어 사라졌으나 그 사상은 한대에 지배적인 유가와 도가에 흡수되어 갔으니 이러한 사정은 17장과 18장에서 기술되어 있다.

400년 간의 한제국 통치에 이어 400년 간의 분열의 시대(221~589)가 뒤따랐다. 당시 중국은 남방과 북방의 여러 단기간의 왕조로 분열되었다. 북의 몇몇 왕조는 중국 민족이 아닌 민족이 만리장성을 넘어와 세운 왕조로 중국인들은 대체로 이 시기를 중국의 암흑기라고 언급하지만 그럼에도 불구하고 문화적으로는 여러 면에서 특출하였다. 철학적으로는 유가가 일시적으로 쇠잔하였으나 신도가와 불가가 성행하던 시기였다. 이 두 철학파가 19장에서 21장까지의 주제가 되고 있다.

수왕조隋王朝(590~617)와 특히 당왕조唐王朝(618~906)는 중국을 재통일하여 정치적인 힘을 배양하였을 뿐 아니라 문화적인 업적에서도 다방면으로 고도의 수준을 유지하였다. 당왕조에서는 불교 사상이 그 정상을 차지하였는데, 그 한 종파인 선종禪宗을 본서 22장에서 다루었다. 그러나 그 후 불가는 점차 기울어지기 시작하였고 반대로 유가가 다시 일어나기 시작하여 드디어는 불가에 대치하는 최고의 위치에까지 도달하였다. 유가의 부흥 초기는 이 책의 23장 첫 부분에 기술되어 있다.

당의 멸망에 이어 50년 남짓 불안정한 과도기를 거친 다음 송宋왕조(960~1290)가 건립되었는데 송은 정치적으로는 당보다 약하였으나 문화적으로는 그에 못지않게 찬란하였다. 사상 방면에 있어서도 한대에서부터 시작한 유가의 부흥운동이 이때 가장 활발하였는데 서구에서는 이 운동을 신유학新儒學(Neo-Confucianism)이라 부르며 이 책의 23장에서 25장까지 기술되어 있다.

원왕조元王朝(1280~1367)가 송을 대신하자 처음으로 전 중국은 이민족인 몽고족의 치하에 놓이게 되었다는 사실에 주목할 만하나 이와는 달리 문화적으로는 별로 중요한 것이 없었다. 한족의 통치를 회복한 명왕조明王朝(1368~1643)도 생활하기에는 유쾌한 시기였는지 모르나 문화적으로는 획기적인 새로운 공헌을 하지 못하였다. 그러나 철학면에서는 양명학陽明學이 절정에 달하였던 시기였음을 알아야 한다. 이 철학은 26장에 기술되어 있다.

그 뒤를 이른 청왕조淸王朝(1644~1911)에서 전 중국은 또다시 이민족인 만주족의 지배하에 놓이게 되었다. 그러나 19세기 초엽까지 중국 역사상 가장 번영을 누리던 시대였고 문화면에서 어떤 것은 쇠잔하였지만 어떤 면은 명확한 진보를 가져왔다. 정치적으로는 청제국의 판도는 한·당대에 비해 훨씬 더 확장되었으나, 19세기 초엽 만주정권은 점차 무력하게 되고 결과적으로 중국 내부의 힘이 약화됨과 때를 같이하여 불행히도 공업화한 서구의 정치·경제의 압력이 가하여졌다. 이러한 온갖 사태의 진전이 사상계에도 영향을 미치었는데 그 경로가 이 책의 27장에 기술되어 있다.

1911년 만주족 정권의 전복은 세계에서 가장 오래된 군주제도를 폐지하는 결과를 낳았다. 이는 중국 역사상 일대 전환점이 되었다. 1912년 중화민국이 수립된 뒤 수십 년 동안 중국은 사회·정치·경제 구조상 급속한 변화에 직면하게 되었으나 서구에서도 이와 비슷한 변화과정을 거치는 데 3세기나 걸렸다. 그러므로 장기간의 중국의 정치적 혼란이(이 혼란은 대부분 밖으로부터의 맹렬한 공격 때문에 더욱 악화되었다.) 야기된 것은 결코 놀랄 일이 아니다. 실로 오늘날 서구인들이 주의 깊게 살펴보는 바와 같이 중국 내부에 너무도 엄청난 변화가 아직까지도 진행되는 도중에 있기 때문에 그 결과는 아무도 예상할 수 없다는 사실만은 뚜렷하다. 중국의 미래가 오리무중에 싸여 있다는 사실은 놀랄 것이 없다. 그러나 우리는 중국 역사상 인간 고통의 말할 수 없는 희생이 있긴 했지만 위기에 직면할 때마다 그를 극복하고 원기를 회복하는 데 성공한 사례를 과거 역사에서 얼마든지 볼 수 있다. 현재의 중국인들도 세계인들이 모두 중국 정치사상을 지배하였던 사해동포의 대동사상大同思想을 빨리 받아들인다면, 과거와 같은 중국의 위치로 돌아가리라 믿는다(16장과 21장 참고).

아직 변화과정에 있는 중국은 상당한 수의 과거이념은 불가피하게 폐기시켜 버려야 하지만 그 가운데 어떤 것은 미래의 세계철학에 영원한 공헌을 할 것이며 이를 위한 가능한 모든 방법을 펑 박사가 마지막 장에서 제시하고 있다.

1945년 5월
필라델피아 주 펜실베이니아에서
더크보드

542

최신판 역자 후기

평유란의 『간명한 중국철학사A Short History of Chinese Philosophy』에 부쳐

　역자가 이 저서를 번역 출간한 지(1977년) 벌써 40년이 지났다. 그런데도 매년 꾸준히 서점에 나오는 것은 모두 독자들의 열렬한 응원에 힘입은 것이다. 그간 이 저서는 『중국철학사』(국한문 혼용). 한글판 『중국철학사』로 출간되기도 하였고 『간명한 중국철학사』로도 개명되기도 하였다. 그 이유는 후기를 쓸 때마다 이미 밝힌 바 있다. 이번에도 간결하고 명료하다(簡明)는 말의 뜻을 살리어 저자의 의도(小史)에 부합되도록 하였다.

　본서는 1977년 이후부터 매년 꾸준히 출간되는 역서는 되었지만 시류를 타지 않았다. 그러면서 중국 철학사라고 하여 철학과 그 중에서도 동양 철학을 전공하는 학생들만을 위한 것이 아니라 인문, 사회과학도는 물론 일반 독자들 역시 많은 관심을 가지고 있음을 알게 되었다. 따라서 대학 교재용만이 아닌 모든 독자들을 위한 교양서를 출간해 보는 것도 바람직하다는 생각에 출판사를 바꾸어 새롭게 출간을 하게 되었다. 이러한 과정 동안 역자는 다시 한 번 원서를 꼼꼼히 대조하는 작업을 거쳤고 그 과정 속에서 그동안 미처 발견되지 못했던 오류를 바로 잡기도 하였다.

　평유란은 중국 철학사를 집필하면서 여러 번 관점을 바꾸었다. 1934년 최초로 출간된 『중국철학사』(상, 하)는 중국 철학 전체를 자학과 경학으로 나누었다. 제자백가 시대를 자학시대로 한당 이후 청말의 시기를 모두 경학시대로 간주한 것이다. 따라서 이 『중국철학사』는 전권에 일관된 관점이 없었다. 그의 자학시대 설정은 선진시대에서 끝난 후스胡適의 중국 고대 철학사와 유사한 것이라고 할 수 있다. 그것은 과학과 논리학을 중시하는 서양 철학사를 기준으로 보았기 때문에 그런 것이라고 할 수 있다.　그는 중국 역사상 각종 학문 가운데 서양의 소위 '철학'이라 이름 붙일 수 있는 것을 골라 서술하였다고 하였다. 이것은 명백히 서양 철

학의 틀에다 중국 철학 내용을 끼워 맞춘 격의格義인 것이다. 경학시대를 말하면 역시 서양 철학의 분기 방식에 따랐기 때문에 동중서에서 강유위에 이르는 유학은 모두 중고 철학이며 근대 철학은 아직 맹아 단계라고 보았다. 그는 중국에서 전개된 불교 철학(佛學)도 역시 불경(Buddhist Canon)을 해석한 경학이라고 본 것이다.

1937년 중일전쟁이 발발한 암울한 시대에 그는 정원육서貞元六書 즉 『신원도』, 『신리학』, 『신지언』, 『신세훈』, 『신원인』, 『신사론』을 지어 중국인의 철학 정신을 고취하고자 하였다. 그는 이 저서들을 통하여 주자학을 현대적으로 해석한 새로운 이학(新理學)의 체계를 만들어 내었던 것이다. 그래서 신심학新心學의 대표자인 슝스리(熊＋力)와 함께 신리학을 대표하는 현대 중국철학자가 된 것이다. 그는 미국 펜실베이니아 대학에서 1946~1947년 『A Short History of Chinese Philosophy』를 쓰면서 자기는 철학사가哲學史家로 남기보다는 철학자로 평가해 주기 바란다고 하였다. 이 『간명한 중국철학사』는 바로 위의 영문 저서를 번역한 것이다. 이 번역 과정을 역자는 그의 딸 펑종푸가 쓴 『나의 아버지 펑유란』(글항아리, 2011)의 뒤에다 <나와 풍우란의 중국철학사>라는 제하에 글을 썼는데 본서의 부록으로 다시 실게 되었다. 덧붙여 이 지면을 빌려 글의 게재를 허락해 준 글항아리 대표께 감사드린다. 펑유란의 『간명한 중국철학사』는 그 자신의 뚜렷한 철학, 즉 『신원도』, 『신리학』 등의 관점에 의하여 쓰여 졌기에 앞의 『중국철학사』(1934년)와는 전적으로 다른 것이다. 『간명한 중국철학사』 2장에서 그는 중국 철학의 특색을 세간 적이면서 출세간 적이라고 하였는데 이 말은 그의 『신원도(The Spirit of Chinese Philosophy)』에 나온다. 또 그는 불교를 중국 불교와 중국 내의 불교로 나누고 전자의 대표인 선종을 22장에서 침묵의 철학으로 소개하였다. 이는 『중국철학사』에 없었던 부분이다. 그리고 불교가 중국에 들어오기 이전의 마음은 소문자로 mind 라고 표현하고 이후를 대문자 Mind로 썼는데 전자는 몸과 같이 있는 마음을, 후자는 유식론의 마음(大心)을 각각 가리킨다. 또한 27장은 서양 철학의 도입을, 28장은 자기의 철학을 중심으로 쓰고 있다.

펑유란은 또 하나의 『중국철학사신편』을 저술하였다. 고대에서 한대까지 2책으로 구성된 이 책은 1967년 문화대혁명의 와중에서 홍위병에 의해 유교를 대표하는 괴수로 지목되어 자아비판과 온갖 박해와 수모를 겪으면서 중단되었다. 그후

1976년 모택동이 세상을 떠나고 등소평의 개혁개방이 되고 나서야 다시 쓰기 시작하여 95세로 세상을 떠날 때(1990년)까지 7권을 완성하였다. 마지막 이 중 7책인 『중국현대철학사』는 모택동의 사상을 소개하면서 극좌노선을 비판하기도 하였는데 그런 이유로 당시에는 대륙에서 출판되지 못하고 홍콩 중화서국에서 1992년 출간되었다. 이 저서는 역자가 번역하여 『현대중국철학사』(이제이북스, 1999년)로 출간하였다.

그의 『중국철학사신편』은 마르크스 유물사관의 입장에서 서술한 것이다. 그는 1980년이 책의 자서에서 "과거의 경험 교훈을 흡수하여 나는 <신편>을 연속하여 쓰기로 결정하였을 때 단지 나는 현재 있는 마르크스주의 수준 위에서 볼 수 있었던 것을 썼을 뿐이다. 나는 직접 마르크스주의 수준 위에서 중국 철학과 문화에 대한 이해와 몸소 안 것(體會)을 쓴 것이지 다른 사람에 의존하지 않았다. ....철학사에는 각종의 방법이 있다.....나는 구방신명舊邦新命의 시대에서 한 철학가의 정치사회 환경이 그의 철학 사상의 발전 변화에 대하여 매우 커다란 영향이 있음을 몸으로 알았다."고 적고 있다. 이처럼 펑유란은 자기가 이해한 마르크스 수준에서 <신편>을 저술하였음을 알 수 있다. 그는 마르크스주의에 의존하여 그대로 베껴 쓴 것이 아니며 또 마르크스주의에 대한 이해도 높지 않다고 하였다.

이렇게 그의 중국 철학사는 3번의 큰 변화과정을 거쳤다 그의 묘지명에는 "삼사는 고금의 중국 철학을 해석하고 육서는 정원의 철학을 세워 기틀을 잡았다"(三史釋古今 六書紀貞元)고 새겨져 있다. 이것은 펑유란의 철학을 요약한 것으로, 삼사란 『중국철학사』『간명한 중국철학사』『중국철학사신편』을 말한다. 정원이란 주역의 원형이정元亨利貞의 마지막 글자인 정과 첫 글자인 원을 가리킨다. 정은 원래 갈무리한다는 의미이다. 원은 새로 시작한다는 뜻이다. 정원이란 어두운 과거를 마무리하고 새로운 시대를 연다는 의미가 된다. 그래서 그의 여섯 저서(六書)는 모두 신리학 신원도 신지언 신원인 신사론 신세훈이라는 이름을 붙여 새로운 세계(新世界)에서 새로운 삶을 살아가는 새로운 철학적 원리와 방법을 제시한 저서인 것이다. 이 멋진 신세계는 지난 수천 년 간의 낡은 봉건사회도 아니며 그렇다고 모택동이 문화대혁명을 일으켰던 신민주주의 사회도 아니었다. 그것은 펑유란이 자주 인용한 "주나라는 비록 오래된 나라이지만 그 천명은 새롭다.(周雖舊邦 其命惟新)"는 말처럼 앞으로 전개될 세계는 하늘의 명령을 새롭게 받은 사회의 건설을 뜻하는 것이다. 『간명한 중국철학사』는 바로 이러한 사회를 대변한 철학이기에 『중국철학사(상, 하)』나 『중국철학사신편』다른 철학사이다. 저자의 말대로 간명한 철학사(小史)라고 하여 중국 철학의 내용이 빠진 것이 아니라 그 주요 내용이 모두 압축되어 있는 저서라는 점에서 『간명한 중국철학사』야말로 그의 사상을 대표하는 철학사라고 할 수 있다. 본서가 새로운 모습으로 나올 수 있도록 도와준 마루비 출판사에게 감사드린다.

2018년 2월 4일 추운 새봄[立春]
정인재

　　역자가 펑유란 선생의 『중국철학소사(A Short History of Chinese Philosophy)』를 번역한 지 벌써 30년이 지났음에도 불구하고 우리나라의 독자들이 여전히 많은 관심과 호감을 보내 주신 데 감사드리면서 다시 이 간명판을 출간하기로 하였다. 그것은 원래의 이름 A Short에 맞도록 하기 위함이었다. 그간 국한문판에서 한글판까지 '중국철학사'라는 이름을 써 왔으나 펑유란 선생의 『중국철학사』 상, 하권이 완역 출간되었기에 이름의 혼란을 피하기 위하여 『간명한 중국철학사』로 바꾼 것이다 중국 대륙에서도 『간명簡明 중국철학사』로 새로이 번역되어 각장에 사진과 철학자들의 초상화를 넣어 독자들이 다가가기 쉽도록 하였다.

　　그런데 한 가지 당황스러운 것은 내용은 옛날 것과 똑같고 사진과 삽화를 더 넣었을 뿐인데 출판사와 중국 측의 계약에 의하여 저작권법상 초판본이 되어야 한다는 것이었다. 그동안은 저작권이 문제되기 훨씬 이전에 이 책의 번역이 나왔으므로 그간 계속 출간하였다. 그러나 우리나라에서 저작권법이 시행된 뒤에는 저자와 유족에게 소정의 대가를 지불하지 못한 데 대하여 늘 마음이 편치 않았다. 작년에 중국에 다녀오면서 사진과 삽화를 곁들인 중국어 번역본을 접하게 되어 이것을 우리 독자들에게 소개하고 싶었다. 따라서 전문을 출판사 측에서 다시 컴퓨터에 입력하고 역자가 4번씩 교정을 보아 다시 출간하게 되었다.

　　그간 대륙과 타이완에서 중국철학사에 대한 저서가 많이 출간되었다. 그리고 대륙에서 출토된 새로운 자료들로 인하여 중국철학사에 대한 기존의 체계가 수정되지 않으면 안 되는 면도 없지 않다. 그러나 그 기본적인 뼈대는 펑유란 선생이 만들어 놓은 것을 허물어뜨릴 수 있는 저서가 아직 나오지 않는 것만 보아도 그의 중국철학사는 하나의 고전이 된 것이다. 또 대륙에서도 원래의 중국철학사가 나와 있음에도 불구하고 『간명 중국철학사』가 출간된 것은 이 저서가 새로운 의미에서 또 하나의 중국철학사의 고전이기 때문이라고 생각한다.

　　저자의 말과 같이 이 책이 간명 (小史)하다고 하여 단순히 큰 책을 줄인 것이 아니다. 거기에는 펑선생의 철학정신과 정원육서의 체제가 담긴 철학사이기에 더욱 고귀한 것이다.

이러한 고전적 중국철학사를 써 보고 싶은 것은 누구나 바라는 일이겠지만 그리 쉽지만은 않을 것이다. 펑유란 선생이 80세에 『신편 중국철학사』를 쓰기 시작하였듯이 역자도 한 번 흉내를 내보고 싶은 것도 사실이다. 이미 정년을 하고 개인 연구실에 혼자 앉아서 이 거대한 작업을 하려는 것 자체가 돈키호테를 연상시키는 일 같기도 하다. 그러나 우공이산愚公移山이라 하지 않았던가?

2007년 4월
학이사재學而思齋에서
정인재

한글판 역자 후기

　최근 중국에 대한 관심이 점차 높아 가면서 읽을거리를 찾는 독자들이 늘어나고 있다.

　이 『중국철학사』는 이미 10년이 넘지만 매년 판을 거듭하게 된 것은 독자 여러분의 끊임없는 관심과 격려 덕택으로 생각하며 이에 지면으로 감사를 드린다. 그런 가운데 가끔 어려운 한자 때문에 자전을 일일이 찾아보기엔 너무나 인내심을 요구한다는 하소연이 있었다. 그리고 고등학교에서 철학교육을 실시하게 됨에 따라 학생들이 보다 쉽게 이해할 수 있도록 하기 위하여 이 책을 펴내기로 하였다. 한글판이라고 하여 한자 용어를 발음나는 대로 적기만 하면 되는 것이 아니었다. 또다시 더 쉽게 풀어야 이해되는 곳이 눈에 띄어 적지 않은 부분을 수정하였다. 이 책은 원래 저자가 영문으로 쓴 것으로, 이미 영미권 독자에겐 정평이 나 있고 저자 자신의 철학정신이 이 책에 압축되어 있다고 헤도 과언이 아닐 정도로 고전적인 면모를 지니고 있다. 그래서인지 중국에서도 그의 제자에 의하여 1985년 중국어로 번역되기도 하였다. 한글판으로 바꿈에 있어 중국어 판본과 대조하며 열락을 느끼기도 하였다.

　이 개정 작업을 위하여 많은 사람을 수고롭게 하였다. 특히 임은경(서강대 철학과 졸업, 대학원 사학과 전공) 양은 철학사 전권을 한글로 타이프해 주는 헌신적인 수고를 해 주었고 서강대 대학원생들이 꼼꼼한 교정을 해 주었다. 이 기회를 빌어 다시 고마운 마음을 전한다.

1989년 7월 10일
정인재

역자 후기

　중국 철학을 전공한다고 하면서 대학원 졸업 후까지 역자의 중국철학사 전반에 걸친 실력은 너무도 빈약하였다. 의당 역자의 게으른 탓으로 돌려야 하겠으나 손쉽게 읽을 수 있는 저서나 번역서가 거의 전무하다시피 하여 원서를 겨우 구한다 하더라도 원문으로 보기에는 너무나 많은 정력과 시간을 요하였기 때문이다.

　그즈음 펑유란 박사의 유명한 『A Short History of Chinese Philosophy』는 역자의 시야를 넓혀 주는 안내서가 되었다. 이를 기회가 나는 대로 순서에 상관없이 대학 노트에 다 옮긴 것이 역자의 초고가 되었다.

　저자 펑유란은 1894년 하남河南 당하唐可에서 출생, 1918년 베이징대학 철학과에서 호적胡適 박사의 지도 아래 졸업하고 미국 컬럼비아대학에서 박사학위를 얻었으며 귀국 후 하남중주河南中州 대학, 광동중산廣東中山 대학 및 연경燕京 대학 교수직을 거쳐 청화淸華 대학에서 대학원 원장직까지 맡았다.

　그의 저서에는 『중국철학사中國哲學史』, 『신편인생철학新編人生哲學』, 『인생과 이상의 비교연구(人生與理想比較硏究, 영문)』, 『영역 장자英譯莊子』, 『중국철학소사中國哲學小史』, 『신리학新理學』, 『중국철학사보中國哲學史補』, 『신세훈新世訓』, 『신사론新事論』, 『신원인新原人』, 『신원도新原道』, 『신지언新知言』 등 다수의 논문이 있다.

　그는 현대중국 철학가로서 중국 철학뿐만 아니라 서양 철학까지도 깊이 연구하고 동서의 철학을 융합관통하여 하나의 철학체계를 수립한 이 계통의 대가임은 알려진 사실이다. 1934년(40세) 그가 『중국철학사』를 출간하였을 때 벌써 두각을 나타내기 시작이었고, 1939년(45세) 『신리학』의 출간과 더불어 중국 철학계의 영도자로서의 기반을 확고히 굳혀 나갔다.

　진영첩陳榮捷은 그의 신리학을 평하여 웅십력能十力의 『신유식론新唯識論』과 함께 20세기 중국에서 가장 독창적이며 포괄적인 철학체계임을 인정하면서, 후자가 양명학 부흥에 관심을 기울였다면, 전자는 정주학 재건에 뜻을 두었다고 하였다.

　'신리학'이란 용어는 송명宋明의 이학理學과 심학心學, 즉 정주학과 양명학 중에서 대체적으로 이학을 새로이 이어받았다는 뜻에서 사용한 것이지만 그렇다고 하여 그의 철학이 단순히 이학만을 추종하는 데 그친 것이 아니라 자기의 새로운 이론체계를 그 곳에서 이끌어내어 펼쳤다. 그의 철학체계는 네 가지 기본개념을 설정함으로써 이루어지는데 그것은 리理·기氣·도체道體·대전大全으로 이는 모두 '그 무엇이 존재한다'는 명제로부터 연역된다.

『신리학』을 쓴 다음 그는 여러 각도에서 자신의 철학체계를 보완 정비하였는데 그 일부는 이 책의 제28장에서 자세히 언급되었지만 내용을 개략하면 다음과 같다.

『신세훈』은 도가윤리가 다소 가미된 유가의 윤리를 주로 다루었고, 『신사론』은 중국 문화와 역사에 대한 사회 경제사론적인 해석을 하였으며, 『신원인』에서는 삶의 네 가지 경계를, 『신원도』에서는 중국 철학정신의 역사적 발전을, 그리고 『신지언』에서는 철학의 여러 방법을 각각 다루었다. 이 모두는 8년 간의 중일전쟁 시기에 산출된 사상적인 산물이기도 하며 저작들은 상호보완적이어서 그의 근본 철학입장이 일관성 있게 관철되고 있다.

펑유란은 『신원도』에서 자기 철학체계를 신통新統이라 불렀는데 이는 중국 철학의 부흥과 아울러 열강에 찢긴 중국의 재건을 상징한다는 뜻에서였다 그의 학문은 전통적인 정주학에 서양의 신실재론적인 요소와 논리, 그리고 도가의 부정否定 정신과 초월超越 정신이 한데 융합되어 있다는 점에서 새롭다.

그의 『중국철학사』는 후세 사람의 무수한 비평에도 불구하고 이미 동서양을 막론하고 중국 사상을 연구하는 자에게 하나의 고전적 가치를 지니고 있다. 노사광勞史光은 이제까지 수많은 중국철학사가 나오긴 하였지만 펑유란 박사의 중국철학사를 제외하고는 그 모두가 학술적인 가치를 지닌 표준적인 것이 되지 못한다고 지적하고, 호적의 『중국고대철학사』는 선구적 역할은 하였지만 철학적 요소가 거의 빠져 있는 역사 고증적인 태도에서 벗어나지 못하였다고 평한 바 있다.

철학사는 사실을 서술하는 '역사적(史)' 태도뿐 아니라 철학적 이론에 기반을 둔 해석방법이 있어야 하는데 펑유란은 『고사변古史辯』에서 논의된 바와 같은 사실을 추구하는 학풍을 지녔을 뿐 아니라 철학적인 이론과 방법을 구사하여 중국 철학사의 체계를 세워놓았다는 점에서 그의 공로는 매우 크다.

그러나 그의 철학에 대한 비판의 소리도 적지 않다. 노사광에 의하면 그는 아직도 중국 철학의 특성에 관한 본질적 이해에 접근하지 못하고 있으니, 그는 플라톤의 이론 및 신실제론의 철학을 원용하여 중국 철학을 해석하였으므로 비교적 간단한 이론을 설명할 때에는 부합되는 면도 있으나 송명유학에 이르러서는 맹점을 드러내어 끝내는 도덕적 주체성을 파악치 못하였기 때문에 그의 신리학만 하더라도 송명유학과는 상당한 거리가 있음을 간과할 수 없다고 하였다. 이와 유사한 비평은 오래 전부터 왕은양王恩洋, 장군매張君勱, 황건중黃建中 및 모종삼牟宗三도 지적한 바다.

본래 전통적인 송명유학에서는 심성의 문제가 근본적이고 우주에 관한 형이상학적인 사변은 주로 심성의 이해를 돕기 위한 것이다. 펑유란을 비평하는 측에서는 그가 내재內在의 철학을 초월超越의 철학으로 전환시켰다는 점에 착안하여 그의 '신통'을 회의하고 있으나, 하린賀麟은 이 책을 평하여 "유가·묵가·노자·장자·정주 이외에 육왕철학에 대해서도 새로운 인식을 한 것 같다."고 했다. 이것으로 그의 철학체계가 중국 정통철학을 계승하고 있음을 알 수 있다.

이 책의 원본인 『A Short History of Chinese Philosophy』는 1946년 펜실베이니아 대학의 초빙교수로 있을 때 집필했다. 이 책은 더크 보드 박사가 지적하였듯이 『중국철학사』 등 수많은 저서를 출간한 다음에야 도달할 수 있는 원숙한 경지에서 내린 결론과 강조점이 들어 있다.

더크 보드 박사는 펑유란의 『중국철학사』를 영어로 번역한 미국의 저명한 한학자로서 북평北平과 레이든Leiden에서 석사과정을 마친 후, 레이든 대학에서 박사학위를 획득하였으며, 줄곧 펜실베이니아 대학에서 교수생활을 하다가 최근 영국으로 건너가 『중국과학기술사中國科學技術史』를 쓴 니담Joseph Needham과 함께 공동연구를 하고 있다. 그가 책을 번역한 이후, 영미학계에서는 중국에 관한 많은 저서와 번역서가 나왔으나, 오늘날까지 이에 비견될 만한 철학사에 관한 정평 있는 번역서가 눈에 뜨이지 않는다는 사실만 보아도 펑유란 저 『중국철학사』의 비중을 짐작하고도 남음이 있다. 보드 박사는 또한 이 책의 원본을 편집하였는데 그는 영미의 독자들이 읽을 수 있도록 하기 위하여 서양 철학의 개념을 적지 않게 원용하였다. 역자는 이를 다시 우리의 일반독자들이 쉽게 읽을 수 있도록 옮기려고 노력하였으나 역자의 재주로서는 미숙한 점이 많은 데 대해 여러분께 심심한 사과를 드리는 바이다.

끝으로 이 책의 번역작업에 다방면으로 격려해 주신 이상은李相殷 선생님을 위시하여 김충렬金忠烈, 신일철申一澈, 최동희崔東熙 교수님 및 장익張益 신부님께 심심한 감사를 드린다. 재판의 기회에 색인을 만들어 준 영남대학교 대학원 정병석 군의 노고 또한 잊을 수 없다.

1976년 8월
중국문화대학 연구실에서
정인재

부록
나와 펑유란의 『중국철학사』

출판사로부터 펑유란 선생님에 관한 이야기를 써달라는 부탁을 받고 기억 속에 남겨진 긴 시간을 여행하게 되었다. 어쩌다보니 나는 한국에서 동양철학 제2세대가 되어 1세대인 나의 스승들을 생각하지 않을 수 없었다.

지금으로부터(2011) 50년 전 고려대학교 철학과에 신입생으로 입학(1961)하면서 나는 우암 김경탁 선생님으로부터 중국어를 배운 것(전교 수강생이 5명이었는데 철학과 1명, 사학과 2명, 국문학과 2명이었다.)이 동양철학을 전공하려는 마음을 확고하게 만드는 계기가 되었다.

1962년 경로卿輅 이상은 선생으로부터 중국철학사 강의를 들었다. 수강신청을 할 때는 「가고파」의 시인 이은상 선생을 잘못 인쇄한 줄 알았다. 그러나 그것은 너무도 큰 잘못이었음을 강의를 들으면서 알게 되었다.

이상은 선생님은 펑유란의 『중국철학사』를 제일 먼저 소개하시고 조셉 니덤의 영문 저서도 참고도서로 알려주시는 것을 잊지 않으셨다. 수강할 때 동양철학은 사서오경을 배우는 줄 알았는데 공자, 맹자에 이어 생판 듣도 보도 못한 순자도 열심히 강의하셔서 당시에는 매우 이상한 생각이 들었다. 그러나 알고 보니 나는 경학이 아닌 철학을 처음부터 체계적으로 수강하였던 것이다. 즉 전통 방식이 아닌 현대 학문 방법으로서 중국철학사를 배웠던 것이다. 지금 생각하니 참으로 행운이었다. 이상은 선생은 일제강점기의 강압통치를 싫어하셔서 중학교 때부터 중국에서 공부한 뒤 북경대 철학과에서 수학하면서 당시의 새로운 철학학풍을 받아들이셨다고 한다. 후스胡適의 철학 강의와 펑유란의 중국철학사로부터 직접적인 영향을 받았으며 모우중싼牟宗三 선생과도 가깝게 지냈다고 한다.

이러한 철학정신을 자신이 저술한 『중국철학사』를 바탕으로 우리에게 강의하신 것이다. 이상은 선생은 1950년대 중반부터 펑유란의 『신원도新原道』를 동양철학 전공자들과 함께 읽은 적이 있다고 한다. 그러니까 평유란의 철학은 이상은 선생이 우리나라에 처음 소개한 셈이다. 물론 김경탁 선생도 치엔무錢穆의 중국사상사를 대본으로 하여 『중국철학사』를 번안(1955)하셨는데 그때 평유란의 『중국철학사』를 참고로 했다고 서문에 쓰고 있다. 나는 이 두 스승으로부터 일찍이 평유란의 『중국철학사』를 알게 되었다. 군 복무를 마치고 1965년에 복학하여 또다시 이상은 선생의 강의를 들었다. 당시 선생님은 평유란의 『중국철학사』 원전을 책상에 두고 강의하기도 하셨다.

1968년 대학원에 입학했다. 동서철학 전공 모두 합하여 나 혼자 강의를 들어야 했다. 신일철 선생의 배려로 처음 자리를 만든 교양철학 조교를 병행하면서, 김경탁 선생의 중국철학 강좌 시간에는 매주 평유란의 한문본 『중국철학사』의 불교 부분을 읽고 발표를 해야 했다. 박희성 선생은 루이스C.I. Luis의 타자본 영문 강독을 하였으며 전원배 선생은 란트그레베의 『철학의 현재Gegenwart der Philosophie』를 매주 강독하였다. 독어 강독수업은 수강생이 하나뿐이기 때문에 혼자 준비하지 않으면 3시간을 버틸 수 없었다. 전원배 선생은 독일어 강독 준비를 그런 대로 해나가는 것을 보고 왜 서양철학을 두고 중국철학을 선택했는가를 물어보시기도 하였다. 이렇게 석사과정 동안 동양철학 한 과목에서 서양철학 두 과목을 수강하면서 동서철학에 대한 이해를 넓혀갔다.

1970년 여름, 5학기 만에 「맹자의 천天에 대한 고찰」로 석사논문을 완성하였다. 김경탁 선생의 자상한 지도와 신일철 선생의 논문 작성법 그리고 치동희 선생의 조언대로 고증에 문제가 없는 맹자를 택했다. '천'에 대한 관심은 유아 영세를 받는 천주교 집안에서 자라나서 성당에서 늘 하느님에 대하여 이야기를 들은 데서 나온 것이었다. 동양에서는 하느님을 어떻게 생각하는가에 대해 궁금증에서 맹자의 천天을 논문의 주제로 택했다. 논문을 쓸 때도 평유란의 '천'에 관한 다섯 가지 견해(물질의 천, 주재의 천, 운명의 천, 자연의 천, 의리의 천)를 절대적으로 받아들이면서 다른 중국 철학자들, 예를 들면 탕쥔이唐君毅 같은 현대 신유학자의 견해를 참고했다. 당시 나는 평유란의 견해가 중국철학 전체를 대표하는 줄 알았다. 물론 중국철학 원론을 통하여 탕쥔이의 견해도 조금 접하기는 했지만 너무 방대해서 이해가 미치지 못했다.

교양철학 조교를 하는 동안 나는 신일철 선생의 철학강의를 3년 동안 들었다.

선생님은 그리스 철학에서부터 헤겔에 이르기까지 주로 문제 중심으로 학생들이 이해하기 쉽게 강의를 하셨다. 덕분에 서양철학의 주요 흐름과 내용을 잘 알 수 있었다. 게다가 나는 건방지게도 1학년 학생들에게 영어로 간략하게 소개한 서양철학사를 아침 8시부터 9시까지 강독해주기도 했다. 이런 것들이 자산이 되어 타이완에 유학가기 전 서라벌대학과 고려대학에서 철학 강의를 하는 데 어려움이 없었으며, 귀국하고 나서 영남대, 중앙대, 서강대에서 철학개론을 강의할 때도 큰 도움이 되었다.

대학원에서 동양철학 석사학위를 받았으나 중국철학에 대해서 내가 배운 것은 이상은 선생께 들은 공자, 맹자, 순자, 주자 등과 김경탁 선생께 들은 노자, 장자 정도였다. 중국철학사 전체를 서양철학의 흐름처럼 환하게 알고 싶었다. 그러나 마땅한 교재가 없었다. 1962년 후스의 『중국고대철학사』의 번역이 나왔으나 고대철학에 그치고 말았던 것이다.

하는 수 없이 원전을 읽어야 하는데 평유란의 『중국철학사』 상·하권은 너무 두껍고 원문의 인용이 많아 당시 내 한문 실력으로는 접근하기 어려웠다. 영어 실력은 없지만 나에겐 그래도 영문이 편했다. A Short History of Chinese Philosophy를 보니 전체의 맥락을 알 수 있어 번역에 착수했다. 우선 대학 노트 30권을 사서 권마다 철학자 한 사람씩을 할당해서 번역을 해나갔다. 영어에서 인용한 원문은 중문으로 된 『중국철학사』 상·하권에서 찾아 넣었다. 그렇게 되니 영문 직역투의 냄새가 많이 사라졌다.

그런 과정에서 영문 표현과 한문의 차이점을 발견하기도 했다. 예를 들면 신도가 부분에서 왕자유王子猷가 눈이 수북이 내린 어느 날 친구 대안도戴安道가 생각이 나서 조그만 배를 타고 밤새도록 걸려 바야흐로 그 집 문 앞에 도착하려는 순간 들어가지 않고 되돌아왔다. 사람들이 그 까닭을 물으니 영문에는 "I came on the impulse of my pleasure and now it is ended so I go back"이라고 되어 있다. 그런데 한문은 "吾本乘興而行 興盡而反 何必見戴? 나는 본래 흥에 겨워 갔다가 흥이 다하여 돌아왔는데 반드시 대안도를 만날 필요가 있겠는가?"라고 되어 있다. '흥겹다'를 영어는 '쾌락의 충동'이라고 표현했던 것이다. 한문을 참조하지 않았으면 영어대로 직역할 뻔했다. 또 노자철학 장을 번역할 때 노자의 "doing nothing"을 무위로 번역했는데 "doing for nothing"은 '대가 없는 행위'로 번역했다. 학위논문을 쓰면서 나는 한문의 '써 이以' 자의 용법을 터득하게 되었다. 그 이후 doing for nothing은 '무이위無以爲' 라는 것을 깨닫게 된 것이다. 그리고 불교철학을 잘 알지 못했을 때는 펑유란이 불교가 들어오기 전의 심心은 소문자 "mind" 로 표기하고 불교 이후의 심心은 대문자 "Mind" 로 표기해야 한다고 한 말이 무슨 뜻인지 명확히 알지 못했다. 그러나 전자는 몸과 함께 있는 심신일여의 '심' 이요, 후자의 '심' 은 불교의 일체유심조一切唯心造의 영향 아래 있는 장황거의 대심大心이며 육상산이 말한 우주의 '심' 이라는 것을 이해하게 되었다.

영어만 안다고 다 번역되는 것이 아니라 중국어를 알아야 중국 발음으로 적힌 인명, 지명, 서명 등을 정확하게 옮길 수 있는 것이다. 그 당시 어떤 언론인이 주차이Chu Chai의 영문 저서 A Story of Chinese Philosophy를 '빛은 동방에서' 라는 제목으로 번역했다. 그는 우리가 흔히 아는 공자, 맹자는 영문 표기대로 콘푸시우스Confucius, 맨시우스Menchius라고 번역하지는 않았다. 그런데 중국어 발음의 한자 원문을 몰랐던지 열자列子를 '리에쭈' 라 하고 곽상郭象을 "쿠어시앙" 이라고 번역한 것을 본 적이 있다. 다행히도 나는 대학교 1~2학년 때 김경탁 선생으로부터 배운 중국어 덕분에 그런 번역을 피할 수 있었다.

매일 『중국철학사』와 씨름하면서 조금씩 중국철학사 전모를 파악한다는 것이 너무도 즐거웠다. 1년 만에 대학노트 28권이 채워졌다. 그러나 제22장 '선禪: 침묵의 철학' 은 중국어 원본 『중국철학사』와 달리 선종을 소개하는 글이었는데 그 원문을 찾아넣을 수 없었다. 앞의 『육조단경』은 알겠는데 뒤에서 인용한 Kutsun-hsu Yu-lu는 무슨 책인지 도무지 알 길이 없었다. 포기하는 수밖에 없었다.

대학원 석사과정을 마치고 타이완에 갈 기회가 왔다. 당시 외국에 나가려면 유학자격시험을 반드시 치러야만 했다. 떨어지면 좋은 기회를 살릴 방도가 없었다. 1971년 나는 우선 중국어 시험을 보려고 동숭동에 있던 서울대 문리대에 원서접수를 하러 갔다. 그때 한 아가씨가 원서 접수를 하게 되었다. 홍익대 동양화과 졸업생인 그녀는 타이완대학 사학과에 미술사조를 전공으로 지원하여 필자와 유학시험을 같이 보게 된 것이다. 그녀는 지금의 40년 동반자가 되었다.

우리는 1972년 봄에 결혼했으나 혼인신고는 타이완에 가 있던 가을에 아버님께서 동회에 가서 하셨다. 당시에는 부부가 같이 해외에 나갈 수 없었기 때문이다. 그리고 달러가 귀해 한 사람당 100달러만 가져갈 수 있었다. 우리는 200달러를 가지고 장학금이 나올 때까지 버텨야 했다. 1972년 8월 우리는 같은 비행기를 타고 가면서 서로 약속했다. 첫째 박사학위를 받을 때까지 귀국하지 않겠다. 둘째 술을 마시지 않겠다. 셋째 한 사람만 바라보고 한눈팔지 않겠다는 세 가지였다. 나는 1977년 겨울, 학위를 마치고 영남대학교 조교수로 부임하기 위한 준비서류를 갖추기 위하여 귀국할 때까지 약속을 어기지 않았다.

1972년 9월 문화대학 삼민주의연구소 철학조 박사반에 입학했다. 당시 타이완에는 철학과에 박사반을 개설한 곳은 보인대학밖에 없었다. 타이완대학도 석사과정만 있었고 문화대학도 마찬가지였다. 박사반에 가려면 철학조밖에 없었다. 타이완 철학계에서 명성을 날리는 왕빵슝王邦雄도 나와 함께 철학조에서 우징슝吳經態, 시에유웨이謝有緯 교수 등의 강의를 같이 들었다. 김충렬 교수도 일찍이 대만대학 철학과에서 학사·석사를 마치고 귀국하여 교수를 역임한 뒤에 고려대 교수로 재직하면서 문화대학 철학조에서 천인합일 연구로 박사학위를 받았다(1975). 나는 천리부陳立夫 교수의 지도 아래 '맹자심학지연구' 로 박사학위를 받았다(1977). 석·박사 모두 맹자를 연구한 것이다. 심학心學에 대한 연구는 원래 양명학에 대한 관심에서 생긴 것이었는데 먼저 그 원류를 찾아보려는 심산이었다.

어느 날 타이페이에 있는 쌍엽서점雙葉書店엘 갔더니 복사판 A Short History of Chinese Philosophy가 눈에 띄었다. 한국에서 들고 온 번역한 대학노트 28권과 원서가 있었지만 반공국가인 타이완에서 대륙 학자의 저서가 판매된다는 것이 신기해 구입했다. 그리고 며칠 있다가 타이페이에 있는 광문서국廣文書局에 가서 서가를 둘러보는 순간 나의 눈에 분명히 꽂히는 책이 하나 있었다. 그렇게 찾고자 했던 『고전숙어록』 상·하본이었다. 상당히 두꺼운 책이므로 책값도 만만하지 않았지만 무조건 사지 않을 수 없었다. 발걸음도 가볍게 뛸 듯이 집에 돌아와서 펑유란이 인용한 구절을 대조해보니 꼭 들어맞았다. 그때의 감격은 이루 형언할 수 없었다.

물론 나는 타이완에 갈 때 28권 대학노트에 번역한 중국철학사를 가지고 갔다. 선종 부분에다 원문을 찾아 넣고 다시 읽어보았다. 주4에서 주19까지 그렇게 애타게 찾았던 구절들이 하나하나 나에게 다가왔다. 우징슝吳經態의 '선학의 황금시대' 강좌를 수강해 선禪에 대해 더 깊은 이해를 할 수 있었다.

평유란의 영문판 『중국철학사』는 한문 원전을 찾아 넣었지만 영어 직역투의 문장이 여전히 남아 있었다. 그것은 타이완에 잠시 머무르던 장익 신부님(전 춘천 교구 대주교)을 만나고 나서 달라졌다. 그분과 매주 한 번씩 타이페이 시내에 있는 경신문경원耕新聞經院에 가서 번역 원고를 읽었다. 장 신부님은 해당 문장의 영문 원전을 보며 한글 표현을 바로잡아주셨다. 이러한 교정을 거쳐 『중국철학사』 1~10장은 비로소 한글답게 되었다.

1975년 김충렬 선생이 박사학위 논문을 준비하기 위해 문화대학 쌍계신촌 숙소에 머물렀다. 우연히 평유란의 『중국철학사』 이야기를 했더니 그가 한국에서 출판할 수 있다고 하는 게 아닌가?

작업이 한창일 때 평유란의 『중국철학사료집』을 타이완의 어느 친구가 빌려줘서 복사할 수 있었다. 나는 그것을 번역하여 『중국철학사』에 등장하는 철학자마다 자료를 덧붙였다. 이렇게 두 저서를 하나로 만들어서 보냈다. 그러나 귀국하여 보니 두 개의 책으로 되어 있었다. 사료집은 인기가 없어 재판에 그치고 말았지만 『중국철학사』는 1977년 초판 이래 매년 재쇄를 찍었다. 5년 동안 나에겐 인세가 없었다. 당시 원고를 아주 헐값에 출판사에 넘겼는데 박사반 학생이고 무명이라고 하여 4분의 1 값만 받은 것이다. 그러나 국내에서는 볼 만한 중국철학사가 없어서 장안의 지가를 올렸다고 한다. 학위를 마치고 귀국한 뒤에 각종 철학학회에 가서 인사를 하면 타이완에서 무엇을 가지고 학위를 했는지 물어보지 않고 "아! 평유란 철학사 번역한 분이군요"라고 반갑게 맞아주던 기억이 생생하다. 평유란이란 천리마로 인하여 덩달아 이름이 알려진 셈이다. 5년 뒤에 이곳저곳 손질하고 당시 철학과 학부생이었던 정병석 군(현 영남대 교수, 주역학회 회장)이 중국철학사 색인을 만들어 모양을 갖춘 뒤에야 나에게 판권이 돌아왔다.

1980년대 중반 한글세대가 늘어가면서 국한문 혼용으로 된 중국철학사는 점점 읽기 어려운 책이 되었다. 1984년 서강대로 자리를 옮기면서 한글판 『중국철학사』를 만들기로 결심했다. 그때 마침 임은경이 철학과를 졸업하고 대학원 사학과에 재학하고 있었다(1989). 나의 마음을 헤아렸는지 그는 『중국철학사』 전체를 타자로 쳐서 주었다. 그런데 한글판이라 하여 한자를 한글로 바꾸면 다 되는 것은 아니었다. 묵자의 겸애사상에서 겸兼과 별別을 어떻게 바꿀까 고민하다가 겸은 "함께"로 별은 "따로"라고 번역하였다. 그렇게 한글세대에 다가가려고 노력했다.

　1986년 미국 보스턴에 계신 장순 선생으로부터 연락이 왔다. 대륙을 방문하는데 펑유란 선생도 만나려고 한다는 소식이었다. 나는 『중국철학사』와 『중국철학사료집』을 그 편에 펑유란 선생께 보냈다. 장순 선생이 귀국하시면서 매우 중요한 선물을 가지고 오셨다. 펑유란 선생이 나에게 직접 서명한 저서를 보내온 것이다. 제자 투이우꽝涂又光이 A Short History of Chinese Philosophy를 중국어로 번역한 『중국철학간사中國哲學簡史』(1985) 첫 장 빈 곳에 펜으로 한 서명이 있었는데, 이미 시력을 거의 잃어 쓰다가 화이트로 지우고 다시 쓴 글씨였다. 너무도 귀중한 그 책을 나는 평생의 보물로 간직하고 있다.

　펑유란의 『중국철학사』는 중국철학 전공자뿐만 아니라 다른 전공 학생들에게도 읽히기 시작했다. 1992년 한국 삼련서점三聯書店 책임자에게서 전화가 왔다. 펑유란의 『중국현대철학사』가 홍콩에서 출간되었는데 번역을 하지 않겠느냐는 것이었다. 이 책은 사실 펑유란의 말년 저작인 『중국철학사신편中國哲學史新編』(전7권)의 마지막 권이다. 그런데 책 내용 가운데 마오쩌둥에 대하여 문화대혁명을 일으킨 극좌주의라고 비판한 글이 있어 대륙에서는 근대 이전까지 다룬 6권까지만 간행되고 현대를 다룬 7권은 금서가 되었다.

　당시 중국 대륙 서적을 국내에 공급하는 서점은 삼련이 유일했다. 삼련서점은 출판도 겸하여 대륙의 저명 학자들의 저서도 내겠다는 계획을 세운 뒤 나에게 펑유란의 책을 부탁하였다. 나는 기꺼이 일을 맡은 뒤 다음 해인 1993년 번역 원고를 삼련측에 넘겼다. 그러나 1년이 지나도 10년이 넘어도 감감무소식이었다. 이 책은 결국 이제이북스로 출판사를 옮겨 2006년에야 나올 수 있었다. 한글 번역본에는 저자의 원문에도 없는 펑유란 선생의 딸 종푸宗璞 여사의 글을 서문으로 하였다. 아버지를 생각하며 진솔하게 쓴 글이 독자들에게 감명을 주리라고 믿었기 때문이다. 그리고 사위 차이중더蔡仲德의 글을 마무리로 삼아 함께 실었다. 펑유란의 삶을 오해 없이 받아들이도록 하기 위해서였다.

　펑유란은 문화대혁명 당시 홍위병에 둘러싸여 자아비판을 해야만 했다. 일생 동안 공자를 중국철학사의 시작으로 보고 공산주의 체제 아래에서도 여전히 유가의 정신을 지키고 있는 그를 정부가 가만히 둘 리가 없었다. 대중 앞에서 펑유란은 자신이 평생을 흠모해온 공자를 비판한 것이다. 타이완이나 홍콩 일각에서는 변절한 지식인이라고 비판의 화살을 늦추지 않았다. 그러나 펑유란은 다른 지식인들이 전부 고국을 버리고 떠날 때도 '철학자는 자기 땅에서 철학을 하지 않으면 자신의 철학이 나올 수 없다'는 입장을 굳게 지켰다. 타이완이나 해외로 나가는 것을 거절하고 대륙에 남아 그러한 수모를 당한 것이다.

우리나라와 중국이 정식으로 수교하기 1년 전인 1991년 나는 미국의 맥클린 교수 등과 함께 홍콩을 통해 대륙으로 가는 비자를 받아 베이징에서 열린 학술대회에 참석했다. 다산 정약용의 철학에 대한 글을 영문으로 준비해가서 발표한 나는 미국계 중국학자인 청중잉成中英을 비롯해 베이징대 젊은 교수들과도 대화를 나눴다. 분위기가 한껏 무르익은 뒤 어렵게 부탁의 말을 꺼내보았다. 베이징대 안에 있는 펑유란 선생의 삼송당三松堂을 좀 둘러 볼 수 있겠냐는 것이었다. 그들은 흔쾌히 길을 안내해줬다. 삼송당에 가자 따님과 사위가 옛 친구처럼 아주 반갑게 맞이해해 주었다. 한국어판 번역본을 통해 그들은 내 이름을 기억하고 있었던 것이다. 나는 응접실에 모셔둔 펑유란 선생의 영정에 묵념을 하고 영정 옆에서 사람들과 기념촬영을 했다. 그러자 두 분은 나를 펑유란 선생이 평소 집필하시던 방으로 안내해주었다. 이 방에서 세계적으로 저명한 철학이 탄생되었구나 생각하면서 둘러보았다. 1년만 일찍 찾아갔더라도 직접 뵐 수 있었을 거라 생각하니 아쉬움이 끝이 없었다. 게다가 지난해 선생이 돌아가신 뒤 열린 기념 학술대회에 참석하라는 초청을 받고, 초고 논문을 거의 써놓고도 부득이한 사정으로 참석하지 못한 것이 새삼 마음에 걸렸다. 지금 생각해도 너무 죄송한 마음 금할 길 없다. 나보다 먼저 방문한 한국 교수들이 전하는 말에 따르면 펑유란 선생은 방문한 교수들에게 "정인재를 아느냐"고 물어보시곤 했다고 한다. 그러면 그들은 그리 잘 알지도 못하면서 "잘 안다"고 대답했다는 것이다.

1989년 처음으로 맞는 안식년에 나는 캐나다 토론토대학에 방문교수로 갔다가 도서관에 내가 번역한 펑유란의 『중국철학사』를 기증했다. 한국인들이 볼 수 있게 하기 위해서였다.

2000년 초에 다시 베이징에 갔을 때 시내 어느 서점에 진열된 『중국철학사』가 눈에 들어왔다. 들춰보니 다양한 삽화와 함께 펑유란 선생이 더크보드와 함께 찍은 사진도 있다. 이 책을 들고 한국에 돌아와서 삽화를 곁들인 한국어판 개정을 진행했다. 펑유란이 1930년대에 저술한 『중국철학사』 상·하권이 한국에서도 출판되어, 이와 구분하기 위하여 『간명한 중국철학사』라고 이름도 새로 달았다. 평유란 선생의 따님과 사위가 생각나서 그쪽에서 인세를 조금이나마 받을 수 있도록 ISBN 판권이 있는 책으로 만들었다.

이렇게 세 번씩 같은 책을 번역하면서 평유란은 중국철학사에서 불후의 업적을 남긴 사람이라는 점을 깊이 느끼게 되었다. 더구나 이 『간명한 중국철학사』는 평유란이 철학사가로 남기보다는 철학자로 기억되기를 원한다고 하면서 『정원육서貞元六書』를 출간한 뒤에 자신의 철학을 토대로 하여 저술한 것이므로 그의 철학적 견해가 고스란히 남아 있는 명작이다. 책에서 평유란은 원작자와 그 해석자를 구분하여 둘 다 철학사의 중요한 인물로 다루고 있다. 예를 들면 노자와 노자를 주석한 왕필을 구분하여 동등하게 철학사에서 논하고 있는 것이다. 이것은 평유란의 철학사적 통견이 아니고는 할 수 없는 일이었다. 그리고 불교철학을 인도의 것으로만 보지 않고 중국화된 중국불교와 구분하여 서술한 점은 탁견이었다. 그 이후에 크고 작은 중국철학사가 많이 나왔지만, 관점은 달라도 평유란 선생이 저술한 기본적인 틀에서 거의 벗어나지 못했다. 이것만 보아도 그의 선구적 업적이 갖는 비중을 알 수 있을 것이다.

찾아보기

간명한
중국철학사

초판 1쇄 발행 2018년 3월 6일
초판 6쇄 발행 2024년 4월 8일

지 은 이 펑유란
옮 긴 이 정인재
펴 낸 이 박미경

펴 낸 곳 마루비
등   록 제 2016-000014호
주   소 서울시 마포구 대흥로4길 38, 2층
전   화 02-749-0194
팩   스 02-6971-9759
이 메 일 marubebooks@naver.com
홈페이지 www.marubedu.co.kr

ⓒ 마루비 2018. printed in korea

ISBN 979-11-955121-4-0 03150

이 도서의 국립중앙도서관 출판예정도서목록(CIP)은 서지정보유통지원시스템 홈페이지(http://seoji.nl.go.kr)와
국가자료공동목록시스템(http://www.nl.go.kr/kolisnet)에서 이용하실 수 있습니다.
(CIP제어번호 : CIP2018004592)